Börsen-Lexikon

Herausgegeben
von
Alfred B. J. Siebers
und
Martin M. Weigert

Zweite, verbesserte Auflage

R. Oldenbourg Verlag München Wien

Die Deutsche Bibliothek - CIP-Einheitsaufnahme

Börsenlexikon / hrsg. von Alfred B. J. Siebers und Martin M. Weigert. – 2., verb. Aufl. – München ; Wien : Oldenbourg, 1998
ISBN 3-486-24934-7 Bro.

NE: Siebers, Alfred B J. [Hrsg.]

Rosenheimer Straße 145, D-81671 München
Telefon: (089) 45051-0, Internet: http://www.oldenbourg.de

Gedruckt auf säure- und chlorfreiem Papier
Gesamtherstellung: R. Oldenbourg Graphische Betriebe GmbH, München

ISBN 3-486-24934-7 Bro.

Inhaltsübersicht

Vorwort

Dieses Lexikon soll über die Erscheinungen und Vorgänge an den Börsen der Welt zuverlässig orientieren. Es ist für Studenten, für alle Anleger und am Börsengeschehen Interessierte geschrieben worden.

Kriterium für die Auswahl der Stichworte ist das aktuelle Standardwissen. Über wichtige Gebiete informieren Stichwortaufsätze, die von namhaften Wissenschaftlern oder von ausgewiesenen Experten verfaßt worden sind und weiterführende Literaturhinweise enthalten.

Zu danken haben wir den Verfassern der Stichwortaufsätze – über fünfzig Fachautoren –, ohne deren Mitwirkung dieses Lexikon nicht hätte erscheinen können.

Alfred B. J. Siebers
Martin M. Weigert

Abkürzungen

a.a.O	an angegebenem Ort
a.o.	außerordentlich
Abb.	Abbildung
Abk.	Abkürzung
Abs.	Absatz
abzgl.	abzüglich
Anh.	Anhang
Art.	Artikel
BASF	Badische Anilin und Soda Fabriken
Bez.	Bezeichnung
BGB	Bürgerliches Gesetzbuch
BGBl.	Bundesgesetzblatt
BIZ	Bank für internationalen Zahlungsausgleich
BRD	Bundesrepublik Deutschland
bspw.	beispielsweise
bzw.	beziehungsweise
ca.	circa
d.h.	das heißt
d.s.	das sind
DDR	Deutsche Demokratische Republik
ders.	derselbe
Diss.	Dissertation
e.V.	eingetragener Verein
EDV	Elektronische Datenverarbeitung
EGAktG	Einführungsgesetz zum Aktiengesetz
engl.	englisch
ESt	Einkommensteuer
et al.	et alteri
etc.	et cetera
evtl.	eventuell
f.	folgende Seite
f.	für
FAZ	Frankfurter Allgemeine Zeitung
ff.	folgende Seiten
Ffm.	Frankfurt am Main
GbR	Gesellschaft bürgerlichen Rechts
gem.	gemeinsam
ggf./ggfls.	gegebenenfalls
GmbH	Gesellschaft mit beschränkter Haftung
Hrsg.	Herausgeber
i. allg.	im allgemeinen
i.d.R.	in der Regel
i.e.S.	im eigentlichen Sinne
i.S.	im Sinne
i.S.d.	im Sinne des
incl.	inklusive
Jg.	Jahrgang
Jh./Jhdt.	Jahrhundert
jr.	junior
KGaA	Kommanditgesellschaft auf Aktien
lb	pounds (Pfund)
lfd.	laufend(e)
Lit.	Literatur
max.	maximal
Mio.	Million(en)
Mrd.	Milliarde
mtl.	monatlich
Nr.	Nummer
NY	New York
o.	oder
OHG	offene Handelsgesellschaft
p.a.	per annum
rd.	rund
RM	Reichsmark
S.	Seite
s.	siehe
s.a.	siehe auch
SEC	Securities and Exchange Commission
sog.	sogenannte
StGB	Strafgesetzbuch
Tab.	Tabelle
u.a.	und andere
u.a.m.	und anderes mehr
u.U.	unter Umständen
u.v.m.	und vieles mehr
USD	US$
usw.	und so weiter
v. Chr.	vor Christi Geburt
v.H.	von Hundert
v.T.	von Tausend
vgl.	vergleiche
Vol.	Volume
z.B.	zum Beispiel
z.T.	zum Teil
z.Zt.	zur Zeit
zzgl.	zuzüglich

Verzeichnis der Mitarbeiter

Dr. Detlef **Anger**,
Deutsche Bank, Nürnberg

Prof. Dr. Hartmut **Bieg**,
Universität des Saarlandes, Saarbrücken

Matthias **Bode**,
Frankfurt/M.

Prof. Dr. Manfred **Borchert**,
Universität Münster

Ralf **Bringmann**,
Erbach

Dipl.-Ök. Michael **Dürr**,
Investor Relations AG, Grünwald

Prof. Dr. Guido **Eilenberger**,
Universität Rostock

Günther **Eismann**,
DG Bank, Frankfurt/M.

Dr. Jens **Ehrhardt**,
Pullach

Dr. Oliver **Everling**,
Alzenau

Thorsten **Farkas**,
Frankfurt/M.

Dr. Jörg **Franke**,
Deutsche Terminbörse (DTB), Frankfurt/M.

Dipl.-Volksw. Klaus M. **Geiger**,
Dresdner International Research Institute, Frankfurt/M.

Dipl.-Wirtsch. Ing. Edgar **Göcke**,
Weiterstadt

Dr. Bert **Götz**,
HCM Hypo Capital Management, München

Raoul A. **Graf**,
Merrill Lynch GmbH, München

Lilith **Griessler**,
Bayerische Vereinsbank, München

Hermann-Josef **ten Haaf**,
Montabaur

Prof. Dr. Oswald **Hahn**,
Universität Erlangen-Nürnberg

Peter **Hanker**,
DG Bank, Frankfurt/M.

Roland **Hemmerich**,
Frankfurter Sparkasse, Frankfurt/M.

Friedrich **Henne**,
Düsseldorf

Prof. Dr. Udo **Hielscher**,
Universität Leipzig

Dipl.-Kfm. Ralf **Hohmann**,
Universität Hamburg, Institut für Geld- u. Kapitalverkehr, Hamburg

Prof. Dr. Otmar **Issing**,
Mitglied des Direktoriums der Deutschen Bundesbank, Frankfurt/M.

Christian **Jund**,
Finance and Futures, Kulmbach

Dr. Andreas **Koller**,
Universität München

Prof. Dr. Walter **Krämer**,
Universität Dortmund

Prof. Dr. Lutz **Kruschwitz**,
Freie Universität Berlin

Andrea **Lohse**,
Waiblingen

Dr. Christoph **Ludwig**,
Universität München

Dipl.-Kfm. Wolfgang **Mayer-Parpart**,
Standard & Poors's Deutschland, Frankfurt/M.

Peter **Müller**,
München

Oliver **d'Oelsnitz**,
DG Bank, Frankfurt/M.

Jürgen **Olbermann**,
E.I. Euroinvest Kapitalanlagegesellschaft mbH, Frankfurt/M.

Dr. Walter **Paul**,
Wachenheim

Prof. Dr. Peter **Pflaumer**,
Kempten

Dipl.-Volksw. Stefan **Prigge**,
Universität Hamburg, Institut für Geld- u. Kapitalverkehr, Hamburg

RA Axel **Prümm**,
markt intern Verlag GmbH, Düsseldorf

Dr. Hans-Walter **Peters**,
Berenberg Bank, Hamburg

Prof. Dr. Heinz **Rehkugler**,
Universität Freiburg

Axel **Retz**,
Brühl

Dr. Rüdiger **v. Rosen**,
Deutsche Börse AG, Frankfurt/M.

Heinz-Klaus **Rützel**,
Deutsche Börse AG, Frankfurt/M.

Ludwig F. **Prinz zu Sayn-Wittgenstein**,
Berleburg

Prof. Dr. Peter **Schaal**,
Viersen

RA Dr. Uwe **Schlüter**,
Bundesverband der freien Börsenmakler, München

Reg. Rat Andreas **Schmidt**,
Bayerisches Staatsministerium für Wirtschaft u. Verkehr, München

Prof. Dr. Hartmut **Schmidt**,
Universität Hamburg, Institut für Geld- u. Kapitalverkehr, Hamburg

Prof. Dr. Helmut **Schneider**,
Universität Zürich

Dr. Klaus **Schraudner**,
Universität Erlangen-Nürnberg

Thorsten **Schrieber**,
E.I. Euroinvest Kapitalanlagegesellschaft mbH, Frankfurt/M.

Michaela **Schwarz**,
DG Bank, Frankfurt/M.

Jutta M. D. **Siebers**,
Niddatal

Alfred B. J. **Siebers**,
Niddatal

Solveig J. A. **Siebers**,
Rostock

Dr. Christian **Sièvi**,
Stephanskirchen

Friedemann **Sièvi**,
Frankfurt/M.

Prof. Dr. Jürgen **Singer**,
Universität Leipzig

Dipl.-Kfm. Ralf **Soboll**,
Graf Lambsdorff Finanzplanung GmbH, Hamburg

Manfred **Spanier**,
Galerie Spanier, Düsseldorf

Josef **Tobien**,
Deutsche Börse AG, Frankfurt/M.

Dipl.-Kfm. Kai **Treske**,
Universität Hamburg, Institut für Geld- u. Kapitalverkehr

Dipl.-Volksw. Martin M. **Weigert**,
München

Stichwortaufsätze

A

A, AA, AAA

Einstufungen von Schuldtiteln durch die Rating-Agentur → Standard & Poor's hinsichtlich → Bonität, Fähigkeit zur Zinszahlung und Kapitalrückzahlung.

AAA (triple A) stellt das höchste → Rating (Kategorie high grade) dar: Ein so klassifizierter Schuldtitel ist gekennzeichnet von maßvoller Verschuldungspolitik und extrem gut ausgeprägter Fähigkeit zur Zinszahlung und Kapitalrückzahlung.

AA (double A) kennzeichnet eine geringe Abdeckung der genannten Zahlungen.

A bezeichnet Schuldtitel mit gehobenem mittleren Qualitätsgrad bei Zinszahlung und Kapitalrückzahlung.

Weitere Rating-Stufen sind → BBB, BB, B, → CCC, CC, C bis D mit zusätzlichen Zwischenstufen.

abandonnieren

Auf ein bestimmtes Recht verzichten, um sich von einer damit verbundenen Pflicht (z.B. → Nachschußpflicht) zu befreien.

Beispiele: Bei der Gesellschaft mit beschränkter Haftung (GmbH) kann in der Satzung eine unbeschränkte Nachschußpflicht vorgesehen sein; der Gesellschafter kann sich innerhalb eines Monats nach der Aufforderung zur Einzahlung dieser Pflicht durch Rückgabe seines Anteils an der Gesellschaft entziehen.

Beim → Börsentermingeschäft das Recht, vom Kauf oder von der → Lieferung der kontrahierten → Aktien am Prämienerklärungstag zurückzutreten.

Bei der Umwandlung einer GmbH in eine AG das Recht des Aktionärs, seine neue Aktie der Gesellschaft zur Verfügung zu stellen. Er muß zuvor seinen Widerspruch gegen die Umwandlung zu Protokoll gegeben haben.

Die Aktie ist dann für Rechnung des Aktionärs öffentlich zu versteigern und meistbietend zu verkaufen.

Abfindung

Einmalige Leistung zur Entschädigung für die Aufgabe von Rechtsanprüchen. Bei → Eingliederung durch Mehrheitsbeschluß haben die ausscheidenden Aktionäre einen Rechtsanspruch auf A. Dies kann durch Barabfindung oder durch angemessene → Ausstattung mit → Aktien der übernehmenden Gesellschaft erfolgen. Wird an der Börse ein A.sangebot für wahrscheinlich angesehen, so steigen die Kurse der sog. A.swerte (Aktien der zu übernehmenden Gesellschaft im Besitz der abzufindenden Aktionäre).

Abgeld

→ Disagio, → Damnum.

abgezinste Papiere

Bestimmte Formen der → Sparbriefe, der → Bundesschatzbriefe, auch der → Zero-Bonds. Der Kaufpreis berücksichtigt bereits die während der → Laufzeit anfallenden Zinsen. Er wird als Gegenwartswert (Barwert oder Kapitalwert) einer zukünftigen Zahlung mittels Zinseszinsrechnung ermittelt (Multiplikation des → Zeitwertes des betreffenden Betrages mit dem Abzinsungsfaktor oder Diskontierungsfaktor).

Abrechnungsverkehr

→ Clearing.

Abschlag

1. → Disagio, → Damnum.

2. Bei Börsenkursen eine Minderbewertung aufgrund einer → Ausschüttung fälliger → Dividenden am Tag der Auszahlung (→ Dividendenabschlag), nach Fortfall des → Bezugsrechts (Bezugsrechtsabschlag), bei Ausgabe von → Berichtigungsaktien (→ Kursabschlag) oder bei Ausschüttung einer Liquiditätsrate (Zinsabschlag).

Abschlagsdividende
(andere Bezeichnungen: Interimsdividende, Zwischendividende) Vorauszahlung auf die jährliche Dividendenausschüttung. Bei → Aktiengesellschaften ist eine A. während des Geschäftsjahres nicht zulässig. Nach § 59 → AktG kann der Vorstand jedoch ermächtigt werden, nach Ablauf des Geschäftsjahres, wenn der → Jahresabschluß vorliegt, an die Aktionäre vorab eine → Dividende zu zahlen. Im Ausland ist eine A. durchaus üblich, z.B. sind in den USA vierteljährlich Dividendenschecks (quarter dividend) die Regel.

Abschlagszahlung
(andere Bezeichnungen: Anzahlung, Teilzahlung, à-conto-Zahlung). Bei längerfristigen oder umfangreichen Geschäften üblich und insbesondere im Außenhandel von Banken finanziert. Als A. auf den Bilanzgewinn der → Aktiengesellschaft gleichbedeutend mit der → Abschlagsdividende.

Abschluß
1. Kurzbezeichnung für den → Jahresabschluß einer Unternehmung.

2. Kurzbezeichnung für einen Geschäftsabschluß wie z.B. den Abschluß eines Versicherungsvertrages.

3. Kurzbezeichnung für einen Kontoabschluß durch eine Bank.

Abschlußprüfer
Prüfer als Einzelperson oder Prüfungsgesellschaft, die die Prüfung des → Jahresabschlusses oder Konzernabschlusses vornimmt.

Abschreibung
Wertkorrektiv im Rechnungswesen für solche → Aktiva, deren Nutzung aufgrund ihrer wirtschaftlichen, technischen oder rechtlichen Beschaffenheit zeitlich begrenzt ist. Handelsrechtlich bilden die Anschaffungs- oder Herstellkosten die Obergrenze für die Berechnung der A. (§ 253 HGB). Die A.sbeträge werden als Aufwand in der Erfolgsrechnung verrechnet und verteilen so die historischen Anschaffungsausgaben periodengerecht auf die Nutzungsjahre. Zur Ermittlung der A.sbeträge können sowohl die lineare als auch die degressive A.smethode Anwendung finden. Während für planmäßige A. ein A.splan aufgrund der ermittelten A.sbeträge aufgestellt werden kann und muß, fallen außerplanmäßige A. an, wenn außergewöhnliche Wertänderungen bei den Aktiva, etwa unerwartete Entwertung von Maschinen oder Kursrückgänge unter die Anschaffungswerte, auftreten. Kostenrechnerisch sind die Unternehmen frei von den Bewertungsvorschriften des HGB, so daß mit kalkulatorischen A. auf Basis von Wiederbeschaffungswerten gerechnet werden kann.

In → Kreditinstituten werden A. und Wertberichtigungen zum einen auf → Anlagevermögen, zum anderen auf die Bestände des → Umlaufvermögens berechnet. Hierbei werden insbesondere Einzelwertberichtigungen, Sammelwertberichtigungen und → Pauschalwertberichtigungen unterschieden.

Abwertung
Devalvation

Änderung des → Wechselkurses durch Senkung des Außenwertes der Inlandswährung oder Erhöhung des → Devisenkurses. A. senkt den Preis für eine Währungseinheit des Inlandes (z.B. DM), ausgedrückt in Währungseinheiten eines anderen Landes (z.B. US-$), so daß z.B. 1 DM nicht mehr 0,5733 $, sondern 0,5500 $ kostet. Zu einer DM-A. kommt es im System frei schwankender Wechselkurse, wenn Ausländer an der → Devisenbörse mehr DM anbieten, im System fester Wechselkurse durch vom Staat vorgenommene Änderung des Wechselkurses. Die Folge der A. ist Verbilligung und somit Steigerung der Exporte des A.slandes bzw. Verteuerung und deshalb Minderung der Importe. Durch A. erstrebt das betreffende Land einen Wettbewerbsvorteil auf dem Weltmarkt und erwartet den Abbau eines Zahlungsbilanzdefizites.

Abwicklung

1. Durchführung von Transaktionen und Geschäften aller Art.

2. → Liquidation von → Börsentermingeschäften (Skontration) in der Regel mit Hilfe besonderer Institutionen (Liquidationsvereine). Nicht jedes Einzelgeschäft wird liquidiert, sondern bei jedem Titel der → Saldo aller Engagements. Der dafür anzuwendende Liquidations- oder Kompensationskurs wird von dem zuständigen Börsengremium festgesetzt. Etwa auftretende Differenzbeträge werden untereinander ausgeglichen.

3. Auflösung von Gesellschaften wie z.B. einer → Aktiengesellschaft. Vorgang der planmäßigen Beendigung eines Unternehmens. Die Liquidatoren müssen die Gläubiger der Gesellschaft dreimal in den Gesellschaftsblättern auffordern, ihre Ansprüche bekanntzugeben. Sie haben die laufenden Geschäfte zu führen, das Vermögen zu monetisieren und die Gläubiger zu befriedigen. Frühestens ein Jahr nach dem letzten Gläubigeraufruf darf das verbleibende Vermögen an die Aktionäre verteilt werden. Für Banken gelten besondere A.svorschriften: Außer der planmäßigen Beendigung des Bankbetriebs kann das Bundesaufsichtsamt für das Kreditwesen (BAK) die A. bestimmen.

Accumulate

Akkumulationsphase

Akkumulieren

Nach größeren Preisrückschlägen häufig zu beobachtende Verhaltensweise. Größere Mengen einer Ware (eines Wertpapiers) werden in der Absicht gekauft, diese auch längere Zeit zu halten.

Die Ware (das Wertpapier) wird regelrecht aus dem Markt genommen. Die Akkumulierungsphase ist oft der Beginn eines starken Preisaufschwungs.

→ Dow-Theorie.

Actuals

die Futures-Kontrakten zugrundeliegenden Instrumente (Zinstitel, → Devisen, Waren) am → Cash-Market (Kassamarkt, → Spot-Market).

ADL

→ Advance/Decline-Linie.

ADR's

American Depository Receipts

US-amerikanische Hinterlegungszertifikate; sie verkörpern eine bestimmte Stückzahl von hinterlegten, ausländischen Originalaktien, in der Regel 5, 20 oder 100 Stück. Diese A. sind über die Niederlassungen einer Depository Bank international handelbar bzw. werden über eine Sponsorbank auf dem US-amerikanischen → Kapitalmarkt – etwa im → Freiverkehr an US-Börsen – gehandelt (z.B. Daimler-ADR).

Adresse

Bezeichnung für Marktteilnehmer im Bankbereich. Eine erste o. zweite A. bzw. gute o. schlechte A. unterscheidet nach → Bonität, Kreditwürdigkeit, → Konditionen usw., je nach Zweck der Verbindung. Bei Geldmarktgeschäften z.B. führen größere Banken A.nlisten.

Advance/Decline-Linie

ADL

Graph der Kursänderungen aller im Markt befindlichen → Aktien längs der Zeitachse anhand der Advance-Decline-Zahlen. Diese werden börsentäglich als Differenz zwischen der Zahl der Aktien mit Kurssteigerungen und der Zahl der Aktien mit Kursminderungen gegenüber dem Vortag ermittelt.

Beispiel: Am 2.1. eines Jahres hat die A. den Wert 100. Am 3.1. haben 60 Aktien Kurssteigerungen und 90 Aktien Kursminderungen. Die Advance/Decline-Zahl beträgt –30; somit fällt die A. am 3.1. von 100 auf 70.

Die A. ist ein Instrument der technischen → Aktien(markt)analyse. Im allgemeinen zeigt sie eine Trendwende früh an.

Afloats

„Schwimmende Ware": Noch auf dem Weg befindliche Ware. Ware, die noch auf Schiffen oder oder dergleichen verladen ist. Ware, die noch nicht am Lieferort angekommen ist.

AG
→ Aktiengesellschaft.

Agio
Aufgeld

Preisaufschlag auf den → Nennwert eines Wertpapiers oder die → Parität einer Devise. A. ist insbesondere bei einer Wertpapieremission üblich. Ausnahme bildet dabei die → Emission von → Schuldverschreibungen, bei der ein A. selten, ein → Disagio dagegen häufig anfällt. Bei → Aktien sind Unterpariemissionen verboten, die Aktienausgabe mit A. jedoch die Regel. Ein A. fällt zumeist auch beim Umtausch von → Wandelanleihen in Aktien und bei der Optionsausübung durch einen Optionsscheininhaber an.

AIBD
Association of International Bond Dealers

Internationale Rentenhändlervereinigung. Sie hat ein Verfahren zur Effektivzinsberechnung (AIBD-Rendite) entwickelt, das vor allem bei der Ermittlung der → Renditen von Wertpapieren Anwendung findet. Bei dieser Methode erfolgt die tägliche → Kapitalisierung: Die für einen Tag angefallenen Zinsen werden unabhängig von den Zeitpunkten der Zinsverrechnung dem Kapital zugeschlagen.

Akku-Anleihen
Andere Bezeichnungen für → Zerobonds, → Nullcouponanleihen, → Zero-Briefe, → Zinssammler oder → Aufzinsungsanleihe.

Akkumulationsphase
→ Accumulate.

Akkumulieren
→ Accumulate.

AktG
Aktiengesetz

Gesetz für → Aktiengesellschaften und → Kommanditgesellschaften auf → Aktien vom 6.9.1965, das durch das Einführungsgesetz zum Aktiengesetz (EGAktG) ergänzt wird und später teilweise geändert wurde. Das A. besteht aus fünf Büchern: Aktiengesellschaft; Kommanditgesellschaft auf Aktien; → Verbundene Unternehmen; Verschmelzung, Vermögensübertragung, Umwandlung; Sonder-, Straf- und Schlußvorschriften. Neben den allgemeinen Rechnungslegungsvorschriften im HGB, sind im A. ergänzende Regelungen für AG und KGaA über den → Jahresabschluß, Konzernabschluß und → Lagebericht sowie die Vorlage an und Prüfung durch den → Aufsichtsrat, Feststellung und Gewinnverwendung enthalten.

Aktie
1. Begriff. Die → Aktie ist ein Wertpapier, das einen Anteil am → Grundkapital einer → Aktiengesellschaft verkörpert. Ihre Normalform wird in der deutschen Realität durch folgende Tatbestände charakterisiert: sie ist (1) eine Nennwertaktie mit einer Stückelung von mindestens 50 DM nominell, die (2) sämtliche Gesellschafterrechte (→ Stimmrecht, Dividendenanspruch, Liquidationserlös) uneingeschränkt verbrieft und (3) den Aktionär zur Bareinlage entsprechend den → Bezugsbedingungen verpflichtet. Sie kann weiter (4) von jedermann erworben und (5) jederzeit formlos übertragen werden.

Aus der Variierung der fünf genannten Tatbestände ergeben sich verschiedene Spezialtypen, wobei allerdings die Eigenkapitalhaftung nicht eingeschränkt werden kann (Ausnahme: Reduzierung bei einer Sonderform der → Vorzugsaktie).

2. Stückelung der Aktie. Unter diesem Kriterium zeigen sich verschiedene Erscheinungsformen.

a) Generell stehen sich die (kontinentale) Nennwert- oder Summenaktie (über einen festen Nominalwert lautend bei festem Grundkapital der Gesellschaft) und die angelsächsiche → nennwertlose oder → Quotenaktien gegenüber, die über einen Bruchteil des (variablen) → Eigenkapitals der AG lautet. Die Nennwertaktie kennt (unabhängig von ihrer Marktbewertung) im Gegensatz zur Quotenaktie drei Werte: den → Nominalwert („pari"), den → Ausgabekurs (i.d.R. mit → Agio = Zuzahlung auf den Nominalwert ausgestattet) und den → „Bilanzkurs" (Grundkapital plus → Rücklagen dividiert durch Grundkapital multipliziert mit dem Nominalwert), der dem Wert der Quotenaktie entsprechen würde.

b) Der Mindestnennbetrag der deutschen Aktien ist – ebenso wie das Mindestgrundkapital der AG – entgegen der laufenden Kaufkraftminderung der jeweiligen Währungseinheit ständig rückläufig: Er fiel von 1.000 Mark bzw. RM (seit 1884) über 100 DM (1948) und 50 DM (Kleinaktie, 1965) auf 5 DM (→ „penny-stock", 1993), was mit dem Wunsch nach Erschließung neuer Käuferschichten begründet wurde, zugleich aber die „Klein-Aktie" zu einem teuren Finanzierungs- und Anlageinstrument machte. Als Normalform gilt derzeit die 50 DM Aktie.

c) Die „Globalaktie" faßt als individuelle Urkunde mehrere Einzelaktien zusammen zum Zweck einer Vereinfachung der Wertpapierverwaltung (verbreitet bei → Kapitalerhöhungen, wenn nur wenige → Großaktionäre angesprochen werden sollen).

3. Gestaltung der Eigentümerrechte. Neben der Normalaktie (→ „Stammaktie") gibt es drei Sonderformen.

a) → Vorzugsaktie: die Vorzüge beziehen sich i. allg. auf Gewinnansprüche (ausnahmsweise auf → Bezugsrechte oder Bevorzugung beim Liquidationserlös). Sie werden ausgegeben, wenn sich Stammaktien angesichts der ungünstigen Kurse der Altaktien im Hinblick auf das Verbot einer Unterpari-Emission nicht unterbringen lassen. Typischer Anlaß ist indes die Absicht, eine „Überfremdung" zu verhindern (stimmrechtslose Vorzugsaktien). Diese Aktie böte sich als ideale Anlage für Kleinsparer an, die ihr Stimmrecht nicht ausnützen und es an ihre → Hausbank übertragen (→ Depot- oder Verwaltungsstimmrecht). Allerdings beschränkt das Aktienrecht die Ausgabe der Vorzugsaktien auf den Betrag der „Stammaktien". (Alternative: → Genußscheine). Die meisten Gesellschaften kennen nur Stammaktien.

b) Die Höchststimmrechtsaktie vollzieht den Übergang von der „kapitalistischen Unternehmungsdemokratie" zur „genossenschaftlichen Demokratie", die Stimmrechtsbeschränkung, ungeachtet des tatsächlichen Anteils (z.B. auf 1% des Grundkapitals, obwohl der Aktionär Aktien im Gesamtbetrag von 10% des Grundkapitals besitzt), kann die Satzung bestimmen. Damit soll der Charakter einer „Publikumsgesellschaft" erhalten bleiben und die "Überfremdung" verhindert werden.

c) Die Mehrstimmrechtsaktie stellt ebenfalls eine Abkehr vom demokratischen Prinzip da: Sie verleiht den Inhabern für jede Aktien ein Vielfaches des Stimmrechts (bei 10.000-fachen Stimmrecht besitzt der Inhaber einer Mehrstimmrechtsaktie über nominell 1.000 DM die absolute Mehrheit einer Gesellschaft mit einem Grundkapital von 10 Mio. DM. Seit 1937 dürfen Mehrstimmrechtsaktien nur im gesamtwirtschaftlichen Interesse nach staatlicher Genehmigung begeben werden. Aufgrund des Aktiengesetzes von 1965 kann die → Hauptversammlung mit qualifizierter Mehrheit (drei Viertel des Grundkapitals) die Aufhebung der Mehrstimmrechte beschließen. Die Mehrstimmrechtsaktie hat damit in Deutschland keine praktische Bedeutung mehr.

4. Gegenleistung der Aktionäre. a) Die Normalaktie ist das Äquivalent für eine volle Bareinzahlung seitens des Aktionärs.

i. Erste Abweichung von dieser Norm stellt die „nicht volleingezahlte Aktie" dar. Diese ist charakteristisch für Gesellschaften, die das Eigenkapital primär für die Wahrnehmung der Garantiefunktion brauchen (z.B. Versicherungsgesellschaften). Die Mindesteinlage beträgt 25% des Nennwerts.

ii. Als zweite Abweichung vom Prinzip der Bareinzahlung gilt die Erlaubnis der → Sacheinlage – die allerdings nur im Zusammenhang mit Gründungen oder → Fusionen auftritt.

b) Eine Erweiterung der Bareinzahlungspflicht wird mit der „Nebenverpflichtungsaktie" begründet, deren zusätzliche Verpflichtung auf Werkstofflieferungen beschränkt ist. Diese Aktiensonderform findet sich in der Zucker- und Zelluloseindustrie, bei Molkereien sowie bei Brennereien.

c) Normaltyp sowie die bisher erwähnten Sonderformen sind → Finanzierungsinstrumente, durch die sich die Unternehmung zusätzliches Kapital beschafft. Als Sonderformen gelten Aktien, deren Ausgabe kein Mittelzufluß von außen gegenüber steht.

i. Am bekanntesten ist die → Gratis- oder → Berichtigungsaktie (Umwandlung von Rücklagen in Grundkapital). Die laufende Gewinnthesaurierung führt zu einem ständigen Kursanstieg der Aktie, die dadurch „schwer" wird. Durch die Ausgabe der Gratisaktie wird ein entsprechender Kursfall ohne Vermögensschaden für den Aktionär erreicht.

ii. Die gleiche Funktion wie die → Ausschüttung von Gratisaktien bewirkt das Aktien-Splitting. Dieser Weg der „Aktienerleichterung" ist charakteristisch für Quotenaktien, während die Ausgabe von Gratisaktien auf die Nennwertaktie zugeschnitten ist.

iii. Schließlich bietet sich die Ausgabe von Aktien auch bei der Gewinnabführung an. Der Reingewinn wird dabei auf das Grundkapital übertragen, wobei den Altaktionären zusätzliche Aktien zugeteilt werden. Diese „Wertpapierdividende" ist in Deutschland durch steuerliche Vorschriften praktisch nicht einsetzbar, da diese Ausschüttungsform dem erhöhten Steuersatz für Thesaurierung unterliegt. Als Alternative wurde das „Schütt-aus-hol-zurück"-Verfahren entwickelt. (Kapitalerhöhung nach Dividendenfestlegung), die allerdings mit einem Emissionsrisiko verbunden ist.

5. Kreis der Erwerbsberechtigten. a) Normalerweise entsteht die Aktie mit der ordentlichen Kapitalerhöhung, bei der dem Aktionär das gesetzliche oder vertragliche Bezugsrecht (Einschaltung von Banken zur technischen Abwicklung) zusteht. Entsprechendes gilt für eine „bedingte Kapitalerhöhung", mit deren Hilfe dem Umtauschanspruch von Wandelobligationen und dem Bezugsrecht bei → Optionsanleihen und -genußscheinen genügt werden soll. Damit ist der Kreis der Bezugsberechtigten zunächst auf die Altaktionäre eingeschränkt. Über den Verkauf des Bezugsrechts seitens der am Bezug nicht interessierten Altaktionäre wird der Erwerb schließlich jedermann ermöglicht.

b) Die Hauptversammlung kann das Bezugsrecht ausschließen oder aber für eine noch durchzuführende Kapitalerhöhung den → Vorstand oder → Aufsichtsrat hierzu ermächtigen (genehmigte Kapitalerhöhung). Hier liegen gezielte Maßnahmen zur Auffindung bestimmter Aktionäre vor, sofern nicht die Kapitalerhöhung der Unterbringung der Aktien im Publikum dient (moderne Sonderform: „Euro-Aktie" mit dem Ziel einer europaweiten Placierung). Eine solche Absicht liegt im allgemeinen den Vorrats- oder Verwertungsaktien zugrunde. Im Gegensatz zum „genehmigten Kapital", das noch nicht untergebracht ist, handelt es sich hierbei um Aktien, die ein Dritter (regelmäßig Hausbank) „für Rechnung der Gesellschaft" erworben hat. Er ist dabei gehalten, die neuen Aktien den Weisungen der Gesellschaft entsprechend definitiv unterzubringen. Solche Vorratsaktien entstehen im allgemeinen aus nicht untergebrachten Kapitalerhöhungen.

c) Eine weitere „gezielte" Einschränkung des Kreises der Bezugsberechtigten finden wir bei den beiden letzten Sonderformen: der → Belegschafts- und Volksaktie. Der Ausgabe beider Typen liegen primär andere als Finanzierungsmotive zugrunde; auch finden sich teilweise zeitliche Verfügungsbeschränkungen.

i. Die Belegschaftsaktie ist ein Mittel zur „Erhöhung der Arbeitsproduktivität" im allgemeinen und zur freiwilligen Bindung der Arbeitnehmer an die Unternehmung im besonderen. Die Zuteilung hängt von der Betriebsangehörigkeit ab und erfolgt regelmäßig zu Sonderkonditionen unter Fixierung einer gewissen Verkaufssperrfrist, um damit Kursschwankungen der Aktien an den Märkten auszuschließen.

ii. Bei der Ausgabe von Volksaktien stehen der Wunsch nach Privatisierung öffentlicher Betriebe und das Ziel einer breiten Eigentumsstreuung gleichberechtigt nebeneinander. Der Kreis der Erwerbsberechtigten von Volksaktien wird im allgemeinen durch ein Höchsteinkommen beschränkt.

6. Verfügungsmöglichkeiten des Eigentümers. Unter dem Kriterium der Übertragbarkeit unterscheidet man in Anlehnung an das Wertpapierrecht drei Aktienkategorien: → Inhaber-, → Namens- und → vinkulierte Namensaktie als → Inhaber-, → Order- und Rektapapiere. Dem Wesen der AG als „société anonyme" entspricht die Inhaberaktie, die formlos erworben und übertragen werden kann. Sie gilt als der kontinentale Normaltyp. Die Namensaktie als Orderpapier entspricht der angelsächsischen Vorstellung, wo sie praktisch Ausschließlichkeitscharakter genießt. Ihre Übertragung setzt ein Indossament auf der Urkunde und Eintragung im → Aktienbuch der Gesellschaft voraus (§§ 67f. AktG), wobei eine Vereinfachung des Handels mit Hilfe des Blanko-Indossaments bewirkt wird. Die Inhaberaktie spricht die Öffentlichkeit an (→ Fungibilität); die Namensaktie möchte „Überfremdungen" erschweren. Hierzu ist besonders die vinkulierte Namensaktie geeignet (de facto Rektapapier). Ihre Übertragung ist an die Zustimmung der Gesellschaft gebunden. Neben der Überfremdungsverhinderung sind Bonitätsmotive Anlaß für die Wahl dieser Aktienform: Dies trifft immer dann zu, wenn die Gesellschaft noch Ansprüche gegen den Aktionär hat (Nebenverpflichtungsaktien, nicht voll eingezahlte Aktien). Vinkulierte Namensaktien können nur unter erheblichen Zugeständnissen an die Fungibilität die Börsenfähigkeit erhalten: Die Gesellschaft muß sich verpflichten, die Genehmigung zum Verkauf nur bei Vorliegen triftiger, konkret aufgeführter Gründe zu untersagen (z.B. mangelnde → Bonität oder entsprechende Nationalität).

Lit.: Hahn, O.: Finanzwirtschaft. 2. A., Landsberg 1983, S. 217-224, S. 320-330. Gebhard, G. et. al. (Hrsg.): Handbuch des Finanzmanagements. München 1993, S. 287-344. W. Gerke u. M. Steiner (Hrsg.): Handwörterbuch des Finanz- und Bankwesens. 2. A., Stuttgart 1994.

Prof. Dr. O. Hahn, Erlangen-Nürnberg

Aktienanalyse

Wertpapieranalyse

Systematische Bewertung von → Aktien im Hinblick auf eine potentielle Kauf- oder Verkaufsentscheidung. Man unterscheidet zwei grundsätzlich verschiedene Analysemethoden: die → Fundamentalanalyse und die → technische Analyse (Chartanalyse).

Ziel der Fundamentalanalyse ist es, auf der Grundlage der Ertrags- und Bilanzzahlen der AG sowie von ökonomischen Aktienmarktindikatoren den inneren Wert der Aktien zu bestimmen, der mit dem tatsächlichen Börsenkurs (Marktpreis) verglichen wird. Im Gegensatz dazu werden in der technischen A. lediglich externe Daten des → Aktienmarktes berücksichtigt. Hier wird versucht, anhand von Kurs- und Umsatzbewegungen der einzelnen Aktien oder Aktiengruppen Gesetzmäßigkeiten (Formationen) zu erkennen, die Aufschluß über einen möglichen zukünftigen Kursverlauf geben können. Dabei wird unterstellt, daß sich bestimmte Kursentwicklungen wiederholen. Die Kursverläufe werden für die Bewertung der Aktien graphisch dargestellt. Diese Diagramme, die sogenannten → Charts, können dabei für einzelne Aktien, aber auch für Aktiengruppen (z.B. für eine Branche oder für alle börsennotierten Aktien) erstellt werden, um den jeweiligen Trend zu erfassen.

Beide Verfahren weisen zwar unterschiedliche Ansatzpunkte auf, sie können sich jedoch in Bezug auf die Kursprognose ergänzen.

Aktienarten

→ Aktien lassen sich nach verschiedenen Kriterien klassifizieren. Nach Art und Grad der Übertragbarkeit unterscheidet man → Inhaberaktien, → Namensaktien und → vinkulierte Namensaktien. Die Inhaberaktie kommt in Deutschland am häufigsten vor. Ihre Eigentumsübertragung vollzieht sich einfach und kostengünstig durch Einigung und Übergabe (§ 929 BGB). Bei Namensaktien erfolgt die Übertragung durch Indossament und Übergabe. Der jeweilige Inhaber der Aktie wird mit Namen, Beruf und Wohnort in das → Aktienbuch der → Aktiengesellschaft eingetragen. Bei vinkulierten Namensaktien ist die Übertragung zusätzlich an die Zustimmung der Gesellschaft gebunden.

Je nach Umfang der verbrieften Rechte unterscheidet man → Stamm- und → Vorzugsaktien. Stammaktien sind mit sämtlichen Rechten gemäß Aktiengesetz ausgestattet, während bei Vorzugsaktien bestimmte Vorrechte gegenüber den Stammaktien verbrieft sind. Der Vorzug kann durch eine besondere Regelung bezüglich der → Dividende, des → Stimmrechts oder des Liquidationserlöses gekennzeichnet sein. Für die Vorrechte müssen in der Regel Einschränkungen anderer Rechte in Kauf genommen werden.

Eine andere Unterteilung der Aktien ist nach Art der Aufteilung des gezeichneten Kapitals üblich. Danach unterscheidet man Summen- bzw. Nennwertaktien und → Quotenaktien. In den meisten kontinentaleuropäischen Ländern dürfen nur Nennwertaktien ausgegeben werden. Diese lauten auf einen festen Betrag, der gemäß § 8 AktG mindestens 50,– DM betragen muß oder durch 100 teilbar sein muß. Quotenaktien, die vor allem in Nordamerika üblich sind, verbriefen dagegen einen prozentualen Anteil am Reinvermögen der Gesellschaft. Die Quote richtet sich nach der Anzahl der ausgegebenen Aktien.

Durch → Emission von → Berichtigungsaktien (Zusatz-, Aufstockungs-, → Gratisaktien) wird das → Grundkapital einer AG erhöht, ohne daß neue Mittel von außen zufließen. Globalaktien umfassen mehrere Aktien in einer Urkunde.

Aktienbuch

Gemäß § 67 AktG von jeder → Namensaktien ausgebenen Aktiengesellschaft zu führendes Verzeichnis, in das der Aktionär nach Namen, Beruf und Wohnort einzutragen ist. Der Übergang der → Aktie auf den Erwerber ist nicht von der Eintragung in das A. abhängig. Dagegen kann der Erwerber Rechte gegen die AG, z.B. sein → Stimmrecht oder einen Gewinnanspruch, erst nach Eintragung in das A. geltend machen.

Aktienfonds

→ Investmentfonds, bei dem das Anlagekapital vorwiegend oder ausschließlich in → Aktien angelegt ist.

Aktiengesellschaft

AG

Privatrechtliche Unternehmensform. A. ist eine handelsrechtliche Gesellschaft mit eigener Rechtspersönlichkeit, für deren Verbindlichkeiten die Gesellschafter (Aktionäre, mindestens fünf Aktionäre sind für die Gründung einer A. erforderlich) nur mit ihrer Kapitaleinlage haften. Das Gesellschaftsvermögen (→ Grundkapital, mindestens 100.000,– DM) ist in → Aktien zerlegt. Die Leitungsbefugnis ist drei Organen übertragen: 1. Der → Vorstand leitet die A. und vertritt sie gerichtlich und außergerichtlich. 2. Der → Aufsichtsrat setzt sich aus Vertretern der Aktionäre und Arbeitnehmer zusammen. Er beruft den Vorstand und überwacht die Geschäftsführung. 3. Die → Hauptversammlung, durch die die Aktionäre ihre Rechte ausüben, wählt den Aufsichtsrat, entscheidet über die Gewinnverwendung, Satzungsänderungen und Änderungen des Grundkapitals.

Die A. kann sich über die → Emission von Aktien Grundkapital beschaffen. Sie genießt eine relativ große Kreditwürdigkeit wegen strenger Gläubigerschutzvorschriften, → Publizitätspflicht und Vorschriften über die Rücklagenbildung. Die A. hat sich im 17. Jahrhundert entwickelt und ist heute die typische Rechtsform für Großunternehmen. Großbanken weisen ebenfalls die Form der A. auf. 1991 gab es in der Bundesrepublik Deutschland 2776 A. mit einem Grundkapital von 152 Mrd. DM.

Aktiengesetz
→ AktG.

Aktienindex
Kennzahl (→ Preisindex), die die Entwicklung der Aktienkurse allgemein oder einzelner Aktiengruppen abbildet. In Deutschland werden regelmäßig verschiedene Aktienindizes berechnet. Zu den wichtigsten gehören:

- der A. des Statistischen Bundesamtes, der aufgrund einer Vielzahl börsennotierter → Stammaktien wöchentlich errechnet wird (Gesamtindex). Darüber hinaus berechnet das Statistische Bundesamt branchenspezifische Gruppenindizes.
- Der FAZ-Aktienindex (A. der Frankfurter Allgemeinen Zeitung), der auf der Basis von 1958 (= 100%) börsentäglich ermittelt wird und in dem 100 in Frankfurt notierte Kassawerte berücksichtigt werden.
- Der Index der Börsen-Zeitung, der die 30 meistgehandelten deutschen → Aktien umfaßt und viermal pro Börsentag ermittelt wird.
- Der Commerzbank-Index als der älteste börsentäglich ermittelte A. In ihm finden 60 deutsche Standardwerte Berücksichtigung.
- Der → Deutsche Aktienindex (DAX), der als laufender Index während der amtlichen Börsenzeit jede Minute neu berechnet und veröffentlicht wird. Er wird auf der Basis Ultimo 1987 (= 1.000) ermittelt und umfaßt 30 deutsche Aktien, die nach den Kriterien Umsatzaktivität, hohes → Grundkapital der AG und hohe Verbreitung der Aktien ausgewählt wurden. Der DAX stellt die Voraussetzung für den Index-Terminhandel dar. Für den Terminhandel wurde weiterhin der Index REX entwickelt, der auf Rentenwerten basiert.

Der bekannteste internationale Index ist der → Dow-Jones-Index, der auf der Grundlage von 30 industriellen Werten (den sogenannten → blue chips) an der New York Stock Exchange (NYSE) börsentäglich ermittelt wird.

Aktienindex-Fonds
→ Investmentfonds bzw. → Fonds, dessen Anlagestruktur einem → Aktienindex analog gestaltet ist. Die Fondsentwicklung folgt somit exakt dem Indexverlauf. Der Vorteil besteht insbesondere in der kostengünstigen Verwaltung, da die sonst notwendigen Umschichtungen des Fondsvermögens entfallen und immer eine Marktrendite erwirtschaftet wird. Der Markt wird dabei durch einen repräsentativen Aktienindex oder durch Baskets abgebildet. A. lassen sich in ihrem Umfang durch Spezialisierung auf Branchen oder ausgewählte Spitzenwerte einschränken. Es ergibt sich als Vorteil, nur eine begrenzte Zahl von Papieren einzubeziehen bzw. erwerben zu müssen, die den Markt ohnehin dominieren. Erweiterungen der nationalen A. in die internationale Ebene ist denkbar.

Aktienkapital
Das → Grundkapital einer → Aktiengesellschaft (→ gezeichnetes Kapital). Es

ist in Anteile, d.h. in → Aktien, zerlegt. Nach § 7 → AktG beträgt das A. mindestens 100.000,- DM.

Aktienmantel
→ Mantel.

Aktienmarkt
Nicht einheitliche Begriffsabgrenzung für den Handel mit → Aktien: Teilmarkt der → Börse für den Handel mit Aktien; im engeren Sinne nur der amtliche Handel, eventuell auch der → Geregelte Markt sowie der → Freiverkehr; im weiteren Sinne auch der Handel mit Aktien außerhalb der Börse (→ Telefonverkehr).

Aktiensplit
Aufteilung von → Aktien, insbesondere in den USA. → Split, → Splitting.

Aktionärsrechte
Rechte des Inhabers von → Aktien einer → Aktiengesellschaft, also des Anteilseigners einer AG. Sie sind überwiegend im AktG und in der Satzung geregelt.

Der Aktionär hat ein Recht auf Beteiligung am Reinerlös (→ Dividende), bei Auflösung der AG ein Recht auf einen Anteil am Liquidationserlös. Er besitzt Stimmrecht und Auskunftsrechte in der → Hauptversammlung. Um seine Interessen zu schützen, verfügt er noch über besondere Rechte, etwa das Recht die Beschlüsse der Hauptversammlung anzufechten oder gegebenenfalls im Rahmen der Minderheitsrechte eine außergewöhnliche Hauptversammlung zwingend herbeizuführen. Schließlich gehört das → Bezugsrecht zu den A.: Dies steht dem Aktionär im allgemeinen bei der Ausgabe neuer Aktien oder von → Wandelschuldverschreibungen zu.

Das Gegenstück zu den A. sind die Aktionärspflichten. Die wesentlichste Pflicht des Aktionärs ist die zu Zahlungen gegenüber der AG bis zur Höhe des Nennbetrages (Nennwertes) bzw. des satzungsmäßigen höheren Ausgabebetrages der Aktie.

Aktiva
Die auf der Soll-Seite der → Bilanz ausgewiesenen, dem Unternehmen wirtschaftlich zugehörigen Vermögensgegenstände, Rechnungsabgrenzungsposten und Bilanzierungshilfen. Die als A. ausgewiesenen Positionen werden nach der voraussichtlichen Dauer der Unternehmenszugehörigkeit in → Anlagevermögen und → Umlaufvermögen untergliedert.

Aktivierung
In bilanziellem Sinne Ansatz von Vermögensgegenständen, Rechnungsabgrenzungsposten und Bilanzierungshilfen auf der Soll-Seite der Bilanz, gemäß § 253 HGB mit ihren Anschaffungs- oder Herstellungskosten, gegebenenfalls abzüglich → Abschreibungen.

Aktivste Werte
Wertpapiere, deren Kurs die größte → Volatilität und die den größten → Umsatz aufweisen.

AKV
Deutscher Auslandskassenverein AG

Verwahr- und Buchungsstelle für ausländische Wertpapiere.

All-Time-High
Höchster je bezahlter Preis, also ein historisches Hoch.

All-Time-Low
Tiefster je bezahlter Preis, also ein historisches Tief.

Alte Aktie
Bezeichnung für eine → Aktie, die im Gegensatz zur → jungen Aktie entweder im Kapitalerhöhungszeitpunkt mit einem Bezugsrecht oder für das restliche Geschäftsjahr mit einem höheren Dividendenanspruch ausgestattet ist.

am-Geld
→ at-the-money.

American Depository Receipts
→ ADR's.

American Stock Exchange
→ AMEX.

Amerikanische Option
→ Kauf- oder → Verkaufsoption, die je-

derzeit während der Optionsfrist ausgeübt werden kann.

AMEX
American Stock Exchange

Börsenplatz in New York (86 Trinity Place, New York, N.Y. 10006, USA) für typischerweise kleinere Unternehmen mit erheblich geringerem → Volumen als der New York Stock Exchange (NYSE). Eine der wichtigsten Wertpapierbörsen der USA, die vornehmlich in Aktienindexoptionen (Airline, Oil, Computer Technologie und wichtige Marktindexoptionen) handelt.

Auf der Grundlage der Werte vom 31.8.1973 mit der Basis 100 wurde der American Stock Exchange Index (ASE-Index) gebildet.

Aufgrund der Struktur des Marktes beeinflussen Veränderungen bei kleineren Gesellschaften die Entwicklung des ASE-Index überproportional.

Amortisationsanleihen
→ Anleihen, bei denen der Anleihenbetrag periodenweise (jährlich, halbjährlich oder anders) etwa wie ein Bankdarlehen getilgt wird.

Amtliche Makler
Hilfsorgane des → Börsenvorstandes bei der Abwicklung des amtlichen Handels für die Kursfeststellung. Im Rahmen der ihnen übertragenen Zuständigkeiten werden A. bei der marktgerechten Feststellung der Börsenkurse selbständig tätig. Ihr Entgelt ist die → Courtage. A. werden vom Wirtschaftsminister des jeweiligen Bundeslandes bestellt und vereidigt und dürfen innerhalb des Geschäftszweiges, für den sie bestellt sind, keine Geschäfte für eigene Rechnung abschließen. A. ist Kaufmann gemäß HGB.

Amtliche Notiz
Börsennotierung, Festsetzung der amtlichen Börsenkurse durch den → Börsenvorstand, der diese Aufgabe den amtlichen → Kursmaklern übertragen kann. In Deutschland erfolgte die Notierung ursprünglich fast ausnahmslos in v.H. des Nennwertes (→ Prozentnotierung). Seit 1.7.1969 werden für Aktien nur noch Notierungen in DM pro Stück vorgenommen (→ Stücknotierung).

Amtlicher Devisenkurs
Wechselkurs, Exchange rate

Preis einer Währung, ausgedrückt in Einheiten einer anderen Währung. Zwei mögliche Formen:

- Preisnotierung (allgemein üblich): Preis einer Einheit der ausländischen Währung in inländischen Währungseinheiten. Beispiel 1,70 DM/1 US-$.
- Mengennotierung (z.B. in Großbritannien und Irland): Der → Devisenkurs gibt die Menge ausländischer Währungseinheiten an, die für eine Einheit der inländischen Währung erhältlich ist. Beispiel: 0,58 US-$/1 DM.

Man unterscheidet Ankaufkurs (→ Geldkurs) und Verkaufspreis (Briefkurs). Die Differenz heißt Kursspanne. Weiter wird in Devisenkassakurs und Devisenterminkurs unterschieden.

Der A. wird an der → Devisenbörse ermittelt, einer Marktveranstaltung der Banken in „Auslandszahlungen“, d.h. Guthaben bei ausländischen Banken in ausländischer Währung.

Deutsche Devisenbörsen sind Abteilungen der Effektenbörse. → Leitbörse ist Frankfurt.

Die Kurse werden im telefonischen Ringgespräch ermittelt. Gehandelt werden alle zum amtlichen Handel zugelassenen → Devisen.

Die bedeutendsten internationalen Devisenbörsen sind New York, London, Tokyo, Frankfurt/M. und Zürich.

Amtlicher Handel
amtlicher Markt

Handel an den deutschen Wertpapierbörsen für besonders zugelassene Wertpapiere. Die Abwicklung der Börsengeschäfte sowie die Kursfeststellung und -notierung erfolgt durch vereidigte → Kursmakler. Sie haben den → Kurs festzustellen, zu dem der größtmögliche → Umsatz getätigt werden kann. Die Börsenkurse werden entweder börsentäglich nur einmal während der Börsenzeit festgesetzt (Einheits- oder Kassamarkt) oder für Wertpapiere mit größeren Umsatzvolumina fortlaufend, d.h. mehrmals täglich, ermittelt (variabler Markt). Neben dem A. bestehen im börslichen Handel weiterhin der → Geregelte Markt und der → Freiverkehr. Auch müssen die Wertpapiere zunächst zum Handel zugelassen werden, jedoch sind die Anforderungen hier nicht so streng wie für den A.

Für den A. mit → Aktien sind insbesondere folgende im → Börsengesetz niedergelegte Anforderungen von der kapitalsuchenden Unternehmung zu erfüllen:

Bei → Börsenzulassung ist ein Prospekt mit genauen Angaben über die Gesellschaft, die drei Jahre existieren und mindestens Aktien im → Nennwert von 2,5 Mio. DM emittieren muß, vorzulegen. Bei falschen oder unvollständigen Angaben im Prospekt haften die Gesellschaft und die unterzeichnete Bank als Gesamtschuldner. Jährlich müssen eine → Bilanz und Zwischenberichte in einem Pflichtblatt, z.B. Frankfurter Allgemeine Zeitung, veröffentlicht werden.

Amtlicher Markt
→ Amtlicher Handel.

Anderdepot
Bei der Drittverwahrung von Wertpapieren verbucht der Drittverwahrer alle Wertpapiere, die ohne einen besonderen Hinweis des Zwischenbewahrers deponiert werden sollen, im A. Nach dem Grundsatz der Fremdvermutung sind solche Wertpapiere als Eigentum des Hinterlegers anzusehen. Diese Wertpapiere haften nur für die Kosten der Verwahrung (z.B. Depotgebühren).

Andienung
Erfüllung eines Finanzterminkontrakts auf Veranlassung des Clearing-Houses in Form von Belieferung eines Käufers, dem die Forderung aus dem → Kontrakt zusteht. Zu unterscheiden ist physische A. für → Financial Futures auf konkreter Basis (Zins-, Währungs-Futures) und Bar-A. für Financial Futures auf abstrakter Basis (Index-Futures).

Anfangskurs
Zum vom → Börsenvorstand bestimmten Zeitpunkt werden an den deutschen Börsen A., → Einheitskurs und → Schlußkurs festgestellt.

Der A. ist der → Kurs, zu dem alle die → Orders ausgeführt werden, die bei Beginn der Börse dem → Makler vorliegen.

Anlage- und Umlaufvermögen
Vermögensgegenstände eines Unternehmens, die nach Nutzungsdauer in → Anlagevermögen und → Umlaufvermögen unterteilt werden.

Anlageberatung
1. Anlageberatung als Basis der Vermögensanlage. Die Inanspruchnahme von Anlageberatung ist eine der drei Formen zur Vorbereitung der Vermögensanlage, die als Erwerb, Unterhaltung und fallweise Veräußerung von Immobilien, Wertpapieren, Geld und beweglichen Sachen (insbesondere Edelmetalle) erfolgt. Auf unterster Ebene rangiert die Vermögensanlage aufgrund eigener Recherchen der Anleger: Sie bietet sich an für Experten, die unmittelbaren Zugang zu Informationsquellen besitzen und über entsprechende Zeit sowie Sachverstand verfügen. Die „gehobene" (zweite) Form ist die Anlage über eine Mitwirkung Dritter mit den beiden Extremformen reiner Informationsübermittlung einerseits und der Überlassung von Problemlösungen seitens der Berater andererseits: Nur die letztgenannte Form kann als A. gelten. Auf höchster Ebene vollzieht sich die Übernahme der Anlage und ihrer Verwaltung durch Dritte: in den Formen der Mitgliedschaft in einem Effekten- oder Aktien-„Club", als Erwerb von → Investmentzertifikaten (mit der „höchsten" Form des Dachinvestment) und schließlich als Vermögensver-

waltung (Trustgeschäft der Banken), letzteres mit der Investmentkonzeption kombinierbar (→ „Fonds-Picking").

2. Wesen der Anlageberatung. Mit der A. liefern Dritte dem Anleger die eigentliche Entscheidungsgrundlage. Dem Berater wird dabei eine Problemanalyse und ein Lösungsvorschlag abverlangt, wobei der „Erfolg" der Berater in einer Übernahme der Empfehlung durch den Ratsuchenden besteht. Die Anlageberatung setzt damit dreierlei voraus (Wolfgang Nagel): erstens das Vorliegen eines quantifizierbaren Problems mit alternativen Lösungsmöglichkeiten. Zweitens eine Institutions die aufgrund von Informationsvorsprung und Sachverstand einen Beratungsbedarf erfüllen kann (Anlageberater). Drittens schließlich ein Mitwirken des (aktuellen bzw. potentiellen) Anlegers.

3. Die Beteiligten. Es stehen sich Ratgeber und Ratsuchender gegenüber, woraus i.d.R. ein Interessenkonflikt des Ratgebers entsteht.

a) Als Ratgeber treten – neben Steuerberatern und Rechtsanwälten im Nebengeschäft – einmal gewerbliche Spezialisten, zum andern Universalbanken auf.

Für die erste Gruppe ist Anlageberatung ein Hauptgeschäft, das unmittelbare Entlohnung verlangt. Keine Anlageberater sind die unter dieser Bezeichnung firmierenden Verkäufer von Investmentzertifikaten (Absatzorgane einer bestimmten Investmentgesellschaft; „Fonds-Boutiquen"). Unter den Spezialisten dominieren heute die Herausgeber von Börseninformations-Diensten, die allerdings keine spezielle, auf die besonderen Verhältnisse des Anlegers ausgerichteten Anlageempfehlungen geben. Der unabhängige individuelle Anlagenempfänger ist weitgehend ausgestorben. Die Anlageberatung der Universalbank stellt – entgegen vielfach anderslautender Interpretation – für diese nach wie vor eine Nebenleistung dar: sie erfolgt gratis und bezweckt die Erzielung von (Provisions-)Erlösen aus empfohlenen Abschlüssen. Im folgenden soll die universalbankgetragene A. im Mittelpunkt der Betrachtung stehen.

b) Der Ratsuchende bezweckt mit der Inanspruchnahme eine Entscheidungshilfe: teils um Eigeninformationsbeschaffung und -interpretation zu ersparen (Regel), teils zur Kontrolle der Ergebnisse eigener Entscheidungsvorbereitung.

c) Aus den divergierenden Interessenlagen heraus erwächst bei den Banken ein vielschichtiger Interessenkonflikt. Dieser ergibt sich aus dem Banksortiment, den Kosten und der menschlichen Komponente der Berater und schließlich dem Eigeninteresse der Bank. Die Konfliktlösung wird primär durch die Möglichkeiten einer Erfolgsmessung der Beratung und den Bankenwettbewerb erreicht; staatliche Gebote haben je nach Wirtschaftssystem zentrale, flankierende oder rudimentäre Bedeutung.

Der wohl wichtigste Interessenkonflikt schlägt sich in den Anforderungen an die Beratungsaktivität der Bank nieder.

Bei der Erstanlage nimmt der Ratsuchende Fühlung mit der Bank auf, formuliert seine Vorstellungen und erwartet eine Anlageempfehlung (passive A.). Er erhofft sodann nach erfolgter Anlage eine ständige Betreuung durch die Bank, die sich bei Bedarf in Umschichtungsvorschlägen äußert (aktive A.). Diese wird zwar von den meisten Universalbanken bei unterschiedlichen Mindestdepotbeträgen zugesagt, unterbleibt jedoch sehr oft aus Kostengründen. Eine entsprechende Ehrlichkeit würde einmal die Nennung hoher Mindestbeträge (500.000 bis 1 Mio. DM) für Effektendepots, zum anderen die Empfehlung der Termingeld- und (auf Dauerbestand ausgerichtete) Investmentanlage verlangen. Dem stehen jedoch einerseits Prestigeüberlegungen („Investment = Anlage des kleinen Mannes"), andererseits die fehlende Attraktivität des Investmentzertifikats für die verkaufende Bank gegenüber: Aktiendepots schlagen sich um und verschaffen den Bankstellen Provisionen, während Investmentzertifikate als Daueranlage nicht der Bankstelle, sondern der Konzernspitze der Investmentgesellschaft über die Gewinnabführung laufende Erträge erwirtschaften.

4. Die drei Phasen der Anlageberatung. Die meisten Banken beginnen die Anlageberatung mit der Publikation von „Börsenbriefen". Hierbei handelt es sich aber primär um Informationen zum Börsengeschehen, die (im Hinblick auf die spätere Nachprüfbarkeit) nur am Rande vereinzelt Kauf- und Verkaufsempfehlungen enthalten. Daneben gibt es noch in den Schalterauslagen hektographierte aktuelle Kaufangebote. Hier kann jedoch noch nicht von einer A. gesprochen werden, die man als einen dreiphasigen Vorgang charakterisieren kann.

a) Die A. beginnt mit der Orientierungsphase der Bank. Der Berater informiert sich über die besonderen Verhältnisse des Anlegers: Höhe des zur Verfügung stehenden Anlagebetrages, Zielvorstellungen (Sicherheit, → Liquidität, laufende Rendite, Wertzuwachs, jeweils primär oder kombiniert mit dem Zwang zur „Optimierung"), ferner Familien-, Einkommens- und Vermögensverhältnisse unter Berücksichtigung der Steuerbelastung sowie schließlich den Entscheidungshorizont (Vorhandensein eigener Sachkenntnis und Verfügbarkeit einer täglichen Dispositionszeit des Anlegers).

b) Die Auswertung der Ergebnisse dieser ersten Etappe leitet die Informationsphase gegenüber dem Anleger ein. Zunächst sollte hier aufgrund der besonderen Verhältnisse die Entscheidung fallen, ob die Direktanlage oder das Investment zu empfehlen ist. Im Anschluß daran steht die Selektion der für den Kunden jeweils günstigeren Alternative. Basis ist vielfach ein „Musterdepot".

c) Dem Selektionsprozeß schließt sich dann die Empfehlungsphase an. Es geht hier darum, für den Kunden entsprechende Kombinationen zu entwickeln und ihm ein → Portefeuille vorzuschlagen. Für die Direktanlage gilt nach wie vor die Fünfteilung (mit jeweils unterschiedlichen Gewichten) Sachgüter (insbesondere Gold), liquide Geldwerte (in- und ausländische Termingelder), → Renten, → Aktien und Grundbesitz, wobei vor allem innerhalb der → Effekten weiter zu streuen ist. Hier erweist sich dann jeweils die „aktive A." als erforderlich. Bei kleineren Vermögen (Schweizer Bankiervorstellungen: unter 1 Mio. SFR) empfehlen sich neben Gold und Termineinlagen Investmentzertifikate – letztere als Daueranlage mit einer Streuung innerhalb der zum Anlagezeitpunkt „besten" → Fonds unabhängig vom → Emittenten (wogegen von den meisten Banken verstoßen wird): Eine aktive Beratung ist lediglich bei Fälligkeit von → Einlagen bzw. Laufzeitfonds und Renten erforderlich, wo (ebenso wie bei geforderter „Passivberatung" beim Anfall neuer Anlagebeträge) jeweils die „besten" Alternativen unabhängig vom bisherigen Bestand zu empfehlen wären.

5. Die Leistungserstellung der Anlageberater. Für die Anlageberater bieten sich verschiedene Möglichkeiten zur Erlangung der für die Beratung notwendigen Fakten an.

a) Klassisches Instrument war die Selbsterstellung dieser Leistung. Dieses ist für Trust- und Verbundspitzen der Universalbanken sowie Investmentgesellschaften nach wie vor die Basis, die von dort den lokalen Bankstellen überlassen wird. Der klassische, unmittelbar mit der Börse verbundene Bankier ist als Selbstinformand im Hinblick auf die modernen Instrumente der Effektenbewertung und Portofolieselektion heute ausgestorben.

b) Diesen wie auch allen lokalen Bankstellen der Trusts und Verbunde stehen drei andere Möglichkeiten zur Verfügung. Der erste Weg ist der einer Beschaffung von Informationen von der Zentrale und/oder besonderer Informationsdienste (vgl. 3.a), die dann von der Bankstelle verarbeitet werden. Dieses Verfahren kann als Ausnahme gelten:

Als „individuell" wird demgegenüber heute nur das zweite Verfahren angesehen, das Ergebnis fremder Informationsverarbeitung (Kauf- und Verkaufsempfehlungen für die Kunden) kritisch zu analysieren: ein Weg, den vor allem größere Kreditgenossenschaften und verschiedentlich auch Großsparkassen beschreiten. Am verbreitetsten ist die (dritte) Methode, die „Empfehlung von oben" als Basis für die individuelle Anlageempfehlung zu nehmen (charakteristisch vor allem für Großbankfilialen, kleinere Sparkassen und die Masse der Kreditgenossenschaften). Damit wird eine gewisse „Egalisierung" der Anlageberatung der meisten Bankstellen erreicht, da sich heute nur noch Unterschiede in den Empfehlungen der Zentrale und nicht mehr (wie bis Ende der 60er Jahre) nach Bankengruppen ergeben.

6. Die Ermittlung der Beratungsqualität. Der Erfolg der A. läßt sich erst ex post in den Gewinnen oder Verlusten ermitteln, die der Anlager bei Befolgung der Empehlungen erreicht hatte bzw. hätte erwirtschaften können. Diese Erfolge werden zunächst geprägt durch die Unsicherheit aller Zukunftserwartungen, was eine erste Grenze der A. aufzeigt. Zum andern ist aber ceteris paribus entscheidend die Qualität der A., die ihrerseits abhängt vom Niveau der Informationsbeschaffung und -auswertung sowie der Aktivität der Berater. Ein entscheidender Faktor für die Betreuungsintensität ist die Zahl der von einem Anlageberater zu betreuenden Kunden. Eine intensive Beratung verlangt eine Beschränkung auf zwischen 80 und 120 Kunden. Vielfach wird aber aus Kostengründen einem Kundenberater die Verantwortung für zwischen 250 und 300 Depotinhabern übertragen. Rationalisierungen sollten indes nicht durch Erhöhung der Kundenzahl, sondern durch Halbierung bis Drittelung der Kundenzahl unter Verfünf- bis Verzehnfachung der Durchschnittswerte erfolgen. Die Publizität der Vergangenheitserfolge der Anlageberatung der einzelnen Banken im Effektenbereich unterbleibt weitgehend. Lediglich Wirtschaftspresse (Capital, manager magazin, Wirtschaftswoche) und vereinzelte Forschungsgruppen (z.B. Heinz Rehkugler) veröffentlichen Ergebnisse. Nahezu alle Veröffentlichungen konstatieren eine weitgehende Unzufriedenheit des Anlegerpublikums.

Eine laufende Bewertung erfahren demgegenüber → Investmentfonds durch die Wirtschaftspresse, die allerdings viel zu wenig in die Anlageempfehlungen eingeht. Bei der Beurteilung der Investment-Anlage ist auch zu berücksichtigen, daß die Qualität der Fondsmanager, wenn überhaupt, so nur geringfügig unter der der für die Direktanlageempfehlungen verantwortlichen Bank- bzw. Verbundzentralen liegt. Die Fondsverantwortlichen leiten aber ihre Recherchen unmittelbar in Börsenumsätze, während für die Direktanlageempfehlungen ein time-lag von 24 bis 48 Stunden liegt (Zeitspanne zwischen Erstellung der Empfehlungen, Weitergabe an Bankstellen und Kunden und deren Rückkopplungs-Entscheidungen).

Mit besonderem Risiko behaftet sind schließlich Vermögensverwaltungen. Die Verwalter besitzen zwar den gleichen Handlungsvorsprung wie die Fondsmanager, ihnen fehlt jedoch die laufende öffentliche Kontrolle durch die Wirtschaftspresse. Hochqualifizierte Anlageexperten der Vermögensverwalter geben zwar eine weitgehende Garantie für → Rendite und Substanzzuwachs des Vermögens. Es ist indes nicht ausgeschlossen, daß aus Gründen der Rationalisierung auch weniger qualifizierte Personen mit solchen Aufgaben betreut werden, deren Ausbildung am Arbeitsplatz dann zu Lasten der Anleger geht, denen jede laufende Intervention verwehrt ist.

Lit.: Auckenthaler, Ch.: Trust Banking: Theorie und Praxis des Anlagengeschäftes, Bern-Stuttgart 1991. Brunner, G. F.: Die Vermögensverwaltung deutscher Kreditinstitute im Privatkundengeschäft, Frankfurt/M. u.a. 1987. Dexheimer, P. et al.: Leitfaden durch die Anlageberatung. 4. A., Stuttgart 1993. K. Ernst: Die Börsenbriefe der Banken, Veröff. LStBank, Heft 68, Nürnberg 1991. Geyer, G.: Das Beratungs- und Verkaufsgespräch in Banken. 4. A., Wiesbaden 1989. Lieberoth-Leden, A.: Funktionen und Leistungsbewertung von Anlageberater. Diss. St. Gallen 1982. Nagel, W. : Entstehung und Gestaltung von Konflikten in der Anlageberatung. Unveröffentl. Diplomarbeit Erlangen-Nürnberg 1991. Rehkugler, H. et al.: Die Qualität der Anlageberater. In: Die Bank 6/1992, S. 316ff. Reuter, H.: Aktienmarkt und Aktieninformationsmarkt. Göttingen 1980. G.-W. Rheinberg: Grundsätzliche und aktuelle Fragen der Beratung im Bereich der Kreditgenossenschaften. Berlin 1987. W. Ruda: Ziele privater Kapitalanleger. Wiesbaden 1988. R. Schätzle (Hrsg.): Computergestützte Anlageberatung. München 1989. Ch. Wagner: Kundenverständnis und Kundenberatungszeit im Bankgeschäft. Wien 1989.

Prof. Dr. O. Hahn, Erlangen-Nürnberg

Anlagestrategie

Die durch den Wertpapiersparer festgelegte und verfolgte Politik bei der Geldanlage. Mögliche kurz- oder langfristige Anlageziele sind höchstmöglicher Ertrag bei steigendem Risiko, Wachstum oder höchstmögliche Sicherheit bei geringem Ertrag. Die Anlage kann konservativ oder spekulativ sein, in → Aktien, → Investmentfonds, in → festverzinslichen Wertpapieren, in Auslandswerten oder auch in Immobilien erfolgen. Oft wird ein Kompromiß aus verschiedenen Anlagemöglichkeiten der Mentalität des Anlegers am ehesten entsprechen. Eine erklärte oder in der Satzung festgelegte A. verfolgen auch institutionelle Anleger wie → Investmentgesellschaften, Vermögensverwaltungen, Versicherungen, Pensionsfonds und die → Kreditinstitute.

Anlagevermögen

Die Vermögensgegenstände eines Unternehmens, die zur dauernden Nutzung bestimmt sind. Bei → Kreditinstituten wird hier zwischen dem abnutzbaren (Gebäude, Betriebs- und Geschäftsausstattung) und dem nicht abnutzbaren A. (Grundstücke, ein Teil der Wertpapiere, Beteiligungen) unterschieden.

Anleihemantel

→ Mantel.

Anleihe

1. Definition: Eine A. (engl. → Bond) ist eine langfristige → Schuldverschreibung mit ursprünglich fester Verzinsung und einer bestimmten Stückelung (daher: Teilschuldverschreibung), die nicht an den Namen des jeweiligen Inhabers gebunden ist, sondern durch Einigung und Übertragung anonym an der → Börse gehandelt wird. Sie besteht aus einem → Mantel, der eigentlichen Urkunde, die die Rechte aus dem Wertpapier verbrieft, und einem → Bogen, der sowohl die Zinsabschnitte (→ Coupons) als auch den Erneuerungsschein (→ Talon) für zusätzliche Coupons enthält. In ihr verpflichtet sich der Schuldner (→ Emittent) zu fristgerechten Zins- und Tilgungszahlungen.

2. Geschichtlicher Hintergrund: Auf den Spuren der Geschichte der A. kann man bis in die Mitte des zweiten Jahrtausends v. Chr. zu den Babyloniern zurückgehen, die ein „Schreibgeld" entwickelt hatten, das in seiner Ausgestaltung der heutigen A. ähnlich war. „Dabei handelt es sich um Darlehensurkunden, die die Rückzahlung an den jeweiligen Inhaber vorsahen und daher vor → Fälligkeit als Zahlungsmittel benutzt werden konnten". (Leverkus, Erich: „Freier Tausch und fauler Zauber" vom Geld und seiner Geschichte, Frankfurt 1990, S. 48) Aufgrund der Inschriften, die bei Ausgrabungen der Berliner Königlichen Museen in Kleinasien gefunden wurden, nahm die Stadt Milet vor etwa 2000 Jahren bei einer Nachbargemeinde eine größere A. auf, deren Anteile zu einem → Ausgabekurs von 3.000 Drachmen und einem monatlich zu zahlenden Coupon von 10% p.a. jeder Bürger zeichnen konnte. Als Sicherheiten wurden Garantien gegeben. Ob auch ein Handel in diesen Papieren stattgefunden hat, ist nicht überliefert, sonst hätte die Wertpapierbörse hier ihren Ursprung, der deshalb fünfzehn Jahrhunderte später auf die damals flanderische Handelsmetropole Brügge zu datieren ist.

In Deutschland lassen sich A.märkte bis ins 13. Jahrhundert zurückverfolgen, und zwar in Frankfurt, Nürnberg und Augsburg, das im 16. Jahrhundert dank der Fugger eine beherrschende Stellung einnahm. Das erste internationale A.geschäft war am 8. Mai 1340 die Finanzierung der englischen Krone durch ein Konsortium von 13 hansischen Kaufleuten. Die A. wurde vorwiegend als ein Instrument zur Finanzierung von Staatsausgaben benutzt anstelle von Steuern oder wie im Falle der Zwangsanleihen als eine versteckte Vermögensabgabe. Die Frage, welcher Finanzierungsquelle der Vorzug gegeben werden sollte, wurde im Falle der A. mit der „Generationenbelastung" beantwortet, nach der Devise „Ein Staat ohne Schulden fordert zu viel von seiner Gegenwart oder leistet zu wenig für die Zukunft. (Lorenz von Stein zitiert bei Hessler, Heinz-Dieter: „Gegenwartsprobleme staatlicher Anleihepolitik" Forschungsberichte des Landes Nordrhein-Westfalen, Nr. 1373, Köln-Opladen, S. 63) Wiederholt standen Kriege im Hintergrund der A.finanzierung, wie z.B. 1694 der Krieg Englands gegen Frankreich oder 1821/22 die Feldzüge Österreichs in Italien. Bankiers, wie die Rothschilds, haben indessen in der nachnapoleonischen Zeit Kriege erfolgreich verhindern können, als sie das Kapital dazu verweigerten. Schon damals wurde das Risiko derartiger A. in entsprechend hohen Zinssätzen berücksichtigt, da Ausfälle keine Seltenheit waren. Da die Fürsten in der Regel keinen persönlichen Kredit besaßen, hatten sie Sicherheiten durch Bürgschaften und Pfandbestellungen zu leisten. Anders war es bei den Städten, für deren Schulden „nach allgemeingültigem Recht jeder einzelne Bürger mit seiner Person und mit seinem Vermögen haftete". (Vgl. Klein, Ernst: a.a.O. S. 71)

Die Inanspruchnahme der A.märkte durch den Staat bzw. staatliche Institutionen hat sich bis in die heutige Zeit kaum geändert. So entfallen von dem A.volumen in der Welt, gemessen an der Summe aller ausstehenden Nominalwerte von 14.772 Mrd USD Ende 1992 mehr als die Hälfte auf Staatsanleihen und staatlich garantierte A. Der → Eurokapitalmarkt hat mit 1.221 Mrd USD einen Anteil von gut 8%. Dieser von staatlichen Regulierungen freie Markt mit einem breiten Angebot verschiedener Währungen ist seit Beginn der 60er Jahre von 650 Mio USD um fast das Zweitausendfache gestiegen. Die A.märkte werden angeführt vom USD-Markt mit 47% des Welt-A.volumens, gefolgt vom japanischen Yen mit 18% und von der DM mit knapp 10%. In Deutschland belief sich das Volumen an → Bundesanleihen Ende 1992 auf 662 Mrd DM oder ein Drittel des gesamten DM-Marktes; vor etwa 100 Jahren waren es noch 2,3 Mrd Mark. Dagegen wurden kaum → Industrieanleihen begeben, weil die Emittenten wegen der bis zum 17.12.1990 geltenden Emissionsgenehmigung gem. § 795 BGB für Inlandsanleihen und auch zeitweise aus steuerlichen Gründen auf den Euromarkt ausgewichen waren.

3. A.-Märkte: Der Einsatz der A. als Finanzierungsinstrument erfolgt über den sog. Primärmarkt, auf dem die Teilschuldverschreibungen plaziert werden, wobei in der Regel ein aus mehreren Banken gebildetes → Konsortium zwischengeschaltet wird. In diesem Falle gibt es grundsätzlich drei Möglichkeiten:

- ein Übernahmekonsortium, das die A. zu einem festen Kurs und folglich das Plazierungsrisiko übernimmt
- ein Begebungskonsortium, das ohne Plazierungsrisiko den Verkauf der Papiere für Rechnung des Emittenten übernimmt
- ein Garantiekonsortium, das im Falle einer Selbstemission den nicht abgesetzten Teil übernimmt.

In Deutschland dominiert die erste Alternative. Bei internationalen Emissionen übernehmen sog. underwriter die Garantie einer erfolgreichen Plazierung, während letztere durch die selling group erfolgt.

Das Plazierungsrisiko auf dem Primär-Markt kann folglich durch die Vereinbarung mit dem Konsortium für den Emittenten ausgeschaltet werden. Darüber hinaus spielt beim Emittenten das Timing-Risiko, bei internationalen Emissionen das Währungsrisiko und wie bei allen Marktteilnehmern das Zinsänderungsrisiko eine Rolle, deren Auswirkungen vor einer A.emission zu berücksichtigen sind.

Auf dem sog. Sekundär-Markt werden die Teilschuldverschreibungen als Anlagepapiere gehandelt. Dabei orientiert sich der Anleger an → Rendite und → Risiko, die sich in ihrer Höhe gegenseitig bedingen. Das Risiko kann verschiedene Ursachen haben, insbesondere die mangelnde → Bonität des Emittenten, die Marktenge der gehandelten A. und Marktzinsänderungen sowie Wechselkursveränderungen bei internationalen A.titeln. Allgegenwärtig ist das Zinsänderungsrisiko, das sich in der Kursänderung niederschlägt. Als Maßstab für ihre Höhe dient die → Duration, mit deren Hilfe die prozentuale Veränderung des → Kurses einer A. ermittelt wird, wenn sich die Rendite des A.titels um einen → Basispunkt (= 1/100 Prozent-Punkt) erhöht. Die Duration gibt den mit den Barwerten gewichteten durchschnittlichen Zeitpunkt aller zukünftigen Zins- und Tilgungszahlungen (→ cash flows) eines → festverzinslichen Wertpapiers an. Das heißt z.B. je früher und häufiger diese Zahlungen anfallen, desto niedriger wird die Duration. Im umgekehrten Fall erhöht sie sich. Sie wird bestimmt durch die → Laufzeit, Rendite, Coupon und Häufigkeit der Zinszahlung. Die Durationsanalyse kann sowohl zur Quantifizierung der Kursreagibilität einzelner Wertpapiere aber auch ganzer → Portfolios von A. bei Marktzinsänderungen herangezogen werden. Sie bildet auch die Grundlage zur Immunisierung eines → Portefeuilles von festverzinslichen Wertpapieren gegen Zinsänderungsrisiken.

4. Charakteristika der A.finanzierung: Die A. dient der langfristigen Finanzierung eines größeren Kapitalbedarfs, erfordert ein bestimmtes Volumen und steht daher nur größeren Institutionen, wie souveränen Staaten, internationalen Organisationen sowie größeren Unternehmen und Banken offen.

Dabei steht der Kapitalnachfragende bzw. Emittent ständig in einem Zielkonflikt mit dem Kapitalanbieter bzw. Gläubiger oder Anleger:

- der Emittent ist an einer Minimierung seiner Fremdkapitalkosten interessiert
- der Gläubiger bzw. Anleger will eine höchstmögliche Rendite bei vertretbarem Risiko erzielen

Hinsichtlich der Verzinsung unterscheidet man den → Nominalzins (Coupon), der sich auf den → Nennwert der A. bezieht, die laufende Verzinsung, bei der die Bezugsgröße der Kaufkurs ist und die Rendite bzw. Effektivverzinsung, die abhängig ist vom Nominalzinssatz, dem Kaufkurs und der Laufzeit.

Im Zinssatz, der dem Emittenten geboten wird, ist u.a. auch eine Risikomarge eingerechnet, deren Höhe sich nach der Bonität des Emittenten richtet. Die Bonität wird durch die Ertrags- und Finanzkraft des Emittenten bestimmt. In den USA übernehmen Rating-Agenturen diese Bonitätsbeurteilung. Sie erfolgt auf der Grundlage einer eingehenden Analyse aller für den Emittenten relevanten finanz- und betriebswirtschaftlichen Faktoren und Kennzahlen und der Beurteilung des Managements durch ein Management-Gespräch, bei dem auch die Strategien und Zukunftsperspektiven zur Sprache kommen. Am Ende steht die Festlegung eines Bonitätsprädikats, das über die erreichbaren Zinskonditionen und den Marktzugang entscheidet.

Hinzu kommt die Stellung von Sicherheiten, und zwar

- bei → öffentlichen A. des Bundes und der Länder bietet das Vermögen und die Steuerkraft der emittierenden Körperschaft die erforderliche Sicherheit
- im Falle von Pfandbriefen sind es Hypotheken, und bei Kommunalobligationen bilden Darlehen an die Kommunen die Deckung
- bei Industrieanleihen war es bisher üblich, dingliche Sicherheiten zu verlangen. Dabei wird der Beleihungswert auf der Grundlage eines Beleihungswertgutachtens ermittelt unter Zugrundelegung von Zeitwerten oder modifizierten Nettobuchwerten. Als Beleihungsgrenze werden i.d.R. 40-50% des Beleihungswertes je nach Art, Aufteilung und Lage der Haftungsobjekte angenommen. Heute sind an diese Stelle mit dem Bundesaufsichtsamt für das Versicherungswesen vereinbarte finanzwirtschaftliche Kennzahlen getreten, die bestimmte Deckungsverhältnisse betreffen, wie cash flow zur Verschuldung, → Eigenkapital zu Anlagevermögen und das Verhältnis von langfristigem Kapital zu langfristigem Vermögen. In diesem Zusammenhang spielen die Kriterien der Deckungsstockfähigkeit eine wichtige Rolle, da frei verfügbare Mittel von Versicherungen nur in solchen als „mündelsicher" bezeichneten Titeln angelegt werden dürfen, die diesbezügliche Voraussetzungen des Versicherungsaufsichtsgesetzes erfüllen. (Vgl. §§ 1807-1808 BGB, §§ 65ff. VAG)
- Darüber hinaus gibt es selbstschuldnerische Bürgschaften und Garantien der Muttergesellschaft für eine Tochtergesellschaft, wenn die „weicher formulierten" Patronatserklärungen nicht ausreichen bzw. nicht akzeptiert werden.

5. Arten von A. unter Berücksichtigung von Innovationen: (1) Soweit auf die Zins- und Tilgungsmodalitäten abgehoben wird, lassen sich folgende Grundformen unterscheiden:

- festverzinsliche Instrumente, wie sie ursprünglich konzipiert waren, wie öffentliche A. des Bundes, der Bundesbahn und Bundespost, der Länder, Gemeinden (Kommunalobligationen) sowie von Realkreditinstituten (Pfandbriefe) und von Banken (Bankschuldverschreibungen) und Industrie (Industrieanleihen)
- variabel verzinsliche Instrumente, bei denen der Zins an einem Referenzzinssatz (z.B. → Libor/London Interbank Offered Rate) in festgelegten Zeitabständen angepaßt wird
- „unverzinsliche" Instrumente, bei denen sich die Verzinsung aus der Differenz von Börsen- bzw. Ausgabekurs und Rückzahlungskurs ergibt, wie bei den Deep Discount und Zero-Coupon-Anleihen
- Amortisationsinstrumente, das sind sog. → Tilgungsanleihen, bei denen die Tilgung nach einem im voraus festgelegten Tilgungsplan erfolgt. Heute dominieren gesamtfällige A. (sog. bullet loans), die jedoch einen punktuell hohen Refinanzierungsbedarf in der Zukunft hervorrufen.

(2) Im Zuge der Deregulierung (Liberalisierung) und der Globalisierung der Finanzmärkte sowie der zunehmenden Verbriefung von Krediten (Securitisation) sind weltweit die Bedürfnisse nach finanzieller Absicherung und Flexibilität gestiegen. Das hat zur Entstehung von Finanzinnovationen geführt, wobei die Grundausstattung einer normalen A. wie Nominalzins, Laufzeit, Emissionspreis und Tilgung durch Modalitäten getrennt und wieder neu gebündelt wird. Von der Bank für internationalen Zahlungsausgleich (BIZ) werden die Finanz-Innovationen danach klassifiziert, ob Risiken verlagert, → Liquidität verbessert oder Finanzierungspotentiale erweitert werden. Danach sind zu unterscheiden Absicherungs- bzw. Hedging-Instrumente,

insbesondere zur Berücksichtigung sich ändernder Zinsen und Wechselkurse, Mobilisierungsinstrumente zwecks Erhöhung der → Fungibilität durch Fristentransformation und flexiblere Finanzierungsinstrumente. Zu letzteren zählen → Wandel- und → Optionsanleihen (vgl. §§ 221 i.V.m. §§ 192ff. AktG), die sogenannte hybride Finanzierungsinstrumente, also Mischformen zwischen → Fremd- und Eigenkapital darstellen. Im ersten Fall entsteht aus Fremdkapital durch Ausübung der Wandlungsrechte Eigenkapital. Im zweiten Fall wird durch Ausübung von → Optionsrechten zusätzliches Eigenkapital zum vorhandenen Fremdkapital geschaffen. Darüber hinaus zählen zu den A.-Innovationen u.a. folgende Instrumente: → Genußscheine, → Doppelwährungsanleihen, Medium Term Notes, Partly Paid Anleihen, Aktien-Index-Anleihen (mit Bull & Bear-Tranche), Zinsoptionsanleihen, und → Ewige Anleihen.

6. *Erfordernisse einer A.begebung:* Bei der Begebung einer A. sind folgende Erfordernisse zu beachten:

- die Verhandlung mit dem Konsortialführer über Art und Zusammensetzung des Konsortiums, den Übernahmevertrag und die A.bedingungen, wobei die Einräumung von Sicherheit im Interesse des Gläubigerschutzes eine große Rolle spielt. In der Regel wird aus Gründen der Gleichbehandlung eine Negativklausel vereinbart, wonach spätere Gläubiger keine anderen Sicherheiten – als jetzt vereinbart – erhalten.
- die Erstellung eines → Emissionsprospektes, der später als Börsenzulassungsprospekt dienen kann.
- die Regelung einer vorzeitigen Kündigungs- bzw. Umschuldungsmöglichkeit, um Marktchancen besser nutzen zu können. Dabei wird normalerweise eine Pönale in Form eines degressiven Aufschlags auf den Rückzahlungskurs vereinbart. Abgesehen von derartigen Vereinbarungen, hat der Gläubiger ein Recht auf vorzeitige Kündigung nur, wenn der Schuldner in Zahlungsverzug geraten ist.
- die Festlegung des pricing-Termins, bei dem der den Marktbedingungen entsprechende Zinssatz endgültig festgelegt wird. Basis für die renditemäßige Ausstattung der A. ist heute eine entsprechende Staatsanleihe, auf die der Emittent einen risikoadäquaten Aufschlag zahlen muß. Das ist der sog. → „spread".

7. *Kosten:* Laut Erhebungen von Hielscher und Laubscher gliedern sich die Kosten der Begebung einer Inlands-Industrie-A. auf in einmalige Kosten, wie

- Übernahmeprovision (2,5%)
- Besicherungskosten (0,5%)
- Börseneinführungsprovision (0,5%)
- Kotierungsgebühren (0,03%) und
- Rückzahlungsprovision (0,125%)

und laufende Kosten, wozu im wesentlichen die folgenden zählen:

- Treuhändergebühr (0,1%)
- Kuponeinlösungsprovision (0,0175%)

Beide ergeben sich in Abhängigkeit vom Nennbetrag und machen den größten Teil aller Kosten (engl. „all in cost") aus. Der Rest sind: Kosten der Veröffentlichung, des Drucks und Versands der Verkaufsangebote, des Drucks der A.stücke, Prüfgebühren sowie Kosten der Veröffentlichung des Zulassungsantrags und -beschlusses im Bundesanzeiger und im Pflichtblatt. Bezogen auf den Nennwertbetrag der A. machen die gesamten Kosten der Begebung etwa einen halben Prozentpunkt aus.

Lit.: Bank für Internationalen Zahlungsausgleich (BIZ): Recent Innovations in International Banking, Basel 1986 zitiert in: Christians, W. F.: Finanzierungshandbuch, 2. Auflage 1987, S. 171-173. Bald, E.-J.; Blanik, K.; Determann, M.; Dr. Hien, H. M.; Dr. Knauth, K.-W.; Dr. Wachstum, M.; Dr. Wickenkamp, R.; Dr. Wildhagen, J.: Leitfaden für die Vergabe von Unternehmenskrediten – Schuldscheindarlehen - (Kreditleitfaden), Karlsruhe 2. Juli 1992. Bräutigam, D.; Eller, R.: Die internationalen Bond-Märkte, München 1990, S. 94ff., 82ff., 160. Büschgen, H. E.: Das kleine Börsenlexikon, 17. Aufl., Köln 1984, S. 56-57. Commerzbank: Der deutsche Rentenmarkt, Struktur, Emittenten, Instrumente und Entwicklung, Frankfurt Ausgabe 1990. Hessler, H. D.: Gegenwartsprobleme staatlicher Anleihepolitik, Forschungsberichte des Landes Nordrhein-Westfalen Nr. 1373, Köln-Opladen, S. 63. Heyman, H.: Die Deutschen Anleihen, Berlin 1911, S. 5. Hielscher, U.; Laubscher, H. D.: Finanzierungskosten, 2. Auflage, Frankfurt 1989, S. 13, 25 u. 73. Klein, E.: Deutsche Bankengeschichte, Bd. 1 „Von den Anfängen bis zum Ende des alten Reiches", Frankfurt 1982, S. 73. Martin, P. N.: Die großen Spekulationen der Geschichte, München 1982, S. 19. Oppermann, G.: Wertpapiere neubearbeitet von Degner, H., Flöge, R., 4. Auflage 1978. Ortner, E.: Glück und Macht der Fugger, 4. Auflage, München 1978. Pohl, H.: Das deutsche Bankwesen (1806-1848) in: Deutsche Bankengeschichte, Bd. 2, Frankfurt 1982, S. 26. Pohl, M.: Die Entwicklung des deutschen Bankwesens zwischen 1848 und 1870, in: Deutsche Bankengeschichte, Bd. 2, Frankfurt 1982, S. 26. Salomon Brothers: Economics Market Analysis, September 1993, S. 1. Sauerzopf, W.: Die deutsche Zwangsanleihe, insbesondere geschichtlich und kritisch gewürdigt, Veröffentlichungen des Instituts für Steuerkunde an der Handelshochschule Leipzig, Berlin 1923, S. 9. Seipp, W.: Finanzinnovationen, Neue Instrumente zur Unternehmensfinanzierung in: Christians, F. W. Finanzierungshandbuch 2. Auflage, Wiesbaden 1987, S. 308. Wehner, J.: Floating Rate Notes, Eine finanzwirtschaftliche Analyse, Beiträge zur Theorie der Finanzmärkte Nr. 2, Frankfurt 1992, Institut für Kapitalmarktforschung S. 64.

Dr. W. Paul, Ludwigshafen

Anleihemarkt
Rentenmarkt

Neben dem → Aktienmarkt der zweite, vom Volumen her umfangreichere Teilmarkt der → Börse. Allgemein der Handel mit → festverzinslichen Wertpapieren; im engeren Sinne der Markt für → öffentliche Anleihen.

Annuitätenanleihe
→ Annuitätenbonds.

Annuitätenbonds
Annuitätenanleihe

Anlageform auf dem deutschen → Kapitalmarkt seit Mai 1985. Variante einer → Schuldverschreibung, bei der - ähnlich der Tilgungshypothek - das Anlagekapital zusammen mit den Zinsen in stets gleichen Jahresraten (Annuitäten) zurückgezahlt wird (gegebenenfalls im Anschluß an eine Anzahl tilgungsfreier Jahre). Für den Anleger ergibt sich der Vorteil eines gleichmäßigen Zuflusses an Kapital und Zinsen über einen größeren Zeitraum hinweg (im Gegensatz zu endfälligen → Bonds, bei denen der Kapitalbetrag am Ende der → Laufzeit in einer Summe zurückfließt).

Annuitätendarlehen
Darlehen, das mit (jährlich) gleichbleibenden, Verzinsung und → Tilgung umfassenden Beträgen zurückbezahlt wird.

Anteilschein
Anteil an einem → Investmentfonds oder → Immobilienfonds, ein → Investmentzertifikat.

Antizyklisch
Verhalten eines Anlegers, der bei schwacher → Börse kauft und bei steigender → Tendenz verkauft.

Anzahl offener Kontrakte
→ Open Contract

→ Open Interest

→ O.I.

Die offenen Positionen innerhalb einer → Optionsserie bzw. → Financial Futures-Serie, die noch nicht durch kompensierende Transaktionen glattgestellt worden ist.

Arbitrage

Unter A. versteht man i.d.R. die Ausnutzung von Preisunterschieden identischer oder nahe verwandter Handelsobjekte (Assets) an organisierten, jedoch räumlich oder zeitlich getrennten Märkten durch simultane Kauf- und Verkaufstransaktionen. A.geschäfte sind also sowohl zwischen zwei oder mehr unterschiedlichen Börsenplätzen als auch zwischen Gegenwart und Zukunft möglich. Zweck der A. aus der Sicht des Arbitrageurs ist die risikolose Gewinnerzielung ohne (in Praxi: mit geringem) Nettokapitaleinsatz. Entsprechende Geschäfte sind immer dann gewinnbringend, wenn sich unabhängig von der Entwicklung des Preisniveaus, die Preisdifferenz mehr verändert als Transaktionskosten anfallen. Ein Arbitrageur muß dann lediglich jeweils einmal als Käufer und einmal als Verkäufer über das gleiche Asset (im folgenden Beispiel 1: Weizen), auf den gleichen Erfüllungstermin (Dezember) und den gleichen Lieferungsort (im Beispiel 1: Kansas City bzw. Chicago) in Erscheinung treten, damit sich die eingegangenen Verpflichtungen mengenmäßig kompensieren und die Preisdifferenz als Gewinn vereinnahmt werden kann. Zwar handelt es sich bei den Teilgeschäften eines A.vorganges um rechtlich voneinander unabhängige Geschäfte, sie gleichen sich jedoch wirtschaftlich aus.

Beispiel 1: Besteht an zwei Börsenorten ein ungleicher Preis für gleiche → Kontrakte [Kontrakte = Mindesthandelseinheit an einer → Börse für ein bestimmtes Gut. Am Chicago Board of Trade beläuft sich z.B. ein Weizenkontrakt auf 5000 bu oder rund 136 t (1 bu = Bushel = Scheffel = 60 lb = 27,215 kg)], so kann diese Differenz (z.B. in Höhe von 0,10 $/bu) sofort zu einem gewinnbringenden Handel ausgenutzt werden, indem das Gut am billigeren Ort gekauft (z.B. long Dezember-Weizen Kansas City zu 2,40 $/bu) und gleichzeitig am Platz mit dem augenblicklich höheren Preis wieder verkauft wird (z.B. short Dezember-Weizen Chicago zu 2,50 $/bu). Es handelt sich hier um eine Platz- bzw. Raumarbitage, bei der ein sog. Inter-Market-Spread (Preisdifferenz zwischen räumlich getrennten Märkten) ausgenutzt wird. Solange durch gleichzeitig abgeschlossene Käufe und Verkäufe A.gewinne risikolos erzielbar sind, wird jeder Akteur versuchen, weitere Geschäfte abzuschließen. Durch die zunehmende Nachfrage steigt dann normalerweise der Preis am vormals billigeren Ort, während durch das steigende Angebot der Preis am vorher teureren Ort sinkt. (Andernfalls wäre die A.möglichkeit gleichbedeutend einem Freibrief zum Gelddrucken.) Nachdem sich durch diesen Mechanismus nach meist kurzer Zeit eine Verringerung der Preisdifferenz, z.B. auf 0,05 $/bu, vollzogen hat, kann die Gesamtposition durch zwei „Gegengeschäfte“, d.h. short (Verkauf) Dezember-Weizen Kansas City (z.B. zu 2,43 $/bu) und long (Kauf) Dezember-Weizen Chicago (z.B. zu 2,48 $/bu) ausgeglichen („glattgestellt“) werden. Es verbleibt ein Überschuß von 0,05 $/bu bzw. 250 $ pro Kontrakt.

Man spricht im vorstehend skizzierten Fall von „nicht effektiver“ Erfüllung, im Gegensatz zur „effektiven“ Erfüllung, bei der der Arbitrageur keine Gegengeschäfte abschließt und daher verpflichtet ist, die Ware effektiv (physisch) abzunehmen bzw. zu liefern. Bei einer effektiven Erfüllung müßte der Arbitrageur, um beim Beispiel 1 zu bleiben, am Ende der → Laufzeit der Geschäfte (hier im Dezember) den Weizen in Kansas City abnehmen und bezahlen und auf seine Kosten zwecks effektiver Erfüllung seiner Lieferverpflichtung zu einem von der Chicagoer Börse anerkannten Lagerort transportieren, um dann seinen Verkaufspreis vereinnahmen zu können. Soweit der ursprüngliche → Spread dabei die anfallenden Transaktionskosten (Cost of Carry = Transport-, Lager- und Versicherungskosten) übersteigt, entsteht, auf den → Fälligkeitszeitpunkt gesehen, immer ein sicherer Gewinn, und zwar völlig unabhängig von zwischenzeitlichen Spreadänderungen. Die Möglichkeit zur effektiven Lieferung wird allerdings nur selten wahrgenommen. In der Praxis werden normalerweise nur zwischen 0,5 und 5 Prozent aller Warentermingeschäfte effektiv erfüllt.

Theoretisch sind Arbitragegewinne durch Ausnutzung von Preisdifferenzen mittels gleichzeitiger, kombinierter Käufe und Verkäufe risikolos. In der Praxis sind sie infolge der unterschiedlich großen Informations- und Reaktionsgeschwindigkeit der Marktteilnehmer und der dadurch verursachten unterschiedlichen „execution slippage" dennoch risikobehaftet. Es ist durchaus möglich, daß durch die Maßnahmen schneller reagierender Konkurrenten sich die Preisdifferenzen bereits ausgeglichen haben, bevor man selbst zum Zuge kam. Da A.gewinne sowohl von der Veränderung der Preisdifferenz als auch von den Transaktionskosten abhängen und die Informationsgeschwindigkeit durch die modernen Kommunikationssysteme enorm gestiegen ist, wurde die Arbitrage inzwischen zur Domäne einer begrenzten Zahl von Spezialisten mit besonders niedrigen Cost of Carry. Diese üben mit ihrer preisausgleichend wirkenden individuellen Tätigkeit zugleich eine wichtige gesamtwirtschaftliche Funktion aus: die kurzfristige Eliminierung von Marktungleichgewichten.

Ähnlich wie bei der Platzarbitrage können auch unterschiedliche Börsenpreisentwicklungen am Terminmarkt (Inter-Lieferungs-Spread zwischen einem → Future mit kürzerer (nearby) und längerer (deferred) → Laufzeit) durch Zeitarbitrage gewinnbringend ausgenutzt werden (Beispiel 2), wodurch Preisschwankungen ebenfalls nivelliert werden.

Beispiel 2: Ein Arbitrageur stellt im Dezember an der NY Comex fest, daß Silber (1 Kontrakt = 5000 troy oz) Liefertermin März nächsten Jahres augenblicklich $ 4,85/Unze und Silber Mai nächsten Jahres $ 4,95/Unze kostet. Da der Spread von $ 0,10 die Cost of Carry überschreitet rechnet er mit einer überdurchschnittlichen Nachfrage nach März-Silber und geht davon aus, daß sich die Differenz von $ 0,10/Unze reduzieren wird. Er schließt deshalb folgende Geschäfte ab:

Kauf Silber März	$ 4,85 pro Unze
Verkauf Silber Mai	$ 4,95 pro Unze
Überdeckung	$ 0,10 pro Unze

Als sich kurz darauf die Differenz tatsächlich verkleinerte, waren folgende Gegengeschäfte möglich:

Verkauf Silber März	$ 5,15 pro Unze
Kauf Silber Mai	$ 5,20 pro Unze
Unterdeckung	$ 0,05 pro Unze

Damit war der gleiche absolute Überschuß wie in Beispiel 1, nämlich $ 0,05/Unze bzw. $ 250 pro Kontrakt zu erzielen. Da das A.risiko lediglich im Spread, d.h. in einer Veränderung der Preisdifferenz besteht, somit also erheblich geringer ist als das absolute Preisänderungsrisiko beim einfachen → Termingeschäft, lag der Einschuß (sog. initial margin = erstmalige Sicherheitsleistung bei Geschäftsabschluß) beim → Broker lediglich bei $ 200. Damit ergibt sich folgende Erfolgsrechnung: Der Überschuß von $ 250 abzüglich $ 63 Broker-Spesen (incl. $ 3 fee, d.h. Bearbeitungsgebühren der Börse) ergibt einen Gewinn von $ 187, zu beziehen auf einen Einschuß von $ 200!

Neben der Platz- und Zeitarbitrage können auch Inter-Commodity-Spreads zu Arbitragezwecken ausgenutzt werden. Der bekannteste diesbezügliche Spread ist der „Sojakomplex". Hier wird der Rohstoff Sojabohnen gegen seine Sekundärprodukte Sojaöl und Sojamehl ausarbitriert. Er gehört zu den anspruchsvollsten Konstruktionen, da Angebot und Nachfrage nach drei Gütern räumlich bzw. zeitlich sowie unter Einschluß vorherzusagender Änderungen in deren Verarbeitungskosten abgewogen werden müssen.

Die klassischen A.formen auf den Waren (Commodity)-Märkten finden prinzipiell auch auf Finanzmärkten Anwendung. Das Ziel der Cash and Carry-A. z.B. ist es, Preisunterschiede zwischen Kassa- und Terminmärkten zu nutzen, indem an verschiedenen Märkten mit preisausgleichender Wirkung unterbewertete Finanzinstrumente gekauft und (relativ) überbewertete Finanzinstrumente verkauft werden. Zum Verständnis dieser modernen A.variante ist eine Anpassung des Begriffs Cost of Carry erforderlich, denn dieser Fachausdruck für die Transaktionskosten eines Warentermingeschäfts wird im übetragenen Sinne auch für Finanztermingeschäfte verwendet.

Die Cost of Carry eines Finanztermingeschäfts sind seine Nettofinanzierungskosten (= Haltekosten) bis zu seiner Glattstellung oder Erfüllung. Fallen für die Laufzeit des Kontraktes Finanzierungskosten, insbesondere Zinskosten, an, dann liegt der theoretische Terminkurs (bei börsennotierten Termingeschäften = Futurekurs) in diesem Ausmaß über dem → Kassakurs (Futurekurs = mit den Finanzierungskosten aufgezinster Kassakurs). Wirft ein Kassainstrument umgekehrt einen bestimmten Ertrag (z.B. Zinsen, → Dividenden) ab, dann liegt der theoretische Futurekurs, in diesem Ausmaß unter dem Kurs des Kassainstruments (Futurekurs = mit dem Ertrag diskontierter Kassakurs). Diese Zusammenhänge leiten sich unmittelbar aus der Überlegung ab, daß Kassa- und Futurekurse prinzipiell gleichwertige finanzielle Investments repräsentieren, abgesehen davon, daß bei einem Futuresengagement das Geld, das bei einem Kassakauf gebunden würde, anderweitig zur rentablen Anlage, z.B. in risikolosen Geldmarkttiteln, verfügbar wäre. Andererseits entgehen dem Futureinhaber z.B. Dividenden oder Zinserträge, die dem Halter des Kassaportefeuilles zufließen, z.B.: Entweder Kauf eines → Aktienindex-Future oder Kauf der dem Index zugrundeliegenden Aktien am Kassamarkt unter Kreditaufnahme zum Geldmarktzins und Vereinnahmung der Dividenden (die in einem Kursindex-Future nicht enthalten sind). Die Nachteile (Zahlung von Kreditzinsen) und Vorteile (Dividendenzufluß) werden durch Auf- bzw. Abzinsung ausgeglichen.

Ist das Nettoergebnis der beiden Faktoren (= Haltekosten = Finanzierungskosten der Kassaposition minus Erträge der Kassaposition) positiv, dann sind die Nettofinanzierungskosten und damit die Cost of Carry positiv und umgekehrt. Bei Termingeschäften sind dementsprechend Kassakurs (S, von engl. spotprice) und Futureskurs (F) des zugrundeliegenden Assets („underlying") in der Regel nicht identisch. Bei börsenmäßig getätigten Termingeschäften (Futures) wird die Differenz (F-S) als → „Basis" bezeichnet. Die Basis nimmt mit abnehmender → Restlaufzeit infolge sinkender Finanzierungskosten tendenziell ab und wird am Ende der Laufzeit gleich Null. Zwischen tatsächlicher Basis (Value Basis = tatsächlicher Futurekurs minus Kassakurs) und theoretischer Basis (= Cost of Carry = theoretischer Futurekurs minus Kassakurs) kann es in der Praxis infolge von Marktineffizienzen zu Abweichungen kommen (Basisrisiko), was wiederum gewinnbringende A.möglichkeiten eröffnet.

Die Cash and Carry-A. besteht grundsätzlich darin, von ihrer Wertentwicklung identische aber entgegengesetzte Future- und Kassapositionen aufzubauen und spätestens am Fälligkeitstag wieder aufzulösen. Durch konkrete Aktienkäufe und einen simultanen Verkauf des derivaten Instruments Aktienindexfuture kann etwa gemäß Beispiel 3 eine Arbitrageposition aufgebaut werden. Da der Terminpreis des Indexfuture im Fälligkeitspunkt gerade dem dann gültigen Indexniveau entspricht (Basis wird gleich Null), brauchen den Arbitrageur nicht einmal gegenläufige Bewegungen von Future und Indexportefeuille während der Laufzeit zu interessieren. → Gewinne und Verluste gleichen sich aus und der Arbitrageur macht auf die Fälligkeit gerechnet, stets einen A.gewinn nach Transaktionskosten von 10 Punkten (s. Beispiel 3).

Beispiel 3: Cash and Carry-A. mit einem Aktienindex unter der Prämisse, daß die A.position in Aktien exakt entsprechend deren Indexanteil vorgenommen werden kann und keine Dividenden anfallen (bwz. den Geschäften ein Performanceindex, wie z.B. der → DAX, zugrunde liegt): Ein Indexstand von 2000, ein tatsächlicher Dreimonats-Futurekurs von 2050 und ein Geldmarktzinssatz von 0,06 p.a. ergibt einen (aufgezinsten) theoretischen Futurepreis von 2000 (1 + 0,06 * 90/360) = 2030. D.h. bei einer tatsächlichen Basis (Value Basis) von $F_0 - S_0 = 50$ ergibt sich ein Bruttoarbitragegewinn durch Futureverkauf und Aktienkauf von 20 Punkten. Kommen Transaktionskosten, etwa in Höhe von 10 Indexpunkten hinzu, z.B. durch die → Geld/→ Brief-Spanne und/oder dadurch, daß der Aktienkauf nicht mehr zu den Kursen möglich ist, die ihren Ausdruck im Indexstand von 2000 hatten, so wäre die A. mit netto sicheren 10 Punkten durchführbar. Dies entspricht, bezogen auf den Einsatz (Indexstand + Kosten) von 2010, einer zusätzlichen sicheren → Rendite von 0,5% pro Quartal bzw. knapp 2% p.a. über die unterstellte risikolose Geldmarktrendite von 6% p.a. hinaus.

In der Praxis weicht die Indexarbitrage allerdings oft von den Prämissen des Beispiels 3 ab. Das Aktienportefeuille, das den Index replizieren soll, wird aus Praktikabilitätsgründen häufig weder nach den Gewichtsanteilen der Aktien im Index noch nach der Aktienanzahl dem tatsächlichen Index nachgebildet. Als Basisportefeuilles für die Arbitrage werden oftmals Subindexportefeuilles gebildet, die aus weniger → Aktien bestehen und die dennoch in ihrem Kursverhalten möglichst dem Index entsprechen sollen. Eine entsprechende Quasi-Arbitrageposition wird in Deutschland meist aus DAX-Indexfutures sowie einem → Portefeuille aus 6 - 10 Aktien gebildet und die Qualität der Anpassung mit dem „tracking error“ gemessen. Dieses Vorgehen, „sampling“ genannt, kommt zwar praktischen Erwägungen entgegen, von einer Risikofreiheit dieser A.positionen kann jedoch nicht mehr ausgegangen werden. Eine risikofreie A. ist prinzipiell nur mit einer „full replication“ möglich, d.h. einer exakten titel- und gewichtungsmäßigen Nachbildung des Index. Eine entsprechende Ausprägung der Cash und Carry-A. ist das A.-Trading im Rahmen des sog. Computer-Programmhandels („progamme trading“). Dabei überwachen Rechnerprogramme laufend die aktuellen kumulierten Kauf- und Verkaufsangebote sowie die letzten effektiv gehandelten Kurse aller in einem Index (z.B. dem S&P 500 oder dem DAX) enthaltenen Aktien am Kassamarkt und stellen sie dem Preis des entsprechenden Aktienindexfuture gegenüber. Übersteigt die kumulierte Preisdifferenz (Spread) zwischen den am Kassamarkt gehandelten Aktien einerseits und dem Indexfuture andererseits alle potentiellen Transaktionskosten, dann löst der Computer ein kombiniertes Kauf- und Verkaufsprogramm an den Kassa- und Futuresmärkten aus, nach dessen Abschluß alle eingegangenen Positionen durch Gegengeschäfte mit Gewinn wieder glattgestellt sind. Infolge ihrer Komplexität und der notwendigen hohen Transaktionsvolumina („bloc trading“) sind solche Geschäfte heute eine Domäne relativ weniger darauf spezialisierter Unternehmen. Im Ergebnis führt die A. i.d.R. dazu, daß sich der tatsächliche Futurepreis in der Nähe des theoretisch richtigen Preises („fair value“) des Future einpendelt. Die Cash and Carry-A. ist also der Transmissionsmechanismus, der Kursbewegungen des Kassa- auf den Terminmarkt überträgt und vice versa.

Gewinnbringende A.geschäfte aufgrund von die Cost of Carry überschreitenden Preisungleichgewichten sind immer dann möglich, wenn

1. entsprechende Positionen in indentischen Instrumenten oder in nahe verwandten Assets auf verschiedenen

Märkten eingegangen werden können, seien es konkrete homogene Güter (z.B. Platzarbitrage mit Aktien, → Renten, Waren oder Währungen), substitutive Güter (z.B. Sojakomplex) oder derivative Instrumente (z.B. Zeitarbitrage mit Futures) oder wenn

2. entsprechende Differenzen zwischen theoretischen („fairen") Preisen und tatsächlichen Marktpreisen (z.B. Cash and Carry-A. mit Aktien- oder Rentenindices) oder zwischen konkreten Gütern und/oder (gemäß dem Duplizierungsprinzip) „gleichwertigen", mit Hilfe von Futureskontrakten und → Optionen synthetisch gebildeten Positionen nutzbar sind [z.B. kommt es in Haussezeiten mitunter zu einer relativen Überbewertung von → Calls gegenüber → Puts (Verletzung der Call-Put-Parität). Damit wird eine A. zwischen Options- und Aktienmarkt durch Konstruktion einer synthetischen Geldmarktposition möglich (Kauf der Aktie am Kassamarkt, gleichzeitiger Kauf der zu billigen Puts und Verkauf der zu teuren Calls)].

Die Konkurrenz um A.geschäfte hat inzwischen zu einer Reihe weitgehend ausarbitrierter Märkte geführt, auf denen sich A. nicht mehr lohnen (quasi „arbitragefreie" Märkte). Einige führende Banken haben sich deshalb in jüngster Zeit bestimmte liquide Over the Counter-Märkte (nicht börsenmäßig organisierte Märkte) als neues A.-Betätigungsfeld erschlossen. Dazu zählt insbesondere die Zinsarbitrage zwischen liquiden Märkten mit laufzeitadäquaten Krediten einerseits und Zinsderivaten andererseits, z.B. im kurzfristigen Bereich zwischen dem Eurogeldmarkt und dem Markt für Forward Rate Agreements oder im langfristigen Sektor zwischen dem Schuldscheindarlehen- bzw. dem Anleihen(kassa)bereich und dem → Zinsswapmarkt.

Lit.: Baring, G.: Arbitrage. In: Handwörterbuch der Betriebswirtschaft, 1. Band, 3. Auflage, hrsg. von H. Seischab und K. Schwantag, Poeschel, Stuttgart 1956, Sp. 263-269; Bender, D.; Arbitrage. In: Handwörterbuch der Wirtschaftswissenschaften, Band 1, hrsg. von W. Albers u.a., Gustav Fischer, Stuttgart/New York 1977, S. 325- 333; Cordero, Ricardo: Der Financial Futures Markt. 2. Auflage, Paul Haupt, Bern/Stuttgart 1987; Dybvig, Philip H./Ross, Stephen A.: Arbitrage. In: The New Palgrave Dictionary of Money and Finance. Volume I, hrsg. von Peter Newman, Murray Milgate und John Eatwell, London/New York 1992, S. 43-49; Figlewski, Stephen: Stock Index Arbitrage. In: The New Palgrave, Volume III, a.a.O., S. 567-571; Hielscher, U.: Warenterminbörsen. In: Handwörterbuch Export und internationale Unternehmung, hrsg. von Klaus Machàzina und Martin K. Welge, Poeschel, Stuttgart 1989, Sp. 2225-2231, Hielscher, U.: Investmentanalyse. Oldenbourg, München/Wien 1990; Hielscher, U.: Fischer Börsenlexikon. Fischer Taschenbuchverlag. Frankfurt/M. 1992; Hielscher, U.: Börsen und Börsengeschäfte. In: Obst/Hintner: Geld-, Bank und Börsenwesen, 39. Auflage, hrsg. von Norbert Kloten und Johann Heinrich von Stein, Schäffer-Poeschel, Stuttgart, 1993, S. 1128-1188; Janßen, Birgit/Rudolph, Bernd: Der Deutsche Aktienindex DAX. Fritz Knapp, Frankfurt/M. 1992; Jensen Michael C.: Arbitrage, Information Theft and Insider Trading. In: The New Palgrave, Volume I, a.a.O.; S. 50-52; Uszczapowski, Igor: Optionen und Futures verstehen. Deutscher Taschenbuch Verlag (C. H. Beck), München 1991.

Prof. Dr. U. Hielscher, Leipzig

Arrondieren

Durch Zukauf oder Verkauf einen Wertpapierbesitz auf einen runden Posten bringen.

Ascending triangle

aufsteigendes Dreieck

Hausse-Dreieck

In der → Chartanalyse ein Kursverlauf, bei dem von einer aufsteigenden → Unterstützungslinie und einer waagerecht verlaufenden → Widerstandslinie ein Dreieck gebildet wird. Der Ausbruch aus dem A. erfolgt in der Regel immer nach oben. Daher hat sich auch die Bezeichnung Hausse-Dreieck eingebürgert.

Ask/Asked
Ask price / Asked price

Briefkurs für Finanzinstrumente, d.h. der Kurs, zu dem Finanzinstrumente zum Verkauf angeboten werden.

Ask price
→ Ask/Asked.

Asked price
→ Ask/Asked.

→ Offer.

Association of International Bond Dealers
→ AIBD.

Attentismus
Die abwartende Haltung des Börsenpublikums, das den Verlauf der Ereignisse verfolgt, ohne zu handeln. Der A. verstärkt den Kursverfall, da die Nachfrage ausfällt. A. ist z.B. am → Rentenmarkt in Zeiten stark steigender Zinsen zu beobachten.

At-the-Market
→ Market-Order: Kauf oder Verkauf, der bestens ausgeführt wird, also zum bestmöglichen Preis.

At-the-Money
Der Punkt, an dem der → Strike-Preis (→ Basispreis, Exercise-Price, Striking-Price) einer → Option gleich ist dem Marktpreis des zugrundeliegenden Instruments. Der Basispreis eines → Calls stimmt ungefähr mit dem aktuellen Aktienkurs überein.

Aufbewahrung von Wertpapieren
Wertpapiere können vom Wertpapierbesitzer unter erhöhtem → Risiko selbst aufbewahrt werden. Dies kann auch unter Kosten bei einer Bank im → Tresor geschehen. Er kann auch seine Bank damit beauftragen, dies im Wege der → Girosammelverwahrung bei einer → Wertpapiersammelbank zu veranstalten.

Aufgeld
→ Agio.

Aufsichtsrat
Eine → Aktiengesellschaft hat drei notwendige Organe: den Aufsichtsrat, den Vorstand und die Hauptversammlung. Die Zuständigkeiten dieser Organe sind durch das → Aktiengesetz klar geregelt.

Der Aufsichtsrat (A.) überwacht als Kontrollorgan die Geschäftsführung. Ihm obliegen darüber hinaus zahlreiche Einzelaufgaben. Hierzu gehören insbesondere die Bestellung und Abberufung von Vorstandsmitgliedern sowie die Mitwirkung bei der Prüfung und Feststellung von Jahresabschlüssen. Er setzt sich zusammen aus Vertretern der Aktionäre und der Arbeitnehmer. Weder Hauptversammlung noch Satzung können ihm Maßnahmen der oder Eingriffe in die Geschäftsführung übertragen. Allerdings dürfen gewisse Arten von Geschäften nur mit Zustimmung des A. vorgenommen werden. Verweigert der A. in einem solchen Fall seine Zustimmung, so kann auf Verlangen des Vorstandes die Hauptversammlung (H.V.) über die Zustimmung beschließen. Ein zustimmender Beschluß der H.V. bedarf einer Mehrheit von mindestens 3/4 der abgegebenen Stimmen. Generell ist der Vorstand gegenüber dem Aufsichtsrat zu einer erhöhten Berichtspflicht verpflichtet. Diese erstreckt sich auf die Geschäftspolitik, auf die Rentabilität der Gesellschaft und auf Geschäfte, die für ihre Rentabilität und Liquidität bedeutsam sind (§ 90 Aktiengesetz).

Der A. besteht aus mindestens 3 Mitgliedern, jedoch kann die Satzung eine höhere, durch 3 teilbare Zahl festsetzen. Die Höchstzahl bemißt sich nach der Höhe des Grundkapitals (§ 95 Aktiengesetz).

Die Zahl der Mitglieder beträgt bei Gesellschaftern mit einem Grundkapital

bis zu	3 Mio. DM	9
von mehr als	3 Mio. DM	15
von mehr als	20 Mio. DM	21.

In den Vorschriften des Mitbestimmungsrechtes werden hierzu jedoch häufig besondere Regelungen erlassen, so daß den hier zitierten Grundregelungen untergeordnete Bedeutung zukommt.

Mitglied des A. kann nur eine natürliche, unbeschränkt geschäftsfähige Person sein. Sie sollte nach Ausbildung und Erfahrung dieser Aufgabe gewachsen sein. Aufsichtsratsvertreter der Aktionäre werden von der Hauptversammlung gewählt. Aufsichtsratsmitglieder können nicht für längere Zeit als bis zur Beendigung der Hauptversammlung bestellt werden, die über die Entlastung für das 4. Geschäftsjahr nach dem Beginn der Amtszeit beschließt. Das Geschäftsjahr in dem die Amtszeit beginnt, wird nicht mitgerechnet. Vor Ablauf ihrer Wahlzeit können A.-Mitglieder mit einer 3/4 Mehrheit abberufen werden. Wahl und Abberufung von Arbeitnehmervertretern im Aufsichtsrat unterliegen einer besonderen Regelung (siehe unten). Auf Antrag des Aufsichtsrates kann auch das Gericht ein Aufsichtsratmitglied abberufen, wenn in dessen Person ein wichtiger Grund vorliegt.

Die Zahl der Aufsichtsratsmandate, die eine Person innehaben kann, ist auf 10 begrenzt. In diese Zahl sind auch solche Mandate einzuberechnen, die eine Person in Gesellschaften mit anderer Rechtsform ausübt, die gesetzlich zur Bildung eines A. verpflichtet sind.

Im Interesse einer Verstärkung der Überwachungspflicht besitzen die einzelnen A.-Mitglieder umfassende Informationsrechte. So hat jedes Aufsichtsratmitglied das Recht, von den Berichten des Vorstandes Kenntnis zu nehmen. Soweit Berichte schriftlich erstattet wurden, sind diese jedem A.-Mitglied auf Verlangen auszuhändigen, sofern der A. nichts anderes beschlossen hat. Von der Teilnahme an Ausschußsitzungen des A. kann ein Mitglied nur im Einzelfall durch den Vorsitzenden des A. ausgeschlossen werden. Sorgfaltspflicht und Verantwortlichkeit der Aufsichtsratsmitglieder gleichen der der Vorstandsmitglieder (§ 116 Aktienrecht).

Der → Jahresabschluß (Jahresbilanz und → Gewinn- und Verlustrechnung) wird grundsätzlich vom Vorstand vorgelegt. Billigt der Aufsichtsrat den Jahresabschluß, so ist dieser festgestellt, sofern nicht Vorstand und A. beschließen, die Feststellung des Jahresabschlusses der Hauptversammlung zu überlassen. Die Beschlüsse des Vorstandes und des A. sind in den Bericht des A. an die Hauptversammlung aufzunehmen.

Von grundsätzlicher Bedeutung für Aktiengesellschaften ist die Mitbestimmung der Arbeitnehmerschaft. Sie findet ihren rechtlichen Ansatz im A., der die Interessen von Kapital und Arbeit im Unternehmen repräsentiert. Für eine AG sind drei Formen der Mitbestimmung zu unterscheiden:

1. Für Unternehmen mit in der Regel weniger als 2.000 Arbeitnehmern regelt das Betriebsverfassunggesetz vom 11.10.1952, daß ein Drittel der Aufsichtsratsmitglieder Vertreter der Arbeitnehmer sein müssen.
2. Für Unternehmen mit mehr als 2.000 Arbeitnehmern gilt das Mitbestimmungsgesetz vom 04.05.1976. Hier setzt sich der Aufsichtsrat paritätisch aus Vertretern der Anteilseigner und der Arbeitnehmer zusammen.
3. Bei Unternehmen mit bis zu 10.000 Arbeitnehmern besteht der A. aus je 6, bei Unternehmen mit 10 bis 20.000 Arbeitnehmern aus je 8 und bei Unternehmen mit mehr als 20.000 Arbeitnehmern aus je 10 Mitliedern.

Der A. wählt mit einer Mehrheit von 2/3 der Mitglieder, aus denen er zu bestehen hat, aus seiner Mitte einen A.-Vorsitzenden und dessen Stellvertreter. Wird die erforderliche Mehrheit nicht erreicht, so findet ein 2. Wahlgang statt. In diesem Verfahren wählen die Vertreter der Anteilseigner den A.-Vorsitzenden und die

Vertreter der Arbeitnehmer den Stellvertreter jeweils mit der Mehrheit der abgegebenen Stimmen.

Entscheidungen im A. werden in der Regel mit einfacher Mehrheit getroffen. Bei Stimmengleichheit zählt die Stimme des Aufsichtsratsvorsitzenden doppelt.

Für Unternehmen des Bergbaues und der eisen- und stahlerzeugenden Industrie gilt das Montanmitbestimmungsgesetz vom 21.05.1951. Der A. setzt sich hier paritätisch aus Vertretern der Anteilseigner und Arbeitnehmer zusammen. Er besteht gewöhnlich aus 11 Mitgliedern von denen je 5 Vertreter der Aktionäre und der Arbeitnehmer sein müssen. Sie werden von der Hauptversammlung gewählt. Das elfte unabhängige A.-Mitglied wird von den 10 gewählten Mitgliedern in einem besonderen Verfahren der Hauptversammlung zur Wahl vorgeschlagen.

L. F. Prinz zu Sayn-Wittgenstein, Berleburg

Aufsteigendes Dreieck
→ Ascending triangle.

Auftragsabwicklung
Wertpapiergeschäfte zwischen deutschen Kontrahenten werden in den zentralen Börsen-Computer in Ffm. erfaßt. Aufträge aus dem Orderleitsystem → BOSS oder dem Computerhandelssystem → IBIS sind automatisch einbezogen. Die Handelspartner erhalten Schlußnoten, die sämtliche für die Folgeverarbeitung notwendigen Daten enthalten. Einwendungen und Stornierungen müssen bis zum nächsten Börsentag erfolgen. Für → Makler werden Tagebücher ausgedruckt.

Wertpapiergeschäfte sind zwei Börsentage nach Geschäftsabschluß zu erfüllen. Davon abweichende individuelle Vereinbarungen sind möglich. Die Datenverarbeitung akzeptiert Geschäfte mit → Valuta „nächster Tag“ bis zur Vorausvalutierung von 40 Tagen. Die Börsenteilnehmer nutzen zur Regulierung das automatisierte Clearing-System der Deutscher → Kassenverein AG (DVK). Gemäß § 19 der Bedingungen für Geschäfte an der Frankfurter Wertpapierbörse müssen Wertpapiere, die zur → Girosammelverwahrung zugelassen sind, über den DKV geliefert werden. Ermöglicht wird dieser Weg durch § 24 des → Depotgesetzes, nach dem der Käufer die Lieferung von Wertpapieren auf dem Effektengirowege akzeptieren muß.

Die Börsenteilnehmer erhalten täglich eine Zusammenfassung ihrer gehandelten jedoch noch nicht regulierten Geschäfte. Diese Lieferlisten dienen der Freigabe zur Lieferung oder Rückstellung von Geschäften durch den Verkäufer. Geschäfte, für die keine ausreichende Depotbestandsdeckung vorhanden ist, können durch die Möglichkeit der → Wertpapierleihe termingerecht beliefert werden.

Gleichzeitig zur Wertpapierbuchung ermittelt der DKV in sog. Regulierungslisten den → Saldo aller Gegenwerte pro Institut. Diese DM-Beträge werden gemeinsam mit allen sonstigen Geldbewegungen, z.B. Gutschriften aus Erträgen oder Anleiherückzahlungen, über die bei den → Landeszentralbanken geführten Konten der → Kreditinstitute verrechnet. Der Übergang der Wertpapiere vom Verkäufer auf den Käufer erfolgt nach Durchführung der LZB-Abrechnung. Lieferung und Zahlung sind dadurch miteinander verbunden.

DKV-Kontoinhaber können Wertpapier-Lieferungen mit oder ohne Gegenwertverrechnung auch mittels Einzelauftrag (DepotG = Roter Scheck) veranlassen. Über 90% dieser Aufträge werden beleglos über das DV-System CASCADE erteilt. Lieferungen mit Gegenwertverrechnung erfordern vom Empfänger eine gleichlautende Gegeninstruktion, die zu einem maschinellen Abgleich der Daten, dem Settlement-Matching, führt. Ein Dialogsystem ermöglicht zur Vermeidung von Verzögerungen und Zinsverlusten jederzeit die Abfrage von Aufträgen.

Es bestehen Kontoverbindungen mit den internationalen Clearinginstituten →

Cedel, Luxemburg und Euroclear, Brüssel, so daß Wertpapierlieferung mit ausländischen Kontrahenten genau so einfach, schnell, sicher und preiswert durchgeführt werden können, wie Übertragungen am gleichen Platz.

1993 wurden im Girosammelsystem insges. täglich rd. 100.000 Wertpapierbewegungen gebucht (nur eine Seite gezählt) und dabei Gegenwerte von rd. DM 40-45 Mrd. verrechnet. Seit 10/1993 ist eine Geschäftsabwicklung und Lieferung/ Zahlung auch in der Währung → ECU möglich.

Lit.: Deutsche Bank AG: Wertpapiere, Ausstattung, Handel und Verwaltung Ffm., 1986. Deutscher Kassenverein AG: Allgemeine Geschäftsbedingungen 1993, Bedingungen für die beleglose Auftragserteilung 1993, Bedingungen für die Teilnahme am Geldverrechnungsverkehr 1993. Frankfurter Wertpapierbörse: Bedingungen für Geschäfte an den Wertpapierbörsen 1993. Institut für Kapitalmarktforschung: Die Abwicklung von Börsengeschäften im In- und Ausland, Ffm. 1971. Rützel, H. K.: Automation im Wertpapierverkehr, hrsg. v. der Frankfurter Wertpapierbörse AG, Ffm. 1992, Wertpapierleihe, hrsg. v. Deutscher Kassenverein AG 1993, Schneller, Höher, Weiter in der Geschäftsabwicklung, hrsg. v. Deutscher Kassenverein AG 1992.

H.-K. Rützel, Frankfurt/M.

Auftragsart

Aufträge können dem → Makler als limitierte Aufträge oder → bestens bzw. → billigst aufgegeben werden. Enthält ein Auftrag keine Kursangabe, gilt er als bestens bzw. billigst aufgegeben. Aufträge können auch zu einer bestimmten Kursfeststellung (z.B. → Anfangs-, → Einheits-, → Schlußkurs) aufgegeben werden.

Auftragseingang

Aufträge zum Verkauf oder Kauf von Wertpapieren, die nicht brieflich, sondern telefonisch, telegrafisch oder ähnlich erteilt sind, werden, sofern kein Termin vorgegeben wird, nur für den Eingangstag bzw. den nächsten Börsentag vorgemerkt, wenn die Aufträge am Eingangstag nicht mehr ausgeführt werden konnten. Aufträge zu bestimmten Kursfeststellungen, die nur einmal am Börsentag stattfinden (→ Eröffnungskurs, → Einheitskurs, → Schlußkurs), müssen vor Beginn der Ermittlung des betreffenden → Kurses dem Kursmakler erteilt sein. Beim Eröffnungskurs sollen die Aufträge bei Börsenbeginn vorliegen. Der Annahmeschluß für die Aufträge zum Einheitskurs wird generell vom → Börsenvorstand bestimmt. Nach den gerade herrschenden Gegebenheiten richtet sich dagegen der Annahmeschluß bei Aufträgen zum Schlußkurs.

Aufwertung

Revalvation

A. einer Währung liegt vor, wenn sich ihr → Wechselkurs erhöht oder ihr → Devisenkurs erniedrigt. A. erhöht den Preis für eine Währungseinheit des Inlandes (z.B. DM), ausgedrückt in Währungseinheiten eines anderen Landes. So wurde z.B. die DM am 27.10.1969 gegenüber dem US-Dollar von 0,2500 $/DM auf 0,2732 $/DM aufgewertet. Mit einer A. wird die Verringerung des Exportüberschusses oder die Minderung des Zuflusses ausländischen Kapitals angestrebt, da die mit der A. einhergehende Verbilligung der Auslandswährung bei unveränderten Auslandspreisen eine Preissenkung ausländischer Güter bedeutet. Des weiteren wird mit einer A. auch die Dämpfung eines Konjunkturbooms wie auch der → Inflation beabsichtigt. Im System freier Wechselkurse ergibt sich eine A. durch das Zusammenwirken von Angebot und Nachfrage auf dem Devisenmarkt.

Aufzinsungsanleihen

→ Anleihen, die zum → Nennwert emittiert werden, deren → Rückzahlung nach fest vereinbarter → Laufzeit erfolgt, die aber nicht laufend verzinst werden, sondern deren Rückzahlungsbetrag neben dem Kapitalbetrag auch Zinsen und →

Zinseszinsen enthält. Gegensatz dazu sind → abgezinste Papiere.

Auktion

1. Organisierter Markt, auf dem sich der Preis unverzüglich durch Änderung von Angebot und Nachfrage bildet. Auf A.smärkten werden fungible bzw. standarisierte Waren (Getreide, Tabak, Edelmetalle) an den Meistbietenden abgegeben. Der A.smarkt ist Modell für die vollkommene Konkurrenz.
2. Verfahren, durch das an der → Börse (bzw. am Auction market) der unter den gegebenen Voraussetzungen höchste → Geldkurs bzw. niedrigste Briefkurs realisiert wird.

aus-dem-Geld

→ Out-of-the-Money.

Der → Basispreis eines → Calls liegt über dem aktuellen Aktienkurs.

Ausführungsanzeige

Der Wertpapierkunde einer Bank hat neben dem Anspruch auf die Wertpapierabrechnung auch einen Anspruch auf eine Anzeige über die Ausführung seines Börsenauftrages. Durch zeitgleiche Abrechnung fallen A. und Wertpapierabrechnung heute meist zusammen.

Ausgabekurs

Emissionskurs

Der bei der → Emission von Wertpapieren in Anrechnung kommende → Kurs. Der A. liegt bei → festverzinslichen Wertpapieren meist unter dem → Nennwert (es entsteht ein → Disagio), selten über dem Nennwert (es entsteht ein → Agio). Bei → Aktien gilt das Verbot der Unterpariemission.

Ausgabeprospekt

→ Emissionsprospekt.

Auslandsanleihen

→ Anleihen, deren Aussteller nicht in Deutschland domizilieren. A. werden von öffentlichen und privaten Einrichtungen (z.B. internationale Institutionen, ausländische Staaten, Provinzen, Städte, ausländische Banken und Unternehmen) ausgegeben. Sie können auf DM (DM-A.) oder eine andere Währung (→ Währungsanleihen) bzw. Rechnungseinheiten (z.B. SDR, → Sonderziehungsrechte) lauten. Die A. haben einen Anteil von weit über 10% am → Rentenmarkt der Bundesrepublik Deutschland. Die Kurse der A. werden außer durch → Nominalzins und → Laufzeit wesentlich von der Einschätzung der Zahlungsfähigkeit und der Zahlungswilligkeit des → Emittenten bestimmt. Bei Währungsanleihen ergeben sich zusätzlich Chancen und → Risiken aus Devisenkursschwankungen. A. weisen als Führungs- und Garantiegruppe ausschließlich oder überwiegend inländische Banken und Emissionshäuser auf. Die → Konditionen sind an die inländischer Anleihen angelehnt. A. unterliegen der inländischen Gesetzgebung.

Auslosung

Form planmäßiger → Rückzahlung von Gläubigerpapieren aufgrund eines Tilgungsplans. Die Auslosung erfolgt in der Regel nach Endziffern, Serien oder Gruppen. Die A. findet zur → Rückzahlung z.B. bei einigen DM-Auslandsanleihen oder → Industrieobligationen Anwendung.

Auslosungsanzeige

Der Aussteller von Wertpapieren, die zum → Börsenhandel zugelassen werden, muß sich verpflichten:

1. die → Börse spätestens 14 Tage vor einer → Auslosung über die Ziehungstage unter Angabe des Auslosungsbetrages, Rückzahlungstermines und Rückzahlungskurses zu verständigen;
2. alsbald nach der Ziehung in einem Pflichtblatt der Börse die ausgelosten Nummern sowie die Nummern der bereits früher ausgelosten, aber noch nicht zur Einlösung vorgelegten Stücke (Restantenliste) zu veröffentlichen.

Ausschüttung

Zahlungen wie → Dividende, → Boni, →

Gratisaktien, Liquidationserlöse u. dergleichen, die an die Anteilseigner einer Unternehmung ausgeschüttet (verteilt) werden.

Außerbörslicher Handel
Handel außerhalb der → Börse oder der Börsenzeit.

So ist der → Telefonverkehr A.

Aussetzung der Kursnotierung
Ein bestimmtes Wertpapier kann nicht mehr an der → Börse gehandelt werden. Der → Börsenvorstand setzt den → Kurs einer → Aktie oder eines Rentenwertes aus, wenn wichtige Ereignisse im Unternehmen vor der Veröffentlichung stehen, die den Kurs wesentlich beeinflussen können. Die A. soll gewährleisten, daß unter allen → Börsenteilnehmern zunächst gleicher Informationsstand hergestellt wird, bevor Papiere gekauft oder verkauft werden können. Einzelne Kurse oder die gesamte Kursbildung an der Börse kann außerdem zeitweise ausgesetzt werden, wenn durch dramatische Kurszusammenbrüche allzu hohe Verluste drohen.

Ausstattung
Die Bedingungen einer → Emission bzw. → Anleihe.

Austerity-Politik
Politik der Auflage einschneidender Maßnahmen zur wirtschaftlichen Gesundung gegenüber einem verschuldeten Land durch den → Internationalen Währungsfonds (IWF, IMF).

Ausübung
Exercise

Der Gebrauch des Rechts eines Optionskäufers bzw. -verkäufers, zum Ausübungspreis (→ Basispreis) das zugrunde liegende Instrument zu kaufen (→ Call) oder zu verkaufen (→ Put).

Ausübungsanzeige
Anzeige durch den Inhaber einer → Option, das Recht, den ihr zugrundeliegenden Gegenstand zu kaufen (→ Kaufoption) bzw. zu verkaufen (→ Verkaufsoption), ausüben zu wollen.

Average
Durchschnitt

In der technischen → Aktienanalyse werden oftmals gleitende Durchschnitte (Mittelwerte) von einzelnen Werten über einen bestimmten Zeitraum gebildet. Auch die → Indizes stellen eine besondere Form der Bildung von Durchschnitten dar.

B

b
Kurszusatz: b, bz, bez (bezahlt)

Es fanden → Umsätze statt. Zum amtlichen → Kurs waren Angebot und Nachfrage ausgeglichen. Sämtliche, zum entsprechenden Kurs vorliegenden Aufträge konnten ausgeführt werden.

B
→ Brief.

B, BB, BBB
Ratingsymbole bei → Standard & Poor' s in New York.

Siehe auch A, AA, AAA.

B: Hochspekulatives Papier. Papiere dieser Klassifizierung sind schwach geschützt, was die Fähigkeit des → Emittenten zur Bedienung von Zinsen und Kapital bei → Fälligkeiten betrifft.

BB: Geringwertiges Papier mit spekulativem Charakter. Die Fähigkeit des Emittenten zur Bedienung von Zinsen und Kapital ist nicht stark und wird im Falle negativer Änderungen der wirtschaftlichen Daten während der → Laufzeit des Papiers wahrscheinlich beeinträchtigt werden.

BBB: Investitionspapier mit zufriedenstellender Qualität. Die Fähigkeit des Emittenten zur Bedienung von Zinsen und Kapital wird als angemessen angesehen. Die Fähigkeit wird jedoch von negativen Änderungen der wirtschaftlichen Daten und Rahmenbedingungen stärker beeinträchtigt als bei Papieren mit höheren → Ratings.

Baby Bonds
→ Schuldverschreibungen in den USA mit sehr kleiner → Stückelung. Dabei steht die Absicht im Vordergrund, breite Bevölkerungskreise für die Anlage am → Kapitalmarkt zu interessieren.

Backoffice
Institutionelle Voraussetzung für die Erteilung einer → Clearing-Lizenz an der DTB.

Backwardation
Der → Kassakurs liegt über dem Preis für Terminware. B. läßt in der Regel auf eine → inverse Zinsstruktur schließen.

Baisse
Börsenmarktsituation, die durch einen allgemeinen Kursabwärtstrend gekennzeichnet ist, und in der Baissepositionen eingenommen werden, d.h. Papiere in Erwartung sinkender → Kurse verkauft werden. Baissestimmung ist die Meinung, daß ein Markt starke Kurseinbrüche erleben wird. B. ist eine → Börsentendenz, die in der Regel große Teile des Marktes bzw. den Gesamtmarkt umfaßt. B. hält oft längere Zeit an. Gegensatz: → Hausse.

Bandbreite
In einem System fester, aber anpassungsfähiger → Wechselkurse (z.B. → EWS) ist dies der zulässige Schwankungsbereich für die tatsächlichen → Kurse auf dem Devisenmarkt. Drohen die Kurse die B. zu verlassen, müssen die Zentralbanken intervenieren.

Bandbreiten-Optionsscheine
→ Capped Warrants.

Bankenkonsortium
Zusammenschluß von Banken unter Führung einer Bank (→ Konsortialführerin). Zweck ist die Durchführung spezifischer Geschäfte mit Risikoverteilung auf die Konsortialbanken. Dem B. liegt ein Konsortialvertrag zugrunde. Bei inländischen B. handelt es sich grundsätzlich um Gesellschaften des Bürgerlichen Rechts (§ 705 BGB). Die Konsortialführerin führt das Konsortialkonto, während die übrigen Konsortialbanken anteilmäßig am Gewinn bzw. Verlust beteiligt sind (jeweils abzüglich einer Provision, die der Konsortialführerin für ihre Dienste zukommt). Nach Art der Geschäfte unterscheidet man:

Das Emissionskonsortium ist der häufigste Fall, durch das bei der Effektenemission eine sichere und kostengünstige Unterbringung beim Publikum erreicht werden kann. Übernimmt das B. die → Emission als Eigengeschäft, so spricht man von einem Übernahmekonsortium. Wird das B. nur als Werbungs-, Verwaltungs- und Zeichnungsstelle tätig, so handelt es sich um ein Begebungskonsortium (Placierungskonsortium).

Im Großkreditgeschäft werden Kreditkonsortien gebildet, wenn eine Bank allein nicht das erforderliche Kapital aufbringen kann.

Weitere B.: Kursregulierungskonsortium zur Kurspflege emittierter → Effekten; Schutz- oder Poolkonsortium zum Schutz vor Übernahme von Gesellschaften durch Vereinigung entsprechender Aktienpakete; Gründungs-, Sanierungs- und Stützungskonsortium. Das B. wird in der Regel nach Erreichung des Geschäftszweckes wieder aufgelöst.

Bankenstimmrecht
→ Depotstimmrecht.

Bankgeheimnis
Das Recht und die Verpflichtung einer Bank, Auskünfte über ihre Bankkunden zu verweigern. Obwohl die Geheimhaltung zwischen der Bank und dem Kunden nicht ausdrücklich vereinbart wird, ist sie nach Treu und Glauben heute allgemein als ergänzende Leistung zu den Bankgeschäften anerkannt. Ausnahmen sind nur in bestimmten, eng begrenzten Fällen zulässig. Solche Ausnahmen gelten gegenüber Vertretern des Kontoinhabers, zum Schutz der Bank, durch Entbindung von der Schweigepflicht, im Rahmen der Bankenaufsicht und aufgrund gesetzlicher Pflichten der Bank. Im letzteren Fall interessieren vor allem Auskunftsverlangen der Finanzbehörden. Sie haben sich im sog. Bankenerlaß dabei bestimmten Einschränkungen unterworfen. Danach sind Einzelauskunftsersuchen nur dann zulässig, wenn die Sachverhaltsaufklärung durch den Steuerpflichtigen nicht zum Ziel geführt hat oder keinen Erfolg verspricht.

Barausgleich
Erfüllung einer Forderung bzw. eines Forderungssaldos nicht etwa durch Lieferung der Basisobjekte, sondern in bar.

Barandienung, → Cash Settlement.

Bardepot
Zinslose → Einlage bei der → Deutschen Bundesbank durch gebietsansässige Nichtbanken für im Ausland aufgenommene → Kredite. Die Höchstgrenze wurde auf 100% festgelegt (B.-Satz). Das B. wurde zwischen 1972 und 1974 angewandt.

Bardividende
Der auf die einzelne → Aktie entfallende Anteil des auszuschüttenden → Gewinns nach Abzug der körperschaftsteuerlichen Ausschüttungsbelastung.

Bären-Falle
Bear Trap

In der → Chartanalyse Kurs-Falle aufgrund von Fehlinterpretation von Signalen oder aufgrund der Interpretation von Fehlsignalen. Ausbruch des Kurses aus einer waagrecht verlaufenden Formation (Schiebezone): der → Kurs bewegt sich innerhalb der Zone nach einer ordentlichen Aufwärtsbewegung, versucht den Ausbruch nach unten, der aber nicht gelingt; vielmehr steigt der Kurs wieder an. Gegensatz → Bullen-Falle (Bull Trap).

Basis
Differenz oder → Spread zwischen zwei Marktpreisen (z.B. → Financial Futures Price → Cash Market Price) oder zwischen zwei → Zinssätzen (z.B. zwischen Financial Futures und dem zugrunde liegenden Kassainstrument oder zwischen den Zinssätzen für Commercial Papers und Eurodollars). Im → Aktienmarkt wird die → Basis häufig auch als → Premium oder → Discount bezeichnet.

Basis Grade
Basis-Gradierung

Festgelegte Gradierung einer Ware; sie garantiert die → Standardisierung einer Ware, um sie mit Verträgen (→ Kontrakten) handelbar zu machen.

Basis-Gradierung
→ Basis Grade.

Basisobjekt
→ Basiswert.

Basispreis
Bei Abschluß eines → Optionsgeschäftes festgesetzter Preis, zu dem der Optionskäufer jederzeit während der → Laufzeit der → Option eine betimmte Anzahl von Wertpapieren von seinem Kontrahenten (→ Stillhalter) kaufen (→ Kaufoption) oder an diesen verkaufen (→ Verkaufsoption) kann. In der Regel liegt der B. in der Nähe des jeweiligen Börsenkurses des betreffenden Tages. Die Wahl des B. ist eingeschränkt. Sie erfolgt, innerhalb von drei B.-gruppen: 220,- DM oder ein höherer, durch 20 teilbarer Betrag bis einschließlich 500,- DM; 550,- DM oder ein höherer, durch 50 teilbarer Betrag bis einschließlich 1.000,- DM; 1.100,- DM oder ein höherer, durch 100 teilbarer Betrag. Diese B. stehen zur Wahl über oder unter dem aktuellen → Kurs der Optionspapiere.

Basispunkt
Maß zur Quotierung von Differenzen (→ Spreads) zwischen → Zinssätzen (als Preise auf Kassamärkten) oder zwischen → Renditen von Wertpapieren bzw. Zinsinstrumenten. Ein B. entspricht 1/100 von 1% (1 bp = 0,01%). Somit wird beispielsweise eine Zinsdifferenz oder Renditedifferenz von 0,51% durch 51 Basispunkte ausgedrückt.

Basiswert
Basisobjekt

Bei → Options- und → Termingeschäften das Kassamarktinstrument, welches bei → Ausübung oder → Fälligkeit des Options- oder Termingeschäfts anzudienen oder zu erhalten ist. Aufgrund dieser Beziehung besteht eine hohe → Korrelation der Wertentwicklung von Options- und Termingeschäft und B. Bei → Optionen auf → Finacial Futures ist der B. der entsprechende → Terminkontrakt.

Basket-Optionsschein
→ Optionsschein, in dem Anrechte auf einen Aktien-„Korb" (Aktienmarktauswahl oder Branchenkorb) verbrieft ist.

bB
bezB (bezahlt und Brief)

→ Kurszusatz: Zum genannten → Kurs konnten nicht alle Verkaufsaufträge erledigt werden. Weiteres Angebot bestand zu diesem Kurs (Angebotsüberhang). Ausgeführt wurden Kaufaufträge (→ unlimitierte; zum notierten Kurs oder höher limitierte) und Verkaufsaufträge (unlimitierte; niedriger limitierte; zum Teil die zum Kurs limitierten).

Bear Trap
→ Bären-Falle.

Bear Market
→ Baisse.

Bear Spread
Baisse-Spread mit → Kaufoptionen (Bear Call Spread) bzw. → Verkaufsoptionen (Bear Put Spread).

Die Bildung eines Bear Call Spread: Kauf einer billigeren → Kaufoption mit höherem → Basispreis und gleichzeitigem Verkauf einer teureren Kaufoption mit niedrigerem Ausübungspreis.

Die Bildung eines Bear Put Spread: Kauf einer teureren Verkaufsoption mit höherem Basispreis und gleichzeitigem Verkauf einer billigeren Verkaufsoption mit niedrigerem Basispreis.

Bearish
Ein insbesondere an angelsächsischen → Börsen gebräuchlicher Ausdruck für einen Anleger, der von einer Abschwächung der → Kurse auf breiter Front überzeugt ist. Er wird demnach als B. qualifiziert.

Bearish Time Spread
→ Time Spread.

Bedingter Auftrag
Börsenauftrag, der hinsichtlich der Bedingungen seiner Ausführung spezifiziert ist, etwa durch Kursbegrenzung oder Terminvorgaben. Siehe dazu → Li-

mit, → Limited Order, → Auftragsabwicklung.

Begebung
Emission

Ausgabe von → Effekten (→ Aktien und andere Wertpapiere) im Sinne einer Unterbringung im Publikum oder einer Einführung in den Verkehr. Man unterscheidet Selbstemission und Fremdemission. Die Fremdemission erfolgt meist über ein → Bankenkonsortium. Formen der B. sind die Auflagung zur öffentlichen Zeichnung zu einem festen → Emissionskurs oder die Einführung an der → Börse aufgrund eines Prospektes und des Verkaufs an der Börse.

Behauptet
→ Börsentendenz, bei der sich Angebot und Nachfrage ausgleichen, also keine Kursveränderungen auftreten.

Beherrschungsvertrag
Eine von zwei Möglichkeiten im Unternehmensvertragsrecht zur Regelung von Konzernverhältnissen und des Minderheitenschutzes. B. ist nach § 291 (1) AktG ein Vertrag, durch den eine → Aktiengesellschaft oder → Kommanditgesellschaft auf → Aktien die Leitung ihrer Gesellschaft einem anderen Unternehmen unterstellt. Der Inhalt des B. ist gesetzlich geregelt (§§ 291, 293-310 → AktG) und sieht für das beherrschende Unternehmen sowohl Rechte (z.B. dem Vorstand der abhängigen Gesellschaft Weisungen hinsichtlich der Leitung zu erteilen, Entbindung von der Schadenersatzpflicht) als auch Pflichten (z.B. bei der Gewinnabführung ist Erhaltung des Eigenkapitalstatus der abhängigen Gesellschaft zu beachten) vor. B. wird in der Regel abgeschlossen, um den sonst zu gewährenden Nachteilausgleich bei veranlaßten nachteiligen Rechtsgeschäften der abhängigen Gesellschaft und der Erstellung eines Abhängigkeitsberichtes zu entgehen sowie wegen einer sonst herrschenden Rechtsunsicherheit hinsichtlich der Zulässigkeit einer umfassenden einheitlichen Leitung im → Konzern. B. schafft eine konzernspezifische Haftungs- und Anspruchsordnung derart, daß sich Ansprüche der Gläubiger zwar gegen die abhängige Gesellschaft richten, letzten Endes jedoch kann sich das beherrschende Unternehmen den Gläubigeransprüchen nicht entziehen.

Belegschaftsaktien
Den Arbeiternehmern des eigenen Unternehmens überlassene → Aktien. B. werden in der Regel zu einem günstigeren als dem Börsenkurs abgegeben. Sie dienen dem Zweck, die Belegschaft an ihrem Unternehmen zu interessieren und die Vermögensbildung zu erleichtern. Die Zuwendung an die Lohn- und Gehaltsempfänger ist einkommensteuerpflichtig, außerdem besteht eine Sperrfrist von mindestens zwei Jahren. Die Frist verlängert sich auf sechs Jahre, wenn B. als vermögenswirksame Leistung gespart werden. Gemäß § 71 → AktG dürfen eigene Aktien zum Zweck der Ausgabe von B. erworben werden. Von dem meist jährlich wiederkehrenden Angebot großer → AGs zum Erwerb von kursgünstigen B. machen heute über 1 Million Arbeitnehmer Gebrauch.

Beleihungswert
Bei der Bewertung von Immobilien der Wert, der dem Grundstück unter Berücksichtigung aller für die Bewertung maßgebenden Umstände beigemessen wird. Dabei ist vom → Ertragswert, Bau- und Bodenwert (Sachwert) und vom Verkehrswert auszugehen, wobei in der Regel der Ertragswert den Ausschlag geben soll. Der B. ist dann Ausgangsbasis für die Ermittlung einer Beleihungsgrenze.

Berechtigungsaktien
→ Gratisaktien.

Berechtigungsschein
Warrant

Urkunde zum Bezug neuer → Aktien.

Bereinigung von Aktienkursen
Damit Aktienkurse im Zeitablauf vergleichbar sind, werden die Börsenkurse durch wertverändernde Maßnahmen be-

reinigt, d.h. → Dividendenabschlag oder Bezugsrechtsabschlag müssen berücksichtigt werden. Nur so können zwei Aktienkurse verglichen werden, wenn etwa das eine Unternehmen gerade → Dividende gezahlt hat, bei der anderen die Dividendenzahlung aber noch aussteht.

Berichtigungsaktien
Gratisaktien

Kapitalberichtigungsaktien

Zusatzaktien

Ohne Einzahlung im bestimmten Verhältnis zu den → alten Aktien ausgegebene neue Aktien. Die Ausgabe entspricht im übrigen der bei regulärer → Kapitalerhöhung. Der Aktionär erhält die B. allerdings nicht geschenkt, wie der Begriff Gratisaktie vermuten ließe, sondern die Mittel für die B. werden aus den bereits vorhandenen → Rücklagen der Gesellschaft aufgebracht.

Beim Bezug der B. ermäßigt sich der → Kurs der Aktie entsprechend dem Bezugsverhältnis. B. sind in §§ 207 bis 220 → AktG geregelt.

Berufshandel
Andere Bezeichnung: Kulisse. Die zum → Börsenhandel zugelassenen Börsenbesucher. → Börsenteilnehmer, die Geschäfte für eigene Rechnung abschließen und oft auch spekulativ engagiert sind. Ihre meist kurzfristigen Transaktionen wirken überwiegend kursregulierend.

Bestens
Gibt der Auftraggeber eines Börsenauftrags kein → Limit (ein äußerster → Kurs) an, kann die Bank den Auftrag (hier: ein Verkaufsauftrag) zu jedem gehandelten Kurs oder → Einheitskurs ausführen.

Beta-Faktor
Drückt den Kursverlauf einer einzelnen → Aktie im Verhältnis zum Gesamtmarkt in Form einer Indexzahl (eines Multiplikators) aus. 1,2 bedeutet z.B., die Aktie schwankt um ein Fünftel stärker als der Markt.

Bezahlt
Kurszusatz. Siehe → b.

Bezahlt Brief
Bezahlt und Brief

Kurszusatz. Siehe → bB.

Bezahlt Geld
Bezahlt und Geld

Kurszusatz. Siehe → bG.

Bezahlt und Brief
→ Bezahlt Brief.

Bezahlt und Geld
→ Bezahlt Geld.

bezB
→ bB.

Bezugsangebot
Wurde die Erhöhung des → Aktienkapitals beschlossen, unterbreitet der → Vorstand über die → Hausbanken den Altaktionären ein B., das innerhalb der → Bezugsfrist angenommen oder ausgeschlagen werden kann. Wird das B. ausgeschlagen und das → Bezugsrecht nicht ausgeübt, kann der Aktionär sein Bezugsrecht verkaufen. Nimmt er das B. an, so bezahlt er nur noch den → Bezugskurs für die → jungen Aktien.

Bezugsbedingungen
Bedingungen, zu denen das → Bezugsrecht für → junge Aktien ausgestattet ist. Z.B. → Bezugskurs, → Bezugsfrist, → Bezugsverhältnis.

Bezugsfrist
Von der → Hauptversammlung einer → Aktiengesellschaft im Zuge einer → Kapitalerhöhung festzusetzende und vom → Vorstand bekanntzumachende Frist, innerhalb derer die Aktionäre ihr → Bezugsrecht ausüben müssen, in der Regel zwei Wochen.

Bezugskurs
→ Emissionskurs der → jungen Aktien bei → Kapitalerhöhung einer → Aktiengesellschaft. B. setzt sich aus dem → Nennwert und aus dem → Agio zusammen.

Bezugsrecht

Das → Eigenkapital ist für die Finanzierung von → Aktiengesellschaften von grundlegender Bedeutung. Im Gegensatz zu → Fremdkapital muß es nicht zurückgezahlt werden und in Krisenzeiten kann man die Gewinnausschüttung aussetzen. Durch die Unkündbarkeit und volle Risikohaftung bildet Eigenkapital die Basis für die Aufnahme von Fremdmitteln und damit die Grundlage für weiteres Wachstum.

Für Aktiengesellschaften spielt neben der Eigenkapitalbildung aus eigener Kraft (Innenfinanzierung) zusätzlich die Aufbringung von weiterem Kapital durch den Beitrag der Aktionäre eine wichtige Rolle. Durch das → Finanzierungsinstrument → Aktie, d.h. durch die Ausgabe neuer, sogenannter → junger Aktien, kann eine Aktiengesellschaft ihr Eigenkapital - z.B. für Investitionen oder Erwerb von Beteiligungen - unter bestimmten Bedingungen aufstocken.

Die Aktionäre haben dabei aber einen Anspruch darauf, daß ihr Eigentumsrecht bei der Ausgabe junger Aktien nicht geschmälert wird. Deshalb können neue Aktien nur mit Zustimmung der Anteilseigner emittiert werden. Mindestens drei Viertel des auf der → Hauptversammlung vertretenen Aktienkapitals müssen der → Kapitalerhöhung zustimmen. Darüber hinaus ist das Unternehmen verpflichtet den Aktionären die jungen Aktien zum Erwerb anzubieten; das Bezugsrecht stellt für die bisherigen Aktionäre ein Vorkaufsrecht dar. Dabei besteht der Schutzzweck des Bezugsrecht darin, den Aktionär zum einen vor dem Verlust des Vermögenswertes der Altaktien zu schützen, zum anderen vor einer Verringerung seiner aus der Beteiligungsquote fließenden Vermögens- und Herrschaftsrechte zu bewahren.

Allerdings kostet der Bezug junger Aktien, mit Ausnahme der Ausgabe von → Gratis- oder → Zusatzaktien, auch etwas. Der Aktionär ist jedoch nicht gezwungen, sein Bezugsrecht auszuüben und kann dieses auch veräußern.

Der *Wert des Bezugsrechts* nun hängt neben der Marktsituation von einigen Entscheidungen des Unternehmens ab. Der *Bezugspreis*, d.h. der Preis zu dem junge Aktien von den Aktionären erworben werden können, muß unter dem aktuellen Börsenkurs liegen, um den Bezug junger Aktien für den Anleger attraktiv zu machen. Hinsichtlich des Ausmaßes des Kursabschlages gilt es, zwischen den Interessen des Anlegers, der die neuen Aktien möglichst preisgünstig erwerben möchte, und dem Interesse des Unternehmens, das möglichst viel Kapital durch ein hohes Agio vereinnahmen möchte, abzuwägen. So kann z.B. bei einem Börsenkurs von DM 400 der Ausgabepreis DM 300 betragen.

Das *Bezugsverhältnis* ergibt sich aus der Erhöhung des Grundkapitals d.h. aus der Relation altes Grundkapital zu Erhöhungsbetrag. Bei einem bisherigen Grundkapital von DM 100 Mio und einer Grundkapitalerhöhung von DM 10 Mio ergibt sich also ein Bezugsverhältnis von 10:1. Jedem Altaktionär bietet die Aktiengesellschaft an, für jeweils 10 alte Aktien eine junge zu erwerben.

Der *Wert des Bezugsrechts* läßt sich berechnen als

$$\frac{\text{Kurs der alten Aktie} - \text{Kurs der neuen Aktie}}{\text{Bezugsverhältnis} + 1}$$

Auf der Basis der obigen Beispielszahlen ergibt sich

$$\frac{400 - 300}{10 + 1}$$

also ein Wert des Bezugsrechts von DM 9,09.

Der bisherigen Beispielsrechnung war unterstellt, daß alte und junge Aktien vollkommen homogen sind, sich also in keinem Punkt unterscheiden. Häufig sind die jungen Aktien jedoch mit einer unterschiedlichen Dividendenberechtigung ausgestattet - z.B. anteilig bei einer unterjährigen Kapitalerhöhung oder erst ab dem neuen Geschäftsjahr. In beiden Fällen ist der Dividendennachteil zu berücksichtigen, indem er dem Kurs der jungen Aktien zugeschlagen wird. Dies hat dann zur Folge, daß der Wert des Bezugsrechts entsprechend niedriger ausfällt.

Der Aktionär ist nun aber nicht gezwungen, sein Bezugsrecht auszuüben und junge Aktien zu erwerben, sondern kann das Bezugsrecht verkaufen. Oder er kann, wenn er seinen Anteil am Unternehmen erhöhen möchte, noch Bezugsrechte hinzukaufen. Mit Beginn der Bezugsfrist wird das Bezugsrecht von den alten Aktien abgetrennt und während des Bezugsrechtshandels – i.d.R. ein Zeitraum von zwei Wochen – separat an der Börse gehandelt. Dabei unterliegt der Kurs des Bezugsrechts – wie die Aktie auch – Schwankungen, die sich aus Angebot und Nachfrage ergeben.

P. Müller, München

Bezugsverhältnis
Bei der Ausgabe → junger Aktien das Verhältnis von Zahl → alter Aktien zu Zahl junger Aktien. Zusammen mit dem → Bezugskurs bestimmt das B. den Wert des → Bezugsrechts.

bG
Kurszusatz: bG, bezG (bezahlt und Geld)

Nicht alle Kaufaufträge konnten zum genannten → Kurs erledigt werden. Weitere Nachfrage bestand zu diesem Kurs (Nachfrageüberhang). Ausgeführt wurden Kaufaufträge (→ unlimitierte; höher limitierte; z.T. die zum Kurs limitierten) und Verkaufsaufträge (unlimitierte; zum notierten Kurs oder niedriger limitierte).

Bid
Kaufgebot (Gebot) zu einem bestimmten Preis.

Big Bang
Bündel von → Deregulierungsmaßnahmen für → Kapitalmärkte in Großbritannien seit 1984, insbesondere die Abschaffung der festen Kommissionsstrukturen und der traditionellen Trennung von → „Brokern" und → „Jobbern" sowie die Erlaubnis für in- und ausländische Banken, sich an Aktienmaklerfirmen zu beteiligen.

Bilanz
Kontenmäßige Gegenüberstellung von Vermögenswerten (→ Aktiva) und → Fremd- und → Eigenkapital (→ Passiva) eines Unternehmens.

Bilanzkurs
Kapitalstrukturkennzahl im Rahmen der finanzwirtschaftlichen Bilanzanalyse, bei der das gesamte bilanzielle → Eigenkapital mit dem gekennzeichneten Kapital ins Verhältnis gesetzt wird. Durch einen Vergleich mit dem Börsenkurs zeigt der B., inwieweit → stille Reserven, Goodwill und andere Wertfaktoren des Unternehmens ihren Niederschlag in der Bewertung an der → Börse gefunden haben.

Billigst
Gibt der Auftraggeber eines Börsenauftrages kein → Limit (ein äußerster → Kurs) an, kann die Bank den Auftrag (hier: ein Kaufauftrag) zu jedem gehandelten Kurs oder → Einheitskurs ausführen.

Black-Scholes-Formel
Die Optionsbewertungsformel von Black und Scholes liefert den korrekten (ökonomisch rationalen) Preis einer → Kaufoption. Sie wird vor allem zur Optionsbewertung auf → Aktien eingesetzt, kann aber in leichter Abwandlung auch zur Bewertung von → Optionen auf → Anleihen, → Devisen, Gold oder Finanzderivate wie z.B. → Futures dienen.

„Korrekter" Preis bedeutet, daß keine risikolosen Arbitragegewinne möglich sind. Es ist das große Verdienst von Black & Scholes, gezeigt zu haben, daß unter gewissen Bedingungen je nach → Kurs des Basis-Aktivums und dessen → Volatilität genau ein solcher korrekter → Optionspreis existiert. Diese Bedingungen sind:

- der logarithmierte Kurs des Basis-Aktivums (im weiteren o.B.d.A. eine Aktie) läßt sich als zeitstetiger stochasti-

Black-Scholes-Formel

scher Prozeß mit unabhängigen normalverteilten Zuwächsen modellieren.

- die Varianz der → Renditen über feste Zeithorizonte ist konstant.
- es gibt einen festen risikolosen Zins r, zu dem unbeschränkt Gelder ent- und ausgeliehen werden können.
- keine Transaktionskosten.
- keine Dividendenzahlungen während der → Laufzeit der Option.
- unbeschränkte Möglichkeit von → Leerverkäufen.

Unter diesen Voraussetzungen ist der korrekte Preis C einer Kaufoption mit Basis K auf eine Aktie mit akutellem Kurs S durch die folgende Formel gegeben (die viel-gefeierte Formel von Black und Scholes):

$$C = SN\left[\frac{ln\left(\frac{(1+r)^t S}{K}\right)}{\sigma\sqrt{t}} + \frac{1}{2}\,\sigma\sqrt{t}\right] - \frac{K}{(1+r)^t}N\left[\frac{ln\left(\frac{(1+r)^t S}{K}\right)}{\sigma\sqrt{t}} - \frac{1}{2}\,\sigma\sqrt{t}\right].$$

Dabei steht t für die → Restlaufzeit (in Jahren), $N\,[\cdot]$ für die Verteilungsfunktion der Standardnormalverteilung, $ln\,[\cdot]$ für den natürlichen Logarithmus und σ für die Standardabweichung der jährlichen Renditen (Volatilität). Zusammengenommen ist also der korrekte Wert C einer Kaufoption eine Funktion der fünf Argumente r, t, σ, K und S.

Die Formel ist auch ohne tiefere Fertigkeit in Mathematik und Wahrscheinlichkeitstheorie leicht anzuwenden: Die Logarithmus-Funktion und die Verteilungsfunktion der Standardnormalverteilung sind heute auf Taschenrechnern (alternativ in Tabellen), die jährlichen Volatilitäten wichtiger Dividendenpapiere in der Finanzpresse abrufbar, und Restlaufzeiten, → Basispreis, risikoloser Zins und aktueller Kurs des Wertpapiers sind ohnehin bekannt. Zu bewerten sei etwa eine Kaufoption Allianz, Basis $K = 2200$, mit einer Restlaufzeit von 162 Tagen = $t = 162/365 = 0{,}44$ Jahren, bei einem aktuellen Kurs von $S = 2145$. Der risikolose jährliche Zins r betrage 7%, die Volatilität (etwa aus dem Handelsblatt entnommen) $\sigma = 0{,}16$. Damit ergibt sich (alle Rechnungen der Einfachheit halber mit nur zwei signifikanten Ziffern, bei höherer Genauigkeit abweichende Ergebnisse möglich):

$$(1+r)^t = 1{,}07^{0{,}44} = 1{,}03,$$
$$\sigma\sqrt{t} = 0{,}16\cdot\sqrt{0{,}44} = 0{,}106$$
$$ln\left(\frac{(1+r)^t S}{K}\right) = ln\left(1{,}03\cdot\frac{2145}{2200}\right) = 0{,}0042.$$

Zusammen liefert das als das erste Argument für die Verteilungsfunktion der Normalverteilung:

$$\frac{ln\left(\frac{(1+r)^t S}{K}\right)}{\sigma\sqrt{t}} + \frac{1}{2}\,\sigma\sqrt{t} = \frac{0{,}0042}{0{,}106} + 0{,}053 = 0{,}093,$$

und für das zweite Argument erhält man völlig analog den Wert $-0{,}013$. Die zugehörigen Werte der Funktion N (aus einem Tabellenwerk, wie es sie im Anhang jedes Wahrscheinlichkeitstheorie-Lehrbuches gibt, oder aus einem Taschenrechner abgerufen) sind

$$N(0{,}093) = 0{,}54, \quad N(-0{,}013) = 0{,}49,$$

und der korrekte Wert der Kaufoption ergibt sich damit als

$$C = 2145\cdot 0{,}54 - \frac{2200}{1{,}03}\cdot 0{,}49 = 111{,}70.$$

Nur zu diesem Preis sind (unter den eingangs formulierten Voraussetzungen) risikolose Arbitragegewinne ausgeschlossen. Bei jedem anderen Optionspreis gäbe es in Abwesenheit von Transaktionskosten zumindest theoretisch, durch eine Kombination von Leerverkäufen und Kreditvergabe (bzw. Käufe auf Kredit) ohne Einsatz eigener Mittel die Möglichkeit eines sicheren Gewinns.

Die Grundidee hinter dem Beweis dieses Sachverhalts ist sehr leicht einzusehen. Dazu betrachte man ein Wertpapier mit aktuellem Kurs $S = 100$, und (der Einfachheit halber) nur zwei künftige Kurse

Black-Scholes-Formel

120 (mit Wahrscheinlichkeit p) und 80 (mit Wahrscheinlichkeit $1-p$), und eine die Zwischenzeit $t0$ bis $t1$ überspannende Kaufoption mit Basispreis $K = 90$. Der risikolose Zins über diese Periode sei r = 10%. Damit ist der rationale (arbitragefreie) Preis der Kaufoption exakt fixiert: die zwei möglichen Auszahlungen der Option am Verfallstag, nämlich +30 (wenn der Kurs des Basispapiers auf 120 steigt) und 0 (wenn der Kurs auf 80 fällt), lassen sich gleichermaßen mit folgender Alternativ-Strategie erzielen („Synthetische Option"; wir setzen dabei voraus, daß Wertpapiere beliebig teilbar sind):

in t_0: leihe Mittel im Umfang G, kaufe Papiere im Gesamtwert A, $(A > G)$, decke Differenz $A - G$ aus → Eigenmitteln.

in t_1: zahle $G \cdot 1{,}1$ zurück, verkaufe Papiere entweder $1{,}2A$ oder $0{,}8A$.

in t_1 führt diese Strategie zu einer Auszahlung von entweder

$1{,}2A - 1{,}1G$ (bei steigendem Kurs des Basispapiers) oder

$0{,}8A - 1{,}1G$ (bei fallendem Kurs des Basispapiers).

Diese müssen, sollen risikolose Arbitragegewinne ausgeschlossen werden, genau den Auszahlungen von 30 bzw. 0 der Kaufoption entsprechen. Durch Auflösen des Gleichungssystems

$$1{,}2A - 1{,}1G = 30$$
$$0{,}8A - 1{,}1G = 0$$

erhält man $A = 75, G = 54{,}55$, d.h. $A - G = 20{,}45$. Soviel Eigenmittel erfordert diese Strategie in t_0, d.h. genau soviel muß dann auch die Kaufoption kosten.

Durch Übertragung dieser Grundidee einer äquivalenten synthetischen Option auf Kursverläufe mit den eingangs formulierten Eigenschaften ergibt sich dann die Formel von Black und Scholes.

Durch Ausnutzen der Put-Call-Parität

$$C = P + S - \frac{K}{(1+r)^t}$$

liefert die Black-Scholes-Formel zugleich auch den rationalen Wert P einer europäischen (nur am Verfallstag ausüb-

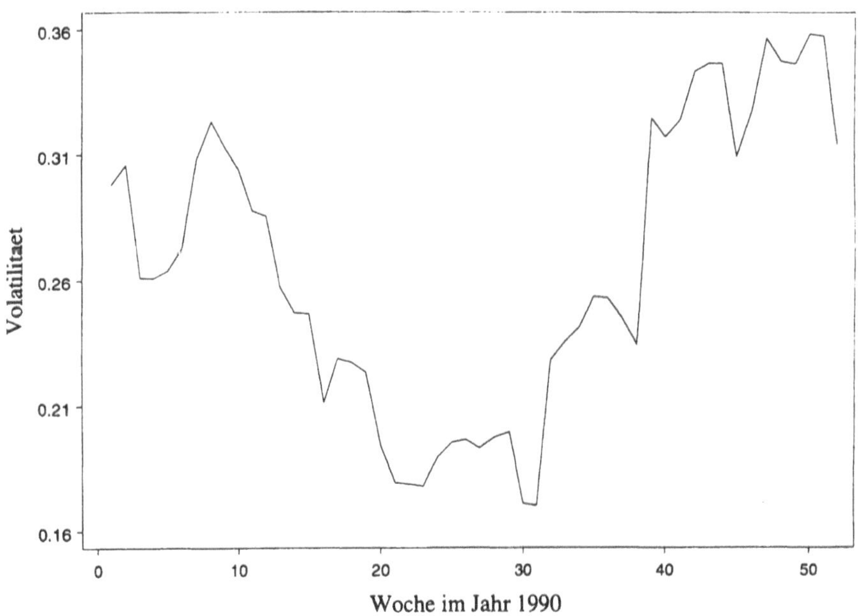

baren) → *Verkaufs*option (zum gleichen Basispreis *K*). Im Gegensatz zu Kaufoptionen, deren rationaler Wert unabhängig von der Ausgestaltung (europäisch oder amerikanisch) unter den Black-Scholes-Annahmen stets der gleiche bleibt, ist der Wert einer amerikanischen Verkaufsoption dagegen *größer* als das aus der Put-Call-Parität abgeleitete *P*, weil hier anders als bei Kaufoptionen eine vorzeitige Ausübung durchaus rational sein kann.

Das größte Hindernis bei der praktischen Anwendung der Black-Scholes-Formel ist die Bestimmung der Volatilität σ des zugrundeliegenden Basis-Aktivums. Als einziger Parameter der Formel ist σ unbekannt und aus historischen Renditen zu schätzen. Weitere Angriffspunkte sind die unterstellte Abwesenheit von Transaktionskosten oder die zeitliche Konstanz von Zins und Volatilität. Durch alternative Annahmen wie auch durch Unterstellung realistischer stochastischer Prozesse für die Renditen ergeben sich alternative rationale Werte für Optionen, die aber in der Praxis bei weitem nicht die Verbreitung gefunden haben wie die Formel von Black und Scholes.

Lit.: Black, F. u. Scholes, M., The pricing of options and corporate liabilities. Journal of Political Economy 81/1973, S. 637-659. J. C. Cox u. M. Rubinstein, Options Markets. Englewood Cliffs 1985.

Prof. Dr. W. Krämer, Dortmund

Blockfloating

Gruppenfloating

Eine Gruppe von Ländern läßt ihre → Wechselkurse untereinander innerhalb festgelegter → Bandbreiten, aber gegenüber Drittländern vollständig frei schwanken. Beispiel dafür ist der Europäische Währungsverbund.

Blow-off

Top-Formation eines primären Haussemarktes, die mit einer starken Kursbeschleunigung endet.

Blue Chips

Börsenausdruck in den USA für die Spitzenwerte und die Favoriten unter den Wertpapieren an der → Börse.

BOBL-Futures

An der → Deutschen Terminbörse (DTB) seit 4. Oktober 1991 eingeführter und gehandelter → Terminkontrakt auf eine → Bundesobligation mit mittlerer → Restlaufzeit (B. oder → Bund-Future, mittel). Als → Basis dient eine idealtypische (synthetische) → Schuldverschreibung des Bundes mit einer Normalverzinsung von 6% p.a., lieferbar in Bundesobligationen und Bundesschatzanweisungen mit einer Restlaufzeit von dreieinhalb bis fünf Jahren am Liefertag und einem Mindestemissionsvolumen von 4 Mrd. DM. Die Kontraktspezifikationen lauten: Der Kontraktwert beträgt 250.000 DM; die Preisermittlung erfolgt in % vom → Nennwert auf zwei Dezimalstellen; minimale Preisänderung (→ „Tick"): 0,01 Prozentpunkte; Tickwert: 25 DM. Der Handel erfolgt börsentäglich von 8.00 Uhr bis 17.00 Uhr.

Boden

→ Bottom.

Bogen

Zinsscheinbogen und Dividendenscheinbogen (→ Gewinnanteilscheine), die dem Wertpapier zur Erhebung der Zinsen bzw. → Dividenden beigegeben sind. Der B. besteht aus → Coupon (Kupon, Erträgnisschein) als Gewinnanteilschein (z.B. Dividendenschein) bzw. Zinsschein und aus dem → Erneuerungsschein (→ Talon, Zinsleiste). → Mantel (eigentliche Urkunde) und B. bilden zusammen die Wertpapierurkunde.

Bond Warrants

Forderungspapiere mit → Optionsschein, die zum Bezug von → Aktien (eigenkapitalorientierte Optionen) oder von zusätzlichen → Bonds desselben → Emittenten (fremdkapitalorientierte Option) berechtigen.

Bonds

Angelsächsische Bezeichnung für → Obligationen und → Schuldverschreibungen. Deutsche B. sind Auslandsbonds und (selten) → Baby Bonds.

Bonifikation
Im Bankgeschäft die sogenannte Bankiersbonifikation.

Im Veränderungsgeschäft der Treuerabatt für Agenten.

Bonität
Kennzeichnung der Zahlungsfähigkeit des Schuldners, im weiteren Sinne der gute Ruf von Personen und Firmen im Geschäftsverkehr sowie die Qualität von Waren.

Die B.sprüfung des Kunden (Vertragspartners) erfolgt vor Vertragsabschluß. B.srisiko ist das Risiko, daß ein → Kredit überhaupt nicht oder nur teilweise zurückgezahlt wird (Ausfall-, Verlustrisiko).

Bonus
1. Im allgemeinen Geschäftsverkehr: positiver Anreiz in Form einer Vergütung, die dann gewährt wird, wenn entweder eine bestimmte Leistung erbracht wird oder eine bestimmte Menge abgesetzt wird (Umsatzbonus als eine Art Mengenrabatt bei Warenlieferungen).

2. Bei → Aktiengesellschaften: Einmalige Sondervergütung, die an Aktionäre neben der → Dividende in besonders guten Geschäftsjahren oder bei Erreichen eines außergewöhnlichen Gewinns ausgeschüttet wird.

3. Im Versicherungswesen: eine nicht in der Versicherungsprämie eingerechnete zusätzliche Vesicherungsleistung.

Boom
Letzte Phase des Aufschwungs im → Konjunkturzyklus, gekennzeichnet durch Voll- oder Überbeschäftigung von Arbeitskräften und Produktionsanlagen bei steigender Güternachfrage sowie Preisniveauanstieg. Gegensatz ist → Depression.

Börse
1. Merkmale einer B.: Eine B. ist ein als gemeinschaftlicher Betrieb organisierter Markt vertretbarer Güter. Die Vertretbarkeit erleichtert den Handel, da das gehandelte Gut eindeutig charakterisiert ist, ohne daß es am Markt anwesend sein muß. Einige Handelsobjekte sind bereits durch ihre Bezeichnung zweifelsfrei definiert, z.B. RWE-Stammaktien, bei anderen Handelsobjekten kann das mit Hilfe einer genauen Beschreibung durch die B.leitung erreicht werden, indem sie z.B. die Standardqualität eines gehandelten Rohstoffs festlegt.

Die Betriebe, die daran interessiert sind, vertretbare Güter zu handeln, erachten die Vorteile einer gemeinschaftlichen Marktorganisation für so groß, daß sie Teile ihres Handelsgeschäfts, nämlich die Suche nach dem günstigsten Kontrahenten und den Abschluß des Geschäfts, oft aber auch dessen Abwicklung, in einen gemeinschaftlichen Betrieb, die B., ausgliedern. Kennzeichen einer so definierten B. ist also, daß sie zumindest von einem Teil der Betriebe, die daran interessiert sind zu handeln, organisiert, kontrolliert und von diesen B.mitgliedern durch jährliche Beiträge meist auch alimentiert wird.

2. B-merkmale im Wandel der Zeit: Die räumliche Konzentration der Handelsteilnehmer ist als B.merkmal überholt, da es die Kommunikationstechnik ermöglicht, Angebot und Nachfrage zu bündeln, ohne daß die Bietenden persönlich zusammenkommen müssen.

Auch das Merkmal, daß die B.mitglieder den Markt organisieren, könnte sich in Zukunft als börsendefinierendes Merkmal als entbehrlich erweisen. Marktorganisation wird immer stärker ein wettbewerbliches und gewinnorientiertes Geschäft. Hier zeichnet sich die Entwicklung ab, wie sie Ende der sechziger Jahre im Bereich der Wertpapierabwicklung begann, als mit → CEDEL und → Euroclear (BIZ, S. A3/30-32) nichtbörsliche Anbieter in den Markt eintraten. In Deutschland wird das an der Trägerschaft sichtbar. Die B. bilden heute bevorzugt privatrechtliche Träger wie die → Deutsche Terminbörse GmbH und die Deutsche B. AG (zum Träger der B. Schwark, S. 64-72). 1994 soll die Deutsche B. AG nach Aufnahme der DTB GmbH Träger der Frankfurter B. und der nach der Anzahl der Abschlüsse größten deutschen B., der → DTB, sein. Die B. begreifen Marktorganisation als ein Produkt, für das es einen Markt gibt, an dem Wettbewerb zwischen nationalen und internationalen B. herrscht (Schmidt 1992) und das dem Marktorganisator → Gewinn bringt. Deshalb muß man verstärkt mit Marktorganistoren rechnen, die selbst gar nicht in vertretbaren Gütern handeln wollen. Märkte wie das von einer Reuterstochter betriebene Instinet (SEC, S. 1028f.) oder das Wunsch Auction System (Bishop, S. 213-216) sind nach obiger Definition keine B., sondern einzelwirtschaftliche Handelssysteme.

Die definierenden Merkmale einer B. ändern sich also im Zeitablauf. Diese Entwicklung führt zu der Aufgabe, von Zeit zu Zeit neue abgrenzende Merkmale für die Märkte zu finden, die man als B. ansieht. Das ist kein rein akademisches Problem. Die Definition einer B. ist z.B. wichtig für die Frage, welche Märkte unter die staatliche B.aufsicht fallen sollen (zu dieser Problematik siehe für die USA SEC 1989).

3. Aufgaben und Leistungen von B.: Märkte sind dezentrale Koordinationsmechanismen einer Volkswirtschaft. An ihnen sollen die heterogen über Wirtschaftssubjekte verteilten Informationen aggregiert und in einer Größe, dem Preis, reflektiert werden (v. Hayek 1945).

Das gilt auch für B. und B.kurse. Der B.kurs soll im Idealfall ständig alle bewertungsrelevanten Informationen vollständig reflektieren. Einen Markt, an dem dies erreicht wird, nennt man informationseffizient (zum Konzept der Informationseffizienz siehe Fama 1970 und 1991).

Die Hauptaufgabe von B. besteht darin, den Transaktionsbedürfnissen der Marktteilnehmer durch ein kostengünstiges Angebot von Handelsdienstleistungen zu entsprechen und dabei den Handel selbst so zu organisieren, daß sämtliche bewertungsrelevanten Informationen unverzüglich in die → Kurse eingehen können. Die Marktorganisation ist der Mechanismus, mit dem die Präferenzen und Informationen der Marktteilnehmer unverzerrt in Kurse übersetzt werden sollen.

Maßnahmen, die der Marktorganisator ergreifen könnte, sind z.B. Publizitätsanforderungen an → Emittenten, Gewährleistung einer Mindestbonität der Handelsteilnehmer oder die Wahl und Weiterentwicklung des Handelsverfahrens (→ Börsenhandel; weitere Maßnahmen bei Schmidt 1988, S. 6-28). Sie führen zu pagatorischen marktorganisationsbestimmten Kosten, die von den Anlegern, letztlich aber von den Emittenten zu tragen sind. Ferner werden die Handelsteilnehmer kalkulatorische marktorganisationsbestimmte Kosten berücksichtigen, die sie ansetzen, wenn die Marktorganisation nicht ihren Präferenzen entspricht, z.B. in Form einer kalkulatorischen Selbstversicherungsprämie bei unzureichendem Anlegerschutz. Die pagatorischen und kalkulatorischen Kosten gehen neben den Informationen und Präferenzen in das Transaktionskalkül des Marktteilnehmers ein und „verzerren" es. Die Aufgabe von B. besteht darin, eine Marktorganisation mit minimalen marktorganisationsbestimmten Kosten bereitzustellen und so die Verzerrung der Kurse im Vergleich zum informationseffizienten Ideal zu minimieren (Schmidt 1977, S. 31-34).

4. Kriterien zur Systematisierung von B.: Handelsobjekt. Typische Handelsobjekte an B. sind vertretbare Wertpapiere (→ Effekten), → Devisen und Waren. Aber die Vorteile börslicher Marktorganisation können auch für den Handel anderer vertretbarer Güter genutzt werden; so ist der Handel von Schwefeldioxidemissionsrechten am Chicago Board of Trade geplant.

Geschäftsart. B.geschäfte können als → Kassa- oder → Termingeschäft vereinbart werden. Kassageschäfte sind nach einer Frist zu erfüllen, die für die dazu erforderlichen Arbeiten ausreicht, in Deutschland nach zwei Tagen. Bei Termingeschäften ist der Zeitraum zwischen Abschluß und → Erfüllung erheblich länger (→ Future, → Option).

Handelsverfahren. Hier unterscheidet man zwischen dem Handel nach dem Auktionsprinzip und nach dem Marketmakerprinzip (B.handel).

Handelsort. Die Marktteilnehmer können ihre Geschäfte auf dem Parkett abschließen (Parketthandel) oder über ein Computernetz (Computerhandel) (B.handel).

5. Die B. in Deutschland: a) Effektenbörsen: Kassageschäfte. Effekten werden in Deutschland gegenwärtig an acht Parkettbörsen (geordnet nach den Umsätzen 1992: Frankfurt, Düsseldorf, München, Hamburg, Stuttgart, Berlin, Hannover und Bremen; Angaben aus: Deutsche B., Jahresbericht 1992) sowie im Integrierten B.handels- und Informations-System → IBIS im Kassageschäft gehandelt. Die Mitteldeutsche B. in Leipzig befindet sich noch im Aufbau. An den Parkettbörsen findet der Effektenhandel zwischen 10.30 und 13.30 Uhr statt. Besonders umsatzstarke Effekten wie z.B. die 30 den → DAX repräsentierenden → Aktien werden an mehreren oder sogar allen B., weniger umsatzstarke Effekten manchmal nur an einem Platz notiert. Der gleichzeitige Handel eines Titels an mehreren B. stellt eine Form der horizontalen Segmentierung dar. Unter vertikaler Segmentierung versteht man die Einteilung eines Marktes in meist drei Segmente (Top-, Mittel- und Grundsegment), die sich in den Zugangserfordernissen, insbesondere in den Publizitätsanforderungen an den Emittenten, und im Handelsverfahren unterscheiden (zur Segmentierung Schmidt 1988, S. 40-46). In Deutschland sind die vertikalen Segmente der Handel zu amtlichen Notierungen, der geregelte Markt und der Freiverkehr (→ B.zulassung).

Seit Dezember 1989 operiert IBIS neben dem Parketthandel. IBIS wurde im Laufe des Jahres 1991 zunächst der Frankfurter Wertpapierbörse, aber auch allen anderen Parkettbörsen rechtlich als horizontales Segment angegliedert (Kümpel 1991, 1992). IBIS ist eine Computerbörse, an der börsentäglich von 8.30 bis 17.00 Uhr die 30 DAX-Werte, weitere Aktien, Aktienoptionsscheine und Rentenwerte gehandelt werden können. 1992 hatte IBIS nach Frankfurt und Düsseldorf bereits den dritthöchsten Wertumsatz im Aktien-und Rentenhandel, im Aktienhandel nach Frankfurt sogar den zweithöchsten Umsatz; eine Systembeschreibung findet sich in Frankfurter Wertpapierbörse 1993.

Termingeschäfte. Die Deutsche Terminbörse ist die wichtigste B. für Termingeschäfte in Deutschland. Der Handel an dieser Computerbörse hat im Januar 1990 begonnen. An der DTB werden gehandelt: Optionen auf 16 Aktien, → DAX-Future, Optionen auf DAX und DAX-Future, Futures auf eine langfristige Bundesanleihe (→ Bund-Future) und eine mittelfristige Bundesanleihe (→ Bobl-Future) sowie Optionen auf Bund- und Bobl-Future. Die Einführung weiterer Zinsprodukte ist für 1994 geplant (FIBOR; → Geldmarkt, Bundesanleihe mit 30 Jahren → Restlaufzeit). Ein Optionshandel an den Parkettbörsen findet nur noch in Frankfurt statt. Dort werden Optionen auf deutsche Aktien, die nicht → Basiswert an der DTB sind, und auf einige ausländische Aktien gehandelt. Umsätze in Rentenoptionen kommen praktisch nicht mehr zustande. Als Termingeschäft kann man auch Erst- und Zweitgeschäfte in → Optionsscheinen auf Aktien und → Aktienindizes sowie → Renten und Rentenindizes betrachten, die in allen vertikalen Segmenten der Parkettbörsen vorkommen (Schmidt/Elsner). Ein Handel besonders umsatzstarker Aktienoptionsscheine ist auch in IBIS möglich.

b) Devisenbörsen: In Deutschland gibt es fünf Devisenkassabörsen (Frankfurt,

Hamburg, Düsseldorf, München und Berlin). Einmal b.täglich gegen 13.00 Uhr werden dort amtliche, an allen B. gleich hohe Devisenkurse für derzeit 17 Währungen festgestellt (Hielscher, S. 1158-1162). Die einzige Möglichkeit, Devisentermingeschäfte an einer deutschen B. abzuschließen, bieten derzeit die Devisenoptionsscheine, die im geregelten Markt und im Freiverkehr der Parkettbörsen gehandelt werden (→ Devisenhandel).

c) Warenbörsen: Warenbörsen konnten sich vor allem wegen der nun schon viele Jahrzehnte bestehenden staatlichen Regulierung des Agrarsektors in Deutschland und Europa nicht so entwickeln wie z.B. in den USA. Eine Goldbörse befindet sich in Frankfurt. Sie ist wie die Frankfurter Devisenbörse Teil der Frankfurter Wertpapierbörse. Einmal börsentäglich werden amtliche Kurse für 1-Kg- und 12,5-Kg-Barren ermittelt (→ Gold). Einen kurzen Überblick über weitere Produktbörsen gibt Hielscher, S. 1170f., wobei im Einzelfall zu prüfen wäre, ob der jeweilige Markt die börsendefinierenden Merkmale erfüllt → Rohstoffbörsen. In Deutschland besteht derzeit keine Warenterminbörse, doch planen Verbände der deutschen Agrarwirtschaft, eine solche Börse zu gründen (→ Warenterminhandel).

Lit.: Bank für Internationalen Zahlungsausgleich (BIZ): Lieferung gegen Zahlung in Wertpapierabwicklungssystemen, Basel 1992; E. Bishop: Equity trading, London 1991. Deutsche Börse: Jahresbericht 1992. E. F. Fama: Efficient capital markets: a review of theory and empirical work, in: Journal of Finance, Vol. 25 (1970), S. 383-417. E. F. Fama: Efficient capital markets: II, in: Journal of Finance, Vol. 46 (1991), S. 1575-1617. Frankfurter Wertpapierbörse (Hrsg.): Integriertes Börsenhandels- und Informations-System, Frankfurt 1993. F. A. von Hayek: The use of knowledge in society, in: American Economic Review, Vol. 35 (1945), S. 519-530. U. Hielscher: Börsen und Börsenhandel, in: Geld-, Bank- und Börsenwesen, N. Kloten/J. H. von Stein (Hrsg.), 39. Auflage, Stuttgart 1993, S. 1128-1188. S. Kümpel: Zur Aufnahme des elektronischen Handels an der Frankfurter Wertpapierbörse, in: Wertpapier-Mitteilungen, 45.Jg. (1991), Beilage 4. S. Kümpel: Die IBIS-Integration in die Regionalbörsen aus börsenrechtlicher Sicht, in: Wertpapier-Mitteilungen, 46. Jg. (1992), S. 249-257. H. Schmidt: Vorteile und Nachteile eines integrierten Zirkulationsmarktes für Wertpapiere gegenüber einem gespaltenen Effektenmarkt, Hrsg.: Kommission der Europäischen Gemeinschaften, Brüssel, Luxemburg 1977. H. Schmidt: Wertpapierbörsen, München 1988. H. Schmidt: Die Rolle der Regionalbörsen am deutschen Kapitalmarkt heute und morgen, in: Kredit und Kapital, 25. Jg. (1992), S. 110-134 (Teil I) und S. 233-258 (Teil II). H. Schmidt/D. Elsner: Der deutsche Markt für „gedeckte Optionsscheine", in: Planwirtschaft am Ende - Marktwirtschaft in der Krise?, W. Gerke (Hrsg.), Stuttgart 1994, S. 255-297. E. Schwark: Börsengesetz. Kommentar, München 1976, Neuauflage in Vorbereitung. Securities and Exchange Commission (SEC): Proprietary Trading Systems, Release No. 34-26708, Washington 1989.

Prof. Dr. H. Schmidt und S. Prigge, Hamburg

Börsen-Crash

Der spektakuläre Zusammenbruch des → Börsenhandels an einer Wertpapierbörse des Kassamarktes, ausgelöst von massiven Verlusten der → Investoren in diese Finanztitel, wird im allgemeinen als *Börsencrash* bezeichnet. Ein derartiger Börsencrash, entstanden an einer der Hauptbörsen der Welt, wird in Anbetracht der internationalen Verknüpfungen der (globalen) Finanzmärkte andere → Börsen in der Regel nicht unbeeinflußt lassen und an diesen, wenn schon keinen Börsencrash, so doch einen *Börsenschock* auslösen, der das Kursniveau (repräsentiert durch einen allgemein zugrunde gelegten Aktienindex, z.B. → Dow Jones-Industrial, Nikkei-Index, →

DAX; siehe dazu *Eilenberger 1993*) negativ in spürbarem Umfang in Richtung auf eine Reduzierung beeinflußt. Andererseits können Börsenschocks auch bereits im Vorfeld von Börsencrashs auftreten und könnten insofern als Indikatoren für das ggf. nachfolgende spektakuläre Ereignis des Börsencrashs gelten oder an dessen Stelle treten, wenn mehrere Börsenschocks in sozusagen dosierter Form notwendige Anpassungen des Kursniveaus an die sog. fundamentalen Daten vorwegnehmen und dadurch den Börsencrash vermeiden. Als Beispiel eines Böresenschocks aus jüngerer Zeit läßt sich der Tagesverlust des Nikkei-Index von 1054 Yen am 29. November 1993 anführen, der durch Panikverkäufe hervorgerufen worden war und Kommentatoren zu dem Urteil veranlaßt hatte, daß Nippons Aktienmarkt noch einmal ganz knapp an der Katastrophe vorbeigeschrammt sei *(Köhler)*. Für die Auffassung vom schrittweisen Börsencrash durch mehrmalige starke Kursniveauveränderungen in Form von Börsenschocks spricht in diesem Zusammenhang, daß der Nikkei-Index innerhalb des Monats November 1993 über 4000 Yen und damit fast ein Fünftel seines Oktober-Niveaus eingebüßt hatte. Insofern ließe sich auch von einem *latenten Börsencrash* sprechen, zu dessen offenem Ausbruch *(offener Börsencrash)* unter Umständen nur noch ein kurzer Weg führt. In derartigen Fällen kann das Crash-Risiko somit als relativ hoch eingeschätzt werden, zumal Börsencrashs nicht aus heiterem Himmel auftreten, sondern regelmäßig eine Vorgeschichte aufweisen.

Generell steigt das *Crash-Risiko* als Gefahr eines massiven Kursrutsches mit einer Überbewertung von → Aktien und einem damit verbundenen Liquiditätsengpaß der Investoren, die in Anbetracht des erwarteten weiteren Kursanstieges ihre Mittel in weiteren Aktienkäufen festlegen. Insofern nährt die → Hausse die Hausse. Das Crash-Risiko erhöht sich zusätzlich bzw. kulminiert und schlägt dann in den tatsächlichen Börsencrash um, wenn die Börsenstimmung, charakterisiert durch die vorherrschende Meinung über die Wirtschafts- und Kursentwicklung, umschlägt und zu Verkäufen der zu teuren Aktien veranlaßt. So zeigt die generelle Börsenbewertung, ausgedrückt durch das Kurs-Gewinn-Verhältnis (KGV), vor dem Börsencrash am Platz New York im Oktober 1987 durchwegs ein erheblich höheres KGV zum 30.9.1987 als zum 30.9.1988 ein Jahr später (Tab. 1).

	30.9.1987 (Gewinn-basis 1987)	30.9.1988 (Gewinn-basis 1988)
USA	18,0	11,5
Japan	72,0	55,0
Großbritannien	16,5	11,0
Deutschland	16,5	12,5
Europa	16,7	12,0
Welt	24,9	17,3

Tab. 1: Börsenbewertung auf der Basis des KGV
(Quelle: Dresdner Bank Investment Research; Morgan Stanley Capital Int.)

Die überteuerten Aktien wurden durch den New Yorker Börsencrash und davon ausgelösten Börsenschocks in Europa und Japan generell „schlanker", was für die Selbstreinigungskräfte der Börsenmärkte spricht. Den Auslöser zu Börsencrashs können zusätzlich technische Probleme bei der Abwicklung von Börsengeschäften *(Börsentechnik)* und im Rahmen der Orderaufgabe durch die Investoren bilden. So traten beim Börsencrash 1987 Probleme bei den automatischen Abwicklungssystemen (von zwei Computeranlagen des Börsensystems der NYSE fiel eine vorübergehend aus technischen Gründen aus) ebenso auf wie bei der *automatischen Orderaufgabe*, die durch Computersysteme automatisch bei bestimmten vorherprogrammierten Verkaufssignalen auf Grund der Ergebnisse der technischen → Aktienanalyse ausgelöst worden waren. Darüber hinaus konnte auf die von institutionellen Anlegern in Situationen von Kursrückgängen ansonsten eingesetzten → Hedge-Instrumente über die Terminmärkte nicht mehr zurückgegriffen werden, zumal in Anbetracht der Unsicherheitssituation und des massiven Drucks die dafür notwendige Arbitrage zwischen Kassa- und Terminmärkten nicht mehr funktionierte.

Schließlich erhöht sich das Crash-Risiko grundsätzlich, wenn die Verschuldung erhebliche Verteuerungen erfährt und damit einerseits die Liquiditätsbeschaffung stark einschränkt, andererseits die auf Kreditbasis durchgeführte Aktienspekulation in einem Ausmaß verteuert, daß auf breiter Front Aktienverkäufe erfolgen müssen. Diese Situation löst ihrerseits Neubewertungen der Wertpapierkredite dieser Investoren durch die Banken aus, die zu Kreditrückforderungen (Kreditglattstellungen) und dadurch ausgelösten zusätzlichen Aktienverkäufen führen (müssen). Crash-Risiko-verstärkend wirken ohne Zweifel auch Reduzierungen der Marktkapitalisierung auf Grund von Unternehmensübernahmen und die damit einhergehende Marktverengungen. Neuerdings werden auch Marktverengungen der Art, daß eine geringe Zahl von Aktien einen Großteil des Börsenumsatzes auf sich ziehen, als risikosteigernd angesehen. So entfielen 1992 64% des Umsatzes an deutschen Aktienbörsen auf zehn Aktien (Allianz, BASF, Bayer, Daimler, Deutsche Bank, Mannesmann, RWE, Siemens, Veba, Volkswagen), während allein vier Aktien (Bayer, Daimler, Deutsche Bank, Siemens) knapp die Hälfte des Umsatzes auf sich zogen und insofern eine strukturelle Schwäche des deutschen Marktes offenkundig wird. Andererseits wird die hohe Umschlagsgeschwindigkeit am deutschen Aktienmarkt (Tab. 2) als positiv angesehen.

Die *Umschlagsgeschwindigkeit* eines Aktienmarktes zeigt als Meßzahl den Jahresumsatz im Verhältnis zur → *Marktkapitalisierung* (= kumulativer Kurswert aller notierten Titel) bzw. wieviel des börsenkapitalisierten Wertes in einem Jahr umgesetzt wird. Eine Umschlagsgeschwindigkeit von 100% bedeutet somit, daß der gesamte börsenkapitalisierte Wert dieses betreffenden Aktienmarktes einmal pro Jahr umgeschlagen wird. *Hohe* Umschlagsgeschwindigkeit läßt einerseits auf einen sehr liquiden Markt und damit auf ein geringes Crash-Risiko schließen. Allerdings ist in diesem Zusammenhang das Marktvolumen zu berücksichtigen. Ein Vergleich der beiden größten Aktienmärkte der Welt, nämlich der NYSE und der → NASDAQ zeigt (Tab. 3), daß die Marktkapitalisierung der NYSE das 6,4-fache der NASDAQ beträgt und auch das Handelvolumen (= Jahresumsatz) der NYSE rund das Doppelte des Handelsvolumens der NASDAQ ausmacht. Beide Aktienmärkte sind zwar als Auktionsbörsen konzipiert, unterscheiden sich aber grundlegend dadurch, daß NYSE die „blue chip"-Unternehmungen handelt und sozusagen den traditionellen big board mit Marktausgleich durch open outcry über einzelne Börsenmakler je Titel repräsentiert, während NASDAQ ein vollelektronisches Handelssystem mit mehreren sich gegenseitig konkurrierenden Marktmachern (im Schnitt 10 Marketmaker je Titel darstellt) und darüber hinaus stärker Titel junger Technologie- und Dienstleistungsunternehmungen aufweist, welche die Spekulation anregen. Die hohe Umschlagsgeschwindigkeit bei NASDAQ könnte daher auch dahingehend interpretiert werden, daß diese mit höherem Liquiditätsrisiko erkauft wird. Bezüglich des *deutschen Ak-*

Börsenplatz	Umschlag (%)	
	1991	1992
Deutsche Aktienbörsen	100,9	128,9
New York (→ NYSE)[1])	41,1	42,9
NASDAQ (USA)[1])	128,8	138,2
London	31,7	40,5
Tokyo	26,3	19,8

Tab. 2: Umschlagsgeschwindigkeit an ausgewählten Börsen
(Quelle: Deutsche Börse AG);
[1]) mit außerbörslichem Handel

Börse	Handels-volumen (Mrd USD)	Marktkapi-talisierung (Mrd USD)
NYSE	1.745,5	4.300
NASDAQ	890,8	668

Tab. 3: Aktienumsätze und Marktkapitalisierung von NYSE und NASDAQ 1992 ohne außerbörslichen Handel von Titeln;
(Quelle: National Association of Securities Dealers)

tienmarktes könnte die hohe Umschlagsgeschwindigkeit Symptom einer relativ starken Marktenge sein, bei der eine hohe Nachfrage (aus dem In- und Ausland) auf ein relativ geringes Angebot an interessanten Titeln trifft (siehe oben: vier Titel bringen 50% des Jahresumsatzes) und von daher eine Überteuerung der Aktien resultiert, zumal bei steigenden Kurserwartungen mangels breiten Angebots immer wieder Investments in dieselben Aktien erfolgen und dadurch die Kurserwartungen sich auf diese Weise immer wieder bestätigen würden. Insofern steigt das Crash-Risiko bei Erreichen eines nicht mehr vertretbaren Überteuerungsgrades, ausgedrückt durch ein überzogenes KGV, bei Änderung der herrschenden Marktmeinung. Eine Wendung der Marktmeinung als Ausdruck bestimmender Investoren(kreise) kann nicht zuletzt ganz allgemein durch das Wirken von sog. Börsen-Gurus, die in Aktionärsbriefen oder durch andere Meinungsbildungsinstrumente die Meinung der breiten Anlegermasse beeinflussen, ausgelöst werden und in Panikverkäufen münden, die einen Kurssturz mit erratischen Abwärtsbewegungen auf breiter Front bewirken. Allerdings zeigen die Erfahrungen mit den großen Börsencrashs von 1929 und 1987, daß die Krise nicht unmittelbar aus einer Situation steigender Kurse, sondern vielmehr aus einem vorübergehenden Zustand anscheinender → Konsolidierung einsetzt: Die Kurse haben bei Ausbruch des Börsencrash, dem ein jeweils fünfjähriger kontinuierlicher Kursanstieg vorangegangen war, gegenüber dem historischen Hoch bereits zwischen 15 bis 20% eingebüßt. Erst aus der „Ruhe vor dem Sturm" entwickelten sich letztlich die Rekordumsätze auf der Basis starken Verkaufsdrucks.

Ob allerdings die in der Vergangenheit festgestellten Muster zur Erkennung bzw. Beurteilung des Crash-Risikos ausreichen, ist unter dem Aspekt der Ausweitung des *Wertpapierterminhandels* auf die (außerbörslichen) → *OTC-Märkte* zu relativieren und neu zu analysieren. Wenn beispielsweise - wie am 28.12.1993 geschehen - der *Kassa-DAX* innerhalb der Parkettbörsenzeit von 2.253,98 Anfangskurs auf 2.284,65 hochzog, dann auf 2.219,02 absackte und mit 2.242,82 schloß sowie der → *Terminkontrakt* auf den DAX vorbörslich auf 2.331 Punkte anstieg, dann um 100 Punkte zurückfiel und gegen Schluß der Präsenzbörse erneut auf 2.270 Punkte anzog, dann lassen sich derartige schwindelerregende Börsenberg- und -talfahrten nur noch durch spekulative Gründe erklären. Während an organisierten Terminbörsen, wie der DTB, Sicherheiten zur Erfüllung der Kontrakte zu stellen sind, fehlen derartige Sicherungsintrumente an OTC-Märkten. Dort besteht keine Kontrolle über die Eindeckungsdefizite (= offene Positionen) der Beteiligten aus Optionen und Financial Futures und damit ergibt sich ein Informationsdefizit für Investoren an den organisierten Kassa- und Terminmärkten: Sie sind lediglich auf Gerüchte angewiesen, die Insidern Vorsprünge bei externen Informationen liefern. Dadurch wächst die Gefahr unkontrollierter Börsenreaktionen bei den schlecht Informierten, die sich dann bei entsprechender Gerüchtelage zur gefürchteten Crash-Situation aufschaukeln können. Insofern erscheint es dringend geboten, von Seiten der Wertpapierhandelsaufsichten für höhere Transparenz auf den OTC-Märkten und für deren Kontrolle zu sorgen.

Lit.: Eilenberger, G.: Lexikon der Finanzinnovationen. 2. Aufl., München-

Wien 1993; Köhler, R.: In Tokio platzt die Spekulation. Süddeutsche Zeitung 30.11.1993.

Prof. Dr. G. Eilenberger, Rostock

Börsen-Order-Service-System
→ BOSS.

Börsenaufsicht

1. B. vor dem Zweiten Finanzmarktförderungsgesetz: Gegenstand der B. ist die Überwachung der → Börse als Institution und die Überwachung des → Börsenhandels. Die bisherige gesetzliche Regelung beschränkt sich dabei gemäß § 1 Abs. 2 → BörsG auf die Rechtsaufsicht über die Börse durch die B.behörden der Länder und den hierfür bestellten Staatskommissar. Dieser kann an allen Beratungen der Börsenorgane teilnehmen und auf Mißbräuche aufmerksam machen (§ 2 Abs. 1 BörsG). Dabei beinhaltet die Rechtsaufsicht die Überwachung der Einhaltung der in bezug auf die Börse erlassenen Gesetz- und Verwaltungsbestimmungen durch die Börsenorgane (§ 2 Abs. 1 BörsG) und die Genehmigung der Börsen- und der Gebührenordnung (§§ 4 Abs. 4, 5 Abs. 2 BörsG).

Zwar obliegt dem Staatskommissar nach § 2 Abs. 1 BörsG auch die Überwachung des Geschäftsverkehrs an der Börse. Dieser Aufgabe stehen jedoch nur geringe staatliche Befugnisse gegenüber, so daß eine permanente staatliche Aufsicht über das Marktgeschehen bisher fehlt.

Dies hat seinen Grund in der starken Betonung des Selbstverwaltungsrechts der Börse (z.B. Befugnis des → Börsenvorstands zum Erlaß der Börsen-, der Gebühren- und der Wahlordnung, zur Zulassung zum Besuch der Börse und zur Teilnahme am Börsenhandel, zur Aufstellung von Handelsusancen und allgemeinen Geschäftsbedingungen; Strafgewalt des Ehrenausschusses), die zu einer weitgehenden Selbstüberwachung durch die Börse geführt hat. Vor allem die Einhaltung der Zulassungsvoraussetzung (z.B. Einhaltung des Sicherheitsrahmens) und die Kursfeststellung (z.B. Plus-Minus-Ankündigungen, Kursaussetzung) werden von der Börse ständig überwacht.

2. B. nach dem 2. Finanzmarktförderungsgesetz: Das Fehlen einer staatlichen Marktaufsicht wurde zunehmend als Wettbewerbsnachteil für den Finanzplatz Deutschland als Ganzem angesehen. Das 2. Finanzmarktförderungsgesetz vom 26. Juli 1994 (BGBl. I S. 1749), das in Teilen bereits am 1. August 1994 in Kraft getreten ist und im übrigen am 1. Januar 1995 in Kraft tritt, schafft deshalb in Deutschland eine neue Aufsichtsstruktur. Diese läßt sich in drei Bereiche einteilen:

- das neu zu schaffende Bundesaufsichtsamt für den Wertpapierhandel (§ 3 WpHG)
- die B.behörden der Länder (§§ 1, 1a BörsG n.F.)
- die Handelsüberwachungsstelle der Börse (§ 1b BörsG n.F.).

Dabei ist es erklärtes Ziel der Novellierung, die Transparenz im deutschen Börsenwesen und damit das Vertrauen der Anleger in den deutschen → Kapitalmarkt zu erhöhen.

a) Bundesaufsichtsamt für den Wertpapierhandel: Das Bundesaufsichtsamt für den Wertpapierhandel wird für die Überwachung des Insider-Handels (§ 12ff. WpHG) und der Einhaltung von Meldepflichten – ad hoc-Publizität börsennotierter Gesellschaften (§ 15 WpHG) und Publizität von Transaktionen über bedeutende Beteiligungen an börsennotierten Unternehmen (§§ 21, 25, 29 WpHG) – sowie für die Zusammenarbeit mit den B.behörden anderer Länder (§§ 7, 19, 30 WpHG) zuständig sein. Die Aufsichtsbehörden der Länder können im Rahmen der Organleihe bei der Durchführung von eilbedürftigen Maßnahmen für die Überwachung der Verbote von Insidergeschäften tätig werden (§ 6 Abs. 2 WpHG).

Das Gesetz enthält auch sog. Wohlverhaltensregeln (rules of conduct, §§ 31ff.

WpHG) und setzt damit die Richtlinie 93/22/EWG des Rates vom 10. Mai 1993 über Wertpapierdienstleistungen (ABl. EG Nr. L 141/27) teilweise um. Auch die Einhaltung dieser Wohlverhaltensregeln wird vom Bundesaufsichtsamt für den Wertpapierhandel überwacht (§§ 35, 36 WpHG).

b) Aufsicht durch die B.behörden der Länder: Die Befugnisse der B.behörden der Länder werden zum Schutz der Anleger erweitert und die fortbestehende Rechtsaufsicht (§ 1 Abs. 2 BörsG n.F.) um eine staatliche Handelsüberwachung ergänzt. Diese Markt- oder Handelsaufsicht vor Ort kann auch in Zukunft von einem Staatskommissar als Teil der B.behörden wahrgenommen werden (§ 1 Abs. 3 BörsG n.F.).

Zu dieser Handelsaufsicht gehört die Aufsicht über den Börsenhandel, über die Handelsteilnehmer und über die elektronischen Hilfseinrichtungen der Börse. Das Gesetz regelt nunmehr konkrete Auskunfts-, Einsichts- und Betreuungsrechte der B.behörde (§ 1a Abs. 1 BörsG n.F.) und gibt der B.behörde jederzeit das Recht, Ermittlungen der Handelsüberwachungsstelle der Börse selbst zu übernehmen und dieser Weisungen zu erteilen (§ 1b Abs. 1 Satz 3 BörsG).

Ausdrücklich wird die B.behörde ermächtigt, Mißstände zu beseitigen oder zu verhindern, die geeignet sind, die ordnungsgemäße Durchführung des Handels und der Börsengeschäftsabwicklung sowie deren Überwachung zu beeinträchtigen (§ 1a Abs. 2 BörsG n.F.).

Ebenfalls neu ist die Verpflichtung der B.behörde, darauf hinzuwirken, daß die Vorschriften des Gesetzes gegen Wettbewerbsbeschränkungen im Börsenwesen eingehalten werden (§ 2a Abs. 1 BörsG n.F.). Diese Regelung wurde notwendig angesichts der massiven Zentralisierungstendenzen im Börsenwesen, die für den Zugang zu Handels-, Informations- und Abwicklungssystemen sowie deren Nutzung die wettbewerbsrechtliche Kontrolle erforderlich machen. Die Zuständigkeit der Kartellbehörden wird dadurch nicht angetastet.

c) *B. durch die Handelsüberwachungsstelle der Börse:* Diese neuen Aufgaben und Befugnisse des Staates entlassen die Börsen jedoch nicht aus ihrer primären Verantwortung für die Ordnungsmäßigkeiten des Börsenhandels. Die B. der Länder erstreckt sich grundsätzlich – trotz der erweiterten Kompetenzen – auf die Überwachung der börseneigenen Kontrollen.

Dies bringt der Gesetzgeber zum Ausdruck, indem er die Börsen verpflichtet, eine Handelsüberwachungsstelle als eigene, Ihrem Geschäftsbetrieb angemessene Überwachungsorganisation einzurichten und zu betreiben, die das Tagesgeschäft konstant und umfassend kontrolliert (§ 1b Abs. 1 BörsG n.F.). Zu diesem Zweck hat die Handelsüberwachungsstelle den Börsenhandel und dessen Abwicklung systematisch und lückenlos zu erfassen, die gesammelten Daten auszuwerten sowie notwendige Ermittlungen selbst durchzuführen. Hierzu stehen ihr Auskunfts-, Einsichts- und Betreuungsrechte zu (§ 1b Abs. 3 BörsG n.F.).

Zu Ihren Aufgaben gehören vor allem die Überwachung der Preisfindung und der Handelsvolumina, die ständige Kontrolle der Einhaltung von Handelsusancen, die Beobachtung der Eigengeschäfte der → Kursmakler, der Vergleich der Preise mit anderen Börsenplätzen und anderen Handelssystemen und die Aufrechterhaltung der Ordnung im Börsensaal.

3. B. über Kurs- und → Freimakler: Zur B. im weiteren Sinn ist die staatliche Aufsicht über Kurs- und Freimakler zu zählen (z.B. Solvenzaufsicht gemäß § 8a BörsG, Bestellung von Kursmaklern nach § 30 BörsG). Insoweit ersetzt die Börsengesetznovellierung die bisherige Regelung der Solvenzaufsicht durch regelmäßige Statusberichte (§ 8a Abs. 3 und 4 BörsG n.F.) und konkrete Anordnungsbefugnisse der B.behörde (§ 8b BörsG n.F.). Die Handelsüberwachungsstelle der Börse ist für die Überwachung der Einhaltung der Sicherheitsrahmen zuständig (§ 8c Abs. 2 BörsG n.F.).

Rechtsquellen:

Gesetz über den Wertpapierhandel und zur Änderung börsenrechtlicher und wertpapierrechtlicher Vorschriften (Zweites Finanzmarktförderungsgesetz), BGBl. I S. 1749.

Richtlinie 93/22/EWG des Rates vom 10. Mai 1993 über Wertpapierdienstleistungen (ABl. EG Nr. L 141/27), abgedruckt in WM 1993, 1432.

Richtlinie 88/627/EWG des Rates vom 12. Dezember 1988 über die bei Erwerb und Veräußerung einer bedeutenden Beteiligung an einer börsennotierten Gesellschaft zu veröffentlichenden Informationen (ABl. EG Nr. L 348/62).

Weiterführende Hinweise:

Beschlüsse der Börsenfachministerkonferenzen vom 25. Januar 1993, 13./14. Februar 1992 und 7. Oktober 1991.

Bundesministerium der Finanzen, Konzept Finanzplatz Deutschland vom 6. Januar 1992, abgedruckt in WM 1992, 420.

Dreyling, G.: Zur staatlichen Aufsicht über Börsen mit überregionalem Wirkungsbereich, WM 1990, 1529.

Gamerdinger, D.: Zur Entwicklung der Wertpapier- und Börsenaufsicht in Deutschland, Kreditwesen 1993, 976-979.

Grünewald, J.: Die Aufsicht zeigt Zähne, Börsenzeitung vom 4. Mai 1993.

Kümpel, S.: Zur Neugestaltung der staatlichen Börsenaufsicht, WM 1992, 381-391.

ders., Das Effektengeschäft im Lichte des 2. Finanzmarktförderungsgesetzes, WM 1993, 2025-2031.

ders., Die künftige Kapitalmarktaufsicht und die europäische Rechtsangleichung, WM 1994, 229-233.

Kurth, E.: Zu den Aufgaben des Erweiterten Staatskommissariats, Kreditwesen 1993, 970-976.

Landeszentralbank in Hessen, Börsenaufsicht vor Neugestaltung, Frankfurter Finanzmarkt-Bericht November 1991, 1-7.

Lang, A.: Börsenaufsicht ist Sache der Länder, Börsenzeitung vom 7. November 1991.

von Rosen, R.: Internationale Anforderungen an ein Deutsches Wertpapieraufsichtsamt, Kreditwesen 1992, 276-278.

Samm, K.-T.: „Bundesbörsen“ unter Landesaufsicht? WM 1990, 1265-1269.

Schnarrenberg, W.: Neue Aufsichtsstrukturen für das Wertpapiergeschäft, Sparkasse 1994, 90-96.

Wefelmeier, J.: Die neue Rolle des Staates in der Börsenaufsicht, Sparkasse 1993, 350-353.

Welteke, E.: Was kann die Deutsche Börse AG von ihrer Börsenaufsicht erwarten?, Kreditwesen 1993, 255.

Wermuth, D.: Kapitalmarktpolitische Aspekte der Wertpapieraufsicht, Sparkasse 1994, 19-22.

Zimmermann, F. A.: Wandel in der Finanzintermediation und damit verbundene Aufsichtsprobleme, Sparkasse 1994, 23-26.

A. Schmidt, München

Börsenbericht

Der von Tageszeitungen veröffentlichte Tagesbericht über Verlauf und allgemeine → Tendenz der → Börse sowie zur Kommentierung der → Kurszettel.

Börsenbrief

Mitteilungsblatt eines Börseninformationsdienstes, der (empfehlende) Hinweise für Kapitalanleger gibt.

Börseneinbruch

→ Börsencrash.

Börsengesetz

BörsG

B. vom 22.6.1896 mit späteren Änderungen regelt Organisation und Tätigkeit der deutschen → Börsen. Das B. enthält sechs Hauptabschnitte: Allgemeine Bestimmungen über die Börsen und ihre

Organe; Feststellung des Börsenpreises, des Maklerwesens; Zulassung von Wertpapieren zum → Börsenhandel, Börsenterminhandel; Ordnungsstrafverfahren; Straf- und Schlußbestimmungen. Mit der zum 1.8.1989 in Kraft getretenen Änderung des B. wurden insbesondere → Termingeschäfte, → Börsenaufsicht und Risikobegrenzung sowie Computerbörse, → Notierungen in Fremdwährung oder Rechnungseinheiten und die vereinfachte Zulassung von Wertpapieren neu geregelt.

Börsenhandel

I. Handelsverfahren: Die zentrale Aufgabe der Marktorganisation durch → Börsen ist es, den Handel so zu gestalten, daß die Teilnehmer die Marktlage leicht erkennen und in möglichst kurzer Zeit Geschäfte zu *qualifizierten Kursen* abschließen können. Der qualifizierte → Kurs ist der Kurs, der zum Zeitpunkt des Abschlusses dem Gleichgewichtskurs weitestgehend entspricht (→ *Kursbildung*). Im Gegensatz zum einfachen Kurs, der von nur zwei Parteien zufällig irgendwo ausgehandelt wird und deshalb vom markträumenden Kurs abweichen kann, reflektiert der qualifizierte Kurs alle bewertungsrelevanten Informationen, die den Marktteilnehmern bekannt sind. Um qualifizierte Kurse zu gewährleisten, organisieren die Wertpapierbörsen den Handel nach dem *Auktionsprinzip* oder nach dem *Marketmakerprinzip (Schmidt 1977, 1988).*

Ist die Börse nach dem Auktionsprinzip organisiert, handeln viele versierte Händler den Kurs offen aus. Auch wenn nur zwei Parteien miteinander verhandeln, haben andere Händler jederzeit die Möglichkeit, die Parteien zu unterbieten oder zu überbieten. Kurse nach dem Auktionsprinzip sind deshalb immer das Ergebnis einer *Kollektivverhandlung*, die als Händlerversammlung auf dem Parkett oder als Interaktion über Terminals organisiert sein kann, und reflektieren den aggregierten Informationsstand aller Beteiligten. Das macht es unwahrscheinlich, daß zu Kursen abgeschlossen wird, die nicht der Marktlage entsprechen.

Ist der Handel nach dem Marketmakerprinzip organisiert, ist immer ein → *Marketmaker* an einem Abschluß beteiligt. Der Marketmaker nennt regelmäßig oder auf Anfrage verbindliche → Geld- und Briefkurse, zu denen andere Parteien abschließen können. Auch die Kurse, die nach dem Marketmakerprinzip zustande kommen, sind qualifiziert. Zunächst kann man durch nichts überzeugender zum Ausdruck bringen, daß man einen Kurs für marktgerecht hält, als dadurch, daß man zu diesem Kurs oder zu nahe an diesem Kurs liegenden Geld- und Briefkursen selbst größere Mengen zu kaufen *und* zu verkaufen bereit ist. Außerdem unterliegt der Marketmaker einem Anreizmechanismus, der ihn dazu veranlaßt, möglichst kleine Spannen um den markträumenden Kurs zu stellen und etwaige Abweichungen vom marktgerechten Kurs schnell zu korrigieren. Ziel des Marketmakers ist ein möglichst hoher Umsatz, um die Spanne zwischen Kauf- und Verkaufskurs zu realisieren, ohne dabei Bestände aufzubauen und die damit verbundenen Kosten und → Risiken zu tragen. Stellt er zu hohe oder zu tiefe Kurse, so gleichen sich Käufe und Verkäufe nicht aus, und er baut unerwünschte Bestände auf. Stellt er zu weite Spannen um den marktgerechten Kurs, verliert er Umsatz und verringert seinen Spannenerlös. Dieser Anreizmechanismus führt zu der besonderen Qualität der Marketmaker-Kurse *(Schmidt 1977, 1988).*

Eher technische als prinzipielle Gründe hat es dagegen, daß die Börsen Kurse für Einzelgeschäfte und Kurse für mehrere gleichzeitige Geschäfte vorsehen. Man unterteilt entsprechend zwischen dem Handel zu *Einzelkursen* und dem zu *Gesamtkursen.* Während ein Einzelkurs bei einem Abschluß zwischen lediglich zwei Parteien zustande kommt, gilt ein Gesamtkurs für sämtliche in einem Zeitpunkt mögliche Abschlüsse. Gesamtkurse zu ermitteln empfiehlt sich immer dann, wenn sich am Markt viele ausführbare Kauf- und Verkaufsaufträge angesammelt haben, um den Markt zu räumen, während ein Handel zu Einzelkursen sich dann anbietet, wenn auf den so geräumten Märkten im Tagesverlauf weitere Geschäfte möglich werden. Ob es sich um → Kassa- oder → Termingeschäfte handelt, wirkt sich, abgesehen davon, daß man sie voneinander trennt, auf das Handelsverfahren grundsätzlich nicht aus.

II. B. in Deutschland: 1. Parketthandel: Der deutsche Parketthandel findet gegenwärtig an acht regionalen Wertpapierbörsen statt, die Kurse nach dem Auktionsprinzip feststellen.

Der *amtliche Handel* hat zwei Erscheinungsformen, den Handel zu *fortlaufenden Kursen* und den Handel nur zu *Einheitskursen.* Der fortlaufende Handel findet in der Zeit von 10.30 Uhr bis 13.30 Uhr statt. Er beginnt mit der Ermittlung eines Gesamtkurses (→ *Eröffnungskurs*, § 5 → *Börsenusancen*) durch den → *Kursmakler.* Danach werden → Mindestschlüsse (i.d.R. 50 Stück bei → Aktien und 1 Mio. bei → Anleihen) oder ein Vielfaches davon zu Einzelkursen gehandelt, teils über den Kursmakler, teils direkt zwischen anderen Börsenmitgliedern. In dieser Phase des fortlaufenden Handels stellen häufig Kursmakler, aber auch Freimakler und andere Marketmaker Geld- und Briefkurse, so daß neben dem Auktionsprinzip auch der Anreizmechanismus des Marketmakerprinzips wirkt. Da manche Aufträge nicht über Schlußeinheiten lauten, d.h. sie sind kleiner als der Mindestschluß oder „krumm", wird für diese Aufträge gegen Mitte der Börsensitzung durch den Kursmakler der *Einheitskurs* festgestellt, der wieder ein Gesamtkurs ist. Es schließt sich erneut ein Handel zu Einzelkursen an. Am Ende der Börsensitzung wird ein *Schlußkurs* notiert.

Bei nicht fortlaufend gehandelten Werten gehen alle Aufträge, große wie kleine, in die Ermittlung des Einheitskurses ein. An der Schranke des Kursmaklers finden sich dann gewöhnlich Händler ein und geben noch Aufträge oder ziehen Aufträge zurück, nachdem der Kursmakler sie über das Ergebnis seiner Rechnung informiert hat. Erst danach wird der Kurs festgestellt. Dieses „Kursmachen" kann den endgültigen Kurs durchaus im Sinne des Auktionsprinzips beeinflussen.

Im → *geregelten Markt* sowie im → *Freiverkehr* findet üblicherweise ein Handel nur zu Einheitskursen statt. Eine Ausnahme bildet die Wertpapierbörse in Hamburg, wo es einen fortlaufenden Handel auch in diesen beiden Segmenten gibt.

Computer spielen heute auch an den Parkettbörsen in weiten Bereichen eine Rolle. → *BOSS-CUBE* (Börsen-Order- und Service-System – Computer unterstütztes B. und Entscheidungssystem) leitet Aufträge auf elektronischem Wege von den Banken direkt in das Orderbuch des Kursmaklers. Darüber hinaus unterstützt es durch vorbereitende Rechnungen die Ermittlung von Gesamtkursen und ordnet nach Feststellung dieser Kurse die Parteien einander zu, was für die Geschäftsabwicklung wichtig ist.

2. Computerhandel: Der deutsche Computerhandel in den umsatzstärksten Aktien, → Optionsscheinen und → Rentenwerten erfolgt über → *IBIS* (Integriertes Börsenhandels- und Informations-System, *Blitz 1991*) in der Zeit von 8.30 Uhr bis 17.00 Uhr. Für jedes Wertpapier stellen in der Regel mehrere Marketmaker verbindliche Geld- und Briefkurse, es können aber auch Gebote auf nur einer Marktseite, z.B. aufgrund von Kundenaufträgen, eingegeben werden. Die Gebote sind auf dem Bildschirm sichtbar und können per Tastendruck angenommen werden. Die Marketmaker sind nicht verpflichtet, Gebote in dem System bereitzuhalten *(freiwilliges Marketmaking).* Es wird anonym und nur zu Einzelkursen gehandelt. Der Handel in IBIS kann als eine *Auktion mit konkurrierenden Marketmakern* bezeichnet werden.

An der → *Deutschen Terminbörse (DTB)* findet ein anonymer Handel von Aktienoptionen und → Futures sowie Optionen auf den → DAX zwischen 9.30 Uhr und 16.00 Uhr statt. Zinsfutures und Optionen auf Zinsfutures werden von 8.00 Uhr bis 17.30 Uhr gehandelt *(DTB 1993)*. In der vorbörslichen Phase können Teilnehmer Aufträge und Gebote zur Vorbereitung des eigentlichen Handels eingeben. Während der Eröffnungsphase wird vom Computer nach dem Auktionsprinzip ein Gesamtkurs errechnet, wobei die Händler zunächst noch die Möglichkeit haben, den potentiellen Eröffnungskurs durch weitere Gebote zu beeinflussen.

Beim Optionshandel zu Einzelkursen an der DTB konkurrieren für jeden Titel verschiedene Marketmaker miteinander, die aber anders als in IBIS verpflichtet sind, auf Anfrage Geld- und Briefkurse zu stellen. Abschlüsse setzen zum Schutz der Auftraggeber voraus, daß mindestens ein Marketmaker → Geld und → Brief eingegeben hat, auch wenn der Abschluß zwei Kundenaufträge betrifft und innerhalb der Spanne erfolgt.

Beim Futurehandel zu Einzelkursen sind zwar nach dem Regelwerk der DTB keine Marketmaker vorgesehen, de facto spielen Marketmaker aber eine große Rolle. Alle Benutzer können Geld- und Briefkurse stellen. Der Computer führt auch hier passende Gebote automatisch zusammen. Um den Auftraggeber dennoch vor marktfernen Kursen zu schützen, setzt die Ausführung eines unlimitierten Auftrags voraus, daß der Kurs innerhalb einer maximalen Bandbreite um den letzten Kurs liegt oder um einen Kurs, der aufgrund vorliegender limitierter Kurse zustande kommen könnte *(DTB 1993, Franke/Imo 1990)*. Diese Handelsverfahren an der DTB kann man als Handel nach dem Auktionsprinzip mit Pflicht- bzw. freiwilliger Beteiligung von Marketmakern bezeichnen.

Vor dem Hintergrund eines zunehmenden Wettbewerbs der internationalen Finanzplätze wird heute auch in Deutschland die Frage diskutiert, ob der Handel über den Computer dem Handel auf dem → Parkett vorzuziehen ist. Als Vorteil des Computerhandels nennt man häufig die Schnelligkeit von Information, Abschluß und Datenerfassung für die Abwicklung, aber auch die Möglichkeit, Banken und andere Teilnehmer an beliebigen Standorten im In- und Ausland am Handel zu beteiligen. Der Computer verspricht langfristig auch niedrigere Transaktionskosten als der traditionelle Parketthandel, wenn die Gehälter weiter steigen und die Computerkosten weiter sinken. Die erheblichen Kosten des Anschlusses an Computerhandelssysteme führen aber zu ökonomischen Zugangsbeschränkungen und damit zu unerwünschten Wettbewerbseffekten. Wichtig ist auch zu beachten, daß sich Händler oft im Börsensaal viel einfacher und umfassender über die Marktlage informieren können als am Bildschirm. Zu bedenken ist schließlich, daß der B. sehr differenzierte Dienstleistungen umfaßt, deren Qualitäten den Anlegern und den Marketmakern der gehandelten Wertpapiere gerecht werden müssen. Wenn z.B. ein Anleger ohne Insiderinformationen in einem Nebenwert handeln will, dann kann man dem heute im Parketthandel besser als im anonymen Computerhandel Rechnung tragen *(Schmidt/Iversen/Treske 1993)*. Die Flexibilität des computerunterstützten Parketthandels, in dem die Wahrnehmung von Menschen und die Beziehungsgeflechte unter ihnen weiterhin eine wichtige Rolle spielen, dürfte der wichtigste Grund dafür sein, daß Börsen wie die New York Stock Exchange und der Chicago Board of Trade trotz des technischen Fortschritts an dieser Handelsform festhalten wollen.

Lit.: Blitz, J.: Computerhandel nun auch am Kassamarkt, in: Die Bank 1991, S. 258-262; Börsenusancen (Bedingungen für die Geschäfte an den deutschen Wertpapierbörsen); DTB, Hrsg.: Handel, Teilnehmerhandbuch, Frankfurt/Main 1993; Franke, J./Imo, C.: Anlegerschutz an der Deutschen Terminbörse, in: ZBB

1990, S. 104-113; Schmidt, H.: Vorteile und Nachteile eines integrierten Zirkulationsmarktes für Wertpapiere gegenüber einem gespaltenen Effektenmarkt, Luxemburg 1977; Schmidt, H.: Wertpapierbörsen, München 1988; Schmidt, H./Iversen, P./Treske, K.: Parkett oder Computer? In: ZBB 1993, S. 209-221.

Prof. Dr. H. Schmidt und K. Treske, Hamburg

Börsenhändler
Vertreter einer Bank, der zum → Börsenhandel zugelassen ist und die Aufträge der Bankkunden und den → Eigenhandel der Bank ausführt. B. handelt nur im Namen und für Rechnung der Bank. Eigengeschäfte sind B. nicht gestattet.

Börsenindex
→ Aktienindex.

Börsenkommissar
Staatskommissar, das von der zuständigen Landesregierung ernannte Börsenaufsichtsorgan, das die Einhaltung der Gesetze und Bestimmungen an der → Börse zu überwachen hat. Der B. kann an der Börsenversammlung und an den Beratungen der Börsenorgane teilnehmen, hat allerdings keine direkte Eingriffsbefugnis.

Börsenkrach
→ Börsencrash.

Crash

Börseneinbruch

Eine Zeit dramatisch fallender Aktienkurse, die zu Panikverkäufen führt.

Börsenmakler
→ Kursmakler.

Börsenordnung
Jede → Börse hat nach dem → Börsengesetz eine B. zu erlassen, in der die Organe und die Zulassungsstelle der Börse, die Bedingungen für Börsenbesucher, die Bekanntgabe der → Kurse und → Umsätze und die → Kurszusätze und Kurshinweise geregelt sind. Die Vorschriften über den → Geregelten Markt sind in allen B. einheitlich gefaßt.

Börsenprospekt
Nach dem → Börsengesetz besteht Prospektzwang: vor der Einführung eines Wertpapiers an der → Börse ist im Rahmen des Zulassungsverfahrens ein Zulassungsprospekt, also ein B. zu veröffentlichen und zwar im → Bundesanzeiger und in einem Pflichtblatt. Zu den Angaben des Prospektes gehören: Nennung der Personen und Gesellschaften, die für den Inhalt des B. die Verantwortung tragen. → Vorstand und → Aufsichtsrat der Gesellschaft und deren Tätigkeit, Art der Wertpapiere und Einzelheiten über → Aktien, Angaben über den → Emittenten, Satzung, Gründung, Beschreibung des → Konzerns, Kapital, Geschäftsbeschreibung sowie Einzelangaben über Vermögens-, Finanz- und Ertragslage sowie zur Rechnungslegung und Abschlußprüfung, Aufstellung über Herkunft und Verwendung der Mittel, Beteiligungsunternehmen, → Jahresabschlüsse, jüngster Geschäftsgang und die Geschäftsaussichten des Emittenten.

Der Emittent und die → Emissionsbank sowie sonstige am Erlaß des B. Beteiligte haften gemeinsam für Schäden, die dem Anleger durch falsche oder unvollständige Angaben im B. entstehen.

Börsenschiedsgericht
Aus dem → Börsenvorstand gebildete Schiedsgerichtskommission. Sie regelt Streitigkeiten geschäftlicher Art zwischen den Börsenbesuchern. Daneben besteht ein Börsenehrengericht.

Börsenschluß
1. Mindestabschluß im variablen Handel.
2. Schluß der Börsenzeit. An den deutschen Wertpapierbörsen 13.30 Uhr; an der Deutschen Terminbörse (DTB) enden der Aktienoptionshandel und der → DAX-Futures-Handel um 16.00 Uhr, der → Bund-Futures-Handel um 17.00 Uhr.

Börsenteilnehmer
Börsenbesucher mit der Befugnis zur Teilnahme am Handel. Er erhält bei Zu-

lassung eine Börsenkarte. Zum Handel an der → Börse ist nur zugelassen, wer den → Börsenhandel für eigene oder fremde Rechnung gewerbsmäßig betreibt oder Geschäfte vermittelt. Das sind Geschäftsinhaber und Geschäftsleiter von → Kreditinstituten sowie andere selbständig zu Börsengeschäften Befugte, außerdem Angestellte von zur Börse zugelassenen Unternehmen, also vor allem die Wertpapierhändler der Kreditinstitute und Brokerhäuser.

Börsentendenz
Neigung oder Grundrichtung in der Entwicklung der Börsenkurse in die eine oder in die andere Richtung. Man unterscheidet kurzfristige B. (Tagestendenz) und langfristige B., eine ausgeprägte B. oder eine weniger ausgeprägte B. Auch aus → Charts läßt sich die B. erkennen. Der → BUND-Future erweist sich mitunter als richtungsweisend für den → Rentenmarkt. An der → Deutschen Terminbörse kommt im Put/Call-Verhältnis die Kauf- oder Verkaufsneigung im Aktienhandel zum Ausdruck.

Börsentermingeschäft
→ Termingeschäfte.

Börsentrend
Grundrichtung der Börsenentwicklung. → Börsentendenz.

Börsenumsatz
Seit 1987 wird der B. offiziell von der Arbeitsgemeinschaft der Deutschen Wertpapierbörsen veröffentlicht. Die Umsätze werden in den Börsenblättern abgedruckt und auch in die → Charts eingezeichnet. Ein Vergleich der B. mit der Kursentwicklung gibt Anhaltspunkte, deren Bedeutung noch nicht wissenschaftlich gesichert ist. Es ist ein Unterschied, ob Kurssprünge bei hohen oder geringen B. in einem Papier stattfinden. Im ersten Fall kann die Kursentwicklung eine ausgeprägte Tendenz anzeigen, bei geringen B. ist der Kursausschlag dagegen eher zufallsbedingt und ohne prognostischen Wert für die Kursentwicklung.

Börsenusancen
Bedingungen, zu denen Börsengeschäfte an den einzelnen → Börsen abgewickelt werden. Die B. sind in Deutschland für jede Börse schriftlich festgelegt, z.B. die Bedingungen für den → Amtlichen Handel, für den Handel in amtlich nicht notierten Werten, für → Optionsgeschäfte und für Auslandsgeschäfte in Wertpapieren.

Börsenvorstand
Er leitet die → Börse. Zu seinen Aufgaben gehören die Zulassung von Personen zum Börsenbesuch, die Organisation und Überwachung des Börsenverkehrs, Erlaß der → Börsenordnung sowie der Geschäftsbedingungen und gegebenenfalls Mitwirkung bei der amtlichen Kursfeststellung.

Börsenzulassung
Wertpapiere in- und ausländischer Aussteller (→ Emittenten), die an einer deutschen Wertpapierbörse (Berlin, Bremen, Düsseldorf, Frankfurt, Hamburg, Hannover, München, Stuttgart) in den Marktsegmenten → Börsenhandel mit → amtlicher Notierung und → Geregelter Markt gehandelt werden sollen, bedürfen der Zulassung durch ein Organ der → Börse, der Zulassungsstelle bzw. für den Geregelten Markt des Zulassungsausschusses. Zum Handel im Freiverkehr werden Wertpapiere lediglich einbezogen, nicht aber nach gesetzlichen Regeln zugelassen. An der Börse können nicht sämtliche Wertpapiere gehandelt werden. Die zu handelnden Wertpapiere müssen umlauffähig sein, so daß etwa Wechsel, Schecks oder Grundschuldbriefe nicht zugelassen und gehandelt werden können. Die zum Börsenhandel zugelassenen Wertpapiere können in zwei Gruppen eingeteilt werden: → Aktien (→ Inhaber-, → Namens-, → Stamm-, → Vorzugsaktien) und → Schuldverschreibungen (Teilschuldverschreibungen, → Pfandbriefe, → Genußscheine, → Optionsscheine, andere verbriefte derivative Produkte).

Der Börsenhandel mit amtlicher Notie-

Börsenzulassung

rung gewährt das größte Standing für den Emittenten und stellt die umfangreichsten Anforderungen an den Emittenten und im Zulassungsverfahren. Der Geregelte Markt dagegen zeichnet sich durch geringere Zulassungsbedingungen aus, um insbesondere kleineren und mittelgroßen Unternehmen den Zugang zum organisierten → Kapitalmarkt an der Börse zu erleichtern.

Das im → Börsengesetz und der B.-Verordnung für die amtliche Notierung und im Börsengesetz und der Börsenordnung für den Geregelten Markt gesetzlich geregelte Zulassungsverfahren verfolgt im wesentlichen die Ziele Schutz des Publikums vor Übervorteilung, Gewährleistung eines ordnungsgemäßen Börsenhandels und auch die Wahrung kapitalmarktpolitischer und volkswirtschaftlicher Interessen. Der Anlegerschutz wird insbesondere dadurch gewährleistet, daß anläßlich der Zulassung ein Prospekt bzw. im Falle der Zulassung im Geregelten Markt ein Unternehmensbericht veröffentlicht wird, in dem die zugelassenen Wertpapiere und das emittierende Unternehmen, ggfls. ein Garant, ausführlich beschrieben werden. Der Prospekt soll dem Anleger die für die Anlageentscheidung wichtigen Informationen verschaffen. Der Prospekt muß daher u.a. Angaben über die zuzulassenden Wertpapiere, Ausführungen zu Sitz, Gründung und satzungsmäßiger Unternehmensgegenstand, eine Aufzählung und weitere Angaben zu den Geschäftsführungs-, und Aufsichtsorganen, eine Beschreibung der Kapital- und Eigentumsverhältnisse, des Geschäftsgegenstandes und der Beteiligungsgesellschaften, den letzten festgestellten Jahresabschluß sowie Aussagen zu Rechtsstreitigkeiten, Abhängigkeit von Patenten und Lizenzen und Angaben zur jüngsten Geschäftsentwicklung nebst Geschäftsaussichten enthalten.

Im Rahmen des Zulassungsverfahrens wird der bei der Zulassungsstelle/-ausschuß eingereichte Prospekt oder Unternehmensbericht anhand der beigefügten Unterlagen auf Richtigkeit und Vollständigkeit geprüft. Die in der Börsenzulassungs-Verordnung oder Börsenordnung vorgeschriebenen Angaben müssen im Prospekt oder im Unternehmensbericht enthalten sein. Eine Bonitätsprüfung findet hingegen nicht statt. Das Zulassungsverfahren gewährleistet nur, daß die Anleger entsprechend den gesetzlich vorgeschriebenen Angaben umfassend über die in den Börsenhandel einzuführenden Wertpapiere informiert werden. Das Zulassungsverfahren erfüllt dagegen nicht die Funktion, nur Ermittenten mit gutem wirtschaftlichen Hintergrund den Gang an die Börse zu gestatten. Das Zulassungsverfahren bezweckt vielmehr, das Publikum mit dem Prospekt oder dem Unternehmensbericht über den Emittenten so umfassend zu informieren, daß jeder Anleger seine Kaufentscheidung treffen kann.

Das die Zulassung zum Börsenhandel mit amtlicher Notierung beantragende Unternehmen muß folgende Voraussetzungen erfüllen: der voraussichtliche → Kurswert der zuzulassenden Aktien muß wenigstens DM 2.500.000,– betragen oder bei anderen Wertpapieren als Aktien muß der Nennwert DM 500.000,– betragen oder 10.000 Stück umfassen; das Unternehmen muß seit mindestens drei Jahren bestehen und die Stückelung der zuzulassenden Wertpapiere muß den Bedürfnissen des Handels und des Publikums Rechnung tragen. Zum Geregelten Markt können hingegen auch neu gegründete Gesellschaften zugelassen werden, soweit die zuzulassenden Wertpapiere ab einem Nennbetrag in Höhe von DM 500.000,– dem Markt zur Verfügung stehen.

Der Emittent und die die Zulassung beantragenden → Kreditinstitute haften nach dem Börsengesetz (§§ 45ff.) für die Richtigkeit und Vollständigkeit des Prospekts. Die Haftung erstreckt sich aber nur auf den Schaden, der kausal auf die Prospektunrichtigkeit oder -unvollständigkeit zurückzuführen ist, wobei dem Haftenden ein Verschulden zur Last fallen muß. Dem Haftenden muß eine positive Kenntnis oder grobfahrlässige Unkenntnis der Unrichtigkeit oder die Unvollständigkeit aufgrund böslichen Verschweigens oder böslicher Unterlassung der Prospektprüfung nachgewiesen werden. Die → Prospekthaftung erstreckt sich nur auf die Stücke, die aufgrund eines Prospekts zugelassen und anschließend in einem im Inland abgeschlossenen Geschäft erworben worden sind.

Der Emittent kann die Zulassung nicht alleine beantragen, er bedarf hierzu noch eines an einer deutschen Wertpapierbörse zugelassenen Kreditinstitutes. Die zwingende Mitantragstellung durch ein Kreditinstitut und die drohende Prospekthaftung sollen gewährleisten, daß nur solche Unternehmen in den Börsenhandel gebracht werden, deren Standing und → Bonität positiv geprüft worden ist. Bei Zulassung zum Geregelten Markt eröffnet das Börsengesetz zwar die Möglichkeit, daß Mitantragsteller anstelle eines Kreditinstitutes auch ein anderes geeignetes Unternehmen sein kann, doch hat sich diese Ausnahme bisher noch nicht als anwendbar erwiesen.

Über den Zulassungsantrag entscheidet jeweils ein ehrenamtliches Gremium der Börse; für die Zulassung zum Börsenhandel mit amtlicher Notierung die Zulassungsstelle und für die Zulassung zum Geregelten Markt der Zulassungsausschuß. Das Gremium entscheidet über den Zulassungsantrag nach mündlicher Verhandlung oder in schriftlicher Abstimmung. Beide Gremien setzen sich in der Regel aus den gleichen Personen zusammen. Die Mitglieder der Zulassungsstelle/-ausschusses werden vom → Börsenvorstand gewählt. Mindestens die Hälfte der Mitglieder müssen Personen sein, die sich nicht berufsmäßig am Börsenhandel beteiligen, d.h. weder Inhaber oder Mitarbeiter von Banken noch → Kurs- oder → Freimakler sein. Regelmäßig werden je zur Hälfte Vorstandsmitglieder von Banken und Industrieunternehmen zu Mitgliedern der Zulassungsgremien gewählt. Um die Neutralität der Beschlüsse zu gewährleisten, dürfen die Mitglieder, wenn sie selbst an der zuzulassenden → Emission als Antragsteller oder in sonstiger Weise, etwa als Vorstands- oder Aufsichtsratsmitglied des emittierenden Unternehmens beteiligt sind, nicht über die Zulassung abstimmen.

Für die Zulassung der Wertpapiere erhebt die Zulassungsstelle bzw. der Zulassungsausschuß Gebühren. Daneben treten noch die Kosten für Druck und Veröffentlichung des Prospektes und die Börseneinführungsprovision der Kreditinstitute, die auch das Risiko der Inanspruchnahme aus der Prospekthaftung abdeckt.

Die B.-Verordnung sieht für einige Fälle Prospektbefreiungen oder -erleichterungen vor. So können etwa Aktien, die an Belegschaftsmitglieder ausgegeben werden oder deren → Nennwert unter 10% des bereits zugelassenen Kapitals liegt, ohne Veröffentlichung eines Prospektes zugelassen werden. Anstelle des Prospektes wird lediglich eine kurze Bekanntmachung veröffentlicht, in der die Wertpapiere beschrieben werden. Sind Wertpapiere eines Emittenten bereits zugelassen, gelten für Folgeemissionen regelmäßig geringere Anforderungen an den Prospektinhalt.

Von der Bundesrepublik Deutschland, ihrer Sondervermögen, den Bundesländern und von Mitgliedern der EU oder einem Vertragsstaat des Abkommens über den Europäischen Wirtschaftsraum begebene Anleihen sind durch Gesetz zum Börsenhandel zugelassen.

Der Emittent zugelassener Wertpapiere ist verpflichtet, alle wichtigen Tatsachen, die wegen der Auswirkungen auf die Finanzlage oder den allgemeinen Geschäftsverlauf des Emittenten zu einer erheblichen Kursänderung führen oder die Fähigkeit zur → Rückzahlung von → Anleihen beeinträchtigen können, unverzüglich die Börse und das Bundesaufsichtsamt für den Wertpapierhandel zu informieren und die Tatsache in einem überregionalen Börsenpflichtblatt oder über ein elektronisch betriebenes Informationsverbeitungssystem zu veröffentlichen. Überregionales Börsenpflichtblatt ist eine von der Börse bestimmte Tageszeitung mit weiter Verbreitung.

Der Emittent von im Börsenhandel mit amtlicher Notierung zugelassenen Aktien muß einen Zwischenbericht über die Entwicklung der Geschäftstätigkeit in den ersten sechs Monaten des laufenden Geschäftsjahres veröffentlichen. Zwischenbericht und der von allen zugelassenen Emittenten zu veröffentlichende Jahresabschluß müssen mindestens bei den als Zahlstelle fungierenden Kreditinstituten den Anlegern zur Verfügung gestellt werden. Hierauf muß der Emittent in einer Bekanntmachung im Börsenpflichtblatt hinweisen.

Lit.: Breuer, R.-E.: Das Effektengeschäft, in: Obst/Hintner, Geld-, Bank- und Börsenwesen (Hrsg. N. Kloten u. J. H. v. Stein), 39. Aufl. Stuttgart 1993; Gericke, H.: Handbuch für die Börenzulassung von Wertpapieren, Frankfurt 1992; W. Harter/J. Franke/J. Hogrefe/R. Seger, Wertpapiere in Theorie und Praxis, 3. Aufl. Stuttgart 1990; S. Kümpel, Effektenkonsortialgeschäft und Emissionsgeschäft, in: Bankrecht und Bankpraxis IV, Köln; K. Müller, Das neue Börsenzulassungs-Gesetz, Die Bank 1987, S. 70-73; D. Paskert, Informations- und Prüfungspflichten bei Wertpapieremissionen, Düsseldorf 1991; R. v. Rosen, Die Zulassung von Wertpapieren zum Börsenhandel, in: Handbuch des Kapitalanlagerechts (Hrsg. H. D. Assmann u. R. Schütze), München 1990; E. Schwark, Börsengesetz, München 1976; W. M. Waldeck, Der Geregelte Markt – Ein neuer Weg zur Börse, in: Der Gang an die Börse (Hrsg. H. K. Herdt, E. Padberg, D. Walther), 3. Aufl. Frankfurt 1988.

J. Tobien, Frankfurt/M.

Börsenzwang

Verpflichtung aller am Wertpapierhandel Beteiligten, alle Wertpapiergeschäfte über die → Börse abzuwickeln und keine Kompensationsgeschäfte vorzunehmen. Ein B. besteht in Deutschland zwar nicht durch Gesetz, wohl aber haben sich die Banken in ihren Geschäftsbedingungen verpflichtet, alle Kundenaufträge in amtlichen und nicht-amtlichen Werten ausschließlich über die Börsen zu leiten.

BörsG

→ Börsengesetz.

BOSS

Börsen-Order-Service-System

EDV-System an der Frankfurter Wertpapierbörse, mit dem Börsenaufträge der Kundschaft kostengünstig gesammelt und bearbeitet werden können.

Bottom

Boden

Formation in der → Chartanalyse.

Auch Boden-Formation oder V-Formation genannt.

Der linke Teil der Formation ist durch einen scharfen Kursrückgang entstanden. Im zweiten Schritt bildet sich der Umkehrpunkt durch einen ebenfalls starken Kursanstieg.

Branchenfonds

→ Investmentfonds, der ganz oder weitgehend auf Branchenstreuung verzichtet (Anlage in Werten verschiedener Branchen). Stattdessen konzentriert er seine Anlagen in → Aktien eines Wirtschaftszweiges und einiger dieser Branche verwandter Wirtschaftszweige.

Branchen-Index

Im Gegensatz zu → Aktienindizes als Gesamtindex einer → Börse ist der B. ein Aktienindex aus Werten eines Wirtschaftszweigs. Beispiele: FAZ-Branchen-Index „Bau, Steine, Erden“, FAZ-Branchen-Index „Chemie und Kautschuk“, FAZ-Branchen-Index „Elektro-Industrie“ u.a.

Branchenrotation

In der technischen → Aktienanalyse die Bezeichnung für eine Börsenkurssituation, bei der die kursfesten und kursschwachen Aktiengruppen aus verschiedenen Branchen „rotierend“, in einer Art Turnus, abwechselnd steigen oder fallen. Dieser Sachverhalt kommt in → Kursindizes nicht oder kaum zum Ausdruck.

Ehemalige Branchen- und Marktführer „tauchen“ korrigierend ab. Andere, die sog. Nachzügler, setzen sich an die Spitze. Wenn deren Zeit wieder vorüber ist, setzen sich die ursprünglichen Spitzenreiter (nachdem sie sich technisch „geläutert“ haben) wieder an die Spitze.

Soweit solche Aktiengruppen unterschiedlichen Branchen zuzurechnen sind, spricht man von B. oder branchenorientierter Gruppenrotation.

Break
Außerordentlich starker und kurzfristig wirksamer Kursabschwung auf Kassamärkten. Gegensatz zu → Bulge.

Break-Even-Point
Kostendeckungspunkt

Jene Absatzmenge, bei der die Kosten gleich dem Erlös sind, so daß weder → Gewinn noch Verlust entsteht. Jenseits dieser Menge beginnt die Gewinnphase.

Breakout
Runaway

Strukturbruch

Ausbruch einer Zeitreihe (z.B. Kursentwicklung) aus dem durch das globale und historisch dokumentierte Schwankungsmaß fixierten Korridor. Der B. mag als Indiz für den Beginn einer grundlegend neuen Ära im „Leben“ der Zeitreihe angesehen werden.

→ Chartanalyse.

Brief
B

→ Kurszusatz für Angebot; zu diesem → Kurs wird Material angeboten, das keine feste Aufnahme findet.

Broker
Bez. f. an Börsen tätige Wertpapiermakler. Führt für institutionelle und private Anleger Aufträge zum Kauf oder Verkauf von z.B. Aktien an der → Wall Street aus. Der B. erhält für seine Tätigkeit eine nach dem Umsatz berechnete Commission. Als B. oder Brokerhaus werden auch die in den USA tätigen Wertpapierbanken bezeichnet.

Brutto-Dividende
→ Dividende ohne Abzug der → Kapitalertragssteuer zuzüglich Körperschaftsteuerguthaben. Im Gegensatz zu → Netto-Dividende.

Buchgewinn
Der bei der Veräußerung eines Vermögenswertes über den Buchwert hinausgehende Erlös. Der Buchwert ist der Wert, zu dem das Wirtschaftsgut bilanziert ist.

Bulge
Außerordentlich starker und kurzfristig wirksamer Kursaufschwung an Kassamärkten. Gegensatz zu → Break.

Bull Market
→ Hausse.

Bull Spread
Hausse-Spread. Gegensatz zu → Bear Spread. Siehe dort.

Bull Trap
→ Bullen-Falle.

Bullen-Falle
Bull Trap

In der → Chartanalyse Kurs-Falle aufgrund von Fehlinterpretation von Signalen oder aufgrund der Interpretation von Fehlsignalen. Ausbruch des Kurses aus einer waagrecht verlaufenden Formation (Schiebezone): der Kurs steigt zwar über das bisherige Kursniveau und durchbricht die → Widerstandszone, kehrt aber nach wenigen Tagen in die Formation zurück und durchbricht dann die Schiebezone nach unten. Gegensatz → Bären-Falle (Bear Trap).

Bullish
An angelsächsischen → Börsen gebräuchlicher Ausdruck für einen Anleger, der auf eine signifikante Aufwärtsbewegung der → Kurse an der Börse setzt. Der Anleger kann B. für eine be-

stimmte → Aktie oder für den ganzen Markt sein.

Bullish Time Spread
→ Time Spread.

BUND-Futures
Der B. ist ein börsengehandelter → Kontrakt, der zwei Kontrahenten erlaubt, über Termin, eine → Bundesanleihe mit einem fiktiven → Kupon von 6% zu handeln. Der Kontrakt wird an zwei Börsen gehandelt; an der elektronisch gehandelten → Deutschen Terminbörse (DTB) und durch üblichen „open outcry" an der London International Financial Futures Exchange (LIFFE).

Spezifizierungen: Es gibt vier → Fälligkeiten pro Jahr im März, Juni, September und Dezember. Der letzte Handelstag ist bei der DTB immer zwei Geschäftstage (LIFFE drei Geschäftstage) vor dem Liefertag. Lieferung ist am zehnten Kalendertag des Fälligkeitsmonats, es sei denn, dieser Tag fällt auf ein Wochenende oder einen Feiertag. Dann verschiebt sich die → Lieferung auf den nächstmöglichen Kalendertag.

Der Zeitablauf des Bund-Kontraktes für 1994 beispielsweise sieht wie folgt aus:

Kontrakt	*Liefertag*	*letzter Handelstag* DTB	LIFFE
März 94	10.03.1994	08.03.1994	07.03.1994
Juni 94	10.06.1994	08.06.1994	07.06.1994
September 94	12.09.1994	08.09.1994	07.09.1994
Dezember 94	12.12.1994	08.12.1994	07.12.1994

Ein Ausschnitt der Börsen-Zeitung zeigt die letzte Quotierung der auf DTB gehandelten Kontrakte.

Der Preis ist in Prozent per DM 100,– ausgedrückt. Der Nominalwert von DM 250.000,– entspricht einer Preiseinheit oder → „Tick" (0,01) und damit dem Wert von DM 25,–. Beispiel: Der Eigentümer von 10 Dezember-Kontrakten, der seine Position bei 100,50 gekauft hat, erzielt bei einem derzeitigen Wert von 100,72 (Settlement des Tages) einen unrealisierten Gewinn von DM 5.500,–

10 (Kontrakte) × 22 (Ticks) × DM 25,– = DM 5.500,–

„Vol" oder Volumina entspricht der gesamten Anzahl von Kontrakten, die an einem bestimmten Tag gehandelt wurden. → „Open Interest" zeigt, wie viele Kontrakte in einer bestimmten Fälligkeit zwischen zwei Kontrahenten offen sind. Obwohl die nächsten drei Kontrakte offiziell „gelisted" sind, konzentriert sich das Handelsvolumen typischerweise auf die erste oder „nächsten" Fälligkeit. Mit der Annäherung der Fälligkeit fangen Positionshalter an, ihre Positionen in den

Ausschnitt der Börsenzeitung

DTB BUND (langfristig) 15.12.1993							
Mth.	Open	High	Low	Last	Settlement	Vol.	Open Interest
Mar94	100.35	100.74	100.34	100.73	100.72	49888	93493
Jun94	0.00	0.00	0.00	0.00	100.69	0	190
Sep94	0.00	0.00	0.00	0.00	100,37	0	0
Total Volume:	49888						
Total Open Interest:	93683						

dann nächsten oder „ferneren" Kontrakt zu „rollen". Für einen → „Short" im Dezember-Kontrakt (man ist short, wenn man den Kontrakt „leer" verkauft hat, ohne ihn vorher besessen zu haben), würde dies im „Roll" der gleichzeitige Kauf von Dezember-Kontrakten – um die Position zu schließen – und Verkauf von März-Kontrakten in gleicher Größenordnung bedeuten.

Settlement: Die Positionshalter, die sich gegen einen Roll entschieden haben, erklären sich bereit, eine Lieferung für deren → „long" (gekaufte) Positionen zu akzeptieren, oder eine Lieferung für deren „Shorts" zu leisten. Jede Fälligkeit hat einen bestimmten „Lieferungskorb" von im voraus bestimmten lieferbaren → Anleihen. Ein Kontrakt erlaubt dem Eigentümer eine Anleihe der Bundesrepublik Deutschland (BUND), des Fonds Deutsche Einheit (FDE) oder eine Treuhandanstalt (TREUHAND) im Nominalwert von DM 250.000,– und mit einer → Restlaufzeit von 8,5-10 Jahren zu kaufen. Der letzte Handelspreis um 12:30 Uhr am letzten Handelstag der DTB (10:00 Uhr Londonzeit für LIFFE) wird als „Settlement Preis" genommen. Dieser Preis multipliziert mit einem „Umrechnungsfaktor" plus den Stückzinsen der entsprechenden Anleihe, entspricht dem Kaufpreis der gelieferten Anleihe.

Die 6,875% Treuhandanleihe von Juni 2003 beispielsweise, wurde im Dez 1993 Kontrakt bei einem Settlement Preis von 100,13, Umrechnungsfaktor von 1,061493, mit einem Preis von 109,72 geliefert (100,13 * 1,061493 + 3,44).

Margining: Der B. wird nicht gekauft, sondern durch eine Einzahlung an der DTB von einer → „Margin" „gesichert". Die „Initial Margin", die bei der Initiierung einer neuen Position einzuzahlen ist, wird berechnet, um den maximal geschätzten Tagesverlust einer Position widerzuspiegeln. Zur Zeit ist diese Initial Margin bei der DTB pro Kontrakt DM 2.500,– (LIFFE DM 1.500,–) und wird ein- bis zweimal pro Jahr, gemäß der Preisschwankung im Markt, adjustiert.

Nach der Einzahlung der Initial Margin wird die Anzahl von der an der Börse hinterlegten Sicherheit (ein Kontrahent darf auch Wertpapiere statt Geld hinterlegen) durch eine „Variation Margin" aufgestockt, wenn der Markt gegen die Position gelaufen ist; sie wird abgebaut, wenn der Markt für die Position gelaufen ist. Insofern ist die Absicht dieser Sicherung gewährleistet, da zu jedem Zeitpunkt eine Art „Marked-to-Market" erfolgt und damit das Kontrahentenrisiko für die Börse bzw. den Kontrahenten selbst geringer ist.

Vorteile/Nachteile des B.:

Als Termingeschäft: Der B. erlaubt einem Kontrahenten, langfristig Zinsrisiken, die in der Zukunft zu erwarten sind, absichern zu können.

Flexibilität: Der Kontrakt vereinfacht den Aufbau einer leerverkauften Position.

Liquidität: Die Standardisierung der Anleihe und der Fälligkeiten ergibt eine Konzentration von Geschäftsinteresse auf ein Handelsinstrument und ergibt damit ein größeres Kauf- bzw. Verkaufinteresse. Daraus erfolgt eine kleinere Geld/Briefspanne und eine Reduzierung der Handelskosten oder „Transaction Costs" für die Marktteilnehmer.

Marked-to-Market: Das oben erwähnte Margining und das damit resultierende Marking to Market reduziert das Kontrahentenrisiko für den Future Trader.

Börsengehandelt: Nachdem sich ein interessierter Käufer mit einem interessierten Verkäufer auf einen Preis geeinigt und gehandelt haben, entsteht keinerlei weitere Verbindung zwischen den beiden Kontrahenten. Stattdessen hat jeder eine Verpflichtung gegenüber der DTB. Insofern wird das Kontrahentenrisiko, das durch ein unsystematisches Risiko eines Kontrahenten entstand, diversiviziert bzw. reduziert.

Margining: Das Margining entspricht einem geringeren Bedarf von Kapital, das gegen die Positionen hinterlegt sein muß.

Marktteilnehmer:
Hedger:
Banken, Institutionen und auch manche Firmen mit langfristigem Zinsrisiko in der Bilanz benutzen den B. um deren Aktiva durch den Verkauf; oder Passiva durch den Kauf von Kontrakten abzusichern oder zu „hedgen". Insofern interessiert sich der Hedger weniger für den absoluten Preis, wo er den Future kauft oder verkauft, sondern für den relativen Preis gegenüber seiner zu sichernden Aktiv- oder Passivposition.

→ *Spekulant:*

Ein Spekulant versucht die nächste Tendenz im Future einzuschätzen, um gekaufte Kontrakte zum höheren Preis wieder „geben" (verkaufen) oder zum tieferen Preis seine Shortposition „eindecken" (zurückkaufen) zu können. Überlegungen, die für den Spekulant ins Spiel kommen, sind z.B. die fundamentale Lage der Wirtschaft und der darauf entstehende Einfluß auf die langfristigen Zinsen; technische Analyse, wo der Händler versucht, ein Muster in der Preisbewegung erkennen zu können; und die Einschätzung von Angebot und Nachfrage nach den Bedürfnissen der unterschiedlichen Teilnehmer.

Arbitrageur:
Im Gegensatz zum Spekulant verdient der Arbitrageur durch geringeres Risikoverhalten an der Identifizierung von Preisbeziehungen (siehe untere Preisberechnung). Wenn die Beziehung außerhalb des „erwarteten" Wertes liegt, wird er darauf reagieren.

Alle zusammengefaßten unterschiedlichen Interessen, die von den oben genannten Marktteilnehmern vertreten werden, gewährleisten genug gleichzeitiges Kauf- und Verkaufsinteresse, um den Markt „liquide" oder fließend zu halten.

Preisbestimmung: Obwohl der B. als eigenes Wertpapier gehandelt wird, besteht als „Derivat" eine Beziehung zu einem Ersatzportefeuille, um eine Arbitragebeziehung etablieren zu können. Als Termingeschäft entspricht dieses Ersatzportefeuille der Abbildung eines Terminpreises einer der lieferbaren Anleihe. Der Terminpreis bezieht sich auf den Einkaufspreis, die Stückzinsen, die während einer im voraus definierten Terminperiode verdient werden, und die Finanzierung dieses Kaufs während der gleichen Periode.

Zum Beispiel, der Terminpreis der 7 3/4% Treuhand von 10/2002 über die Periode von 23.12.1993 (die „heutige" → Valuta) bis 10.3.1994 (Liefertag des März 94 Kontrakts) bei einem Finanzierungssatz von 6,20% berechnet sich wie folgt:

Heutiger Marktpreis der Anleihe – Stückzinsen + Finanzierung = Terminpreis

112,53 – 1,66 + 1,52 = 112,39

Wenn die Anleihe im oben genannten Beispiel die einzige mögliche lieferbare Anleihe wäre, könnten wir den theoretischen Wert des Futures berechnen. Der Kontrakt hat einen fiktiven Kupon von 6%. Dies bedeutet, daß der Preis der lieferbaren Anleihen, die mit einem anderen Kupon ausgestattet ist, umgerechnet werden muß. Dazu benötigen wir einen Umrechnungsfaktor. Der Umrechnungsfaktor für die 7 3/4% Treuhand von 10/2002 für den März 94iger Kontrakt ist 1,113362. Der Terminpreis dividiert durch den Umrechnungsfaktor ergibt den theoretischen Preis oder „Fair Value" des Futures.

Umrechnungsfaktor: Der Umrechnungsfaktor für eine gegebene Anleihe rechnet sich als der Preis einer Anleihe, seine Kupons und → Rückzahlung mit einem Zins von 6% abdiskontiert, dividiert durch 100. Der Preis der oben genannten Treuhand zum Beispiel, berechnet am 10.3.1994 mit einer Rendite von 6% ergibt einen Preis von 111,3973 dividiert durch 100 ergibt einen geschätzten Faktor von 1,11397. Der tatsächliche Faktor weicht insofern ab, da Roundingkonventionen von der Terminbörse verwendet werden.

Cash & Carry: Wenn der Preis des B. über dem Fair Value liegt, ergeben sich

Arbitragemöglichkeiten, in dem man die Futures verkaufen und gleichzeitig eine lieferbare Anleihe (sogenanntes „Cash“ Instrument) kaufen kann. Man trägt (auf Englisch „Carry“) die Anleihe bis zum Liefertag, an dem man die Anleihen benutzen kann, um die Shortposition im Futures zu decken. Damit verdient man, nach Berücksichtigung der verdienten Kupons und der Finanzierung der Position (zusammen „Cost of Carry“ genannt), den Unterschied zwischen dem Verkaufspreis der Futuresposition und dem Fair Value (siehe Net Basis unten). Wenn der Fair Value über dem Marktpreis des Futures liegt, geht man die spiegelverkehrte Position ein, indem man die Futures kauft, gleichzeitig eine der lieferbaren Anleihen „leerverkauft“ und bis zur Lieferung wartet, um die empfangene Anleihe der Futureslieferung zu benutzen, um die Shortposition in der Anleihe zu decken (sogenannte „Reverse Cash and Carry“).

Cheapest to Deliver: Es gibt pro Futuresfälligkeit einen „Korb“ von Anleihen, die Lieferungskandidaten sind. Für den März 94 Kontrakt zum Beispiel gibt es insgesamt 12 Anleihen, die als lieferbar gelten. Die Entscheidung, welche Anleihe geliefert wird, besteht beim „Short“. Es ist für den Short wichtig, erkennen zu können, welche Anleihe zu einem bestimmten Zeitpunkt am billigsten geliefert werden kann; die sogenannte „Cheapest to Deliver“. Es gibt drei Kriterien, auf denen diese Entscheidung basieren kann. Die Anleihe mit der klein sten Gross Basis, der kleinsten Net Basis oder mit dem größten Implied Repo.

Gross Basis: Die Gross Basis rechnet sich als der Preisunterschied zwischen einer lieferbaren Anleihe und dem Preis des Futures multipliziert mit dem Umrechnungsfaktor der Anleihe (der umgerechnete Preis des Futures). Dies ist zwar einfach zu rechnen, berücksichtigt aber nicht den Einfluß der Stückzinsen und der Finanzierung der Anleihe, was die Entscheidung stark beeinflussen kann.

Net Basis: Dieser Einfluß wird bei der Net Basis insofern berücksichtigt, als statt des Marktpreises der Anleihe der Terminpreis mit dem umgerechneten Preis des Futures verglichen wird. Die Net Basis hat die intuitive Erklärung, der Gewinn vom Cash & Carry zu sein.

Implied Repo: Der umgerechnete Preis des Futures plus die Stückzinsen der lieferbaren Anleihe seit dem letzten Kupon bis zum Lieferungstermin des Futures, abzüglich des gesamten Kaufpreises der Anleihe, dividiert durch diesen Kaufpreis ergibt den Implizierten Repo. Für den Fondmanager wird dies die Rendite einer kurzfristigen Anlage, bei der man eine lieferbare Anleihe kauft, die durch den gleichzeitigen Verkauf des Futures wieder verkauft wird. Für denjenigen ohne Kapital wird der Implizierte Repo zum höchsten Finanzierungssatz, der für die gekaufte Anleihe bezahlt werden kann, um aus der Cash und Carry einen Nullertrag zu gewährleisten.

O. d'Oelsnitz, Frankfurt/M.

Bundesanleihe
→ Eine Anleihe der Bundesrepublik Deutschland, oft auch Anleihen der Deutschen Bundesbahn und Bundespost, die im Rang gleichstehen.

Bundesanzeiger
Amtliches Presseblatt der Bundesregierung. Er dient u.a. der Publizität der → Aktiengesellschaften und der → Börsen. Veröffentlichungen der Gesellschaften erfolgen im B. und teilweise auch in anderen Tageszeitungen. Der B. erscheint in Köln.

Bundesbank
→ Deutsche Bundesbank.

Bundesobligation
→ Festverzinsliches Wertpapier, das der Bund seit 1979 zu Beschaffung von mittelfristigen Finanzmitteln für seine Aufgaben über die → Deutsche Bundesbank emittiert und im Ersterwerb nur an Privatpersonen sowie gemeinnützige, mildtätige und kirchliche Einrichtungen verkauft wird. Bisherige → Laufzeit: 5

Jahre. Ausgabe kleiner (= 100,– DM) bis großer Stücke. Ende 1991 betrug der Bestand rund 138 Mrd. DM.

Bundesschatzbrief

Nicht an der → Börse gehandeltes Wertpapier, das seiner Rechtsnatur nach eine Buchforderung gegenüber dem Bund darstellt. B. sind mit jährlich steigenden Zinssätzen ausgestattet. Sie werden über die Banken vor allem an die privaten Haushalte verkauft. Die Mittel aus dem Verkauf fließen dem Bund zu. Man unterscheidet Typ A (sechs Jahre Laufzeit, → Stückelung 100,– DM) und Typ B (sieben Jahre Laufzeit, Stückelung 50,– DM).

Bundesschatzwechsel

Kurzfristige → Schuldverschreibungen der öffentlichen Hand (bis drei Monate), die überwiegend nicht von Privaten erworben werden können.

Bundeswertpapiere

Bundeswertpapiere sind über → Kreditinstitute und Landeszentralbanken erhältlich. Sie können durch die → Bundesschuldenverwaltung (gebührenfrei) oder über ein → Depot bei einem Kreditintitut (gebührenpflichtig) verwaltet werden. Es werden → Finanzierungsschätze, → Bundesschatzbriefe, → Bundesschatzanweisungen, → Bundesobligationen, → Bundesanleihen und → Floater angeboten.

Bundeswertpapiere bei der Bundesschuldenverwaltung (BSV)

Die erworbenen Bundeswertpapiere können bei der BSV in das Bundesschuldbuch eingetragen werden. Die Verwaltung.

Eintragung und Überschreibung ist gebührenfrei, die Überweisung von Zinsen und Kapital erfolgt spesenfrei.

Eingetragen werden können Anleihen und Schatzanweisungen des Bundes, der Bundesbahn, der Reichsbahn, der Deutschen Bundespost, des ERP-Sondervermögens, der Deutschen Ausgleichsbank, Bundesschatzbriefe, Bundesobligationen. Finanzierungsschätze (bei Ausgabe ab 1992) und Fonde „Deutsche Einheit".

Auch an der → Börse erworbene Bundeswertpapiere können auf das Bundesschuldbuch überschrieben werden.

Aufgrund des Datenschutzes sind nur vom Verfügungsberechtigten unterschriebene Aufträge ausführbar. Die Bevollmächtigung einer weiteren Person ist möglich.

Innerhalb der letzten 15 Tage vor der Zinsfälligkeit sind keine Verfügungen mehr ausführbar.

Die Überschreibung von einem Depot eines Kreditinstituts auf das Bundesschuldbuch ist möglich. Hierbei werden die üblichen Übertragungsgebühren verlangt. Schuldbuchkonten werden auch für Minderjährige, Firmen, Ehepartner, usw. eröffnet.

Für die Eröffnung wird ein Kontoeröffnungsantrag (BSV-Form 03030) benötigt, auf welchem Angaben zur Person des zukünftigen Kontoinhabers auszufüllen sind. Hierbei muß u.a. ein inländisches Bank-, Sparkassen-, oder Postgirokonto angegeben werden. Diese Angaben müssen unterschrieben und vom Kreditinstitut bestätigt werden. Diese Bestätigung erfolgt gebührenfrei.

Zudem kann der Erwerber von Neuemissionen bei einem Kreditinstitut die Eintragung in das Bundesschuldbuch verlangen, was völlig kostenfrei gehandhabt werden muß.

Weitere Informationen, sowie die benötigten Unterlagen für die Eröffnung eines Schuldbuchkontos sind bei folgender Adresse erhältlich:

Bundesschuldenverwaltung (BSV)
Bahnhofstr. 16-18
61352 Bad Homburg
Telefon: 0 61 72/10 80-0,
Fax: 0 61 72/1 08-4 50

Zudem gibt es für die aktuellen Konditionen einen telefonischen Ansagedienst rund um die Uhr, unter der Telefonnummer 0 69/1 97 18

Finanzierungsschätze

Die Laufzeit der Finanzierungsschätze beträgt ein oder zwei Jahre. Ein vorzeitiger Abbruch ist nicht möglich, jedoch die Übertragung. Bei einer Laufzeit von zwei Jahren kann vom Steuerstundungseffekt Gebrauch gemacht werden. Der Nennwert beginnt bei 1.000 DM. Finanzierungsschätze werden nicht an der Börse gehandelt.

Dieser Bundeswertpapiertyp gilt als genauso sicher, wie ein Sparbuch, nur daß höhere Zinsen erzielt werden können. Zudem muß das Geld fest angelegt werden.

Bundesschatzbriefe

Bundesschatzbriefe haben eine Laufzeit von 6 (Typ A) oder 7 (Typ B) Jahren. Der vorzeitige Verkauf ist erst nach einem Jahr möglich. Bei Typ A werden die Zinsen jährlich gutgeschrieben, bei Typ B erst am Ende der Laufzeit, mit Zinseszinsen. Aus diesem Grund ist der Steuerstundungseffekt nur bei Typ B möglich. Beide Arten sind ab 100 DM erhältlich. Der Zinssatz steigt jährlich an, was mit folgender Tabelle verdeutlicht werden soll:

Laufzeit	Normalzins in %	Rendite in %	
		Typ A	Typ B
1. Jahr	5,00	5,00	5,00
2. Jahr	5,25	5,12	5,12
3. Jahr	5,50	5,24	5,25
4. Jahr	5,75	5,36	5,37
5. Jahr	6,00	5,47	5,50
6. Jahr	6,25	5,59	5,62
7. Jahr	6,25	→	5,71

Pro 30 Tage ist ein Verkauf in Höhe von 10.000 DM gestattet. Bundesschatzbriefe werden nicht an der Börse gehandelt.

Dieser Wertpapiertyp gilt als sicher, weil kein Währungs- oder Kursrisiko besteht und zudem eine erstklassige Bonität durch den Staat gegeben ist, was auch für andere Wertpapiere des Staates gilt.

Bundeswertpapiere

Bundesschatzanweisungen

Bundesschatzanweisungen sind für eine Laufzeit von vier Jahren und einer Mindestsumme von 5.000 DM erhältlich. Der Verkauf ist jederzeit an der Börse möglich. Die Versteuerung der Zinsen erfolgt jährlich.

Bundesobligationen und Bundesanleihen

Bundesobligationen (Laufzeit 5 Jahre) sind Anleihen der BRD und Bundesanleihen (Laufzeit 10 Jahre) werden von der BRD, der Deutschen Bundesbahn und der Deutschen Bundespost angeboten. Die Zinsen werden jährlich ausgezahlt und versteuert. Der Verkauf ist jederzeit an der Börse möglich.

Beide Arten sind ab 100 DM erhältlich.

An der Börse notierte Bundeswertpapiere haben den Vorteil, daß diese jederzeit zu fairen Kursen gekauft und verkauft werden können, da die Bundesbank Marktpflege betreibt.

Floater

Floater zählen zu den Rentenpapieren und werden von der BRD, der Deutschen Bundesbahn und der Deutschen Bundespost angeboten.

Der Zinssatz wird in regelmäßigen Abständen (drei oder sechs Monate) angeglichen. Die Höhe des Zinssatzes richtet sich nach der Libor (London Interbank Offered Rate) und der Fibor (Frankfurt Interbank Offered Rate).

Die Qual der Wahl

Die Wahl des „richtigen" Wertpapiers hängt von den Wünschen und Möglichkeiten des Anlegers ab. Hierbei spielen verschiedene Faktoren eine Rolle:

1. Die Wertpapiere haben unterschiedliche Laufzeiten. Es stehen kurzfristige (Tage/Wochen/Monate), mittelfristige (ein bis vier Jahre) und langfristige (länger als vier Jahre) zur Auswahl.
2. Der Risikofaktor ist unterschiedlich. Es gibt Anlagemöglichkeiten mit hoher und sehr hoher Sicherheit oder börsennotierte Wertpapiere.
3. Es bieten sich verschiedene Möglich-

keiten an, bei denen der Anleger entscheiden kann, wie hoch der Einsatz sein soll.
Dabei reicht das Angebot von 100 bis 10.000 DM als Einstiegssumme. Desweiteren besteht die Möglichkeit sein Geld monatlich in einer Höhe von 100 bis 500 DM anzulegen.

4. Der Gewinn, den die Anlage erzielen soll.
Natürlich versucht jeder Anleger den bestmöglichen Gewinn zu erzielen. Die Höhe des Ertrages ist jedoch abhängig von den Faktoren eins bis drei und reicht von hoch bis niedrig.

Beispiele für die Geldanlage

Beim Sparbuch sind Laufzeit, Risiko, Einstiegssumme und Gewinn gering. Es kann jeder Betrag angelegt werden.

Die Anlage als Festgeld hat zwar einen hohen Ertrag, eine sehr hohe Sicherheit und eine mittelfristige Laufzeit, ist jedoch erst ab einer Summe von 10.000 DM möglich.

Bei den Sparbriefen ist die Laufzeit ebenfalls mittelfristig, der Ertrag ist hoch und das Risiko ist gering, doch die Einstiegssumme beträgt 1.000 DM.

Die Pfandbriefe sind börsennotiert, haben eine langfristige Laufzeit, bringen einen sehr hohen Ertrag und sind schon ab 100 DM verfügbar.

Bundesschatzbriefe werden langfristig vergeben. Das Risiko ist dabei gering, der Ertrag sehr hoch und die Einstiegssumme von 100 DM sehr niedrig.

Lit.: Ashauer, Gugler, Steinborn: Das Wertpapiergeschäft der Kreditinstitute, 9. Auflage, Stuttgart 1989; Eilenberger, G.: Bankbetriebswirtschaftslehre, 5. Auflage, München, 1993; Grill/Perczynski: Wirtschaftslehre des Kreditwesens, 27. Auflage, Bad Homburg 1992; Siebers, A. B. J.: Geldanlage in Handbuch für Selbständige & Unternehmer Hrsg. Rentrop, Bonn 1994; Siebers, J. M. D./Siebers, A. B. J.: Das Anleihenseminar, München, 1991; Siebers, A. B. J.: Geld verdienen mit Bonds, 2. Auflage, Landsberg 1990;

Th. Farkas, Frankfurt/M.

Butterfly Spread
Kombination eines → Bull- und eines → Bear-Spread (→ Vertical Spread); insofern handelt es sich um einen → Spread von Spreads.

Buy In
Gegenläufige Transaktion am → Financial Futures-Markt zu einer früheren → Short Position (mit entsprechendem Volumen).

Buy on Close
Am Schluß eines Handelstages innerhalb einer Closing Range auszuführender Kaufauftrag am → Financial Futures-Markt.

Buy on Opening
Am Anfang (bei Eröffnung) eines Handelstages innerhalb einer → Opening Range auszuführender Kaufauftrag am → Financial Futures-Markt.

C

C, CC, CCC

Ratingsymbole bei → Standard & Poor's in New York. Siehe auch → A, AA, AAA.

C: Die Bedienung von Zinsen und Kapital ist eingestellt oder steht unmittelbar bevor.

CC: Minimal geschützte Papiere. Die Einstellung der Bedienung von Zinsen und Kapital erscheint wahrscheinlich.

CCC: Bestimmte Charakteristika können im Zeitablauf zum Unvermögen des → Emittenten, Zinsen oder Kapital zu bedienen, führen.

Calendar Spread

Horizontal Spread

Kombination von gekauften und gleichzeitig verkauften → Optionen (→ Spread), also von → Long und → Short Position, mit demselben Basisobjekt und demselben → Basispreis, jedoch unterschiedlichen Verfalldaten (im Unterschied zum → Vertical Spread); zum Einsatz können sowohl → Calls als auch → Puts kommen.

Call

1. Call Option bezeichnet an der → Börse eine → Kaufoption, d.h. das zeitlich befristete Recht, nicht aber die Pflicht, → Aktien zu einem festgelegten Preis, → Basispreis genannt, zu jeder Zeit innerhalb der → Laufzeit zu erwerben. C. werden an speziellen Börsen, Optionsbörsen, gehandelt. So in Deutschland an der → Deutschen Terminbörse (DTB) in Frankfurt/M. C. werden erworben, wenn der Käufer aufgrund der von ihm erwarteten Kurssteigerungen → Gewinne erzielen will. C. werden verkauft, um langfristig eine → Position abzusichern und/oder eine → Prämie zu erzielen. Der Gegensatz ist → Put.

2. C. bezeichnet am Euromarkt die → Option eines → Ermittenten, die begebenen Titel vor ihrer → Fälligkeit zurückzuzahlen.

Candlestick-Charts

Die japanischen C. oder Kerzencharts wurden im 16. Jahrhundert in Japan zur Analyse von Reis-Futures entwickelt (so lange gibt es das schon!). Damit dürfte diese Methode das älteste charttechnische Verfahren der Welt sein. In Japan haben die C. nach wie vor einen wichtigen Platz in der Analyse der Finanzmärkte, in den USA erfreuen sie sich seit einigen Jahren zunehmender Beliebtheit, während sie in Europa noch relativ unbekannt sind.

Die C. geben open, high, low und close eines Kursverlaufs wieder, womit sie sich am ehesten mit den heutigen Balkencharts vergleichen lassen.

Die Konstruktion der Kerzen (candles) ist recht einfach:

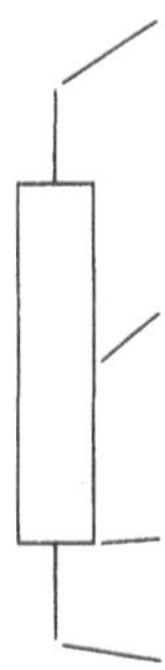

Höchstkurs (high), auch „oberer Schatten" genannt, → Eröffnungs. bzw. → Schlußkurs (welcher von beiden höher ist)

real body (eigentliche Kerze), der wie hier entweder leer bleibt (steigende Kurse) oder schwarz ist (fallende Kurse).

Eröffnungs- bzw. Schlußkurs (welcher von beiden tiefer ist)

Tiefstkurs (low), auch „unterer Schatten" genannt.

Wir halten fest: Der eigentliche Körper der Kerzen umfaßt den Bereich zwischen Eröffnungs- und Schlußkurs, eine schwarze Kerze steht für nachgebende Kurse, eine weiße für anziehende Kurse. Die beiden Schatten geben die jeweiligen Höchst- bzw. Tieftskurse an. Schließt ein Kurs auf Tageshoch oder Tagestief, so fehlt natürlich eine Schatten.

Die Kerzencharts lassen sich wie jedes andere Chartverfahren auf beliebige Zeiträume anwenden, d.h., intraday-Charts sind genau so einfach zu konstru-

 Candlestick-Charts

ieren wie Wochen- oder Monatscharts etc.

Die Aussage der C. ergibt sich zumeist aus dem Bild von zwei oder mehr einzelenen Kerzen. Dabei gibt es bullishe, bearishe und neutrale Kursmuster, deren Aussage sich erst im Zusammenhang mit dem vorherrschenden Trend ergibt.

Bullishe Kursmuster:

Long white line: Ein sehr bullishes Muster, bei dem Tief und Hoch weit auseinander liegen und keine oder nur gering ausgeprägte Schatten vorliegen.

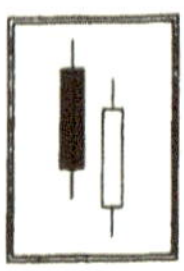

Piercing line: Bei diesem Kursmuster liegt der Eröffnungskurs der zweiten Kerze deutlich unterhalb des Tiefs der ersten Kerze, der Kurs schließt aber über der Mitte des Körpers der ersten Kerze. Je höher der Schlußkurs der zweiten Kerze in den Körper der ersten Kerze hineinragt, desto bullisher ist die Formation.

Hammer: Diese Formation (nicht zu verwechseln mit dem „hanging man" ist bullish, wenn sie nach einem langen Abwärtstrend auftritt. Sie ist gekennzeichnet durch einen kleinen Kerzenkörper (der weiß oder schwarz sein darf) und durch einen langen unteren Schatten. Ein oberer Schatten sollte nicht vorhanden sein.

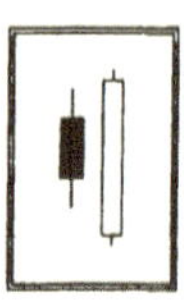

Bullish engulfing lines: Auch diese Formation ist bullish, wenn sie nach einem langen Aufwärtstrend auftritt. Bei ihr müssen die Hoch- und Tiefpunkte einer schwarzen Kerze von einer nachfolgenden weißen Kerze nach beiden Seiten deutlich übertroffen werden.

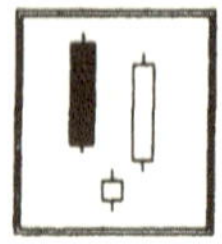

Morning star: Beim Morgenstern folgt auf eine schwarze Kerze mit einer Kurslücke (gap) eine kleine schwarze Kerze. Dies deutet auf eine mögliche Trendwende hin. Es sollte aber die Bestätigung durch eine zweite Kerze abgewartet werden, die ebenfalls eine Kurslücke zur vorangegangenen Kerze zeigen sollte.

Bearishe Kursmuster:

Long black line: Dies ist das negative Gegenstück zur long white line. Analog sollte zwischen Hoch und Tief eine weite Kursspanne liegen, d.h. die Kurse eröffnen am/nahe am Hoch und schließen am/nahe am Tief. Die Schatten sollten fehlen oder nur kurz sein.

Hanging man: Der Gehenkte ist das bearishe Gegenstück zum Hammer. Auch hier darf der Kerzenkörper weiß oder schwarz sein, der obere Schatten sollte fehlen, der untere sehr ausgeprägt sein.

Aussagekräftig ist die Formation insbesondere nach langen Aufwärtstrends.

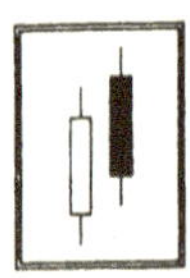

Dark cloud cover: Dunkle Wolken – fast so symbolträchtig wie der Gehenkte. Für dieses Kursmuster gilt das Gegenteil dessen, was zur bullishen piercing line gesagt wurde: einer weißen Kerze sollte eine schwarze folgen, deren Eröffnungskurs oberhalb des Kerzenkörpers der weißen liegt, deren close-Kurs aber deutlich unter der Mitte der vorangegangenen weißen Kerze liegt.

Candlestick-Charts

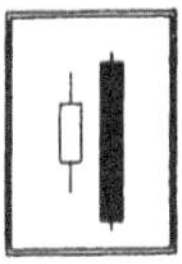

Bearish engulfing lines: Der Gegenspieler der bullish engulfing lines: Der Kerzenkörper der weißen Kerze wird beidseitig vom Kerzenkörper der schwarzen Kerze überragt. Negativ insbesondere, wenn die Formation nach einem langen Aufwärtstrend auftritt.

Evening star: Im Gegensatz zum Morgenstern ein Vorbote eine möglichen Topbildung. Wie beim Morgenstern sollte vor Eingehen einer Position die Ausbildung der dritten Kerze zur Bestätigung abgewartet werden. Die mittlere Kerze (star) sollte eine Kurslücke zu den beiden umgebenden Kerzen aufweisen.

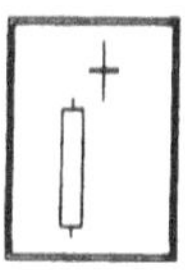

Doji Star: Die Aussage der Formation ist der des evening star ähnlich. Die zweite Kerze ist in diesem Fall ein Doji, d.h. Eröffnungs- und Schlußkurs waren praktisch gleich. Die Länge der Schatten ist unerheblich. Auch hier sollte eine die Wende bestätigende dritte Kerze abgewartet werden.

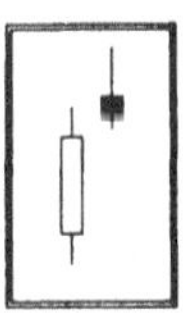

Shooting star: Dieses Kursmuster deutet auf das Ende eines Aufwärtstrends hin. Die zweite Kerze sollte einen schwarzen Körper haben und eine Kurslücke (gap) zu ersten Kerze aufweisen. Der obere Schatten der zweiten Kerze sollte ausgeprägt sein. Die Bestätigung der Formation durch eine dritte Kerze ist hier nicht erforderlich (man sollte sicherheitshalber einen Stop setzen).

Umkehrformationen:

Long-legged Doji: Eröffnungs- und Schlußkurs liegen fast genau auf dem gleichen Niveau, die beiden Schatten aber (Kurshoch und -tief) sind weit entfernt. Ein Warnhinweis, daß ein Bullen- oder Bärenmarkt zu Ende gehen könnte.

Dragon-fly Doji: Die Aussage ist die gleiche wie beim long-legged Doji. Das Kurstief liegt bei dieser Formation deutlich unter Open-, Close- und High-Kurs.

Gravestone Doji: Ein Grabstein. Bei diesem eine Wende ankündigenden Kursmuster liegen Open-, Close- und Lowkurs auf einem Niveau, während das Hoch deutlich höher notierte. Eine sehr seltene Formation.

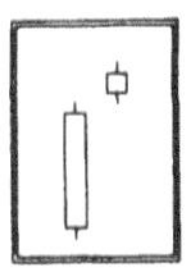

Star: Der star weise auf eine mögliche Trendwende hin. Typisch ist die Kurslücke zur verangehenden Kerze. Mehrheitlich sollte zugewartet werden, ob der nächste Kurs erneut mit einer vom star fortweisenden Kurslücke begonnen wird.

Kursmuster, die auf Momentumverlust hindeuten:

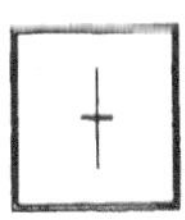

Doji: Das Doji ist ein Kursmuster, das auf einen bevorstehenden Momentumverlust hinweist.

Eröffnungs- und Schlußkurs liegen auf einem Niveau. Dem einzelnen Doji kommt nur geringe Bedeutung zu. Folgen allergings zwei oder mehr Dojis aufeinander, so spricht das für eine nachfolgende, heftige Bewegung, über deren Richtung keine Aussage ge-

 Candlestick-Charts

troffen werden kann (Spread-Position empfehlenswert).

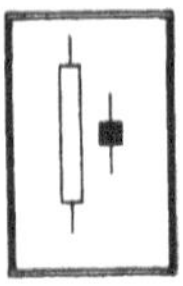

Harami bzw. *Harami cross*: Bei diesem Kursmuster ragen die Ausmaße des ersten Kerzenkörpers deutlich über die Ausmaße des zweiten Kerzenkörpers hinaus. Das abgebildete Harami spricht für ein nachlassendes Aufwärtsmomentum. Die gleiche Formation (erst schwarze Kerze, dann kleinere weiße) gibt es auch als Hinweis auf ein nachlassendes Momentum im Abwärtstrend.

Das Harami-Cross (nicht abgebildet) hat die gleiche Aussage; hier ist die zweite Kerze ein Doji.

Die Auswahl der vorgestellten Formationen ist eine Beschränkung auf das Wesentliche.

Die C. bei der Arbeit Chart des Yen (Wochenschlußkurse) mit Signalen.

Den C. steht – nicht zuletzt vielleicht wegen ihrer symbolträchtigen Namen und dem Beigeschmack fernöstlicher Tradition – wahrscheinlich eine zunehmende Beliebtheit in Europa bevor. Sieht man von dieser positiven Voreingenommenheit ab, so bleibt immerhin ein Vorteil dieser Chartmethode gegenüber unseren westlichen Charttechniken (ausgenommen point&figure-Charts): Natürlich geben auch die Kerzencharts „Fehlsignale", die Signale selbst aber sind nicht im Sinne des Anlegers interpretierbar. Typisches Beispiel: eine Kopf-Schulter-Formation im Linien- oder Balkenchart. Da ist die eine Schulter „etwas flacher", die Nackenlinie „hängt" oder die andere Schulter „ist multipel" ausgebildet. Die Kerzencharts verschließen sich gegen derartige interpretatorische Willkür, die letztlich zumeist zu Verlusten führt. Das Signal ist da oder es ist nicht da.

Auffällig ist für den Autor nicht die Treffsicherheit der Candlesticks (sie liegt kaum höher als bei anderen Verfahren), sondern der Zeitpunkt der Signale. Sie liegen signifikant häufig deutlich früher als bei anderen Chartmethoden.

Die C. sind keine bessere Chartmethode als andere, sie schützen aber gegen das „Sehen-Wollen" einer nicht vorhandenen Formation, da sich nicht beliebig interpretierbar sind.

Zusammen mit einer Indikatorenanalyse und anderen Annäherungsweisen an die Märkte (Elliott-Analyse, Zyklik, Korre-

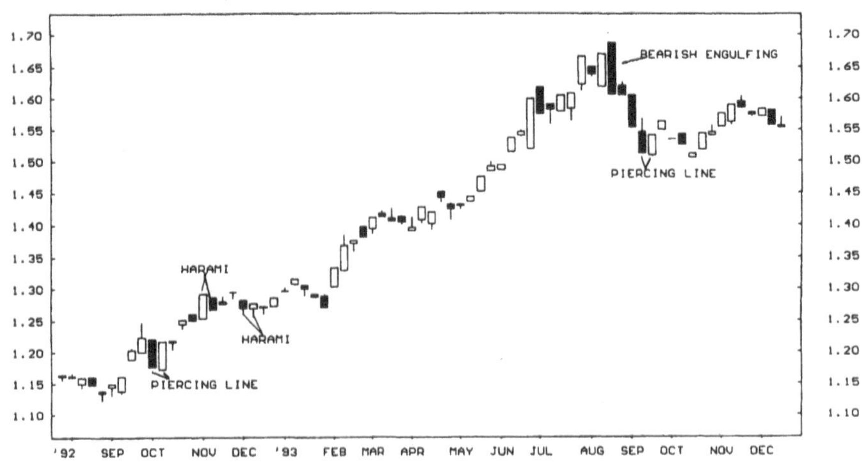

lationsanalyse zwischen Fundamentals und Kursverlauf) sind die Kerzencharts gewiß ein guter Baustein eines tragfähigen Gefüges.

Computerprogramme: Dem erwachten Boom der Kerzencharts in Europa folgend, bieten die meisten der teureren Software-Hersteller nun auch C. in ihren Programmen an. Das Erlernen der Signale bleibt dabei bis auf eine Ausnahme (Satori, Wien) Sache des Anwenders.

Lit.: Nison, S.: Japanese Candlestick Charting Techniques, New York Institute of Finance, New York, USA, 1991; Retz, A.: Der Seismograph: Mtl. erscheinender Börsenbrief über internationale Aktienmärkte, Devisen und Edelmetalle. Börsenbuch-Verlag, Kulmbach.

A. Retz, Brühl

Capped Warrants

Bandbreiten-Optionsscheine

Gekappte → Optionsscheine auf → Aktien oder auf Kursdifferenzen von Währungen, wobei der Spekulationsgewinn vom Anleger steuerfrei vereinnahmt werden kann („Steuerspar-Modell").

Carrying Charge

Costs of Carry

Nettokosten, die im → Futures-Geschäft mit der Finanzierung einer Kassaposition verbunden sind. Bei → Warentermingeschäften umfassen die C. Lager- und Finanzierungskosten sowie Versicherungsprämien der alternativ zu einem → Termingeschäft am Kassamarkt zu erwerbenden Ware. Bei Zinsfutures errechnet sich die C. als Differenz aus den Finanzierungskosten des sofortigen Erwerbs der Finanztitel am Kassamarkt und dem Zinsertrag aus diesen Finanztiteln bis zur → Fälligkeit der alternativ zu erwerbenden Futures-Kontrakte, abzüglich der Finanzierungskosten der Initial Margin bei Eröffnung der Terminkontraktposition. Bei Devisen-Futures sind zusätzlich die unterschiedlichen → Zinsniveaus in den Ländern der Kontraktwährungen zu berücksichtigen.

Carry-Over-Stock

Übergangsbevorratung zwischen zwei Ernten.

Cash-Commodity

Tatsächlich vorhandene Ware, auch Kassaware oder Lokoware genannt.

Cash flow

Der C. rechnet – zusammen mit der Bewegungsbilanz und dem Finanzplan – unter die Finanz- oder Kapitalflußrechnung. Im Gegensatz zu den beiden letztgenannten Erscheinungen (vollständige, den gesamten finanzwirtschaftlichen Kreislauf umfassende Rechnungen) handelt es sich beim C. lediglich um eine Nettobetrachtung.

1. Begriff und Wesen: a) Der C. wird definiert als der aus der Umsatztätigkeit entstandene Einzahlungsüberschuß, also der umsatzbedingte Netto-Zufluß an → liquiden Mitteln. Für die Berechnung gibt es zwei Methoden. Die „direkte" Ermittlung geht von den liquiditätswirksamen Umsätzen aus (im Schrifttum als „bare" Umsätze bezeichnet):

Cash flow = bare Erträge – bare Aufwendungen

Die „indirekte" Methode zur Berechnung des C. berichtigt den → Gewinn um die liquiditätsunwirksamen Umsätze:

Cash flow = Gewinn + unbare Aufwendungen – unbare Erträge.

Die Bezeichnung „bar" (bzw. unbar) ist dabei im Sinne von „liquiditätswirksam" (bzw. liquiditätsunwirksam) zu verstehen.

b) Die Praxis bedient sich zur Ermittlung des C. ausnahmslos der indirekten Methode, wobei der Gewinn um ausgewählte liquiditätsunwirksame Erfolgselemente verändert wird. Dabei bestehen allerdings erhebliche Meinungsverschiedenheiten über den Umfang der Berichtigungen. Im wesentlichen sind es drei „Grundelemente", deren Zuordnung zum C. unumstritten ist:

1. versteuerter Jahresgewinn (→ „Jahresüberschuß")

2. Nettoveränderung der langfristigen Rückstellungen (plus Zuführung minus Auflösung)
3. Abschreibungen auf Sachanlagen und Wertberichtigungen auf → Umlaufvermögen.

Strittig ist die Berücksichtigung weiterer Elemente, so insbesondere die Eliminierung des außerordentlichen Gewinns (plus a.o. Aufwand minus a.o. Ertrag).

Einigkeit besteht darin, daß sich die praktische Ermittlung des C. von seiner theoretischen Konzeption sehr weit entfernt hat: Es werden nur wenige Erfolgselemente berücksichtigt, wobei insbesondere bei den Abschreibungen der eventuelle Ersatzbedarf unberücksichtigt bleibt.

2. Aussagen des C.: a) Der C. kann in doppelter Hinsicht interpretiert werden: Er stellt einmal das Volumen der erfolgten Innenfinanzierung des Zeitraumes dar, der Überschüsse, die von der Unternehmung erwirtschaftet wurden. Zum anderen wird im C. zugleich auch die Ertragskraft der Unternehmung gesehen, also eine entsprechende Berichtigung des um fingierte Aufwendungen manipulierten Gewinns. Einem Vergleich zwischen Bilanzgewinn und C. einer Unternehmung zeigt die Tabelle:

C. der VEBA im Geschäftsjahr 1990 in Mio DM

1. Jahresüberschuß	1.209
2. Rückstellungsveränderung (netto)	655
3. Abschreigungen auf Sachanlagen	3.560
Cash flow	5.424

b) Als Vergangenheitsgröße wird der C. zum Bewertungsmaßstab der Fremdfinanzierung. Die C.-Ziffer ist dabei das Verhältnis zwischen Verbindlichkeiten und C.: Sie gibt an, wie viele Jahresüberschüsse (theoretisch) zur Schuldentilgung notwendig sind. Der C. liefert damit Anhaltspunkte für die Verschuldungsgrenze einer Unternehmung: ceteris paribus steigt der Kreditspielraum einer Unternehmung mit fallender C.-Ziffer. Zur Berücksichtigung von Branchenunterschieden werden von der Praxis bei der Ermittlung der C.-Ziffer z.T. Berichtigungen der Verbindlichkeiten vorgenommen (z.B. Verminderung um die liquiden Mittel und um die Hälfte der Pensionsrückstellungen und Warenvorräte, Erhöhung um die noch nicht ausgenutzten Kreditspielräume). Einheitliche Vorstellungen fehlen jedoch, weswegen diese Korrekturen zu Fehlinterpretationen führen können.

Der C. pro → Aktie (Verhältnis von C. zur Anzahl der Aktien) gilt als einer der verschiedenen Bewertungsmaßstäbe bei der Aktienanalyse, insbesondere wenn es darum geht, ein gegebenes Kurs-Gewinn-Verhältnis ökonomisch zu begründen oder zu widerlegen.

c) Als Prognoseinstrument wird der C. für die Liquiditätsplanung herangezogen. Die Differenz zwischen zukünftigem Kapitalbedarf und geplantem C. stellt die Summe dar, die durch Außenfinanzierung und Vermögensliquidation beschafft werden muß. Beim C. handelt es sich um eine Bruttogröße, die jedoch keine Fristigkeiten enthält und daher nur als Globalgröße für einen größeren Zeitraum angesehen werden kann.

3. Kritik an der C.-Betrachtung: Einer vielfach uneingeschränkten Befürwortung aller C.-Aktivitäten in den Jahren 1955 bis 1980 stehen heute gewisse Einschränkungen in der Beurteilung gegenüber.

Diese Bedenken beziehen sich in erster Linie auf die Abweichungen der C.-Ermittlung gegenüber der theoretischen Konzeption. Im einzelnen lassen sich sodann drei kritische Anmerkungen vorbringen:

a) Die C.-Elemente der Praxis sind unvollkommen. Es erscheint beispielsweise erforderlich, sowohl die Zuweisungen zu kurzfristigen → Rückstellungen als auch den außerordentlichen Erfolg (plus a.o. Aufwand, minus a.o. Ertrag) zu eliminieren, da diese Mittel entweder nur kurzfristig zur Verfügung stehen oder aber als unternehmenszweck-fremde Zuflüsse einmaligen Charakter haben. Diesem Bedenken wird inzwischen Rechnung getragen.

b) Die globale Heranziehung von Erfolgselementen sagt nichts über die Liquiditätswirksamkeit aus. Dieser Vorwurf erstreckt sich vor allem auf die → Abschreibungen, da der Erneuerungsbedarf unberücksichtigt bleibt. Eine entsprechende Berichtigung um die erfolgten Neuinvestitionen würde diesem Einwand genüge tun.

c) Schließlich erlaubt der C. weder eine Aussage über den Niederschlag der Überschüsse in Vermögensform noch über den zeitlichen Verlauf dieser Bewegungen. So kann bei gleichbleibender Geschäftstätigkeit stets über einen Teil der Überschüsse noch nicht disponiert werden, da dieser noch nicht zugeflossen, sondern in den Forderungen gebunden ist. Besonders gravierend ist dies bei Unternehmen mit mittel- und langfristigen Exportforderungen. Für eine Liquiditätsanalyse eignet sich daher der C. genauso wenig wie die Bewertungsbilanz. Er stellt allenfalls eine Globalgröße des Betrachtungszeitraums dar. Als eine Vergleichsgröße zur Ermittlung der unterschiedlichen Verschuldungsgrenze erweist sich jedoch der C. als uneingeschränkt brauchbar, sofern einheitliche Maßstäbe angelegt werden.

Lit.: Juesten, W.; v. Villiez, Chr.: Cash Flow und Unternehmensbeurteilung. 5. A., Berlin 1989; Leutinger, I.: Cash Flow. Einscheidungs-Grundlage für die Gestaltung der Unternehmenszukunft. Landsberg/Lech 1987; H. Siegwart, Der Cash flow als finanz- und ertragswirtschaftliche Lenkungsgröße. Stuttgart-Zürich 1990; Verband der Chemischen Industrie e.V. (Hrsg.), Cash Flow und Finanzierungsrechnung unter besonderer Berücksichtigung des Konzernabschlusses. Frankfurt/Main 1991.

Prof. Dr. O. Hahn,
Erlangen-Nürnberg

Cash Forward Market
→ Kassageschäft, abgeschlossen auf ein festes, in der Zukunft liegendes Datum zu der zum Tageskurs geltenden Verzinsung für den Abschlußzeitraum.

Cash Market
Kassamarkt; auch als → Spot Market bezeichnet.

Cash Settlement
Transaktion zur unmittelbaren Zahlung, gewöhnlich 2 Tage im voraus durch telegraphischen Transfer. Im Falle von → Futures bedeutet C., daß keine Basisobjekte des → Kontraktes geliefert werden, sondern die Erfüllung cash erfolgt.

CBOE
→ Chicago Board Options Exchange.

CBoT
→ Chicago Board of Trade.

CCC
Commodity Credit Corporation

Für Stützungsprogramme der Landwirtschaft zuständige Regierungsstelle des US-amerikanischen Landwirtschaftsministeriums.

CD
→ Certificate of Deposit.

Cedel
→ Euroclear.

Certificated Stocks
Tatsächlich vorhandene Ware in Lizensierten Lagerhäusern. Die Ware wird ständig auf ihre Qualität überprüft. Sie muß dem Standard entsprechen und wird mit Zertifikaten ausgezeichnet.

Certificate of Deposit
CD

Von Banken emittiertes Einlagenzertifikat. Die Verzinsung liegt über der bei Sparkonten (in den USA gesetzlich geregelt).

CFTC
→ Commodity Futures Trading Commission.

Chart

Diagramm, das in graphischer Form die Kurs- und Umsatzentwicklung börsennotierter Werte (→ Effekten und Waren) aufzeigt. Im Rahmen der gebräuchlichen Technik der Bar Charts bilden sich Formationen heraus, die Entscheidungshilfen für ein rechtzeitiges „Ein- und Aussteigen" an der → Börse geben sollen. Zu den bekanntesten Formationen gehört die „Kopf- und Schultern-Top-Formation", die eine Trendumkehr nach untern erwarten läßt. Deren Spiegelbild, die „Kopf- und Schultern-Boden-Formation", soll den Schluß nahelegen, daß die vorausgegangenen Kursabschwächungen einen „Boden" gefunden haben, sich der Trend also nach oben kehren wird.

Weitere Formationen sind: M- und W-Formation, Dreieck (z.B. → ascending triangle) usw.

Chart-Analyse

Zur Beurteilung von Wertpapieren allgemein, insbesondere von → Aktien, unterscheidet man zwei grundlegende Methoden: die → fundamentale und die → technische Analyse.

Die C. stellt den traditionellen Kern der technischen Analyse dar. In den vergangenen Jahren ist die technische Analyse, insbesondere durch den zunehmenden Einsatz leistungsfähiger Mikrocomputer, um eine weitere Analysemöglichkeit, den Bereich der technischen Indikatoren, erweitert worden.

Die Fundamentalanalysten versuchen den Ertrags- und/oder den Substanzwert eines Unternehmens zu bestimmen, um dann unterbewertete Aktien herauszufinden, bzw. Titel, die über ihrem inneren Wert notieren, zu verkaufen. In der Praxis zeigt sich allerdings, daß die Feststellung des inneren Wertes mit großer Unsicherheit behaftet ist.

Die Anhänger der Technischen Analyse verzichten daher auf die Bestimmung des „fair value". Sie gehen von der Überlegung aus, daß sich alle relevanten Informationen zeitnah in den jeweiligen Kursen und Umsätzen niederschlagen, die zum Ausgleich von Angebot und Nachfrage geführt haben. Zur Beurteilung und Einschätzung von Wertpapieren werden daher nur die Marktdaten selbst, insbesondere die → Kurse und → Umsätze, herangezogen.

Als Begründer aller markttechnischen Theorien kann Charles H. Dow angesehen werden, der um die Jahrhundertwende seine Ideen in einigen Leitartikeln im Wall Street Journal veröffentlichte. Während sich die → Dow-Theorie mit der Tendenz des Gesamtmarktes befaßt, wird heutzutage die Technische Analyse, insbesondere die C., auch zur Branchenanalyse und vor allem zur Einzelwertbeurteilung herangezogen. Die Dow-Theorie unterscheidet drei verschieden lange Trendkomponenten: Primärtrend (länger als ein Jahr), Sekundärtrend (zwischen drei Wochen und drei Monaten) und Tertiärtrend (bis zu drei Wochen). Das Hauptaugenmerk der Dow-Theorie liegt auf dem Erkennen des Primärtrends.

In der Praxis zeigt sich allerdings, daß die Anlagehorizonte der Marktteilnehmer, je nach Mentalität (Trader, → Investor) bzw. dem Marktsegment (Devisen-, → Aktienmarkt) in dem sie agieren, stark differieren. Dententsprechend lassen sich keine allgemein verbindlichen Regeln für den idealen Analysezeitraum aufstellen. Dieser muß auf die oben angeführten Rahmenbedingungen individuell abgestimmt werden, was auch direkte Auswirkungen auf das notwendige Datenmaterial (Wochen-, Tages-, Stunden-, Minutenkurse) hat.

Die technische Analyse geht davon aus, daß sich die Kurse – kurzfristige Schwankungen außer acht gelassen – in Trends bewegen, die sich solange fortsetzen, bis sich eine grundlegende Änderung der zugrundeliegenden Angebots- und Nachfragestruktur ergibt. Bevorstehende Trendwechsel kündigen sich durch charakteristische Kurs-Umsatzkonstellationen, die sogenannten Formationen, an.

Chart-Analyse

Zur Identifikation von Trends und Formationen benötigt man Charts, grafische Darstellungen der Kurs (Umsatz)- verläufe von Aktien, → Devisen, → Indizes oder Warenpreisen. Auf der vertikalen Achse werden die Kurse abgetragen (nominal oder logarithmisch). Die logarithmische Skalierung hat den Vorteil, daß gleiche vertikale Abstände gleichen prozentualen Kursänderungen entsprechen. Somit sind auch Wertpapiere mit unterschiedlich hohen absoluten Notierungen direkt vergleichbar.

Auf der horizontalen Achse wird in gleichen Abständen die Zeit aufgetragen. Die Differenz zwischen zwei Eintragungen kann z.B. ein Tag, eine Woche oder auch einen Monat betragen.

In der Praxis existieren unterschiedliche Chartvarianten, wobei Linien- und Balkencharts am verbreitesten sind. Bei *Liniencharts* werden die → Schluß- bzw. die → Kassakurse aufeinanderfolgender Börsentage (-wochen, -monate) durch eine Linie verbunden.

Balkencharts sind dadurch charakterisiert, daß der jeweilige Höchst- und Tiefstkurs durch eine senkrechte Linie verbunden ist. Zusätzlich wird der Schlußkurs durch einen waagrechten Strich markiert. Eine interessante Chartvariante kommt aus Japan. Zur Konstruktion der sogenannten Kerzencharts (→ Candlesticks) benötigt man je Zeiteinheit den → Eröffnungs-, Höchst-, Tiefst-, und Schlußkurs. Diese Art der Kursdarstellung vermittelt ein besonders plastisches Bild vom Börsengeschehen.

Im Gegensatz zu den drei oben aufgeführten Chartarten fehlt bei *Point&Figure Charts* die explizite Zeitachse. Man unterscheidet zwischen zwei unterschiedlichen Säulenarten. „X"-Säulen repräsentieren steigende → Notierungen und „O"-Säulen signalisieren rückläufige Kurse. Eine neue Säule wird dann rechts neben der vorhergehenden begonnen, wenn die Kurse ein genau definiertes Umkehrminimum erreicht haben. Ein Vorzug dieser Chartart liegt

DAX-Index

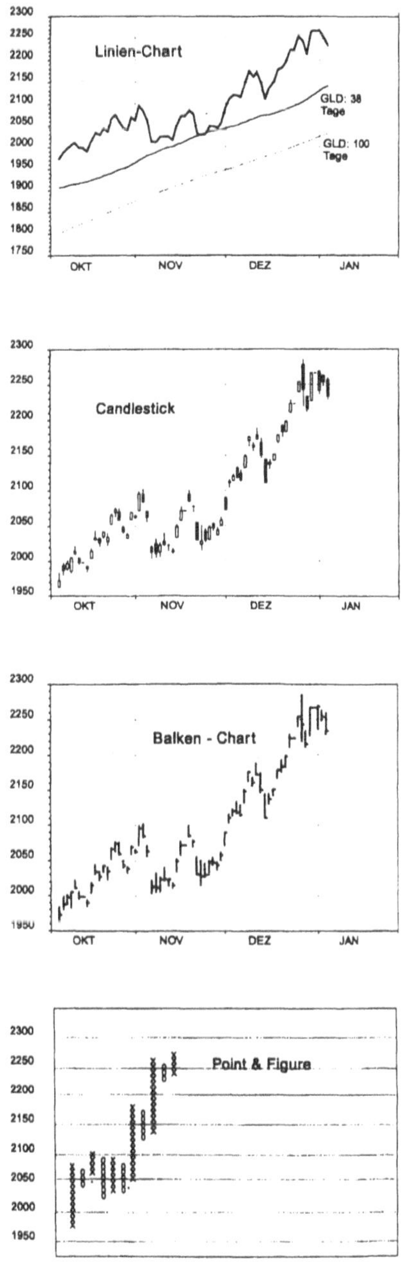

Quelle: DATASTREAM

darin, daß nur wesentliche Kursveränderungen eingezeichnet werden, da kleinere Kursbewegungen herausgefiltert werden. Bei Point&Figure Charts können Trendänderungen besonders klar erkannt werden. Zudem sind die Formationssignale bei dieser Chartart mathematisch exakt überprüfbar.

Entsprechend der „Philosophie" der Chartisten, daß sich Kurse in Trends bewegen, die die Tendenz haben, sich kurzfristig eher fortzusetzen als sich umzukehren, ist die Bestimmung der aktuellen Trendrichtung Ausgangspunkt für die weiteren Überlegungen.

Legt man eine Gerade durch zwei Tief- bzw. Hochpunkte, so erhält man eine aufwärts- bzw. eine abwärtsgerichtete Trendgerade. Durch das Einzeichnen einer weiteren parallelen Geraden ergibt sich ein Trendkanal. Kursbewegungen innerhalb von Trendkanälen lassen sich insbesondere für Tradingstrategien gewinnbringend nutzen.

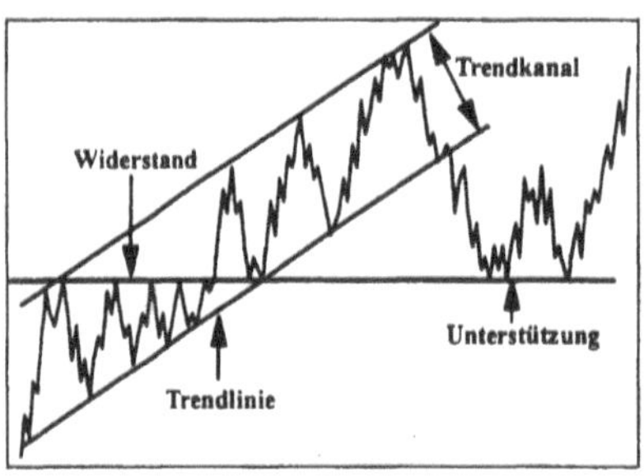

Ein rechnerisches Verfahren zur Trendabbildung stellen die gleitenden Durchschnitte dar. Durch die Bildung von Mittelwerten werden kurzfristige Schwankungen ausgeschaltet und der zugrundeliegende Trend kann besser erkannt werden. Bei Tages-Charts sind Glättungszeiträume von 200, 100 oder auch 38 Tage verbreitet. Liegt der aktuelle Kurs oberhalb der steigenden Glättungslinien, so spricht man von einem intakten Aufwärtstrend. Durchstoßen die Kurse die – idealtypischerweise nahezu waagrecht verlaufende – Glättungslinie von unten nach oben (oben nach unten) wird dies

Chart-Analyse

als Kauf- (Verkaufssignal) gewertet. Auch die Lage der verschiedenen Glättungslinien zueinander gibt Hinweise auf die augenblickliche Verfassung des analysierten Titels. In einem Aufwärtstrend liegt die kürzerfristige Glättungslinie oberhalb der längerfristigen, da letztere träger auf die aktuellen Kursbewegungen reagiert.

Bewegen sich die Kurse gegen die aktuelle Trendrichtung, so kann es lediglich um eine kurzfristige → Konsolidierung im noch intakten Trend handeln, oder ist zu prüfen, ob eine nachhaltige Richtungsänderung der Kurse zu erwarten ist.

Ein wichtiges Hilfsmittel hierfür sind die schon angesprochenen charakteristischen Kurs-Umsatz-Relationen – die Formationen. Man unterscheidet zwischen trendbestätigenden Konsolidierungsformationen und Trendwendeformationen.

Zu den trendbestätigenden Formationen zählen unter anderem: Flagge, Keil, Wimpel und Rechteck.

Trendbestätigungsformationen

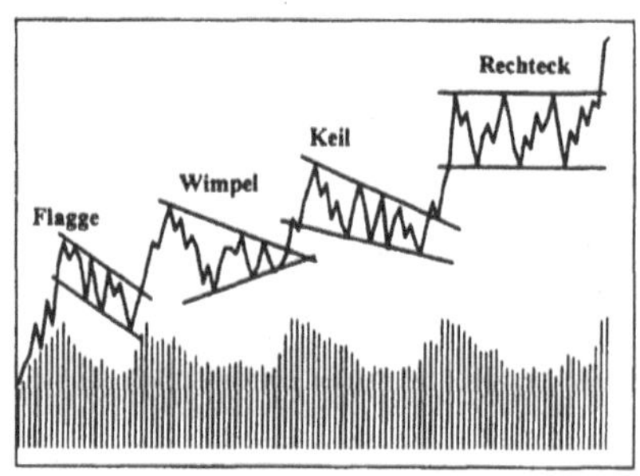

Umkehrformationen

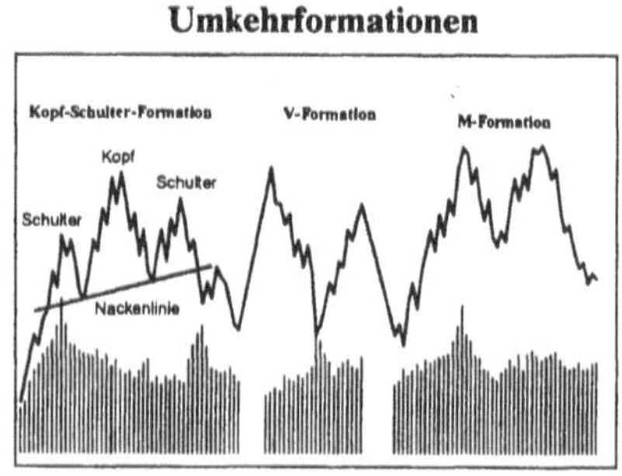

Ein populärer Vertreter für eine Trendumkehrformation ist die Kopf-Schulter-Formation. Weitere Beispiele sind: die M-Formation (Doppelspitze) bzw. bei einer unteren Wende die W-Formation, die V-Formation und die Untertassenformation.

Wichtig für die Aussagekraft von Formationen ist das Zusammenspiel von Kursen und Umsätzen. Die Güte eines Signals steigt, wenn ein Kursausbruch von spürbar anziehenden Umsätzen begleitet wird. Dies gilt auch für das Überwinden von Widerstandslinien bzw. Widerstandsbolzen.

Die C. leistet besonders bei der Bestimmung der geeigneten Kauf- bzw. Verkaufszeitpunkte – beim → Timing – wertvolle Dienste.

Lit.: Edwards, R. D.; Magee, J.: Technische Analyse von Aktientrends, Darmstadt 1976; Göcke; Teufel: Chartanalyse – Die Optimierung von Kapitalanlagen, Seminarunterlagen, Darmstadt 1993; Hochmann, H.: Prognose von Aktienkursen durch Point and Figure-Analysen, Gabler, 1979; Lerbinger, P.: Das große Buch der Aktie, 2. Aufl. 1988, Fortuna Verlag; Loistl, O.: Computergestütztes Wertpapiermanagement, 3. Aufl., Oldenbourg Verlag 1990; Nison, S.: Japanese Candlestick charting techniques, New York Institut of Finance, 1991; Perridon; Steiner: Finanzwirtschaft der Unternehmung 3. Aufl., Vahlen, 1984; Welcker, J.: Technische Aktienanalyse, 5. Auflage, Zürich, 1988, mdi

E. Göcke, Weiterstadt

Chartist

Spezialist bzw. Dienstleister in technischer → Aktienanalyse. Der C. prüft die Kursverläufe der → Aktien in graphischer Darstellung. Daraus werden einerseits günstige Zeitpunkte für Kauf- und Verkaufsentscheidungen ermittelt, andererseits durch Annahmen über typische Anlegerreaktionen künftige Entwicklungen der Aktienkurse prognostiziert. Methodisch arbeitet der C. vorwiegend mit gleitenden Durchschnitten und Trendabweichungen mittels typischer Kursbilder.

Charttechnik

Technische oder markttechnische Analyse: Kursverläufe werden graphisch dargestellt. Die entstehenden Linien werden im Diagramm über längere Zeiträume fortgeschrieben. Das Ergebnis ist ein Überblick über die Kursentwicklung. In das Diagramm werden gleitende Kursdurchschnitte (z.B. über 200 Tage), Trend- und Stützungslinien usw. eingezeichnet. Diese können von der Kursentwicklung nach oben oder unten durchbrochen werden und damit eine längere Auf- und Abwärtsbewegung ankündigen. Es werden auch sog. Formationen abgeleitet, die typische an der → Börse sich wiederholende Kursverläufe widerspiegeln. Auch die Aktienumsätze werden ausgewertet. Bei nachhaltigen Auf- oder Abwärtsbewegungen nehmen die → Umsätze in der Regel zu. Die Ergebnisse der C. bilden die Grundlage für Kauf- und Verkaufsentscheidungen.

Chicago Board of Trade

CBoT

Weltweit größte Rohstoffterminbörse, die 1848 gegründet wurde und deren umfangreicher → Options-Futures-Handel unter anderem folgendes umfaßt: → Financial Futures, insbesondere Metall-Futures, Getreide-Futures und den entsprechenden Optionshandel.

Chicago Board Options Exchange

CBOE

Die 1973 als Ableger der CBoT ins Leben gerufene → Börse entwickelte sich in kurzer Zeit zum weltweit größten Umschlagplatz für → Options und → Financial Futures, vor allem Währungs-Futures und → Futures in landwirtschaftlichen Produkten.

Chicago Mercantile Exchange

CME

1874 gegründete, zweitgrößte Warenterminbörse der Welt. Als Zweig der C. entwickelte sich 1972 der International Monetary Market (IMM) für den Devisenterminhandel.

Clearing
Abrechnungsverkehr, Scontration (Ausgleichung)

Der Verrechnungsverkehr zwischen den an einem Ort befindlichen → Kreditinstituten wird durch die Abrechnung vereinfacht, indem an einer zentralen Stelle Forderungen und Verbindlichkeiten gegenseitig ausgetauscht und verrechnet werden. Dies geschieht in der Bundesrepublik Deutschland durch die → Landeszentralbanken in ihren Niederlassungen und Zweigstellen, d.h. an allen Bankplätzen. Als C.-Stellen im Sinne des Scheck- und Wechselgesetzes gelten nur die entsprechenden Abrechnungsstellen bei den Zweiganstalten der Landeszentralbanken.

Clearing-Garantie
Von → Clearing-Mitgliedern zu erbringende Garantie, im Falle der Zahlungsunfähigkeit sowohl des beibringenden Clearing-Mitglieds als auch anderer Clearing-Mitglieder, die Verpflichtungen zu erfüllen. Im Rahmen der → Deutschen Terminbörse (DTB) ist die C. Bestandteil des Garantie-Fonds.

Clearing House
→ Clearing-Stelle.

Clearing-Lizenz
Berechtigung zur Teilnahme am → Clearing der → DTB.

Voraussetzungen zur Erteilung einer Lizenz bestehen in der Unterhaltung eines Wertpapierdepots bei der → Clearing-Stelle und eines Geldverrechnungskontos bei der Landeszentralbank Frankfurt sowie in der Bereitstellung der notwendigen → Backoffice-Einrichtungen. Grundsätzlich kommen zwei Formen von Lizenzen in Betracht:

- General-Clearing-Lizenz (siehe dort).
- Direkt-Clearing-Lizenz (siehe dort).

Clearing-Mitglied
Die Teilnahme am → Clearing der → Deutschen Terminbörse (DTB) ist nur aufgrund einer → Clearing-Lizenz und einer Clearing-Mitgliedschaft möglich. Die Clearing-Lizenz berechtigt Unternehmen zur Aufnahme als ein- oder mehrfaches Mitglied (im Falle von Zweigniederlassungen) C. im DTB-System.

Clearing-Stelle
Clearing House

1. Allgemein: Zentralstelle für die Abwicklung des Abrechnungsverkehrs (bargeldloser Zahlungsverkehr). Dabei werden gegenseitige Forderungen und Verpflichtungen der Clearing-Teilnehmer aufgerechnet, so daß nur die Differenzen (Verrechnungssalden) belastet bzw. gutgeschrieben werden. Die Funktionen von C. haben in Deutschland die → Landeszentralbanken mit ihren Niederlassungen und Zweigstellen sowie innerhab der Sparkassenorganisation die → Girozentralen bzw. die Zentralkassen für Genossenschaftsbanken.

2. Speziell: Verrechnungsstelle für die Abwicklung und Garant für die Erfüllung sämtlicher an einer Options- oder Terminbörse abgeschlossenen Geschäfte.

Die C. wird ab dem Moment des Vertragsabschlusses zum Geschäftspartner bei jedem → Kontrakt, schaltet somit das Bonitätsrisiko aus und ermöglicht darüber hinaus jedem Kontrahenten durch Abschluß von Gegengeschäften die wirtschaftliche → Stornierung eines Vertrages. Auch übernimmt die C. die tägliche Neubewertung sämtlicher Positionen und verlangt vom Verkäufer der Kontrakte Einschüsse als Sicherheitsleistung.

Close
Preisniveau von solchen Abschlüssen am → Financial-Futures-Markt, die zum Ende (oder innerhalb einer kurzen Endperiode) der Börsensitzung erfolgen. Closing Range gibt die Bandbreite der Closing Prices an.

Closed End Fund
→ Investmentfonds, der für ein einzelnes Projekt errichtet wurde und der „ge-

schlossen" wird, sobald das benötigte Kapital aufgebracht ist. C. ist bei → Immobilienfonds und bei Laufzeitfonds üblich.

Closing Transaction
Kauf oder Verkauf von Finanzinstrumenten, der gegebenenfalls die Glattstellung einer bestehenden → Financial-Futures-Position zum Zweck hat.

CME
→ Chicago Mercantile Exchange.

Commercial Banking
Im Gegensatz zum Universalbanksystem die Bezeichnung für das „klassische" Bankgeschäft, das neben dem → Investment Banking ein Element des angelsächsichen Trennbankensystem bildet. Das C. besteht aus dem Einlagen- und Kreditgeschäft, beide im weiten Sinn. Gesetzliche Grundlage des US-amerikanischen Trennbankensystems bildet der Glass-Stegall-Act von 1933. Die Geschäftstätigkeit der Commercial Banks ist im wesentlichen auf den heimatlichen Bundesstaat begrenzt (McFadden Act von 1927). Keinen Beschränkungen unterliegen Niederlassungen im Ausland. Einige der Commercial Banks zählen dennoch zu den größten Banken der Welt, z.B. die Citybank oder Chase Manhattan in New York. In der Regel wird aber der Typ Commercial Banks durch kleine und kleinste Unternehmensgrößen geprägt. Seit 1956 sind Commercial Banks auch in ihrem Beteiligungsbesitz gesetzlich eingeschränkt (Bank Holding Company Act). Beratungen, nach teilweise rückläufiger Entwicklung des C., über eine gesetzliche Reform sind in den USA in Gang gekommen.

Commercial Paper
Unternehmen beschaffen sich durch Begebung von Eigenwechseln kurzfristiges Kapital. Die Verzinsung orientiert sich an den Geldmarktzinsen.

COMMEX
→ Commodity Exchange Incorporation.

Commission
Einmalige Gebühr an → Financial Futures-Märkten, die von → Brokern bei → Liquidationen von → Positionen, sei es bei → Glattstellung oder bei → Andienung bzw. → Lieferung/Ausübung, in Rechnung gestellt wird.

Commission House
→ Broker-Firma, die im Interesse und Auftrag ihrer Kunden als Trader tätig wird.

Commodity Credit Corporation
→ CCC.

Commodity Exchange Incorporation
COMMEX

Die führende Rohstoffterminbörse in New York mit weltgrößtem Handelsvolumen in Metall-Futures sowie einem großen Handelsvolumen in → Optionen.

Commodity Futures Trading Commission
CFTC

Für den gesamten Terminhandel, außer dem mit → Aktien, in den USA zuständige Aufsichtsbehörde. C. hat zugleich die Aufsicht über den Handel in standardisierten, börsengehandelten → Optionen, die auf die Lieferung oder Andienung eines → Future-Kontraktes gerichtet sind.

Common Shares
→ Stammaktien in den USA.

Confirmation
Bei einem Warentermingeschäft an einer Warenterminbörse der schriftliche Bescheid eines → Brokers (seltener einer Bank) über die Ausführung des Auftrages an den Auftraggeber.

Congestion Area
Konsolidierungsphase mit relativ geringen Kursausschlägen, weder Aufwärts-, noch Abwärtstrend, sondern ein Seitwärtstrend (→ Charttechnik), der allerdings den Boden für den nächsten Auf- oder Abschwung bildet.

Contango
Im Terminhandel die normale Situation, daß → Terminkontrakte mit späteren →

Fälligkeiten geringere Kurs- bzw. Preisnotierungen aufweisen als solche mit kürzeren Fälligkeiten, da bei ersteren die → Carrying Charge (Costs of Carry) höher sind.

Gegensatz ist die → Backwardation.

Contract
→ Termin- oder Optionskontrakt.

Contrary Opinion
Gegenteilige Erwartung der Marktteilnehmer, die zuvor durch Befragung oder Auswertung der → Börsenbriefe als Indikator (Bullish Consensus = Umfrage mit z.B. der Frage: „Sind sie für Gold → bullish?") ermittelt wurde, läßt sich für die eigene Anlageentscheidung nutzen.

Corporate Bonds
Wandelschuldverschreibungen; das sind Anleihen einer → Aktiengesellschaft mit fester Verzinsung, die dem Gläubiger darüber hinaus das Recht einräumen, sie innerhalb einer bestimmten Wandlungsfrist zu festgelegten Bedingungen - meist unter Zahlung eines Aufgeldes - in → Aktien der betreffenden Gesellschaft umzutauschen.

Corporate Governance
Der Begriff hat seinen Ursprung in den USA, und die dortige CG-Bewegung hat sich in den letzten Jahren stark ausgedehnt. Im Jahr 1993 wurden so etwa bei 256 börsennotierten US-Unternehmen Gegenvorschläge von seiten einiger Aktionäre unternommen (etwa 16 Pensionskassen). Im Ergebnis gehen zwar die meisten Gegenvorschläge nicht durch (Quote kleiner 5%), aber der Aufruhr der unzufriedenen Aktionäre, die Bewegung der shareholder activists, bewegt die Öffentlichkeit und regt zum Nachdenken an. Die weltgrößte Pensionskasse mit knapp 130 Milliarden US-$ (CREF - Alterssicherung der amerikanischen Lehrer) hat 1993 ihre eigenen CG Guidelines veröffentlicht, wo auf elf Seiten genau beschrieben wird, wie man sich ein gut geführtes Unternehmen vorstellt und wie man den → shareholder value maximieren soll. Bei Nichtanerkennung droht Strafe.

Institutionelle Interessenten in der Mitwirkung der Steuerung von Unternehmen haben sich weltweit etabliert, und die Bewegung ist nicht zu stoppen. Das hat mehrere Gründe:

- die weltweite → Rezession hat eine Auswirkung auf den Wert der Investments;
- es gibt Skandale in vielen Ländern, wo Unternehmen nicht richtig geführt werden;
- es herrscht eine weltweite Kapitalverknappung, hier seien nur die Banken in Europa angeführt;
- die Investments werden globalisiert.

Der Aktionismus von Aktionären, kurz shareholder activism, ist ein Ergebnis nach dem Verlangen nach mehr Aktionärsdemokratie weltweit. Es spricht sich langsam herum, daß die Forderung nach mehr Aktionärsdemokratie durchaus ein Investment steigern oder zumindest absichern kann.

Als Beispiel dient ein → Investor, der ein Paket von mehreren Prozent eines kleineren börsennotierten Unternehmens über den Lauf von mehreren Wochen und Monaten zusammenträgt. Die Illiquidität des deutschen → Aktienmarktes für fast alle → Aktien, die nicht im → DAX-Index enthalten sind, macht es einem Investor mit einem mehr oder weniger kleinen Aktienpaket nicht möglich, dies nach schlechten Unternehmensmeldungen in den Markt hinein zu verkaufen. Folgerichtig wir die Flucht nach vorne ergriffen, das Management mit der einem zur Verfügung stehenden Macht in die Richtung zu bringen, die man für sinnvoll und erfolgreich hält. Eine Mitsprache über einen Aufsichtsratssitz wird gesucht, getreu dem Motto „when you can't beat them, join them".

Der bekannte CG-Verfechter der letzten Zeit ist zweifelsohne die Uni Würzburg mit Herrn Wenger als Aushängeschild. Auf jeder großen → Hauptversammlung wortgewandt präsent, tourt er mit seinen Studenten durchs ganze Land. Erst durch die Vielzahl an Gegenanträgen bekommen die Hauptversammlungen durch die Verlängerung der Sitzung bis meist spät in die Nacht die richtige Würze. Versalzen, würden heute noch viele → Vorstände sagen. Aber wie so meist, findet besonders hier ein langsamer, qual- und mühevoller Umdenkprozeß statt.

Das Ergebnis ist, daß weltweit den Vorständen mehr auf die Finger geschaut wird. Hier setzt der politische Wandel weltweit Maßstäbe. Die großen und nicht demokratisch geführten Unternehmen verdanken dem allgegenwärtigen Aufleben der Lehre der reinen Marktwirtschaft ihre innere Unruhe durch die CG-Bewegung. Die Sichtweise ist fixiert: → Rendite, Rendite und nochmals Rendite. Dies hat in den USA dazu geführt, daß die Vorstände bei den renditeschwachen Vorzeigeunternehmen IBM und Kodak nur noch eine performanceorientierte Vergütung erhalten.

Durch den weltweiten Wandel von vornehmlich Privatanlegern bis in die 70er Jahre und den seitdem steten Wandel zu mehr institutionellen Investoren hat eine grundlegende Änderung der Rahmenbedingungen aufgeworfen. Der Privatanleger mit einem winzigen Anteil, einer langsamen Transaktionsgeschwindigkeit, relativ hohen Transaktionskosten und wenig Performancedruck ist in westlichen Ländern eine aussterbende Spezies. Langfristig ist der Trend zu mehr Kapitalkumulation in einigen wenigen Händen von großen Kapitalsammelstellen (wie etwa Pensionskassen, Fonds, Versicherungen) nicht umzukehren.

Gerade diese Kapitalsammelstellen sind aber die wahren inneren Feinde eines Managements. Mag der → Kleinaktionär auch aufmüpfig sein, in den seltensten Fällen hat er doch das Gewicht, etwas kurzfristig zu bewegen. Die Orientierung an der Schaffung von shareholder value, die pure Renditeüberlegung ist der Ursprung dieses Handelns. Diesem Diktat müssen sich die Unternehmen mit einer ausgefeilten IR-Strategie beugen. Die Verselbständigung des Gebildes AG von dem Eigentümer, dem Aktionär, ist langfristig nicht mehr haltbar. Die teilweise Diktatur der Vorstände wird und muß der Demokratie der Aktionäre weichen.

Die Umsatzgigantomanie vieler Vorstände produzierte und schafft immer noch Akquisitionen, die nicht dazu dienen, langfristig den Aktionärsnutzen zu steigern, shareholder value zu schaffen. Oft wird bei den meist strategischen Käufen zu noch strategischeren Preisen niemals die Rendite verdient, die größer ist als die bereits bestehende Rendite des Unternehmens. Wird beispielsweise eine Akquisition gekauft, die nur eine Eigenkapitalrendite von 10% hat und das Unternehmen bisher 15% verdient, so wird Kapital auf Seiten der Aktionäre vernichtet.

Dipl.-Ökonom M. Dürr, Grünwald

Cost Average

Verbilligungseffekt bei den Einstandswerten, wenn die Einstandskurse steigen bzw. fallen und regelmäßig gleichbleibende Einzahlungen, z.B. bei → Investmentfonds, geleistet werden.

→ Cost-Averaging-Methode

Cost Averaging-Methode

Cost-Averaging

Durchschnittskostenmethode

Verfahren zur Verringerung des durchschnittlichen Kaufkurses beim Erwerb von Wertpapieren. Der Anleger investiert in einem bestimmten Zeitraum regelmäßig gleichbleibende Beträge in Wertpapieren derselben Art. Bei steigenden Kursen werden somit weniger, bei fallenden Kursen entsprechend mehr Wertpapiere gekauft. Der durchschnittliche Kaufkurs ist bei schwankenden Kursen günstiger als beim Share-Averaging, wobei im vergleichbaren Zeitraum regelmäßig eine konstante Anzahl von Wertpapieren erworben wird. Die C. hat einige Bedeutung in der → Anlageberatung innerhalb der Formelanlageplanung. Ihr

Vorteil basiert – es sei nochmals betont – auf der Voraussetzung deutlich schwankender Kurse.

Costs of Carry
→ Carrying Charge.

Coupon
Kupon

Zinsschein, der am → Bogen befindliche Abschnitt zur Erhebung der Zinsen auf → festverzinsliche Wertpapiere.

Coupontermin
Kupontermin

Zeitpunkt, an dem → Coupons (Kupons) fällig sind. Wichtige C.: 2.1. und 1.7., 1.4 und 1.10. bei halbjähriger Zinszahlung.

Courtage
Das Entgelt für die Vermittlungstätigkeit des → Börsenmaklers. C. wird auch dann erhoben, wenn die → Auftragsabwicklung nicht über die → Börse erfolgt. Grundlage dafür ist ein Abkommen zwischen → Kreditinstituten und den Börsen, daß auch in diesen Fällen die C. an den Makler abzuführen ist. Die C. beträgt in der Regel ein Promille vom → Kurswert.

Cover
Bezeichnung für einen teilweisen oder vollständigen Deckungsverkauf (Deckungskauf) einer vorhandenen → Long Position (→ Short Position).

Covered Call
→ Gedeckter Call.

Covered Call Writing
→ Gedeckter Call.

Covered Warrants
Gedeckte → Optionsscheine, die nicht in Verbindung mit einer anhängenden → Anleihe → emittiert werden, sondern eigenständige börsennotierte Wertpapiere darstellen. Der → Investor in C. hat das Recht, jederzeit während der → Laufzeit den dem Schein zugrundeliegenden → Basiswert gegen Zahlung des → Basispreises vom → Emittenten zu erwerben oder einen Differenzausgleich zu erhalten. Dabei sollte der Emittent den Basiswert in einem Deckungsbestand vorhalten, wozu er jedoch nicht verpflichtet ist. Basiswert von C. können bereits in Umlauf befindliche → Aktien, Aktienkörbe (sog. basket warrants) oder wiederum Optionsscheine sein. Wegen der kurzen Laufzeit (unter 1 bis max. 3 Jahre), hoher Aufgelder bei der → Emission und hoher → Volatilitäten sind C. aus Investorensicht tendenziell eher Spekulationsobjekte, während aus Emittentensicht neben dem Ertragsbestreben auch die Aspekte des Risikomanagements von Bedeutung sind.

Crash
→ Börsencrash.

Crop-Report
Erntebericht.

Crop-Year
Erntejahr. Für jedes landwirtschaftliche Produkt ist das E. unterschiedlich und wird produktspezifisch festgelegt.

Cross Order
Sicherungsstrategie eines Teilnehmers an → Financial Futures-Märkten, zum gleichen (identischen) → Basispreis dieselbe Anzahl von → Kontrakten der gleichen Art sowohl zu verkaufen (= zu schreiben) als auch zu kaufen.

Cross Rates
Devisen-Cross Rates

Kreuzkurse, → Paritäten oder Austauschverhältnisse zweier ausländischer Währungen zueinander.

D

D
Ratingsymbol bei → Standard & Poor's in New York. Siehe auch → A, AA, AAA.

Das Symbol D besagt: Zahlungen auf diese Papiere sind eingestellt. Solche Papiere sind extrem spekulativ. Die Bewertung des Papiers kann nur auf der Grundlage ihres Wertes im Falle einer → Liquidation bzw. Sanierung des → Emittenten erfolgen.

Dachgesellschaft
Obergesellschaft im → Konzern, → Holding-Gesellschaft.

Eine Unternehmung, die durch entsprechende Beteiligungen innerhalb eines Konzerns die Herrschaft über andere Unternehmen ausübt (meist als → Aktiengesellschaft oder GmbH), die also nicht selbst produziert, sondern → Aktien bzw. Geschäftsanteile anderer Gesellschaften erwirbt, um sie zu kontrollieren oder zu verwalten. Die Einflußnahme der D. auf die kapitalmäßig verbundenen Unternehmen kann von bloßer → Kapitalanlage über Kontrolle bis zur völligen Beherrschung reichen. Rechtliche Selbständigkeit der Tochterunternehmen bleibt bestehen. Oft wird durch die D. ein Konzern begründet, wobei die Grenze zur → Fusion fließend sein kann.

Daily Settlement
Bei Transaktionen auf den → Financial Futures-Märkten notwendige tägliche Anpassung der Sicherheitserfordernisse (z.B. der → Margin-Anforderungen).

Damnum
Differenzbetrag zwischen nominellem Darlehensbetrag und effektiver Auszahlungssumme (→ Disagio). Das D. ist ein Preisbestandteil des Darlehens und ist abhängig von der vereinbarten Nominalverzinsung. Handelsrechtlich besteht die Möglichkeit, das D. im Jahr der Betriebsausgabe gewinnmindern geltend zu machen oder es zu aktivieren und über die Kreditlaufzeit anteilig abzuschreiben. Steuerrechtlich ist das D. über den Zeitraum der Kreditgewährung periodengerecht zu verteilen. Für private Kreditnehmer besteht in den meisten Fällen die Möglichkeit, das D. bereits im Jahr seiner Wirksamkeit steuerlich voll abzusetzen.

DAX
Deutscher Aktienindex

Seit Februar 1988 gemeinsam von der Arbeitsgemeinschaft der deutschen Wertpapierbörsen, der Börsen-Zeitung und der Frankfurter Wertpapierbörse konzipierter Aktienindex für 30 deutsche Standardwerte. Er wird laufend aktualisiert, d.h., Neuberechnung, sobald ein Geschäft zu einem neuen Kurs abgeschlossen wurde und Publizierung für das Berechnungsintervall von einer Minute. Die Auswahlkriterien für die D.-Werte sind Börsenumsatzgröße, → Kapitalisierung und frühere → Eröffnungskurse.

DAX-Futures
Ein → Financial-Future-Kontrakt ist ein standardisierter Vertrag, wonach der Käufer des Kontrakts zum Erwerb und der Verkäufer zur Veräußerung einer im voraus festgelegten Menge eines bestimmten Finanztitels (→ Basiswert) zu einem vorher vereinbarten Preis an einem späteren, exakt definierten Zeitpunkt (Liefertag) verpflichtet ist.

Im Gegensatz zu einer → Option sind bei diesem → Termingeschäft *beide* Vertragsparteien dazu verpflichtet, den Basiswert abzunehmen oder zu liefern, wenn sie den Kontrakt bei → Fälligkeit noch halten. Das → Risiko ist demnach symmetrisch verteilt.

Kontraktspezifikationen

- Kontraktgegenstand
  → Deutscher Aktienindex
- Kontraktwert
  D.-Kurs * 100 DM
- Kontraktvolumen
  DAX-Wert * 100 DM

- Minimale Kursveränderung
  halber Indexpunkt, entsprechend ändert sich der Kontraktwert um 50 DM
- täglicher Abrechnungskurs
  Preis des letzten während der letzten 15 Handelsminuten zustandegekommenen Geschäftsabschlusses
- Fälligkeitsmonate
  die drei nächsten Monate des Quartalszyklus März, Juni, September und Dezember
- → Laufzeit
  3, 6 und 9 Monate
- letzter Handelstag
  letzter Börsentag vor dem Schlußabrechnungstag
- Schlußabrechnungstag
  dritter Freitag eines Liefermonats; ist dies kein Börsentag, so wird der davorliegende Börsentag Schlußabrechnungstag
- Schlußabrechnungskurs
  DAX-Wert auf Basis der Eröffnungskurse am Schlußabrechnungstag
- → Erfüllung
  Barausgleich auf Basis des Schlußabrechnungskurses; fällig am zweiten Börsentag nach dem letzten Handelstag

---

Der Deutsche Aktienindex ist das dem D. zugrundeliegende Finanzinstrument. Der Kontrakt wird seit dem 23. November 1990 an der → Deutschen Terminbörse (DTB) gehandelt.

Bei Handelsabschlüssen an der DTB tritt die → Clearing-Stelle als Vertragspartner beider Seiten in den Kontrakt ein und garantiert damit, daß dieser erfüllt wird. Ein Adressenausfallrisiko ist dadurch ausgeschaltet.

Das Margin-System an der DTB: Futures sind immer mit Risiko verbunden, denn sie werden erst zu einem späteren Zeitpunkt erfüllt. Die Verpflichtung besteht aber sofort. Die Marktteilnehmer hinterlegen daher Sicherheiten, sogenannte Margins, auf dem Margin Account. Dies ist ein spezielles Konto, welches bei Abschluß eines Termingeschäfts eingerichtet wird, um das Risiko zu decken.

Während der Kontraktlaufzeit wird der D. täglich bewertet. Dieses Verfahren heißt Mark-to-Market-Prinzip. Gewinne werden dem Margin Account gutgeschrieben – darüber kann der → Investor verfügen – und Verluste belastet. Wird dabei ein bestimmter Kontostand unterschritten, wird der Kunde aufgefordert, einen Nachschuß zu leisten. Kommt er dieser Aufforderung nicht nach, wird seine Futures-Position aufgelöst.

Abrechnung bei Fälligkeit: Da es nur schwer möglich ist, einen Aktienindex wie den DAX bei Fälligkeit physisch zu liefern, wird der Future bar ausgeglichen. Dies ist de facto die letzte Mark-to-Market-Buchung, die sich nach der folgenden Formel errechnet:

Barausgleich
= (Letzter Abrechnungskurs – Schlußabrechnungskurs) * 100 DM

Preisbildung auf Futures-Märkten – das → Arbitrageprinzip: Der faire Preis des D. spielt beim Handel eine wichtige Rolle. Um diesen zu bestimmen, geht man zunächst von folgender Überlegung aus: Der Marktteilnehmer hat die Wahl zwischen

- dem Kauf des dem Index zugrundeliegenden → Portfolios auf → Kredit,
- dem Kauf des Index-Future.

Beide Geschäfte müssen wirtschaftlich zum gleichen Ergebnis führen, da ansonsten Arbitrage möglich ist, d.h. Marktunterschiede können gewinnbringend genutzt werden.

Betrachtet man die anfallenden Kosten, so ergeben sich beim Erwerb des Index-Portfolios auf Kredit die folgenden Zahlungsströme:

Kauf der Aktien heute	– 1.000.000 DM
Kreditaufnahme heute	+ 1.000.000 DM
Rückzahlung des Kredits nach drei Monaten mit 6,4% Zinsen	– 1.016.000 DM

Kauft der Investor stattdessen den Future, so entspricht dies einem Aktienkauf per Termin in drei Monaten. Damit ist die Refinanzierung – im Englischen Cost of Carry – zunächst aufgeschoben, denn die Aktien werden erst nach Ablauf dieser Frist bezahlt und geliefert (Transaktionskosten werden hierbei nicht berücksichtigt):

$$\text{Cost of Carry} = i^{*}\text{Indexwert}^{*}\frac{t}{360}$$

mit dem Zinssatz auf dem Geldmarkt p.a. in Prozent i und der Anzahl Tage t bis zum Liefertermin des Futures.

Der Anleger wird daher den Future höchstens zum Preis von 1.016.000 DM kaufen, da ansonsten der Erwerb des Index-Portfolio günstiger ist. Umgekehrt wird ein Marktteilnehmer den Kontrakt nur dann verkaufen, wenn er am Fälligkeitstag mindestens diesen Betrag erhält. Damit ist der faire Preis des DAX-Future

$$\text{Fair Value} = \text{DAX-Wert} + \text{Cost of Carry}$$

$$= \text{DAX-Wert}^{*}(1 + i)^{*}\frac{t}{360}.$$

Das Konzept des DAX geht davon aus, daß die → Bardividenden wieder entsprechend dem Index angelegt werden. So ist es bei der Berechnung des theoretischen Future-Kurses nicht nötig, die bis zum Ende der Laufzeit gezahlten → Dividenden zu berücksichtigen. Die Körperschaftsteuergutschrift bleibt jedoch außer acht. Sie geht weder in den Indexwert noch in den Future-Preis ein.

Einsatzmöglichkeiten: Die Einsatzmöglichkeiten des D. sind vielfältig. In erster Linie dient er dazu, ein bestehendes oder geplantes Portfolio abzusichern, zu hegen wie man im Fachjargon sagt. So kann ein Investor durch den Verkauf von D. vorübergehend aus dem Markt „aussteigen", ohne seine Kassamarktposition auflösen zu müssen. Die Anzahl der dazu notwendigen Kontrakte bezeichnet man als → Hedge Ratio:

$$\text{Hedge Ratio} = \frac{\text{Wert des Portfolios}}{\text{Kontraktvolumen}} * ß_P * (-1)$$

Das Portfolio-Beta $ß_P$ gibt an, wie sich der Wert des Portfolios ändert, wenn der relevante Index um einen → Punkt steigt oder fällt. Ziel des Hedging ist, daß dieser Parameter null wird und das Risiko damit ausgeschlossen ist. Denn ein $ß_P$ von null drückt aus, daß die Position unabhängig von Marktveränderungen ist. Eine positive Hedge Ratio gibt die Anzahl der zu kaufenden Future-Kontrakte an, eine negative die zu verkaufende.

Alternativ kann man mit Termingeschäften auch auf → Hausse oder → Baisse am Aktienmarkt spekulieren. Erwartet ein Anleger steigende Kurse, so kann er durch den Kauf von D. mit relativ geringem finanziellen Einsatz an der Entwicklung des Index partizipieren. Umgekehrt kann er durch den Verkauf der Kontrakte von fallenden Kursen profitieren, ohne einen → Leerverkauf am → Kassamarkt tätigen zu müssen. Der Future hat – trotz des niedrigen finanziellen Engagements – das gleiche Gewinn- und Verlustdiagramm wie der Index. Man spricht daher auch vom Hebel des Future, dem → Leverage. Das folgende Beispiel zeigt, wie sich der Hebel eines Future-Kontraktes auswirkt (siehe Tabelle S. 88).

Das Ausnutzen von Preisunterschieden am Kassa- und am Terminmarkt nennt man Arbitrage (vgl. auch die *Preisbildung auf Futures-Märkten*). Liegt der Future-Kurs unter dem Fair-Value, so verkaufen die Arbitrageure die Aktien und erwerben den Future. Ist der Terminkontrakt zu teuer, gehen sie das entgegengesetzte Geschäft ein. Sobald der Future wieder fair bewertet ist, stellen sie ihre Positionen glatt und haben somit einen risikolosen Gewinn erzielt. Durch ihre Transaktionen sorgen sie dafür, daß Abweichungen vom fairen Preis korrigiert werden und mehr → Liquidität an den Markt gelangt.

An der DTB werden immer drei DAX-Future-Kontrakte mit maximal drei, sechs und neun Monaten Laufzeit gleichzeitig gehandelt. Beim Aufspüren von risikoarmen Ertragschancen sollten daher auch die Kurse von D. unterschiedlicher

DAX heute	2.000			
D.	2.030			
Kontraktwert	203.000 DM (= 2.030 * 100 DM)			
Sicherheitsleistung	22.000 DM			
Kauf des Future bei 2030				
DAX in drei Monaten	Kontraktwert in drei Monaten	Gewinn/ Verlust	Gewinn/Verlust des eingesetzten Kapitals	Änderung des Index
1.400	140.000	-63.000	-286%	-30%
1.600	160.000	-43.000	-195%	-20%
1.800	180.000	-23.000	-105%	-10%
1.900	190.000	-13.000	-59%	-5%
2.000	200.000	-3.000	-14%	0
2.030	203.000	0	0	2%
2.100	210.000	7.000	32%	5%
2.200	220.000	17.000	77%	10%
2.400	240.000	37.000	168%	20%
2.600	260.000	57.000	259%	30%

Fälligkeit verglichen werden. Der Handel von → Spreads – das ist der gleichzeitige Kauf und Verkauf von Kontrakten mit verschiedenen Laufzeiten – wird an der DTB durch spezielle Kombinationsaufträge unterstützt. Dies ist besonders beim sogenannten Roll-over interessant, wenn die Marktteilnehmer ihre Future-Positionen über einen Liefertermin hinweg aufrechterhalten wollen. Dabei verkaufen sie den fälligen Kontrakt und erwerben einen Kontrakt mit längerer → Restlaufzeit.

Lit.: Beilner, T. und Mathes, H. D.: DTB DAX-Futures: Bewertung und Anwendung, in: Die Bank 7/90; DTB Deutsche Terminbörse GmbH (Hrsg.): DAX-Future, Frankfurt am Main, 3. überarbeitete Auflage 1992; Janßen, B. und Rudolph, B.: Der Deutsche Aktienindex DAX, Fritz Knapp Verlag, Frankfurt am Main, 1992; Loistl, O. und Kobinger, M.: Index-Arbitrage insbesondere mit DAX-Futures, Deutsche Vereinigung für Finanzanalyse und Anlageberatung, Beiträge zur Wertpapieranalyse Nr. 28, 2. korrigierte Auflage 1993; Sharpe, W. F. und Alexander, G. J.: Investments, Prentice Hall, Englewood Cliffs, New Jersey 07632, 4. Auflage 1990.

M. Schwarz, Frankfurt/M.

Day Order

Auftrag für Kauf oder Verkauf eines Finanzinstruments (an → Financial Futures-Märkten), der an einem bestimmten Tag auszuführen ist (und an keinem anderen Tag).

Day Trade

Trade am → Financial Futures-Markt, bei dem im Gegensatz zum Overnight Trade die jeweiligen Financial Futures-Positionen nur einen Tag bestehen, d.h. am selben Tag eröffnet und geschlossen werden, so daß geringe Brokerage Fees anfallen.

DBA
→ Doppelbesteuerungsabkommen.

Dealer
Börsenmitglied am → Financial Futures-Markt, das auf eigene Rechnung und eigenes Risiko Transaktionen durchführt. Daneben kann die Funktion von D. im Rahmen der Plazierung von Eurogeldmarktpapieren wahrgenommen werden: Ein oder mehrere D. bringen für den → Emittenten entweder Papiere im Markt unter, d.h. sie handeln die Papiere direkt durch, oder nehmen alle oder einen Teil der Papiere in den eigenen Bestand auf (um sie später an andere → Investoren weiterzuverkaufen). D. im → Eurogeldmarkt erzielen → Provisionen und Vermittlungsgebühren, gehen allerdings im Falle der Aufnahme in den Eigenbestand auch → Risiken ein (Zinsänderungs-, Bonitäts-, Liquiditätsrisiko).

Deficit Spending
Instrument der → Konjunkturpolitik, bei dem höhere staatliche Ausgaben gegenüber den laufenden Einnahmen getätigt werden, um über Multiplikator- und Akzeleratoreffekte die Güternachfrage zu beleben. Das Defizit wird entweder über → Kredit, Geldschöpfung oder Überschußauflösung finanziert. In der Beurteilung der Wirkungen des D. sind auch die von der Art seiner Finanzierung ausgehenden Effekte zu berücksichtigen.

Defizit
1. Finanzwissenschaftlicher Begriff: Die Situation, daß im staatlichen Haushalt die Ausgaben nicht durch Einnahmen gedeckt wurden. Siehe auch → Deficit Spending.
2. In der Außenwirtschaftstheorie meist ein Leistungsbilanzungleichgewicht, das etwa durch einen Importüberschuß charakterisiert ist.
3. Im Rechnungswesen ein Manko in der Kasse: Kassendefizit.

Delivery
→ Andienung/Lieferung von → Future-Kontrakten. Die durch das → Clearing House veranlaßte Belieferung des Käufers eines Future-Kontraktes, in Form der physischen Andienung (Physical Settlement) oder Barandienung (Cash Settlement). Während die physische Andienung echt zugrundeliegende Handelsobjekte voraussetzt (Futures auf konkreter Basis), erfolgt die Barandienung bei denjenigen Kontrakten, denen abstrakte Handelsobjekte zugrundeliegen (Futures auf abstrakter Basis). Bei Barabdienung wird am Erfüllungstag für alle offenen Positionen dieses Termins anstelle einer physischen Lieferung des entsprechenden Finanzierungsinstrumentes ein Ausgleich in bar vorgenommen. Die Summe hierfür bestimmt sich aus der Differenz des Kontraktwertes am Vortrag des Erfüllungstermins und desjenigen am Erfüllungstermin. Bei physischer Andienung hängt die Andienungssumme neben dem offiziellen Schlußkurs des Kontraktes am letzten Handelstag vom sog. Konversionsfaktor ab, mit dem der → Schlußkurs auf die tatsächlich zu liefernde Anleihe hin adjustiert wird.

Delivery Day
Andienungstag eines Finanzinstruments.

Delivery Month
Erfüllungsmonat eines → Future-Kontraktes.

Delivery Notice
Eine schriftliche → Notiz (Anzeige) vom Verkäufer, daß er an einem bestimmten Tage zu liefern beabsichtigt (z.B. bei Warentermin-Kontrakten).

Delivery Point
Nach den Börsenregeln des jeweiligen → Financial Futures-Marktes festgelegter Ort der → Andienung (insbesondere für Warenterminkontrakte von Bedeutung).

Delta-Faktor
Zeigt das Verhältnis zwischen der zu erwartenden Veränderung des → Optionspreises und der Wertveränderung des Basis-Instrumentes (z.B. → Aktie) an. Der D. liegt bei Kaufoptionen (→ Calls) zwischen 0 und 1, bei Verkaufsoptionen (→ Puts) zwischen 0 und –1.

Optionen → „aus-dem-Geld" weisen meist einen D. von 0 auf, Optionen → „am-Geld" verfügen oft über einen D. von 0,5 und bei Optionen → „im-Geld" wird i.d.R. ein D. von etwa 1 errechnet.

Daraus folgt:

Bei einem D. von 0,5 und einer Kursveränderung von einer (1) Einheit des Basisinstruments (z.B. Aktie steigt um 1 DM), verändert sich der → Optionspreis um 0,5 DM. Bei einem Call steigt der Wert um 0,5 DM, bei einem Put sinkt der Wert um 0,5 DM. Bei negativer Kursveränderung (z.B. Aktie sinkt um 1 DM) sinkt der Wert des Calls um 0,5 DM und steigt der Wert des Puts um 0,5 DM.

Delta-Hedging

Absicherungmethode unter Berücksichtigung des → Delta-Faktors. Ermöglicht die (fast) vollständige Absicherung eines Basisinstrumentes (z.B. → Aktie) gegen Kursveränderungen. So wird bei Anwendung des D. auf eine Aktien-Position von 100 Stück und einem Delta-Faktor von 0,5 zunächst die Anzahl der zu kaufenden → Optionen bestimmt. Dividiert man die Anzahl der Aktien durch den Deltafaktor, ergibt sich aus dem Resultat (2) die Notwendigkeit, nicht eine, sondern zwei Optionen zu erwerben.

Allerdings ist bei Veränderung des → Kurses des Basiswertes auch mit einer Veränderung des Delta-Faktors zu rechnen. Dadurch verändert sich auch die Anzahl der Optionen. Steigt der Delta-Faktor auf 1, dann ist nur noch eine Option zur Absicherung erforderlich. Die nun überzählige Option muß wieder verkauft werden. Sinkt der Delta-Faktor dagegen unter 0,5 ab, dann ist eine entsprechende Anzahl an Optionen nachzukaufen.

Deport

Negativer → Swapsatz. Wenn bei Devisentermingeschäften der Terminkurs unter dem → Kassakurs liegt, wird der Preis einer fremden Währung per Termin im Vergleich zum Kassakurs dieser Währung mit einem Abschlag gehandelt. Dieser Abschlag, also die negative Differenz zwischen Kassa- und Terminkurs, heißt D. oder negativer Swapsatz.

Depot

Ort zur Verwahrung von Wertgegenständen, in der Regel bei Banken. Reguläres D.: Der Hinterleger erhält die gleichen Stücke zurück. Irreguläres D.: Die Rückgabe erfolgt nur der Gattung nach. Verschlossenes oder geschlossenes D.: Bankmäßige Verwahrung geeigneter Wertgegenstände. Offenes D.: Verwahrung und Verwaltung von → Effekten für Kunden in Form der Sonderverwahrung (→ Streifband-D.) oder der → Sammelverwahrung.

Depotaktienstimmrecht

→ Depotstimmrecht.

Depotauszug

Aufstellung der Bank an den Kunden über den bei ihr geführten Depotbestand (→ Depot) des Kunden. Dieser erfolgt in der Regel einmal jährlich.

DepotG

→ Depotgesetz.

Depotgeschäft

Aufbewahrung und Verwaltung von beweglichen Vermögensgegenständen, hauptsächlich → Effekten, durch Banken für ihre Kunden, die dadurch das Verlustrisiko und Verzug von Zins-, Dividenden- und anderen Terminen vermeiden. Es gibt verschlossenes Depot, bei dem die Bank keine Kenntnis vom Verwahrungsinhalt hat, und offenes Depot, das mit der Verwaltung des Depotinhalts verbunden ist. Grundlage für das D. ist das → Depotgesetz. Es kennt die Sonderverwahrung, bei dem die betreffenden Depotgegenstände von den Beständen der Bank sowie Dritter gesondert aufzubewahren sind, und → Sammelverwahrung, bei dem die Depotgegenstände (z.B. Effekten) derselben Art für alle Kunden im gemeinsamen Bestand deponiert werden.

Depotgesetz

DepotG

Gesetz über die Verwahrung und Anschaffung von Wertpapieren vom 4.2.1937 mit späteren Änderungen. Es regelt zum Schutz der Depotkunden der Banken das eigentliche → Depotgeschäft, also die bankmäßige Verwahrung und Verwaltung von Wertpapieren. Es ist darauf gerichtet, daß das Eigentum des Sparers geschützt wird.

Depotprüfung

Mit Rücksicht auf die besondere Schutzbedürftigkeit des Kunden unterliegen alle → Kreditinstitute einer gesonderten Prüfung, die das gesamte → Depot- und Effektengeschäft umfaßt. Die D. wird jährlich von externen, vom Bundesamt für das Kreditwesen ernannten Depotprüfern durchgeführt.

Depotstimmrecht

Bankenstimmrecht, Depotaktienstimmrecht, Ermächtigungsstimmrecht, Legitimationsstimmrecht.

Das von einer Bank für einen ihrer Kunden auf der → Hauptversammlung einer → Aktiengesellschaft stellvertretend ausgeübte Stimmrecht, da die Bank nicht Eigentümer der stimmberechtigten → Aktien ist, weithin die Aktien aber in ihrem → Depot verwahrt. Nach § 135 (1) → AktG bedarf das D. einer schriftlichen Vollmacht. In der Ausübung des D. ist die Bank in bestimmter Weise gebunden. Interessenkollisionen zu Lasten der Aktionäre sind nicht auszuschließen, so z.B. bezüglich der Dividendenausschüttung). Vor allem → Kleinaktionäre erwarten eine hohe laufende → Dividende, die kreditgewährende Bank ist wegen einer möglichst hohen Selbstfinanzierung an der Belassung des → Gewinns im Unternehmen interessiert. Interessenkonflikte können auch zwischen Bank und Aktiengesellschaft aufbrechen, vor allem, wenn Banken durch das D. in eine ihnen unangemessene Machtposition gegenüber dem Unternehmen gelangt sind und diese erweitern wollen.

Depotverwahrung

→ Depotgeschäft.

Depotverwaltung

Vermögensverwaltung.

Mit D. wird oft nur mit der Aufbewahrung von hinterlegten Wertpapieren verbundene verwaltungsmäßige Betreuung einer Bank gemeint, nicht aber die im Auftrage eines Kunden gegen Entgelt durchzuführende *Vermögensverwaltung,* bei der der Verwalter, in der Regel eine Bank, die Anlageentscheidungen selbständig, d.h. ohne Einzelabstimmung im Rahmen der mit dem Kunden vereinbarten Anlagegrundsätze trifft. Obwohl eine Vermögensverwaltung auch Beteiligungen, Testamentsvollstreckungen und Stiftungsverwaltungen beinhaltet, liegt das Schwergewicht bei der aktiven Verwaltung von Wertpapiervermögen.

Der Verwalter verpflichtet sich zu regelmäßiger, sachkundiger Überwachung und Betreuung der → Depots. Die Gebühren („Management-Fee“) werden i.d.R. vom Vermögenswert bemessen, wobei es klar zu unterscheiden gilt, ob zusätzlich An- und Verkaufsspesen, Depotgebühren und sonstige Spesen berechnet werden, oder ob für die Verwaltung eine alles umfassende Pauschalgebühr („Wrap-Fee“) erhoben wird. Erfolgshonorare werden meist nur bei Depots mit spekulativer Zielsetzung verrechnet. Gute Verwalter verfügen über mehrjährige Nachweise ihrer in der Vergangenheit erzielten Ergebnisse („Performance Records“), die mit entsprechenden → Indices verglichen und von unabhängigen Stellen (oft Wirtschaftsprüfern) geprüft wurden.

Ein umfassender Finanzplan, der den momentanen Bedürfnissen ebenso gerecht wird wie den künftigen Zielen eines → Investors, ist die Voraussetzung für eine erfolgreiche Vermögensstrategie und sollte als Grundlage für Gespräche mit dem Vermögensverwalter dienen. Dieser wird dem Kapitalanleger dabei helfen, die gesamten Finanzgeschäfte detailliert zu analysieren. In Abstimmung mit dem Investor entwickelt er Anlagestrategien, die seine Spar- und Liquiditätsbedürfnisse ebenso berücksichtigen wie den von ihm gewünschten Versicherungsschutz. Je nach Bedarf kann er auch Maßnahmen für die Minimierung seiner Steuerlast und den Einsatz der zur Verfügung stehenden → liquiden Mittel entwerfen, Maßnahmen, durch die dem Kunden letztlich mehr Anlagekapital zur Verfügung stehen. Der erste Schritt auf dem Weg zur Vermögensverwaltung ist die Bestimmung der Anlageziele und Risikobereitschaft eines Kapitalanlegers.

Die *Ziele*, die der Investor mit dem Einsatz seines Kapitals erreichen will, und die *Zeitspanne*, die ihm zur Erfüllung dieser Ziele zur Verfügung steht, bestimmen im wesentlichen die spezifische Aufteilung der Vermögenswerte in seinem Depot und die Wahl der jeweils geeigneten Instrumente.

Jede Kapitalanlage birgt gewisse → *Risiken*, die im allgemeinen eng mit dem jeweils genutzten Markt verknüpft sind. Die Erfahrung lehrt: Mit dem Grad der erwarteten Ertragshöhe steigt auch die Risikobereitschaft des Anlegers. Allerdings garantiert umgekehrt ein höheres Risiko nicht automatisch einen höheren → Gewinn.

Die Risikobereitschaft ist von Anleger zu Anleger unterschiedlich. Die Struktur seines Depots wird daher seine ganz persönliche Einstellung zu dieser Frage berücksichtigen. Um einen Einblick in das Verhältnis von Risiko und Gewinn zu bekommen, sollte man die Anlageobjekte kennen, die für die unterschiedlichen Gewinnerwartungen in Frage kommen. Am einen Ende der Risikoskala befinden sich Festgeld und andere Geldmarktinstrumente, die allgemein als sehr sicher gelten. Am anderen Ende bieten Instrumente mit hohem Risikograd, wie z.B. direkte Kapitalbeteiligungen an Unternehmen, Projekte zur Erschließung von Immobilien oder zur Herstellung von Filmen höchste Ertragschancen. Dazwischen liegen Aktien und Qualitäts-Anleihen, die von den Anlegern am meisten bevorzugt werden.

Selbstverständlich ist der Ertrag der einzelnen Anlageinstrumente auch innerhalb einer Kategorie unterschiedlich. So kann beispielsweise eine → Anleihe von geringer Qualität eine höhere Gesamtrendite bieten als eine Stammaktie, obwohl Aktien in eine relativ höhere Risikokategorie eingestuft werden als die meisten Anleihen. Außerdem können risikoärmere Anlagen in einem bestimmten finanziellen Umfeld kurzfristig mehr Gewinn abwerfen als solche mit hohem Risikograd.

Der *Grad der Risikobereitschaft* und des Lebensstandards eines Investors und andere persönliche Umstände bestimmen die Ziele, die mit einer Kapitalanlage verfolgt werden. *Konservativ ausgerichteten Anlegern* geht es in erster Linie darum, den Wert ihres Kapitals zu bewahren, laufende Einnahmen und – falls möglich – eine Wertsteigerung zu erzielen. *Anleger mit begrenzter Risikobereitschaft* bevorzugen zumeist eine eher ausgewogene Anlagestrategie, bei der Gewinnen und laufenden Einkünften gleiche Gewichtung begemessen wird. *Risikofreudige Anleger* zeichnen sich grundsätzlich durch die Bereitschaft aus, ein verhältnismäßig hohes Risiko einzugehen, um überdurchschnittliche Kapitalgewinne zu erzielen. Ihr vordringliches Anliegen ist somit nicht ein hohes laufendes Einkommen, sondern Wertzuwachs. Diese Anleger verfolgen ihre Ziele meist über einen langen Zeitraum, und nicht selten setzen sie dabei auf spekulativere Anlageformen, um das Gewinnpotential zu vergrößern.

Kein Gewinn ohne Risiko. Eine Schlüsselrolle eines erfolgreichen Verwalters liegt deshalb darin, den Kunden beim Abwägen der Investitionsziele gegen die darin enthaltenen Risiken zu beraten.

Das *Investitionsklima* von heute ist unbeständig. Risikoplanung bedeutet nicht mehr Risikovermeidung. Die reine Risikovermeidung ist sogar mittlerweile zu einer der am wenigsten anzuratenden Methoden im derzeitigen Anlageumfeld geworden. Zeitgemäße Risikoplanung bedeutet, Risiken genau zu definieren und darauf ein → Portfolio-Paket zuzuschneiden, das sowohl die Aussicht auf hohe Erträge als auch die Sicherung des Kapitals berücksichtigt.

Es gibt *Investoren* und → *Spekulanten*. Ein *Spekulant* ist vor allem daran interessiert, durch Vorausahnen von Marktfluktuationen Gewinne zu erzielen. Ein *Investor* konzentriert sich dagegen darauf, Wertpapiere kostengünstig zu erwerben und langfristig reifen zu lassen. Ein *Vermögensverwalter* verfolgt in der Regel die Strategie eines *Investors*. Die Besten unter ihnen vertreten die Prinzipien eines Wertgrundsatzes, der über alle Vermögensklassen, von konservativen Aktienportefeuilles und Anleihedepots bis hin zu spekulativ ausgerichteten → Investmentfonds hinausgeht. Dieser Grundsatz ist der Maßstab, der bei allen Investitionsmöglichkeiten angelegt wird.

Der Verwalter sollte institutionelle Großanleger und Einzelinvestoren auf der ganzen Welt bei der Anlagewahl beraten. Mit Hilfe erfahrener Experten, globaler Ressourcen und dem Prinzip der Wertedisziplin erarbeitet er realistische Lösungen, die einem Anleger ausgewogene Risikoplanung und hervorragende Gewinne sichern.

In der Wirtschaft von heute, die keine Grenzen kennt, kann eine *Investitionsentscheidung* nicht unabhängig getroffen werden; jede Entscheidung muß vielmehr im Zusammenhang mit einem sich rapide ändernden und zunehmend global orientierten Markt erwogen werden. Ein Vermögensverwalter stellt sich dieser Herausforderung durch Einsatz globaler Ressourcen zur Schaffung einer ausgewogenen Portfolio-Management-Perspektive. Dabei kommt es darauf an, den Überblick über das allgemeine Marktgeschehen mit der genauen Kenntnis von Marktnischen zu kombinieren.

Ein führender Vermögensverwalter mit internationalen Ressourcen sieht seine Aufgabe darin, zukunftsträchtige Anlagemöglichkeiten bereits im Frühstadium zu erkennen, um dann durch schnelle gezielte Entscheidungsprozesse nachzufassen und diese Möglichkeiten in Gewinne umzuwandeln. Ohne konzentrierte Nachforschungen ist das Erkennen eines Anlagepotentials nicht möglich.

Der Herausforderung dynamischer Märkte stellt sich ein Verwalter durch das neu eingeführte *Prinzip der Anlagespezialisierung („Asset Allocation")*. Eine Streuung der → Kapitalanlage ist deshalb vorteilhaft, weil sich jede Anlageform unterschiedlich auf das gesamte Depot auswirkt. Der Verwalter sollte bei der Asset Allocation-Strategie besonderen Wert auf ein langfristiges Kapitalwachstum und auf die Gesamtrendite legen. Er sollte Richtlinien für die Vermögensverteilung entwerfen und Anregungen zur prozentualen Verteilung des Anlagekapitals auf die einzelnen Anlageformen geben, um zugleich die Risiken im jeweils vorherrschenden Anlageklima gering zu halten.

Asset Allocation wird von institutionellen Vermögensverwaltern schon seit Jahrzehnten angewandt. In der Regel beruhen die Richtlinien zur Asset Allocation auf drei Kategorien von Anlageformen: → Aktien, Anleihen und liquide Mittel. Obwohl diese Richtlinien nur die allgemeine Ausrichtung der Anlagestrategie vorgeben, ist die Kombination der Anlageform für jeden Kapitalanleger unterschiedlich.

Asset Allocation ist kein statistisches Verfahren, sondern ein fortlaufender Prozeß, der sich den Veränderungen der finanziellen Anforderungen und Ziele ebenso anpaßt wie den sich wandelnden Bedingungen an den Finanzmärkten. Deshalb ist es möglich, daß sich Empfehlungen für die Kombination der einzelnen Anlageformen mehrmals im Jahr ändern können. Entscheidend ist die Tendenz solcher Umstellungen. Die Empfehlung zu einer prozentualen Aufteilung des Anlagekapitals in Aktien, Anleihen und Geldmarktpapiere kann ein Hinweis darauf sein, den Erlös aus „ausgereizten" oder auslaufenden Kapitalanlagen neu anzulegen. Dabei kann eine auf Dauer optimale Gewichtung der einzelnen Anlageformen in einem Depot erzielt werden. Jede drastische Veränderung der Vermögensverteilung, kann sich durchaus lohnen, wenn ein Depot ständig überprüft und daraufhin umgeschichtet wird.

Um den Investor – dessen Empfehlungen wertvolle Hilfe bei der Entscheidung, ob der Verwalter ein bestimmtes Wertpapier kaufen, halten oder verkaufen soll, bietet – bei einer erfolgreichen Anlageplanung behilflich zu sein, kann ein Verwalter auf die Erkenntnisse und Arbeiten von Wertpapieranalysen verschiedener Institutionen zurückgreifen.

Der Hauptwert eines Wertpapiers sollte in der Erzielung langfristiger Anlagegewinne, nicht im kurzlebigen → Run auf den Markt, der die Preise kurz nach oben oder unten treibt, liegen. Diese Anlagedisziplin hat sich im Laufe der Zeit bewährt. Die Entwicklung zeigt deutlich, daß Wertpapiere, die vom Markt unterbewertet werden, langfristig das beste Wertsteigerungspotential aufweisen und bei rückläufigen Märkten minimale Risiken bergen.

Lit.: *Merrill Lynch Bank (Suisse) S.A.:* Vermögensverwaltung in der Schweiz, Genf 1989; *Merrill Lynch Private Banking Group:* Bildung und Verwaltung von Vermögen, München 1990; *Graf, R. A.:* Wie Ihr Schilling explodiert – Die besten Geldanlagen, hrsg. von Frasl, E.; Carl Ueberreuter Verlag, Wien 1991; *Merrill Lynch Asset Management Inc.:* Der Schlüssel zum Erfolg, Princeton (USA) 1993.

R. A. Graf, München

Depression

Zweite Abschwungphase im idealisierten Ablauf des → Konjunkturzyklus, gekennzeichnet durch weiterhin sinkende Produktion bei bereits nicht ausgelasteten Kapazitäten und Arbeitslosigkeit. Große D. heißt die Weltwirtschaftskrise, die bereits 1928 begann und bis 1933 in fast allen Industrieländern der Welt zu Massenarbeitslosigkeit, sinkenden Preisen (→ Deflation) und Löhnen, Bankkrisen, Zahlungsbilanzungleichgewichten und Errichtung von Zollschranken führte. Ursachen waren Spätfolgen des Ersten Weltkrieges in Form von Reparationszahlungen, asynchrone Fristen bei Kreditgewährung und Kreditmittelverwendung, falsch festgesetzte → Wechselkurse, kontraktive Haushaltspolitik sowie restriktive Geldpolitik.

Deregulierung

Die Zurücknahme staatlicher Regulierung, worunter alle direkten wirtschaftspolitisch motivierten Eingriffe des Staates zur Beseitigung von Marktmechanismen oder zur Übernahme von Marktfunktionen bei fehlendem Markt verstanden werden können. Ende der 70er Jahre wurde in den USA eine allgemeine D. eingeleitet, so 1978 im Flugverkehrswesen, danach im Fernmelde-, Bank- und Börsenwesen, Transport- und Energiesektor. Zunahme des Wettbewerbs und Effizienzsteigerung sind als Ergebnis feststellbar. Weltweit ist seit den 80er Jahren eine D. auf den nationalen → Kapital- und → Geldmärkten beobachtbar. D. bedeutet für die Gebietskörperschaften Beschränkung auf Rahmenvorschriften und innerhalb der von ihnen abgegrenzten Bereiche individuelle Entscheidungen zuzulassen.

Derivate

Bezeichnung für → Finanzinnovationen, deren → Basis konkrete Vermögensgegenstände sind. Auch als derivate Produkte oder als derivate Finanzinstrumente bezeichnet. Dient häufig auch als Synonym für außerbilanzielle Geschäfte von Banken.

Derivativer Markt

Markt für → Derivate.

Descending Triangle

In der → Chartanalyse ein Dreieck (Baisse-Dreieck, absteigendes Dreieck) aus waagerecht verlaufender → Unterstützungslinie und schräg verlaufender → Widerstandslinie. Der Ausbruch erfolgt in der Regel nach unten. Gegensatz ist das → Ascending Triangle.

Deutsche Bundesbank

Die D. ist die → Notenbank der Bundesrepublik Deutschland. Sie entstand mit dem Inkrafttreten des Bundesbankgesetzes (BBankG) im Jahre 1957 durch Verschmelzung der Bank deutscher Länder und der bis dahin rechtlich noch selbständigen → Landeszentralbanken. Im Zuge der deutschen Wirtschafts-, Währungs- und Sozialunion wurden ab dem 1. Juli 1990 ihre Befugnisse auf das Gebiet der damaligen DDR ausgedehnt. Mit der staatlichen Einheit wurde sie zur Notenbank des wiedervereinigten Deutschland.

Organisation: Neben der in Frankfurt ansässigen Dienststelle des Direktoriums gehören zur D. die Hauptverwaltungen der neun Landeszentralbanken sowie ein flächendeckendes Netz von Zweiganstalten, die den Landeszentralbanken unterstellt sind. Die D. ist eine bundesunmittelbare juristische Person des öffentlichen Rechts. *Organe* sind der → Zentralbankrat, das Direktorium und die Vorstände der Landeszentralbanken. Der *Zentralbankrat* (§ 6 BBankG) bestimmt als oberstes Entscheidungsgremium über die Geldpolitik und erläßt Richtlinien für die Tätigkeit der Bank; er besteht aus den Mitgliedern des Direktoriums der D. sowie den Präsidenten der Landeszentralbanken. Während das *Direktorium* als oberstes Exekutivorgan die zentrale Leitung und Verwaltung wahrnimmt (§ 7 BBankG), führen die *Vorstände der Landeszentralbanken* die in den Bereich ihrer Hauptverwaltung fallenden Geschäfte eigenverantwortlich durch (§ 8 BBankG).

Aufgabe: Die D. ist bei der Wahrnehmung ihrer Befugnisse vorrangig dem Ziel der Währungsstabilität verpflichtet (§ 3 BBankG). Soweit dies nicht in Konflikt mit dem Ziel der Währungssicherung steht, hat sie die allgemeine Wirtschaftspolitik der Bundesregierung zu unterstützen (§ 12 BBankG). Die D. ist beim Einsatz ihrer geldpolitischen Instrumente von Weisungen der Regierung unabhängig (§ 12 BBankG); dies stellt den Vorrang der Währungssicherung bei der Durchführung der → Geldpolitik sicher. Das Verfahren, nach dem die Besetzung der Entscheidungsgremien erfolgt, und die Bestimmungen über die Amtsdauer der Mitglieder des Zentralbankrates gewährleisten zudem ein hohes Maß an personeller Unabhängigkeit. Voraussetzung für die Berufung in den Zentralbankrat ist eine besondere fachliche Eignung. Die Bundesregierung schlägt die Mitglieder des Direktoriums vor, während die Präsidenten der Landeszentralbanken vom Bundesrat auf Vorschlag der jeweiligen Landesregierungen nominiert werden. Die normale Amtsperiode der Mitglieder des Zentralbankrats beträgt 8 Jahre; sie können, von bestimmten persönlichen Gründen abgesehen, nicht abberufen werden.

Funktionen: Als *Notenbank* hat die D. das ausschließliche Recht, in Deutschland Banknoten auszugeben (§ 14 BBankG); das Emissionsrecht für Münzen liegt in Deutschland traditionell bei der Bundesregierung. Eine Gefahr für das Notenmonopol resultiert hieraus nicht, da dieses „Münzregal" quantitativ begrenzt ist. Als *Bank der Banken* sorgt die D. in erster Linie für die Versorgung der → Kreditinstitute mit Zentralbankgeld, das diese für Barabhebungen ihrer Kundschaft oder zur Erfüllung der Mindestreservepflicht benötigen. Im Rahmen der Bankenaufsicht wird die D. unterstützend tätig und besitzt in wichtigen Fragen Anhörungs- und Mitspracherechte; grundsätzlich hat jedoch der Gesetzgeber durch die Schaffung des Bundesaufsichtsamts für das Kreditwesen eine Trennung von bankenaufsichtlichen und währungspolitischen Befugnissen verwirklicht. Schließlich bietet die D. den Kreditinstituten eine Reihe von Dienstleistungen im Zahlungsverkehr an. Eine weitere Funktion der D. ist die einer *Bank des Staates*. Als Fiscal Agent wirkt die D. insbesondere bei der Begebung von Wertpapieren öffentlicher Emittenten mit. Eine direkte Kreditvergabe an den Staat ist ihr dagegen untersagt; die „klassische" Ursache einer inflationär wirkenden Zentralbankgeldschöpfung, die in Deutschland zwei Hyperinflationen verursacht hat, ist damit beseitigt. Zu diesen auf den heimischen Währungsraum gerichteten Funktionen tritt an der Schnittstelle zu fremden Währungen die *Verwaltung der deutschen Währungsreserven*.

Geldpolitische Strategie: Das Bundesbankgesetz nennt die Regelung des Geldumlaufs und der Kreditversorgung der Wirtschaft als Mittel zur Währungssicherung (§ 3), gibt aber keine geldpolitische Strategie vor. Leitlinie für die längerfristige Ausrichtung der Geldpolitik der D. und für den Einsatz ihrer geldpolitischen Instrumente ist seit 1975 die Kontrolle der Geldmengenentwicklung. Die geldmengenorientierte Strategie der D. basiert auf der Erfahrung, daß es auf Dauer nur dann zu Inflation kommen kann, wenn die Geldmenge stärker wächst als die Produktionsmöglichkeiten der Wirtschaft. Die D. legt jährlich ein Ziel für die angestrebte Ausweitung der Geldmenge *M3* (bis 1987 für die Zentralbankgeldmenge) fest. Die weit abgegrenzte Geldmenge M3 umfaßt die Geldbestände von inländischen Nichtbanken in Form des Bargeldumlaufs sowie von Sichteinlagen, → Termineinlagen unter 4 Jahren und Spareinlagen mit dreimonatiger (früher: gesetzlicher) Kündigungsfrist bei inländischen Kreditinstituten. Die geldmengenorientierte Politik der D. war bislang – auch im internationalen Vergleich – erfolgreich, auch wenn das gesetzliche Geldmengenziel in einzelnen Jahren verfehlt wurde.

Geldpolitische Instrumente: Klassische Instrumente der Geldpolitik sind → Diskont- und → Lombardkredit (§§ 15 u. 19 BBankG) sowie die → Mindestreservepolitik (§ 16 BBankG). Im *Diskontgeschäft* kauft die D. von den Banken kurzlaufende Handelswechsel an. Die Inanspruchnahme des Diskontkredits wird für die einzelnen Kreditinstitute durch sogenannte → Rediskontkontingente qualitativ begrenzt; zinspolitische Komponente der Diskontpolitik ist die Festlegung des → Diskontsatzes. Der *Lombardkredit* dient im Gegensatz zum Wechseldiskont grundsätzlich nur der Überbrückung eines sehr kurzfristigen Liquiditätsbedarfs. Die D. darf Kreditinstituten Lombardkredit gegen Verpfändung von erstklassigen Wertpapieren einräumen; geldpolitischer Aktionsparameter ist im allgemeinen der → Lombardsatz. Das *Mindestreserveinstrument* gibt der D. die Möglichkeit, Kreditinstitute zu Unterhaltung zinsloser Guthaben (Mindestreserven) bei ihr zu verpflichten. Die Reservepflicht orientiert sich an den Verbindlichkeiten der Kreditinstitute (Passivreserve), auf die von der D. festgelegte Reservesätze Anwendung finden. Die Reservepflicht ist im Monatsdurchschnitt zu erfüllen, so daß die Guthaben für die Banken kurzfristig disponibel bleiben und als Liquiditätspuffer dienen können.

Im Rahmen der *Offenmarktpolitik* (§§ 15 u. 21 BBankG) ist die D. berechtigt, zur Beeinflussung des Geldmarktes zu Marktsätzen bestimmte Wertpapiere zu kaufen und zu verkaufen. In großem Umfang betreibt die D. mit Kreditinstituten Offenmarktgeschäfte mit Rückkaufsvereinbarung über → festverzinsliche Wertpapiere (→ *„Wertpapierpensionsgeschäfte"*). Diese Transaktionen werden im Wege der Ausschreibung durchgeführt; dabei wird der Zinssatz, zu dem Zentralbankgeld zugeteilt wird, entweder von der D. vorgegeben (→ „Mengentender") oder aus den Bietungen der Kreditinstitute ermittelt (→ „Zinstender"). Wertpapierpensionsgeschäfte stellen an sich eine von vornherein zeitlich begrenzte Form der Zentralbankgeldbereitstellung dar. Durch ihren revolvierenden Einsatz haben sich Wertpapierpensionsgeschäfte, über die heute ein Großteil der Refinanzierung des Bankensystems erfolgt, zunehmend zu einem Instrument dauerhafter Zentralbankgeldbereitstellung entwickelt. Daneben stehen der D. zur Regelung des Geldmarktes eine Reihe weiterer Instrumente zur Verfügung, wie etwa Schnelltender mit nur wenigen Tagen Laufzeit, die kurzfristige Abgabe von Schatzwechseln zur Absorption von → Liquidität oder devisenpolitische Instrumente. Bei *Devisenswapgeschäften* werden → Devisen von der D. per Kasse gekauft (bzw. verkauft) und per Termin verkauft (gekauft), was zu einer Liquiditätsanreicherung (-verknappung) im Bankensystem führt; der → Swapsatz stellt das Äquivalent für den Zins dar. Im Rahmen von *Devisenpensionsgeschäften* wird Kreditinstituten der Herausgabeanspruch auf Auslandsaktiva der D. zeitlich befristet übertragen.

Lit.: Deutsche Bundesbank (Hrsg.), Die Deutsche Bundesbank. Geldpolitische Aufgaben und Instrumente, Sonderdrucke der Deutschen Bundesbank Nr. 7, 6. Auflage, Frankfurt am Main 1993; O. Issing: Einführung in die Geldpolitik. 5. Auflage, München 1993.

Prof. Dr. O. Issing, Frankfurt/M.

Deutsche Schutzvereinigung für Wertpapierbesitz e.V.
DSW

Größte Aktionärsvereinigung in Deutschland mit Sitz in Düsseldorf. Sie vertritt die Interessen ihrer Mitglieder, der Aktionäre, vor allem in → Hauptversammlungen, in Auseinandersetzungen und auch vor Gericht. Sie gibt die Zeitschrift „Wertpapier“ heraus.

Deutsche Terminbörse (DTB)

Die DTB startete im Januar 1990. Sie ist ein eigener organisierter Markt zum Abschluß von → Börsentermingeschäften. Der Handel beschränkt sich auf Finanztermingeschäfte, schließt Warentermingeschäfte aus. Die DTB verwendet ein vollelektronisches Handelssystem. Im Unterschied zum Handel an den anderen deutschen (Wertpapier-) → Börsen findet der DTB-Handel also nicht in einem Börsensaal statt. → Orders und → Quotes (= Angebots- und Nachfragepreise der Market Maker) werden über Handelsbildschirme der Teilnehmer eingegeben und im DTB-Zentralrechner zusammengeführt.

Trägerin der DTB war zunächst die im Juli 1988 gegründete DTB GmbH mit Sitz in Frankfurt am Main. Die Trägerin hat der Börse die personellen, sachlichen und finanziellen Mittel zur Verfügung zu stellen. In einem organisatorisch selbständigen Geschäftsbereich übt sie darüber hinaus auch die Funktion eines in die Börsenträgergesellschaft integrierten → Clearing-Hauses aus.

Das mit einem → Stammkapital von DM 15 Mio. ausgestattete Unternehmen wurde im Januar 1993 100%ige Tochter der Deutschen Börse AG, die Trägerin der Frankfurter Wertpapierbörse (FWB) ist. Am 1. August 1994 wurden beide Gesellschaften fusioniert, so daß nunmehr die FWB und die DTB eine gemeinsame Trägergesellschaft haben. Die öffentlich-rechtlichen Funktionen der DTB werden wie bei den Wertpapierbörsen durch – auf öffentlich-rechtlicher Basis – handelnde Börsenorgane ausgeübt.

Oberstes Organ ist der → Börsenvorstand. Er ist ehrenamtlich tätig, trifft die grundsätzlichen Entscheidungen und überwacht die hauptamtlich arbeitende Geschäftsführung. Er besteht aus 14 Mitgliedern, von denen 12 aus der Mitte der zugelassenen → Börsenteilnehmer gewählt und 2 (Vertreter der Kapitalsammelstellen und der Privatanleger) von den übrigen Vorstandsmitgliedern hinzugewählt werden. Dem Börsenvorstand der DTB obliegt wie bei den deutschen Wertpapierbörsen u.a. die Überwachung des Handels. Er hat allerdings von der in der Börsenordnung vorgesehenen Möglichkeit Gebrauch gemacht, diese Aufgabe auf die – hauptamtlich tätige – Geschäftsführung zu übertragen.

Eine Besonderheit weist die DTB durch die Bestellung des sogenannten Eilausschusses auf. Dieser wird für jeweils einen Börsentag von zwei Mitgliedern des

Börsenvorstands und einem Geschäftsführer gebildet. Er ist zuständig für unaufschiebbare Maßnahmen der Börse und der → Clearing-Stelle gegenüber Börsenteilnehmern bzw. Clearing-Mitgliedern. Er entscheidet mit einfacher Mehrheit.

Die staatliche Aufsicht über die Terminbörse übt der nach der Geschäftsordnung der Landesregierung zuständige Minister des Landes Hessen aus (gegenwärtig der Hessische Minister für Wirtschaft, Technologie und Verkehr).

Alle vom Börsenvorstand der DTB zugelassenen natürlichen oder → juristischen Personen sind Börsenteilnehmer. Zusätzlich können diese eine → Market-Maker-Zulassung beantragen. Die Zulassung als Börsenteilnehmer berechtigt sowohl zum Handel für eigene Rechnung als auch – soweit gesetzlich zulässig – im Auftrag und für Rechnung von Kunden. Sie ist vom Vorliegen der im → Börsengesetz festgelegten Voraussetzungen abhängig. Erforderlich ist – neben bestimmten persönlichen Voraussetzungen – eine unmittelbare oder mittelbare Teilnahme am DTB-Clearing-System und die technische Anbindung an das EDV-Handelssystem der DTB. Die Market Maker sind verpflichtet, während der Börsenzeit auf Anforderung unverzüglich gleichzeitig Angebots- und Nachfragepreise (Quotes) in den Markt zu stellen und zu diesen Geschäftsabschlüsse zu tätigen. Dadurch wird die nötige Marktliquidität gewährleistet. Market Maker erhalten infolge ihrer für die Börse nützlichen Tätigkeit eine Reduktion der Börsengebühren.

Die DTB hat im Laufe der Zeit mehrere Arten von → Optionen eingeführt. Gestartet wurde mit Optionen auf 14 (inzwischen 16) deutsche Aktien; später wurden Optionen auf den → DAX, den Deutschen Aktienindex, und auf → Financial Futures hinzugenommen.

Darüber hinaus bietet die DTB (Zins-) Futures auf langfristige → Bundesanleihen (8 1/2 bis 10 Jahre), die sog. → Bund-Futures, Futures auf mittelfristige → Emissionen des Bundes (3 1/2 bis 5 Jahre), die sog. → Bobl-Futures, Futures auf besonders lange → Schuldverschreibungen des Bundes (15-30 Jahre), die sog. Buxl-Futures, und Futures auf den Dreimonatszins, sog. → Fibor-Futures, an. Die Index-Futures, deren Basis der Deutsche Aktienindex (DAX) ist, runden das Bild ab.

Die DTB ist bereits nach zwei Handelsjahren die größte Optionsbörse in Europa geworden und hat diese Stellung bis heute weiter ausgebaut. Die DAX-Option ist die weltweit am zweithäufigsten gehandelte Option dieser Art. Im Future-Handel liegt die DTB an dritter Stelle mit einigem Abstand hinter der → LIFFE (London) und dem → MATIF (Paris). Mit der LIFFE steht die DTB in besonderem Konkurrenzverhältnis, da an beiden Börsen zwei Produkte (mit nahezu identischer Ausgestaltung der Bund-Future und der Bobl-Future) gehandelt werden. Die LIFFE begann den Handel im Bund-Future gut 2 1/2 Jahre vor der DTB und hält dort etwa 70% Marktanteil; die DTB handelte den Bobl-Future etwa 1 1/2 Jahre, bevor die LIFFE damit startete. Auch hier bringt der Zeitfaktor offenbar Vorteile: An der LIFFE findet der Bobl-Future-Handel nahezu nicht mehr statt.

Dr. J. Franke, Frankfurt/M.

Deutscher Aktienindex
→ DAX

Der DAX ist ein aus den gewichteten → Kursen von 30 deutschen Standardwerten von der Deutsche Börse AG berechneter Aktienkursindex. Der DAX wurde am 1.7.1988 eingeführt und hat sich im In- und Ausland innerhalb kürzester Zeit zum führenden Tendenzbarometer für den deutschen Aktienmarkt entwickelt. Die zur Berechnung des → Indizes verwandten deutschen → Aktien werden nach den Kriterien Börsenumsatz, Börsenkapitalisierung und frühe Eröffnungskurse ausgewählt. Auf sie entfallen rund 85% der Umsätze und rund 53%

der Marktkapitalisierung aller deutschen börsennotierten → Aktiengesellschaften. Neben der erforderlichen Marktrepräsentanz ist damit auch eine ausgewogene Branchenstruktur gesichert. Einmal jährlich erfolgt die Überprüfung der Zusammensetzung und Gewichtung. Der DAX ist ein Laspeyres-Index, d.h. daß das Gewichtungsschema der Basisperiode über die gesamte Berechnungszeit konstant gehalten wird. Wesentliche Kennzeichen des DAX sind die minütliche Berechnung der Indexwerte und seine Ausgestaltung als Performanceindex.

Die Wiederanlage von Dividendenausschüttungen (→ Bardividende ohne Körperschaftsteuerguthaben) der im Index enthaltenen Gesellschaften und die Berücksichtigung von Kapitalmaßnahmen führen dazu, daß alle Erträge des Aktieninvestments in der Indexkennzahl zusammengefaßt werden. Damit eignet sich der DAX als Vergleichsmaßstab (Benchmark) für den Anlageerfolg von Aktienportefeuilles. Die unterjährig in den einzelnen Titeln wiederangelegten Erträge werden einmal jährlich am dritten Freitag im September im Zuge einer Indexverkettung auf das gesamte Indexportefeuille verteilt. Damit wird eine schleichende Überbewertung besonders dividendenstarker Aktienwerte verhindert.

Die Gewichtung der Kurse der 30 Indextitel erfolgt entsprechend ihres zum Handel an der Frankfurter Wertpapierbörse zugelassenen und für lieferbar erklärten Kapitals. Basis des Index ist der 30.12.1987 mit einem Stand von 1.000 Punkten. Durch Verknüpfung mit dem Index der Börsen-Zeitung wurde es möglich, eine Indexzeitreihe, die bis Oktober 1959 zurückreicht, zu schaffen.

Index-Formel:

$$DAX_t = K_{t1} * \frac{\sum (p_{it} * q_{it} * c_i)}{\sum (p_{i0} * q_{i0})} * 1.000$$

mit: t_0 = 30.12.1987
t_1 = 17.9.1993
p_{it} = aktueller Kurs der Aktie i
q_{it} = Kapital der Aktie am 17.9.1993
p_{i0} = Kurs der Aktie i am 30.12.1987
q_{i0} = Kapital der Aktie i am 30.12.1987
c_i = Bereinigungsfaktor der Aktie i
K_{it} = Verkettungsfaktor

Die aktuelle Indexkennzahl des DAX ergibt sich aus der Multiplikation des aktuellen Aktienkurses der Einzeltitel mit deren zugelassenem → Grundkapital und einem individuellen Bereinigungsfaktor. Dieser Wert wird in Relation zu der DAX-Marktkapitalisierung vom 31.12.1987 gesetzt, mit der Basis von 1.000 multipliziert und anschließend mit einem Verkettungsfaktor verbunden. Veröffentlichungen aktueller Indexstände erfolgen in Echtzeit über Informationsdienste sowie täglich in den Kursteilen der Zeitungen.

Die Zusammensetzung des DAX wird einmal jährlich überprüft. Ein mit Wissenschaftlern, Vertretern der Kreditwirtschaft und der Deutsche Börse AG besetztes Gremium kontrolliert regelmäßig die Eignung jedes Indexwertes entsprechend der oben aufgeführten Kriterien. Zusätzlich wird der DAX täglich von unabhängiger Stelle nachkalkuliert, um die Genauigkeit der Berechnung garantieren zu können.

Als Weiterentwicklung und Komplettierung des Indexangebots für den deutschen Aktienmarkt veröffentlicht die Deutsche Börse AG seit April 1992 den Composite DAX – CDAX. Der CDAX ist ein sehr viel breiter gefaßter Index. Er umfaßt alle zum → Amtlichen Handel an der Frankfurter Börse zugelassenen deutschen Aktien. Die Berechnungsweise des CDAX ist identisch mit der des DAX. Der CDAX ist damit auch ein auf minütlicher Basis errechneter Performanceindex. Auf Basis des CDAX werden darüber hinaus 16 Branchenindizes berechnet.

Wegen seiner Konzeption als minütlich (von 10.30 Uhr – 13.30 Uhr) aktualisierter Index eignet sich der DAX gut für den Handel derivativer Instrumente. An der → Deutschen Terminbörse (DTB) wird eine DAX-Option, ein → DAX-Future und eine Option auf den DAX-Future gehandelt. Hinzu kommen zahlreiche Optionsscheine auf den DAX, die an den Wertpapierbörsen gehandelt werden können.

Lit.: Deutsche Börse AG (Hrsg.): Deutscher Aktienindex - DAX, Faltblatt, Eigenverlag, September 1993; Gießelbach, A.: Strategien mit Aktienkursindex-Instrumenten, Duncker & Humblot Verlag, Berlin, 1989; Janßen, B.; Rudolph, B.: Der Deutsche Aktienindex DAX - Konstruktion und Anwendungsmöglichkeiten, Fritz Knapp Verlag, Frankfurt am Main, 1992; Richard, H.-J.: Aktienindizes - Grundlagen ihrer Konstruktion und Verwendungsmöglichkeiten unter besonderer Berücksichtigung des Deutschen Aktienindex - DAX, Verlag Josef Eul, Bergisch Gladbach, Köln, 1992.

Dr. R. v. Rosen, Frankfurt/M.

Deutscher Auslandskassenverein AG
→ AKV.

Devalvation
→ Abwertung.

Devisen
Forderungen unterschiedlicher Art aus Kreditbeziehungen zwischen Wirtschaftssubjekten verschiedener Volkswirtschaften. D. sind ausländische Banknoten, Sichtguthaben der Inländer bei ausländischen Banken. In der Praxis wird unter D. vielfach unbare Zahlungsmittel in ausländischer Währung verstanden.

In der Statistik zählen zu Devisen auch Sichteinlagen von Ausländern bei inländischen Banken sowie bei Bedarf innerhalb kurzer Frist in Geld umwandelbare Forderungen.

Devisenbörse
→ Börse, auf der hauptsächlich zwischen Banken ausländische Münzen und Banknoten sowie → Devisen gehandelt werden. In Deutschland unterstehen D. der Länderaufsicht. Mittler zwischen Angebot und Nachfrage sind freie und amtlich bestellte → Börsenmakler.

Börsenplätze sind Berlin, Bremen, Düsseldorf, Frankfurt am Main, Hamburg, Hannover, München und Stuttgart.

Devisen-Cross Rates
→ Cross Rates.

Devisenhandel
1. Devisen, Devisenbörse und Devisenhändler: An der Devisenbörse treffen das Angebot an und die Nachfrage nach Devisen, d.s. Sichtguthaben bei Geschäftsbanken im Ausland (in der jeweiligen Landeswährung), aufeinander; ausländische Münzen werden als Sorten nicht gehandelt, sie gehen in die *working balances* der Geschäftsbanken zur Abwicklung des täglich fälligen Geschäftsverkehrs ein.

Die wichtigsten Devisenbörsen der Welt sind Tokio, Hongkong, Singapur, Frankfurt/M., Zürich, Paris und insbesondere London sowie New York. Hier werden die bedeutendsten Währungen US-$, DM und Yen sowie £, sFr und FF gehandelt.

In Deutschland gibt es Devisenbörsen in Berlin, Düsseldorf, Hamburg und München, die jedoch alle abhängig von der → Börse in Frankfurt/M. sind, dem Sitz der → Deutschen Bundesbank.

Bei der → Kursbildung an der Frankfurter Devisenbörse werden zunächst die Kurse von ein oder zwei amtlichen Devisenmaklern verantwortlich notiert; die Makler der anderen deutschen Börsen sind per Telefon verbunden. Der amtliche Devisenmakler (→ broker) informiert sich zunächst über die Notierungen im Banken-Telefon-Markt, quotiert daraufhin den Kurs und bittet alle anderen deutschen Börsen sowie die anwesenden Devisenhändler der Banken um Kauf- (→ Geld-) und Verkaufs (→ Brief-) Aufträge mit Kursnennungen. Daraufhin wird der amtliche Mittelkurs festgestellt, zu dem möglichst viele Aufträge ausgeführt werden können.

Geschäftsbanken, die sich unabhängig

von ihrem Kundengeschäft stets zu Devisengeschäften bereit zeigen, sind → market maker. Außerhalb der Börse übernehmen auch private Maklerbüros mit internationalen Verbindungen die direkte Vermittlung von Devisengeschäften.

Technisch wird der D. neben der Börse auch per Telefon, Fernschreiber und/oder Bildschirm *(money dealing system)* abgewickelt.

2. *Entwicklung der Devisenkurse:* Die Höhe der Devisenkurse sowie deren Änderung beeinflussen die Kalkulation aller international tätigen Akteure: Exporteure, Importeure, Kapitalanleger und Notenbanken. Deren Aktivitäten werden in der Zahlungsbilanz eines Landes festgehalten.

2.1 *Zahlungszusammenhänge:* Liefert eine Unternehmung Güter ins Ausland, kann sie die Rechnung in heimischer oder ausländischer Währung stellen. Der Wechselkurs zweier Währungen wird aber erst dann beeinflußt, nachdem der ausländische Abnehmer Im^a seine Verbindlichkeit (z.B. 100 $) über seine Hausbank Bk^{NY} im Ausland begleicht. Da der inländische Lieferant Ex^D regelmäßig kein Girokonto bei der ausländischen Bank hält, wird diese die Zahlung des ausländischen Kunden Im^a auf ein Girokonto der Hausbank Bk^D des inländischen Lieferanten Ex^D gutschreiben. Die inländische Bank Bk^D erwirbt damit eine Forderung in Form einer Sichteinlage bei der ausländischen Bank Bk^{NY} und schreibt daraufhin ihrem eigenen Bankkunden Ex^D den entsprechenden DM-Betrag gut.

Dies kann sie allerdings nur dann, wenn sie über genügend Liquiditätsreserven in Form inländischen Zentralbankgeldes verfügt, um ihre Mindestreserveverpflichtung bei der inländischen Zentralbank zu erfüllen; bei einem Wechselkurs $W\left[\frac{DM}{\$}\right] = 2:1$ würde sie ihrem Bankkunden Ex^D den Berag von 200 DM gutschreiben.

In diesem Fall verfügt nun die inländische Bank Bk^D frei über 100 $, die sie z.B. auf dem → Eurogeldmarkt weiterverleihen kann.

Verfügt die inländische Bank dagegen nicht über genügend Liquidität in Form von Zentralbankgeld, muß sie ihre Sichtforderung gegenüber der ausländischen Bank an der Devisenbörse gegen inländische Währung anbieten. Bei festen Wechselkursen kann diese Sichtforderung gegenüber einer ausländischen Bank *(Devisen)* auch von der Notenbank N übernommen werden, die dann der inländischen Bank Bk^D den entsprechenden Betrag in inländischem Zentralbankgeld gutschreibt. Die Übernahme ausländischer Sichtguthaben durch die Notenbank wird gleichzeitig in der Devisenbilanz festgehalten.

Analog kann ein Zahlungsvorgang für einen inländischen Importeur dargestellt werden, und zwar dann, wenn der ausländische Lieferant seine Rechnung in

Im^a

Bk^a	− 100 $	V	− 100 $

⇒

Bk^{NY}

		Im^a	− 100 $
		Bk^D	+ 100 $

⇓

Bk^D

Bk^{NY}	+ 100 $	Ex^D	200 DM
(Bk^{NY}	− 100 $		
N	+ 200 DM)		

⇐

N

(+ 100 $)	200 DM	Bk^D	200 DM

ausländischer Währung stellt. Das gleiche gilt für internationale Kapitaltransaktionen.

2.2 Ursachen von Devisenkurs-Schwankungen: In der Realität stellt man regelmäßig länger- und kürzerfristige Schwankungen der Devisenkurse fest.

Wechselkurs-Entwicklung
DM und YEN gegenüber dem US-$

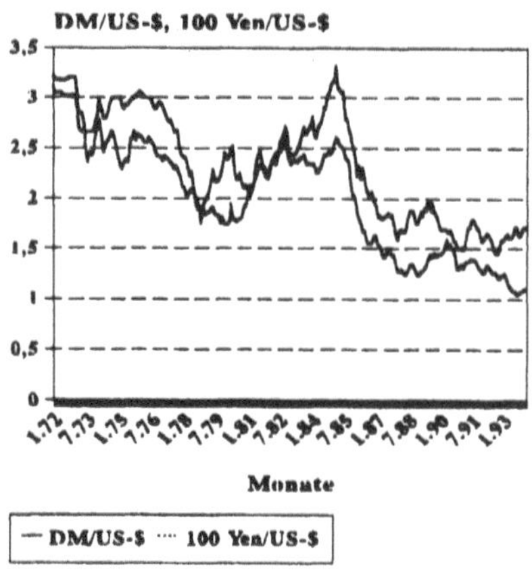

Quelle: International Financial Statistics.

Wechselkurs-Entwicklung
DM gegenüber FF, £ und Lira

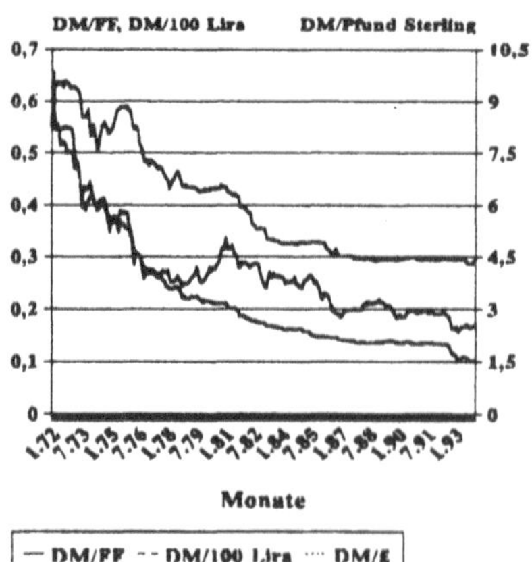

Quelle: Monatsbereichte der Deutschen Bundesbank, lfd. Hefte.

Ursache dieser Devisenkurs-Schwankungen können nur im Angebot an und in der Nachfrage nach Devisen der Exporteure, Importeure und internationalen Kapitalanleger, bei festen Wechselkursen auch der Notenbank, liegen. Der Exportwert eines Landes und damit das Devisenangebot steigen, wenn der Güterpreis des inländischen Exporteurs im Ausland niedriger als der der ausländischen Produzenten ist. Der Importwert eines Landes und damit die Devisennachfrage steigen, wenn der Angebotspreis des ausländischen Anbieters unterhalb des inländischen liegt.

Für internationale Kapitalanleger gilt prinzipiell das gleiche. Ist das ausländische Zinsniveau höher als die inländische, wird kurzfristig Kapital ins Ausland transferiert, und damit steigt die Devisennachfrage; für kurzfristige Kapitalimporte gilt analog das umgekehrte.

Der langfristige Kapitalverkehr dagegen ist von Erwartungen über die künftige Wirtschaftsentwicklung – bedingt vor allem auch durch die tatsächliche Wirt-

Internationale Zinssätze
Dreimonatsgeld, Januar 1989 bis Dezember 1993
London, New York, Paris, FIBOR

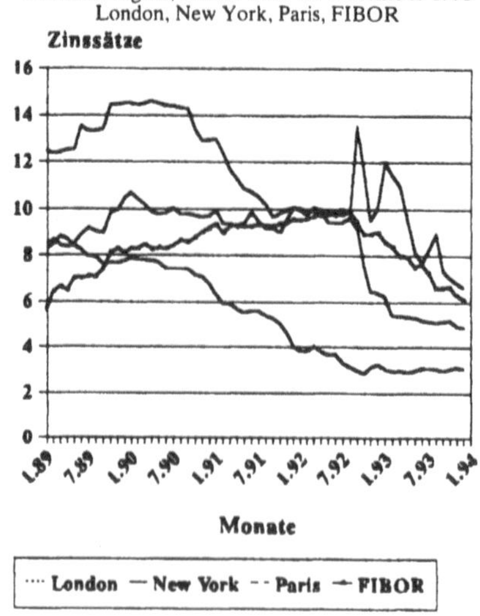

Quelle: Monatsberichte der Deutschen Bundesbank, lfd. Hefte.

schaftspolitik in den einzelnen Ländern – abhängig.

3. Devisengeschäfte: Exporteure und Importeure sind am Güterhandel interessiert; Kapitalanleger profitieren kurzfristig am internationalen Zinsdifferential. Gegen Devisenkursschwankungen können sie sich durch → hedging und Kurssicherungsgeschäfte absichern.

3.1. Kurssicherungsgeschäfte und hedging. Wenn Exporteure ihre Waren gegen Kasse liefern, besteht kein Wechselkursrisiko. Dies entsteht erst dann, wenn Güter auf Ziel verkauft werden; die Bezahlung erfolgt erst zu einem Zeitpunkt, zu dem der Kurs sich nachteilig entwickelt haben könnte. Für Importeure gelten analoge Überlegungen.

Besteht gegenwärtig z.B. ein Devisenkassakurs $w_K = \frac{2\,DM}{1\$}$, so könnte sich zum Zahlungstermin möglicher Weise ein niedrigerer Kurs von $w_K^e = \frac{1{,}50\,DM}{1\,\$}$ ergeben. Statt der zunächst kalkulierten Angebotspreise von 2 DM erhält der Exporteur dann nur noch einen solchen von 1,50 DM für jeden US-$.

Durch → hedging würde der Exporteur zum Zeitpunkt der Lieferung einen Kredit in Höhe des Rechnungsbetrages in US-$ aufnehmen, diesen sofort zum Devisenkassa-Kurs von w_K in DM konvertieren und damit das Devisenkurs-Risiko ausschalten; bei Zahlungseingang wird dieser Kredit abgelöst. Kosten entstehen in Höhe des Kreditzinses.

Bei einer Kurssicherung würde der Exporteur gegenwärtig ein → Termin-Geschäft abschließen, mit dem heute für einen bestimmten Zeitpunkt in der Zukunft ein Termin-Kurs w_T vertraglich vereinbart wird, zu dem der Exporteur den ihm zufließenden $-Betrag in DM konvertiert. Kosten entstehen dabei in Höhe der Devisenkursdifferenz $w_K - w_T$.

3.2 Zinsarbitrage: Kapitalanleger versuchen, durch → Arbitrage einerseits das internationale Zinsdifferential, andererseits gleichzeitig ohne mögliche Devisenkursdivergenz profitabel zu nutzen.

Angenommen, ein inländischer Kapitalanleger würde einen DM-Betrag x im Inland zu einem Zinssatz i^D anlegen, so wächst sein Kapital in einer bestimmten Zinsperiode auf $x\,(1 + i^D)$. Wenn dagegen dieser Betrag x im Ausland zu einem dort bestehenden Zinssatz i^a angelegt werden sollte, muß das Kapital gegenwärtig zunächst in ausländische Währung zum aktuellen Devisenkurs *(spot exchange rate)* $w_K \left[\frac{DM}{\$}\right]$ konvertiert werden, also $x \cdot \frac{1}{w_K}$. Nach Ablauf der Zinsperiode wächst dieses Kapital in ausländischer Währung dann auf $x\,(1 - i^a) \cdot \frac{1}{w_K}$. Um dieses Kapital frei von Kursschwankungen wieder in inländische Währung zu konvertieren, kann heute bereits ein Terminkurs *(forward exchange rate)* w_T vereinbart werden, der das im Ausland angelegte Kapital in inländische Währung auf $x\,(1 + i^a)\,\frac{w_T}{w_K}$ überleitet.

Ein Kapitalexport lohnt sich mithin solange, wie

$$x(1 + i^D) < x(1 + i^a)\,\frac{w_T}{w_K}$$

gilt; für Kapitalimporte würde das analog Umgekehrte gelten.

Nach einigen Umformungen der Ungleichung ergibt sich

$$\underset{\text{(Zinsdifferential)}}{\frac{i^D - i^a}{1 + i^a}} < \underset{\text{(Swapsatz)}}{\frac{w_T - w_K}{w_K}};$$

solange der *Swapsatz* den Ausdruck für das internationale Zinsdifferential überwiegt, lohnt sich also ein Kapitalexport. Im umgekehrten Fall kommt es zu Kapitalimporten.

Diese Arbitrage hat ganz bestimmte Konsequenzen auf die Devisenmärkte. Für den einfachen Fall überall gleicher Zinssätze ($i^D = i^a$) wird internationaler Kapitalverkehr allein durch Divergenzen zwischen Kassa- und Terminkurs angeregt.

Angenommen, bevor Kapitalanleger überhaupt tätig werden, bestünde ein Devisenkassakurs $w_{K_0} = 2$ und ein Devisenterminkurs $w_{T_0} = 1{,}50$; beide Kurse würden dann nur durch das Devisenangebot DA der Exporteure und die Devisennachfrage DN der Importeure bestimmt.

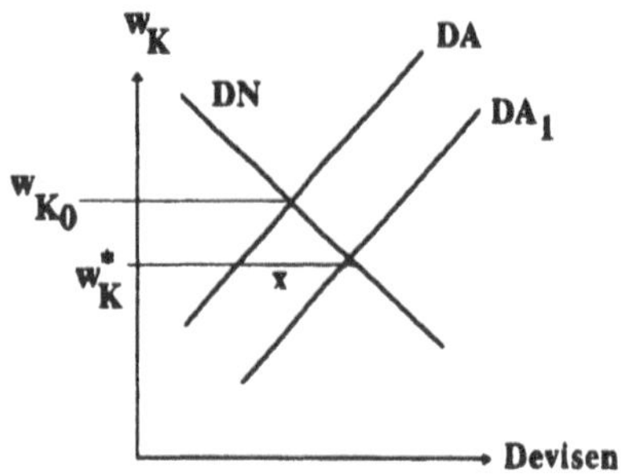

Devisenkassa-Markt (spot exchange market)

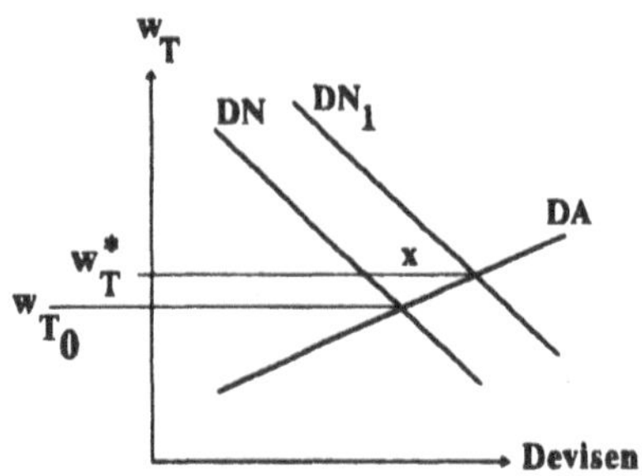

Devisentermin-Markt (forward exchange market)

Der Swapsatz $\frac{w_T - w_K}{w_K} = \frac{1{,}50 - 2}{2} = -0{,}25$

ist nun kleiner als das internationale Zinsdifferential $i^D - i^a = 0$, und es kommt zu Kapitalimporten, d.h. das Devisenangebot steigt auf dem Kassamarkt und die Devisennachfrage erhöht sich auf dem Terminmarkt um den Umfang des Kapitaltransfers x. Arbitrage führt dazu, daß sich gegenwärtig bereits w_K^* und w_T^* annähern. Beide Kurse können nur im Umfang des internationalen Zinsdifferentials voneinander abweichen.

3.3 Spekulation: Kurssicherungsgeschäfte und Arbitrage erfolgen ohne Risiken bei Devisenkursänderungen. Spekulanten dagegen gehen bewußt ein Währungsrisiko ein. Angenommen, es werde künftig ein Devisenkassakurs

$w_K^e \left[\frac{DM}{\$}\right] = 1$ erwartet; Anhaltspunkte dafür mögen in der Wirtschaftspolitik und Konjunkturentwicklung des In- und Auslandes gegeben sein. In diesem Fall wird ein Spekulant mit einem Devisentermingeschäft zum Kurs $w_T = \frac{1{,}50\ DM}{1\ \$}$ ohne Gegengeschäft ausländische Währung anbieten *(outright-Geschäft)*, die er gegenwärtig gar nicht besitzt. Sollte sich später der erwartete Kassakurs *(future spot exchange rate)* tatsächlich realisieren, wird ein Spekulant zwei Geschäfte zu gleicher Zeit abwickeln: Zum ursprünglich vereinbarten Terminkurs bietet er Devisen an und kauft mit dem Gegenwert in DM zum dann aktuellen Kassakurs w_K Devisen. Es kommt nun gar nicht darauf an, daß w_K^e auch tatsächlich in der erwarteten Höhe realisiert wird, es reicht, daß $w_K < w_T$. Solange sich ein Spekulant also nicht über die Richtung der künftigen Devisenkurs-Entwicklung irrt, kann er keine Verluste machen.

Spekulation ist gesamtwirtschaftlich sehr wichtig. Bei einem künftig erwarteten Kassakurs $w_K^e = 1$ lohnt sich Spekulation – d.h. auf dem Devisenterminmarkt werden Devisen angeboten – solange, wie $w_T > w_K^e$. Spekulanten sorgen also auf dem Devisenterminmarkt dafür, daß sich der Terminkurs dem künftig erwarteten Kassakurs annähert. Arbitrageure sorgen gleichzeitig dafür, daß sich bereits gegenwärtig der aktuelle Kassakurs dem Terminkurs anpaßt. Spekulation in Verbindung mit Arbitrage führt somit zu einer Kursglättung!

Die Frage, wer eigentlich die Marktgegenseite der Arbitrageure und Spekulanten einnimmt, ergibt sich ganz einfach aus der obigen Abbildung zum Devisenkassa- und Devisentermin-Markt. Da vereinfachend angenommen wurde, daß die Kurven DA jeweils das Devisenangebot von Exporteuren und die Kurven DN jeweils die Devisennachfrage der Importeure darstellt, die Kapitalanleger (Arbitrageure bzw. Spekulanten) diese Kurven um den Betrag x zu DA_1, bzw. DN_1 verlagern, lassen sich leicht auch → Handelsbilanzwirkungen ablesen: Zum Devisenkassakurs w_K^* besteht ein Handelsbilanzdefizit im Umfang von x, das genau durch einen gleich großen Kapitalimport kompensiert wird.

3.4 Optionsgeschäfte: Finanzinnovationen sorgten dafür, daß mit relativ geringen Kosten eine Kurssicherung möglich wurde, die zudem die → Option zuließ, das vereinbarte Devisengeschäft zu erfüllen oder eben auch nicht.

Einem Exporteur wird dabei gegen eine Optionsgebühr bei einer möglichen Aufwertung der inländischen Währung eine → put-Option, einem Exporteure dagegen analog dazu eine → call-Option eingeräumt. Exporteure, Importeure oder internationale Kapitalanleger sind dabei Optionsnehmer *(taker of the option)*, die Börsenorganisation der Optionsgeber *(giver of the option)*.

Die Optionsgebühr richtet sich nach der Differenz zwischen dem Optionskurs w_0 und dem aktuellen Terminkurs w_T, also $w_0 - w_T$: Je höher die Optionsgebühr, desto weiter die Spanne zwischen Termin- und Optionskurs.

Angenommen, es werde bei einem aktuellen Kassakurs $w_K = 2$ und einem Gegenwärtigen Terminkurs $w_T = 1{,}50$ ein Optionskurs $w_0 = 1{,}70$ vereinbart, so beträgt die Optionsgebühr G = 0,20; dies sind die Kosten des Optionsnehmers und gleichzeitig der Ertrag des Optionsgebers bei jedem sich in der Zukunft möglicher Weise ergebenden Kassakurs w_K.

Sollte künftig ein Kassakurs $w_K^* = 1{,}90$ gelten, wird der Exporteur als Optionsnehmer die Option wahrnehmen und den Vertrag nicht erfüllen. Er erhält auf dem Markt für jeden US-$ einen Betrag von DM 1,90, vom Optionsgeber erhielte er nur DM 1,70. Die Alternative dieses Optionsnehmers wäre eine Terminsicherung zum ursprünglichen Kurs $w_T = 1{,}50$ gewesen, so daß sein „Ertrag" (brutto) DM 0,40 beträgt. Der niedrigste Kurs zu dem der Optionsnehmer den Optionsgeber in Anspruch nimmt, ist der Optionskurs.

Solange der Optionsgeber nicht in Anspruch genommen wird, erzielt dieser einen Ertrag in Höhe der Optionsgebühr von DM 0,20. Der Optionsgeber wird sich nicht per Termin absichern; dies wäre insbesondere schon wegen der Ungewißheit seiner Inanspruchnahme zu teuer.

4. Technische Analyse: Stellt man bei der Beurteilung von Devisenkurs-Entwicklungen auf wirtschaftspolitische Rah-

mögliche künftige Kassakurse w_K	Optionsnehmer		Optionsgeber	
	Kosten G	„Ertrag"	Kosten	Ertag G
2	0,20	0,50	0	0,20
1,90	0,20	0,40	0	0,20
1,80	0,20	0,30	0	0,20
1,70 ≙ W_0	0,20	0,20	0	0,20
1,60	0,20	0	0,10	0,20
1,50 ≙ W_T	0,20	0	0,20	0,20
1,40	0,20	0	0,30	0,20

Wechselkurs-Entwicklung DM/US-$
graphische Analyse
charting und gleitende Durchschnitte

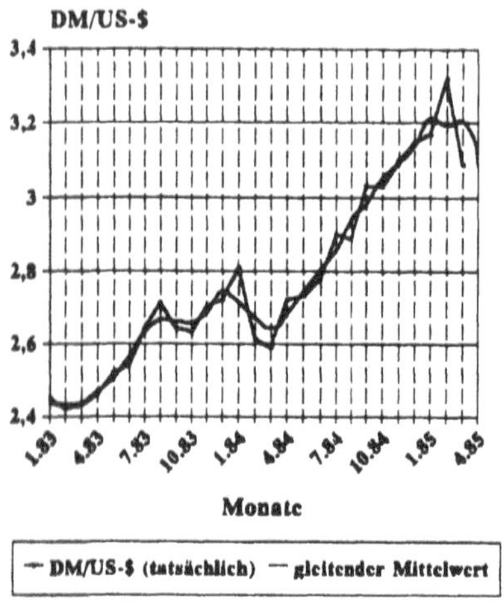

Quelle: Monatsberichte der Deutschen Bundesbank, lfd. Hefte.

menbedingungen ab, spricht man von einer → Fundamental-Analyse.

Im Tagesgeschäft verlassen sich Devisenhändler jedoch häufig auf die → technische Analyse: → Chart-Analyse, Filter, gleitende Durchschnitte und → Momentum-Regeln.

Die technische Analyse beruht regelmäßig auf Tageskursen, ist aber natürlich dennoch nicht frei von subjektiven Eindrücken. Mit der Chart-Analyse entwickelt ein Devisenhändler ganz bestimmte visuelle Figuren (→ point & figure-Analyse), wie sie z.B. für das Frühjahr 1985 mit *head and shoulders* erkennbar scheint. Filterregeln würden einen Devisenhändler dann zu Geschäften bewegen, wenn der Kurs um x% gegenüber dem letzten Extremwert abweicht. Ein Devisenhändler, der auf gleitende Durchschnitte abstellt, verkauft Devisen dann, wenn der Mittelwert über dem tatsächlichen Wert liegt et vice versa. Momentum-Regeln schließlich bewegen Devisenhändler dann zu Geschäften, wenn der kurzfristige Trend sich ändert.

In der Praxis werden zwei oder drei Methoden auch kombiniert, um subjektiv eine höhere Sicherheit zu erzielen. In jedem Falle aber gilt, daß die Erfahrung des Devisenhändlers ein bestimmtes Geschäftsverhalten auch an Äußerlichkeiten wie der technischen Analyse kultiviert.

Lit.: Borchert, M.: Außenwirtschaftslehre. 4. Aufl., Wiesbaden 1992; Fischer-Erlach, P.: Handel und Kursbildung am Devisenmarkt. Stuttgart et al. 1985; Reichert, H.-J.; Zweig, G.: Der internationale Geld- und Devisenhandel. Stuttgart 1982; Wermuth D.; Ochynski, W.: Strategien an den Devisenmärkten. 2. Aufl., Wiesbaden 1984.

Prof. Dr. M. Borchert, Münster

Devisenkurs

Der in Inlandswährung notierte Preis für eine Einheit ausländischer Währung. So lautet z.B. der D. für einen US-Dollar im Dezember 1993 an der Frankfurter → Devisenbörse 1,7036 DM. Die reziproke Preisnotierung zum D. ist der → Wechselkurs. In der Regel werden an den Devisenbörsen die ausländischen Währungen als D. notiert.

Devisenoption

Das Recht, zu einem Termin zum vereinbarten → Wechselkurs (→ Striking Price oder → Basispreis) einen bestimmten Betrag an Währungseinheiten (Kontraktumfang) gegen eine → Prämie → Devisen zu kaufen (Kauf-D.) oder zu verkaufen (Verkaufs-D.), ohne aber dazu verpflichtet zu sein. Die Gegenposition zum Käufer bezieht der Verkäufer der D., der sog. → Stillhalter. Er garantiert dem Inhaber der D. die Erfüllung des D.sgeschäfts. D.sgeschäfte werden seit einigen Jahren zur Absicherung offener Devisenpositionen getätigt, von Banken angeboten und an → Devisenbörsen gehandelt.

Devisen-Optionsschein

→ Optionsschein auf → Devisen (auch Währungsoptionsschein). Er berechtigt den Inhaber, am Ausübungstag bzw. Stichtag ein Vielfaches eines Devisenkurs-Differenzbetrages zu erhalten. Der D. wird von Banken im Wege des öffentlichen Angebotes (Public Offering) zu einem festgelegten Verkaufspreis (→ Optionspreis) → emittiert. Ein Beispiel: Commerzbank-Emission vom 9.4.1990.

Bei einer Mindestzeichnung von 1.000 Stück (oder einem ganzzahligen Mehrfachen) berechtigt jeder Schein den Inhaber, nach Maßgabe der Zahlungsbedingungen eine Zahlung des Hundertfachen eines Differenzbetrages in Deutscher Mark zu erhalten. Ist der Differenzbetrag der Wert, um den der amtliche → Geldkurs (Briefkurs) des US-$ gegenüber der Deutschen Mark zum Amtlichen → Fixing an der Frankfurter → Devisenbörse am Ausübungstag bzw. Stichtag den → Basispreis unterschreitet (übersteigt), so spricht man von einem Devisen-Bear-Spread-Optionsschein (Devisen-Bull-Spread-Optionsschein). Die Höchstgrenze bildet aber die Differenz zwischen Basispreis und Floorpreis (Basispreis und Cappreis). Effektive Scheine werden nicht ausgegeben. Den Inhabern der D. stehen Miteigentumsanteile an einem Global-Inhaberschein zu, die in Übereinstimmung mit den Bestimmungen und Regeln der Deutscher Kassenverein AG und außerhalb der Bundesrepublik Deutschland von → Euro-Clear und → Cedel übertragen werden können. Die Börsennotierung kann im → Geregelten Markt und im → Freiverkehr erfolgen.

Devisentermingeschäft

Devisengeschäft, bei dem die Anschaffung der Beträge, obzwar das Geschäft „heute" abgeschlossen wird, zu einem späteren Zeitpunkt vereinbart wird. Der → Kurs für D. heißt Devisenterminkurs.

Diagonal Spread

Entsteht durch Erweiterung der Konstruktion des → Vertical Spread um eine zeitliche Komponente insofern, als D. nicht nur unterschiedliche → Basispreise (wie Vertical Spreads), sondern auch unterschiedliche Verfalldaten (wie → Horizontal Spreads) aufweisen. Technisch gesehen ist somit die → Long-Seite zeitlich gestreckt, also diagonalisiert worden.

Diamant

In der → Chartanalyse eine weniger häufige Formation, die meist als Trendbestätigung auftritt. Nach sich jeweils nach oben und unten übertreffenden Kursausschlägen, gefolgt von Kursausschlägen geringerer Schwankungsbreite, bricht der → Kurs nach oben aus.

Diamond

→ Diamant.

Differentials

Ausgleichsquoten für preisliche Unterschiede zwischen verschiedenen Qualitäten einer Ware. Diese Quoten werden an den meisten Märkten durch die Verträge festgelegt.

Differenzeinwand

Termineinwand

Regelung im BGB (§§ 762 und 764), wonach → Gewinne aus Waren- und Wertpapiertermingeschäft nicht einklagbar sind. In § 58 des neugefaßten → Börsengesetzes wird der D. für → Termin- und → Optionsgeschäfte ausdrücklich ausgeschlossen.

Direct Clearing

Im Rahmen des Clearingsystems der → DTB kann eine D.-Lizenz von → Kreditinstituten mit mehr als 25 Mio. DM verfügbarem → Eigenkapital und einer Clearing Garantie von Drittbanken in Höhe von 2 Mio. DM erworben werden. Eine D.-Lizenz berechtigt zur Abwicklung eigener Geschäfte.

Disagio

Abgeld, → Damnum

Abschlag vom Auszahlungsbetrag eines Darlehens oder vom → Nennwert einer → Schuldverschreibung. Im Kundenkreditgeschäft, insbesondere bei Hypothekendarlehen, ist es üblich, den Darlehensbetrag abzüglich eines D. auszuzahlen (andere Bezeichnung: Damnum). Das D. hat Zinsersatzfunktion und bewirkt als einmaliger Preisbestandteil eine Erhöhung des Effektivzinssatzes.

Aufgrund von D.-Vereinbarungen ist es möglich, eine niedrige laufende Nominalverzinsung zu fixieren. Ein weiterer Vorteil besteht für private Kreditnehmer darin, daß in bestimmten Fällen das D. steuerlich als Werbungskosten geltend gemacht werden kann.

Auch bei Wertpapieremissionen wird häufig ein D. festgelegt, wodurch der Ausgabekurs unter dem Nennwert (→ unter pari) der Anleihe liegt. Ein D. erhöht die → Rendite eines Wertpapieres und bietet daher einen zusätzlichen Anreiz, die Anleihe zu zeichnen. Bei Aktienemissionen ist eine Ausgabe unter pari verboten (§ 9 AktG). Emissionsdisagien zählen grundsätzlich zu den steuerpflichtigen Kapitalerträgen. Bei privaten Anlegern wird jedoch in vielen Fällen von der Besteuerung abgesehen.

Discount
Differenz der → Kurse zwischen zwei → Kontrakten, ausgedrückt durch den Betrag, um den der Kurs eines Kontraktes unter dem Kurs des anderen Kontraktes liegt.

Discetionary Account
Ein Konto, bei welchem die Kontoführung vom Kontoinhaber einer dritten Person übertragen wurde.

Diskont
Im voraus abgezogener Zinsbetrag einer noch nicht fälligen Forderung, meist Wechselforderung. Der Vorgang des D. und der Gutschrift der diskontierten Forderung ist eigentlich ein Forderungsverkauf, da der Wechselschuldner die Rückzahlung leistet. Trotzdem spricht man vom Diskontkredit der Bank an den, der den Wechsel als Wechselgläubiger der Bank zur Diskontierung einreicht.

Diskontpolitik
Die D. stellt wie die Lombardpolitik ein Instrument der → Refinanzierungspolitik der Zentralbank (→ Deutsche Bundesbank) dar. In ihrem Rahmen macht sie zusätzliche Zentralbankguthaben verfügbar, indem sie von den Banken eingereichte Wechsel → rediskontiert. Im Gegensatz zur → Offenmarktpolitik, bei der die Zentralbank an den Finanzmärkten die Initiative zu An- und Verkäufen von notenbankfähigen Titeln ergreift, bleibt es beim Rediskontgeschäft den Banken überlassen, ihr das geeignete Material zum Ankauf anzubieten. Bei der Hereinnahme von Wechseln legt die → Notenbank autonom den als Zwischenzins berechneten → Diskontsatz, die an das Wechselmaterial zu stellenden qualitativen Mindestanforderungen und die quantitativen Höchstgrenzen für → Rediskontierungen fest. Durch Änderungen der Konditionen kann sie im Rahmen der allgemeinen Zielsetzungen der Geldpolitik die Zinssätze an den Finanzmärkten, die sektorale Zusammensetzung der Kreditnachfrage und den Liquiditätsspielraum der Banken beeinflussen. Die Zentralbank hat die Wahl, durch Herauf- oder Herabsetzen ihres Diskontsatzes die Zinsbildung an den Märkten aktiv zu steuern oder sie durch konstatierende Anpassung ihres Wechselankaufssatzes an bereits spontan in Gang gekommene Marktzinsänderungen nachträglich im gewünschten Sinne zu verstetigen.

Diskontsatz
Zins, zu dem die Zentralbank (→ Deutsche Bundesbank) Wechsel, die von ihr festgelegten formellen und qualitativen Anforderungen entsprechen müssen, von Banken ankauft. Der D. gilt auch für die dem Bund, Sondervermögen und Ländern gewährten → Kassenkredite. Der D. übt für andere → Zinssätze Leitfunktion aus, da er in der Regel das untere → Zinsniveau auf dem → Geldmarkt begrenzt, denn Banken können sich im Rahmen ihres → Rediskontkontingents und ihres Wechselbestandes Geld zu D. bei der Bundesbank beschaffen. Der D., zu dem Banken angekaufte Wechsel diskontieren, heißt Bankrate und liegt etwa 1/2% bis 1 1/2% über dem D. Der D. schwankte in der Bundesrepublik Deutschland zwischen 2 1/2% (1987) und 7 1/2% (1970 und 1980 bis 1982).

Diversifikation
Programmvariation durch Aufnahme von neuen Produkten oder Eindringen in neue Märkte. Es wird unterschieden: horizontale D., wenn auf der bisherigen Verarbeitungsstufe verblieben wird; vertikale D., wenn das Unternehmen in vor- oder nachgelagerte Marktstufen eindringt; laterale D., wenn zwischen bisherigem Produktionsprogramm und neuem Produkt bzw. Markt keinerlei Beziehungen bestehen. D. kann durch Eigenentwicklung, Lizenz Unternehmenskauf oder Kooperation erfolgen.

Dividende
1. Begriff der D.: Der Begriff der D. wird in der einschlägigen wirtschaftswissenschaftlichen Literatur unterschiedlich definiert, jedoch stellen die einzelnen Autoren gleichartige Merkmale als begriffswesentlich heraus. Die D. stellt den als Anteil am → Gewinn eines Unternehmens verteilten Vermögenswert dar. In der Regel versteht man unter der D. den Anteil am Bilanzgewinn der → AG bzw. KGaA, der von der → Hauptversammlung beschlossen wird. Ausschüttungsfähig ist der Teil des Gewinns, der nicht nötig ist, um die leistungswirtschaftliche Leistungsfähigkeit zu erhalten. Der D.begriff enthält somit den zur Distribution an die Aktionäre disponiblen Anteil am bilanzmäßigen Reingewinn. Genannt wird die D. in Währungseinheiten je → Aktie bzw. in Prozent des Aktiennennwerts. Die Bezeichnung D. wird aber auch für die Gewinnausschüttung auf Geschäftsanteile (Genossenschaften), GmbH-Anteile und → Genußscheine verwendet.

2. Art der D.zahlung: Die Ausschüttungsform wird vom → Aktiengesetz grundsätzlich nicht vorgeschrieben. Es besteht jedoch die allgemeine Gepflogenheit der Aktienunternehmen, die D. in bar auszuschütten. Eine Änderung der Ausschüttungsform bedarf der Zustimmung der Aktionäre auf der Hauptversammlung.

Die Bardividende hat den Vorteil, daß die Auszahlungskosten niedrig sind und daß der Aktionär selbst über die Verwendung entscheiden kann. Nachteile aus der Sicht des Unternehmens sind die Liquiditätsbereitstellung und die -belastung durch die D.zahlung. Verfügen US-Aktiengesellschaften über zu wenig → Liquidität zur → Ausschüttung, so geben sie einen D.scrip aus. Diese Gewinnanrechtsscheine werden gehandelt und später mit Aufgeld eingelöst.

Eine erste Alternative ist die Wertpapierdividende. Der Aktionär erhält als Ausschüttung Wertpapiere, i.a. eigene Aktien des Unternehmens (Aktiendividende oder stock dividend). Möglich wäre auch die Zahlung in fremden Aktien oder in → Schuldverschreibungen. Werden langfristige Schuldverschreibungen ausgeschüttet, bezeichnet man dies als „bond dividends“. Bei Zahlung in kurzfristigen Schuldverschreibungen wird von „scrip dividends“ gesprochen. Den Aktionären kann ein Wahlrecht eingeräumt werden. In ihrer Entscheidung liegt es dann, ob sie sich zur D. in Wertpapieren oder in Geld entschließen. Um die Entscheidung für die Wertpapierdividende positiv zu beeinflussen, kann die Wertpapierdividende auch höher festgesetzt werden als die Bardividende. Vor allem Aktiengesellschaften in den USA fördern die D. Reinvestition und damit den Entschluß zur Wertpapierdividende durch günstige Erwerbskurse gegenüber dem Börsenkauf ähnlich dem Wiederanlagerabatt bei → Investmentfonds. Eine ähnliche Vorgehensweise liegt dem Schütt-aus-Hol-zurück-Verfahren zugrunde, bei dem die Aktionäre nach der D.ausschüttung zur Kapitalerhöhung aufgefordert werden. Diese D.form wird als unechte → Stockdividende bezeichnet. Statt einer D. können zeitweilig ertrags- und liquiditätsschwache Unternehmen ein → Optionsrecht auf Aktien ausschütten. Die → Option wird ohne Gegenleistung gewährt und stellt eine Entschädigung des D.ausfalls dar. Schweizer Aktiengesellschaften offerieren ihren Aktionären die Cash-oder-Titel-Option (Coto): Der Aktionär kann sich für die → Bardividende oder den Bezug → junger Aktien entscheiden bzw. das Optionsrecht an der → Börse verkaufen.

Eine weitere Alternative stellt die Natural- oder Sachwertdividende (property dividend) dar. Man versteht darunter, daß eine Aktiengesellschaft ihren Aktionären den Anteil am Gewinn, der ihnen aufgrund ihrer Kapitalbeteiligung zusteht, in Form von Naturalien ausschüttet. Führt man den Begriff Naturalien auf den in der wirtschaftswissenschaftlichen Literatur häufiger verwendeten Gutsbegriff zurück, so sind Naturalien alle wirtschaftlichen Güter mit Ausnahme von Geld. Sie lassen sich als unbare sowie knappe Mittel zur Bedürfnisbefriedigung und als Werte, die nicht Geld sind, bezeichnen. Naturaldividende kann deshalb als Sachgut oder als Dienstleistung ausgeschüttet werden. Die Aktiengesellschaft ist als Ausschüttende der Naturaldividende und aus Sicht des Aktionärs Ursprung der auszuschüttenden Naturalien. Als Beispiele hierfür sind Transportleistungen (Bergbahnen, Fährunternehmen, Luftfahrtgesellschaften), Nutzungsrechte in Beherbergungsunternehmen (Hotel-Aktien) oder Freizeitunternehmen (Zoo-Aktien) aufzuführen. Die Naturaldividende kann den Aktionär an die Aktiengesellschaft binden und ihn zur vermehrten Inanspruchnahme deren Leistungen bewegen. Nicht unter die Naturaldividende fallen andere Leistungen an die Aktionäre: Mitunter werden die Verköstigung der Aktionäre und auf der Hauptversammlung verschenkte Produkte des Unternehmens als „Naturaldividende" bezeichnet. Insbesondere in den USA räumt eine Vielzahl von Aktiengesellschaften ab einer bestimmten Aktienzahl das Recht ein, zu günstigeren Konditionen im Unternehmen einzukaufen oder belohnt Neuaktionäre mit Geschenken unterschiedlichster Art.

Das gemeinsame Problem dieser Alternativen zur universell verwendbaren Bardividende ist die Akzeptanz bei den Aktionären. Die Wertpapierdividende wird in Deutschland der Thesaurierung gleichgestellt und somit höher besteuert. Insbesondere mit der Naturaldividende müssen die Aktionäre Bedürfnisse befriedigen können. Preisvorteile, etwa durch Preisabschläge für Dienstleistungen, erhöhen die Akzeptanz und können der ausschlaggebende Grund für den Aktienerwerb werden.

3. Bevorzugung des D.anspruchs: Die verschiedenen Aktienarten weisen eine unterschiedliche Ausprägung der mit ihnen verbundenen Rechte wie Dividende, Anteil am Liquidationserlös und → Stimmrecht auf. Der → Stammaktie steht die → Vorzugsaktie gegenüber. In der Bevorzugung hinsichtlich der D.zahlung unterscheidet man die Vorzugs- oder prioritätische D., die Nachtrags- oder kumulative D. und die garantierte D. Die prioritätische D. bevorzugt den Aktionär: Er erhält vorweg eine bestimmte D., bevor an die Stammaktionäre ausgeschüttet wird. Bei der prioritätischen D. mit Limitation wird die D. auf einen Höchstbetrag begrenzt. Die Nachtragsdividende beruht auf dem Nachzahlungsanspruch für ausgefallene D. Die i.a. befristete D.garantie stellt die Verpflichtung der Obergesellschaft (Mehrheitsbesitzer) dar, an die außenstehenden Kleinaktionäre eines verbundenen Unternehmens eine bestimmte D. auszuschütten. Die stimmrechtlose Vorzugsaktie kompensiert den Nachteil fehlenden Stimmrechts („kastrierte Aktie") durch D.vorteile (Mindestdividende, nachzahlbare Vorzugsdividende, D.vorzug gegenüber der Stammaktie). Insbesondere Familienaktiengesellschaften → emittieren diese Aktien und bedienen sie mit der Mindestdividende, auch wenn die Stammaktionäre den D.ausfall hinnehmen müssen. Neben der D. kann als außergewöhnliche und einmalige Zusatzdividende ein Bonus – auch bezeichnet als Superdividende – ausgeschüttet werden. Anlässe für solche Sonderausschüttungen sind beispielsweise ein Jubiläum der Aktiengesellschaft oder die Vermögensveräußerung verbunden mit aufgedeckten → stillen Reserven.

4. D.politik: Die D.politik umfaßt alle finanzpolitischen Maßnahmen der Unternehmensorgane, mit denen das Ziel verfolgt wird, den Gewinnausweis und die Gewinnverwendung im Hinblick auf die D.höhe zu beeinflussen sowie die Form und den Zeitpunkt der D.zahlung im Unternehmens- wie im Aktionärsinteresse zu gestalten. Dazu kommt noch die Beeinflussung des ausschüttbaren Gewinns durch Bildung oder Auflösung → offener Rücklagen sowie stiller Reserven.

4.1 Grundlagen: Steigender wirtschaftlicher Erfolg ist die Voraussetzung, die D.politik flexibler zugunsten der Aktionäre auszugestalten. In der Vergangenheit bevorzugten viele Aktiengesellschaften die Thesaurierung. Unternehmen, die jahrelang hohe Ausschüttungen vornahmen und Selbstfinanzierung durch Rücklagendotierung in den Hintergrund stellten, waren in Deutschland selten. Die gesetzlich vorgeschriebene Mindesthöhe offener Rücklagen (deutsches Aktiengesetz § 150 Abs. 2) dürfte die D.politik kaum beeinflussen, da im Regelfall die Unternehmen aus dem Aufgeld von Kapitalerhöhungen oder der → Emission von → Optionsanleihen bzw. Wandelschuldverschreibungen sowie aus früheren Thesaurierungen diese Bedingung einhalten können. Die Ausnahme sind lediglich Aktiengesellschaften mit hohem Jahresfehlbetrag bzw. Verlustvortrag.

Die Bildung von Rücklagen durch Gewinnthesaurierung dient einmal zur Unternehmensfinanzierung und zur Erhöhung des → Eigenkapitals, zum anderen aber auch als Voraussetzung zur D.kontinuität. Dem Aktionär suggeriert die Aktiengesellschaft mit dieser Politik der D.verstetigung eine stabile D., wodurch aber die Aktienanlage zur „Verrentung" denaturiert. Ein besseres Instrument, um dem Ziel der D.stabilität zu entsprechen, stellt der Gewinnvortrag dar, da er lediglich kurzfristiges Eigenkapital ist. Desweiteren ermöglicht die gläubigerschutzorientierte Rechnungslegung in Deutschland die Bildung stiller Reserven. Diese stillen Reserven verringern den Gewinnausweis und täuschen eine ungünstige Ertragslage vor. Auch kann den Aktionären dann eine geringere D.zahlung plausibel gemacht werden. Eine moderne Unternehmenspolitik aber zielt darauf ab, die Gewinne ohne nennenswerte bewußte Verschleierungstaktik auszuweisen und die Aktionäre durch offene Publizität davon zu überzeugen, daß die einbehaltenen Gewinne sinnvoll investiert werden, um auch in Zukunft eine günstige Rendite zu erzielen.

4.2 Zeitpunkt der D.zahlung: In Deutschland wird die D. für das ganze Geschäftsjahr gezahlt, wohingegen in Ländern wie Großbritannien, den USA oder Niederlanden die Quartalsdividende üblich ist. Dort schüttet die Aktiengesellschaft in den ersten drei Quartalen → Interimsdividenden, für das letzte Geschäftsjahr die Abschlußdividende aus. Am Tag der D.zahlung wird der D.abschlag vom Börsenkurs der Aktie vorgenommen → Kurszusatz → exDiv). Der D.vorschlag wird nach der Abstimmung über den Jahresabschluß zwischen → Aufsichtsrat und Vorstand der AG bekanntgegeben. Im allgemeinen erfolgt die D.zahlung kurz nach dem Gewinnverwendungsbeschluß der ordentlichen Hauptversammlung.

4.3 Höhe der D.: Der Gewinnverwendungsbeschluß der Hauptversammlung begründet den Anspruch jedes einzelnen Aktionärs auf seinen ihm zustehenden Gewinnanteil. Die Höhe der D. hängt einmal vom Gewinnausweis, dann auch von der D.politik ab. Der Gewinnausweis wird zwar von der Ertragslage des operativen Geschäfts beeinflußt, doch ist durch die Bilanzpolitik wie auch durch Aufdeckung stiller Reserven ein ausschüttungsfähiger Überschuß erzielbar. Der Handlungsspielraum für Ausschüttungen wird aber nicht nur durch die Rechengröße Bilanzgewinn, sondern auch durch die Verfügbarkeit über Liquidität begrenzt. In der D. wird primär ein Instrument der Informationspolitik gesehen. Die D.zahlung soll die gute Wirtschaftslage des Unternehmens signalisieren und die Aktionäre zur Loyalität sowie auf künftige Kapitalerhöhungen einstimmen. Allerdings dürfen die Gefahren durch Bilanzmanipulation, wirtschaftskriminelle Handlungen sowie extensives Ausnützen der Bewertungsspielräume nicht übersehen werden, um noch einen ausschüttungsfähigen Gewinn für eine „Mini"-D. ausweisen und so die Ertragsfähigkeit vorgaukeln zu können. Junge Aktien aus einer Kapitalerhöhung erhalten häufig eine niedrigere D. als die → alten Aktien. Mit der Gewinnausschüttung kollidiert die Thesaurierung. Die Selbstfinanzierung spielt für die D.höhe insofern eine Rolle, als es sich hierbei um die Frage nach dem Verhältnis zwischen Ausschüttungs- und Reinvestitionsquoten von Gewinnen handelt. Traditionell bevorzugen deutsche Aktiengesellschaften die → Selbstfinanzierung. Dies schlägt sich in prozentual höheren Gewinnrücklagen nieder im Vergleich zu US-Unternehmen. In den angelsächsischen Ländern dagegen ist die „Pay-out-rate" des Gewinns wesentlich höher. Inzwischen tendiert eine steigende Zahl deutscher Aktiengesellschaften zur aktionärsfreundlichen Gewinnverwendungspolitik. Einmal können so die Attraktivität der Aktie als Anlage- und als Finanzierungsinstrument sowie die „Aktienkultur" verbessert werden. Außerdem üben Aktionäre, insbesondere → Großaktionäre, → Kapitalsammelstellen und auch Aktionärsvereine Druck auf → Vorstand und Aufsichtsrat aus, um die Aktionäre besser an den Gewinnen partizipieren zu lassen. Steigende Bedeutung dürfte diesbezüglich ausländischen Aktionären zukommen.

Gefahren der aktionärsunfreundlichen D.politik liegen einmal in möglichen Kapitalfehlleitungen. Der Aktionär sollte letztlich selbst entscheiden, ob er seine D. wieder in Aktien der Unternehmung anlegt. Dagegen ermöglicht die Rücklagendotierung und damit das höhere Finanzierungspotential Aufkäufe anderer Unternehmen durch die thesaurierende AG sowie → Diversifikationen mit deren Gefahren. Desweiteren benachteiligt die Gewinnthesaurierung den Aktionär, wenn die interne Verzinsung im Vergleich zu anderen Anlagealternativen niedriger ist.

4.4 Interessenkonflikte hinsichtlich der D.politik: Die Geschäftsleitung wird im allgemeinen für eine vorsichtige und zurückhaltende Gewinnverwendung und somit für die weitgehende Selbstfinanzierung plädieren. Sie nimmt den unternehmensbezogenen Standpunkt ein und vertritt in ihrem Handeln die Interessen des Unternehmens. Zwischen Vorstand und Großaktionären kann in vielen Fällen Interessengleichheit bestehen. Häufig sind die Großaktionäre Mitglieder der Verwaltung. Sinkt das Interesse am Unternehmen, so gewinnt auch für den Großaktionär die D.politik an Bedeutung. Er präferiert dann die Orientierung der D. an der Ertragslage. → Kleinaktionäre bevorzugen i.a. möglichst hohe D. (D.These). Bestreitet der Aktionär aus D.zahlungen seinen Lebensunterhalt und legt er sein Vermögen zur Alterssicherung in Aktien an, so benachteiligt ihn die Thesaurierung. Die D.rendite (D. × 100 geteilt durch den Börsenkurs) ist eine wichtige Kennzahl für die Beurteilung der Aktienanlage. Sie gibt an, wie sich das eingesetzte Kapital des Aktionärs verzinst. Die Aktionäre bewerten die Vermögensbildung in der Aktiengesellschaft durch Innenfinanzierung i.a. niedriger als die Verfügbarkeit über Zahlungsmittel durch D.zahlungen. Die Wertpapierdividende würde diesen Konflikt auflösen, da an die Aktionäre zusätzliche Aktien ausgeschüttet würden, das Unternehmen den Liquiditätsabfluß vermeiden und den Bilanzgewinn in gezeichnetes Kapital sowie Kapitalrücklage umwandeln könnte.

4.5 Auswirkung der steuerlichen Bestim-

mungen: Die deutsche → Körperschaftsteuer begünstigt die Ausschüttung erstens mit dem niedrigeren Steuersatz und zweitens mit dem Anrechnen der von der Aktiengesellschaft abgeführten Körperschaftsteuer als Steuerguthaben bei der Einkommensbesteuerung des Aktionärs. Die definitiv zu tragende Steuerlast läßt sich erst dann ermitteln, wenn über die spätere Verwendung der in die Gewinnrücklagen eingestellten Gewinnanteile entschieden wird. Sofern die Gewinnrücklagen in späteren Veranlagungen doch zur D.zahlung genutzt werden, reduziert sich die Besteuerung auf den Körperschaftsteuersatz für ausgeschüttete Gewinne. In Erwägung wäre auch zu ziehen, unter hoher Körperschaftsteuerbelastung gebildete Gewinnrücklagen aufzulösen und eine Sonderausschüttung zu zahlen, um so den Aktionären steuerliche Vorteile zu verschaffen. Wegen des höheren Körperschaftsteuersatzes für die Dotierung der Gewinnrücklage müßten die Unternehmen im Aktionärsinteresse zur Vollausschüttung übergehen. Allerdings verlören sie den gesamten ausgewiesenen Bilanzgewinn und unterlägen zudem der hohen Liquiditätsbelastung, zweitens können sie ihr Eigenkapital nicht verbessern, und drittens entgeht ihnen langfristiges Kapital für Investitionszwecke. Den Ausweg stellt das Schütt-aus-Hol-zurück-Verfahren dar, eine Kombination der gewinnorientierten D. mit der darauffolgenden Kapitalerhöhung. Allerdings entstehen in diesem Zusammenhang hohe finanzwirtschaftliche Beschaffungskosten insbesondere für das plazierende → Bankenkonsortium. Auch erhöht sich das dividendenberechtigte → gezeichnete Kapital. Desweiteren darf nicht unberücksichtigt bleiben, ob unzufriedene Aktionäre an der Kapitalerhöhung in dem nötigen Umfang teilnehmen, um so den Liquiditätsabfluß zu kompensieren.

Lit.: Hahn, O.: Finanzwirtschaft. 2. A., Landsberg/Lech 1983; Van Horne, J. C.: Financial Management and Policy, 8. A., Englewood Cliffs/New Jersey 1989; Kunz, R.: Aktien: Mit Boni für Aktionäre sind die Briten großzügig – Freiplatz für Wimbledon. In: WirtschaftsWoche 16/1992; Rehkugler, H.: Aktienmarketing durch Dividendenpolitik. In: Börsen-Zeitung 24.2.1994; Stucki, T.: Dividenden: Neues Modell – Coto für Gnome. In: WirtschaftsWoche 25/1990; Süchting, J.: Finanzmanagement, Theorie und Politik der Unternehmensführung. 5. A., Wiesbaden 1989; Weber, K.: Dividendenpolitik. Zürich 1955.

Dr. J. Singer, Erlangen-Nürnberg

Dividendenabschlag

Am Tag der Dividendenzahlung, gewöhnlich der nächste Werktag nach der → Hauptversammlung, erfolgt die → Kursnotiz der → Aktie „ex Dividende“, d.h. unter Abzug des ausgezahlten Dividendenbetrages.

Dividendengarantie

Verpflichtung zur Zahlung einer bestimmten → Dividende. Die D. kann den Aktionären gegenüber abgegeben werden, entweder bei Vorzugsaktien ohne Stimmrecht oder bei Gewinnabführungsverträgen gegenüber den → Minderheitsaktionären der beherrschten Gesellschaft durch den → Mehrheitsaktionär.

Dividendenpapiere

→ Dividendenwerte.

Dividendenrendite

→ Dividende mal 100 geteilt durch den → Kurs einer → Aktie. Bei der Beurteilung einer Aktienanlage spielt die D. eine bedeutsame Rolle als Kennzahl für den prozentualen Anteil der Ausschüttung einer → Aktiengesellschaft am Börsenkurs.

Dividendenschein

→ Gewinnanteilschein auf dem → Bogen einer → Aktie.

Dividendenwerte

Dividendenpapiere

Alle Wertpapiere, auf die Gewinnanteile in Form von in ihrer Höhe wechselnden

→ Dividenden ausgezahlt werden (Gegensatz: Rentenwerte = → festverzinsliche Wertpapiere, → Anleihen). D. sind z.B. → Aktien, → Genußscheine und sonstige Anteile an Kapitalgesellschaften (z.B. → Kuxe), auf die → Gewinne in Form von Dividenden ausgeschüttet werden. Zu den D. zählen auch die → Zwischenscheine auf diese Werte. Das sind Anrechtsscheine, die bei → Kapitalerhöhungen einer → Aktiengesellschaft vor Ausstellung der Aktienurkunde an die Aktionäre ausgegeben werden.

DJIA
→ Dow Jones Industrial Average.

Dollar-Anleihen
→ Anleihen in US-Dollar. Seit der Beschränkung des amerikanischen Emissionsmarktes durch die Zinsausgleichsteuer hat die Begebung internationaler D. in Europa zugenommen. Dabei muß es sich nicht um amerikanische → Emittenten handeln. Die → Emissionen des → Euro-Marktes werden meistens in London oder Luxemburg aufgelegt. Ihre Unterbringung erfolgt für Rechnung aller europäischen und außereuropäischen → Adressen und Anleger, die hierbei keinen Devisenbeschränkungen unterliegen. Am Euro-Markt sind in den letzten Jahren zahlreiche neue Formen von D. entstanden.

Domestic Bonds
Im Sitzland des → Emittenten und in dessen Währung → emittierte → Schuldverschreibung.

Doppelbesteuerungsabkommen
DBA

Völkerrechtliche Verträge, in welchen sich die Vertragsstaaten darüber einigen, wie sie auf der Grundlage der Gegenseitigkeit bei sich überschneidenden Steueransprüchen eine wirtschaftlich unerwünschte Doppelbesteuerung vermeiden wollen. Die D. nach dem zweiten Weltkrieg sind überwiegend nach dem OECD-Musterabkommen von 1963 einheitlich gestaltet. Die D. sind bilaterale Abkommen:; ein multilaterales D. für die EG (EU) ist noch nicht abgeschlossen worden.

Zur Vermeidung der Doppelbesteuerung gibt es zwei Methoden: Bei der Anrechnungsmethode bleiben unbeschränkt Steuerpflichtige mit ihrem Welteinkommen im Wohnsitzstaat steuerpflichtig, dürfen jedoch die im Ausland bezahlte Steuer von der inländischen Steuer aus dem Welteinkommen abziehen. Bei der Ausscheidungsmethode (in den kontinentaleuropäischen Ländern gebräuchlich) verzichtet der Wohnsitzstaat entsprechend dem Terretorialprinzip auf die Besteuerung von Einkünften aus bestimmten ausländischen Quellen zugunsten des Quellenstaates. Ein wesentlicher Unterschied beider Methoden zeigt sich bei der Behandlung von Verlusten im Ausland: die Anrechnungsmethode berücksichtigt diese bei der Ermittlung des Welteinkommens, bei der Ausscheidungsmethode bleiben ausländische → Gewinne und Verluste im Inland unberücksichtigt.

Doppelminus-Ankündigung
Durch zwei Minuszeichen (– –) an der Kurstafel angezeigte sehr scharfe Bewegung des Börsenkurses nach unten: – – = mindestens 10% bei → Aktien, 3% bei → Renten.

Doppelplus-Ankündigung
Durch zwei Pluszeichen (++) an der Kurstafel angezeigte sehr kräftige Bewegung des Börsenkurses nach oben: ++ = mindestens 10% bei → Aktien, 3% bei → Renten.

Doppelwährungsanleihe
Innovatives Finanzinstrument am deutschen → Kapitalmarkt seit 1985. Auszahlung, Zinszahlung und → Tilgung der → Anleihe erfolgt in unterschiedlichen, zum Zeitpunkt der → Emission festgelegten Währungen. Entwicklung des Zinses und des → Wechselkurses bestimmen den → Kurs der D. Mit herannahender → Fälligkeit wird sich der Kurs der D. wie der Kurs einer Anleihe in der Tilgungswährung ändern. Für die ersten D.

am deutschen Markt wurde für die Ein- und Zinszahlung DM, für die Tilgung US-Dollar vereinbart.

Double Bottom

W-Formation, in der → Chartanalyse die Weiterentwicklung der Bottom-Formation. Man unterscheidet D. mit Umsatz-M. und D. mit Schiebezone.

Bei der ersten Form wird nach zwei Tiefs eine Linie in der Höhe des Zwischenhochs zu einem Durchbruch nach oben, also zu einem Kaufsignal. Bei der zweiten Form führt die Beachtung der Linie durch das Zwischenhoch zu einer Fehlentscheidung, die nur durch die Bestätigung einer Schiebezone verhindert werden kann.

Double Top

M-Formation, Doppel-Top. In der → Chartanalyse das bekannteste Trendumkehrsignal. Es besteht aus zwei Hochs und einem Zwischentief. Bei Durchbruch einer am Zwischentief orientierten waagerechten Linie nach unten wird ein Verkaufssignal ausgelöst.

Dow-Jones-Index

Bekanntester → Aktienindex der New Yorker → Börse. Der D. wurde 1897 von Ch. H. Dow; Chefredakteur des „Wall Street Journal", und von E. D. Jones in einer einfachen Form entwickelt, um die unübersichtliche Börsenentwicklung in einer Meßzahl auszudrücken. Der D. wurde 1928 zu seiner heutigen Form modernisiert. Der D. besteht aus drei verschiedenen Indices: dem Industrieindex mit nur 30 Werten führender → Aktien aus allen Industriebranchen, die fast ein Drittel aller Tagesbörsenumsätze ausmachen; dem Eisenbahnindex mit 20 Werten; einem Index für 15 Werte von Versorgungsunternehmen. In der Regel wird unter D. der Industrieindex verstanden. Der D. wird täglich berechnet und veröffentlicht. Er ist zum Bewertungsmaßstab für amerikanische Aktien schlechthin geworden. - Für die → Aktienanalyse ist er wegen seiner schmalen → Basis - gemessen an den 2000 an der New Yorker Börse gehandelten Aktienwerten - umstritten.

Der D. ist darüber hinaus Ausgangspunkt einer bekannten Börsenkurstheorie (→ Dow-Theorie): In den gegenwärtigen Kursentwicklungen seien alle relevanten Ereignisse für die Aktienkurse, die jeweiligen kurz- und langfristigen Zinsen, alle politischen und wirtschaftlichen Vorgänge sowie Zukunftserwartungen repräsentiert, so daß die „Börse" den tatsächlichen wirtschaftlichen und politischen Ereignissen voraus sei.

Der D. lag im Januar 1900 bei 42 → Punkten, Ende 1968 bei 1000, Ende 1993 bei etwa 3500 Punkten.

Dow Jones Industrial Average

DJIA

Preisgewichteter ältester US-Aktienindex (1886) auf Durchschnittsbasis, der seit 1928 aus 30 → Blue Chip-Werten der US-amerikanischen Industrie besteht. Bei seiner Berechnung führen allerdings Dividendenzahlungen unter 10% zu keinen Veränderungen des Divisors im Sinne einer Adjustierung. Der Vorteil des D. besteht darin, daß in Anbetracht des erheblichen Handelsvolumens der einbezogenen Spitzenwerte neue Kalkulationen jeweils innerhalb längstens 5 Minuten erfolgen. Neben dem D. publiziert die Dow Jones Company → Indizes für 20 Transportwerte (DJTA), 15 Versorgungswerte (DJUA) und einen Gesamtindex aller 65 Aktienwerte.

Dow-Theorie

1. Historie: Mit dem Begriff D. bezeichnet man eine Reihe von Verhaltensregeln, mit der der Amerikaner Charles H. Dow 1897 die Grundlage der technischen → Aktienanalyse geschaffen hat. Dow berechnete damals die beiden heute noch notierten Indices „Dow Jones Industrial Average" und „Dow Jones Rail Average". Die mit Hilfe dieser → Indices formulierten Aussagen, die W. P. Hamilton zu einem Gesamtsystem weiterentwickelt hat, werden heute D. genannt.

2. Grundlagen: Dow stellt die These auf,

daß fast alle Aktienkurse eines Marktes die Tendenz haben, sich gemeinsam in eine Richtung zu bewegen oder anders, hoch positiv korreliert sind. Daraus folgert er zunächst, daß es ausreichend ist, ein durchschnittliches Wertpapier, das den Gesamtmarkt in einem großen Maße erfaßt, zu betrachten. Daraus abgeleitet, erhält er als Ergebnis seine beiden „Dow Jones Averages".

Seine Forderung, daß zur Berechnung ausschließlich → Schlußkurse zu verwenden seien, kann wohl am ehesten auf das Daten- und Rechenproblem im Jahre 1897 zurückgeführt werden.

Außerdem postuliert Dow bereits im letzten Jahrhundert, daß die beiden von ihm berechneten Indices alle Preiseinflüsse beinhalten. D.h., daß es genügt, die Bewegung der beiden Kurskurven zu betrachten, um Aussagen über den zukünftigen Markttrend treffen zu können.

Zusätzlich verwendet er bei seinen Betrachtungen nur den → Umsatz als Hilfsgröße. Dieser wird im Zweifelsfall zur Trendanalyse herangezogen. Desweiteren müssen beide von Dow entwickelten Indices gleichzeitig zur Trenduntersuchung herangezogen werden. Nur bei gleichem Ergebnis wird in der „reinen Lehre" ein Signal als solches anerkannt.

Die D. unterscheidet bei den Markttrends aufgrund ihrer zeitlichen Dauer drei Typen:

- den Primary Trend (langfristig)
- den Secondary Trend (mittelfr.)
- den Minor-Trend (kurzfristig oder Tages-Trend)

Aus der Richtung der Kursentwicklung differenziert Dow in zwei Typen:

- den Bear Market (falllender Tr.)
- den Bull Market (steigender Tr.)

Mit Hilfe dieser Werkzeuge will die D. Aussagen über das Wann des Aktienkaufs ableiten. Stock-Picking, d.h. die Auswahl der Einzelwerte, sieht die D. ausdrücklich nicht als ihre Aufgabe an. Sie stellt damit bereits früh auf die Investmentgrundlage – „Never put all eggs in one basket." – ab.

3. Interpretation: Das Ziel der D. ist es, nur auf Basis der Primary Trends Investmententscheidungen zu treffen, denn nur eine Trenddauer von gewöhnlich mehr als einem Jahr, erscheinen ihr ausreichend für ein solides Investment.

Die Richtung eines Primary-(Bull- oder Bear-)Market ergibt sich nach der D. aus den Secondary Trends. Die Regel ist wie folgt formuliert: Endet ein fallender Secondary Trend nach einer Dauer von drei Wochen bis drei Monaten auf einem höheren Niveau als der letzte fallende Secondary Trend *und* endet der folgende steigende Secondary Trend auf einem höheren Indexstand wie der letzte steigende Secondary Trend, so spricht man von einem Bull-Market, im umgekehrten Fall von einem Bear-Market.

Das Verhältnis von Primary zu Secondary Trend läßt sich dabei auch aus der Größe der Kursbewegung ablesen. So umfaßt die Kursbewegung des gegenläufigen Secondary Trends in der Regel zwischen 30 und 65% des zugrundeliegenden Primary Trends.

Liegt in einem Bull-Market der Boden eines fallenden Secondary Trends unterhalb des Wendepunkts des letzten fallenden Secondary Trends, so hat man den ersten Teil eines Trendwendesignals erhalten. Liegt der Gipfel des dann folgenden steigenden Secondary Trends unter dem Top der letzten steigenden mittelfristigen Kursrally, so ist das Trendwendesignal eindeutig. Sofern es nach Dow – für die USA – von beiden „Dow Jones Averages" bestätigt wird (Inzwischen gibt es drei „Dow Jones Averages").

Die Folge dieser Vorgehensweise ist der Verzicht auf Verkäufe zu absoluten Höchstkursen bzw. auf Käufe zu absoluten Tiefstkursen. Solche Verhaltensregeln werden in der technischen Analyse als „weiche Regeln" bezeichnet. Ein Handeln, das aber in der D. durch die Ausnutzung von nur deutlichen Kursbewegungen, gerechtfertigt erscheint.

Analog zur Ermittlung der Primary Trends ergeben sich aus den Minor Trends, die eine Dauer von bis zu drei Wochen haben können, die Secondary Trends.

Die D. beschreibt in jedem Primary Trend drei Phasen: Die erste Phase beispielsweise eines Bull-Markets ist zugleich die letzte Phase eines Bear-Markets. Sie zeichnet sich durch eine Vielzahl von Wertpapierverkäufen des breiten Publikums zu relativ geringen Kursen nach einem deutlichen Abschwung aus.

Da die kleineren Verkaufsorders bald erschöpft sind und die größeren Verkaufsorders ausbleiben, ziehen in der Folge aufgrund des mangelnden Angebots die Kurse an. Dieser Kursanstieg setzt sich dan verstärkt und länger anhaltend fort und bildet die zweite Phase des Bull-Market.

Die dritte Phase ist dann gekennzeichnet von einer stagnierenden Bewegung der Standardwerte und einer Hausse bei den „low-priced" oder spekulativen „secondary stocks". Sie kündet das baldige Ende des Bull-Market und den Beginn eines Bear-Market an.

4. Schluß: Die D. bildet die Basis der inzwischen weit verbreiteten und nicht mehr nur auf Aktienmärkte beschränkten technischen Kursanalyse. Hier liegt heute ihre zentrale Bedeutung. Sie will ausschließlich Bewegungen des Marktes von längerfristigem Charakter prognostizieren. Dabei verwendet sie ausschließlich Kurs- und Umsatzzahlen von zu Indices aggregierten Wertpapieren eines Marktes. Ihre zentrale Aussage – „Ein Trend gilt so lange, bis seine Umkehrung definitiv signalisiert ist." – kann auch heute noch als Basis für eine vorsichtige Investmententscheidung angesehen werden; wenn auch z.Zt. die Analysen allein nach der Dow-Theorie längst in ihrer Bedeutung eingebüßt haben.

Lit.: Benischek, E. A.: Technische Aktienanalyse, Diss. München 1974; Cohen, J. B.; Zinbarg, E.D.; Zeikel, A.: Investment Analysis and Portfolio Management, 4. Aufl., Homewood 1982; Edwards, R. D.; Magee, J.: Technische Analyse von Aktientrends, 5. Aufl., Darmstadt 1975; Frühling, W.: Kursprognosen für Aktien, Darmstadt et al. 1986; Götz, E.: Technische Aktienanalyse und die Effizienz des deutschen Kapitalmarktes, Heidelberg 1990; Granville, J. E.: GRANVILLE's New Strategy, Englewood Cliffs (N.J.) 1976; Schmidt, R. H.: Aktienkursprognose, Wiesbaden 1976; Welcker, J.: Technische Aktienanalyse, 3. Aufl., Zürich 1986; Welcker, J.; Thomas, E.: Finanzanalyse, München 1981.

Dr. E. Götz, München

DSW

→ Deutsche Schutzvereinigung für Wertpapierbesitz e.V.

Duration

Die Kennzahl D. wurde – im Rahmen einer empirischen Untersuchung über → Renditen am → Kapitalmarkt in den USA – erstmals im Jahre 1938 in die → Anlageberatung von Macaulay eingeführt. Sie ist definiert als das gewogene arithmetische Mittel aller auf den Zeitpunkt t=0 diskontierten zukünftigen Zahlungsansprüche, die aus einer → Kapitalanlage (i.d.R. Wertpapieranlage) resultieren. Oder anders formuliert: Die D. gibt an, in wieviel Jahren das investierte Kapital durchschnittlich in Form von Zins und Tilgung zurückgezahlt wird.

Die D. muß grundsätzlich klar unterschieden werden von den verbreiteten Standard-Kennwert → Restlaufzeit (eines → festverzinslichen Wertpapiers), die jedoch sämtliche Zinszahlungen bis zur → Fälligkeit außer acht läßt und deshalb für die Beurteilung des Zinshebels (d.h. die Wirkung einer Zinsänderung auf den Kurs einer Rentenanlage ist umso größer, je länger die Restlaufzeit ist) nur ein schlechter Maßstab ist. Beim Vergleich eines → Zero-Bonds mit einer → Kupon-Anleihe läßt sich diese Tatsache unschwer nachvollziehen: die → Nullcoupon-Anleihe kann zwar durchaus die gleiche Restlaufzeit wie eine

Berechnungsschema zur Ermittlung der D.
(dem Beispiel liegt zugrunde eine 5-jährige → Anleihe, → Nominalzins 10%, Börsenkurs 100%, Rendite 10%, → Stückelung 100,-DM)

Zahlungszeitpunkte (t)	→ cash flow (Zins und → Tilgung in DM zum Zeitpunkt)	Barwerte des cash flow (abgezinster Kapitalrückfluß) zum Zeitpunkt t	Gewichtung der Barwerte (abgezinster Kapitalfluß in Periode t)
1	10	9,09	0,09
2	10	8,27	15,54
3	10	7,51	22,53
4	10	6,83	27,32
5	110	68,30	341,50
	$\sum = 100$	$\sum = 416{,}98$	

$$D. = \frac{\text{Summe der gewichtigen Barwerte}}{\text{Summe der abgezinsten Barwerte}}$$

$$= \frac{416{,}98}{100}$$

$$\approx 4{,}17 \text{ Jahre.}$$

Coupon-Anleihe haben, beide erzeugen jedoch unterschiedliche Zahlungsströme zu verschiedenen Zeitpunkten. Während bei der Nullcoupon-Anleihe der Zahlungsstrom nur einmal am Laufzeitende anfällt, können die bei einer Coupon-Anleihe regelmäßig anfallenden Zins- und Tilgungszahlungen bei steigenden Zinsen wieder höherverzinslich angelegt werden (bei sinkendem → Kurs der Anleihe). Eben diese unterschiedlichen Zeitpunkte und die Höhe der Kapitalrückflüsse berücksichtigt das Konzept der D., das somit ein genaueres Risikomaß als die Restlaufzeit darstellt.

Die D. eines Wertpapiers kann grundsätzlich nie größer als seine → Laufzeit sein; mit zunehmender Laufzeit vergrößert sich auch die D., jedoch mit abnehmender Rate. Je früher und öfter Einzahlungen anfallen (z.B. bei viertel- oder halbjährlicher Zinszahlung), desto niedriger ist die D. Diese ist darüberhinaus ein Maßstab für die Kursempfindlichkeit: je größer die D., desto kursreagibler ist ein Rententitel und desto ausgeprägter sind somit Chancen und → Risiken einer Rentenanlage.

Zur Veranschaulichung sei auf folgende vereinfachte Formel hingewiesen, die angibt, wie sich der Kurs einer Anleihe bei einer Änderung der Rendite verhält:

Kursveränderung (in %) =

$$= \frac{D.}{1 + \text{Rendite } (\%)} \times \text{Renditeveränderung } (\% \text{ Punkt})$$

Beispiel: 3jähriger Titel, aktuelle Rendite 10%, Renditeveränderung 1% (also z.B. von 10% auf 9%), Duration 2,74 Jahre

$$\text{Kursveränderung (in \%)} = \frac{2{,}74}{1{,}10} \times 1 = $$
$$= 2{,}4909\%$$

Ein Renditerückgang von 1% führt also – unter obigen Prämissen – zu einer Kurssteigerung der Anleihe von 2,49%. Der Anleger kann diese Berechnung in seine Anlagenentscheidung mit einbeziehen und von Anfang an seine Chancen bzw. Risiken abschätzen.

Lit.: Kruschwitz, L.; Schöbel, R.: Duration – Grundlagen und Anwendungen eines einfachen Risikomaßes zur Beurteilung festverzinslicher Wertpapiere, in: BWL WISU 11/86, S. 550ff; Deutsche Bank AG (Hrsg.): Fixed Income Research Special Report, Mai 1988, Frankfurt/M., S. 3; Jankowski, J.: Duration: Der Hebeleffekt bei Anleihen, in: Das Wertpapier 23/89, S. 1234ff; Eller, R.; Kempfle, W.: Die Finanzkennzahl „Duration" in der Anlageberatung, in: Die Bank 12/89, S. 675ff; Eller, R.: So berechnen Sie Chancen und Risiken von festverzinslichen Wertpapieren richtig, in Das Wertpapier 22/91, S. 1222f. NN.: Spekulative Rentenanleger brauchen „Call-Rendite" und „Duration", in: Frankfurter Allg. Zeitung vom 24.01.93, S. 23; Wirz, M.: Duration, in: Schweizerischer Bankverein, Der Monat, 7-8/93, S. 19.

Dr. D. Anger, Nürnberg

Durchschnitt
→ Average.

DVFA
Die Deutsche Vereinigung für Finanzanalyse und Anlageberatung e.V. (DVFA) ist die berufsständische Organisation der deutschen Investmentanalysten und Wertpapierexperten aus Banken, Versicherungen und → Kapitalanlagegesellschaften. Sie wurde 1960 gegründet. Ende 1993 gehörten ihr 640 persönliche Mitglieder und 33 Unternehmen als Fördermitglieder an. Neben der Aus- und Weiterbildung ihrer Mitglieder zählt zu den vorrangigen Zielen der DVFA, die Finanz- und Wertpapieranalyse methodisch voranzubringen und Instrumente zu schaffen, anhand deren Anlageentscheidung sachlich und fundiert getroffen werden können.

Im Rahmen der fundamentalen → Aktienanalyse spielen Ertrags- und Finanzkennziffern eine zentrale Rolle. Voraussetzung dafür ist allerdings, daß diese auf Basis eines einheitlichen und allgemein anerkannten Schemas ermittelt werden. Bereits 1968 wurde von der DVFA ein derartiges Arbeitsschema für die Ermittlung eines einheitlichen → Gewinns je → Aktie für Industrie- und Handelsunternehmen veröffentlicht. Das Arbeitsschema wurde den veränderten rechtlichen und wirtschaftlichen Rahmenbedingungen kontinuierlich angepaßt und erschien 1988 in fünfter Fassung. Das DVFA-Ergebnis hat sich über die Jahre hin zu einer – auch international – akzeptierten Kennziffer für die Beurteilung von Aktienkursen deutscher Unternehmen entwickelt. Der Arbeitskreis „Externe Unternehmensrechnung" der Schmalenbach-Gesellschaft-Deutsche Gesellschaft für Betriebswirtschaft (SG) legte 1988 eine eigene Empfehlung zur Ermittlung eines Ergebnisses je Aktie vor. Angesichts der Tatsache, daß ein Nebeneinander zweier Empfehlungen am → Kapitalmarkt nur zu Irritationen führt, haben sich DVFA und SG zu einer gemeinsamen Empfehlung entschlossen, die im September 1990 in erster Fassung erschienen ist. Eine zweite Fassung ist in Vorbereitung. 1993 wurde eine gemeinsame Empfehlung zur Ermittlung des → Cash Flow nach DVFA/SG veröffentlicht. Dank der engen Zusammenarbeit mit dem Gesamtverband der deutschen Versicherungswirtschaft konnte im gleichen Jahr ein Arbeitsschema zur Errechnung des Ergebnisses je Aktie nach DVFA/GDV für Versicherungsunternehmen der Öffentlichkeit vorgestellt werden.

Das Ergebnis nach DVFA/SG ist geeignet, auf möglichst vergleichbarer Basis

- den Ergebnistrend eines Unternehmens im Zeitablauf aufzuzeigen;
- eine zuverlässige Ausgangsposition für die Abschätzung der künftigen Ergebnisentwicklung zu schaffen;
- Vergleiche des wirtschaftlichen Erfolges zwischen verschiedenen Unternehmen zu ermöglichen.

Das in der → Gewinn- und Verlust (GuV)-Rechnung der Unternehmen ausgewiesene Jahresergebnis wird diesen Anforderungen in aller Regel nicht gerecht. Ungewöhnliche Vorgänge können das Jahresergebnis mehr oder minder stark beeinflußt haben. Daneben werden

Bilanzierungs- und Bewertungswahlrechte sowie Ermessensspielräume von Unternehmen und auch im Zeitablauf von einem Unternehmen unterschiedlich genutzt. Das ausgewiesene Jahresergebnis muß daher um ungewöhnliche und dispositionsbedingte Faktoren bereinigt werden. Das um derartige Sondereinflüsse bereinigte Jahresergebnis der GuV-Rechnung ist das Ergebnis nach DVFA/SG. Es ist grundsätzlich für das Gesamtunternehmen zu ermitteln, mit anderen Worten: es ist der Konzernabschluß zugrunde zu legen.

Die zu bereinigenden Sondereinflüsse können in jeder Aufwands- und Ertragsposition der GuV-Rechnung enthalten sein. Ein Katalog von Bereinigungspositionen, und ein solcher ist das DVFA/SG-Arbeitsschema, muß demnach unvollständig sein und kann nur Hinweise geben, worauf besonders zu achten ist. Ein Ausweis von Sondereinflüssen in den GuV-Positionen „Außerordentliche Aufwendungen und Erträge" präjuduziert nicht in jedem Falle eine Bereinigung. Das gleiche gilt für die Angabe periodenfremder Aufwendungen und Erträge. Diese sind nur zu bereinigen, wenn sie als ungewöhnlich oder dispositionsbedingt anzusehen sind.

Ungewöhnliche Aufwendungen und Erträge werden nur dann bereinigt, wenn sie auf Konzernebene drei Kriterien gleichzeitig erfüllen:

- Großer Betrag im Verhältnis zu den gewöhnlichen Aufwendungen und Erträgen;
- vorhersehbare Seltenheit;
- keine Gewinne/Verluste aus kontinuierlichen Aktivitäten (continued operations).

Zu den bereinigungsfähigen ungewöhnlichen Aufwendungen und Erträgen gehören z.B.:

- Aufgabe wesentlicher Geschäftsbereiche/Produktlinien oder wesentlicher Funktionen (discontinued operations);
- gravierende Veränderungen der Aufbau- und Ablauforganisation;
- Stillegung großer Werke;
- Verkauf von großen Beteiligungen;
- Abgang wesentlicher Teile des Sachanlagenvermögens.

Zu den nicht zu bereinigenden Aufwendungen und Erträgen zählen z.B.:

- Anlaufkosten neuer Werke oder Produkte;
- Erschließungskosten für neue Märkte;
- Fehlgeschlagene Produkteinführungen;
- Kapazitätserweiterungen oder -verlagerungen;
- Tageswertabschreibungen;
- Positive Auswirkungen aus Restrukturierungsmaßnahmen in den Folgejahren.

Dispositionsbedingte Aufwendungen und Erträge ergeben sich dadurch, daß Bewertungsspielräume unterschiedlich genutzt werden. Damit eine bessere Vergleichbarkeit zwischen Unternehmen hergestellt werden kann, wird auch Gründen der Praktikabilität die als vorherrschend angesehene Bilanzierungsmethode als „Normalfall" unterstellt. Normalfall bei der Behandlung z.B. des Goodwill aus der → Konsolidierung ist die erfolgsneutrale Verrechnung mit den → Rücklagen. Sofern von dem Aktivierungswahlrecht mit anschließender → Abschreibung Gebrauch gemacht wird, sind die betreffenden Abschreibungen in vollem Umfang ergebniserhöhend anzusetzen. Bei der Bemessung von Abschreibungen und Rückstellungen gibt es Ermessensspielräume. Sofern sich erkennen läßt, daß diese Spielräume dispositiv ausgeschöpft wurden, ist eine Bereinigung vorzunehmen. Entsprechend vorzugehen ist bei Rückstellungen, bei denen ein Passivierungswahlrecht (z.B. Aufwandsrückstellungen) in Anspruch genommen wird.

Sondereinflüsse mit Ertragscharakter sind vom → Jahresüberschuß abzuziehen bzw. erhöhen den → Jahresfehlbetrag. Bereinigungstatbestände mit Aufwandscharakter sind zum Jahresüberschuß hinzuzurechnen bzw. mindern den Jahresfehlbetrag. In Anlehnung an die internationale Praxis wird das Ergebnis nach DVFA/SG als Größe nach Steuern ermittelt. Die Bereinigung der Sondereinflüsse erfolgt daher in der Weise, daß eine bereinigende Position nur insoweit vom Jahresüberschuß/-fehlbetrag abgezogen/hinzugerechnet wird, wie sie – einschließlich der Berücksichtigung latenter Steuern – zu dessen Erhöhung/Verminderung beigetragen hat. Die Bereinigungspositionen müssen insofern auf ihre steuerliche Wirksamkeit hin überprüft werden. Hinsichtlich der Höhe der kalkulatorischen (Ertrag)-Steuersätze ist grundsätzlich zwischen in- und ausländischen Abschlüssen zu differenzieren.

Wie das Ergebnis je Aktie im einzelnen zu ermitteln ist und wie eine zeitlich vergleichbare Reihe von Ergebnissen je Aktie bei Veränderung der Kapitalbasis, z.B. durch Kapitalerhöhungen, zu errechnen ist, kann dem Buch „Ergebnis nach DVFA/SG" entnommen werden.

Das Ergebnis nach DVFA/SG hat im Rahmen der vergleichenden Aktienbeurteilung vornehmlich Instrumentalfunktion: Relativierung des Börsenkurses am Ergebnis je Aktie (Price-Earnings-Ratio) und vermittelt damit eine wichtige Aussage über die Preiswürdigkeit einer Aktie.

Lit.: Geiger, K. M.: Ergebnis je Aktie nach der DVFA-Formel, in: Bilanzanalyse nach neuem Recht, S. 224–230, Hrsg. A. G. Coenenberg, Landsberg/Lech 1989; Busse von Colbe; Geiger; Haase; Reinhard; Schmitt (Hrsg.): Ergebnis nach DVFA/SG, Schäffer-Poeschel Verlag, Stuttgart 1991; Küting, K.; Bender, J.: Das Ergebnis je Aktie nach DVFA/SG, in: Betriebsberater, Zeitschrift für Recht und Wirtschaft, Beilage 16 zu Heft 30/1992; Gemeinsame Empfehlung von DVFA/GDV: Ermittlung des Ergebnisses nach DVFA/GDV für Versicherungsunternehmen, Arbeitspapier Juli 1993 (erhältlich beim Sekretariat der DVFA, Dreieich); Küting, K.; Weber, C.-P.: Die Bilanzanalyse, S. 265–283, Schäffer-Poeschel Verlag, Stuttgart 1993; Gemeinsame Empfehlung von DVFA/SG: Cash Flow nach DVFA/SG, in: Die Wirtschaftsprüfung, Heft 19/:1993.

K. M. Geiger, Frankfurt/M.

DVFA-Ergebnis

Ergebnis nach DVFA

Durch Bereinigung des im → Jahresabschluß veröffentlichten → Jahresüberschusses um Sondereinflüsse der Unternehmensentwicklung und unterschiedliche Ausübung von Wahlrechten wird das D. nach einer Berechnungsmethode der Deutschen Vereinigung für Finanzanalyse und → Anlageberatung ermittelt. Das D. kann zu Ertragsvergleichen und als Ausgangsgrundlage für vergleichende Börsenkursbeurteilung herangezogen werden. Das D. wird in sechs Schritten berechnet. Am Ende steht das D. je → Aktie.

E

Ease Off
Das langsame Zurückgehen des → Preises. Der Preis wird „leichter“.

Eckzins
→ Zinssatz für → Spareinlagen mit gesetzlicher Kündigungsfrist. Der E. ist durch eine geringe → Volatilität bei Zinsniveauveränderungen gekennzeichnet.

ECU
European Currency Unit

Seit 1979 die europäische Währungseinheit im Europäischen Währungssystem, die aus einem „Korb“ aller Währungen der EG-Mitgliedsländer besteht bzw. bestehen sollte. So hat z.B. Großbritannien zwischenzeitlich das EWS verlassen.

Gemäß offiziellem → Leitkurs beträgt seit Januar 1987 1 DM = 0,48578 ECU oder 1 ECU = 2,05853 DM. Der → Kurs des ECU wird täglich von den Zentralbanken für die jeweilige Landeswährung aufgrund ihres → Wechselkurses zum US-Dollar festgestellt. Der ECU wird in allen Tätigkeitsbereichen der EG (EU) benutzt. In der Bundesrepublik Deutschland ist seit Juni 1987 die private Verwendung des ECU in gleichem Umfang wie eine Fremdwährung zugelassen, jedoch kann kein ECU-Bargeld zu Lasten von ECU-Konten abgehoben werden.

Effekten
Bankrechtlicher Begriff für fungible Wertpapiere, die an der → Börse frei gehandelt werden, der Kapitalanlage dienen und einen wiederkehrenden Anspruch auf Ertrag verbriefen. In der Praxis wird nach der Art der verbrieften Rechte unterschieden in: Gläubiger-E. oder → Renten, so z.B. → Anleihen, → Obligationen, → Pfandbriefe u.a. Sie enthalten eine Vereinbarung über laufende Zinszahlung und die Verpflichtung des Schuldners zur Rückzahlung des Darlehens an die Gläubiger.

Teilhaber-E. oder → Aktien, da der Erwerber Miteigentümer an der Gesellschaft wird. Hierzu gehören auch → Kuxe und Investmentanteile. Keine E. sind Wertpapiere des Zahlungsverkehrs (z.B. Banknoten, Schecks, Wechsel) sowie nicht fungible Wertpapiere wie → Hypotheken, Sparkassenbriefe, → Schuldscheine, da sie nicht vertretbar sind.

Effektengirobanken
→ Wertpapiersammelbanken.

Effektengiroverkehr
Stückellose Eigentumsübertragung von → Effekten durch Vermittlung von Effektengirobanken oder → Wertpapiersammelbanken.

Effektenkommissionsgeschäft
Beim Kauf und Verkauf von Wertpapieren für Kunden tritt die Bank gewöhnlich als Kommissionär auf. Sie handelt im eigenen Namen auf fremde Rechnung. Dies ist bei allen Papieren, für die ein → Amtlicher Handel oder ein Geregelter Handel besteht, der Fall. In amtlich nicht notierten bzw. nicht zum → Geregelten Markt zugelassenen Werten tritt die Bank dagegen als Eigenhändler auf. Sie handelt hier im eigenen Namen auf eigene Rechnung. Dabei hat der Kunde keinen Anspruch auf Ausführung seiner → Order. Einzelheiten regeln die Allgemeinen Geschäftsbedingungen der Banken.

Effektenlombard
Kreditgewährung einer Bank gegen Verpfändung von → Effekten. Durch die Lombardierung von Effekten betreibt die → Deutsche Bundesbank die Einräumung eines verzinslichen Darlehens an eine Bank gegen die Hingabe von Effekten als Pfänder. Dabei darf die → Laufzeit höchstens drei Monate betragen. Über die beleihbaren Effektenwerte sowie die dafür maßgeblichen Beleihungsgrenzen gibt das Lombardverzeichnis Auskunft.

Effektive Stücke
Insbesondere im Effektenhandel die tatsächliche, physische → Lieferung von

gekauften oder verkauften Wertpapieren an den Kunden bzw. vom Kunden.

Effektivverzinsung

→ Rendite einer → Kapitalanlage, insbesondere eines Wertpapiers.

Bei → Aktien die Dividendenausschüttung bezogen auf den eingesetzten Kapitalbetrag (oder Börsenkurs); außerdem können Kursgewinne berücksichtigt werden, die beim Verkauf realisiert wurden.

Bei Rentenwerten der → Nominalzins bezogen auf den → Kurs. Bei Endfälligkeit der Anleihe spielt auch die Differenz von Kaufkurs und Verkaufskurs eine bedeutende Rolle.

Die E. setzt sich also zusammen aus der Verzinsung des eingesetzten Kapitals und dem Kursgewinn bzw. -verlust, bezogen auf die Zeit des Besitzes.

Effektivzins

→ Rendite.

Efficient Market Theory

EMT

Die EMT ist eine Börsen-Theorie, die die Zusammenhänge zwischen Wirtschaft, Anlageverhalten und Kursnotierungen zum Inhalt hat. Nach Ansicht der Anhänger der EMT ist es möglich, aus der Entwicklung der → Kurse in der Vergangenheit auf die Bewegung der Kurse in der Zukunft zu schließen. Wer sich dieser Meinung anschließt, müßte konsequenterweise die Analysen der Banken, → Broker und Wirtschaftsinstitute in den Papierkorb werfen, da sie nach der EMT keinen Wert haben.

Die Theorie

Die Theorie der effizienten Märkte geht davon aus, daß die Börsenkurse jederzeit ihrem theoretisch richtigen Wert voll angepaßt sind. Genauer gesagt unterscheiden wir drei Versionen der EMT, die sich in ihren Aussagen zunächst gegen die technische Analyse (hier vor allem gegen die → Chart-Analyse), die → Fundamental-Analyse und zuletzt gegen das sogenannte Insider-Wissen richten.

Die 1. Version:

Es ist unmöglich, aus den Kursen der Vergangenheit den zukünftigen Trend einer Aktie abzuleiten. Diese Aussage geht vor allem gegen die Anhänger der technischen Analyse und die von ihnen benutzten Chart-Formationen (Grafiken). Sie sind nach Meinung der EMT nur das Resultat von Zufallsbewegungen.

Die 2. Version:

Die aktuellen Aktienkurse beinhalten alle öffentlich bekannten Informationen über die betreffende Aktien-Gesellschaft. Diese Aussage wendet sich gegen die Anhänger der Fundamental-Analyse. Deren Berechnungen sind nach Meinung der EMT sinnlos, da die ihnen bekannten Daten und Kennziffern nicht zu Kursprognosen taugen.

Die 3. Version:

Die aktuellen Aktienkurse beinhalten alle bekannten Informationen, also auch die nur den sogenannten Insidern bekannten Fakten. Bei dieser letzten Version geht die EMT davon aus, daß Insider-Informationen nicht dem Wert entsprechen, den man ihnen gemeinhin nachsagt.

Die Schwachpunkte der EMT

Die EMT stellt darauf ab, daß die kursrelevanten Informationen jedermann zur gleichen Zeit zur Verfügung stehen. Damit werden in den Kursen alle Daten und Fakten widergespiegelt, die für die Beurteilung des Wertes einer Aktie erforderlich sind. Genau diese Annahme aber macht sich die technische Analyse zunutze, wenn sie ausschließlich Kurse und Daten aus dem Marktgeschehen zur Analyse heranzieht.

Auch kommt der streng rational handelnde Mensch in der Realität nicht vor. Noch viel weniger ist er an der Börse anzutreffen, die doch als Spielball der Emotionen gilt. Auf der anderen Seite unterstützt jede Art der Analyse die Informationseffizienz, da sich durch sie immer mehr Anleger mit den Märkten befassen. Das Handeln wird daher immer transparenter. Die Vielzahl der unterschiedlichen Anlageziele und die verschiedenen Wege zum Anlageerfolg verhindert den total effizienten Markt, wie er der EMT vorschwebt.

Daher gilt, daß die Märkte nur kurzfristig effizient sind, über längere Zeiträume sind jedoch klare Trends zu erkennen.

Folgende Regeln lassen sich ableiten:

1. Die Märkte sind kurzfristig effizient, daher ist keine kurzfristige Prognose möglich.

2. Die Märkte sind auf mittlere bis längere Sicht ineffizient, daher ist durch fundamentale und technische Analyse eine Prognose möglich.

3. Wenn dennoch die Ergebnisse mager sind, so wird das schlechte Abschneiden durch Anlagefehler verursacht, die ihrerseits auf das menschliche Verhalten zurückzuführen sind.

Bei keiner Analyse-Methode können diese Verhaltensfehler völlig ausgeschlossen werden. Oft werden wider besseres Wissen emotional gesteuerte Handlungen vorgenommen, die dann ihrerseits zu einem Mißerfolg führen. Mit der Treffsicherheit der Analyse hat das allerdings nichts zu tun.

Lit.: Elton/Gruber: Modern Portfolio Theory and Investment Analysis, 2d. ed., New York 1984; Graham/Dodd: Wertpapieranalyse, Darmstadt 1992; Siebers, Alfred B. J.: Geld-Gold-Börse, Landsberg 1989;

A. B. J. Siebers, Niddatal

EIB

→ Europäische Investitionsbank.

Eigenhandel

Der Wertpapierhandel der → Kreditinstitute auf eigene Rechnung. Zweck ist einmal die Regulierung des Eigenbestandes an Wertpapieren, zum anderen der Eintritt bei Kundengeschäften in amtlich nicht notierten bzw. zum → Geregelten Markt nicht zugelassenen Werten. Auch der Handel der Händler auf eigene Rechnung heißt E.

Eigenkapital

Die in Geldwerten ausgedrückten Mittel, die dem Unternehmen oder seinen Eigentümern gehören. Vom → Fremdkapital unterscheidet sich das E. im wesentlichen im Hinblick auf die Haftungs- und Verlustübernahmeverpflichtung, die Dauerhaftigkeit der Kapitalüberlassung, die Art der Beteiligung am → Gewinn sowie die Begründung von Mitwirkungsrechten am unternehmerischen Entscheidungsprozeß. Allgemein kommen dem E. folgende Funktionen zu: Haftungs- und Garantiefunktion, Finanzierungsfunktion, Sicherungsfunktion für die Unternehmensunabhängigkeit, Zuweisungsfunktion für Gewinne und Verluste, Werbe- oder Repräsentationsfunktion zur Schaffung von Vertrauen. Darüber hinaus hat das E. der → Kreditinstitute zwei weitere Funktionen: Aus § 33 → KWG ergibt sich eine Errichtungs- und Gründungsfunktion, da die Erlaubnis zum Geschäftsbetrieb an ein ausreichendes haftendes Eigenkapital gebunden ist. Daneben resultiert die Funktion der Begrenzung des Geschäftsvolumens auf dem auf § 10 KWG beruhenden Grundsatz I des BAK. Die inhaltliche Konkretisierung des E.-Begriffes für Kreditinstitute hat der Gesetzgeber in § 10 KWG vorgenommen, wo die Bestandteile des haftenden Eigenkapitals aufgezählt sind. Bilanziell wird E. differenziert nach den Positionen → gezeichnetes Kapital, Kapitalrücklage, Gewinnrücklagen, Gewinnvortrag/Verlustvortrag und → Jahresüberschuß/→ Jahresfehlbetrag.

Eigenkapitalrendite

Prozentuale Ertragskennzahl, bei der der → Jahresüberschuß eines Unternehmens auf das durchschnittliche → Eigenkapital bezogen wird.

Eigenmittel

Im engen Sinne → Eigenkapital; im weiteren Sinne Eigenkapital, Sammelwertberichtigungen und bestimmte Teile der langfristigen → Rückstellungen.

Eindecken
Der Leerverkäufer von → Aktien oder „Ware“ hofft, diese bei sinkenden → Kursen kaufen zu können. E. setzt günstigere Bedingungen voraus.

Eingliederung
Die Überführung einer → Aktiengesellschaft gemäß §§ 319ff. → AktG in eine andere Aktiengesellschaft. Wenn sich mindestens 95% der → Aktien in den Händen der übernehmenden Gesellschaft befinden, so ist E. möglich. Die → Hauptversammlung der Hauptgesellschaft muß mit einer Dreiviertelmehrheit zustimmen. Jeder Aktionär hat ein Auskunftsrecht über die aufzunehmende Gesellschaft. Die E. wird in das → Handelsregister eingetragen. → Minderheitsaktionäre scheiden aus der aufgenommenen Gesellschaft aus und werden von der Hauptgesellschaft abgefunden. Im Gegensatz zur → Fusion bleibt bei der E. die rechtliche Selbständigkeit der übernommenen Gesellschaft erhalten.

Einheitskurs
Während der Börsensitzung einzige Kursfeststellung im → amtlichen Handel für → Aktien mit geringen → Umsätzen. Er wird auf der Basis der größten Umsatzmöglichkeit ermittelt. Eine → Notierung des E. gibt es auch auf dem Devisenkassamarkt.

Einlagen
1. Von Kunden den Banken gegen einen Zins überlassene Gelder mit unterschiedlicher Fristigkeit. Sichteinlagen: täglich fällige oder mit einer → Laufzeit unter einem Monat auf Giro- und → Kontokorrentkonten geführte E. Über sie kann mittels Scheck, Überweisung oder Lastschrift verfügt werden. Sichteinlagen sind sehr niedrig verzinst. → Termineinlagen: für eine bestimmte Frist festgelegte E. (→ Festgelder) oder mit bestimmter vereinbarter Kündigungsfrist geführte E. (→ Kündigungsgelder). Die Verzinsung der Termineinlagen steigt mit zunehmender Frist. → Spareinlagen: der Anlage von Vermögen dienende und mit einer Urkunde (Sparbuch) gekennzeichnete E. Über sie kann nur gegen Vorlage des Sparbuchs verfügt werden. Gemäß unterschiedlicher Kündigungsfristen wird unterschieden zwischen Spareinlagen mit gesetzlicher Kündigungsfrist (drei Monate ausschließlich einer freien Verfügung bis 2.000,– DM pro Sparkonto und innerhalb von 30 Zinstagen) und vereinbarter Kündigungsfrist, die mindestens sechs Monate betragen muß. → Sparbriefe: Wertpapiere mit einer Laufzeit von vier bis acht Jahren, die nicht vor → Fälligkeit rückzahlbar und nicht an der Börse handelbar sind. Durchlaufende → Kredite, die aber nicht Erlöse aus verkauften Bankschuldverschreibungen sind.

Der Zins für E. wird → Habenzins genannt und ist abhängig von der Marktsituation. Fristigkeit der E. und der örtlichen Konkurrenz der Banken. E. sind die wichtigste Grundlage für die Kreditgewährung der Banken. Unter → Rentabilitätsgesichtspunkten der Bank kommt den Sichteinlagen Priorität zu, unter dem Aspekt der Mittelaufbringung den Spareinlagen.

2. E. in der Abgrenzung von Depositen sind solche, die der Vermögensanlage dienen. Diese Abgrenzung ist freilich problematisch.

3. Beteiligung der Gesellschafter an einem Unternehmen.

Einlagensicherungsfonds
Zur Sicherung von → Einlagen aller Art bestehen für die drei großen Gruppen der deutschen Bankwirtschaft gruppenspezifische → Fonds im Rahmen von Einlagensicherungssystemen.

Einschußkonto
→ Margin Account.

Electronic Banking
Elektronische Abwicklung des Zahlungsverkehrs zwischen einer Bank und einem Privatkunden (→ Home Banking) mittels Personalcomputer oder Bildschirmtext, zwischen einer Bank und einem Unternehmen mittels umfangreicher und umfassender Kommunikations-

Elliott-Wellen-Theorie

systeme (z.B. Cash Management Systeme). E. gestattet die Durchführung von Bankgeschäften vom Standort des Kunden aus.

Elliott-Wellen-Theorie
Kaum ein anderes Verfahren der Finanzmarktanalyse erfreut sich zugleich ähnlich vieler enthusiastischer Jünger und erbitterter Gegner und Spötter wie die in den 30er Jahren entwickelte Ralph Nelson Elliott, fasziniert von den Finanzmärkten, erarbeitete die nach ihm benannte Theorie, die heute in den Märkten eine Außenseiterposition einnimmt. Gleichwohl finden sich in ihrem Credo einige Gemeinsamkeiten zu anderen Analyseverfahren, etwa zur → Charttechnik: Auch die geht von der Annahme aus, daß im jeweils aktuellen → Kurs einer → Aktie, einer → Devise, eines Rohstoffs etc. immer schon alle jeweils verfügbaren Informationen und ihre Bewertung durch die Marktteilnehmer enthalten sind. Der aktuelle Kurs ist also die Quersumme aller Hoffnungen und Erwartungen, aller Ängste und Befürchtungen, kurz, aller Käufe und Verkäufe. Während sich aber die moderne Charttechnik darin erschöpft, sich wiederholende Kursmuster aufzuspüren und die dort durchscheinenden Aussagen ggfs. durch technische Indikatoren abzusichern, geht Elliotts Theorie einen Schritt weiter zurück.

Elliott entdeckte im Markt einen Ablauf – nahezu naturwissenschaftlich anmutender – Gesetzmäßigkeiten, als deren Taktgeber er massenpsychologische Verhaltensmuster der Marktteilnehmer dingfest machen zu können glaubte. Elliott erkannte, daß die Verhaltensweisen der Marktteilnehmer – in ihrer marktbestimmenden Summe gesehen – stets nach den gleichen Mustern ablaufen, nach Mustern, die den intraday-, sogar intraminute-Kursen genau so sichtbar werden wie im Kursverlauf von Wochen, Monaten, Jahren, Jahrzehnten und sogar Jahrhunderten. Im Aktienmarkt fand Elliott dreizehn verschiedene Kursmuster oder *Wellen*, die er mit Namen versah. Er untersuchte, wie sich diese einzelnen Strukturen zu größeren Gebilden zusammenfügen, die dann auf einer nächsten Ebene wieder eines jener Wellenmuster ergeben etc.. Die *durchgängige Verschachtelung dieser sich wiederholenden Strukturen auf verschiedenen Zeitebenen*, die bis damals allenfalls aufgeklärten Historikern überhaupt *denkbar* erschien, erfreut sich heute in Physik und Chaosforschung unter dem Begriff der „fraktalen Struktur" intensiven Interesses. Vorbehaltlich der noch unbewiesenen Stichhaltigkeit heutiger Chaostheorien darf Elliotts Erkenntnis damit als revolutionär gelten.

Eng verknüpft mit dem Regelwerk der Elliott-Wellen sind die Arbeiten des Mathematikers Leonardo Fibonacci da Pisa. Der Mathematiker deckte im 13. Jhdt. die proportionalen Eigentümlichkeiten einer vom ihm gefundenen Zahlenreihe auf. Aus dem formal einfachen Modell der Fibonacci-Zahlensequenz (man addiert, ausgehend von 0, die jeweils vorangegangene Zahl, um die nächste Fibonacci-Zahl zu erhalten – also 1, 1, 2, 3, 5, 8, 13, 21, 34, 55, 89, 144 etc.) ergeben sich sowohl auf zeitlicher Ebene (Fibonacci-Zeitprojektionen) als auch bei der Bestimmung von Kurs- bzw. Korrekturzielen unter Anwendung einiger, rechnerischer Transformationen zeitlich und kursmäßig Zielerwartungen hinsichtlich der künftigen Entwicklung. Gemeinsamer Nenner und gleichsam Schnittpunkt zwischen Elliott und Fibonacci ist der sog. goldene Schnitt, womit beide Theoriegebäude an die Tradition einer ungemein älteren Idee anknüpfen. Nach Elliotts Beobachtungen, nun bestätigt durch die Erkenntnisse der heutigen Naturwissenschaft, ziehen sich goldener Schnitt und Fibonacci-Relationen wie ein roter Faden durch alle Bereiche des Seins: präzise sowohl im Gefüge eines Schneckengehäuses wie auch in der Expansion eines Sternenebels, in der Biochemie wie auch in der Physik.

R. N. Elliott entdeckte in den Märkten zwei unterschiedliche Strukturgefüge,

 Elliott-Wellen-Theorie

die alle Bewegungen an den → Aktien-, → Renten-, Devisen- und Rohstoffmärkten auf allen zeitlichen Ebenen durchziehen. Diese beiden, grundsätzlich zu unterscheidenden Strukturgefüge sind *Impulsbewegung* und *Korrekturbewegung*.

Impulsbewegungen sind Bewegungen eines Kurses, die sich in Richtung des übergeordneten Trends bewegen – sie sind grundsätzlich *fünfteilig*, d.h., sie setzen sich aus drei trendgerichteten Bewegungen und zwei Gegentrendbewegungen zusammen. Ein Impuls zerlegt sich also in drei Aufwärtsschübe 1, 3 und 5 und zwei Gegentrendbewegungen 2 und 4.

Korrekturbewegungen hingegen sind in der Regel *dreiteilig* und in ihrer möglichen Ausgestaltung wesentlich flexibler als Impulsbewegungen, sie werden mit den Buchstaben, A, B und C benannt (siehe Grafik 1).

Die schematisch vereinfachte Grafik zeigt die Ausbildung von Impulswellen und Korrektur sowie ihre Untergliederung in – den gleichen Gesetzmäßigkeiten folgende – kleinere Einheiten.

Was auf den ersten Blick einfach aussehen mag, entpuppt sich bei näherem Hinsehen – und erst recht in der Praxis – als recht komplex. Hier hilft das von Elliott entwickelte System von Regeln und Leitlinien weiter, das vor allem dabei hilft, herauszufinden, welche Zählung *nicht* vorliegt. Das recht umfangreiche Regelwerk kann aufgrund des hier zur Verfügung bestehenden Rahmens nur in Ansätzen skizziert werden. Vor dem Versuch der Anwendung dieser bruchstückhaften Auflistung muß gewarnt werden; hier wird auf die Literatur verwiesen. Der Autor greift willlkürlich einige Stichpunkte der Theorie heraus, um dem Leser einen ersten Einblick zu geben.

1. Welle 3 der Bewegung darf niemals die kürzeste der Bewegungen eines Impulses sein. Das heißt, eine Zählung, in der Welle 3 die kürzeste ist, ist nicht richtig (siehe Grafik 2).

2. Das Korrekturtief von Welle 4 darf nicht das Hoch von Welle 1 unterbieten. Läuft Korrekturwelle 4 in den Bereich von Welle 1 hinein, so ist die angenommene Zählung unrichtig (siehe Grafik 3).

3. Eine Korrektur kann maximal 100% der vorangegangenen Impulsbewegung korrigieren. Geht also eine gegen den Trend laufende Bewegung über den Ausgangspunkt der vorangegangenen Impulsbewegung hinaus, so muß die ganze

Elliott-Wellen, Grafik 1

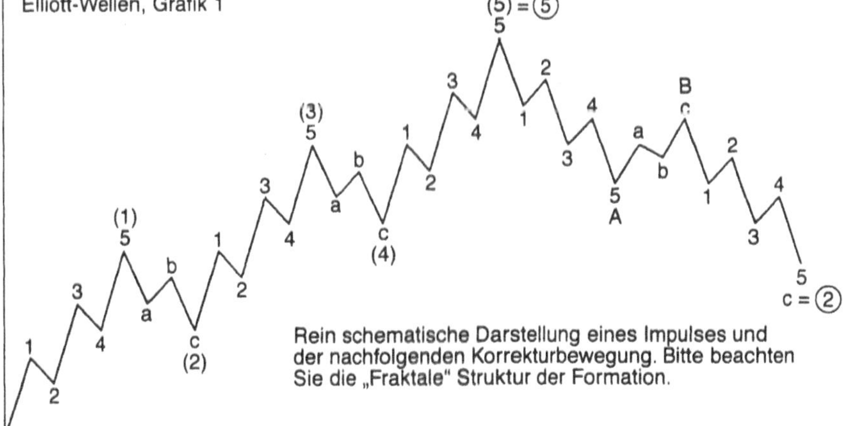

Rein schematische Darstellung eines Impulses und der nachfolgenden Korrekturbewegung. Bitte beachten Sie die „Fraktale" Struktur der Formation.

 Elliott-Wellen-Theorie

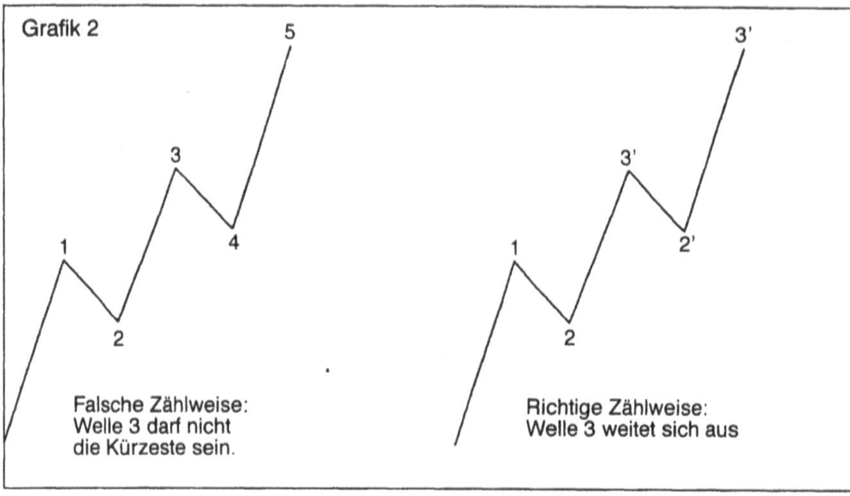

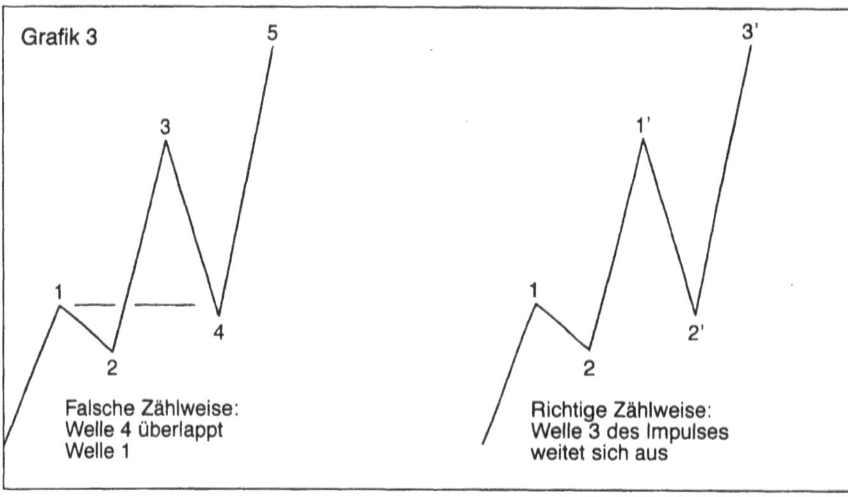

Zählung neu durchdacht werden (siehe Grafik 4).

4. Die beiden Korrekturbewegungen 2 und 4 müssen in ihrer Struktur alternieren, d.h., nur eine darf vom Typus her scharf (innere Struktur 5-3-5) sein, die andere muß eine Seitwärtskorrektur (innere Struktur 3-3-5) oder ein Dreieck sein (in der o.a., schematischen Skizze nicht erkennbar). Folgen zwei gleichartige Korrekturen aufeinander, gilt es ebenfalls, die Zählung zu überdenken (siehe Grafik 5).

Was ist aber, wenn Welle 3 die kürzeste ist, die beiden Korrekturwellen nicht alternieren oder Welle 4 das Hoch von Welle 1 unterbietet?

In allen drei Fällen (vorausgesetzt, es handelt sich tatsächlich um eine Impulswelle!) weitet sich der laufende Impuls aus, d.h., er untergliedert eine seiner Teilimpulswellen ihrerseits erneut in ei-

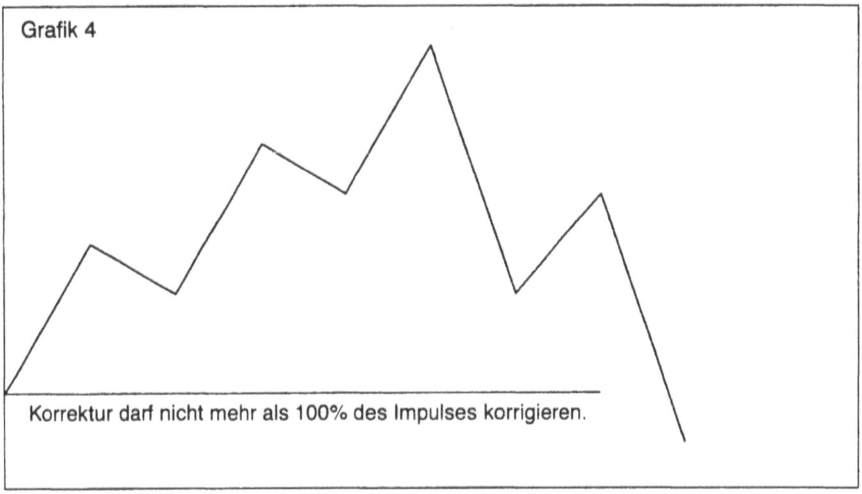

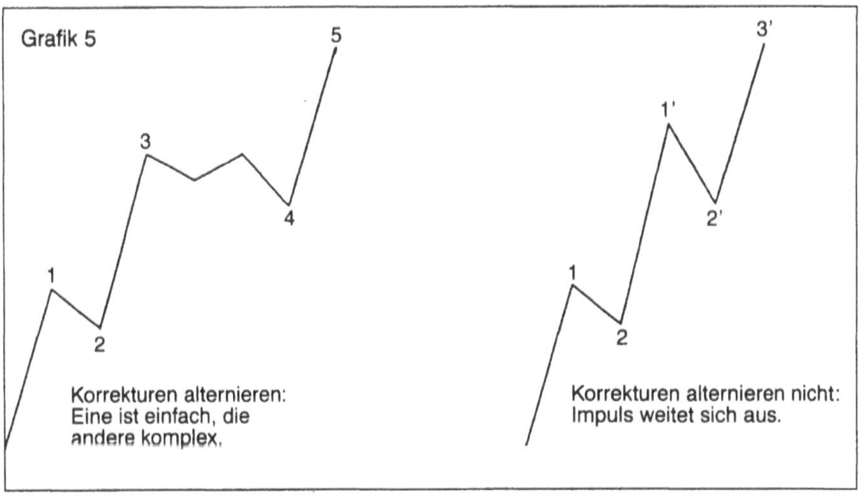

ne Impulsstruktur. In der Regel finden sich derartige *Ausweitungen* nur bei einer der drei trendfolgenden Wellen, zumeist in der dritten (siehe Grafik 6).

Wie Impulswellen unterliegen auch Korrekturwellen einem strikten Regelwerk, sie sind allerdings in ihrer Ausprägung leider weit flexibler: Wie schon erwähnt, gibt es *scharfe Korrekturen* (5-3-5), *Seitwärtskorrekturen* (3-3-5) und *Dreiecke* als mögliche Formationsmuster. Seitwärtskorrekturen wie auch Dreiecke können ebenfalls verschiedene Muster ausbilden (Seitwärtskorrekturen können zeitlich sehr ausgedehnt sein und multipel verlaufen, wie z.B., eine a-b-c-x-a-b-c-Struktur, Dreiecke können *symmetrisch*, kontrahierend oder expandierend sein.

Um den hier zur Verfügung stehenden Rahmen einzuhalten, soll exemplarisch eine besonders wichtige Formation nicht

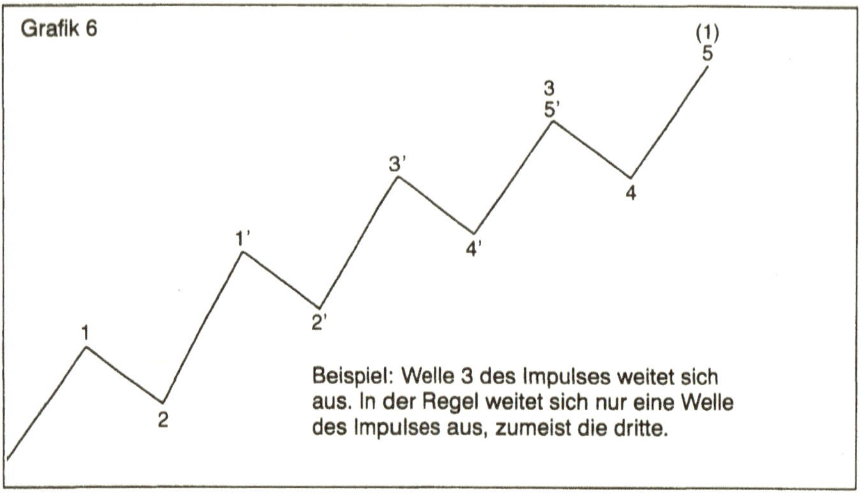

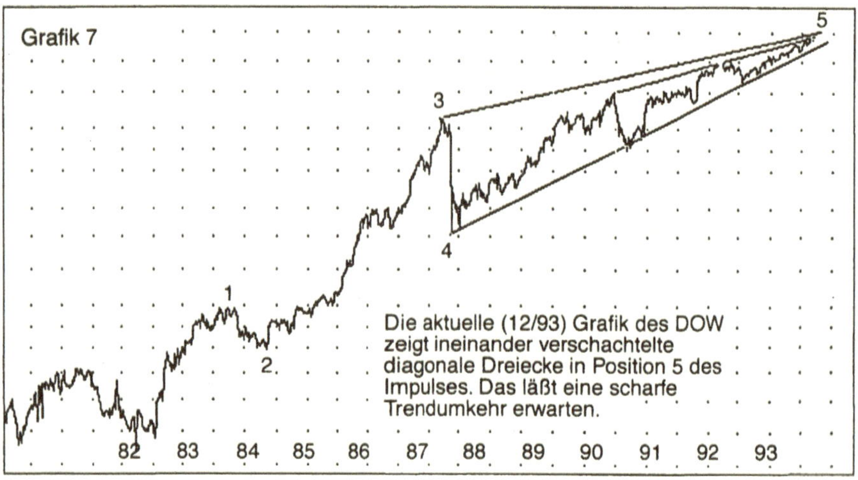

unerwähnt bleiben, für die es aktuell ein Paradebeispiel gibt: das *diagonale Dreieck:* (siehe Grafik 7).

Diagonale Dreiecke können nach Elliott nur an den drei Positionen vorkommen. Eine von ihnen tritt für diese Einführung vernachlässigbar selten auf, die anderen beiden sind Position 5 eines Aufwärtsimpulses und Position c einer Korrektur. Typisch ist das Auftreten dieser Formation, nachdem die vorangegangene Kursbewegung „zu rasch zu weit" geführt hat.

Nur in diagonalen Dreiecken dürfen (aber müssen nicht) sich Impulswelle 1 und Korrekturwelle 4 überschneiden. Die Struktur des diagonalen Dreiecks muß (wie ein Impuls) fünfgliedrig sein, die einzelnen Strukturteile aber müssen (bis auf eine seltene Ausnahme) Dreierformationen sein.

Die darin durchscheinende Zwitterstruktur der Formation deutet auf ihr Vorkommen an den genannten, exponierten Stellen unmittelbar vor einer

Trendwende hin. Aktuell (Dezember 1993) findet sich im → Dow Jones (3740) ein gewaltiges diagonales Dreieck, das auf eine bevorstehende, vehemente Richtungsänderung des US-Marktes schließen läßt.

Die hier ausschnittweise genannten Regeln, es sei erneut betont, sind nicht mehr, als man mit einem Griff aus einem Werkzeugkasten herausnehmen kann. Noch ein weiterer Hinweis, der gleich in diesem Bild bleibt: Kein Klempner kommt nur mit der Rohrzange daher; Anleger sollten ihre Entscheidungen gleichsinnig daher nicht ausschließlich auf die Elliott-Wellen stützen, sondern ihnen zusätzliche andere Fundamente wie → Charts (s. Beitrag des Autors zu → Candlesticks), Indikatoren, Zyklik, Sentimentechnik etc.) zugrundelegen.

Software: Mittlerweile gibt es (vorwiegend amerikanische) Computerprogramme, die die Elliott-Wellen auf die Märkte anwenden. Nach Ansicht des Autors zeichnen sich diese Programme neben einem unangemessen hohen Preis durch ihr Unvermögen aus, die fraktale Struktur der Wellen auf mehreren Ebenen zu erfassen. Sie können beim derzeitigen Entwicklungsstand aber eine Hilfe zur Vermeidung von Regelverstößen sein.

Lit.: Prechter jr., R. R.; Frost, A. J.: Elliott Wave Principle, New Classics Library, Gainesville, USA 1978 [deutsche Auflage vergriffen]; Murphy J. J.: Technical Analysis of the Futures Markets, New York Institute of Finance, New York 1986 [deutsche Übersetzung Hoppenstedt-Verlag]; Prechter jr., R. R.: Gezeitenwechsel, Börsenbuch-Verlag, Kulmbach; Prechter jr., R. R.: The Elliott Wave Theorist (mtl. Börsenbrief über US-Börse, Bonds und Edelmetalle), Elliott Wave International, Gainesville, USA [deutsche Übersetzung Börsenbuch-Verlag, Kulmbach]; Retz, A.: Der Seismograph (mtl. Börsenbrief über internationale Aktienmärkte, Währungen, Edelmetalle), Börsenbuch-Verlag, Kulmbach.

A. Retz, Brühl

Emission

Effektenemission. Das Angebot und die Erstausgabe von → Effekten, aber auch die Gesamtheit der aus einer Ausgabe stammenden Effekten.

1. Selbstemission, bei der der → Emittent (Ausgeber) die Unterbringung der Effekten beim Publikum selbst besorgt. In der Regel ist dieser Weg den Emittenten wegen des fehlenden direkten Absatzsystems nicht möglich; anders z.B. für Banken.
2. Fremdemission, bei der Banken, → Makler oder ein → Konsortium die Effekten übernehmen oder an der → Börse einführen oder über andere Wege am Markt unterzubringen versuchen.

In der Bundesrepublik Deutschland ist eine → Unterpariemission für → Aktien nicht zulässig.

→ Begebung.

Emissionsbank

Bank, die sich mit dem → Emissionsgeschäft befaßt. Der Aufgabenschwerpunkt einer E. liegt in der Plazierung von → Neuemissionen entweder als → Kommissionär oder Eigenhändler. In Deutschland gibt es keine reine E.; hier herrscht der Typus der Universalbank vor.

Emissionsgeschäft

Geschäfte der → Kreditinstitute, die mit der Ausgabe und dem Absatz von → Effekten für sich selbst oder für Dritte verbunden sind. Der Emissionsablauf besteht aus dem Abschluß eines Effektenübernahmevertrags zwischen beteiligten Kreditinstituten und dem → Emittenten (z.B. einer → Aktiengesellschaft), der Übernahme der Wertpapiere durch die Kreditinstitute und der Unterbringung (→ Plazierung) bei den Kapitalanlegern. Bei der Selbstemission übernimmt der Emittent selbst die Plazierung seiner Effekten bei den Kapitalanlegern (z.B. die Plazierung von Bank-Aktien). Bei der Fremdemission wird die Plazierung der Effekten nicht vom Emittenten, sondern von einem oder mehreren Kreditinstituten übernommen. Selten führt eine einzelne Bank eine → Emission durch, dies geschieht vielmehr meist durch Emissionskonsortium (→ Bankenkonsortium).

Emissionshaus
Bank, die an Wertpapieremissionen federführend beteiligt ist.

Emissionskurs
→ Emissionspreis. → Ausgabekurs.

Emissionspreis
Emissionskurs

→ Kurs für den Erwerb neubegebener Wertpapiere, bei → Aktien mindestens der → Nennbetrag, bei → festverzinslichen Wertpapieren meist unter dem Nennbetrag.

Emissionsprospekt
Zeichnungsprospekt bei → Neuemissionen als Einladung zur Zeichnung bzw. zum Kauf. Zwang zur Veröffentlichung besteht nicht. Ansprüche aus einer eventuellen → Prospekthaftung können nur geltend gemacht werden, wenn es sich um einen Prospekt handelt, aufgrund dessen Wertpapiere zum → Amtlichen Handel zugelassen werden. → Staatsanleihen sind von der Prospektpflicht befreit. Deutsche Investmentgesellschaften sind an bestimmte Vorschriften bezüglich der Angaben im E. gebunden.

Emittent
Derjenige, der Wertpapiere ausstellt und an der → Börse begibt. Bei Rentenwerten schuldet der E. in der Regel die → Rückzahlung.

Emittieren
Eine → Emission auflegen, ein neues Wertpapier am Markt unterbringen.

Enger Markt
Im Wertpapierhandel die Situation, daß von dem betreffenden Papier größere Beträge in festen Händen sind und nur wenige Stücke umlaufen. In diesem Falle zeichnet sich die Kursentwicklung durch größere Kursschwankungen aus.

Entlastung
Billigung der Tätigkeit der Mitglieder des → Vorstandes und des → Aufsichtsrates einer → Aktiengesellschaft für das laufende Geschäftsjahr durch Beschluß der → Hauptversammlung gemäß §§ 119, 120 AktG. Über die E. von Vorstand und Aufsichtsrat wird getrennt abgestimmt. Eine gesonderte Abstimmung über die E. eines einzelnen Mitgliedes erfolgt bei Beschluß der Hauptversammlung oder bei Antrag einer Minderheit von 10% des → Grundkapitals oder mindestens 2 Mio. DM nominal. E. bedeutet keinen Verzicht auf Ersatzansprüche.

Equity-Methode
Bilanzierungsansatz bestimmter langfristiger Beteiligungen im → Jahresabschluß der am stimmberechtigten Kapital einer anderen Untenehmung beteiligten Gesellschaft. Bei der E. (auch: Economic Basis Method) wird nicht zu Anschaffungswerten bilanziert, sondern der Buchwert der Beteiligung laufend fortgeschrieben. Der Bilanzansatz entspricht damit dem Anteil am Reinvermögen (→ Equity) der Beteiligungsgesellschaft. Die Fortschreibung erfolgt, indem zum Anschaffungswert die Änderung im Nettovermögen, das anteilige Jahresergebnis und die anteilig ausgeschüttete → Dividende addiert werden.

Erfüllung
Bei → Optionen: Vorgang der → Lieferung und Bezahlung des → Basispreises oder des → Barausgleiches bei Ausübung von Optionen. Insbesondere bei → Aktienindex-Optionen ersetzt der Barausgleich Lieferung und Zahlung dadurch, daß der realisierte → Gewinn überwiesen (oder der Verlust ausgeglichen) wird.

Ergebnis nach DVFA
→ DVFA-Ergebnis

Ermächtigungsstimmrecht
Depotstimmrecht.

Erneuerungsschein
Talon

Legitimationspapier, das am Ende des → Bogens eines Wertpapiers ausgedruckt ist und zum Bezug neuer Zins- oder → Dividendenscheine berechtigt, wenn die alten → Kupons verbraucht sind.

Eröffnungskurs
Der erste → Kurs oder der → Anfangskurs bei variabler → Notierung.

ERP-Sondervermögen
Abkürzung für European Recovery Program. 1953 gebildetes → Sondervermögen des Bundes, das aus den Mitteln des von den USA gewährten Hilfsprogramms (GARIOA-Hilfe und Marshall-Plan) für den Wiederaufbau der deutschen Wirtschaft nach dem Zweiten Weltkrieg gebildet wurde. Die Empfänger bezahlten die Hilfslieferungen, vor allem Güter aus den USA in Form von Lebensmitteln, Düngemitteln, Roh- und Treibstoffen, in einen Gegenwertfonds. Nach dem Londoner Schuldenabkommen wurden seine Mittel in der Regel als zinsverbilligte Darlehen inbesondere für regionale Förderungsmaßnahmen, Wasser- und Luftreinigung und zur Unterstützung des Mittelstandes gewährt. Kreditnehmer müssen in gewissem Umfang Eigenmittel nachweisen. Bis 1991 umfaßt der E.-Wirtschaftsplan für zinsgünstige Darlehen ein Zusagevolumen von nahezu 100 Mrd. DM. Für den Mittelstand, vor allem für Existenzgründungen, stehen pro Jahr mehrere Mrd. DM zur Verfügung. Das Anfang 1990 beschlossene Modernisierungsprogramm für die ehemalige DDR wird neben Zuschüssen des Bundes aus E.-Mitteln finanziert. Es dient speziell der Finanzierung von → Investitionen zur Modernisierung und Erweiterung bestehender Betriebe, zur Abwassereinigung und zur Luftreinhaltung. Diese E.-Kredite haben eine → Laufzeit bis zu 20 Jahren bei einem Zins von derzeit 7,5%.

Erstabsatz
Verkauf von Wertpapieren an Ersterwerber. Dieser Vorgang war bereits vor Abschaffung der Börsenumsatzsteuer von dieser befreit.

Erste Adresse
Ein bonitätsmäßig erstklassiger Schuldner oder → Emittent. → Adresse.

Ertragskraft
Fähigkeit einer Unternehmung, → Gewinne zu erzielen, und zwar gegenwärtig wie künftig. Die langfristige E. bildet die Grundlage für die Aktienbewertung und ist ein wesentliches Kriterium bei der Auswahl von → Aktien zur → Kapitalanlage. Wichtige Kriterien sind dabei die Entwicklung des Absatzmarktes einer Unternehmung, ihre Kostenstrukturen und Potentiale.

Ertragswert
Im Gegensatz zum Anschaffungswert zukunftsorientierter Ansatz zur Bewertung eines Kapitalgutes oder eines Unternehmens. E. ist der Barwert der (zukünftig erwarteten) Nettoerträge des Bewertungsobjektes.

Escomptieren
Veraltet für → diskontieren. Heute börsensprachlich das Vorwegnehmen zukünftiger Ereignisse in den → Kursen. So wird z.B. die Erwartung einer Dividendenerhöhung oder der Ausgabe von → Berichtigungsaktien im → Börsenhandel durch Kurssteigerungen vorweggenommen.

Euro-Anleihen
Euro-Bonds

Internationale → Schuldverschreibungen, deren → Emission in der Regel durch ein international zusammengesetztes → Konsortium nach der Underwriting-Methode über den → Euro-Kapitalmarkt international → diversifiziert abgesetzt wird. Im Gegensatz dazu wird die → Auslandsanleihe grundsätzlich auf einem bestimmten nationalen → Kapitalmarkt abgesetzt (z.B. eine DM-Auslandsanleihe am deutschen Kapitalmarkt durch einen japanischen → Emittenten).

Euro-Bonds
→ Euro-Anleihen.

Euroclear
Auf dem → Euro-Kapitalmarkt hat sich

für Euroanleihen (Eurobondmarkt) neben dem Markt für Erstausgaben (Primärmarkt) auch ein Markt für umlaufende Papiere an → Börsen oder im → Telefonverkehr zu Tageskursen (Sekundärmarkt) gebildet. Anfänglich waren die → Umsätze auf diesem Markt durch effektive Stückelieferung gekennzeichnet, was zu erheblichen Problemen führte. E. (E. Clearance System Société Coopérative, Brüssel) ist das erste 1968 von einer amerikanischen Trust Company gegründete Verrechnungssystem für den Sekundärmarkt von Euroanleihen. Um den Handel von Euroanleihen nicht einem Institut zu überlassen und wegen der Bedenken hinsichtlich Neutralität und Vertraulichkeit gründeten die europäischen Banken 1970 ein eigenes Verrechnungssystem → „Cedel". Beide Einrichtungen wickeln heute fast den gesamten Umsatz auf dem Eurosekundärmarkt ab. Durch sie wurden die Transaktionskosten und die Abwicklungszeit von oft mehreren Monaten auf wenige Tage gesenkt. E. wickelte 1987 für etwa 2.250 Teilnehmer Geschäfte im Umfang von 527 Mrd. US-Dollar ab.

Euro-Dollar

Ursprüngliche Bezeichnung für von Nichtamerikanern gehaltene US-Dollar-Guthaben in London, die für finanzielle Transaktionen außerhalb der USA zur Verfügung standen. Später wurden gleichartige Finanzierungsgeschäfte jeweils außerhalb der betreffenden Hoheitsgebiete in Schweizer Franken (Euro-Franken), DM (Euro-DM), Pfund (Euro-Pfund) usw. getätigt. Insoweit ist die Bezeichnung E. ein nicht mehr zutreffender Sammelbegriff für gleichartige internationale Finanzierungsgeschäfte auf dem Euromarkt.

Euro-Geldmarkt

Teilmarkt der → Euromärkte (E., Euro-Kreditmarkt, → Euro-Kapitalmarkt). Auf dem E. werden kurzfristige Interbankleistungen angeboten und nachgefragt, bei denen die Währung eine untergeordnete Rolle spielt. Es handelt sich dabei um finanzielle Transaktionen auf der Basis von Banken-Giralgeld in Währungen verschiedener Länder außerhalb der Hoheitsgebiete der betreffenden Währungen (Euro-Dollar, Euro-DM, Euro-Pfund, Euro-Gulden usw.). Der E. selbst hat somit nur abgeleitete (derivative) Währungen, nicht aber eine eigene (originäre) Währung. Am E. wird jede Übertragung eines Währungsbetrages erst durch eine Übertragung im Ursprungsland der Währung ermöglicht. Insofern weisen internationale → Geldmärkte Berührungspunkte zu den → Devisenmärkten auf, mit denen auch enge Wechselbeziehungen bestehen. Der E. weist zwei Marktsegmente auf. Auf dem Markt für Euro-Geldmarktpapiere erfolgt die → Emission und der Handel von Certificates of Deposits (CDs) sowie von Internationalen Promissory Notes (Commercial Papers und Euro-Notes). Der Markt für Euro-Geldleihen betrifft den Handel mit Banken-Giralgeld, das auf ausländische Währung lautet, d.h. in der Übertragung von Sichtguthaben oder kurzfristigen Terminforderungen (die nicht in CDs verbrieft sind) zum Zwecke des Liquiditätsausgleichs von internationalen Banken und multinationalen Unternehmen sowie der rentablen kurzfristigen Anlage von Überschüssen.

Euro-Kapitalmarkt

Teilmarkt der → Euromärkte für Euro-Aktien und Euro-Forderungspapiere. Während der E. bis 1985 ausschließlich ein Markt für → Euro-Anleihen und Euro-Schuldscheine war und gegenüber dem Eurokreditmarkt ein relativ geringes Volumen aufgewiesen hatte, führte in diesem Marktbereich die internationale Verschuldungskrise zu einer Veränderung insofern, als die Kreditvergaben in Form von Eurokrediten durch Banken von Schuldverschreibungen durch die Schuldner abgelöst wurden (Securization), und andererseits infolge der neuen Technik nach dem Muster von Euro-Anleiheemissionen ein zusätzliches Marktsegment entstanden ist. Der E. besteht also einerseits aus dem Markt für Euro-Aktien, andererseits aus den Märkten für Euro-Forderungspapiere, die wiederum aus dem Markt für Euro-Anleihen und dem Markt für Euro-Schuldscheine bestehen.

Euromarkt

Restriktive Vorschriften über Zinsbesteuerung in den USA („Regulation Q") führten zu Beginn der 60er Jahre zu einer verstärkten Auslandsorientierung amerikanischer Banken und → Investoren in der Weise, daß Geldanlagen kürzerfristiger Art bei Banken außerhalb der USA in Europa und im asiatischen Raum erfolgten. Zusätzlich ließen sich dabei weitere Vorteile der Rentabilitätserhöhung, wie z.B. die Freiheit von Belastungen der Einlagen durch Mindestreservebestimmungen, nutzen. Dabei konzentrierten sich die Anlagen vor allem auf den Platz London, später durch deutsche Banken auf den Platz Luxemburg, die insofern als → Off-Shore-Plätze bezeichnet werden können. Die Besonderheit der Geldanlagen bei den so bezeichneten *Eurobanken* besteht darin, daß es sich um Guthaben auf fremde Währung in Form von Buchgeld handelt, die entsprechend der jeweiligen zugrunde liegenden Währung als *Euro-Währung* (Euro-Dollar, Euro-DM, Euro-Yen, Euro-Schweizerfranken usw.) bezeichnet werden (Abb. 1). Da die Eurobanken ihrerseits wiederum für eine rentable Anlage der übernommenen Euro-Währungen zu sorgen hatten, entstand zuerst im kurzfristigen Bereich der → *Euro-Geldmarkt*, über den kurzfristige Anlagen und kurzfristige Ausleihungen (bis zu 12 Monaten) zwischen Banken, aber auch zwischen Banken und anderen Partnern (Unternehmungen, Zentralnotenbanken) erfolgen. Der stark expandierende Euro-Geldmarkt erhielt zu Beginn der 70er Jahre einen erheblichen Wachstumsschub aufgrund der Anlagen der ölexportierenden Staaten (OPEC-Staaten), die sich primär auf kurzfristige Anlagen konzentrierten.

Da einerseits die im Euro-Geldmarkt angelegten enormen Mittel nicht ohne weiteres kurzfristigen Verwendungen zuführbar waren, andererseits aber ein erheblicher Bedarf an (zinsgünstigen) Finanzmitteln im mittel- und längerfristigen Bereich bestand, entwickelte sich eine neue Technik der Kreditvergabe von Banken insbesondere an Unternehmungen mit internationaler Ausrichtung und entsprechendem Fremdwährungsbedarf: Die im Euro-Geldmarkt verfügbare → Liquidität wurde durch Banken auf der Basis der Fristentransformation zu mittel- bis längerfristigen Kreditausleihungen benutzt und das dabei entstehende Risiko der Zinssatzänderung *(Zinsänderungsrisiko)* auf die Kreditnehmer überwälzt. Die auf dieser Technik des Überrollens basierenden Kredite werden als *Roll-over-Kredite* bezeichnet und sind hinsichtlich der Zinsgestaltung dadurch charakterisiert, daß entsprechend der Finanzierung über den Euro-Geldmarkt Zinsperioden festzulegen sind, für die jeweils ein festzulegender *Referenzzinssatz* besteht, der bei Veränderungen des Zinsniveaus am Euro-Geldmarkt jeweils für die nächste (neue) Zinsperiode neu festzulegen ist. In Anbetracht der Konzentration auf den Platz London findet als Referenzzinssatz vorzugsweise die

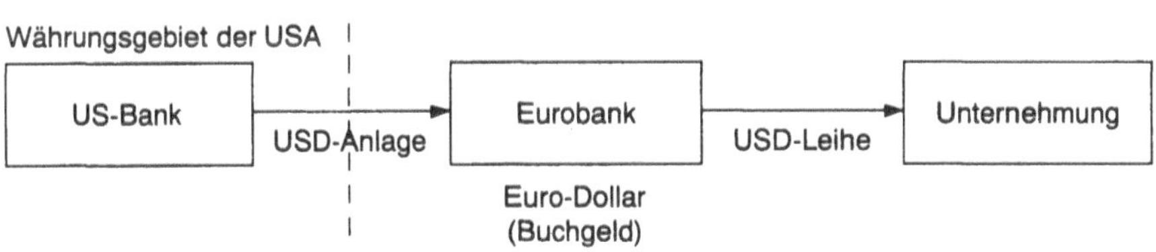

Abb. 1: Beziehungskette am Euro-Geldmarkt

London Interbank Offered Rate *(→ LIBOR)* Anwendung. LIBOR bildet sich täglich unter den Londoner Euro-Banken nach festgelegten Regeln für die wichtigsten → Laufzeiten (z.B. 1-, 3-, 6-, 12-Monats-LIBOR) und für die jeweiligen relevanten Euro-Währungen. Die Kosten des Kreditnehmers für den Euro-Kredit werden darüber hinaus von seiner Bonität insofern bestimmt, als zusätzlich zum Referenzzinssatz (LIBOR) ein individueller → *Spread (= → Marge)* vereinbart wird. Den Zusammenhang zwischen Euro-Geldmarkt-Finanzierung und Euro-Kreditmarkt-Ausleihungen zeigt Abb. 2 in den Grundzügen. Der Investor am Euro-Geldmarkt erhält für seine Anlage die gegenüber LIBOR niedrigere Bid-Rate *(LIBID)*. Da die Kreditaufnahme von Unternehmungen über den Euro-Kreditmarkt (und das Bankensystem) höhere Finanzierungskosten verursacht als direkte Finanzierungen über den Euro-Geldmarkt (siehe dazu *Eilenberger 1994*), sind seit Ende der 80er Jahre große inter- bzw. multinationale Unternehmungen (MNU) dazu übergegangen, sich über die → Emission von spezifischen *Geldmarktpapieren (Euro-Commercial-Paper* im kurzfristigen Bereich und → *Euro-Notes* in Form von *Revolving Underwriting Facilities* (RUF) oder *Note Issuance Facilities* (NIF) im mittel- bis längerfristigen Bereich) günstigere Finanzierungsbedingungen zu erschließen. Insofern weist der Euro-Geldmarkt zwei Teilmärkte auf (Abb. 3), nämlich den Markt für Euro-Geldleihen (vorwiegend unter Banken) und den Markt für Euro-Geldmarktpapiere (vorwiegend unter Unternehmungen).

Die am Euro-Geldmarkt angewandte Finanzierungsmethode durch Emission von Geldmarktpapieren zur Unternehmensfinanzierung *(Securitization)* findet am → *Euro-Kapitalmarkt* ihre Entsprechung insofern, als zum Ersatz von Euro-Roll-over-Krediten die MNU zur Emission von → *Eurobonds* (Schuldverschreibungen am Euro-Kapitalmarkt) angehalten wurden. Dieser Sachverhalt resultiert aus dem für die Bankbilanzen bedrohlichen Risikopotential aus der relativ freizügigen Kreditvergabe Anfang der 80er Jahre, die ohne ausreichende Bonitätsprüfung (der Länderrisiken) erfolgte und zur sog. internationalen Verschuldungskrise führte, auf deren Höhepunkt die Summe des Kreditvolumens an Problemländer der Dritten Welt und des ehemaligen Ostblocks bei einer Billion USD lag. Neben der Securitization als Ursache für die Entwicklung des Euro-Kapitalmarktes, dessen Charakteristikum darin besteht, daß die Mittelaufbringung über den Einsatz von Finanztiteln in Form von Euro-Schuldverschreibungen und Euro-Aktien erfolgt (Abb. 4), spricht das Motiv relativ günstiger Finanzierungskosten für dessen Inanspruchnahme. Das gilt vor allem für den Fall, daß die Emissionen im Wege von *Privatplazierungen* (private placements) bei Großinvestoren direkt untergebracht und die Kosten einer ansonsten notwendigen öffentlichen Plazierung vermieden werden. Dazu kommen steuerliche Vorteile bei der Plazierung über Off-Shore-

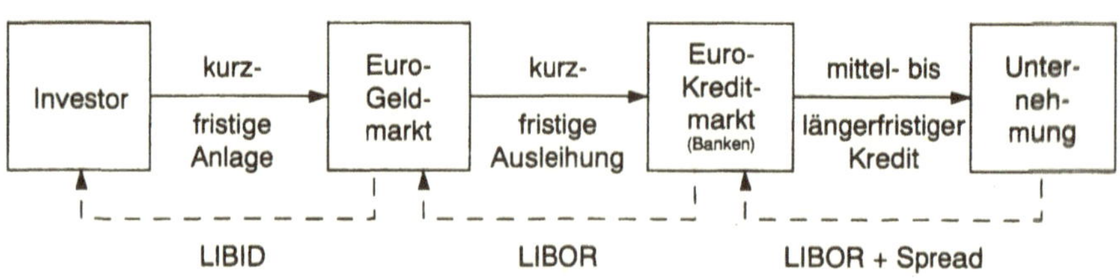

Abb. 2: Grundstruktur von Euro-Geldmarkt- und Euro-Kreditmarkt-Beziehungen unter Berücksichtigung von Zinszahlungen

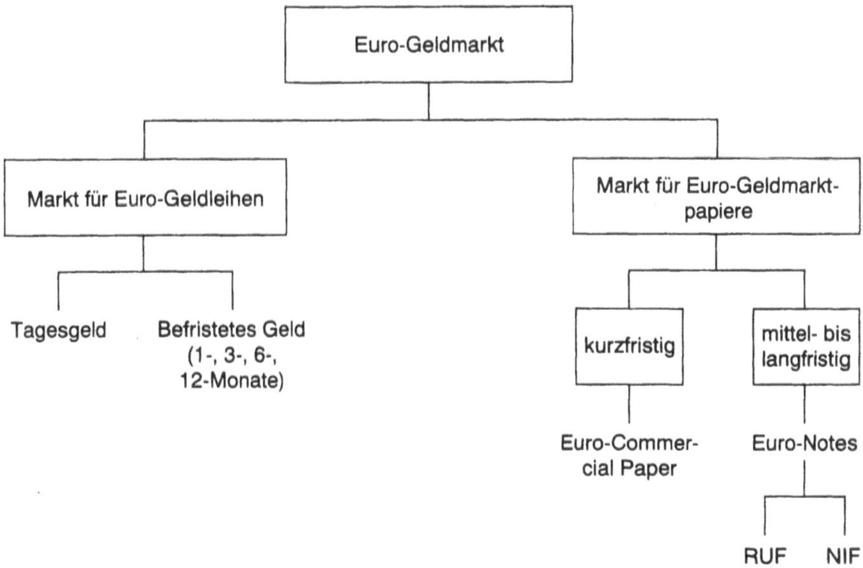

Abb. 3: Grundstruktur des Euro-Geldmarktes (nach Marktsegmenten)

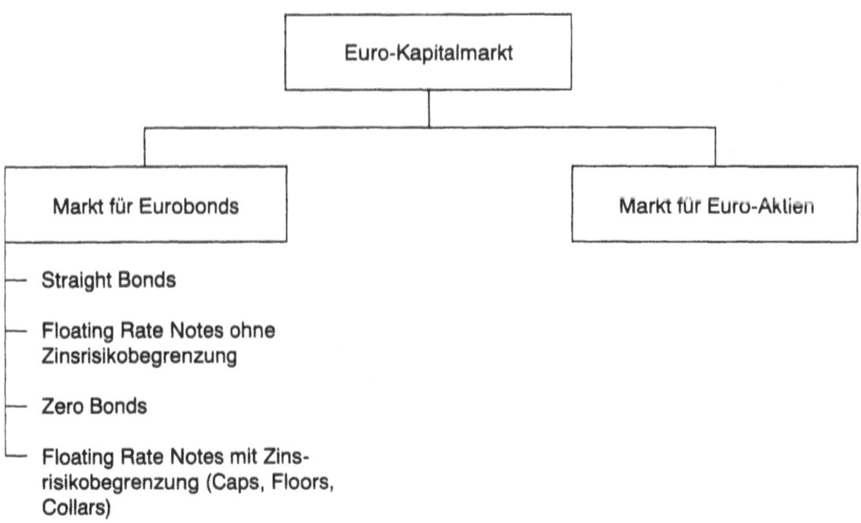

Abb. 4: Struktur des Euro-Kapitalmarktes

Plätze (wie beispielsweise Amsterdam oder Luxemburg), die eine Quellenbesteuerung oder Zinsbesteuerung vermeidet. Die im Rahmen von Euro-Kapitalmarktemissionen angewandte Begebungsmethode des *Underwriting* über internationale Konsortien garantiert eine relativ problemlose Plazierung der Emission. Im Falle der *Euro-Aktien* handelt es sich um die Begebung von → Aktien einer Unternehmung mit internationalen Aktivitäten, wobei der Emissionserlös jedoch der Zentrale der MNU zufließt, das Aktienkapital aber über das Underwriting international gestreut wird (ohne daß eine Euro-Aktiengesellschaft oder sonstige Form einer Euro-Gesellschaft vorliegt). Die Emission von *Eurobonds* kann im wesentlichen in Form von Straight Bonds als festverzinste Papiere (häufig in Verbindung mit → Optionsrechten), als variabel verzinste Papiere analog den Roll-over-Krediten (Floating Rate Notes - FRN) oder als → Zero-Bonds (bei denen eine Emission als Diskontpapier erfolgt) in Betracht kommen. Bei den FRN kann zwischen Finanztiteln mit vollem Zinsänderungsrisiko und solchen Papieren, die Begrenzungen der Zinsrisiken enthalten, unterschieden werden: *Caps* sind durch eine Begrenzung von Zinssteigerungen auf einem Maximalzinssatz (Zinsdeckel) charakterisiert, während *Floors* eine derartige Begrenzung von Zinssenkungen auf einem Minimalzinssatz vorsehen; *Collars* vereinen die Begrenzungen von Caps und Floors in dem Sinne, daß ein Zinsband (= Collar bzw. Kragen) entsteht, innerhalb dessen Zinsänderungen begrenzt sind.

In jüngster Zeit sind MNU dazu übergegangen, ihre Finanzierungen in Form von *Euro-Finanzierungsprogrammen*, die gleichzeitig sowohl den Euro-Geldmarkt als auch den Euro-Kapitalmarkt beanspruchen *(Medium Term Notes - MTN-Programme)*, vorzunehmen. Dadurch realisieren MNU einen *Finanzierungsmix* von kurz- und langfristigen Finanzmittelaufnahmen, verbunden mit einem *Währungsmix*, der die unterschiedlichen benötigten Euro-Währungen sowie die unterschiedlich befristeten Finanzierungsbedürfnisse ebenso berücksichtigt sowie die von Währung zu Währung unterschiedlichen Finanzierungskosten.

Lit.: Eilenberger, G.: Betriebliche Finanzwirtschaft. 5. Aufl., München-Wien 1994

Prof. Dr. G. Eilenberger, Rostock

Euronotes

Infolge der Securization auf dem → Euromarkt wurde dieses kurzfristige Papier initiiert. Es wird von erstklassigen Nichtbanken → emittiert. Zur → Placierung der E. eingeschaltete Banken (Underwriting Banks) geben den → Emittenten zur Deckung des Finanzbedarfs für den Fall der Nichtplazierbarkeit gegen vorher vereinbarte Konditionen eine Übernahmegarantie oder auch Kreditzusage (Underwritten Facilities). Im Rahmen der Plazierungsvereinbarung räumen die Banken dem Emittenten die Möglichkeit ein, je nach seinem Finanzierungsbedarf die E. revolvierend bei Anlegern zu plazieren. Je nach Ausgestaltung der Bank-Schuldner-Beziehung und der Art des Plazierungsverfahrens gibt es unterschiedliche Varianten von E., so Revolving Underwritten Facilities (RUF), Note Issuance Facilities (NIF) u.a. E. bieten dem Emittenten eine flexible Kapitalaufnahme zu geldmarktnahen Konditionen bei gleichzeitig langfristiger Finanzierungszusage, den Anlegern, vor allem institutionellen, eine attraktive Anlagealternative für kurzfristige Liquiditätsspitzen, den Banken Provisionseinnahmen aus dem Plazierungsgeschäft und mögliche Plazierungsgewinne sowie eine Transaktion eventuell ohne Bilanzbelastung.

Europäische Investitionsbank

EIB

1958 errichtetes rechtlich selbständiges → Kreditinstitut der EG (EU) mit Sitz in Luxemburg mit der Aufgabe, ohne Verfolgung eines Erwerbszweckes zur ausgewogenen und reibungslosen Entwicklung des gemeinsamen Marktes durch Gewährung von Darlehen und Bürgschaften beizutragen, durch die die Finanzierung von im Interesse der EG (EU) liegenden Investitionsvorhaben erleichtert werden. E. finanziert aus eigenen Mitteln und aus auf dem → Kapitalmarkt aufgenommenen Anleihen Vorhaben zur Erschließung weniger entwickelter Gebiete, der Modernisierung und Umstellung von Unternehmen oder Schaffung von Arbeitsplätzen innerhalb der EG (EU) sowie Vorhaben außerhalb der EG (EU), wenn diese von unmittelbarem Interesse für die EG (EU) sind, so z.B. die Energieversorgung.

Europäische Option
→ Kauf- oder → Verkaufsoption, die nur am → Fälligkeitstermin ausgeübt werden kann. E. werden z.B. an der → American Stock Exchange in New York gehandelt.

Europäisches Währungssystem
→ EWS.

European Currency Unit
→ ECU.

Evening Up
Bezeichnung für die Beendigung einer Terminposition durch → Andienung bzw. → Liquidation oder → Glattstellung durch Aufbau einer Gegenposition.

Eventualverbindlichkeiten
Im Gegensatz zu bestimmten Verbindlichkeiten ungewisse Verbindlichkeiten, die dem Grunde nach in Haftungsbeziehungen des bilanzierenden Unternehmens gegenüber außenstehenden Wirtschaftssubjekten bestehen, aber deren → Fälligkeit bzw. Höhe zum Bilanzstichtag unsicher oder auch unwahrscheinlich ist, z.B. Verbindlichkeiten aus Bürgschaften, Gewährleistungsverträgen, Gewährung von Avalkrediten u.a. E. sind, soweit nicht in der → Bilanz ausgewiesen, unter dem Bilanzstrich in voller Höhe zu vermerken.

Ewige Anleihen
Ewige Renten

→ Anleihen, bei denen der Rückzahlungstermin im voraus nicht bestimmt ist. Doch behält sich der Schuldner meist das Recht der → Tilgung vor. Die E. sind in Deutschland nicht gebräuchlich. Es gibt sie in begrenztem Maße in Großbritannien und Frankreich.

Ewige Renten
→ Ewige Anleihen.

EWS
Europäisches Währungssystem.

Aufgrund einer Entschließung des Rats der EG (Europäische Gemeinschaft) 1979 an Stelle des Europäischen Währungsverbundes getretene währungspolitische Zusammenarbeit mit dem Ziel, in Europa eine Zone der Währungsstabilität zu errichten. Seine Praktizierung beruht im wesentlichen auf einem Abkommen der Zentralbanken der EG-Länder. Das E. besteht aus vier Bestandteilen, von denen die ersten drei verwirklicht sind:

1. Europäische Währungseinheit → ECU. Sie sollte ursprünglich Bezugsgröße für → Wechselkurse und Indikator im E. sein, hat aber diesbezüglich nur eine symbolische Rolle, da bei einer Wechselkursänderung der ECU- → Leitkurs aus den Veränderungen der bilateralen Wechselkurse abgeleitet wird. Ist auch Rechnungseinheit für den Haushalt der EG wie auch für Forderungen und Verbindlichkeiten sowie Zahlungsmittel zwischen den → Notenbanken, wird von ihnen auch in geringem Umfang als Reservewährung gehalten. Ist alleinige Rechengröße für die Operationen im → Interventions- und Kreditmechanismus der E., die über den EFWZ (Europäischer Fonds für währungspolitische Zusammenarbeit) abgewickelt werden.

2. Das Interventionssystem, in dem es feste, aber im gegenseitigen Einvernehmen anpassungsfähige Wechselkurse gibt. Marktkurse dürfen in bestimmten Bandbreiten schwanken. Die Bandbreite wurde aber inzwischen erweitert. Gegenüber anderen als den Mitgliedsländern gibt es keine festen Wechselkurse. Groß-

britannien und Italien ebenso wie Griechenland nehmen z.Zt. nicht am E. teil. Diese Länder haben zwar das E.-Abkommen unterzeichnet und 20% ihrer Gold- und Dollarreserven in den EFWZ eingebracht, jedoch nicht die mit dem Interventionssystem verbundenen Verpflichtungen zur Stabilisierung der Wechselkurse innerhalb der Bandbreiten übernommen.

3. Ein Abweichungsindikator, der drei Viertel der höchstmöglichen Abweichung einer Währung vom Leitkurs signalisiert und das betreffende Land zu wirtschaftspolitischen Maßnahmen oder Einleitung von Konsultationen verpflichtet. Aufgrund der seit 1987 zugelassenen und zunehmend getätigten intramarginalen Interventionen wurde verhindert, daß sich aufgetretene Spannungen frühzeitig in den → Kassakursen und somit im Abweichungsindikator niederschlagen konnten. Seine Aussage ist somit beeinträchtigt. Auf Dauer sind stabile Wechselkurse nur bei koordinierter → Geld- und Finanzpolitik bzw. gleichgerichteter → Konjunktur möglich.

4. Der ab 1981 vorgesehene Europäische Währungsfonds, der gegen Einzahlung von Währungsreserven und nationale Währungen ECU schaffen, für den Saldenausgleich des Systems sorgen und im Bedarfsfall → Kredite gegen mitunter damit verbundene wirtschaftspolitische Auflagen bereitstellen soll. Zwischenzeitlich wird ein Teil der Aufgaben vom EFWZ wahrgenommen. So wurden treuhänderisch ein Fünftel der Gold- und Dollarreserven der Notenbanken gegen ECU übertragen. Im Rahmen des schon vorher bestehenden kurzfristigen Währungsbeistandes wurden 14 Mrd. ECU Kredit geschaffen wie auch innerhalb des mittelfristigen finanziellen Beistandes (Kreditgewährung zur Überbrückung länger anhaltender Zahlungsbilanzungleichgewichte bis zu fünf Jahren) 11 Mrd. ECU.

Unzureichender Gleichschritt in der wirtschaftlichen Entwicklung zwischen den Mitgliedsländern und noch nicht vollständige Anwendung der E.-Regelungen der Anfangsphase in einigen Mitgliedsländern – z.B. frei schwankende Wechselkurse der Währungen von Großbritannien, Griechenland, Spanien, Portugal – verhinderte institutionelle Weiterentwicklung der währungspolitischen Kooperation. Die 1986 unterzeichnete „Einheitliche Europäische Akte" initiierte jedoch durch die darin vorgesehene Ergänzung des EWG-Vertrages zur Zusammenarbeit bei der Wirtschafts- und Währungspolitik Voraussetzungen für eine Weiterentwicklung.

Die Erfahrung mit dem E. zeigt in den letzten Jahren, daß Häufigkeit und Ausmaß der Wechselkursanpassungen im Zeitverlauf erheblich gemindert und die Preisniveau- sowie die Zinsunterschiede zwischen den Mitgliedsländern abgenommen haben, obwohl sich seit 1987 wieder stärkere Spannungen in Inflationsraten, Staatsdefiziten und außenwirtschaftlichen Ungleichgewichten äußern. Das E. kann als Beispiel erfolgreicher Kooperation angesehen werden, welche durch die Konvergenz der Wirtschaftspolitik in einigen Ländern bewirkt wurde.

exB
exBR, exBez

→ Kurszusatz am Tag des Bezugsrechtsabschlags. → Aktie wird ab sofort mit Bezugsrechtsabschlag (ohne → Bezugsrecht) gehandelt.

exBA
→ Kurszusatz für ex → Berichtigungsaktien, d.h. ausschließlich Berichtigungsaktien. Der Kurs versteht sich ohne Berichtigungsaktien.

exBez
→ exB.

exBR
→ exB.

Exchange
1. Tausch, Tauschhandel, vor allem → Devisenhandel (Foreign Exchange).

2. → Börse (→ Stock Exchange).

Exchange rate
→ Amtlicher Devisenkurs.

exD
exDiv (ausschließlich → Dividende)

→ Kurszusatz am Tage des → Dividendenabschlags. → Aktie wird ab sofort ohne Dividendenanspruch für das abgelaufene Jahr gehandelt.

exDiv
→ exD.

Exercise
Ausüben einer → Option durch den Käufer. → Ausübung.

Exoten
Börsensprachlich für Wertpapiere von → Emittenten aus kleinen, meist überseeischen Staaten ohne funktionsfähigen → Kapitalmarkt. Bezeichnung auch im → Devisenhandel für Währungen solcher Länder.

Nicht zuletzt spekulative Werte, die nicht amtlich notiert sind und außerhalb des → Freiverkehrs nach Börsenschluß gehandelt werden.

Exotenbörse
Außerhalb des → Freiverkehrs nach Börsenschluß gehandelte → Exoten (spekulative Werte).

Exportquote
Der Anteil des Werts der Ausfuhren am Bruttosozialprodukt.

F

Fälligkeit
Börsensprachlich für einen Betrag, der an einem → Fälligkeitstermin zu zahlen ist.

Darüber hinaus bezeichnet F. das Datum, zu dem eine → Anleihe getilgt wird.

Fälligkeitstermin
Letztmöglicher Erfüllungstermin bei Geschäften mit → Futures und → Optionen.

1. Aktienoptionshandel an den Wertpapierbörsen:

Fälligkeitstermine: 15. Januar, 15. April, 15. Juli, 15. Oktober. Neue Geschäftsabschlüsse: Nur Optionen der nächsten drei auf das Quartal des Geschäftsabschlusses folgenden Fälligkeitstermine.

2. Aktienoptionshandel an der → Deutschen Terminbörse (DTB):

Verfalltag einer Optionsserie ist der Börsentag, der auf den letzten Handelstag folgt. Dieser ist der dritte Freitag eines jeweiligen Verfallmonats.

3. → DAX-Futures an der DTB:

Erfüllungstag eines Kontraktes ist der zweite Börsentag nach dem letzten Handelstag. Dieser ist der Börsentag vor dem Schlußabrechnungstag. Der Schlußabrechnungstag wiederum ist der dritte Freitag des jeweiligen Quartalsmonats (März, Juni, September, Dezember).

4. → Bund-Futures:

Liefertag ist der zehnte Kalendertag des Verfallmonats. Der letzte Handelstag liegt zwei Börsentage vor dem Liefertag.

Verfallmonate sind entweder der nächste, der übernächste oder der drittnächste Quartalsmonat (März, Juni, September, Dezember).

5. Rentenoptionshandel:

Jeweils der 25. Kalendertag im Januar, April, Juli oder Oktober.

Fair Average Quality
F.A.Q.

Im Warenhandel Bezeichnung für Durchschnittsqualität.

Fairer Preis
Fair Value

Weitverbreitetes Formelergebnis für → Futures, das sich aus dem Vergleich der → Basis mit den Costs of Carry (den Kosten der tatsächlichen → Portfoliohaltung) ergibt.

Fair Value
→ Fairer Preis.

Falscher Ausbruch
→ False Move.

False Move
Falscher Ausbruch

In der → Chartanalyse eine Art von versuchsweisen Ausbrüchen, neben dem verfrühten Ausbruch. F. heißen nur deshalb so, weil ihnen unmittelbar (d.h. in ein paar Tagen oder sogar Stunden) ein echter Ausbruch in der Gegenrichtung folgt. In der Regel wird der → Schlußkurs als Indikator für einen echten oder falschen Ausbruch herangezogen.

F.A.Q.
→ Fair Average Quality.

Farmerpreis
→ Farm-Price.

Farm-Price
Farmerpreis

Preis, den der Landwirt für seine Produkte erhält. Er wird regelmäßig vom US-Landwirtschaftsministerium jeweils am 15. des Monats bekanntgegeben.

Fazilität
1. Kreditfazilität: alle einem Kunden von einer Bank eingeräumten Kreditmöglichkeiten unabhängig von ihrer Beanspruchung. Darüberhinaus Bezeichnung für Finanzierungsmöglichkeiten von Zahlungsbilanzdefiziten, hauptsächlich der Entwicklungsländer, beim → Internationalen Währungsfonds (IWF).

2. Im kaufmännischen Geschäftsverkehr die Einzelheiten eines Geschäfts.

Festgelder

→ Termineinlagen, die anders als bei → Kündigungsgeldern mit einer bestimmten → Laufzeit vereinbart sind, die nach Ablauf der Festlegungszeit sofort fällig werden und sich in Sichteinlagen umwandeln. Als F. werden nur größere Beträge, in der Regel ab 10.000,– DM angenommen.

Festverzinsliche Wertpapiere

Rentenwerte

Wertpapiere, die anders als die → Dividendenwerte eine vereinbarte laufende, gleichbleibende Verzinsung gewähren. Hierzu zählen insbesondere → Bundes-, Bahn-, Post-, Länder- und → Kommunalanleihen, Anleihen öffentlich-rechtlicher Körperschaften, → Pfandbriefe, → Kommunalobligationen, → Bundesobligationen sowie Sparobligationen. In den Markt für F. werden in der Regel auch → Nullkupon-Anleihen und andere Titel mit Zinsansammlung, → Doppelwährungsanleihen und → Floating Rate Notes eingereiht, obwohl letztere keinen festen, sondern einen variablen Zins aufweisen. F. sind meist durch → Schuldverschreibungen unterlegt. Bei F. handelt es sich um schuldrechtliche Ansprüche, die bei ihrer → Fälligkeit zurückgezahlt werden.

FIBOR

Abkürzung für Frankfurt Interbank Offered Rate.

In Anlehnung an den → LIBOR (London Interbank Offered Rent) seit August 1985 von der → Privatdiskont AG in Frankfurt auf Beschluß des → Zentralen Kapitalmarktausschusses täglich ermittelter und veröffentlichter Referenzzinssatz für variabel verzinsliche Anleihen am DM-Kapitalmarkt. Der F. ist das arithmetische Mittel von → Zinssätzen, zu denen führende deutsche Banken bereit sind, freie → liquide Mittel auf ein bis zwölf Monate an erste → Adressen auf dem → Geldmarkt anzulegen. Der F. spiegelt somit die Entwicklung am deutschen Geldmarkt wider. Der F. dient der Festlegung des jeweiligen Zinssatzes zinsvariabler → Anleihen, der für die gesamte → Laufzeit im voraus mit einem Auf- oder → Abschlag in Abhängigkeit von der → Bonität des Schuldners sowie der allgemeinen Marktsituation bestimmt wird. Öffentliche Schuldner neigen dazu, den LIBOR wegen des größeren → Sekundärmarktes und wegen modernen Zinsmanagements zu bevorzugen. Für am F. orientierte Anleihen befürchten sie, in Zeiten sinkender Zinsen wegen des relativ engen Sekundärmarktes diese Titel dann selbst zurückkaufen zu müssen. Demgegenüber besteht die Deutsche Bundesbank auf einer Bindung → öffentlicher Anleihen am F., um den Finanzplatz Deutschland zu stützen.

Fill or Kill

Im → Terminhandel Ausführungsbeschränkung für eingeschränkte limitierte Aufträge. Eine F.-Order ist sofort vollständig auszuführen oder zu löschen. An der → DTB können Aufträge über Optionskontrakte mit F. versehen werden.

Financial Futures

Standardisiertes Finanztermingeschäft. F. entwickelten sich an den internationalen Finanzmärkten wegen starker Kursschwankungen und einem damit verbundenen Absicherungsbedürfnis besonders erfolgreich und gehören heute zu den etablierten → Finanzinnovationen. Abgeschlossen werden F. aus Sicherheitsüberlegungen (→ Hedging), aber auch zur Spekulation und zur → Arbitrage.

Zu den F. zählen Precious Metal Futures im Terminhandel mit Edelmetallen, Currency Futures (Devisenterminkontrakte) zur Absicherung von Valutapositionen gegen Währungsrisiken, Stock Index Futures (Terminkontrakte auf der Basis von → Aktienindices) zur Absicherung der Aktienportefeuilles gegen Kursrisiken und Zins Futures (Zinsterminkontrakte auf der Basis eines synthetischen Zinspapiers) zur Absicherung von Wertpapierbeständen gegen Zinsänderungsrisiken.

Financial Innovations
→ Finanzinnovationen.

Finanzierungsinstrumente
Die Gesamtheit der Möglichkeiten zur Finanzierung. Instrumente wie → Anleihen, Wandelschuldverschreibungen oder → Aktien stehen nur emissionsfähigen, größeren Unternehmen zur Verfügung. Zu den F. gehören auch die → Finanzinnovationen, die → Financial Futures u.a. Am besten lassen sich F. als die Produkte definieren, die auf dem Markt der Finanzdiensleistungen angeboten bzw. nachgefragt werden.

Finanzierungsschätze
Von Bund, Ländern, Sondervermögen, Bahn und Post emittierte Wertpapiere in einer → Stückelung ab 1.000,– DM bis 500.000,– DM pro Geschäftstag und Person mit einer → Laufzeit von 1 oder 2 Jahren. F. werden über Banken abgezinst und an jedermann außer an Banken und Gebietsfremde verkauft und zum → Nennwert nach Ablauf der Laufzeit zurückgekauft. F. sind nicht börsenfähig.

Finanzinnovationen
Financial Innovations

Finanzwirtschaftliche Innovationen

In den USA seit Mitte der 70er Jahre, in Deutschland zu Beginn der 80er Jahre neue Transaktions- und Anlagemöglichkeiten, z.B. Annuitäten-Anleihe, → Floating Rate Notes, → Doppelwährungsanleihen, Absicherungsfazilitäten, die traditionelle Kassenhaltungs- und Anlageentscheidungen der Wirtschaftssubjekte wesentlich beeinflussen. Entstehungsgründe für F. sind: ursprünglich staatlich regulierte → Kapitalmärkte und mit Beginn der 80er Jahre Abbau der Regulierungen (→ Deregulierung); Anstieg der Inflationsraten und damit schwankende → Zinssätze, die für Anleger bei abnehmender Geldillusion Bedeutung gewinnen, weil sie Inflationserwartungen in ihre Entscheidungen einbeziehen; Anstieg der → Risiken auf vielen Gebieten der Banktätigkeit und Bestreben, diesem Trend mit risikomindernden Konstruktionen zu begegnen; Eigenkapitalknappheit, die → Kreditinstitute zu kapitalverstärkenden F. (z.B. nachrangige Darlehen) und kapitalschonenden F. (z.B. bilanzneutrale Geschäfte) veranlaßt; wachsende Bedeutung von Cash Management für Unternehmen sowie die Entwicklung in der Informationstechnik (Electronic Funds Transfer, Banking-POS, → Electronic Banking). F. befriedigen neu entstandene Bedürfnisse, nutzen technologisch und juristisch neue Produktionsmöglichkeiten und führen bei individueller Absicherung von einzelnen Risiken zu einer Umverteilung der Risiken – weithin zu Lasten der Kreditnehmer. F. bedingen wegen zunehmend nichtbilanzierter Risiken eine Erschwerung der Bankenaufsicht.

Finanzwechsel
Im Gegensatz zum → Handelswechsel ein Wechsel, dem kein Warengeschäft zugrundeliegt. Beispiel: Bank-auf-Wirtschaft-Ziehungen (Debitorenziehungen), Bank-auf-Bank-Ziehungen. F. sind in der Regel nicht rediskontfähig.

Finanzwirtschaftliche Innovationen
→ Finanzinnovationen.

First Notice Day
Erster Tag, an dem die Modifikation (Änderungsabsicht) des Inhabers einer → Short Position in einem → Financial Futures-Kontrakt gemäß den Regularien des jeweiligen → Clearing House an dieses geleitet werden kann.

Fixing
Amtliche Festsetzung eines → Kurses an der → Börse, in der Regel für → Devisen, so an der Frankfurter Devisenbörse, oder für Gold an der Londoner Goldbörse.

Flag
Flagge

In der → Chartanalyse eine Formation, die idealtypisch aus einem Paralellogramm besteht, das um 45 Grad geneigt ist.

Eine F. bestätigt den vorherrschenden Trend und sollte nach längstens vier Wochen komplett sein.

Flagge
→ Flag.

Floating
Wechselkurspolitik, die die Bildung des → Wechselkurses dem Devisenmarkt überläßt bzw. Freigabe bisher fester Wechselkurse. Bilden sich die Wechselkurse ohne jegliche → Interventionen oder Bandbreiten, spricht man von sauberem F. Wird versucht, Wechselkursschwankungen durch Devisenmarktinterventionen zu glätten oder Wechselkurse durch Transaktionen sowie Beschränkungen im Zahlungsverkehr zu stützen, handelt es sich um kontrolliertes oder schmutziges F. Können sich die Wechselkurse innerhalb von Bandbreiten an formelgesteuerte, d.h. vorher bekanntgegebene Paritäten anpassen, wird dieses System crawling peg oder self-adjusting peg genannt. Beim → Block-F. oder Gruppen-F. läßt eine Gruppe von Ländern ihre Wechselkurse innerhalb festgelegter Bandbreiten, aber gegenüber Drittländern vollständig schwanken. So im Europäischen Währungsverbund.

Floating rate notes
(Floater, FRN's, variabel verzinsliche Anleihen) sind mittel und langfristige → Schuldverschreibungen, deren Verzinsung sich periodisch (mindestens jährlich, höchstens monatlich) nach einem in den Emissionsbedingungen beschriebenen Referenzzinssatz richtet. Ordnet man den F. als Sonderform der Schuldverschreibung anhand des Kriteriums „Verzinsung" ein, so muß einerseits differenziert werden zwischen der üblichen Form der Schuldverschreibung mit festem, gleichbleibendem Zinssatz und andererseits der Sonderform mit planmäßig steigenden oder fallenden Zinsen oder Zinszahlung erst bei → Fälligkeit (z.B. → Zero-Bonds). Andererseits gehört zur Gruppe der Sonderformen mit nicht planmäßig erwarteter Verzinsung als bedeutendster Vertreter – neben der Gewinnobligation und der Indexanleihe – der F.

Hervorstechendes Ausstattungsmerkmal des F. ist seine Verzinsung. Der Zins besteht üblicherweise aus zwei Komponenten, nämlich einem variablen und einem fixen Teil. Der variable als der größere Teil orientiert sich an dem in den Anleihebedingungen genannten Marktzins in Gestalt des sog. Referenzzinssatzes (→ Libor, → Fibor, Vibor, u.a.). Die Höhe des variablen → Zinssatzes wird für jede Periode zwischen den Zinsfestsetzungsterminen neu fixiert und stimmt in der Regel mit der Frist des Referenzzinssatzes überein. Der fixe Teil der Verzinsung, den man als Marge (→ margin, → spread, Prämie, Spanne) bezeichnet, wird dem Referenzzinssatz zugeschlagen. Die Höhe der Marge ist abhängig von der → Bonität des → Emittenten, der Marktverfassung sowie der Konkurrenz unter den Konsortialbanken. Erstklassige Adressen zahlen zumeist weniger als den Referenzzinssatz (z.B. DM-F. der Deutschen Bank: 1-Monats-Fibor abzüglich 50 Basispunkte bei monatlicher Zinszahlung). Deutliche Aufschläge auf den Fibor oder Libor gibt es bei Emittenten schwächerer Bonität, deren Zinszahlungen einem gewissen Risiko unterliegen; beträgt die Spanne z.B. 0,25% und der Libor 6,25%, so ist der laufende → Kupon („current coupon") für die nächste Zinsperiode 6,50%. Die Zinsen für F. werden periodisch (üblicherweise alle drei oder sechs Monate) gezahlt und gleichzeitig für die folgende Zinsperiode festgesetzt. Sind beispielsweise der 30.4. und der 30.10. Zinstermine, dann gilt der am „Rollover Date" (Zinstermin) festzulegende Zins (das Fixing erfolgt zwei Bankarbeitstage vor Beginn der Zinsperiode) für beispielsweise sechs Monate bis zum nächsten Zinstermin.

Obwohl seit dem 01.05.1985 auch auf DM lautende F. in der Bundesrepublik Deutschland emittiert werden dürfen, waren im Jahr 1992 rd. 62% der am internationalen Anleihemarkt plazierten F. in Höhe von insgesamt netto US-Dollar 24 Mrd. Dollaremissionen (1991 insgesamt US-Dollar 3.5 Mrd.). Die Bank für Internationalen Zahlungsausgleich führt diese rasante Expansion im wesentlichen auf drei Einflüsse zurück: Banken und Finanzinstitute sahen sich einem dringenden Kapitalbedarf gegenüber, die F. wurden in großem Umfang mit garantiertem Höchst- und Mindestzinssatz emittiert und schließlich machte es die Tendenz sinkender → Swap-Margen für → erste Adressen billiger, sich mit Euro-F. zu finanzieren (statt zu festem Zinssatz zu emittieren und den Erlös in variabel verzinsliche Zahlungen umzuwandeln). Zinsvariable Anleihen bewähren sich v.a. in Zeiten steigender Zinsen für den Anleger. Die Verzinsung der F. liegt durch die periodische Anpassung an das Marktniveau stets auf der Höhe des aktuellen Zinsniveaus, was dazu führt, daß der Anleger unverzüglich von steigenden Zinsen profitiert und dadurch weitestgehend gegen Zins- bzw. Kursverluste geschützt ist. In einer solchen Phase steigender Zinsen liegt der Vorteil eines F. gegenüber einer Festzinsanleihe auf der Hand (im umgekehrten Fall – bei nachgebendem Zinsniveau – ist die Festzinsanleihe zu bevorzugen).

Sofern überhaupt nennenswerte Kursveränderungen eintreten, sind sie bei sich änderndem Geldmarktzins am größten zwischen den Zinsänderungsterminen. Der Kursausschlag dürfte umso größer sein, je entfernter der Anpassungszeitpunkt ist. Je kürzer jedoch die Zinsanpassungsperiode ist (z.B. 1 oder 3 Monate), desto geringer werden eventuelle Kursschwankungen ausfallen (i.d.R. zu vernachlässigen, allenfalls nennenswert bei Bonitätsverschlechterung des Emittenten während der → Laufzeit: z.B. polnische Bank Hardlowy, fällig 1988, Verzinsung Libor + 1 1/8%, Kurs Febr. 1980 98%, Febr. 1981 91% !).

Neben den herkömmlichen Floatern gibt es diverse Weiterentwicklungen, von denen sich allerdings nur die wenigsten am Markt durchsetzen konnten. Verschiedentlich sind F. mit einer Mindestverzinsung, dem sog. Floor, ausgestattet, der im DM-Bereich häufig in der Nähe des Spareckzinssatzes angesiedelt ist. Sofern der Referenzzinssatz incl. Auf- oder Abschlag am Rollover-Date unter die fixierte Mindestverzinsung fällt, so wird dennoch für die nächste Zinsperiode der Mindestzinssatz gezahlt (hierdurch entsteht vorübergehend eine Festzinsanleihe). Der Cap-F. hingegen beinhaltet eine Maximalverzinsung: übersteigt der Referenzzinssatz eine bestimmte Zinsobergrenze (cap), so erhält der Investor solange nur diesen Höchstzinssatz, bis der Marktzins an einem Zinsanpassungstermin diese Obergrenze wieder unterschreitet (Vorteil für Emittent: in der Hochzinsphase ist Zinssatz auf Höchstzinssatz festgeschrieben). Mit Hilfe des 1990 erstmals emittierten Reserve-F. kann ein Anleger nunmehr auch von sinkenden Geldmarktzinsen profitieren: die Zinsen fallen oder steigen nicht mehr „automatisch" mit dem Marktzinsniveau, sonders entwickeln sich genau in die entgegengesetzte Richtung. Diese Titel sind mit einem hohen, über dem Marktzinssatz liegenden Zins – z.B. 13% – ausgestattet, von dem der jweilige Libor – z.B. 7% – abgezogen wird. Der Anleger erhält somit lediglich eine Verzinsung von 6%. Am nächsten Rollover-Date kann der Libor z.B. auf 5% gesunken sein, was für den Investor eine Verzinsung von nunmehr 8% (13% minus 5%) bedeutet. Der Anleger spekuliert demnach auf rückläufige Geldmarktzinsen.

Lit.: Ellerkmann, W.: Die Floating-Rate-Notes als Sonderform der Schuldverschreibung, Nürnberg 1987, S. 1ff.; Hrsg. Deutsche Bank AG Frankfurt am Main, Zentrale Börsenabteilung: Floating Rate Notes (FRN), Zinsvariable Anleihen, in: Deutsche Bank Bond Letter, Frankfurt 1985; Bank für internationalen Zahlungsausgleich, 63. Jahresbericht, S. 126ff., Basel 1993.

Dr. D. Anger, Nürnberg

Floor Broker

→ Broker an → Financial Futures-Märkten, die für die Ausführung von Aufträgen am Floor (Handelsraum) der jeweiligen Terminbörse verantwortlich ist.

Floor Trader

→ Börsenhändler an den US-Börsen, der im Gegensatz zum → Broker keine Geschäfte vermittelt, sondern als spekulativer Marktteilnehmer auftritt und gezielt offene Positionen eingeht.

Flüssige Mittel

Liquide Mittel

Mittel einer Unternehmung, die sofort zu Geld „verflüssigt" werden können: Kassenbestände, Bankguthaben, Schecks, Wechsel u.a. Das Ausmaß an F. bestimmt die → Liquidität eines Unternehmens.

Fonds

Frz.: Kapital. Allgemein ein Geldmittelbestand für bestimmte Zwecke. Als F. werden auch die → Schuldverschreibungen öffentlicher Körperschaften, insbesondere die fundierten → Anleihen ausschließlich kurzfristiger → Schatzanweisungen bezeichnet. → Investmentfonds: Durch Investmentgesellschaften mittels Ausgabe von → Anteilscheinen oder Zertifikaten beschaffte Mittel, die im Interesse der Anteilseigner nach bestimmten Methoden in → Effekten angelegt werden. → Immobilienfonds: Durch Ausgabe von Immobilienzertifikaten durch Anlagegesellschaften beschaffte Mittel, die im wesentlichen in Grundstücke und Gebäude als Kapital angelegt werden. → Offene Fonds (Open End Fonds): Die Höhe der auszugebenden Anteile ist nicht begrenzt. → Geschlossene Fonds (Closed End Fonds): Das Zertifikatskapital wird zur Zeichnung durch Anleger einmalig aufgelegt.

Fonds-Picking

F. – 1988 von der bankenunabhängigen Graf Lambsdorff-Gruppe in Deutschland eingeführt. Ein an angelsächsische Erfahrungen angelehntes neues Konzept der Vermögensverwaltung. Hierbei werden statt einzelner Anlageninstrumente, wie z.B. → Aktien (Stock-Picking), die jeweils geeignetsten → Investmentfonds für die Zusammenstellung von Wertpapierportfolios verwendet. Dadurch kann eine noch breitere internationale Diversifizierung vorgenommen werden und je nach Anlagenziel eine deutlich geringere → Volatilität erzielt werden (Grafik 1).

F. ist durch die aufgrund der fortschreitenden Internationalisierung entstandene radikale Veränderung des Investmentfondsmarktes notwendig geworden. Während es Anfang der 70er Jahre nur verhältnismäßig wenige Publikumsfonds gab, hat sich international die Zahl der börsennotierten → Fonds seitdem drastisch vergrößert und die Anlagepalette enorm verbreitert. So gibt es weltweit z.Zt. etwa 20.000 Publikumsfonds, davon ca. 9.000 europäische und ca. 600 deutsche Fonds (siehe Grafik 2).

Seit 1990 kommen deshalb nachfragebedingt in steigendem Maße weitere Anbieter für F. auf den Markt, die sich nach ihrer Art der Fondsauswahl in drei Gruppen aufteilen lassen:

Auswahl nach Wertkriterien: Unabhängige Anbieter stellen bei der Auswahl der Fonds ausschließlich Wertkriterien in den Mittelpunkt und beschränken sich nicht auf die Fonds einer einzigen Gruppe.

Auswahl aus gruppeneigenen Fonds: Deutsche Großbanken bieten Fonds-Picking über Luxemburg an, konzentrieren sich aber nur auf hauseigene Fonds. Andere, kleinere Banken beschränken sich derzeit ebenfalls auf eigene Fonds bzw. auf Fonds einer befreundeten Gruppe. Banken, die hauseigene Produkte nehmen und an den Verwaltungsgebühren der Fonds verdienen, können in ihren F.-Gebühren billiger sein als die unabhängigen Anbieter. Nach der bisherigen Performance zu urteilen, ist dies aber keineswegs ein Weg zu besseren Ergebnissen nach Gebühren. Zum Teil beschränken sich auch kleinere bankenunabhängige Anbieter auf Fonds einer einzigen Gruppe.

Auswahl durch Kunden: Bei diesem Modell treffen die Kunden die Entscheidung, welche Fonds genommen werden. Diese Entscheidung überfordert jedoch den privaten Anleger. Aufgrund der hohen Ausgabenaufschläge von Fonds (bis zu 9% bei internationalen Aktienfonds) gestaltet sich das F. für Privatanleger zudem u.U. sehr kostenträchtig.

Anzunehmen ist, daß sich die ersten beiden Modelle auf dem Markt durchsetzen werden. Das erste wegen der Unabhängigkeit, das zweite wegen der Placierungsmöglichkeiten der Banken über ihre Zweigstellen.

Auch bei der verwaltungstechnischen Abwicklung der F.-Modelle gibt es Unterschiede:

Einige große unabhängige → Vermögensverwalter und Banken bieten die wesentlich flexiblere, aber auch aufwendigere Einzelkontenverwaltung. Andere Vermögensverwalter bieten nur Anlagen über einen Beteiligungspool in Form von Gesellschaften bürgerlichen Rechts (BGB-Gesellschaften), die spezifische Risiken haben, für die alle Anleger solidarisch haften und bei denen Anlegerwünsche nicht so flexibel erfüllt werden können wie bei einer Einzelkontenverwaltung. Außerdem besteht bei den GbRs die Gefahr, in die Nähe der vom Bundesaufsichtsamt für das Kreditwesen verbotenen Dachfonds (Fund of Funds) zu kommen.

Die Verbesserung des F. gegenüber der privaten Anlage in einzelnen Investmentfonds besteht darin, daß die → Depots aus Fonds derart umgeschichtet werden, daß sie dem jeweiligen wirtschaftlichen Trend entsprechen und in schlechten Börsenzeiten das Kapital erhalten. Dafür arbeiten die seriösen Vermögensverwalter mit einem hohen Aufwand bei der Auswertung von wirtschaftlichen Daten, der von Privatanlegern gar nicht betrieben werden kann.

Es darf dabei nicht vergessen werden, daß der Begriff „F." letztendlich nur ein Synonym für Vermögensverwaltung auf Basis von Investmentfonds ist und auch diese Art der Vermögensverwaltung auf Grundlage der modernen Portfoliotheorie erfolgen sollte.

Die Auswertung der → Performance in der Vergangenheit sollte deshalb nur eine untergeordnete Rolle spielen, sonst werden Fonds aus Ländern aufgenommen, die erhebliche Kurssteigerungen hatten und u.U. kurz vor dem Abschwung stehen. Vergangenheitswerte sagen auch nicht viel über weitere wichtige Kriterien aus, u.a. über die Größe der Fonds.

Bei der Beurteilung der Qualität der Fonds-Picker ist es deshalb von entscheidender Bedeutung, ob die Fonds nach folgenden Kriterien ausgesucht werden:

- Prognose der wirtschaftlichen Entwicklung der nächsten 6 bis 12 Monate aller wichtigen Industrienationen und Schwellenländer
- Festlegung der geeignetsten Art der Fonds (→ Renten-, → Aktien-, Futures Fonds) für die jeweils ermittelten Wirtschaftsaussichten.
- Bestimmung der besten Fonds aus der gewünschten Fondsart und zwar nach
  - bisheriger Kursentwicklung
  - Konstanz der Ergebnisse
  - Größe der Fonds
  - Management-Qualität

Zusätzlich sollten bei internationalen Depots bei Bedarf entsprechende Währungsabsicherungen durchgeführt werden.

Anleger sollten sich ggf. vor der Entscheidung bestätigen lassen, nach welchen Kriterien das Depot verwaltet wird.

Entscheidend für den langfristigen Erfolg des F. ist es auch, ob die Vermögensverwalter moderne Finanzinstrumente einsetzen, die das Depot weitgehend gegen Kurseinbrüche absichern.

F. ermöglicht so dem Anleger, konservative bis spekulative Anlageziele international einzusetzen. Gleichzeitig bietet F. die Möglichkeit, risikoscheuen Anlegern mit dem Wunsch nach möglichst geringen Kursschwankungen Rechnung zu tragen. Außerdem können auch kleinere

VON DER EINZELANLAGE ZUM F.

Leistungen	Leistungshierarchie	Anfangsgebühren
– repräsentiert die Möglichkeit zur Beteiligung an weltweit allen Märkten – Risikostreuung: durch Aufteilung auf verschiedene Märkte höhere Streuung = erhöhte Sicherheit – geringere Volatilität – zweites Management, das durch Umschichtungen die unterschiedlichen Chancen der Einzelmärkte und Anlageinstrumente nutzt. – evtl. Währungsabsicherung – vorsichtiger Einstieg auf sicherer Basis – Anlegerstreßfaktor = mittel bis niedrig	**F.**	**∅ 5-10%.**
– repräsentiert die Möglichkeit zur Beteiligung an *einem Markt* – Risikostreuung: Aufteilung auf verschiedene Aktien = höhere Sicherheit – ein professionelles Management nutzt durch Umschichtung die unterschiedlichen Chancen dieses Marktes – Anlegerstreßfaktor = hoch bis mittel	**Investmentfonds** (Beispiel – Deutschland)	**∅ 5%.**
– repräsentiert die Möglichkeit zur Beteiligung an *einem Unternehmen* – Risikostreuung = NULL. Da durch hohes Risiko – Anlegerstreßfaktor = extrem	**Aktie** (Beispiel – Daimler Benz)	**∅ 2%.**

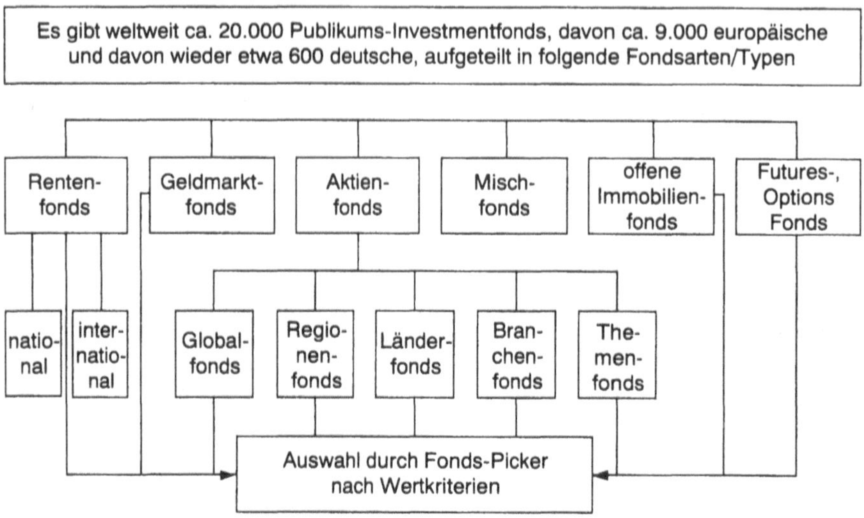

Anlagebeträge auf diese Art sinnvoll international gestreut werden.

Lit.: Gburek, M.: „Investmentfonds. Wege zum Reichtum". Gabler Verlag, ISBN 3-409-14745-4, Wiesbaden 1991; Keppler, M.: „The Importance of Dividend Yields in Country Selection", in Journal of Portfolio Management, Winter 1991 b. S. 27–28; Keppler, M.; Meydon; Traub, D.: „The Small-Country Effect. Small Markets Beat Large Markets" in: The Journal of Investing, Fall 1993; Klein, R. A.; Ledermann, J.: „Small Cap Stocks", ISBN 1-55738-518-1; Management Account Reports Inc. „The role of managed futures in investment portfolios". (A Three-Part Update), New York 1993; Winteler, E.-U.: „Geldanlage Gewinne erzielen – Fehler vermeiden", ISBN 3-478-31660-X; Winteler, E.-U.: „In der Baisse verdienen, Krisen überstehen", Investment Economics Ltd., London 1987.

Dipl.-Kfm. R. Soboll, Hamburg

Fortlaufende Notierung

Im Gegensatz zur Einheitsnotierung laufende Kursfeststellung im → amtlichen Handel mit → Aktien, wenn Kauf- oder Verkaufsaufträge von mehr als 50 Stück bzw. ein Mindestbetrag von 3.000,– DM oder einem Mehrfachen davon vorliegt. Für → Anleihen gelten zur F. andere Mindestbeträge.

Forward Contract

Ein in der Zukunft liquiditätswirksam werdendes, jedoch von der aktuellen Zinsstruktur determiniertes Geschäft. Die → Rendite eines solchen F. heißt Forward Rate.

Franchising

Vertikale Kooperation im Marketing mit finanzwirtschaftlichen Aspekten für beide Vertragsparteien, bei der Unternehmen (Franchisegeber) Waren (z.B. bestimmte Marken) und/oder Know-how (z.B. Geschäftsausstattung, Präsentation, Produktionsverfahren) langfristig dem Franchisenehmer zum Vertrieb überlassen, das Marketing weitgehend selbst bestimmen und außerdem über bestimmte Weisungs- und Kontrollrechte verfügen. Auch Unternehmen, die das Produkt nicht selbst herstellen, können gegen Entgelt Franchisegeber sein.

Frankfurt Interbank Offered Rate
→ FIBOR.

Free Supply
Die zur Verfügung stehenden Handelsreserven oder Handelsvorräte. Regierungsvorräte (staatliche Vorräte) sind hierbei nicht erfaßt.

Freier Makler
→ Freimakler.

Freijahre
Die tilgungsfreien Jahre im Ratenkreditgeschäft, in denen lediglich die fälligen Zinsen gezahlt werden müssen.

Freimakler
F. sind privatrechtliche Handelsmakler i.S.d. § 93ff. HGB, die aufgrund besonderer Zulassung zur Teilnahme am → Börsenhandel berechtigt sind, den Abschluß von Wertpapierhandelsgeschäften zwischen börsenzugelassenen → Kreditinstituten zu vermitteln. Sie betätigen sich als Vermittlungs- und Aufgabemakler in allen Marktsegmenten der Präsenzbörsen, im Computerhandel (IBIS, DTB) und außerbörslich. Sie erbringen Wertpapierdienstleistungen im Bereich der in- und ausländischen → Aktien, → Festverzinslichen, → Optionsscheine und sogenannte → Derivate. Im → Geregelten Markt und im → Freiverkehr sind F. als Skontroführer mit der Preisfeststellung betraut. Anders als die mit der Preisermittlung im amtlichen Handel beauftragten → Kursmakler unterliegen F. keinen gewerblichen Beschränkungen.

Die Zulassung als F. zur Teilnahme am börslichen Präsenzhandel und am elektronischen Handel in → IBIS erfolgt auf Antrag des Unternehmens durch die Börsengeschäftsführung unter im wesentlichen folgenden Voraussetzungen: Zuverlässigkeit und notwendige berufliche Eignung des Geschäftsinhabers bzw. satzungsmäßig berufenen Vertreters und der Börsenhändler (ggf. Prüfungsnachweis erforderlich); Sicherstellung der ordnungsgemäßen Geschäftsabwicklung am Börsenplatz; Sicherheitsleistung (bis zu 500.000,– DM, freiwillig mehr) zur Abdeckung aller Risiken aus eingegangenen Börsenverbindlichkeiten, offenen Aufgabegeschäften und Kursdifferenzen; nachgewiesenes → Eigenkapital von mind. 100.000,– DM; wirtschaftliche Leistungsfähigkeit. Die börsenmäßigen Sicherheitsleistungen erfolgen vielfach durch Bankbürgschaft oder Kautionsversicherung. Zahlreiche F. gehören zusätzlich einem von ihrem Berufsverband, dem Bundesverband der Freien Börsenmakler e.V., geschaffenen Sicherungsfond an.

Das Fortbestehen der wirtschaftlichen Leistungsfähigkeit des F.unternehmens wird von der → Börsenaufsichtsbehörde anhand vorzulegender Geschäftsunterlagen (quartalsmäßiger Vermögensstatus und Erfolgsrechnung, WP-geprüfter → Jahresabschluß samt Anhang und → Lagebericht) überprüft. Daneben erfolgt eine fortlaufende Überwachung des Handels einschließlich der Einhaltung des Sicherheitsrahmens und der Geschäftsabwicklung durch die Handelsüberwachungsstelle der → Börse.

F. vermitteln börslich und außerbörslich Geschäftsabschlüsse zwischen börsenzugelassenen Kreditinstituten des jeweiligen Börsenplatzes und darüber hinaus im sog. platzüberschreitenden Effektenverkehr (Makler-PUEV). Ihre Firmenstruktur, Größe und Spezialisierung ist recht unterschiedlich. Um im Wettbewerb mit anderen Wertpapierdienstleistungsunternehmen bestehen zu können, sind sie darauf angewiesen, ihr Serviceangebot an die ordererteilenden Kreditinstitute im börslichen und außerbörslichen Bereich ständig zu optimieren. Zahlreiche F.firmen unterhalten deswegen unter hohem personellem, apparativem und finanziellem Aufwand computergestützte Informations- und Handelssysteme, die sie in die Lage versetzen, das Ordergeschäft mit gutem Überblick über die Teilmärkte reaktionsschnell, zuverlässig und kundenfreundlich abzuwickeln. Unter eigener Risikoübernahme führen sie interessewahrende Orders, teils auch sogenannte Basketorders aus.

Größere Rentenmaklerfirmen unterhalten börsentäglich offene Standleitungen ins Ausland, in denen sie fortlaufend wie → Marketmaker Kurse stellen. Auf diese Weise tragen F. durch ihre Dienstleistungen und Risikoübernahmen wesentlich zur Belebung der börslichen und außerbörslichen Märkte bei und erhöhen deren → Liquidität und Markttiefe.

Als Aufgabenmakler (vgl. § 95 HGB) sind die F. dazu berechtigt, einem ordererteilenden Kreditinstitut eine Schlußnote vorbehaltlich der Aufgabe der (innerhalb usancemäßiger Frist) noch zu benennenden anderen Partei des Hauptvertrages (Wertpapierkäufer bzw. -verkäufer) zu erteilen. Rechtlich ist damit eine Erfüllungsgarantie des F. hinsichtlich der in der Schlußnote mitgeteilten Vertragsbedingungen (Wert, Stückzahl, Preis, Lieferzeit) verbunden. Daraus ergibt sich für ihn die Chance und das Risiko, an innerhalb der offenen Aufgabefrist (von ein bis zwei Börsentagen) eintretenden Kursveränderungen zu partizipieren: der F. wird die offene Aufgabe wegen der fortlaufenden Veränderungen des Kursniveaus in der Regel nicht zu den in der Schlußnote garantierten Kursen fristgerecht schließen können, so daß zu seinen Gunsten oder Lasten eine positive oder negative Kursdifferenz verbleibt; er kann und soll damit im Interesse der Liquidität des Marktes in begrenztem Rahmen Eigenspekulation betreiben. Diese Grenzen ergeben sich in zeitlicher Hinsicht aus der Notwendigkeit zur fristgerechten Schließung der Aufgabe bei Meidung der Zwangsexekution, in umfangmäßiger Hichsicht aus dem von den Börsen vorgegebenen Aufgabevolumen – ein vom → Börsenvorstand mittels Multiplikatoren festgelegtes Vielfaches der börslichen Sicherheitsleistung (Kaution) des F. Die Einhaltung dieses Kautionsrahmens wird von der Börsengeschäftsführung streng überwacht; Überschreitungen führen zur zwangsweisen Glattstellung offener Positionen und Haftung auf verbleibende Differenzen. Durch ihre Bereitschaft zur Risikoübernahme beim Aufgabengeschäft wirken F. in wesentlichem Umfang liquiditätsspendend für die börslichen Märkte.

F. sind als Vermittler nicht selbst Börsenadresse. Geschäftsabschlüsse im eigenen Namen sind ihnen mangels Kontoinhaberschaft bei der Deutsche Kassenverein AG nicht möglich. Beabsichtigt der F. ein Eigengeschäft zu schließen, so benennt er seine Verrechnungsbank als börsliche Handelsadresse. Nicht systemkonform ist demgegenüber die Zulassug der Makler als Eigenhändler in IBIS.

Als (privatrechtliches) Entgelt für seine Vermittlungstätigkeit steht dem F. ein Anspruch auf Courtage gegen jede der Parteien des Wertpapierhandelsgeschäfts zu. Hierbei werden regelmäßig die (Höchst-) Sätze der Kursmaklergebührenordnung usancemäßig entsprechend angewandt. Im Verhältnis zu Kursmaklern besteht weitgehende, teils vollständige → Courtagefreiheit; die Regelungen an den einzelnen Börsenplätzen sind insoweit unterschiedlich. F. untereinander sind courtagefrei gestellt. Eine Poolung der Courtageeinnahmen – wie bei den Kursmaklern –, findet bei den F. nicht statt. Die Courtageeinnahmen aus dem Ordergeschäft der F. stellen die wesentliche Grundlage für ihre börsenpolitisch erwünschte, weil liquiditätsschaffende Risikobereitschaft beim Aufgabe- und Eigengeschäftsabschluß dar. Als Bestandteil der börslichen Transaktionskosten fällt die Maklercourtage verhältnismäßig wenig ins Gewicht.

Die einschneidenden strukturellen Veränderungen an den deutschen Wertpapierbörsen mit der weitgehenden Verlagerung des institutionellen Handels auf IBIS, der zunehmenden Ordererfassung in → BOSS-CUBE, der Zentralisierung der Orderströme auf die Frankfurter Wertpapierbörse stellen die F. besonders an den Regionalbörsen vor große Herausforderungen. Das elektronische Orderrouting zu den für die amtlichen Standardwerte zuständigen Skontroführern führte zu starken Eingriffen in das gewachsene Orderaufkommen der F. an allen Börsen. Die von der Kreditwirtschaft betriebene Orderkonzentration auf die Frankfurter Wertpapierbörse hat die F. an den Regionalbörsen besonders hart getroffen. Die entfallenen Courtageeinnahmen aus sicherem Ordergeschäft beeinflussen die Risikobereitschaft ungünstig. Angesichts zunehmend volatiler Märkte sind die Auswirkungen vielfach bedrohlich. Hinzu kommt ein wachsender Kostendruck, erzeugt aus der Entwicklung und Implementierung der elektronischen Informations-, Orderleit-, Handels- und Abwicklungssysteme.

Um im verschärften Wettbewerb mit Banken, Brokerhäusern und F. bestehen zu können, wird es zunehmend von Bedeutung sein, daß die F. ihre Kapitalbasis verbreitern, ihre Dienstleistungspalette börslich und außerbörslich erweitern und optimieren, Kreativität und Innovationswillen vermehrt beweisen, Kooperationen und strategische Allianzen mit Wertpapierdienstleistern im In- und Ausland eingehen.

Lit.: Bruns; Rodrian: Wertpapier und Börse, Berlin, Stand 1990; Samm: Börsenrecht, Stuttgart-Wiesbaden, 1978; Schlüter: Die Rechtsstellung des Freien Börsenmaklers an den deutschen Börsen, in: Hadding/Schneider, Beiträge zum Börsenrecht, S. 81ff., Frankfurt a.M., 1987; Schwark: Kommentar zum Börsengesetz, München 1976.

Dr. U. Schlüter, München

Freiverkehr

Durch Zusammenschluß der bis dahin getrennt existierenden Teilmärkte geregelter F. und ungeregelter F. seit Mai 1987 neu gestaltetes Börsensegment. Im Mai 1988 wurden im F. etwa 350 → Aktien und etwa 70 Rentenwerte notiert. Davon sind etwa 120 inländische Aktien, 230 ausländische Aktien, etwa 70 Rentenwerte, 2 ausländische → Optionsscheine und ein ausländischer → Investmentfonds. Im Gegensatz zum → Amtlichen Handel und → Geregelten Markt ist der F. (bislang) im → Börsengesetz nicht näher geregelt. Er unterliegt aber der Mißbrauchsaufsicht der → Börsenvorstände. Über die Einbeziehung von Werten in den F. entscheidet jeweils ein besonderer Ausschuß an einer → Börse (Freiverkehrausschuß) auf der Grundlage der dort geltenden Richtlinien für den F. Die Aufnahme von Werten erfolgt aufgrund eines seitens der Freimakler vermuteten Handelsbedarfs, weshalb auch die Zustimmung des → Emittenten zur Kursfeststellung seiner Anteile im F. nicht erforderlich ist. Freilich wird gegen den Willen des Emittenten in seinen Werten kein F.handel aufgenommen. Der F. soll insgesamt einen ordnungsgemäßen Handel mit solchen Werten sicherstellen, die die Anforderungen des Amtlichen Handels und des Geregelten Marktes nicht erfüllen, bei denen aber angesichts einer größeren Zahl von Wertpapierberechtigten ein Interesse an einem Handel auf einem transparenten Markt vorliegt.

F. im Sinne von → OTC-Markt (Over the Counter) bezeichnet den börsenähnlichen Handel unter Brokerhäusern und Wertpapierhändlern. Es handelt sich um einen reinen Handelsmarkt, also um kein Auktionssystem wie bei der Börse.

Fremdkapital

Bezeichnung durch das durch Schuldenaufnahme finanzierte Kapital einer Unternehmung. Im Gegensatz zum → Eigenkapital besteht für F. kein Haftungsverhältnis und kein Gewinnanspruch. F. hat lediglich Anrecht auf Erhalt des vertraglich vereinbarten Nutzungsentgelts für seine Überlassung (Zinsen) und nominale → Rückzahlung, deshalb auch als Gläubigerkapital bezeichnet.

Fremdmittel

Die von einem Unternehmen aufgenommenen → Kredite, → Anleihen sowie sonstigen Zahlungsverpflichtungen (Schulden). Gegenbegriff ist → Eigenmittel. In der Bilanzanalyse interessiert insbesondere das Verhältnis von Eigenmitteln zu F. Hohe F. bedeuten größere

Krisenanfälligkeit durch knappere → Liquiditätsreserven.

Fremdwährungsanleihen

I. Begriff: Währungsanleihen werden in einer anderen als der nationalen Währung begeben. Einzubeziehen sind auch → Anleihen in einer Kunstwährung, beispielsweise in → ECU oder in → Sonderziehungsrechten des IWF. Als wichtigste Währung aus Sicht des deutschen Gläubigers sind der US$, der Schweizer Franken, das englische Pfund sowie der ECU zu nennen. Andere, allerdings weniger bedeutende Anleihewährungen sind der Singapore $, die FinnMark, die dänische Krone oder der portugiesische Escudo. Bei diesen Währungen ist die Unterscheidung in Hart- und Weichwährungen zu treffen. Insbesondere „Weich"währungen beinhalten erhebliche Devisenkursrisiken.

Die Währungsanleihen lassen sich deshalb nach dem Devisenkursrisiko in zwei Gruppen einteilen: Anleihen in frei floatenden Währungen – wie etwa dem US$ – und in Anleihen, deren Währung in einem Währungssystem (Beispiel EWS) eingebunden ist. Auch bei der letztgenannten Anleihegruppe ist das Devisenkursrisiko nicht auszuschließen, da es Mitgliedsländer mit stabilen wirtschaftlichen Rahmendaten und solche mit erheblichen volkswirtschaftlichen Problemen gibt. Das Währungsrisiko von Anleihen aus solchen Ländern ist zwar geringer im Vergleich zu Anleihen in floatender Währung, doch darf die Gefahr von → Paritätenveränderungen eines Währungssystems nicht außer Acht gelassen werden. Die Zentralnotenbanken der am Europäischen Währungssystem beteiligten Staaten streben an, die Schwankungen ihrer Währungen innerhalb vertraglich vereinbarter Bandbreiten zu begrenzen.

Als besondere Form ist die → Doppelwährungsanleihe anzusehen, bei der die mit dem Wertpapier verbundenen Zahlungen in unterschiedlichen Währungen erfolgen. Die Einzahlung des → Investors beim Anleihekauf und die Zinszahlungen des Schuldners werden nicht in der gleichen Währung getätigt, in der die Anleihe bei → Fälligkeit getilgt wird. Als → Zinssatz wird ein Mischsatz ermittelt, der zwischen den Marktzinsen der verschiedenen in der Anleihekonstruktion verwendeten Währungen liegt. Zur Tilgung wird i.a. die Währung mit dem höheren Marktzinsniveau genommen, wohingegen als Emissionswährung die Währung mit dem niedrigeren Marktzinsniveau festgelegt wird.

II. Beurteilung aus Schuldnersicht: Währungsanleihen bieten dem Schuldner einmal den Vorteil, durch das niedrigere Marktzinsniveau der fremden Währung seine Finanzierungskosten reduzieren und somit an dem Zinsgefüge des Auslandes partizipieren zu können. Dazu kommt die Deckung des Bedarfs an → Fremdkapital in fremder Währung für → Investitionen in diesem Währungsgebiet. Desweiteren kann der Schuldner durch die Abwertung der Anleihewährung bzw. die Aufwertung der nationalen Währung Devisenkursgewinne erzielen. Deshalb ist es aus Sicht des → Emittenten unumgänglich, die Entwicklung der Fremdwährung in Relation zu anderen Währungen zu beobachten und zu prognostizieren.

Andererseits trägt der Emittent auch das Devisenkursrisiko aus der F., wenn die nationale Währung an Wert verliert gegenüber der Währung, in der die Anleihe aufgelegt wurde. Deshalb muß er sich durch risikopolitische Maßnahmen, beispielsweise → Devisentermin- oder → Devisenoptionsgeschäfte, absichern. In Betracht zu ziehen ist auch der Währungsswap (Currency Swap). Es handelt sich hier um den vertraglich vereinbarten Austausch von Zahlungsverbindlichkeiten zwischen zwei Swap-Partnern. Beim Währungs-Swap erfolgt der Tausch des Kapitalbetrages mit der daraus resultierenden Zinsverpflichtung in ein entsprechendes Kapitalvolumen einer anderen Währung. Bei der Doppelwährungsanleihe dagegen erwächst dem Schuldner kein Devisenkursrisiko, da er die Anleihe in seiner Landeswährung tilgt. Lediglich das Wechselkursrisiko für die Zinszahlungen muß er am Terminmarkt absichern.

III. Beurteilung aus Sicht des Gläubigers: Der Anleger erhält aus Währungsanleihen zum einen Zinsen und kann außerdem noch → Gewinne aus dem Kursanstieg der Anleihewährung erzielen. Diesen Möglichkeiten, die → Performance der Vermögensanlage in Währungsanleihen zu steigern, steht das nicht unbeträchtliche Devisenkursrisiko gegenüber. Der Anleger muß deshalb versuchen, die Währungsentwicklung zu prognostizieren und bei seiner Anlagepolitik die Risiken der verschiedenen, insbesondere der → volatilen Währungen zu berücksichtigen: Neben der → Bonitätsprüfung des Schuldners muß er die politische und wirtschaftliche Stabilität der jeweiligen Währungen analysieren. Währungsgewinne sind dann zu erwarten, wenn die ausländische Zentralnotenbank mit einer restriktiven → Geldpolitik die Währung, in der die Anleihe begeben worden ist, aufwertet. Niedrige Zinserträge einer Währungsanleihe dürften lediglich akzeptiert werden, wenn der Anleger Kursgewinne aus der Währungsaufwertung erwartet. Auch darf nicht übersehen werden, daß hohe Zinsen von Währungsanleihen, die den Anleger primär in seiner Anlageentscheidung beeinflussen, von Devisenkursverlusten bzw. → Kurssicherungskosten übertroffen werden. Die Anlage in Währungsanleihen muß deshalb flexibel gehandhabt werden, um schnell auf die Umkehrung des Währungstrends zu reagieren. Trennt sich der Anleger nicht rechtzeitig von einer Anleihe, wenn deren Währung abwertungsverdächtig wird, so entstehen erhebliche Devisenkursverluste bei Zinsen und → Tilgungen.

Dr. J. Singer, Erlangen-Nürnberg

FRN

→ Floating Rate Notes.

Fundamentalanalyse

Die F. ist nebend der → technischen Analyse die am weitesten verbreitete Methode der Aktienkursprognose. Sie stützt sich auf den statistischen Nachweis, daß der → Kursverlauf einer → Aktie positiv mit der Gewinnentwicklung des betreffenden Unternehmens korreliert ist. Maßgeblich sind allerdings die Gewinnerwartungen, nicht die bereits erwirtschafteten Gewinne, so daß die Aktienkurse regelmäßig einen zeitlichen Vorlauf vor der tatsächlichen Gewinnentwicklung haben. Aufgabe der F. ist es deshalb, aufbauend auf der aktuellen Ertragskraft des Unternehmens das künftige Ertragspotential und – daraus resultierend – die künftigen Dividendenzahlungen zu ermitteln und mit dem Börsenkurs in Beziehung zu setzen. Der Vergleich zwischen Börsenwert und Ertragswert soll Anhaltspunkte dafür liefern, ob eine Aktie unterbewertet, das heißt kaufenswert, oder überbewertet und somit als Verkauf einzustufen ist.

Für die Ermittlung der künftigen Erträge wird gewöhnlich ein Top-down-Ansatz gewählt: von der Konjunktur über die Situation der Branche zur Ertragsprognose für die einzelne Unternehmung. Entsprechend unterscheidet man zwischen Gesamtmarktanalyse, Branchenanalyse und Unternehmensanalyse. Der Bottom-up-Ansatz, das sogenannte „Stock-picking", zielt in der Regel auf das Aufspüren von „Special situations" und „Turn-around"-Werten ab; er hat nur in bestimmten Phasen der Aktienkurszyklen eine größere Bedeutung.

Als eine Art Bewertungsuntergrenze für den Unternehmenswert wird häufig der Buchwert, das heißt das gesamte ausgewiesene → Eigenkapital herangezogen. Fällt der Aktienkurs unter den Buchwert der Aktie, so kann das Papier als extrem preisgünstig eingestuft werden, es sei denn, es liegen Umstände vor, die auf einen Verzehr der Kapitalbasis hindeuten. Die wichtigste Kennzahl ist allerdings das „Ergebnis je Aktie", das heißt, der von außerordentlichen und aperiodischen Einflüssen bereinigte → Jahresüberschuß. Diese Kennzahl wird nach einer Methode, welche die Deutsche Vereinigung für Finanzanalyse und Anlageberatung sowie die Schmalenbach-Gesellschaft festgelegt haben (DVFA/ SG-Ergebnis), auf Basis des → Jahresabschlusses ermittelt. Sie ist die Grundlage für entsprechende Ergebnisschätzungen für das laufende und möglichst auch das kommende Jahr. Eine weitere wichtige Kennzahl der F. ist der → Cash-flow. Er wird einmal als Indikator für die Innenfinanzierungskraft verwendet und gilt darüber hinaus als eine um bestimmte nicht zahlungswirksame Aufwandspositionen (zum Beispiel → Abschreibungen) erweiterte Ertragskennziffer.

Um Anhaltspunkte für das Bewertungsniveau einer Aktie zu finden, werden die Ertragszahlen mit dem aktuellen Börsenkurs verglichen. Man erhält als Kennzahl die → Dividendenrendite (→ Dividende : Kurs), das Kurs/Gewinn-Verhältnis (Kurs : Ergebnis je Aktie) sowie das Kurs/Cash-flow-Verhältnis (Kurs : Cash-flow). Vergleicht man die Kennzahlen mit historischen Werten oder Branchen beziehungsweise Marktdurchschnitten, so erhält man Rückschlüsse auf die relative Höhe des Bewertungsniveaus. So gilt in Deutschland ein Kurs/Gewinn-Verhältnis von unter 10 im allgemeinen als niedrig, ein solches von über 30 meist als hoch. Der reziproke Wert des Kurs/Gewinn-Verhältnisses, also die sogenannte Gewinnrendite, ermöglicht den Quervergleich mit der Kapitalmarktrendite und damit Aussagen über die relative Attraktivität von Aktien gegenüber anderen Anlageformen.

G. Eismann, Frankfurt /M.

Fundamentalist

Vertreter der → Fundamentalanalyse.

Fundamentals

Die realwirtschaftlichen Faktoren, die langfristig den → Wechselkurs einer Währung bestimmen.

Fungibilität

Die F. ist eines der vier Wesensmerkmale der → Börse (Marktveranstaltung in *fungiblen*, aber abwesenden Gütern unter örtlicher und zum Teil auch zeitlicher Konzentration von Angebot und Nachfrage).

Der Gesetzgeber bezieht die F. allein auf bewegliche Sachen, die dann fungibel oder „vertretbar" sind, wenn sie im Verkehr nach Zahl, Maß oder Gewicht bestimmt werden (§ 91 BGB). Der Begriff Vertretbarkeit läßt sich jedoch auch auf Rechte (Schuldverhältnisse) und Dienstleistungen (z.B. Frachten) übertragen. Nicht fungibel sind „individuelle Güter" (z.B. Immobilien, Kunstwerke und individuelle Forderungen).

Die F. verleiht den Gütern einen gewissen Grad an Abstraktheit, der einen Handel ohne dessen Anwesenheit und den Zwang zur Besichtigung ermöglicht, was der Börsenhandel voraussetzt.

→ Effekten und → Devisen erhalten die F. mit ihrer Entstehung. Dies setzt kleinste Stückelung voraus (Währungs- oder Gewichtseinheit, 50 DM-Aktie, 100 DM-Schuldverschreibung). Bei Effekten bezieht sich die Vertretbarkeit naturgemäß nur auf den jeweiligen Typ, beispielsweise Mannesmann-Stammaktien oder achtprozentige → Schuldverschreibungen der Bundesrepublik Deutschland 1984/1994. Keine F. besteht jedoch zwischen unterschiedlichen Typen: Es gibt keine F. aller Aktien oder aller Schuldverschreibungen oder gar aller Effekten untereinander, wiewohl sich für Anleger über den Stückpreis Vergleiche zwischen den verschiedenen Typen machen lassen. Eine Abkehr von der F. bedeutet die Vinkulierung von → Namensaktien, die sich allein durch klare Feststellung der Übertragungshindernisse teilweise wieder herstellen läßt.

Als Devisen gelten jeweils Guthaben über Währungseinheiten, wobei wieder F. nur innerhalb einer Währung besteht. Hinsichtlich der Guthabenführer ergeben sich naturgemäß Unterschiede: Diese werden jedoch dadurch neutralisiert, daß als „Devisen" nur Guthaben bei Banken → erster Adressen gelten, denen → Bonitätsgleichheit unterstellt wird.

Problematischer erweist sich der F.tatbestand bei Waren. Güter der jeweiligen Warenkategorie (z.B. Weizen) zeigen zwar eine gewisse Einheitlichkeit, es ergeben sich jedoch zunächst wesentliche Unterschiede nach botanischen Klassen (Weizen: z.B. Hard Spring, Red Winter, Hard Winter usw.), Anbauorten (Manitoba, Kanada, Ungarn, Süddeutschland) und – bei unter den beiden Aspekten gleichen Waren – nach der stofflichen Zusammensetzung (z.B. Hektoliter-Gewicht, Besatz, Proteingehalt). Die F. wird hier über Usancen durch Typenbildung konkretisiert: für jeden Typ erfolgt die Festlegung von Qualitätsmerkmalen. Abweichungen – die sich dann aufgrund von Probenentnahmen außerhalb der Geschäftsabschlüsse an der Börse feststellen lassen – führen zu Zu- oder Abschlägen vom Preis, der sich auf den „Einheitstyp" bezieht.

Prof. Dr. O. Hahn, Erlangen-Nürnberg

Fusion

Vereinigung der Vermögen von mindestens zwei Unternehmen. Bei F. durch Aufnahme überträgt ein Unternehmen sein Vermögen als Ganzes an ein anderes. Nach deutschem Recht kann übernehmende Gesellschaft nur eine → Aktiengesellschaft, → Kommanditgesellschaft auf → Aktien oder Versicherungsverein auf Gegenseitigkeit sein. Bei F. durch Neubildung überträgt jede sich vereinigende Gesellschaft ihr Vermögen als Ganzes auf eine neu zu gründende Aktiengesellschaft. Gründe für F. sind Marktbeherrschung, Markterweiterung, Rationalisierung oder Verbesserung des Zugangs zum → Kapitalmarkt. Das Bundeskartellamt prüft F. unter dem Aspekt der Marktbeherrschung und Wettbewerbseinschränkung.

Futures

Unter F. versteht man die Sammelbezeichnung für spezifische → Terminkontrakte. Ein F. oder Terminkontrakt ist eine vertragliche, börslich gehandelte Vereinbarung zwischen zwei anonymen Parteien, zu einem bestimmten Zeitpunkt eine bestimmte Basisgröße, die nach Menge, Qualität und Liefertermin standardisiert ist, zu einem bestimmten → Kurs oder Preis zu kaufen oder zu verkaufen.

F. werden in zwei Hauptgruppen unterteilt: *Financial F.* – darunter versteht man *Zinsfutures* als Termingeschäft auf Zinsinstrumente (weltweite Kapital- und Geldmarktzinsen), *Devisenfutures* als Termingeschäfte auf Währungen und *Aktienindexfutures* als Termingeschäfte auf → Aktienindices. Zum anderen erfolgt die Unterteilung in die sogenannten *Commodity F.* oder Warentermingeschäfte, also Termingeschäfte auf Metalle (hauptsächlich Edel- und Buntmetalle), auf landwirtschaftliche Produkte (z.B. Getreide, Kartoffeln und Fleischprodukte) sowie auf Welthandelswaren (z.B. Kaffee, Zucker, Kakao usw.).

In der Regel wird ein Kontrakt jedoch nicht physisch erfüllt (maximal 1-3% aller gehandelten Kontrakte werden effektiv angedient), d.h. die Transaktion wird vor oder zum Liefertermin durch den Verkauf eines erworbenen Kontraktes oder durch den Rückkauf eines leerverkauften Kontraktes glattgestellt.

Ein Terminkontrakt kann auf drei verschiedene Arten beendet werden:

1. Durch effektive Erfüllung des Kontraktes, also Abnahme oder Lieferung des Basisgutes.
2. Durch ein Gegengeschäft.
3. Durch Cash Settlement, das heißt den Ausgleich der Kursdifferenz in Geld = Barausgleich anstelle einer effektiven Lieferung. Dies ist zum Beispiel bei den Aktienindex-F. der Fall.

Zu den wichtigsten → Börsen, an denen der Handel mit F. möglich ist, gehört der Chicago Board of Trade (→ CBOT), der International Monetary Market (IMM), beide in Chicago, die London International Financial Futures Exchange (→ LIFFE), die New Yorker Börsen-Commodity Exchange (→ COMEX) und die New York Futures Exchange (NYFE), die Singapore International Monetary Exchange (SIMEX) und die Deutsche Termin Börse (→ DTB).

Die Teilnehmer an diesen F.börsen lassen sich in unterschiedliche Gruppen einteilen: → Hedgers, → Spekulanten und die → Clearing-Stelle, die eine zentrale Rolle im F.-Handel einnimmt.

Die Spekulanten rechnen mit einer bestimmten Kursbewegung, beispielsweise mit einem steigenden S+P 500 Aktien-Index, und versuchen mit einer ihrer Meinung entsprechenden Position (in diesem Fall kaufen sie den S+P 500 Index F.) Kursgewinne zu erzielen.

Die Hedger sind Marktteilnehmer, die die → Risiken aus bestehenden → Positionen am Kassamarkt durch den Aufbau *entgegengerichteter* Positionen am Terminmarkt abdecken.

Somit kann ein Farmer (= Produzent) beispielsweise seine Getreideernte gegen Preisverfall an den Getreidemärkten absichern, und eine Getreidemühle (= Verarbeiter) kann sich gegen teure Einkaufspreise abhedgen und bilden sich damit eine solide Kalkulationsbasis. Die Wertverluste/-gewinne, die sich dann durch Preisschwankungen ergeben, werden durch die Wertzuwächse bzw. Wertverluste aus der F.position ausgeglichen.

Die Clearingstelle steht bei jedem Handel als Vermittler zwischen Käufer und Verkäufer, d.h. Liefer- und Abnahmeverpflichtungen, resultierend aus ge- oder verkauften F., bestehen gegenüber der Clearingstelle.

Der Käufer steht also der Clearingstelle gegenüber, die ihm wiederum gegenüber die Verkäuferposition einnimmt, und der Verkäufer steht ebenfalls der Clearingstelle gegenüber, die für ihn die Käuferposition einnimmt.

Dieses System garantiert den Börsenteilnehmern eine nahezu 100%ige Sicherheit bezüglich einer pünktlichen und exakten Erfüllung und Glattstellung der → Kontrakte.

Mit dem Erwerb einer Position am F.markt, wobei es hier keinen Unterschied macht, in welche Richtung die Position eingegangen wird, erfolgt noch nicht der Übergang des Besitzes oder des Eigentums an dem zugrunde liegenden Basisgut. Folglich ist auch nicht die Zahlung des vollen Wertes oder Preises notwendig, sondern nur die eines Teilbetrages.

Diesen Betrag, der vor Eingang des F. hinterlegt werden muß, nennt man Einschuß oder die → Margin.

Die Margin besteht normalerweise aus ca. 10% des Kontraktwertes, ist aber von den Börsen jederzeit beliebig variierbar. In Zeiten hoher Kursschwankungen werden die Börsen die Höhe der Margin erhöhen und in ruhigeren Zeiten erniedrigen. Die Margin kann auf dem Konto entweder in Bargeldbeträgen oder in erstklassigen kurzlaufenden Staatspapieren hinterlegt werden.

Es werden zwei Arten von Margins unterschieden:

- *Initial Margin*

Dies ist der Betrag, den Käufer und Verkäufer bei Eröffnung einer Terminmarkt-Position als Einschuß zu entrichten haben.

- *Maintenance Margin*

Dies ist der Mindesteinschuß, den ein Kunde hinsichtlich einer offenen F.position unterhalten muß.

Die Maintenance Margin ist somit kleiner als die Initial Margin, in den meisten Fällen beträgt sie 75% der Höhe der Initial Margin.

Fällt nun der Wert des Kontos durch nachteilige Kursveränderungen unter die Maintenance Margin, dann wird von den Kunden ein Nachschuß (= Margin Call) bis zur Höhe der Initial Margin gefordert.

F.-Positionen werden täglich zum →

Schlußkurs (= Settlement Preis) neu bewertet, d.h. die Einstandskurse der offenen Positionen in einem Konto werden mit dem täglich ermittelten Schlußkurs verglichen. Der daraus resultierende Buchgewinn bzw. -verlust wird dem Konto hinzugerechnet oder abgezogen.

Dies ist ein weiteres besonderes Kennzeichen des F.handels, daß nicht realisierte Positionen ähnlich wie realisierte behandelt werden.

Diesen täglichen Bewertungsprozeß eines Kontos an die aufgelaufenen Gewinne oder Verluste nennt man „Market-to-Market" oder „marking to market".

Dieser somit ermittelte Buchverlust erhöht oder vermindert ebenso den zur Verfügung stehenden Margin Betrag.

Das Futures-Geschäft ist, sieht man von den Transaktionskosten ab, ein Nullsummenspiel. Die Verluste des einen sind die Gewinne des anderen. Aufgrund dessen und der Tatsache, daß zum F.-Handel eine ausreichende Kapitaldecke sowie ein großes Informationsspectrum vorhanden sein müssen, scheuen sich viele Investoren am F.-Handel teilzunehmen. In den USA hat sich deshalb schon seit Jahrzehnten, in Deutschland erst seit einigen Jahren ein neues Anlagemedium herauskristallisiert – die F.-Funds, oder Managed Futures.

Diese von professionellen CTA's (= Commodity Trading Advisors) verwalteten → Fonds ermöglichen jedem einzelnen, unkompliziert am F.-Handel teilzunehmen. Bei den meisten dieser Fonds besteht keine Nachschußpflicht, und diese Verwalter erzielen durch ihre Marktnähe und die professionellen Möglichkeiten, sich über die einzelnen Märkte zu informieren, über Jahre hinweg gute Ergebnisse.

Lit.: Zahn, Glossary of Financial and Economic Terms, Fritz Knapp Verlag Frankfurt; Marshall, J. E.; Ellis, M. E.: Investment Banking & Brokerage.

Ch. Jund, Kulmbach

G

G
→ Geld.

Gap
Loch

Lücke

Bezeichnung für einen Kurssprung, bei dem der Tiefstkurs höher liegt als der Höchstkurs des Vortages, bzw. der Höchstkurs niedriger liegt als der Tiefstkurs des Vortages. Ein G. kommt zustande, wenn ein Ereignis außerhalb der Börsenhandelszeit eine veränderte Kurserwartung hervorruft. G. wird auch häufig durch das Erreichen eines Kurslimits (z.B. an den Terminbörsen) bewirkt. Ein G. ist für den → Chartisten ein Prognoseinstrument.

Garantiekonsortium
Bei Fremdemission übliche Form des Emissionskonsortiums. Durch die feste Übernahme der → Emission und die Auszahlung des Emissionserlöses entfällt für den Emittenten das Plazierungsrisiko. Das G. übernimmt die nicht plazierten Teile der Emission und trägt damit das finanzielle Risiko der nicht untergebrachten Stücke.

GDL
→ Gleitende-Durchschnitts-Linie.

Gearing Factor
Der G. ist eine Kennzahl aus der Einzelanalyse einer → Aktiengesellschaft im Rahmen der → Fundamentalanalyse. Er berücksichtigt das Verhältnis → Fremdkapital zu → Eigenkapital und kennzeichnet den Verschuldungsgrad einer Firma. Je größer der Anteil der Verschuldung am Gesamtkapital, desto größer fällt der G. aus. Da der Schuldendienst (Zins und Tilgung) den Gewinn einer Aktiengesellschaft schmälert, zeigt der G. die Wahrscheinlichkeit einer Dividendenzahlung an. Bei hohem G. ist auch die Wahrscheinlichkeit hoch, daß nur eine kleine oder auch keine → Dividende zur Auszahlung kommt.

Gedeckte Option
→ Covered Warrants.

Gedeckter Call
Covered Call

Kombination aus Kauf einer bestimmten Zahl von → Aktien (über den Kassamarkt) und gleichzeitigem Verkauf einer → Kaufoption (Call Short) auf diese Aktien mit demselben Volumen. Der → Stillhalter hat sich bei diesem kombinierten Einsatz von Aktien und → Optionen mit dem zugrundeliegenden und gegebenenfalls zu liefernden Wertpapier zum Zeitpunkt des Schreibens (= Covered Writing) der Kaufoption bereits eingedeckt (gedeckter Call).

Gedeckter Put
Auflösen einer → Short Position (hier eine Put- d.h. → Verkaufs-Option) in einem Termin durch den Kauf eines Kontraktes in dem gleichen Termin.

Gegensatz ist der → gedeckte Call.

Gekaufter Spread
Gegenteil zu → verkaufter Spread. Siehe dort.

Geld
1. Ökonomisch: Finanzaktivum, das durch seine Funktionen definiert ist.
2. Juristisch: das vom Staat gesetzlich vorgeschriebene Zahlungsmittel sowie das von der Allgemeinheit anerkannte Tausch- und Zahlungsmittel.
3. → Kurszusatz: G = Geld (Nachfrage) wird verwendet, wenn der → amtliche Makler Umsätze nicht getätigt hat, obwohl die Nachfrage vorlag. An der Berliner Börse werden Nicht-bezahlt-Kurse kursiv im → Kursblatt ausgedruckt. Daher wird dort bei einem → Bezahlt-Geld-Kurs nur G angegeben. An der Börse in München wird statt G die Abkürzung g verwendet.

Geldentwertung
→ Inflation.

Geldkurs

1. Ankaufskurs für ausländische Währung bei Banken und Devisenhändlern.

2. → Kurszusatz des amtlichen → Kurszettels an den deutschen Börsen: G (→ Geld): Der Nachfrage stand zu dem → Kurs nur ein geringfügiges Angebot gegenüber. Zu diesem Kurs fanden keine Umsätze statt.

Geldmarkt

1. Definition: Der G. im engen Sinne umfaßt den Handel von Zentralbankguthaben unter Banken, der G. im weiten Sinne den Handel aller kurzfristigen unverbrieften oder verbrieften Finanztitel, wobei die Kurzfristigkeit im deutschen Schrifttum gewöhnlich als → Restlaufzeit von maximal einem Jahr, selten von maximal zwei Jahren definiert wird. Geschäfte mit Titeln längerer → Laufzeit sind nach dieser allgemeinen Abgrenzung Gegenstand des → Kapitalmarktes. Originäre Geldmarkttitel weisen bereits bei ihrer → Emission eine kurze Laufzeit auf. Wegen dieser kurzen Ursprungslaufzeit ist der G. zumindest im Bereich unverbriefter Titel ganz überwiegend ein Primärmarkt, d.h. der Geldanleger hält seine Forderung in der Regel bis zur → Fälligkeit durch. Der G. ist gewöhnlich nicht institutions- oder ortsgebunden und greift in den führenden Währungen über das jeweilige Währungsgebiet hinaus (→ Euromarkt). Die Geschäfte werden zwischen den Kontrahenten meistens fernmündlich abgeschlossen und später schriftlich bestätigt. Da die Kosten einer Bonitätsprüfung wegen der kurzen Restlaufzeit die erzielbare → Rendite zu sehr belasten würden, pflegen G.geschäfte unter ersten, zumindest unter bekannten → Adressen abgesprochen zu werden. Bei verbrieften G.titeln ist der Schuldner gewöhnlich eine Adresse unzweifelhafter → Bonität, obwohl → Ratings z.B. bei der revolvierenden Begebung von Commercial Paper (siehe unten) immer mehr Bedeutung gewinnen.

2. Geschichte und Funktionen des G. in Deutschland: Wenn man als deutschen G. den Markt für kurzfristige Titel definiert, die auf Mark oder eine ihrer Nachfolgewährungen lauten, dann kann man die Münzreformen von 1871 und 1873 und die Diskontkredite der Reichsbank ab 1876 als Ursprünge des G. in Deutschland ansehen. Mit Beginn des ersten Weltkrieges nutzte die Regierung den G. zur Kriegsfinanzierung. Sie begab Reichsschatzwechsel und Reichsschatzanweisungen. Auch nach dem ersten Weltkrieg nahm die kurzfristige Verschuldung des Deutschen Reichs stark zu, während gleichzeitig die langfristige Verschuldung wegen der Inflations- und Währungsängste rückläufig war. Neben die Mark trat Ende 1923 zunächst die Rentenmark als Parallelwährung mit einem festen Dollarkurs, am 30. August 1924 wurden beide durch die Reichsmark abgelöst. Die kurzfristige Finanzierung gerade auch durch ausländische Geldgeber behielt jedoch einen hohen Stellenwert, was bei der Bonitätsverschlechterung der Schuldner während der Weltwirtschaftskrise dazu beitrug, daß sich die ohnehin sehr schwierige Situation vieler Unternehmen und Banken dramatisch zuspitzte. Die G.finanzierung während des Nationalsozialismus stützte sich unter anderem auf den sogenannten Mefo-Wechsel, den das Reichsfinanzministerium ausstellte. Die Bezogene war die 1936 gegründete Metallurgische Forschungsgesellschaft m.b.H., eine Scheinfirma, während es sich bei den Wechselnehmern gewöhnlich um Heereslieferanten handelte. Die Laufzeit der Wechsel betrug 90 Tage, sie konnten aber auf bis zu fünf Jahren prolongiert werden. Nach dem zweiten Weltkrieg, der Gründung der Bank deutscher Länder am 1. März 1948 und der Einführung der Deutschen Mark am 20. Juni 1948 beschränkte sich der G. für viele Jahre weitgehend auf den Interbankenmarkt für Sichtguthaben bei der Zentralbank und für notenbankfähige Papiere. Im Zentrum des G.geschehens stand nicht die kurzfristige Finanzierung, sondern die Kontrolle der Geldmenge durch die → Notenbank.

Erst seit Mitte der achtziger Jahre hat sich der G. in der Bundesrepublik in einer Reihe von Schritten hin zu einem offenen Markt der kurzfristigen Finanzierung zu entwickeln begonnen. Seit Mai 1986 dürfen auch deutsche Banken CDs (Certificates of Deposit, Einlagenzertifikate) ausgeben. 1991 wurde die staatliche Emissionsgenehmigung für → Schuldverschreibungen abgeschafft. Da gleichzeitig die Börsenumsatzsteuer entfiel, konnte im Inland ein Markt für kurzfristige Inhaberschuldverschreibungen von Nichtbanken (Commercial Paper) entstehen. Vor allem für Termingeld förderlich war die deutliche Absenkung der Mindestreservesätze zum 1. März 1993. Das Festhalten an den bisherigen Regeln hätte das Wachstum des DM-Geldmarktes im Ausland weiter gefördert. Gegenwärtig befindet sich der G. in einer Phase des Umbruchs, der durch die erwähnten Liberalisierungsschritte bedingt ist, aber auch dadurch, daß die → Bundesbank wegen der Verträge von Maastricht ab 1994 auf Kassenkredite an den Bund und auf die Einlagenpolitik nach § 17 Bundesbankgesetz (BBankG) verzichten und deshalb ihr Instrumentarium zur Geldmengensteuerung anpassen muß. Anzustreben ist eine Entwicklung des G., bei der es weder zu einer regulierungs- oder steuerbedingten Verlagerung des Geschäfts in das Ausland, noch zu einer regulierungsbedingten Verschiebung des Geschäfts von den Banken hin zu anderen → Emittenten von G.papieren kommt (Disintermediation).

a) Geldpolitische Geschäfte der Bundesbank: Banken können durch den Verkauf von bundesbankfähigen Wechseln mit mindestens sieben Tagen und höchstens drei Monaten Restlaufzeit bei der Bundesbank Zentralbankgeld in einem Umfang erhalten, der durch das jeweilige → Rediskontkontingent beschränkt ist. Banken können auch kurzfristig → Lombardkredit in Anspruch nehmen, wobei sie lombardfähige Wertpapiere gemäß § 19 BBankG hinterlegen müssen.

Die Offenmarktpolitik der Bundesbank umfaßt Geschäfte mit bundesbankfähigen Wechseln, Schatzwechseln und Schatzanweisungen (siehe unten), Schuldverschreibungen und Schuldbuchforderungen des Bundes, eines Sondervermögens des Bundes oder eines Landes und mit anderen von der Bundesbank bestimmten Schuldverschreibungen, wobei die Bundesbank diese Wertpapiere auf eigene Rechnung von → Kreditinstituten erwirbt oder an sie verkauft, um so den Umfang des Zentralbankgeldes und unter Umständen auch das Renditeniveau am G. und Kapitalmarkt zu beeinflussen. Die Obergrenze der G.zinssätze für sehr nahe → Fälligkeiten wird dabei vom Lombardsatz bestimmt, während der Abgabesatz, den die Bundesbank nur zeitweilig stellt, die Untergrenze bildet. Der Pensionssatz liegt gewöhnlich zwischen → Diskont- und → Lombardsatz. Bei Offenmarktgeschäften mit Rückkaufvereinbarung, sogenannten → Pensionsgeschäften, erwirbt die Bundesbank von mindestreservepflichtigen Kreditinstituten lombardfähige Schuldverschreibungen, die im → amtlichen oder → geregelten Markt gehandelt werden, oder unverzinsliche Schatzanweisungen des Bundes, seiner Sondervermögen oder der Länder unter der Bedingung, daß der Verkäufer die Titel zu einem späteren Termin zurückkauft. Zu unterscheiden sind dabei → Mengen- und → Zinstender. Bei Mengentendern nennt die Bundesbank vorab den Pensionssatz, während die Kreditinstitute den Umfang der Pensionsgeschäfte festlegen können. Bei Zinstendern nennen die Banken den Umfang des gewünschten Pensionsgeschäfts bei gleichzeitiger Angabe eines Pensionssatzes, die Zuteilung erfolgt dann seit Herbst 1988 zu den individuellen Bietungssätzen ohne die Vorgabe eines Mindestsatzes (amerikanisches Tenderverfahren). Die Laufzeit der Pensionsgeschäfte beträgt seit Herbst 1992 14 Tage, bei Wertpapier-

Geldmarkt

schnelltendern zwei bis zehn Tage. Die Geschäfte mit normalen Tendern werden einen Tag nach der Ausschreibung abgewickelt, die mit Schnelltendern taggleich innerhalb von ein bis zwei Stunden. Noch schneller konnte die Bundesbank bis Ende 1993 Zentralbankgeld verknappen oder dem Bankensystem zuführen, indem sie veranlaßte, daß Einlagen des Bundes zur Bundesbank bzw. von dort weg zu den Geschäftsbanken gelegt wurden. Als Ersatz dafür sind Blitztender in der Diskussion, die mit einer kleinen Zahl von Kreditinstituten innerhalb von Minuten abgesprochen und umgesetzt werden könnten. Wechselpensionsgeschäfte wurden zuletzt im Frühjahr 1982 abgeschlossen. Für die Offenmarktpolitik kann die Bundesbank auch Devisenswapgeschäfte oder Devisenpensionsgeschäfte nutzen.

Ein hoheitliches geldpolitisches Instrument stellt die Mindestreserve gemäß § 16 BBankG dar, nach dem die Kreditinstitute verpflichtet sind, einen bestimmten Prozentsatz ihrer Kundeneinlagen als unverzinsliches Guthaben auf einem Zentralbankkonto zu halten.

b) Geldhandel: Beim „Handel" mit inländischen Zentralbankguthaben, der in Form von Darlehen unter ersten Adressen, zumeist Banken, erfolgt, stellen Tagesgeld, das überlicherweise bis auf weiteres gegeben wird, und Termingeld mit einer Laufzeit von 30 Tagen bis zwölf Monate die wesentlichen Instrumente dar. Eine geringere Bedeutung hat das sogenannte terminierte Tagesgeld mit einer Laufzeit von mindestens zwei bis höchstens 29 Tagen. Die Geschäfte dienen vielfach der Mindestreservedisposition, sie werden mündlich abgeschlossen, Sicherheiten in der Regel nicht gestellt. Erfolgt eine Terminanlage in ausländischer Währung bei gleichzeitiger Vereinbarung eines Rücktausches auf Termin über ein Devisenswapgeschäft, dann handelt es sich um einen Geldhandel auch mit ausländischem Zentralbankgeld. Die Laufzeiten der Geschäfte richten sich dabei nach den Usancen des ausländischen Geldmarktes. Auch Repurchase Agreements, abgekürzt Repos, sind dem Geldhandel zuzuordnen. Sie gewinnen in Deutschland immer mehr Bedeutung. Hierbei vereinbaren zwei Parteien eine Zahlung gegen Übertragung von Wertpapieren bei gleichzeitiger Absprache der Rückübertragung und der Rückzahlung. Die Laufzeit der Repos wird individuell festgelegt, sie beträgt jedoch zumeist ein bis sieben Tage und nur selten mehr als sechs Monate. Der Preis für die Überlassung der Zahlungsmittel richtet sich nach den Geldhandelssätzen für vergleichbare Restlaufzeiten, wobei entweder Zinsen zu zahlen sind oder Auszahlungs- und Rückzahlungsbetrag entsprechende Unterschiede aufweisen. Auf Geschäfte mit vergleichbarer Liquiditätswirkung bei der Arbitrage zwischen dem Kassa- und Terminmarkt in Wertpapieren sei hier nur verwiesen.

Wie jeder Markt für Finanztitel besteht der Geldmarkt aus einem Kassa- und einem Terminmarkt. Seit März 1994 wird an der → DTB ein → Future auf den → FIBOR für DM-Dreimonatsgeld gehandelt. FIBOR (Frankfurt Interbank Offered Rate) ist die Bezeichnung für Referenzzinssätze für Termingelder und → Kredite unter Banken in Deutscher Mark mit Laufzeiten von einem bis zwölf Monaten, die börsentäglich um 11 Uhr in Frankfurt festgestellt und veröffentlicht werden.

c) Handel von G.papieren:

ca) Geschäfte unter unmittelbarer Beteiligung der Bundesbank: Anders als Positionen im Geldhandel sind G.papiere in der Regel übertragbar. Der Bund oder seine Sondervermögen begeben diskontierte Inhaberschuldverschreibungen und bedienen sich dabei der Bundesbank. Zunächst zu nennen sind unverzinsliche Schatzanweisungen mit einer Laufzeit bis zu zwei Jahren, sogenannte U-Schätze. Finanzierungsschätze des Bundes sind diskontierte Papiere mit ein oder zwei Jahren Restlaufzeit, die monatlich emittiert und auf Nichtbanken zugeschnitten sind, was sich schon aus dem Mindestnennbetrag von 1.000 DM im Vergleich zu 100.000 DM für U-Schätze ergibt. Schatzwechsel, deren Laufzeit bis zu 90 Tage betragen kann, werden vom Bund seit 1969 nicht mehr begeben.

Die deutsche Bundesbank kann nach § 42 BBankG zur Liquiditätssteuerung auch auf eigene Initiative U-Schätze ausgeben (Liquiditätspapiere). Den Rahmen hierfür, der 50 Mrd. DM beträgt, nutzt die Bundesbank zur Hälfte, um den Anlagewünschen ausländischer Notenbanken fristigkeitsgemäß zu entsprechen und um über den Verkauf sehr kurzfristiger Titel (Liquiditäts-Schatzwechsel) zu den von ihr gestellten Abgabesätzen gelegentlich den G.zins zu stützen. Die andere Hälfte ist derzeit für die Bundesbank-Liquiditäts-U-Schätze, abgekürzt Bulis, vorgesehen, mit denen die Bundesbank durch periodische Auktionen Liquidität bei inländischen Nichtbanken abschöpfen möchte, die aber vorwiegend von Ausländern und Banken erworben werden. Ob die Bundesbank an diesem Verfahren festhalten wird, ist daher fraglich. Die Laufzeit dieser Liquiditätspapiere beträgt drei, sechs und neun Monate, der Mindestnennbetrag ist auf institutionelle Anleger zugeschnitten und beträgt 500.000 DM. Sind U-Schätze, was früher vorkam, in die G.regulierung einbezogen, dann werden sie jederzeit von der Deutschen Bundesbank zurückgenommen. Der Normalfall sind sogenannte N-Titel, die sich gerade nicht vor Fälligkeit an die Bundesbank verkaufen lassen. Insbesondere für die Bulis hat sich jedoch ein von den Banken getragener Sekundärmarkt entwickelt.

cb) Geschäfte ohne unmittelbare Beteiligung der Bundesbank: Geschäfte am deutschen G. ohne unmittelbare Beteiligung der Bundesbank finden vor allem in Bankschuldverschreibungen mit einer Restlaufzeit unter zwei Jahren statt, die am Sekundärmarkt gehandelt werden. Zu unterscheiden sind dabei Pfandbriefe, Kommunalobligationen, Schuldverschreibungen von Spezialinstituten und sonstige Bankschuldverschreibungen.

Von einem gebietsansässigen Geldinstitut emittierte Einlagenzertifikate, auch DM-Certificates of Deposit (CDs) genannt, sind handelbare → Inhaberpapiere, die ein Bankguthaben für eine bestimmte Laufzeit meistens in einer Globalurkunde verbriefen. CDs sind in der Regel nicht Diskontpapiere, sondern sie tragen einen → Kupon, und der → Emissionskurs liegt bei → pari. Gegenwärtig sind sie in Deutschland bedeutungslos. Commercial Paper wird vor allem von Industrieunternehmen mit hervorragender → Bonität und von ausländischen Staaten bei Bedarf revolvierend begeben. Es handelt sich dabei um diskontierte erstrangige Inhaberschuldverschreibungen mit einem Mindestnennbetrag von 500.000 DM und einer Laufzeit von mindestens sieben Tagen bis höchstens zwei Jahren minus einem Tag, die trotz ihrer Handelbarkeit kaum umgesetzt werden, da die Käufer die Papiere meist bis zur Fälligkeit halten.

Wechsel stellen traditionelle G.instrumente dar. Hervorzuheben sind inländische Handelswechsel und Bankakzepte. Der Markt für standardisierte Bankakzepte, Privatdiskonten, ist mit dem Wegfall des entsprechenden Sonder-Rediskontingents Anfang 1992 bedeutungslos geworden.

d) Randgeschäfte des G.: Ein Randgeschäft des G. stellt der Handel mit → Floating Rate Notes dar. Auch Rollover-Kredite und Finanz-Swaps werden im Schrifttum mitunter zum G. gezählt. Dem G. zuordnen könnte man auch Geschäfte über Anteile an DM-G.fonds, die nun auch im Inland aufgelegt werden, und in g.nahen DM-Investmentfonds. Streng genommen sind nach der weiten Definition selbst Kredite an Privatpersonen mit bis zu einem Jahr Laufzeit zu beachten.

Lit.: Deutsche Bundesbank (Hrsg.): Die Deutsche Bundesbank, Geldpolitische

Aufgaben und Instrumente, Sonderdruck der Deutschen Bundesbank, Nr. 7, 6. Aufl., Frankfurt/M. 1993; Deutsche Bundesbank (Hrsg.): Der Markt für DM-Commercial-Paper, in: Deutsche Bundesbank Monatsbericht, 45. Jg. (1993), Nr. 5, S. 59–69; Droste, K. D.: Perspektiven des deutschen Geldmarktes, in: ZBB, 3. Jg. (1991), S. 1–6; Häuser, K.: Strukturwandel in den Bankensystemen vom ersten Weltkrieg bis 1945: Deutschland, in: Europäische Bankengeschichte, Hrsg.: H. Pohl, Frankfurt a.M. 1993, S. 395–414; Hasche-Preuße, C.: Möglichkeiten zur Förderung des deutschen Geldmarktes im internationalen Wettbewerb, in: Kredit und Kapital, 27. Jg. (1994), S. 135–153; Hasenwinkel, V.: Geldmarkt und Geldmarktpapiere, Frankfurt a.M. 1993; Herrmann, A.: Die Geldmarktgeschäfte, 3. Aufl., Frankfurt am Main 1986; Jarchow, H.-J.: Theorie und Politik des Geldes: II. Geldmarkt und geldpolitische Instrumente, 6. neubearb. u. erw. Aufl., Göttingen 1992; Kirelli, S.: Geldmärkte, Kapitalmärkte und Börsen, in: Geld-, Bank- und Börsenwesen, 38., völlig neu bearb. u. erw. Aufl., Hrsg.: N. Kloten u. J. H. von Stein, Stuttgart 1988, S. 933–955; Knappe, K.: Die Bulis, ein neues geldpolitisches Instrument, in: Die Bank, 33. Jg. (1993), S. 587–589; Lipfert, H.: Der Geldmarkt mit Euro-Geldmarkt, Taschenbücher für Geld, Bank und Börse, Bd. 1, Hrsg.: P. Möhring u. H. Rittershausen, Frankfurt a.M. 1975; von Rosen, R.: Finanzplatz Deutschland, Taschenbücher für Geld, Bank und Börse, Bd. 97, Hrsg.: E. Büschgen u. A. Herrhausen, Frankfurt a.M. 1989, S. 49–51; Stigum, M.: The Money Market, 3. Aufl., Homewood 1990; H. Schmidt; M. Schurig und J. Welcker: Bank- und Börsenwesen, Bd. 1: Struktur und Leistungsangebot, Hrsg.: M. Bitz, München 1981; Wilson, J. S. G.: Money markets, in: The New Palgrave Dictionary of Money and Finance, Bd. 2, Hrsg.: P. Newman, M. Milgate u. J. Eatwell, London 1992, S. 797–800.

Prof. Dr. H. Schmidt und R. Hohmann, Hamburg

Geldmarktfonds
Money Market Funds

→ Investmentfonds, der die durch die Ausgabe von Anteilen erhaltenen Gelder in kurzfristigen Geldmarktpapieren – z.B. → Schatzwechsel, Certificates of Deposit, Commercial Papers – investiert und die aus der Geldmarktanlage erzielten Erträge nach Abzug von Verwaltungskosten den Anteilsinhabern vergütet. G. bieten Anlegern, für die aufgrund der hohen Mindestbeträge ein Direktengagement am → Geldmarkt ausgeschlossen ist, die Möglichkeit einer geldmarktnahen Verzinsung von Anlagegeldern, die grundsätzlich jederzeit liquidiert werden können.

G. entstanden 1972 in den USA zur Umgehung von Regulierungsvorschriften der amerikanischen Bankengesetzgebung. Am Finanzplatz Deutschland dürfen zwar Anteile ausländischer G. angeboten werden, deutsche G. sind allerdings nicht zugelassen. Bedenken gegenüber G. bestehen einerseits von Seiten der → Kreditinstitute, die eine Umschichtung von → Termin- und ggf. auch → Spareinlagen in die mit Flexibilitäts- und Zinsvorteilen ausgestatteten Alternativanlagen des G. befürchten, andererseits sieht die → Deutsche Bundesbank in der möglichen Umschichtung von mindestreservepflichtigen Einlagen in mindestreservefreie G. eine Schwächung ihrer Mindestreservepolitik. Probleme zeigen sich aber auch im deutschen Geldmarkt selbst, der derzeit weder genügend Anlagewerte noch genügend Volumen aufweist.

Geldmarktpapiere
Auf dem → Geldmarkt zwischen → Deutscher Bundesbank und Banken gehandelte Papiere. Zu unterscheiden sind:

1. Finanzierungspapiere, die sich wiederum gliedern in solche, die in die Geldmarktregulierung einbezogen (jederzeitige Rückgabe vor → Fälligkeit gegen Zentralbankguthaben) und solche, die nicht in diese Regulierung einbezogen sind (N-Papiere).

2. → Mobilisierungs- und Liquiditätspapiere zum Betreiben der Offenmarktpolitik, die nur als N-Titel begeben werden.

3. → Privatdiskonte, die auch im Weg der Geldmarktregulierung von der Deutschen Bundesbank angekauft werden.

Geldmenge

Geldvolumen

Bestand an Bargeld und → Einlagen inländischer Nichtbanken. Bargeld im Bankensystem und Sichteinlagen der Banken wie auch der öffentlichen Haushalte bei der Zentralbank sind ausgeschlossen, weil die G. zur Erklärung wirtschaftlicher Vorgänge benutzt wird und hierfür nur die Geldbestände in der Verfügung durch Nichtbanken von wesentlicher Bedeutung sind. Desgleichen enthalten Sichteinlagen inländischer Nichtbanken keine Einlagen der öffentlichen Hand bei der Zentralbank, weil die Reflex und auch Mittel der Wirtschaftspolitik sein können.

Wird die G. (M), die nominale G. ist, durch das Preisniveau (P) dividiert, erhält man die reale G. (M').

Die → Deutsche Bundesbank definiert in Anlehnung an internationale Gepflogenheiten neben der Zentralbankgeldmenge folgende G.: M1 = Bargeldumlauf und Sichteinlagen inländischer Nichtbanken bei inländischen → Kreditinstituten; M2 = M1 zuzüglich → Termineinlagen inländischer Nichtbanken mit Terminen unter 4 Jahren; M3 = M2 zuzüglich → Spareinlagen inländischer Nichtbanken mit gesetzlicher Kündigungsfrist. Seit 1988 verwendet die Deutsche Bundesbank in ihren Analysen die G. M3 erweitert. Diese berücksichtigt zusätzlich zu M3 kurzfristige, auf DM lautende Euroeinlagen inländischer Nichtbanken, die bei Auslandsfilialen und -töchtern deutscher Banken unterhalten werden, sowie deren Bestände an kurzlaufenden Bankschuldverschreibungen. Die Deutsche Bundesbank erfaßt damit Änderungen im Anlageverhalten des Publikums wie auch im Angebotsverhalten der Geschäftsbanken aufgrund der zahlreichen → Finanzinnovationen.

Geldmengenpolitik

→ Geldpolitik, soweit sie die → Geldmenge als Zielgröße für ihre Maßnahmen beinhaltet. So formuliert die → Deutsche Bundesbank jährlich einen Zielkorridor für das Wachstum der Geldmenge. Dabei stützt sie sich auf die Geldmenge M3. Die G. der USA beruht auf der Geldmenge M2 und M3. Siehe auch Deutsche Bundesbank und Geldpolitik.

Geldmengenziel

Jährliche, vorab erfolgende Zielvorgabe, um wieviel Prozent sich die inländische → Geldmenge ausweiten soll, um die geld- und wirtschaftspolitischen Ziele zu erreichen. Die → Deutsche Bundesbank orientiert sich dabei an der Geldmenge M3, die US-Zentralbank an M2 undM3.

Geldpolitik

1. *Begriff.* Die G. stellt sowohl den monetären Bereich der Wirtschaftspolitik als auch den auf das Inland einer Volkswirtschaft (oder auf das gemeinsame Währungsgebiet mehrerer Volkswirtschaften) bezogenen Bereich der Währungspolitik dar. Sie gestaltet die Menge und die Bedingungen der Geldausstattung einer Volkswirtschaft (oder eines gemeinsamen Währungsgebietes) im Rahmen einer gegebenen Geldverfassung und eines festgelegten monetären Ziel-Mittel-Systems.

2. *Theoretische Grundlagen.* G. wird auf der Grundlage der Erkenntnisse der Geldtheorie betrieben. Die Geldtheorie erklärt die Art der Beziehungen zwischen monetären Größen (Geldmengenaggregaten, Zinsen, Geldangebot, Geldnachfrage, Finanzmärkten) sowie zwischen monetären Größen und der (realen) Güterwirtschaft in Form des monetären Transmissionsprozesses (Wirkungsweise der Übertragung monetärer Impulse auf die Güterwirtschaft). Diese von der Geldtheorie nachgewiesenen Wirkungs-Beziehungen be-

nutzt die G., um die festgelegten monetären Ziele mit den dafür geeigneten geldpolitischen Mitteln (Instrumenten) möglichst optimal zu erreichen (Ziel-Mittel-System).

3. *Bedeutung.* Vertreter der monetären Ökonomie weisen der G. eine überragende Rolle für die Lenkung und Stabilisierung des Wirtschaftsprozesses zu, während Vertreter der realen Ökonomie der G. dabei nur eine subsidiäre Bedeutung zubilligen. Darüber hinaus hängt die Bedeutung der G. in jeder Volkswirtschaft vom Wirtschaftssystem und der wirtschaftspolitischen Konzeption, von der monetären Ordnungspolitik (darunter vor allem vom Grad der Unabhängigkeit der Zentralbank), vom Entwicklungsstand, von der Struktur der Wirtschaft und des Bankensektors ab. In jedem Falle bedarf die G. einer Ergänzung durch eine gleichgerichtete Finanzpolitik und allgemeine Wirtschaftspolitik.

4. *Ansatzpunkte.* Geldpolitische Maßnahmen können die Veränderung bestimmter *Geldmengenaggregate* (Geldbasis, Zentralbankgeldmenge, M_1, M_2, M_3, M_3 erweitert, Kreditvolumen der Banken an Nichtbanken) über die geldpolitisch direkt kontrollierbare Bankenliquidität, bestimmter *Zinsen* → Diskontsatz, → Lombardsatz, Offenmarktsatz, Wechselpensionssatz, → Swapsatz) oder *beider monetärer Größen* gleichzeitig bewirken, durch die zunächst unmittelbar die Geschäftsbanken und über diese die → Geldmärkte betroffen sind. Der Impuls der geldpolitischen Maßnahmen löst daher zunächst Anpassungsreaktionen bei den Banken und anschließend bei den übrigen Wirtschftssubjekten in der gewünschten Richtung aus.

5. *Wirkung.* Schematisch läßt sich die Wirkung der G. auf den Geldmarkt anhand der Geldangebotskurve $M^S{}_1$, deren Lage von der G. bestimmt wird, und der als gegeben angenommenen Geldnachfragekurve M^D zeigen, an deren Schnittpunkt sich beim → Zinssatz i_1 und der umgesetzten Geldmenge M_1 das Geldmarktgleichgewicht ergibt. Erhöht die

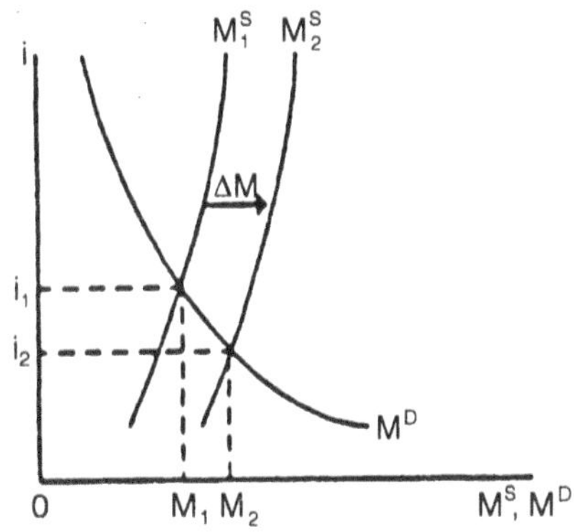

Abb: Geldmarkt

Zentralbank im Rahmen einer expansiven G. das Geldangebot, so verschiebt sich die Geldangebotskurve $M^S{}_1$ um ΔM auf $M^S{}_2$, wodurch sich der niedrigere Marktzins i_2 einstellt. Die Zentralbank kann aber auch das gleiche Ergebnis erreichen, indem sie den Zinssatz von i_1 auf i_2 senkt und gleichzeitig die Geldmenge entsprechend um ΔM so weit flexibel erhöht, daß sich die Geldangebotskurve auf $M^S{}_2$ verschiebt und dadurch eine Geldversorgung des Marktes von M_2 entsteht. Erhöht die Zentralbank die Geldmenge und senkt gleichzeitig den Zins, so muß sie mit beiden Parametern exakt den neuen Schnittpunk der nach rechts verschobenen Geldangebotskurve $M^S{}_2$ mit der Geldnachfragekurve M^D beim Zinssatz i_2 treffen. Ist das nicht der Fall, so ergeben sich in der Praxis Liquiditätsüberschüsse oder Liquiditätsengpässe der Banken und Veränderungen der Zinsstruktur in den verschiedenen Segmenten des Geldmarktes.

6. *Monetäre Ordnungspolitik.* Durch die Ordnungspolitik werden die Rahmenbedingungen der G. in Gestalt der *Geldverfassung* durch Gesetze, Verordnungen und Erlasse festgelegt. In Deutschland sind dies vor allem das Bundesbankgesetz, das Kreditwesengesetz, das Bardepotgesetz, das Grundgesetz (Art. 88) und der Vertrag über die Europäische

Union (Art. 104 - 109 m). In der Geldverfassung werden i.a. die monetären Institutionen, die Ziele und die Instrumente der G. definiert. Besondere Bedeutung hat hier der geldpolitische Autonomiegrad (Unabhängigkeitsgrad) der Zentralbank von Weisungen der Regierung. Daher wird im Vertrag über die Europäische Union (Protokoll über die Satzung des Europ. Systems der Zentralbanken und der Europ. Zentralbank, Art. 7) festgelegt, daß „weder die Europ. Zentralbank noch eine nationale Zentralbank" den Weisungen der Regierungen, der EG-Organe oder anderer Institutionen unterworfen sind.

7. *Monetäre Prozeßpolitik.* G. als monetäre Prozeßpolitik steuert die Geldversorgung der Volkswirtschaft (oder des gemeinsamen Währungsgebietes mehrerer Volkswirtschaften) durch den Einsatz der verfügbaren geldpolitischen Instrumente zur Erreichung der geldpolitischen Ziele im Rahmen der monetären Ordnung (Geldverfassung).

8. *Träger der G.* Als Träger der G. werden alle Institutionen bezeichnet, die G. betreiben. Die bedeutendste ist in allen Staaten die Zentralbank (→ Deutsche Bundesbank). Daneben nehmen in manchen Staaten auch noch andere Institutionen (z.B. Finanzministerium, Schatzamt, Währungsbehörde) geldpolitische Funktionen wahr.

9. *Ziele der G.* Das bedeutendste Ziel der G. ist die Erreichung und Wahrung der *Preisniveau-Stabilität* (Geldwert-Stabilität). Es ist als Ziel absoluter Priorität im deutschen Bundesbank-Gesetz (§ 3) und im EG-Vertrag (Art. 105) verankert. Weitere geldpolitische Ziele sind mit den allgemeinen wirtschaftspolitischen Zielen identisch: *hoher Beschäftigungsstand* (Vollbeschäftigung), *befriedigende Wachstumsrate* und *außenwirtschaftliches Gleichgewicht.*

Da diese Ziele (Endziele) mit den Mitteln der G. nicht direkt erreichbar sind, stellen viele Zentralbanken ein *monetäres Zwischenziel* (Geldmengenziel, geplante Geldmengenexpansionsrate) auf, das mit der Erreichung der Endziele als kompatibel angesehen wird. Die deutsche Bundesbank bestimmt dieses monetäre Zwischenziel nach der Formel: geschätztes volkswirtschaftliches Potentialwachstum (Wachstum der Produktionskapazitäten in % p.a.) + verfügbarer Spielraum des Potentialauslastungsgrades in % + „unvermeidliche" Inflationsrate in % p.a. + Ausgleich in % der Geldmengenexpansion für den trendbedingten Rückgang der Geldumlaufgeschwindigkeit. Es kann als *Punktziel* (bestimmter %-Satz p.a.) oder als *Zielkorridor*, auch *Zieltrichter* genannt (Marge zwischen zwei %-Sätzen p.a.), als *Jahresdurchschnittsziel* oder *Jahresverlaufsziel* (Bundesbank: vom 4. Quartal des Jahres zum 4. Quartal des nächsten Jahres) festgelegt werden. Andere monetäre Zwischenziele können die Ausstattung des Bankensystems mit einer bestimmten → *Liquidität*, bestimmte *Zinssätze*, eine bestimmte *Zinsstruktur* oder die Stabilisierung der → *Wechselkurse* sein.

10. *Verwendetes Geldmengenaggregat.* Eine G., die sich der Geldmengensteuerung zur Erreichung eines festgelegten monetären Zwischenziels bedient, muß ein Geldmengenaggregat verwenden, das sich am besten als *Ziel-, Steuer- und Kontrollgröße* der G. eignet. Die Deutsche Bundesbank hat zunächst von 1973 bis 1987 die Zentralbankgeldmenge, ab 1988 das Geldmengenaggregat M_3 für diese Zwecke benutzt. Diesen Wechsel hat die damit begründet, daß das hohe Gewicht der Bargeldkomponente von ca. 50% in der Zentralbankgeldmenge die monetäre Entwicklung überzeichnet, während in M_3 alle Geld-Komponenten ungewichtet enthalten sind.

11. *Instrumente.* Geldpolitische Instrumente sind alle monetären Variablen, welche die Zentralbank direkt verändern kann. Diese lassen sich grundsätzlich in dirigistische und marktkonforme Instrumente unterscheiden. *Direkt wirkende dirigistische Instrumente* verändern die Ergebnisse der Geld- und Kre-

ditmärkte: Kreditplafonds und -kontrollen der Geschäftsbanken, Kreditregulierungen, Emissionsplafonds und -kontrollen, obligatorischer Erwerb von → Staatsanleihen durch die Geschäftsbanken, Vorschriften über Fest-, Höchst-, Mindestzinssätze, Zinsmargen, Zinsindexierung, selektive Zinsvorschriften für → Soll- und → Habenzinsen. *Indirekt wirkende marktkonforme Instrumente* beeinflussen die Bankenliquidität, die Refinanzierungsmöglichkeiten, -bedingungen und -kosten der Banken. Nur diese Instrumente sind in Deutschland aus ordnungspolitischen Gründen vorgesehen.

Die *Mindestreservepolitik* kann eine Mindestreserve in Höhe eines festgelegten (Mindest-)Reservesatzes in % der Bankpassiva (Passiv-Mindestreserve, in Deutschland angewendet) oder der Bankaktiva (Aktiv-Mindestreserve) erheben, die auf Konten der Zentralbank (in den meisten Staaten zinslos) hinterlegt werden muß. Die Reservesätze sind nach Einlagenarten (Passiv-M.) bzw. Kreditarten (Aktiv-M.) differenziert. Durch Senkung der Reservesätze wird den Banken zusätzliche Liquidität zur Verfügung gestellt und vice versa. Eine ergänzende *Bardepotpolitik* kann den Nicht-Banken eine Verpflichtung zur Haltung eines zinslosen Bardepots bei der Zentralbank in Höhe bestimmter festgelegter Bardepotsätze in % ihrer im Ausland aufgenommenen Kredite auferlegen (Bardepot-G. v. 23.12.71 u. Bardepot-VO v. 1.3.72). Im Rahmen ihrer *Refinanzierungspolitik* stellt die Zentralbank den Banken Liquidität durch *Rediskont- und Lombardkredit* zur Verfügung, dessen Inanspruchnahme durch die Banken zu einer Geldschöpfung von Zentralbankgeld führt. Das Volumen der → Rediskontkredite wird begrenzt durch die *Rediskontingente*, das Volumen der Lombardkredite durch *Lombardlinien*. Der *Diskontsatz* (Leitzins) ist der Zinssatz, zu dem die Zentralbank erstklassige Handelswechsel von den Banken ankauft. Der *Lombardsatz* ist der Zinssatz, zu dem die Zentralbank den Banken auf der Grundlage der Verpfändung bestimmter Wertpapiere ihres eigenen Portfolios (kurzfristigen) Lombardkredit gewährt. Bei → *Offenmarktoperationen* kauft oder verkauft die Zentralbank bestimmte festverzinsliche Wertpapiere der Banken. Der Kauf erfolgt in Form von → Mengentendern (bei vorgegebenem festen Zinssatz) oder von → Zinstendern (bei einem vorgegebenen Mindestzinssatz und Zinsgeboten der Banken). Durch Ankauf solcher Wertpapiere stellt die Zentralbank den Banken geschöpftes Zentralbankgeld zur Verfügung. Umgekehrt ist es beim Verkauf (Vernichtung von Zentralbankgeld). Bei → *Pensionsgeschäften* übernimmt die Zentralbank Handelswechsel, bestimmte festverzinsliche Wertpapiere oder → Devisen von den Banken für einen bestimmten Zeitraum zu einem festen Zinssatz, die sie i.a. zum gleichen Kurswert bei Fälligkeit den Banken wieder zurückverkauft. Somit stellt sie den Banken für die vereinbarte Periode geschöpftes Zentralbankgeld zur Verfügung. Im Rahmen der *Einlagenpolitik* gestattet die Bundesbank den Öffentlichen Händen (Bund, Ländern, Ausgleichsfonds, ERP-Sondervermögen) ihre gem. § 17 Bundesbankgesetz auf Bundesbank-Konten zu haltenden Kassenguthaben ganz oder teilweise auf Konten bei privaten Banken zu verlagern, was eine entsprechende Zentralbankgeldschöpfung bedeutet. Als *Swap-Politik* wird der Kauf bestimmter Devisen durch die Zentralbank zum → Kassa-Kurs bei gleichzeitigem Rückverkauf an die Banken zum Teminkurs verstanden (oder vice versa). Liegt der Terminkurs über dem Kassakurs, ist ein *Report*, im umgekehrten Fall ein → *Deport* gegeben. Durch *Moral Suasion* appelliert die Zentralbank an die Banken, eine gewünschte Verhaltensweise zu zeigen oder sie vereinbart mit den Banken eine solche Verhaltensweise durch ein *Gentlemen's Agreement* (z.B. zum Verzicht auf den Kauf ausländischer festverzinslicher Wertpapiere innerhalb einer bestimmten Periode).

12. *Zeitlicher Einsatz der Instrumente.* Der Einsatz der geldpolitischen Instrumente kann unter Berücksichtigung der zeitlichen Wirkungsverzögerungen (time-lags) *diskretionär* (fallweise) oder *regelgebunden* erfolgen. Durch Regelbindung werden geldpolitische Maßnahmen an bestimmte Indikatoren (z.B. an eine Veränderung des Index des Preisniveaus, der Auftragseingänge, der industriellen Bruttoinvestitionen oder einer Kombination mehrerer Indikatoren) gekoppelt. Bei Anwendung der monetaristischen *Geldmengenregel* verpflichtet sich die Zentralbank selbst dazu, ihre Geldpolitik so einzusetzen, daß die Geldmengenexpansionsrate dem *Geldmengenziel* entspricht, das sich am geschätzten Wirtschaftswachstum oder Potentialwachstum orientiert (vgl. 9. Ziele der G.).

13. *Geldpolitische Strategien.* Als geldpolitische Strategie wird eine Kombination langfristig und umfassend geplanter geldpolitischer Maßnahmen zur Erreichung bestimmter geldpolitischer Ziele auf der Grundlage einer bestimmten geldpolitischen Konzeption im Rahmen der gegebenen Geldverfassung verstanden. Die *monetaristische Strategie* strebt eine längerfristige *Verstetigung* der geldpolitischen Maßnahmen zur Kontrolle des Geldmengenwachstums an, das sich am geschätzten Wirtschaftswachstum oder Potentialwachstum orientiert. Dadurch soll der Anstieg der Güterproduktion durch einen entsprechenden Anstieg der Geldversorgung finanziert, die Geldversorgung je Produkteinheit konstant gehalten und → Inflation vermieden werden. Auf eine Zinspolitik wird verzichtet. Die *keynesianische Strategie* operiert mit der Zinspolitik und versucht den Zinssatz am Geldmarkt so festzulegen, daß eine hinreichende Grenzleistungsfähigkeit des Kapitals und eine hinreichende investive und konsumtive Gesamtnachfrage entstehen, um ein gesamtwirtschaftliches Gleichgewicht bei Vollbeschäftigung zu bewirken. Die erforderliche, dem Zinssatz entsprechende Geldmenge wird von der Zentralbank flexibel angepaßt. Die *liquiditätspolitische Strategie* steuert die Liquidität des Bankensystems unter Einbeziehung der Refinanzierungsmöglichkeiten der Banken bei der Zentralbank, der Geldsurrogate, der Auslandsguthaben und -kreditaufnahmemöglichkeiten. Subsidiär wird die Zinspolitik eingesetzt, um die Kreditkosten zu beeinflussen. Über die Bankenliquidität soll das Kreditvolumen des Bankensystems gelenkt werden.

14. *Strategie der Deutschen Bundesbank.* Die Deutsche Bundesbank ist von Weisungen der Regierung unabhängig (§ 12 BBkG) und dem Ziel der Preisniveaustabilität verpflichtet (§ 3 BBkG). Sie kann daher ihre geldpolitische Strategie selbst bestimmen. Bis zum endgültigen Zusammenbruch des Bretton-Woods-Systems fester Wechselkurse im Jahre 1973 verfolgte die Bundesbank vorwiegend eine *liquiditätspolitische Strategie*. Die wichtigsten geldpolitischen Instrumente waren dafür die Mindestreserve- und Refinanzierungspolitik in Verbindung mit der Zinspolitik. Ab 1973 mit Beginn des → Floating der bedeutendsten → Leitwährungen gegeneinander (US-Dollar, Yen, D-Mark) übernahm die Bundesbank wesentliche Züge der *monetaristischen Strategie*, nämlich eine verstetigende Geldmengenpolitik mit der Feststellung eines jährlichen Geldmengenziels (vgl. 9. Ziele der Geldpolitik). Von 1975 bis 1978 legte sie Punktziele, danach Zielkorridore fest (Ausnahme 1989: Circa-Ziel „etwa 5% pro Jahr"). Dabei betrieb sie eine vorwiegend akkomodierende Zinspolitik durch Anpassung der Leitzinsen an die bereits vorausgegangene Marktzinsentwicklung). Im Rahmen ihrer Geldmengenpolitik bedient sich die Bundesbank der sog. „Feinsteuerung" durch kurzfristige und revolvierende Offenmarktoperationen, Pensionsgeschäfte, Swapgeschäfte und Einlagenpolitik ohne beabsichtigte Signalwirkungen dieser Maßnahmen. Mit ihnen versucht sie, die vielfältigen Störungen der Geldmengenentwicklung (z.B.

durch obligatorische Devisenmarktinterventionen oder Kassentransaktionen der öffentlichen Hände) zu neutralisieren, ohne damit freilich dauerhaften Erfolg zu erzielen. Die Einführung der → *Finanzinnovationen* (z.B. CD, → Futures, → Options, NIF usw.) während der 80er Jahre in Verbindung mit der weltweiten *Liberalisierung* der Geld- und Kapitalmärkte haben nach Untersuchungen der Bundesbank ihre geldpolitische Effizienz nicht beeinträchtigt.

15. *Europäische G.* Durch den Vertrag von Maastricht soll das seit März 1979 bestehende *Europäische Währungssystem* (EWS) in drei Stufen zu einer *Europäischen Währungsunion* weiterentwickelt werden. Nach der Liberalisierung des Geld- und Kapitalverkehrs der Währungen der am EWS beteiligten Staaten in der 1. Stufe vom Juli 1990 bis Dez. 1993 soll in der 2. Stufe von Jan. 1994 bis Dez. 1996, spätestens bis Dez. 1998, die Währungsunion vorbereitet werden. Zu diesem Zweck wurde in Frankfurt a.M. das *Europäische Währungsinstitut* (EWI) errichtet, dem die Zentralbankpräsidenten aller EWS-Mitgliedsstaaten angehören. Sie sollen im Rahmen des EWI eine immer stärkere Harmonisierung der nationalen G. erreichen. Zugleich sollen die Mitgliedstaaten mit ihrer Wirtschafts-, Finanz- und G. eine immer stärkere *Konvergenz* der wirtschaftlichen Entwicklung durch die Erfüllung der beschlossenen *Konvergenzkriterien* herbeiführen:

- die Inflationsrate darf nicht höher sein als 1,5% über dem Durchschnitt der Inflationsraten der drei günstigsten Länder;
- das Budgetdefizit darf 3% und die gesamte Staatsverschuldung 60% des BIP nicht übersteigen;
- das Land muß mindestens 3 Jahre am Wechselkursmechanismus in der normalen Bandbreite (+/- 2,25%) teilgenommen und keine Abwertungen durchgeführt haben;
- die langfristigen Zinsen dürfen 2% des Zinsdurchschnitts der 3 Länder mit den niedrigsten Inflationsraten nicht übersteigen.

Sind diese Voraussetzungen termingerecht erfüllt, soll in der 3. Stufe (spätestens am 1. 1.1999) die Währungsunion mit der Überleitung des EWI in das *Europäische System der Zentralbanken* und die *Europäischen Zentralbank*, mit einer gemeinsamen Geldpolitik und Einführung der neuen gemeinsamen Währung → ECU errichtet werden. An dem termingerechten Erfolg dieser geplanten Harmonisierungs- und Konvergenzprozesse sind jedoch erhebliche Zweifel angebracht. Im Jahre 1993 erfüllte außer Luxemburg kein Land die Konvergenzkriterien. Währungsturbulenzen in den Jahren 1992 und 1993, die dadurch erzwungene Erweiterung der Bandbreite im EWS auf +/- 15%, strukturelle Anpassungsprozesse, politischer Druck nationaler Interessengruppen sowie unterschiedliche wirtschaftspolitische Prioritäten und Konzeptionen in den einzelnen EWS-Mitgliedstaaten lassen erwarten, daß der monetäre Integrationsprozeß sehr viel langsamer als geplant fortschreiten wird. Nach den Währungsturbulenzen hat sich gezeigt, daß es wegen des unbefriedigend verlaufenden Konvergenzprozesses immer schwieriger wird, im EWS eine harmonisierte Geldpolitik zur gleichzeitigen Erreichung Ziele der *Preisniveaustabilität, der Zinsniveaustabilität und Zinsangleichung zwischen den EWS-Staaten und der Wechselkursstabilität bei freiem Geld- und Kapitalverkehr* durchzuführen.

Prof. Dr. P. Schaal, Viersen

Geldumlauf

Der in einer Volkswirtschaft zirkulierende Bestand an Bargeld (Münzen und Banknoten) und die dem Zahlungsverkehr dienenden Sichtguthaben von Nichtbanken.

Geldvolumen

→ Geldmenge.

Gemeinsames Konto

→ Joint Account.

Genehmigtes Kapital
Maximaler Nennbetrag einer künftigen Kapitalerhöhung durch Ausgabe von → Aktien, für die der Vorstand einer → Aktiengesellschaft von der → Hauptversammlung ermächtigt wird. Die Ermächtigung ist gemäß § 202 → AktG auf fünf Jahre beschränkt, das G. darf 50% des bisherigen gezeichneten Kapitals nicht übersteigen.

General Clearing
Im Rahmen des Clearingsystems der → DTB kann eine G.-Lizenz von → Kreditinstituten mit mehr als 250 Mio. DM verfügbarem → Eigenkapital und einer → Clearing Garantie von Drittbanken in Höhe von 10 Mio. DM erworben werden. Eine G.-Lizenz berechtigt zur Abwicklung eigener und fremder Geschäfte. Fremde Geschäfte sind Geschäfte von → Börsenteilnehmern ohne → Clearing Lizenz.

Genußscheine
Finanzierungstitel in Form von G. führen im Rahmen der Unternehmensfinanzierung zur Bildung von G.kapital, dessen Qualität von den gewählten G.bedingungen abhängig ist. Dementsprechend erweisen sich G. für den → Investor in unterschiedlicher Weise risikobehaftet. In Ermangelung eindeutiger gesetzlicher Regelungen (lediglich das → Aktiengesetz enthält einen Hinweis auf dieses → Finanzierungsinstrument) reichen nämlich die Konditionen (G.bedingungen) von stärker zinsbezogenen Varianten bis zu G. mit ausschließlich gewinnbezogener Ausstattung. Somit erhält der Investor in Anbetracht des großen Gestaltungsspielraums einen Status, der eher dem typischen Gläubiger der Unternehmung oder stärker der Figur des atypischen, aktionärsähnlichen Geldgebers (im Sinne eines Vorzugsaktionärs) entsprechen kann. Wenn auch aus steuerrechtlichen Gründen im Interesse der Unternehmung darauf abzustellen ist, daß das G.kapital → Fremdkapital bleibt und die Zahlungen darauf als Betriebsausgaben abzugsfähig sind, schließt diese Fallgestaltung eine Deklaration als haftendes → Eigenkapital, wie das der Gesetzgeber → Kreditinstituten durch § 10 Abs. 5 KWG (Ergänzungskapital) einräumt, nicht aus. Voraussetzung dafür ist allerdings, daß die Genußscheinbedingungen eine Teilnahme der G. am Liquidationserlös ausschließen. Mitsprache- und Mitbestimmungsrechte stehen Inhabern von G. ohnehin nicht zu. Die schillernde Vielfalt von Gestaltungsmöglichkeiten der G. läßt somit eine unter wirtschaftlichen Aspekten eindeutige Zuordnung des G.kapitals zum Eigen- oder Fremdkapital nicht zu. Aufgrund der Nachrangigkeitsbedingungen erweist sich das G.kapital vielmehr in einer großen Zahl von Fällen als *Mezzaninkapital (mezzanine debt)* angesiedelt zwischen Eigen- und Fremdkapital: Die G.inhaber gehen im Range den Gläubigern der anderen Verbindlichkeiten der Unternehmung nach, werden aber vor den Eigentümern bedient. Hinsichtlich der Risiken stehen G.inhaber dagegen im Falle einer vereinbarten Verlustteilnahme häufig den Eigentümern gleich und haften somit als Gläubiger für Verluste der Unternehmung, zumal das G.kapital bei massiven Verlusten der Unternehmung nach Herabsetzung des → Grundkapitals (Gesellschaftskapitals) ebenfalls herabgestuft wird bzw. werden kann und auf diese Weise G. an Wert verlieren (bis zur Wertlosigkeit). Insofern erweist sich die Position von G.inhabern unter Risikoaspekten gegenüber anderen Gläubigern der Unternehmung als schwächer. Dem steht allerdings die *Chance* gegenüber, aufgrund der mit G. regelmäßig verbundenen Gewinnbeteiligungen und den daran anknüpfenden Möglichkeiten, Kursgewinne zu erzielen, eine *Performance* zu realisieren, die über der → Rendite vergleichbarer Investments in traditionelle Gläubigerpapiere (Rentenwerte) liegt.

Trotz der grundsätzlich unbeschränkten Gestaltungsfreiheit lassen sich folgende *Grundtypen* von Genußscheinen, auch als *Genußrechte* bezeichnet, unterscheiden:

- *Festverzinste G.:* Die in den G.bedingungen festgelegte Verzinsung pro Geschäftsjahr der → Laufzeit ist vorab aus dem von der Gesellschaft erwirtschafteten → Gewinn (vor der → Ausschüttung an die Gesellschafter) zu leisten. Im Falle von Verlusten unterbleibt zwar die Zahlung in der betreffenden (Zins-) Periode; die Zahlung ist jedoch bei Besserung, d.h. entstandenen Gewinnen, in den Folgejahren nachzuholen. Dieser Typus findet in der Regel bei *Bankgenußscheinen* Anwendung.
- *Erfolgsabhängige G.:* Der Inhaber des G. wird dabei direkt am Unternehmenserfolg insofern beteiligt, als sich die Ausschüttung auf den G. an der Dividendenausschüttung der Aktionäre orientiert. Dabei kann zur Risikobegrenzung für den Investor eine feste Mindestausschüttung vorgesehen werden, die im Sinne einer (bei Gewinnschuldverschreibungen gebräuchlichen) Mindestverzinsung wirkt, wobei allerdings wiederum der Ausfall der Zahlung bei Periodenverlusten hinzunehmen ist.
- *G. mit → Optionsrechten:* Analog zu Schuldverschreibungen mit Wandel- und Optionsrechten sind dabei G. mit *Wandelrechten* und G. mit *Optionsrechten* zu unterscheiden. Im ersten Fall hat der Investor die → Option, innerhalb einer bestimmten Optionsfrist *(Wandlungsfrist)* den G. – meist gegen Zuzahlung – in eine → *Aktie* der Gesellschaft zu wandeln (umzutauschen). Im zweiten Fall erwirbt der Investor über den → *Optionsschein*, der dem G. bei → Emission begefügt wird, das Recht, zusätzlich (zum G.) eine Aktie der Gesellschaft innerhalb der *Optionsfrist* gegen Zahlung einer festgelegten *Optionsprämie* zu erwerben. Für den Börsenhandel ergeben sich dabei die Varianten, daß der G. *cum* (mit Optionsschein) oder *ex* (ohne Optionsschein) und der Optionsschein gesondert notiert werden.
- *G. mit Kündigung:* In der Mehrzahl der Fälle sind G. zwar mit festen Rückzahlungsterminen (festen Laufzeiten) ausgestattet, es kann aber auch die Möglichkeit einer grundsätzlich unbegrenzten Laufzeit mit Rückzahlung nach Kündigung (durch den → Emittenten) gewählt werden. Davon zu unterscheiden ist die Einräumung eines vorzeitigen Kündigungsrechts bei G. mit fester Laufzeit für definierte Fälle, wie z.B. für den Fall der Änderung der steuerrechtlichen Voraussetzungen, die den Emittenten zur Kündigung berechtigen.

In Anbetracht der Orientierung von G. am Unternehmenserfolg entfällt die Notwendigkeit, im Falle des unterjährigen Kaufs/Verkaufs von Genußscheinen die bei → Anleihen erforderlichen Stückzinsberechnungen vorzunehmen und die angefallenen → *Stückzinsen* zwischen Verkäufer und Käufer aufzuteilen. Stückzinsen sind vielmehr Teil des Börsenkurses (= „flat"-Notierung) des G., und eine im → Kurs enthaltene Ausschüttung bleibt als Kursgewinn unter Wahrung der Spekulationsfrist von 6 Monaten steuerfrei. Auf jeden Fall entsteht statt der Zinsabschlagsteuer (30 bzw. 35%) nur eine Belastung mit 25% → Kapitalertragsteuer, die auf die persönliche Einkommensteuer anrechenbar ist. Dieser Sachverhalt wirkt sich für den Investor generell auf die *Rendite* von G. aus: So fallen bei festverzinsten G. aufgrund der festen Ausschüttung aus dem Periodengewinn bei sinkendem → Zinsniveau zusätzliche Kursgewinne an; die → Performance ergibt sich aus der festen Ausschüttung und dem jeweiligen (veränderten) Börsenkurs in Abhängigkeit von der aktuellen Kapitalmarktlage. Noch stärker zeigt sich dieser Effekt bei erfolgsabhängigen G., deren Kurs in Abhängigkeit von der Ertragslage des Emittenten des Genußrechtes variiert, wobei der Kurs gegen Laufzeitende sich dem Rückzahlungswert nähert. Dasselbe gilt für G. mit Optionsrechten, deren Börsenkurs vom → Kurs der Aktie, in die gewandelt oder erworben werden kann, abhängt und sich mit diesem in dieselbe Richtung entwickelt. Nachteile aus der Kursabhängigkeit von Genußrechten zeigen sich für den Investor allerdings im Falle von G. mit Kündigung, wenn aufgrund hoher Ausschüttungen der Börsenkurs des G. erheblich über dem vereinbarten Rückzahlungskurs liegt: Bei vorzeitiger Kündigung und Rückzahlung zum niedrigeren Rückzahlungspreis entsteht ggf. ein Verlust in Bezug auf den höheren Börsenkurs, der entschädigungslos hinzunehmen ist und vor dem sich der Investor nicht schützen kann.

Aus der Sicht des *Emittenten* von G. erweist sich diese Finanzierungsmöglichkeit in Anbetracht der Funktion als nachrangige Verbindlichkeit oder als eigenkapitalähnliche Mittel oder als deklarierbares Eigenkapital (bei Kreditinstituten) als kostengünstiges Finanzinstrument. Die Belastung liegt erheblich unter den Finanzierungskosten für gezeichnetes Eigenkapital. Um die steuerliche Anerkennung als Fremdkapital sicherzustellen, ist es notwendig, die Verlustteilnahme, die Nachrangigkeitserklärung und den Ausschluß des Anspruchs auf Anteil am Liquidationserlös in die Emissionsbedingungen aufzunehmen. Ein weiterer Vorteil des G. besteht darin, daß es – vergleichbar den stimmrechtslosen Aktien – keine Mitbestimmungs- oder Mitwirkungsrechte der G.inhaber zur Folge hat.

Bei der Emission von G. ist § 221 III AktG zu beachten, wonach diese nur auf Grund eines Beschlusses der → Hauptversammlung ausgegeben werden dürfen, der mindestens einer Dreiviertelmehrheit des bei der Beschlußfassung vertretenen Grundkapitals oder einer in der Satzung bestimmten anderen Kapitalmehrheit bedarf. Auf G. haben die Aktionäre ein Bezugsrecht (§ 221 VI AktG) unter Festsetzung eines bestimmten *Bezugsverhältnisses*, mit dem G. den Aktionären anzubieten sind (z.B. kann das Bezugsverhältnis 2:1 nach → Nennwerten betragen, d.h. vier Aktien zum Nennwert von je 50 DM berechtigen zum Bezug eines G. zum → Nominalwert von 100 DM).

Prof. Dr. G. Eilenberger, Rostock

Geregelter Markt

Börsensegment im bundesdeutschen Effektenhandel, eröffnet am 4.5.1987. Im Vergleich zum → Amtlichen Handel erfordert der G. geringere Auflagen für den → Emittenten, gegenüber dem → Freiverkehr sind jedoch höhere Anforderungen zu erfüllen.

Zu den wesentlichen erleichterten Zugangs- und Zulassungsbestimmungen zählen

- der geringere zeitliche Mindestbestand des emissionswilligen Unternehmens von 1 Jahr (Amtlicher Handel 3 Jahre),
- ein niedrigerer Mindestnennbetrag bei Erstemissionen von 0,5 Mio. DM (Amtlicher Handel 2,5 Mio. DM),
- eine geringere Mindestanzahl von im Handel befindlichen → Aktien von 10.000 Stück (Amtlicher Handel 50.000 Stück),
- geringere Zulassungsgebühren in Höhe der Hälfte der Gebühren des Amtlichen Handels,
- geringere Anforderungen an den → Emissionsprospekt,
- Erleichterungen bei den → Publizitätspflichten.

Über die Zulassung zum G. entscheidet ein Zulassungsausschuß an der jeweiligen → Börse. Zugelassen werden können grundsätzlich alle Wertpapiere, die nicht an derselben Börse im amtlichen Handel notiert werden; ein (vorheriger) Handel im Freiverkehr ist möglich. Die Kursfeststellung, die durch Freimakler vorgenommen wird, ist nichtamtlich, jedoch gesetzlich geregelt. Sie erfolgt nach den gleichen Grundsätzen wie im Amtlichen Handel. Im G. waren Ende 1990 insgesamt 71 Aktien, 550 → festverzinsliche Wertpapiere und 69 → Optionsscheine notiert.

Gesamtfälligkeit

Termin, an dem eine → Anleihe mit fester → Laufzeit fällig ist und in einer Summe zurückgezahlt wird. Gegensatz ist die → Tilgung in Raten.

Geschäftsbanken

→ Kreditinstitute, die ihre Geschäftstätigkeit nicht auf bestimmte Kundenkreise begrenzen. Darunter fallen alle Kreditinstitute mit Ausnahme der → Deutschen Bundesbank. Die G. werden zu fast 97% als Universalbanken (private G., öffentlich-rechtliche und genossenschaftliche Kreditinstitute) betrieben, den restlichen Anteil stellen die → Spezialbanken (real- und Teilzahlungskreditinstitute, Kreditinstitute mit Sonderaufgaben, Postscheck- und Postsparkassenämter).

Geschäftsbericht

Bestandteil des → Jahresabschlusses. Bis zur Geltung des Bilanzrichtlinien-Gesetzes für → Aktiengesellschaften verbindlich vorgeschrieben. Er soll die Nachteile von → Bilanz sowie → Gewinn- und Verlustrechnung, die nur quantifizierbare Größen enthalten und die bilanzpolitischen Entscheidungen zu deren Festlegung weithin nicht sichtbar machen, ausgleichen. In einem → Lagebericht ist über den Geschäftsverlauf und Unternehmenslage sowie über Vorgänge von besonderer Bedeutung zu berichten und im Erläuterungsbericht sind nähere Angaben zu Bilanzpositionen und angewandten Bewertungs- und Abschreibungsmethoden zu geben. Durch das Bilanzrichtlinien-Gesetz ist der G. durch den Anhang und Lagebericht bei → Kapitalgesellschaften zu ersetzen. → Personengesellschaften sind nicht zur Erstellung eines Anhanges und Lageberichts verpflichtet.

Geschäftsklima

Einschätzung der gegenwärtigen, vor allem aber der zukünftigen Konjunktursituation und deren Entwicklung durch die Unternehmen. Das G. wird regelmäßig vom IFO-Institut für Wirtschaftsforschung in München im Rahmen seiner Konjunkturtests ermittelt.

Geschlossene Fonds

→ Closed End Fund.

Gestrichen

→ Kurszusatz: Symbol –. Es lagen weder Kauf- noch Verkaufsaufträge zu einem vertretbaren → Kurs vor; aber auch amtliche Streichung möglich. Mit Zusatz → G bzw. → B: Kurs wegen überwiegender Nachfrage bzw. überwiegenden Angebots gestrichen (keine → Umsätze).

Gewinn

I. In der Volkswirtschaftslehre:

1. Differenz zwischen Erlösen aus der verkauften Produktion und vollständigen Opportunitätskosten der für diese Produktion eingesetzten Produktionsfaktoren. In dieser Definition enthält der G. den Unternehmerlohn, Eigenkapitalverzinsung sowie Risikoprämie für Vermögensverlust bei Mißerfolg.

2. Unternehmerlohn als Einkommen für dispositive Arbeit. Hierunter fallen auch Einkommen der freien Berufe.

3. G. im engeren Sinn, das Unternehmereinkommen vermindert um Unternehmerentlohnung und Eigenkapitalverzinsung, oft als Nicht-Faktoreinkommen oder auch Residualeinkommen bezeichnet. In marktwirtschaftlichen Wirtschaftsordnungen fallen diese G. dem Kapitaleigentümer zu und sind Ausdruck für die mit ihren Entscheidungen zu tragenden Chancen und Risiken. Im Laufe der letzten Jahrzehnte trat mit der Zurückdrängung des Eigentümer-Unternehmens eine Verlagerung der G.-zuweisung vom juristischen Eigentümer des Unternehmens zum Arbeitnehmer ein (Erfolgsbeteiligung).

Bedeutsame Unterfälle sind: a) Pionier-G., nach Schumpeter Entlohnung für neuartige Produktions- und Absatzmethoden „schöpferischer" Unternehmer, die gegenüber der Konkurrenz einen zeitlich begrenzten Vorsprung erringen, der durch Nachahmung eingeebnet wird. Sie fördern den wirtschaftlichen Fortschritt. b) Dynamische Diffential-G., windfall gains, die aus meist nicht vorhersehbaren Marktveränderungen entstehen und nur vorübergehender Natur sind. Sie führen zu kurzfristigen Produktionsausweitungen. c) Monopol-G., durch Ausnutzung von Marktstellungen, die entweder durch Leistungen erworben oder durch Marktzugangsbeschränkungen für Konkurrenten oder durch Marktspaltungen erzielt weden. d) Profit in der Marxschen Theorie, die Abschöpfung des Mehrwerts der Arbeit durch den Kapitalisten.

4. In der Volkswirtschaftlichen Gesamtrechnung ist G. Einkommen aus Unternehmertätigkeit und Vermögen sowie auch in anderen Abgrenzungen (z.B. Verteilung des Volkseinkommens: an die Haushalte ausgeschütteter G., in den Unternehmen verbliebener (nichtausgeschütteter) G., an den Staat geflossener G. aus Beteiligungen, Wertpapierbesitz u.ä.).

II. In der Betriebswirtschaftslehre:

1. Handelsrechtlicher oder Bilanz-G., der sich von dem in der Gewinn- und Verlustrechnung ausgewiesenen G. unterscheidet. Wird dieser um einen G.- bzw. Verlust-Vortrag aus dem Vorjahr sowie Entnahmen aus → offenen Rücklagen und Einstellung aus dem → Jahresüberschuß in die offenen Rücklagen verändert, so erhält man den Bilanz-G. bzw. Bilanzverlust. Er stellt den erkennbaren, nicht aber effektiven oder echten G. dar, der aus dem gesamten in dem Unternehmen investierten Kapital und somit aus pagatorischem G. und Fremdkapitalzinsen besteht.

2. Pagatorischer G., der aus Zahlungsvorgängen abgeleitete G.

3. Kalkulatorischer G., ist G. aus Sicht der Kostenrechnung, hier z.B. in der Teilkostenrechnung der Überschuß aller Deckungsbeiträge über den Fixkostenblock.

4. Ökonomischer G. ist derjenige Perioden-G., der aus gegenwärtigen und künftigen Ein- und Auszahlungen des Unternehmens abgeleitet wird. Er erlaubt eine verursachungsgerechte Periodenerfolgsermittlung und gibt deshalb den Kapitalwert für ein Investitionsprojekt bereits für das Jahr seiner Druchführung an. Problem der Ermittlung des ökonomischen G. bildet die Bewertung des Vermögens.

III. Im Steuerrecht.

1. Unterschiedsbetrag des Betriebsvermögens am Schluß des Wirtschaftsjahres zum vorangegangenen Wirtschaftsjahr, vermehrt um die Entnahmen und nichtabzugsfähigen Betriebsausgaben sowie vermindert um den Wert der → Einlagen.

2. Überschuß der Betriebseinnahmen über die Betriebsausgaben.

Gewinnanteilschein
Aktienurkunden und → Genußscheinen ist der sog. → Bogen beigefügt, der 10 bis 20 in der Regel fortlaufend numerierte G. enthält. G. von → Aktien heißen → Dividendenscheine. G. lauten im Gegensatz zu Zinsscheinen nicht über einen bestimmten Geldbetrag, sondern verbriefen den Anspruch auf Auszahlung des jährlichen Reingewinns nach Maßgabe der Beteiligungshöhe des Inhabers.

G. dienen auch zur Erhebung → junger Aktien oder einer außerordentlichen Gewinnausschüttung. Im Regelfall verjährt der Auszahlungsanspruch auf einen fällig gewordenen G. nach vier Jahren (Vorlegungsfrist). G. sind Teillegitimationspapiere, sie gelten bei Verpfändung des Hauptpapiers als mitverpfändet, sofern sie mitübergeben werden.

Gewinnmitnahmen
Bei steigenden Kursen das Realisieren von Kursgewinnen durch Verkauf von Wertpapieren in der Sorge, die → Gewinne könnten bei sinkenden Kursen wieder verlorengehen.

Gewinnschuldverschreibung
→ Obligation (Schuldverschreibung), die dem Inhaber neben einer festen Nominalverzinsung eine feste oder in der Regel variable Zusatzverzinsung verspricht, die von der Höhe der → Dividende abhängig ist. Der → Kurs einer G.

hängt neben der Mindestverzinsung auch von der Dividendenerwartung ab.

Gewinn- und Verlustrechnung
GuV

Systematische Aufstellung aller Aufwendungen und Erträge, die den Unternehmenserfolg in der Abrechnungsperiode bestimmen. In der G. wird der → Jahresüberschuß/→ Jahresfehlbetrag ermittelt. Gemeinsam mit der → Bilanz und dem Anhang bildet sie bei den → Kapitalgesellschaften den → Jahresabschluß.

Gezeichnetes Kapital
Bestandteil des bilanziellen → Eigenkapitals, der den Betrag angibt, auf den die Haftung der Gesellschafter für die Verbindlichkeiten des Unternehmens den Gläubigern gegenüber beschränkt ist, soweit die Gesellschafter zu dessen Aufbringung verpflichtet sind.

Das G. wird bei der → AG als → Grundkapital und etwa bei der GmbH als → Stammkapital bezeichnet. Wenn das G. noch nicht voll eingezahlt ist, ist auf der Aktivseite der entsprechende Betrag gesondert auszuweisen, wobei auch die eingeforderten → Einlagen zu vermerken sind. Die nicht eingeforderten Beträge können jedoch auch vom G. direkt abgezogen werden, so daß auf der Aktivseite nur noch die eingeforderten Beträge zu vermerken sind.

Gilt-Edged
Goldgeränderte Papiere

International gebräuchliche Bezeichnung für Wertpapiere, die von bonitätsmäßig erstklassigen → Emittenten ausgegeben werden und deren Besitz keine Gefahr für das investierte Kapital bedeutet.

Gilt bezeichnet auch heute noch britische Staatstitel. Gilt-Edged Securities bezeichnen Staatspapiere, deren Zins- und Tilgungszahlungen vom britischen Staat garantiert sind.

Girosammelverwahrung (GS)
Die Verwahrung von Wertpapieren durch eine → Wertpapiersammelbank ist im → *Depotgesetz von 1937* verbindlich geregelt. In Deutschland wird diese Funktion von der *Deutscher Kassenverein AG (DKV)* wahrgenommen. Hauptsitz der Gesellschaft ist Frankfurt am Main, Niederlassungen bestehen an den Börsenplätzen *Berlin, Düsseldorf, Hamburg, Hannover, München und Stuttgart.* Die Aktien des DKV befinden sich seit März 1993 zu 100% im Besitz der Deutsche Börse AG, Frankfurt am Main. Die G. geht zurück auf das Jahr 1882, als die *„Bank des Berliner Kassenverein“* nach dem Vorbild des bargeldlosen Zahlungsverkehrs beauftragt wurde, Wertpapiere zentral zu verwahren.

Die hinterlegten Wertpapiere werden in den Tresoren des DKV nach Gattungen getrennt aufbewahrt. Es erfolgt keine Trennung nach DKV-Kontoinhabern (→ Kreditinstituten). Mit der Einlieferung von Wertpapieren verliert der Hinterleger das bisherige, aufgrund von Stücknummern spezifizierte, individuelle Eigentum. Er erwirbt dafür ein wirtschaftlich in vollem Umfang gleichwertiges Miteigentum nach entsprechenden Bruchteilen am Sammelbestand einer Gattung.

Aus diesem Grund durfte die GS-Verwahrung bisher nur aufgrund einer schriftlichen und ausdrücklichen Ermächtigung seitens der Depotkunden erfolgen. Diese fällt ab 1994 nach der Verabschiedung des 2. Finanzmarktförderungsgesetzes, das die GS-Verwahrung zur Regelverwahrung bestimmt.

Während das Aktiengesetz immer noch den Ausdruck effektiver Wertpapiere verlangt, werden im Bereich der Anleihen bereits über 95% der → Emissionen in Globalurkunden verbrieft, bzw. als Wertrechte in die Bundes- oder Landesschuldbücher eingetragen. Hierbei ist die zentrale Verfügbarkeit über den Girosammelbestand von großer Bedeutung. Der Hinterleger von Wertpapieren einschl. Globalurkunden und Schuldbucheintragungen erhält mit der Einlieferung eine Gutschrift auf seinem beim DKV geführten Depotkonto. Damit ist die Voraussetzung geschaffen, daß bei einer Eigentumsveränderung der Übergang von einem Verkäufer auf einen Käufer lediglich durch Buchübertragung erfolgen kann (siehe → Abwicklung).

Die G. ist von ihrer Struktur her nur für fungible Wertpapiere geeignet. Es werden jedoch die technischen Voraussetzungen geschaffen, auch die in einem Aktienregister auf den Namen des Eigentümers eingetragenen → Aktien (→ Namensaktien) in die Sammelverwahrung mit einzubeziehen.

Der DKV übernimmt auch die im Zusammenhang mit der Verwahrung entstehenden Verwaltungsarbeiten. Die Hinterleger erhalten die Gegenwerte aus Zins- und Dividendenerträge sowie aus Kapitalrückzahlungen termingerecht und entsprechend ihrer Depotbestände gutgeschrieben. Das → Inkasso der Gelder erfolgt bei den Hauptzahlstellen. Daneben werden die von den → Emittenten veranlaßten Veränderungen und Anpassungen der Depotbestände automatisch durchgeführt.

Die Bedeutung und hohe Akzeptanz der G. läßt sich daraus ersehen, daß Ende *1993 über 33.000 Wertpapiergattungen* zugelassen waren und sich ca. 85% der in Umlauf befindlichen Aktien → Investmentfonds und ca. 95% der → Anleihen in der Verwahrung es DKV befanden.

Lit.: Bruns, G.: Das Depotgeschäft, 3. Aufl., Frankfurt a.M. 1972; Büschgen, H. H. (Hrsg.): Das kleine Börsen-Lexikon, 18. Aufl., Düsseldorf 1989; Delorme, H.: Die Wertpapiersammelbanker, Frankfurt a.M. 1970; Deutsche Bank AG: Wertpapiere, Ausstattung, 3. Aufl., Frankfurt a.M. 1986; Deutscher Kassenverein AG: Allgemeine Geschäftsbedingungen 1993; Deutscher Kassenverein AG: Geschäftsbericht 1993; Grill, W.; Perczynski, H.: Wirtschaftslehre des Kreditwesens, 26. Aufl., Bad Homburg 1991; Institut für Kapitalmarktforschung, Schriftenreihe Nr. 2/1971, Beitrag Delorme, H.: Das deutsche Effektengirosystem; Rützel, H.-K.: Automation im Wertpapierverkehr, Hrsg. von der Frankfurter Wertpapierbörse AG, Frankfurt a.M. 1992.

H.-K. Rützel, Frankfurt/M.

Girozentralen

Zentralinstitute der Sparkassen. Ursprünglich als reine Giroabrechnungsstellen für Sparkassen gegründet, haben die G. ihre Geschäftstätigkeit erheblich erweitert. Durch den Zusammenschluß mit den Landesbanken übernahmen sie auf diese Weise die Funktion einer → Hausbank des jeweiligen Bundeslandes. Darüber hinaus entwickelten sich die G. zu Universalbanken, die neben Privat- und Firmenkundengeschäft für die angeschlossenen Sparkassen eine breite Leistungspalette anbieten, insbesondere im → Effekten und Auslandsgeschäft. Das Spitzeninstitut der Sparkassenorganisation ist die Deutsche Girozentrale – Deutsche Kommunalbank (DGZ), die zu der Gruppe der Landesbanken/Girozentralen gehört, und die Aufgabe hat, als oberste Zentrale diese in ihrer Geschäftstätigkeit zu ergänzen.

Glattstellung

→ Abwicklung, Ausgleich oder Lösen eines eingegangenen Börsenengagements.

Gleitende-Durchschnitts-Linie

GDL

Glättungsverfahren bei Zeitreihen (z.B. Aktienkurse im Zeitverlauf). In der → Chart-Analyse (technische Analyse) eine Methode der Aktientrendanalyse. Hier werden gleitende Durchschnitte zusammen mit den Kursverläufen bei einzelnen → Aktien in einem Kursbild (→ Chart) dargestellt. Damit werden kurzfristige Kursschwankungen geglättet in der Erwartung, längerfristige → Trends besser erkennen zu können. Die gleitenden Durchschnitte werden für bestimmte Zeiträume, z.B. 100, 150, 200 Tage, aufgestellt. Die technische Analyse (Chart-Analyse) hat zur Interpretation von Kursverlauf auf G. ein umfangreiches Repertoire an Instrumenten bereitgestellt, um Handlungsanweisungen für Kauf oder Verkauf abzuleiten. In den USA gilt die 200 Tage-G. als besonders aussagekräftig, weil sie eine länger anhaltende Trendrichtung bzw. eine Trendumkehr auszudrücken vermag.

Im Terminhandel werden G. mit Werten von 5, 10, 25 und 38 Tagen erstellt. Bereits diese kurzen Beobachtungszeiträume sollen die Handlungssignale liefern, ist doch besonders das Termingeschäft durch große Fluktuation und hohe Schnelligkeit gekennzeichnet.

Going Public
Verkauf neuer → Aktien: In den letzten Jahren sind zahlreiche Gesellschaften, die bisher in anderer Rechtsform geführt wurden oder deren Aktien sich in Familienbesitz oder bei → Großaktionären befanden, mit einer Aktienemission an die → Börse gegangen. Die Motive sind: Nutzbarmachung der Börse als Finanzierungsmittel nicht nur bei der Erstplazierung, sondern auch bei Kapitalerhöhungen; Nutzung des damit verbundenen Publizitätseffektes, Steigerung des Bekanntheitsgrades der Unternehmung; Milderung des Einflusses von Großaktionären durch einen höheren Anteil freier Aktionäre.

Going-Public-Optionsanleihen
Variante einer → Optionsanleihe für Unternehmen, die noch nicht börsennotiert sind, jedoch eine → Börsenzulassung anstreben. Bei der Plazierung der G., deren laufende Verzinsung weit unter derjenigen von Straight Bonde liegen muß, handelt es sich in der Regel um eine Privatplazierung. Es sind freilich auch öffentliche Plazierungen möglich. Die Besonderheit der G. liegt u.a. darin, daß den → Investoren ein weit → über pari liegender Rückzahlungskurs (als marktkonforme Verzinsung) angeboten wird, wenn die Unternehmung während der → Laufzeit der G. den Gang an die Börse (Going Public) nicht antritt oder der Investor auf das → Optionsrecht verzichtet. Im Falle des Going Public jedoch steht dem Investor das Recht zu, die → Optionsscheine zu erhalten, die ihn berechtigen, innerhalb einer bestimmten Frist (in der Regel zwei Jahre) → Aktien des Unternehmens zu Originalemissionsbedingungen zu erwerben. Somit kann der Investor die Entwicklung des Aktienkurses abwarten. Das maximale Risiko des Investors beschränkt sich auf den Zinsverzicht. Der Nutzen des Unternehmens liegt darin, daß einerseits Kreditkapital zu günstigen Konditionen aufgenommen, andererseits eine Vorentscheidung über die Plazierungsmöglichkeiten getroffen wird. Seit 1987 erfolgen → Emissionen von G. in der Schweiz.

Gold
Rohstoff, der eine große Anziehungskraft auf die Menschen ausübt.

Gold ist seit Jahrtausenden ein Symbol für Reichtum und Macht des Besitzenden. Obwohl bei einer Anlage in Gold keinerlei → Dividenden oder → Zinsen gezahlt werden, kein → Cash-flow erzeugt wird und kein → Buchwert feststellbar ist, steigt von Zeit zu Zeit immer wieder das Interesse an diesem edlen Metall. Daher ist es nicht ausreichend, den Wert nur nach den Gesichtspunkten der → Fundamental-Analyse zu beurteilen. Anders als bei Aktien oder Anleihen lassen sich plötzliche Kurssteigerungen nur schwer erklären.

Der Preis des Goldes ist von vielen, zum teil wenig bekannten Faktoren abhängig. In der Vergangenheit konnte man beobachten, daß sich der Goldpreis Hand in Hand mit der → Inflation bewegte. Stieg die Inflationsrate, stieg auch der Goldpreis. So war es 1972 bis 1974 sowie 1976 bis 1980. Die Geldwertstabilität der letzten Jahre hat die Goldpreis-Inflations-Beziehung allerdings zur Bedeutungslosigkeit degradiert. Mit einer stärker steigenden Inflationsrate könnte sich dieses wieder ändern.

Eine weitere Methode, den Wert des Goldes abzuschätzen, ist die positive Relation von Gold- und Ölpreisen. Hier haben die Ölkrisen von 1973/74 und 1979/80 die enge Beziehung aufgezeigt. Dahinter stand die Überlegung, daß höhere Energiekosten die Inflation anheizen. Auch die Tatsache, daß die Petro-

Gold

Dollar der Ölproduzenten oft in Gold investiert wurden, haben das edle Metall in diese Beziehung zum Ölpreis gebracht. Mit anderen Worten: sinkende Einnahmen aus dem Ölverkauf haben geringere Goldkäufe zur Folge. Auch die wachsenden Erfahrungen der investierenden Ölländer lassen das Kapital in andere Anlageformen fließen.

Die dritte Bewertungsmöglichkeit bezieht sich auf die Relation des Goldes zum US-Dollar. Hier galt über Jahre die Devise: fällt der Dollar, steigt das Gold und umgekehrt. In der jüngsten Zeit jedoch versagte der Leitsatz. Gemeinsam mit dem sich erholenden Dollar setzte Gold zu einem neuen Höhenflug an.

Die vierte Methode, den Goldwert festzulegen, ist seine Beziehung zu Silber. Im Jahre 1972 entsprach 1 Unze Gold den Wert von 15 Unzen Silber. Über die Jahre hinweg gewann Gold allerdings an Wert gegenüber Silber. 1983 entsprachen einer Unze Gold 35 Unzen Silber und in den letzten Jahren, angeheizt durch Spekulationen, stieg die Relation Gold zu Silber auf 70:1.

Schuld an dieser krassen Unterbewertung von Silber ist unzweifelhaft die Silber-Hausse von 1979/80, als die Preise bis auf 50 US-Dollar pro Unze stiegen. Der Industrieverbrauch, zum Beispiel der Fotoindustrie, wurde daraufhin drastisch gekürzt. Bis 1988 ist der Verbrauch an Silber nicht mehr zum alten Stand zurückgekehrt.

Ganz anders stellt sich da die fünfte Bewertungsmethode dar. Im Gegensatz zu Silber wird Platin höher bewertet als Gold. Vereinfacht zu sagen, wenn Platin steigt – dann steigt auch Gold, wäre jedoch falsch. Da der Platinmarkt bedeutend enger als der Goldmarkt ist und etwa 80 Prozent der Jahresproduktion in Süd-Afrika gewonnen wird, führen politische Ereignisse bei Platin zu bedeutend stärkeren Preisbewegungen als bei Gold.

Die Bewertung des gelben Metalls bleibt also weiter schwierig und läßt viel Raum für Spekulationen. Dennoch gibt die Beobachtung der aufgezählten Beziehungen Aufschluß über den möglichen zukünftigen Wert von Gold. Wichtigster Aspekt aber ist die Einstellung der Menschen zum Gold. Solange alle daran glauben, daß Gold einen Wert besitzt und die Menschen bereit sind, gegen Gold ihre Güter und Dienstleistungen oder einfach auch nur Geld zu geben, solange wird dieses edle Metall seinen Wert behalten.

Ein großer Vorteil des gelben Metalls liegt in seinem recht hohen Wert. Mit Gold lassen sich große Vermögensteile relativ leicht bewegen. Gold kann also eine mobile Anlageform sein.

Goldmünzen

Goldschatz des kleinen Mannes, so werden Goldmünzen oft genannt. Bei einer genügend großen Anzahl kommt aber auch bei Münzen ein hoher Anlagewert zusammen. Wegen der enormen Mobilität gelten Münzen als ausgesprochen praktisch. Derzeit werden fünf Münzen angeboten, die über einen Goldgehalt von 1 Feinunze verfügen. Eine Feinunze entspricht 31,10 Gramm.

Name	Land
Krügerrand	Südafrika
Britannia	Großbritannien
Maple-Leaf	Kanada
Eagle Star	USA
Gold Nugget	Australien

Bekannt sind auch die folgenden kleineren Münzen:

Name	Land	Gewicht
Gold-Nugget	Belgien	15,55 Gramm
Tscherwonetz	UDSSR	7,74 Gramm
Sovereign, neu	Groß-britannien	7,32 Gramm

Natürlich gibt es auch noch andere Goldmünzen. Jeder Numismatiker (Münzsammler) wird aber zugeben, daß bei den vorwiegend älteren Münzen der Sammlerwert den größeren Anteil am Gesamtwert hält. Deshalb sind diese

„Raritäten" kaum geeignet, ein Vermögen in die Zukunft hinüber zu retten. Die zuerst genannten Münzen orientierten sich fast ausschließlich am reinen Goldpreis. Lediglich 1-4% sind als Aufgeld zu zahlen.

Bei kleineren Münzen steigt natürlich der Anteil des Aufgeldes. Je geringer die Größe, umso größer das Aufgeld. Mit anderen Worten: die in großer Stückzahl nachgeprägten „kuranten" Münzen eignen sich am besten zur Vermögensanlage und erlauben durch ihre Bekanntheit eine gewisse Flexibilität.

Goldbarren

Neben der Form als Münze,wird Gold auch als Barren angeboten. Großanleger bevorzugen die 12,5 Kilo-Barren. Weniger betuchte Investoren kaufen einen 1-Kilo-Barren oder nehmen Barren von 500 Gramm, 250 Gramm, 100 Gramm oder 50 Gramm mit. Für die kleine Geldbörse gibt es dann noch 20 Gramm, 10 Gramm und 1 Gramm Gold in Barrenform. Wie bei den Münzen wird ein kleinerer Barren mit einem Aufschlag gegenüber dem 12,5-Kilo-Barren verkauft. Je kleiner der Barren, umso größer das Aufgeld.

Goldschmuck

Gold in seiner schönsten Form soll nach der Meinung vieler Bundesbürger der Goldschmuck sein. Tatsächlich ist der Goldschmuck das teuerste Gold. Die besondere Form, die modische Anordnung hat seinen Preis. Hier hängt der Wiederverkaufswert stark vom Geschmack des neuen Käufers ab. Ähnlich wie bei historischen „numismatischen" Goldmünzen hat der reine Goldpreis wenig Einfluß auf die Preisbildung bei Goldschmuck. Deshalb ist Goldschmuck als Anlageform nicht geeignet.

Goldkontrakte

Sind dem → Futures-Bereich zuzuordnen und gehören zu den → Warentermingeschäften. Diese → Termingeschäfte sind ein sehr beliebtes Spekulationsobjekt. Mit dem Kauf eines Terminkontraktes auf Gold geht der Käufer die Verpflichtung ein, am Ende der Laufzeit eine bestimmte Menge an Gold zu einem festen Preis (Kurs) zu erwerben. Ein Kontrakt beinhaltet genau 100 Feinunzen Gold, d.h. bei einem Kauf von 400 US-Dollar pro Unze beträgt der Gesamtwert unserer Kaufverpflichtung 40.000,- US-Dollar.

Sofort nach einem Kauf kann durch ein Gegengeschäft, in diesem Fall durch einen Verkauf, das vorherige Geschäft (Kauf) aufgehoben werden (glattgestellt). Die Differenz zwischen dem Kaufpreis und dem Verkaufspreis ergibt den Gewinn oder denVerlust.

Goldsparpläne

Sollen dem Kleinanleger den Erwerb von Gold ermöglichen. Zwei verschiedene Pläne werden angeboten. Beim ersten Plan erwirbt der Anleger durch regelmäßige kleine Einzahlungen zwischen 100,- DM und 900,- DM ein Miteigentum an einem Sammeldepot. Hier kann man noch wählen zwischen Sparplänen auf Goldmünzen oder Goldbarren. Beim zweiten Plan kauft derAnleger immer eine festgelegte Menge Gold. Der größte Vorteil liegt bei beiden Methoden darin, daß der Anleger nicht einen großen Batzen Geld auf einmal hinlegen muß, sondern langsam nach seinen Möglichkeiten Gold anspart. Ein weiterer Vorteil liegt im sogenannten → „cost-averaging". Es bedeutet, daß der Anleger immer zu verschiedenen Preisen sein Gold kauft und von den schwankenden Kursen profitiert.

Gold-Papiere

Bei Goldzertifikaten wird dem Käufer des Papieres bescheinigt, daß er einen Lieferanspruch gegen die Bank auf eine bestimmte Menge an Gold hat. Durch einfache Vorlage der Urkunde kann er davon Gebrauch machen. Bestimmte Mindestmengen sind bei den meisten Banken vorgeschrieben und auch die Verwaltung ist keinesfalls kostenlos. Die Gebühren bewegen sich zwischen 2 und 4 Promille.

Beim Goldkonto kann man wie bei einem Girokonto das Gold im Handumdrehen kaufen oder verkaufen. Die entsprechenden Mengen werden dem Konto gutgeschrieben oder belastet. Als Nachweis dient der Kontoauszug. Selbstverständlich kann auch die Auslieferung des Goldes verlangt werden. Da die Aufträge auch telefonisch gegeben werden können, läßt sich mit so einem Metall-Konto auch spekulieren.

Gold – Sicherheit gegen Inflation?

Der Wert des Goldes wird vom Vertrauen der Anleger auf einen dauerhaften und eher steigenden Wert des Goldes getragen. Ein weiterer Vorteil ist die Beweglichkeit. Man steckt es einfach in die Tasche und es wird überall auf der Welt als Zahlungsmittel akzeptiert.

Lit.: Bilitza, K.-H.: Geldanlage Gold, München 1987; Martens, K.: Wegweiser für Kapitalanlagen 1993, Zürich 1993; Siebers, A. B. J.: Geld - Gold - Börse, Landsberg/Lech 1989; Siebers, A. B. J.: Gewinne realisieren an der Warenterminbörse, Landsberg/Lech 1987.

A. B. J. Siebers, Frankfurt

Goldgehalt
Feingoldgewicht einer Goldmünze.

Goldgeränderte Papiere
→ Gilt-Edged.

Goldhandel
Handel in Goldbarren, Goldzertifikaten und Goldmünzen. Der G. wird zum überwiegenden Teil über Banken abgewickelt. Der börsenmäßige Handel findet in Deutschland an der Frankfurter Wertpapierbörse statt. Der wichtigste Goldhandelsplatz ist London. Börsentäglich wird hier der amtliche Preis für Barrengold ermittelt. Weitere Handelsplätze sind Zürich, Paris und der Nahe sowie der Ferne Osten. Seit 1968 unterliegt der G. in Deutschland keinen Beschränkungen mehr. Effektive Goldkäufe im Inland sind mehrwertsteuerpflichtig. Goldbarren sind zu 10, 20, 50, 100, 250, 500 und 1000 Gramm erhältlich. Gängige Anlegermünzen in 999er Gold (z.B. Krügerrand, Maple Leaf, Eagle, Britannia, Philharmoniker und Nugget) wiegen 1 Unze (etwa 31 g). Zu Spekulationszwecken dienen eher Goldkonten oder Goldzertifikate. Der G. hat sich zu einem sehr risikoreichen Geschäft entwickelt. Seit Jahren ist ein Preisverfall zu beobachten. Der überwiegende Teil der stark erhöhten Goldproduktion wird im voraus auf Termin verkauft. Eine Kurserholung wird dadurch stark gebremst.

Goldmarkt
Der G. funktioniert wie alle Märkte durch das Zusammenwirken von Angebot und Nachfrage. Sinkt das Angebot bzw. steigt die Nachfrage, so steigt der Preis. Insbesondere Änderungen der Nachfrage beeinflussen den Goldpreis, da das Angebot an → Gold eine relative Konstanz aufweist. Bis 1973 war der G. gespalten: einerseits gab es den freien G., andererseits den offiziellen G., auf dem die Zentralbanken Gold zu einem festgelegten Preis verkaufen konnten. Der offizielle Preis für Währungsgold betrug viele Jahre 35 US-$. Nach Aufhebung der Goldeinlösungspflicht von US-$ in Gold verschwand der gespaltene G.

Die Akteure auf dem G. sind in angelsächsischen Ländern spezialisierte Handelshäuser und → Broker, in den anderen Ländern sind das Banken. G. ist nationaler oder internationaler Markt. Gold wird dort in Barrenform und in Großumsätzen organisiert gehandelt. Den → Primärmärkten fließt das Gold aus der Neuproduktion zu, das direkt oder über → Sekundärmärkte weiterverteilt wird. Der Weltgoldmarkt besteht im wesentlichen aus fünfzehn Einzelmärkten: Zürich, London, Frankfurt, Paris, New York, Chicago, Los Angeles, Winnipeg, Singapur, Hongkong, Abu Dhabi, Kuwait, Tokio, Panama und Caracas. Derivative Märkte des G. sind Goldterminmärkte und Märkte für → Goldoptionen.

Goldoptionen
Variante einer → Option in Form einer Edelmetall-Option, die im wesentlichen

das Recht bedeutet, eine bestimmte, in den Kontrakten festgelegte Menge → Goldes (z.B. zu jeweils 10 Troy-Unzen à 31,1035 Gramm) vom → Stillhalter gegen Zahlung einer vereinbarten Optionsprämie zum vereinbarten → Basispreis entweder kaufen oder an ihn verkaufen zu können. G. werden sowohl börsenmäßig auf der Basis standardisierter Kontrakte gehandelt, als auch in der Form von → Freiverkehrs-Optionen von Banken geschrieben und an die Kundschaft verkauft.

Goldpreisentwicklung
Bis zur Dollarkrise 1971 (und seit dem Ende des Ersten Weltkrieges) kaufte das Federal-Reserve-System in den USA Gold zum festgelegten Preis von 35 US-$ pro Feinunze an. Dieser offizielle G. bestimmte auch den G. am freien → Goldmarkt. Seit März 1968 bewegte sich der Goldpreis auf einem gespaltenen Markt auseinander. Nach Aufhebung der Goldeinlösepflicht in den USA gibt es aufgrund der Goldarbitrage eine nur geringfügig unterschiedliche Goldpreisbildung auf den Goldmärkten der Welt. Versuche, die G. in positiver Korrelation mit der Inflationsrate, mit dem Ölpreis, dem Silberpreis oder auch anderen Faktoren zu bestimmen, sind nur partiell empirisch zu belegen und in ihrem prognostischen Wert sehr eingeschränkt.

Da die Neuproduktion an → Gold weitgehend über Termingeschäfte gehandelt wird und das Produktionsvolumen eine relative Konstanz ausweist, gehen auf der Angebotsseite allenfalls von sporadischen (russischen) staatlichen Goldverkäufen Preisimpulse aus. Letztere haben ihren Ursprung viel häufiger in Schwankungen der Nachfrage, seien sie auf Nachfrageänderungen für Goldschmuck oder auch Anpassungen im Hortungsverhalten zurückzuführen.

Goldstandard
→ Goldwährung.

Goldwährung
Goldstandard

Bei der G. dient → Gold entweder als gesetzliches Zahlungsmittel, oder es besteht ein festes Austauschverhältnis (Goldparität) zwischen Gold und gesetzlichen Zahlungsmitteln. Die Zentralbank kauft und verkauft Gold unbeschränkt. Goldimporte und Goldexporte sind frei. Man unterschiedet Goldumlaufwährung (Goldmünzen sind gesetzliches Zahlungsmittel) und Goldkernwährung (zum Goldpreis können Banknoten bei der Zentralbank in Gold umgetauscht werden). Die Golddevisenwährung ist keine echte G.: hier werden Gold und Devisen von Goldwährungsländern als Deckungsreserve für die eigene Währung verwendet. Die Devisenkurse können bei G. zwischen dem oberen (Goldausfuhrpunkt) und dem unteren Goldpunkt (Goldeinfuhrpunkt) schwanken. Das Funktionieren der G. erfordert die Einhaltung von Spielregeln (Goldabfluß – Diskontsatzerhöhung; Goldzufluß – Diskontsatzsenkung) und nach unten flexible Preise und Löhne. Eine echte G. gibt es heute in keinem Land mehr.

Good Till Cancelled
GTC

Ausführungsart eines Börsenauftrages an → Financial Futures-Märkten ohne Definition des Ausführungszeitpunktes. Der Auftrag endet entweder mit seiner Ausführung oder mit dem Widerruf des Auftraggebers.

Good Till Date
Uneingeschränkt limitierter Auftrag an → Financial Futures-Märkten, dessen Gültigkeit vom angegebenen Datum begrenzt wird.

Grades
Gradierungen. Unterschiedliche Qualitäten, welche aber von den Verarbeitern, als den Standardqualitäten vergleichbar, akzeptiert werden.

Gratisaktien
Berechtigungsaktien

→ Aktie, die an Altaktionäre für eine

Kapitalerhöhung aus Gesellschaftsmitteln gegeben wird. Ihre → Emission bedeutet eine Umfinanzierung, bei der → offene Rücklagen in → Grundkapital umgewandelt werden. Motiv für die Ausgabe von G. kann sein: Herabsetzung des durchschnittlichen → Kurses zur Erhöhung der → Fungibilität der Aktie, Erhöhung des garantierten Haftungskapitals, Durchführung einer „stillen" Dividendenerhöhung, Senkung optisch ungünstiger Dividendensätze, die sich auf das Grundkapital und nicht auf das → Eigenkapital beziehen.

Großaktionär
Anteilseigner an einer → Aktiengesellschaft, der ein so großes Aktienpaket dieser Gesellschaft besitzt, daß er Einfluß auf die Entscheidungen der → Hauptversammlung nehmen kann. In der Regel sind das 25% der Aktien und mehr. Bei großen Aktiengesellschaften reichen dazu oft aber auch kleinere Aktienpakete.

Grundbuch
Öffentliches Register, das beim Grundbuchamt über alle Grundstücke des betreffenden Bezirks geführt wird. Es ist nach Bezirken angelegt und gibt insbesondere Auskunft über Lage, Fläche, Größe, Eigentumsverhältnisse, Rechte und Lasten des Grundstücks. Einsicht ins G. wird jedem gestattet, der berechtigtes Interesse nachweist. Eintragungen erfolgen grundsätzlich nur auf Antrag. Das G. genießt öffentlichen Glauben.

Grundkapital
Gezeichnetes Kapital einer → Aktiengesellschaft. → Gezeichnetes Kapital.

Grundpfandrecht
Sammelbezeichnung für Grundschuld, Rentenschuld und → Hypothek.

Gruppenfloating
→ Blockfloating.

GTC
→ Good Till Cancelled.

GuV
→ Gewinn- und Verlustrechnung.

H

Habenzins
Der für → Einlagen in → Kreditinstituten zu verrechnende → Zinssatz.

Handel per Erscheinen
Handel in neuen Wertpapieren, bei denen noch keine lieferbaren Stücke vorliegen. Die Erfüllung der Geschäfte ist erst bei Lieferbarkeit möglich.

Handelsbilanz
1. Nachweisrechnung über die Vermögens- und Kapitalverhältnisse sowie die Ertragslage eines Unternehmens (zusammen mit der → Gewinn- und Verlustrechnung und dem → Geschäftsbericht). Für die H. sind als Bilanznormen die GoB (Grundsätze ordnungsmäßiger Buchführung und Bilanzierung) und die handelsrechtlichen Vorschriften (HGB, AktG) zu beachten. Sie wird insbesondere unter dem Aspekt kaufmännischer Vorsicht erstellt.

2. Die H. im Gesamtwirtschaftlichen Rechnungswesen ist die Teilbilanz der Leistungs- und Zahlungsbilanz. H. ist die Gegenüberstellung des Warenexports auf der Aktivseite und -imports auf der Passivseite, so daß etwa bei einem Exportüberschuß und Saldo auf der Passivseite von einer aktiven H. oder auch Aktivsaldo der H. gesprochen wird. Eine aktive H. z.B. für die Bundesrepublik Deutschland führt ceteris paribus zu einer gleich großen Zunahme der Devisenbestände und der Netto-Auslandsposition der → Deutschen Bundesbank.

Handelsbildschirm der DTB
DTB-Anschlußgerät (User Device) beim einzelnen → Börsenteilnehmer. Das User Device als vollelektronisches Instrument der Informationsverteilung wird über eine Datenleitung der Deutschen Bundespost mit dem Zentralrechner der DTB verbunden. Zu diesem Zweck wird ein flächendeckendes Netzwerk bereitgestellt mit Knotenrechnern in Berlin, Düsseldorf, Hamburg und München. Eine hohe Ausfallsicherheit wird durch entsprechende Redundanz im Leitungsnetz und entsprechende Backup Ressourcen (Ersatzrechner und Schattendateien) garantiert.

Der H. zeigt dem Benutzer alle entscheidungsrelevanten Daten im Zusammenhang mit einer ausgewählten Gruppe von → Optionen und Kassapapieren. Der Aufbau des H. ist dabei vorgegeben, der Inhalt kann jedoch vom Benutzer selbst definiert werden. In der Tickerzone erscheinen die aktuellen Werte der vom Benutzer ausgewählten Basispapiere und Optionen. Die Basiswertzone enthält aktuelle Daten über ein ausgewähltes Basispapier. Die Zone der Marktdaten zeigt dem Benutzer Details ausgewählter → Puts und → Calls des interessierenden Basispapiers.

Die Befehlszone erlaubt die Eingabe von Formatierungsbefehlen, die den Aufbau des H. steuern. In der Nachrichtenzone werden allgemein interessante Nachrichten verbreitet.

Die Zusammenführung von Angebot und Nachfrage im elektronischen Handelssystem wird als → Matching bezeichnet. Das → Clearing bedeutet die Abwicklung, Besicherung und die Verrechnung von Geschäften an der DTB. Am Ende eines Handelstages berechnet die DTB die Sicherheitseinschüsse (→ Margins).

Handelsregister
Auf der Grundlage von §§ 8ff. HGB von Amtsgerichten geführtes öffentliches Verzeichnis über Vollkaufleute und bestimmte auf sie bezogene Rechtsverhältnisse sowie Tatsachen, um dem Bedürfnis des Handels nach Sicherheit des Rechtsverkehrs zu entsprechen. Das H. besteht aus zwei Abteilungen: in Abteilung A erfolgen Eintragungen für Einzelkaufleute, OHG, → Kommanditgesellschaften und juristische Personen des öffentlichen Rechts; in Abteilung B für → Kapitalgesellschaften. Jede Eintra-

gung wird im → Bundesanzeiger und mindestens einem weiteren Blatt veröffentlicht.

Einsichtnahme in das H. ist jedem gebührenfrei gestattet. Eintragungen wie Löschungen haben unterschiedliche Wirkung: Beurkundete rechtsbezeugende Wirkung für Fälle, die bereits unabhängig von der Eintragung eingetreten sind, so z.B. bei Eintragung der Prokura oder eines Mußkaufmanns: rechtserzeugende Kraft hat die Eintragung der Rechtspersönlichkeit der → Aktiengesellschaft. Nach § 5 HGB gilt für H.-eintragungen im rechtsgeschäftlichen Verkehr eine unwiderlegbare Rechtsvermutung. Grundsätzlich gilt für das H. die sog. negative Publizität, d.h. es gibt keinen Schutz des guten Glaubens an die Richtigkeit eingetretener Tatsachen, sondern nur einen Schutz des guten Glaubens an das Nichtbestehen von nicht eingetragenen Tatsachen. Registergericht ist das Amtsgericht, in dessen Bezirk die Niederlassung des Kaufmanns liegt. Richterliche Aufgaben nimmt grundsätzlich der Rechtspfleger wahr.

Handelsspanne

Differenz zwischen Einkaufs- und Verkaufspreis eines Handelsunternehmen. Die H. deckt Handelskosten sowie den → Gewinn ab. Sie wird in der Regel als Prozentsatz des Verkaufspreises ausgedrückt.

Handelswechsel

Ziehungen eines Verkäufers auf einen Verarbeiter und/oder Wiederverkäufer. Nicht das der Wechselziehung zugrundeliegende Gut (Ware) entscheidet darüber, ob ein H. vorliegt oder nicht, sondern der Verwendungszweck beim Bezogenen. H. sind demnach nicht Konsumwechsel, Investitionswechsel und → Finanzwechsel.

Hartwährungsländer

Länder mit voll konvertibler und weitgehend inflationsfreier Währung.

Hauptversammlung

HV

Organ der → Aktiengesellschaft neben → Aufsichtsrat und → Vorstand. Die H. ist die Versammlung der Aktionäre, die ihrem Aktienanteil entsprechend ihr Stimmrecht ausüben. Die gesetzliche Regelung findet sich in den §§ 118ff. → AktG. Die H. wählt den Aufsichtrat, der Aufsichtrat bestimmt den Vorstand.

Die H. wird mit einer Frist von einem Monat vom Vorstand einberufen. Die Verwaltung hat zu jedem Punkt der Tagesordnung Vorschläge zu unterbreiten. In der H. werden vorgelegt: Geprüfter → Jahresabschluß, → Geschäftsbericht, Bericht des Aufsichtsrats und Gewinnverwendungsvorschlag; diese Unterlagen liegen vorher schon zur Einsicht für die Aktionäre aus. Die H. beschließt über die Verwendung des Bilanzgewinns, Entlastung von Vorstand und Aufsichtsrat, Bestellung der → Abschlußprüfer, Satzungsänderungen, → Kapitalerhöhung und Kapitalherabsetzung. Wird der Jahresabschluß von der Verwaltung – wie in den meisten Fällen – festgestellt, ist die H. bei der Gewinnverwendung daran gebunden. Dabei kann die Verwaltung gemäß § 58 AktG bis zur Hälfte des Jahresüberschusses in die Gewinnrücklagen einstellen. Die H. kann einen höheren Betrag der → Rücklage zuführen, nicht aber einen geringeren. Zur Teilnahme an der H. kann sich der Aktionär von seiner Bank eine Eintrittskarte ausstellen lassen; er muß zur Ausübung seines → Stimmrechts seine → Aktien bei der Bank hinterlegt haben. Er kann sich aber auch von der Bank vertreten lassen (→ Depotstimmrecht). In der H. wird von den Teilnehmern eine „Präsenzliste" erstellt und die Präsenz, d.h. die vertretenen Aktionäre, bekanntgegeben. Die Aktionäre können sich zu Wort melden und Auskünfte verlangen. Die Beschlüsse werden mit einfacher Mehrheit oder in wichtigen Fällen mit Dreiviertelmehrheit des vertretenen → Grundkapitals gefaßt.

Hausbank

→ Kreditinstitut, das mit einer Unternehmung über Kontoführung, Kreditvergabe, Abwicklung des Auslandsgeschäfts und andere Bankleistungen in enger Geschäftsbeziehung steht.

Die H. einer → Aktiengesellschaft wickelt meist auch → Kapitalerhöhungen und Anleiheemissionen allein oder im → Bankenkonsortium ab und dient als Zahl- und Hinterlegungsstelle.

Hausse
Im Gegensatz zur → Baisse anhaltende starke Kurssteigerung an der → Börse. Da die H. nur schwer von einer „freundlichen Kursentwicklung" abzugrenzen ist, soll als Kennzeichen einer H. die Erstreckung der „positiven" Kursentwicklung auf den gesamten → Rentenmarkt, den gesamten → Aktienmarkt oder zumindest auf wichtige Teilbereiche dieser Märkte gelten, nicht jedoch die Beschränkung auf einzelne Papiere. H. ist also ein meist längere Zeit anhaltender Kursanstieg. Die Spekulation à la H. erwartet ein Steigen der Kurse und kauft daher in der Erwartung, die Papiere später mit → Gewinn wieder verkaufen zu können.

Hausse-Spread
→ Bull Spread.

Heavy
Der Markt will nicht so richtig in Gang kommen. Es herrscht stärkerer Abgabedruck als Kauflust. Der Markt tut sich schwer.

Hebel
Kurswirkung des → Optionsscheines in Abhängigkeit von der Anzahl der → Aktien, zu deren Bezug er berechtigt.

Hebelwirkung
1. Einführung: In der Investitionsrechnung und Finanzierung wird durch die H. oder den → Leverage-Effekt die Tatsache beschrieben, daß bei gegebener Gesamtkapitalrentabilität die Eigenkapitalrentabilität durch die Zunahme des Fremdkapitalanteils erhöht werden kann, falls die → Rentabilität des Gesamtkapitals größer ist als der Zinsfuß des → Fremdkapitals. Im Bank- und Börsenwesen versteht man unter H. dagegen etwas anderes. Der spekulative Reiz eines Engagements in → Optionen bzw. → Optionsscheinen beruht auf der Möglichkeit einer überproportionalen relativen Kurssteigerung der Option im Vergleich zu der → Aktie. Diese überproportionale Änderung wird als H. oder Elastizitätswirkung bezeichnet. Je höher die H. ist, desto stärker wird ceteris paribus bei gegebener Veränderung des Aktienkurses die Kursänderung der Option ausfallen. Mit steigendem Hebel nehmen Chancen, aber auch Risiken bei der Spekulation mit Optionen und Optionsscheinen zu.

2. Optionselastizität: Unter Optionselastizität ε versteht man das Verhältnis der relativen Veränderung des → Kurses der Option zu der sie verursachenden relativen Veränderung des Aktienkurses. Unterstellt man einen funktionalen Zusammenhang zwischen dem Optionskurs C und dem Aktienkurs S, dann kann die Elastizität mathematisch wie folgt definiert werden:

$$\varepsilon = \frac{\frac{dC}{C}}{\frac{dS}{S}} = \frac{dC}{dS} \cdot \frac{S}{C}.$$

3. Verfahren zur Elastizitätsschätzung

3.1 Praktikerverfahren: Ausgangspunkt ist die definitorische Beziehung zwischen Kurs der Option und Aktienkurs

$$C - (1 + a(S))S - K,$$

wobei

C = Kurs der Option
S = Aktienkurs
K = → Basispreis
a(S) = relatives Aufgeld in Abhängigkeit von S.

Bildet man die erste Ableitung, so erhält man das Delta der Option

$$\frac{dC}{dS} = 1 + a(S) + S\,a'(S).$$

Unterstellt man die Konstanz des absoluten Aufgeldes, d.h.

$a(S) = k/S,$

dann ergibt sich als Elastizität der sogenannte Hebelfaktor oder Leverage-Faktor LF

$LF = S/C,$

da das Delta $\frac{dC}{dS}$ gleich eins ist.

Der Hebelfaktor ist, wie nachher noch gezeigt werden wird, nur in bestimmten Grenzfällen ein geeigneter Schätzer für die Elastizität, Beispielsweise kann die Elastizität für Optionsscheine, die weit im Geld liegen, durch den Hebelfaktor approximiert werden, da das Aufgeld in diesem Falle nahe bei Null liegt.

Unterstellt man hingegen die Konstanz des relativen Aufgeldes, dh.

$a(S) = c,$

dann erhält man als Elastizitätsschätzung den sogenannten → Gearing-Faktor GF

$GF = (1+c)\, S/C = 1 + K/C.$

Da a(S) eine fallende Funktion des Aktienkurses ist, wird die Elastizität durch den Gearing-Factor überschätzt.

3.2 Historische Elastizitäten: Die Elastizität wird ex post für einen vergangenen Zeitraum berechnet, wobei die relative Veränderung des Optionskurses ins Verhältnis zur relativen Veränderung des Aktienkurses gesetzt wird. Die historische Elastizität ist nicht sehr aussagekräftig, wenn bei nahezu unverändertem Aktienkurs der Kurs der Option steigt oder fällt. Daher ist es sinnvoll, die Verteilung aller möglichen Elastizitäten in der Vergangenheit zu bestimmen und als Elastizität, den Median, der von Extremwerten der Elastizität unabhängig ist, zu wählen. Die historische Elastizität gibt die tatsächliche Entwicklung der Elastizität in der Vergangenheit wieder. Soll die Elastizität einer Option zwischen den Zeitpunkten 0 und t untersucht werden, dann können t Anfangselastizitäten zwischen den Zeitpunkten 0 und 1, 0 und 2, ..., 0 und t berechnet werden. Weiter kann man t–1 Elastizitäten zwischen den Zeitpunkten 1 und 2, 1 und 3, ..., 1 und t ermitteln. Diese Berechnung der Elastizitäten wird fortgesetzt, bis schließlich nur noch eine Elastizität zwischen den Zeitpunkten t–1 und t übrig bleibt. Im Zeitraum 0 bis t sind insgesamt somit

$(1+2+3+...+(t-1)+t)=1/2(t+t^2)$

Elastizitäten zu berücksichtigen, aus denen dann der Median ermittelt wird.

3.3 Modellelastizitäten nach → Black-Scholes: Das von Black und Scholes vorgeschlagene Modell zur Bewertung von Optionen lautet:

$$C = S\,N(x) - K\,e^{-rt}\,N(x - \sigma\sqrt{t})$$

mit

$$x = \frac{\ln(S/K) + (r + 0.5\sigma^2)t}{\sigma\sqrt{t}},$$

wobei C = Wert der Option

S = Aktienkurs
K = Basispreis
r = risikoloser Zinssatz
σ = Aktienkursvolatilität
t = → Restlaufzeit
N(.) = Verteilungsfunktion der Standardnormalverteilung.

Da die erste Ableitung bzw. das Delta der Option

$$\frac{dC}{dS} = N(x)$$

ist, lautet die Elastizität beim Black-Scholes-Modell

$$\varepsilon = \Omega = N(x)\,\frac{S}{C}$$

Im Gegensatz zu den historischen Elastizitäten ist zur Bestimmung der Modellelastizitäten nur ein Zeitpunkt t notwendig. Für den Optionswert wird der entsprechende Modellwert nach Black und Scholes in die Elastizitätsformel eingesetzt. Je weiter die Option aus dem Geld ist, desto größer ist die Elastizität. Mit steigendem Aktienkurs nähert sich die Elastizität dem Wert 1. Die Elastizität ist um so größer, je geringer die Restlaufzeit ist. Mit steigender Volatilität nimmt die Elastizität ab. Ist x groß, dann ist N(x) = 1; die Elastizität entspricht dann dem

Hebelfaktor. Bei großem S, bei kleinem σ und kleinem t nimmt N(x) ungefähr den Wert 1 an; in diesen Fällen ist der Hebelfaktor ein geeigneter Schätzer für die Elastizität. Der Optionsscheinwert liegt dann nahe bei seinem inneren Wert I = S–K.

3.4 Modellelastizitäten nach Kassouf: Kassouf stellt folgende funktionale Beziehung zwischen dem Kurs der Option und dem Kurs der Aktie auf:

$$c = (s^z + 1)^{1/z} - 1$$

mit $s = S/K$
$c = C/K$
z = zu schätzender Parameter.

Die vorgeschlagene Spezifikation berücksichtigt, daß der Kurs der Option nur in bestimmten Grenzen schwanken kann. Die obere Grenze für den Optionspreis bildet der aktuelle Aktienkurs, während die untere Grenze, die sich durch Arbitrage erklären läßt, vom inneren Wert festgelegt wird. Wie man erkennt, wird für z=1 die obere und für z=∞ die untere Grenze erreicht. Der Parameter z bestimmt die Lage der Kurve im Koordinatensystem.

Wie man leicht ausrechnen kann, ist die Elastizität

$$\varepsilon = \frac{s^z(s^z + 1)^{1/z-1}}{(s^z + 1)^{1/z} - 1}$$

Für kleine standardisierte Kurse s (aus dem Geld) nähert sich die Elastizität dem Wert z, während für große standardisierte Kurse s (im Geld) die Elastizität gegen eins strebt. Im Gegensatz zum Black-Scholes-Modell ist für Optionen, die aus dem Geld sind, die Elastizität nach oben beschränkt. Zur Bestimmung der Elastizität muß z bekannt sein. Dieser Wert kann bei gegebenen Kursen der Option und der Aktien zu jedem Zeitpunkt durch Probieren aus der Kassouf-Formel gefunden werden.

3.5 Regressionsanalytische Bestimmung der Elastizitäten (ß-Elastizitäten): In einem Koordinatensystem trägt man die logarithmierten Optionskurse in Abhängigkeit von den logarithmierten Aktienkursen ab. Streuen die Werte um eine Gerade, dann ist es sinnvoll, folgende Regressionsbeziehung aufzustellen und unter Verwendung der Methode der kleinsten Quadrate zu schätzen:

$$\ln C = \alpha + \beta \ln S + u$$

mit

α, β = Parameter
u = Störvariable.

Die additive Beziehung der logarithmierten Werte impliziert folgende multiplikative Verknüpfung der Ausgangsgrößen

$$C = e^{\alpha} S^{\beta} e^{u}$$

mit einer konstanten Elastizität von

$$\varepsilon = \beta.$$

Die Steigung der Regressionsgeraden ist ein Schätzer für die Elastizität. Läßt das Streudiagramm eine nichtlineare Beziehung zwischen den logarithmierten Kursen vermuten, so sind als Regressoren logartithmierte Aktienkurse in höherer Potenz zu wählen. In diesem Falle wäre die Elastizität nicht mehr konstant.

4. Abschließende Bemerkungen: Die verschiedenen Verfahren zur Messung der H. wurden anhand von Kursdaten deutscher Optionsscheine und entsprechender Aktien überprüft. Die ß-Elastizitäten und die Mediane der historischen Elastizitäten schwanken je nach Börsenlage und Kursniveau zwischen 1,5 und 2,5: d.h., eine Veränderung der Aktienkurse um 1% führte zu einer Veränderung der Optionsscheinkurse von 1,5% bis 2,5%. Die Modellelastizitäten nach Black und Scholes überschätzten ebenso wie Hebel- und Gearing-Faktor die H. von Optionsscheinen, die aus dem Geld waren, zum Teil erheblich.

Lit.: Black, F.; Scholes, M.: The Pricing of Options and Corporate Liabilities. In: Journal of Political Economy, Vol. 81.1973; Cox, J.; Rubinstein, M.: Options Markets. Englewood Cliffs 1985; Kassouf, S. T.: An Econometric Model for Option Price with Implications for Investor's Expectations and Audacity. In: Econometrica Vol. 37.1969; Kohler, H.-

P.: Grundlagen der Bewertung von Optionen und Optionsscheinen. Wiesbaden 1992; Pflaumer, P.: The Evaluation of German Warrants: An Empirical Investigation. In: Statistical Papers, Vol. 32.1991; Pflaumer, P.: Investitionsrechnung. München-Wien 1992; Pflaumer, P.; Kohler, H.-P.: The Leverage Effect of Warrants. In: Proceedings of the American Statistical Association. Business Statistics Section, San Francisco 1993; Weger, G.: Optionsscheine als Anlagealternative. Wiesbaden 1985.

Prof. Dr. P. Pflaumer, Kempten

Hedge

Hedgegeschäft

Geschäft zur vollständigen oder teilweisen Minderung eines → Risikos durch Aufbau einer Gegenposition in derselben Geschäftsart, z.B. im → Devisenhandel zur Vermeidung von Währungsumrechnungs- und Währungstransaktionsrisiken. Da Wirtschaftssubjekte in der Regel eine optimale Kombination von Risiko und Risikoaversion für viele gewinnträchtige Transaktionen suchen, sind diese Geschäfte sowohl von Spekulation als auch von Absicherung geprägt. Ein diesbezüglich optimales Anlageverhalten analysiert die → Portfolio-Selection.

Hedgegeschäft

→ Hedge.

Hedge Ratio

Maßgröße zur Ermittlung der Anzahl von Hedge-Kontrakten, die bei → Hedging über → Financial Futures-Märkte bezüglich der abzusichernden Kassaposition eventuell unter Berücksichtigung bestimmter Adjustierungsfaktoren (bei Zins- und Aktienindex-Futures) erforderlich erscheinen. Grundsätzlich beruht die Ermittlung des H. (HR) auf folgender Formel:

$$HR = \frac{\text{Wert der offenen Kassaposition}}{\text{Kontraktwert}} \cdot \text{Adjustierungsfaktor}$$

Für die Ermittlung des H. für Währungs-Futures erübrigt sich der Ansatz eines Adjustierungsfaktors. Bei Absicherung eines Betrages von 100 Mio. US-\$ gegen Kursänderungen gegenüber der DM ergibt sich folgende Rechnung (aktueller → Kassakurs des US-\$ = 1,70 DM; Kontraktwert eines DM-Kontraktes 100.000 DM):

$$HR = \frac{100.000.000\ \$ \cdot 1{,}70\ \text{DM}}{100.000\ \text{DM}} = 170 \rightarrow \text{Kontrakte}$$

Adjustierungfaktoren und deren Auswahl spielen aber bei der Ermittlung des H. für Zins-Futures und Aktienindex-Futures sehr wohl eine Rolle.

Hedging

1. Begriffsbestimmung: H. bezeichnet eine Strategie, mit der versucht wird, Investmentrisiken zu reduzieren bzw. zu eliminieren. Das H. einer unsicheren Position wird im allgemeinen erreicht durch den Abschluß eines zweiten, sogenannten Gegengeschäfts, das genau die konträren → Risiken zum ersten Geschäft aufweist. Dabei können unterschiedliche Instrumente eingesetzt werden.

Ein sogenannter vollständiger → Hedge eliminiert jede Möglichkeit, mit einem Investment bis zu einem fixierten Termin → Gewinne oder Verluste zu erzielen. Die wichtigsten Investmentfelder für eine solche Vorgehensweise sind → Devisen- und Rohstoffgeschäfte. Aber auch auf dem Gebiet der Wertpapiergeschäfte gewinnt das H. immer mehr an Bedeutung.

2. Instrumentarium: a. Termingeschäft: Das H. mittels eines Termingeschäfts zeichnet sich dadurch aus, daß ein Geschäft über ein bestimmtes Gut, in Menge und → Kurs genau bestimmt, zu einem festgesetzten Termin durch ein zweites Geschäft – das Termingeschäft – glattgestellt, d.h. bereits vorab fixiert wird. Dabei werden sowohl das abzusichernde als auch das absichernde Geschäft in der Regel erfüllt. Diese Form der Risikokompensation wählt man meist bei Währungsrisiken.

Ein typischer Anwendungsfall ist der zukünftige, aber sichere Eingang einer

Zahlung in Fremdwährung. Diese Einzahlung kann der → Investor bereits heute per Termin – beispielsweise in sechs Monaten – zu einem fixierten Kurs – dem Terminkurs – verkaufen. Der Investor ist dann verpflichtet zum Termin – in sechs Monaten – den fixierten Betrag in Fremdwährung zu liefern und erhält dafür an diesem Termin den bereits heute vereinbarten Kurs, egal wie sich die → Kassakurse zwischenzeitlich verhalten. D.h., der Investor kann weder von zwischenzeitlich stattgefundenen Kursgewinnen profitieren, verliert andererseits aber auch nichts, wenn der Wechselkurs einbrechen sollte. Mit anderen Worten: Ein sicheres Geschäft bei dem bei Geschäftsabschluß keine Zahlung stattfindet.

Der Terminkurs ergibt sich dabei rein aus der Zinsdifferenz zwischen der Fremd- und Heimatwährung. Erwartungen über das zukünftige Verhalten der Wechselkurse gehen also im Gegensatz zu anderen Instrumenten nicht in die Feststellung des Terminpreises ein.

b. Futures: Ein zweites Instrument mit dem Investoren ihre Kursrisiken hedgen können, sind die Futuresgeschäfte. Hierbei handelt es sich um standardisierte, d.h. am Markt transparente Geschäfte, die in der Regel nicht wie beim Termingeschäft individuell ausgestaltet werden können. Beim Kauf oder Verkauf eines → Futures trägt der Investor nach Abschluß des Geschäfts zwei Risiken, die sich gegenseitig weitestgehend aufheben können, je nach Grad der Kompensation. D.h., hier tritt der Investor nicht wie beim Termingeschäft sein Risiko an einen Dritten ab, sondern geht eine konträre Position ein.

Bei einer erwarteten Einzahlung in Fremdwährung sichert sich der Investor durch den Kauf eines Futures seiner Heimatwährung mit der Fremdwährung ab. Dabei gelingt die Absicherung durch den Kursanstieg des Futurekontraktes, d.h. der Kurs einer Einheit seiner Heimatwährung steigt in Fremdwährung in gleichem Maße wie seine erwartete Einzahlung in Fremdwährung an Wert, in Heimatwährung gerechnet, verliert.

Die Attraktivität des Futures liegt neben der Standardisierung in der Tatsache, daß als Sicherheit für diesen → Kontrakt zunächst nur ein geringer Prozentsatz – bei Devisen z.B. etwa 3% – des vereinbarten Volumens nachgewiesen werden muß. Dies ist die Zahlung, die bei Geschäftsabschluß zu fließen hat. Hieraus ergibt sich allerdings auch ein Risiko für den Investor, da er bei einem Kursverfall in der Regel zu einem Nachschuß in diese Sicherheiten verpflichtet ist. Daraus kann sich je nach → Bonität des Investors ein hohes → Liquiditätsrisiko ergeben. Umgekehrt reduziert sich bei einem Kursanstieg die Höhe seiner Sicherheitspflicht. Über diese Gewinnposition in seiner Sicherheitenstellung kann er dann frei verfügen.

Die Futureskurse unterscheiden sich von den Kassakursen nicht nur durch eindeutig berechenbare Größen, wie beispielsweise eine Zinsdifferenz bei einem Devisen-Future oder Lagerkosten bei einem Commodity-Future, sondern auch durch eine laufzeitabhängige Prämie (Aufschlag = Report, Abschlag = Deport).

Standardisierte Futures-Kontrakte werden heute in vielen Märkten gehandelt, nicht nur über Devisen, sondern auch über Indices und Waren aller Art. Das Spektrum reicht von → Aktien- und → Rentenindices bis zu Edelmetallen, aber auch z.B. Öl und eine Vielzahl sogenannter „soft" Commodities von Weizen und Baumwolle bis zu Schweinebäuchen und Eiern werden notiert. All diese standardisierten, börsengehandelten Kontrakte können grundsätzlich auf zwei Arten genutzt werden. Für → Spekulanten bieten sie eine effiziente Möglichkeit an Preisentwicklungen zu partizipieren. Produzenten, Verbraucher oder Zwischenhändler nutzen den Futures-Kontrakt um Risiken der Produktion oder Lagerhaltung „abzuhedgen".

c. Optionen: Das letzte Hedgeinstrument, das hier genannt werden soll, ist der Hedge mittels → Optionen. Diese

Form wird meist bei der Absicherung von Wertpapierportefeuilles angewendet.

Der Erwerber einer Verkaufs- oder → Put-Option erwirbt bei dieser Form des Hedge das Recht einen fixierten Betrag (bei Devisen) bzw. eine fixierte Menge (bei Wertpapieren) zu einem heute fixierten Preis bis zu einem bestimmten Datum (amerikanische Option) bzw. an einem bestimmten Datum (europäische Option) zu verkaufen. Dafür zahlt der Investor bei Abschluß des Geschäfts den Optionspreis, der sich aus dem rechnerischen Wert der Option heute – d.h. bei Ausübung der Option heute – und einem Zeitwert – je länger die Laufzeit desto höher der Zeitwert – zusammensetzt. Bei starken Kursrückgängen ist damit der Verlust des Investors auf diesen → Optionspreis beschränkt.

Erwartet ein Investor weniger starke Kursbewegungen so kann er sich auch durch das „Schreiben" einer Kauf- oder Call-Option absichern. In diesem Fall wird der Investor zum → Stillhalter eines Optionskontraktes, d.h. er hat sich dazu verpflichtet innerhalb der Optionslaufzeit (amerikanische Variante) seinem Kontraktpartner eine bestimmte Menge des Kontraktgegenstandes zu einem fixierten Preis (= Basispreis) zu liefern. Dafür hat er den Optionspreis erhalten. Bei dieser Form des H. ist der Stillhalter bei steigenden Kursen nur bis zur Höhe des Optionspreises abgesichert, steigen die Kurse über diese Marke hinaus weiter, so kann der Anleger darüberhinaus keine Kursgewinne aus der gesamten Hedgeposition – Wertpapiere + Optionen – erzielen. D.h. anders als beim Termin- bzw. beim Futuresgeschäft ist die Risikokompensation mittels dieses Geschäfts nicht vollständig durchführbar.

3. Schluß: H. kann also auf vielfältige Weise betrieben werden. Dabei ist auch eine Kombination einiger oben genannter Geschäfte möglich, je nach Risikofreude des Investors und Phantasie der Kontraktpartner. Dabei können auch nur Teile eines Geschäfts abgesichert werden, beispielsweise nur das Währungsrisiko beim Kauf einer Aktie auf Fremdwährung oder das Zinsänderungsrisiko beim Kauf einer → Fremdwährungsanleihe.

Wesentlich ist aber, daß eine H.strategie nie kostenlos ist und daß sowohl die möglichen Verluste als auch die möglichen Gewinne eines unsicheren Geschäfts beschnitten werden.

Lit.: Chicago Board of Trade: Introduction to Hedging, Chicago (Ill.) 1984; Dattatreya, R. E.: Fixed Income Analytics, Chicago (Ill.) 1991; Dattatreya, R. E.; Fabozzi, F. J.: Active Total Return Management of Fixed Income Portfolios, Chicago (Ill.) 1989; Elton, E. J.; Gruber, M. J.: Modern Portfolio Theory and Investment Analysis, 4. Aufl., New York et al. 1991; Hielscher, U.: Investmentanalyse, München/Wien 1990; Merton, R. C.: Continiuous-Time Finance, 2. Aufl., Cambridge (Mass.) 1992; Siegel, D. R.; Siegel, D. F.: Futures Markets, Chicago (Ill.) et al. 1990; Stulz, R. M.: Optimal Hedging Policies, Journal of Financial and Quantitative Analysis 19, 1984, S. 127–140; Uhlir, H.; Steiner, P.: Wertpapieranalyse, Heidelberg/Wien 1986; Zwirner, T.: Devisenkursrisiko, Unternehmen und Kapitalmarkt, Wiesbaden 1989.

Dr. E. Götz, München

Heimatbörse

→ Börse, in deren Geschäftsbereich ein Wertpapieremittent seinen Sitz hat und an der dessen Papiere notiert werden.

Heißes Geld

Geld, das von einem internationalen Finanzplatz zum anderen wandert, oft Fluchtgeld aus politischen oder steuerlichen Gründen. Plötzliche und im Volumen erhebliche Bewegungen haben schädliche Wirkungen auf → Zahlungsbilanz, → Devisenkurs und Wertpapiermärkte eines betroffenen Landes. Abwehrversuche werden mit den Instrumenten → Bardepot, Negativzins, Genehmigungspflicht für den Erwerb von inländischen Wertpapieren durch Gebietsfremde u.a. meist mit mäßigem Erfolg unternommen.

High
Hoch. Z.B. Tages-High = Tageshöchstpreis.

Historische Volatilität
Ausmaß von Kursschwankungen des → Basiswertes aufgrund von Vergangenheitsbeobachtungen. → Volatilität.

Historische Wertpapiere
Unter dem Begriff sind nicht Wertpapiere im weitesten Sinn, wie z.B. Schecks, Wechsel oder Quittungen zu verstehen, sondern die Papiere, die Anlagecharakter mit sich führen. Also z.B. → Aktien, → Anleihen, → Obligationen, → Pfandbriefe, → Kuxe oder → Genußscheine. H. verbriefen keinen Rechtsanspruch gegenüber dem → Emittenten (ehemaliger Wertpapierherausgeber) mehr. Sie können somit also nicht mehr an einer → Börse gehandelt werden. Der eigentliche Wert ist also erloschen.

Das Wertpapier gehört somit der Vergangenheit an; es ist Geschichte und wird historisch, gleichzeitig auch erst einmal wertlos.

Wertlos allerdings nur solange, bis sich ein Interessent (Liebhaber/Sammler) findet und bereit ist für das „wertlose Objekt" einen für ihn angemessenen Preis zu bezahlen. Ein neues Leben des *Wertpapiers* hat begonnen.

„Werft mir nicht die alten Wertpapiere fort, sie werden einmal sehr viel Geld bringen"! (Ausspruch des bekannten Wall-Street-Brokers, Roland M. Smythe in den 20er Jahren)

H. sind lebendige Zeugen einer großen Vergangenheit: Es ist eine faszinierende Welt voller Entdeckungen, die sich dem Freund und Sammler von H. öffnet. Prachtvolle Bildmotive alter Schiffe, Autos, Eisenbahnen oder Industrieanlage, wahre Meisterwerke der Stahlstichkunst und Drucktechnik. Dokumente von Staaten und Städte, bestimmte Jahrgänge und denkwürdige Daten sind nur einige der interessanten Aspekte dieser wertvollen Sammel- und Anlageobjekte. H. sind auch ein stilvoller Wandschmuck und ein ebenso außergewöhnliches Geschenk.

Warum werden H. gesammelt? Schon immer waren die Menschen Jäger und Sammler. Dieser Urtrieb hat sich bis heute erhalten. Kaum ein Mensch, der nicht etwas sammelt, wobei es stets um dasselbe geht, nämlich sich auf einem bestimmten Gebiet zu spezialisieren und darüber möglichst viel zu wissen.

Noch vor wenigen Jahren weckten diese historischen Dokumente aus vergangener Zeit höchstens die Neugierde geschichtsbewußter Sammler. Heute hat eine intensive Jagd nach alten Aktien und Anleihen eingesetzt. Fachleute haben entdeckt, daß die schriftlichen Zeugen aus den beiden vergangenen Jahrhunderten nicht nur an mutiges Unternehmertum erinnern, sondern auch eine wertbeständige Anlagealternative sind.

Dem Sammler von H. öffnet sich eine Welt voller Entdeckungen. Pioniere und Erfinder aus den Gründerjahren unseres Industriezeitalters wie Rockefeller, Edison, Mannesmann, Haniel oder Vanderbilt u.v.m., die Zeitgeschichte machten. Prachtvolle Bildmotive von A(uto) bis Z(oo). Meisterwerke der Kupfer- und Stahlstichkunst. Dokumente von Staaten, Ländern und Städten. Denkwürdige Daten, ausgesuchte Zeitabschnitte u.v.m.

H. sind Dokumente der Entwicklungsgeschichte unserer Gesellschaft: Sicherlich ist der Wunsch nach Reichtum so alt wie die Menschheit. Darum ist es nicht verwunderlich, daß man von den Männern spricht, die den Reichtum verkörperten und mit ihrem Reichtum Geschichte gemacht haben: Dem vom Schuhputzer zum reichsten Mann aufgestiegenen „Rockefeller" oder den aus unzähligen Wildwestfilmen bekannten „Wells und Fargo", deren Postkutschen und Geldtransporte in keinem klassischen Wildwestfilm fehlen, den „Rothschilds", den „Vanderbilts", den „Astors" und „Morgans". H. tragen ihre schwungvollen Unterschriften, sind damit Zeugnisse ehemaligen Pioniergeistes.

Viele Unternehmen ließen ihre Geschäftstätigkeit symbolisch auf ihren Wertpapieren darstellen. Dazu holten sie sich die besten Graveure, Stahl- oder Kupferstecher oder bekannte Maler wie z.B. Mucha, Casas. Auf feinstem Pergament findet man die unterschiedlichsten Motive: Eisenbahnen dampfen durch das Gebirge. Segelschiffe kämpfen mit hohen Wogen, sowie Automobile, Flugzeuge, Tabakfelder, Weinreben, Goldsucher, Tierparks, ganze Städte, versehen mit Ornamenten und Randverzierungen, entsprechend dem zeitlichen Ursprung. H. sind Kunstwerke, zugleich dokumentieren sie den Stil ihrer Zeit.

Sie werden an keiner Börse der Welt mehr gehandelt und dennoch ist ihr Preis oftmals höher als der Preis der Papiere, die Händler und Makler auf dem Börsenparkett je aushandelten.

In der Amsterdamer Börse ist die älteste Aktie der Welt ausgestellt. Es handelt sich dabei um ein Zertifikat der Ostindischen Handelscompanie aus dem Jahre 1602. Da es sich bis heute bei diesem Aktienzertifikat um ein Unikat handelt, ist das Stück mit einer Million Gulden versichert.

Der Wert/Preis eines H. setzt sich aus vielen Punkten zusammen: Branchenherkunft, Alter, geschichtliche Bedeutung, Ursprungsland, einstige Auflagengröße, verfügbare Stückzahl, Erhaltung, Original- bzw. Faksimileunterschriften, grafische Gestaltung. Alle diese Punkte sind in ihrer Gewichtung, bezogen auf das jeweilige Dokument, in der Kombination unterschiedlich zu bewerten.

Der Kauf und Wiederverkauf von H.: Der Käufer von H. (ob Sammler, Anleger, Geschenk-, Dekokäufer), erwirbt in der Regel bei einem der fachorientierten Händler in Deutschland oder auf einer der speziellen Auktionen für H. seine Exponate. Hier kann er mit Qualität, Echtheit und fachlicher Beratung rechnen. Der Kauf alter Wertpapiere auf den Wochenendmärkten ist oftmals fragwürdig, da sich leider hier u.a. auch Falsifikate einschleichen und der Käufer kaum Regressmöglichkeiten hat. Der Wiederverkauf alter Wertpapiere wird in der Regel ebenfalls über den Fachhandel reguliert, oder über Auktionen abgewickelt. Übrigens, wer H. über Auktionshäuser kauft oder verkauft, sollte sich auf jeden Fall vorher die Auktionsbedingungen genauestens durchlesen: denn hier sind Kostenabweichungen von bis zu 100% möglich.

Die Sammelstrategie: Aufgrund der Vielfalt der alten Wertpapiere ist es sicherlich wichtig und richtig, sich schnellstmöglich bei Sammelbeginn auf eine bestimmte Sammelstrategie zu beschränken. „Sammle ich nach bestimmten Ländern, Branchen, Motiven oder Unterschriften – aus Sammellust oder mit Anlagegedanken".

Die Sammlerinformationsquellen: Drei regelmäßig, unabhängig voneinander erscheinende Informationsquellen bietet derzeit der Markt. a) Die Zeitschrift Historische Wertpapiere, Herausgeber GVL Gesellschaft für Verlagsmarketing und Logistik GmbH, Bödekerstr. 44, 30161 Hannover (Erscheinungsweise 2-monatlich); HP-Magazin, Herausgeber HP-Verlag AG, Thunstraße 32, CH-3001 Bern (Erscheinungsweise 11 × jährlich); Aktuelle Information, Herausgeber Manfred Spanier, Hüttenstraße 30, 40215 Düsseldorf. Außerdem sind zur Information ebenfalls die Besorgung diverser Händler und Auktionskataloge wichtig.

Die Aufbewahrung und Sicherung: H. sollten, wenn nicht gerade als Wandschmuck gedacht, in DIN A3 Alben untergebracht sein, in denen sich, um nicht das Papier und den Druck anzugreifen, Klarsichthüllen befinden, die aus weichmacherfreiem Material stammen müssen.

Es ist sicherlich richtig, wenn die alten Wertpapiere entsprechend versichert sind; gegen Diebstahl oder Brand. Gleichzeitig sollten die Wertpapiere in irgendeiner Form aufgelistet sein, damit in einem Schadensfall auch der Verlust gegenüber der Versicherung dezediert beschrieben werden kann. Hierzu gehört die genaue Notierung der Wertpapierbezeichnung, Stükkenummer, wann und wo und zu welchem Preis gekauft.

Wichtig beim Erwerb von H. bleibt immer die Freude an dem jeweiligen Stück.

M. Spanier, Düsseldorf

Holding

→ Dachgesellschaft (Obergesellschaft), die selbst keine Güter und Dienste produziert und vertreibt, sondern nur Beteiligungen an anderen Gesellschaften (→ Tochtergesellschaften) hält, verwaltet und mit ihnen diese kontrolliert.

Home Banking

Elektronische Abwicklung des Zahlungsverkehrs zwischen einer Bank und einem Privatkunden mittels Personalcomputer oder Bildschirmtext. → Electronic Banking.

Horizontal Spread

→ Calendar Spread.

HV

→ Hauptversammlung.

Hypothek

Pfandrecht an einem Grundstück, das zur Sicherung einer bestimmten Geldforderung vereinbart wird. Die H. kann als Buch- oder Briefhypothek bestellt werden. Während bei einer Briefhypothek eine öffentliche Urkunde, der sog. Hypothekenbrief, ausgestellt wird, erfolgt bei einer Buchhypothek lediglich eine Eintragung im Grundbuch.

Die häufigste Form der H. ist die Verkehrshypothek. Sie ist dadurch gekennzeichnet, daß der öffentliche Glaube des Grundbuches für den Bestand der Forderung maßgebend ist. Nach dem Rückzahlungsmodus der zugrunde liegenden Darlehensforderung unterscheidet man die Tilgungshypothek, bei der die Rückzahlung nach einem festgelegten Tilgungsplan erfolgt, die Kündigungshypothek, bei der die Darlehensrückzahlung erst nach einer fristgerechten Kündigung vorgesehen ist, oder die Fälligkeitshypothek im Falle einer endfälligen → Tilgung.

Abzugrenzen von der Verkehrshypothek ist die Sicherungshypothek. Hierbei kann sich der Hypothekengläubiger nicht auf die Eintragung im Grundbuch berufen und trägt damit die Beweislast für die Rechtmäßigkeit der Forderung. Als Sonderform der Sicherungshypothek ist die Höchstbetragshypothek anzusehen. Hierbei wird die Haftung bis zu einem bestimmten Betrag begrenzt. Anders als bei einer H. ist die Grundschuld nicht mit einer konkreten Forderung verbunden. Deshalb hat die Grundschuld größere Bedeutung erlangt.

Hypothekarkredit

Ein durch Eintragung einer → Hypothek gesicherter → Kredit. Er ist das charakteristische Kreditgeschäft der Realkreditinstitute, wird aber auch von den Sparkassen und von Versicherungsgesellschaften gepflegt.

Hypothekenbank

→ Kreditinstitute in der Rechtsform der → Aktiengesellschaft oder → Kommanditgesellschaft auf → Aktien, die Grundstücke gegen Bestellung einer → Hypothek beleihen und → Schuldverschreibungen ausgeben. Durch das Gesetz über die H. von 1988 wurde der Rahmen für nachstellige Beleihungen, die über 60% des → Beleihungswertes hinausgehen, auf 15% des Gesamtbetrages hypothekarischer Beleihungen und die Umlaufgrenze für die Ausgabe von → Pfandbriefen und Schuldverschreibungen auf das Sechzigfache des Haftungskapitals festgelegt sowie der speziell für H. geltende → Eigenkapital-Begriff durch den des KWG abgelöst. H. unterliegen der Bankenaufsicht.

Hypothekenpfandbriefe

→ Pfandbriefe, die durch private → Hypothekenbanken ausgegeben werden (nicht zu verwechseln mit Hypothekenbriefen).

I

IBIS

Inter-Banken-Informations-System

Integriertes Börsenhandels- und Informationssystem (IBIS 2), ein elektronisches Wertpapierhandelssystem der Frankfurter Wertpapierbörse AG, über das → Kreditinstitute und → Makler im → außerbörslichen Handel Wertpapiertransaktionen abwickeln können. Mit dem Ausbau des IBIS 1991 wurde ein vollelektronischer Handel in Deutschland möglich. Ein Handel kann in den 30 umsatzstärksten deutschen → Aktien (mindestens 500 Stück) oder in etwa 200 → Emissionen der → öffentlichen Hand (mindestens 1 Mio. DM) erfolgen, wobei der elektronische Zugriff zu IBIS ortsunabhängig ist. Handelszeit ist von 8.30 bis 17.30 Uhr. Anders als beim IBIS 1 braucht für einen Geschäftsabschluß kein telefonischer Kontakt mehr hergestellt werden. Hier genügt die Eingabe und Bestätigung am Computer. Das bedeutet gleichzeitig, daß die eingegebenen → Geld- und Briefkurse verbindlich sind. Mit IOBIS 2 wurde ein weiterer Schritt in Richtung Computerbörse vollzogen.

Illiquidität

Kennzeichen für den Zustand eines Wirtschaftssubjektes (privat oder staatlich), wegen Mangel an → liquiden Mitteln seine Geschäfte nicht mehr fortführen zu können. Gegensatz ist → Liquidität, Zahlungsfähigkeit.

IMF

→ Internationaler Währungsfonds.

Im-Geld

→ In-the-Money.

Immediate or Cancel

Eingeschränkt limitierte Auftragsart an → Financial Futures-Börsen, die auf sofortige, vollständige (oder teilweise) Ausführung gerichtet ist. Im Falle einer teilweisen Ausführung ist der nicht ausgeführte Teil des Auftrages zu eliminieren.

Immobilienfonds

→ Investmentfonds, dessen Vermögen in Grundstücken und Gebäuden angelegt ist. Die I. geben Zertifikate aus, die einen Anteil am Vermögen darstellen. Man unterscheidet offene I., deren Anteile jederzeit erworben und wieder veräußert werden können, und geschlossene I., die Kapital für ein einzelnes Projekt suchen und nach Erreichen der Kapitalsumme den Verkauf der → Anteilscheine beenden. Anteile an geschlossenen I. sind unter Umständen schwerer verkäuflich.

Nach dem → KWG sind I. → Kreditinstitute in der Rechtsform der → Aktiengesellschaft oder GmbH mit dem Zweck, erhaltene Einlagen im eigenen Namen für gemeinschaftliche Rechnung der Einleger nach dem Grundsatz der Risikomischung in Grundstücken und Erbbaurechten, gesondert vom eigenen Vermögen anzulegen und über die sich daraus ergebenden Rechte Anteilscheine (→ Investmentzertifikate) auszugeben.

Implied Volatility

→ Implizite Volatilität.

Implizite Volatilität

Implied Volatility

Von Marktteilnehmern antizipierte Kursveränderungsrate des einer → Option zugrunde liegenden Basisobjekts über die → Restlaufzeit der Option.

Importquote

Anteil der Ausgaben für Einfuhren am Volkseinkommen.

Index

Verhältniszahl zur Messung durchschnittlicher Veränderungen in der Regel im Zeitverlauf. Z.B. → Preisindex, → Aktienindex u.a.

Indexanleihen

Definition: I. sind → Anleihen, bei denen

entweder die Zahlung des jährlichen Zinskupons oder die Rückzahlung des Nominalbetrages in Abhängigkeit eines Indexstandes erfolgen. Als → Index werden alle statistischen Meßwerte bezeichnet, durch die eine Veränderung bestimmter wirtschaftlicher Tatbestände (z.B. Preisentwicklung oder Aktienkursentwicklung) ausgedrückt werden. Theoretisch besteht auch die Möglichkeit, gleichzeitig → Kupons und → Rückzahlung des Nominalbetrages an einen Index zu koppeln. In der Praxis existieren derartige Anleihen bis jetzt nicht.

Am DM-Rentenmarkt wird häufig der → DAX als Bezugsgröße in Anwendung gebracht. Theoretisch sind alle mathematisch-statistisch errechneten Indexgrößen im Aktien-, Renten- und Währungsbereich für die Konzeption einer I. denkbar. Die Konstruktion erfolgt dann derart, daß der → Emittent Zahlungen (Kupons bzw. Rückzahlung) leistet, deren Höhe am Emissionszeitpunkt mittels einer mathematischen Formel festgelegt werden. Die rechtliche Ausgestaltung der Anleihe erfolgt üblicherweise in Form eines Emittentenwahlrechts. Aufgrund § 3 Währungsgesetz ist es in Deutschland nicht möglich, Geldschulden direkt von der Höhe eines Indizes abhängig zu machen, weil dadurch eine Möglichkeit zur inflationären Geldmengenausweitung geschaffen werden kann. Die Anleihebedingungen sehen daher meist vor, daß der Emittent entweder vorher festgelegte Beträge zahlt, oder nach Maßgabe einer Formel das Wahlrecht auf Zahlung eines abweichenden Betrages wahrnimmt. Der Emittent wird das Wahlrecht ausüben, wenn er entsprechend der Formel am → Kupontermin bzw. bei → Fälligkeit niedrigere Beträge zu bezahlen hat.

Für die Gewährung dieses Wahlrechts erhält der → Investor entweder Kupons, die über der Marktrendite liegen, oder eine höhere Rückzahlung des Nominalbetrages als 100%, falls der Kupon kleiner oder gleich dem der Marktrendite ist.

Indexanleihen

Beispiel: WestLB Condoranleihe

Emissionstag:	04.11.1993
DAX-Festlegungstag:	30.10.1995
Fälligkeit:	10.11.1995
Stückelung:	DM 5.000
Kupon:	9,25%
→ Ausgabekurs:	100,35%
Rückzahlung:	nach Wahlrecht des Emittenten

Die Emissionsrendite am 04.11.94 betrug unter der Voraussetzung einer 100%igen Rückzahlung 9,05% im Gegensatz zur Marktrendite von 5,30% für „gewöhnliche" Bankschuldverschreibungen vergleichbarer → Restlaufzeit. Als Ausgleich für den vergleichsweise hohen Kupon von 9,25% kann der Emittent am 30.10.95 wählen, ob er den Nominalbetrag zu 100% oder pro DM 5.000 nominal nach den Formeln 20.000 – 6 * DAX (Voraussetzung: DAXstand am 30.10.95 > 2.500) bzw. 6 * DAX – 6.100 (Voraussetzung: DAX-Stand am 30.10.95 < 1.850) zurückzahlt.

Neben der Gestaltung des Rückzahlungswahlrechtes weist die o.g. Condor-Anleihe die Besonderheit auf, daß die Emittentin die Rückzahlung von mindestens 70% des Nominalbetrages garantiert. Konstruktionen mit diesem Zahlungsprofil (vgl. Schaubild) werden in der Literatur als „Condor" bezeichnet.

Investorensicht: Der Kauf einer I. setzt folgendes Szenerio voraus:

1.) Die am Markt herrschende → Rendite für „gewöhnliche" Anleihen ist niedriger als das vom Investor angestrebte Ertragsniveau.

2.) Der Investor kann die Entwicklung des zugrundeliegenden Indizes einschätzen und erwartet, daß der Index sich bis zum Stichtag für ihn günstig entwickelt. Somit kann der Investor eine deutlich über dem Marktniveau liegende Rendite erzielen.

Der Käufer einer I. nimmt dabei grundsätzlich in Kauf, daß die → Rendite dieses Wertpapiers stärkeren Schwankungen ausgesetzt ist als das Ergebnis, das er für „gewöhnliche" Anleihen glei-

CONDOR-BOND

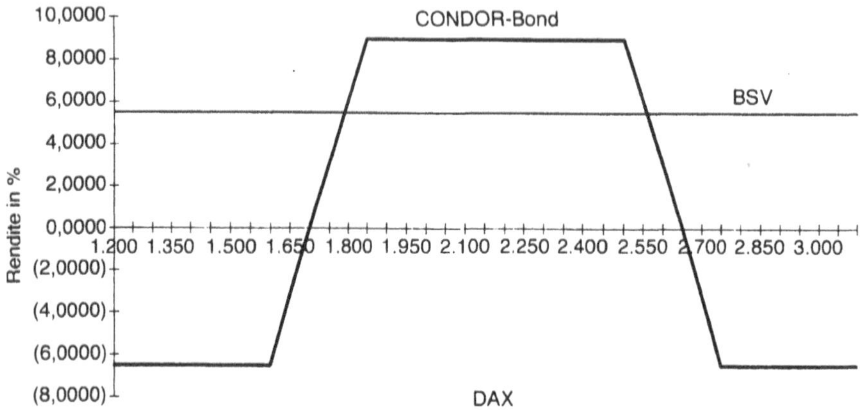

cher → Bonität und → Laufzeit erhalten würde. Darüberhinaus muß bei Indexanleihen berücksichtigt werden, daß sowohl die Entwicklung des Zinsniveaus als auch die Entwicklung des zugrundeliegenden Indizes Auswirkungen auf die Kursbildung dieser Anleihen haben. Je nach Konstruktion können sich diese beiden Effekte verstärken oder ausgleichen.

I. eignen sich daher insbesondere für Investoren, die konkrete Erwartungen hinsichtlich der Entwicklung bestimmter Indikatoren haben und ihre Rendite unter der Nebenbedingung eines akzeptablen → Risikos optimieren wollen.

Emittentensicht: Der Emittent finanziert die über dem Markt liegenden Kupons durch den Verkauf von → Index-Optionen. Sind die Optionen am Indexfestlegungstag werthaltig, werden sie vom Inhaber ausgeübt. In diesem Fall wird der Emittent in der Regel sein Wahlrecht wahrnehmen. Analog gilt diese Vorgehensweise für den Fall, daß zwar der Rückzahlungsbetrag sicher ist, jedoch die Kuponzahlungen variabel sind.

Alternativ dazu kann der Emittent die I. ohne → Hedgetransaktionen emittieren. In diesem Fall spekuliert er gegen die Meinung der Investoren.

Marktübersicht: Am DM-Rentenmarkt wurden zwischen 1980 und 1993 insgesamt 24 öffentliche Indexanleihen mit Volumina zwischen DM 10 Mio und DM 375 durch 13 verschiedene Emittenten, davon 6 deutsche, aufgelegt.

Das Gesamtemissionsvolumen betrug am 01.12.93 DM 2.234,95 Mrd. Hauptemittenten waren die Deutsche Bank (33,6%), die WestLB (17,5%) und SBC Finance Ltd (7,6%).

Quelle: Bondware (6c) Computasoft Ltd, London, 01.12.93.

DATA: Euromoney Publications Plc

F. Henne, Düsseldorf

Indexierung

Bei Emissionspapieren nicht die betragsmäßige Fixierung des Rückzahlungsbetrages, sondern dessen Kopplung an die Wertentwicklung einer exogenen, von der wirtschaftlichen Entwicklung des Schuldners zumindest nicht direkt abhängigen Größe. Als deratige Bezugsgrößen kommen insbesondere → Wechselkurse, Edelmetallpreise oder verschiedene → Indizes (z.B. Ölpreisindex, → Deutscher Aktienindex usw.) in Betracht.

Index-Optionen
→ Optionen auf jeweils einen → Index.

Index Sequential Access Method
→ ISAM.

Indikatoren
Hilfsgrößen, deren Messung gewährleistet ist im Gegensatz zur eigentlichen interessierenden Größe, die damit in engem Zusammenhang stehen muß. In der → Chartanalyse ((markt-)technischen Aktienanalyse) spielen I. wie die → GDL (Gleitende-Durchschnitts-Linie), → Advance/Decline-Linie, Odd-Lot → Purchase/Sales Ratio, Trendline's Market Barometer und andere eine wesentliche Rolle in der Prognostik der Kursentwicklung.

Indizes
Plural von → Index; Indexzahlen, Indexziffern.

Kennzahlen, die zu statistischen, zeitlichen und örtlichen Vergleichen dienen, z.B zur Feststellung der Produktions-, Preis-, Lohn-, Kursentwicklung. Die Vergleichszahl eines Zeitpunkts oder Zeitabschnitts (→ Basiswert) wird = 100 gesetzt. Auf diesen Wert werden alle weiteren Vergleichszahlen bezogen.

Industrieanleihen
→ Anleihen der Industrie, aber auch anderer Wirtschaftszweige. Siehe auch → Industrieobligationen, → Industrieschuldverschreibungen.

Industrieobligationen
→ Schuldverschreibungen, die von einem Industrieunternehmen erstklassiger → Bonität mit relativ großem Grundbesitz und sonstigen Vermögenswerten, meist einer → Aktiengesellschaft, → emittiert werden.

Industrieschuldverschreibungen
→ Schuldverschreibungen, die nach dem → Emittenten, nämlich große Industrieunternehmen mit erstklassiger → Bonität, bezeichnet sind. I. sind → Industrieanleihen und → Industrieobligationen.

Inflation
Jede (deutliche) I. geht mit einem Anstieg der Preise einher, wobei Meinungsverschiedenheiten darüber bestehen, ob die Preissteigerung mit dem Preisindex des Inlandproduktes oder mit dem Index der Lebenshaltungskosten (= Konsumentenpreisindex) gemessen werden soll. Ein weiterer Unterschied besteht darin, ob man unter I. – wie das in letzter Zeit üblich geworden ist – jede Art des Preisanstiegs versteht, also auch eine einmalige Teuerung, die etwa auf Anpassungsprozesse zurückgeht, oder einen länger anhaltenden Prozess der Teuerung. Allerdings muß man bei der letzteren Definition immer auch begründen, daß eine Preissteigerungsrunde notwendigerweise von einer weiteren gefolgt sein muß.

Seit Keynes verspricht man sich von einer I. eine Erhöhung der Beschäftigung. Man ist sich inzwischen einig darüber, daß dieser Effekt lediglich auf der Illusion von Arbeitsanbietern und Unternehmen beruht, die Phillips-Kurve zwar kurzfristig durchaus geneigt ist, sie sich aber langfristig verschiebt, so daß durch einen inflatorischen Prozess keine Erhöhung der Beschäftigung mehr möglich ist. Dann überwiegen ganz sicherlich aber die schädlichen Auswirkungen einer I.: Die Aussagekraft jeder Rechenschaftslegung wird durch sie mindestens verringert, was inbesondere langfristige Entscheidungen unmöglich macht. Außerdem verteilt sie Realeinkommen und -vermögen in sozial unerwünschter Weise um, weil jede Preissteigerung das nominelle Vermögen entwertet, das Halten von Geldvermögen also bestraft, und die Bezieher solcher Einkommen benachteiligt, die nicht genügend schnell angepaßt werden können. Waren es in früherer Zeit im wesentlichen die Arbeiter, die als Folge des Hinterherhinkens ihres Nominallohns hinter den Preisen ein Sinken ihrer Reallöhne hinnehmen mußten (Lohnlag), so sind es heute die Besitzer von Geldvermögen, also wohl vor allem die (ehemaligen) Eigentümer kleiner und mittlerer Unternehmen, die die Sozialämter aufsuchen müssen. (Das wird in der neueren Literatur mit „Inflationssteuer" bezeichnet.)

Die Bekämpfung jeder I. sollte an ihren *Ursachen* und nicht an Symptomen ansetzen. Da in einer Marktwirtschaft jeder Preis zwischen den Vertragsparteien vereinbart wird und deshalb Ergebnis von Nachfrage und Angebot ist, hat sich die Unterscheidung von Nachfragesog- und Kostendruck-I. eingebürgert.

Bei der *Nachfragesog-I.* übersteigt die Nachfrage nach Gütern und Dienstleistungen das Angebot. Da das Einkommen genau der Wert der „Produktion" (genauer: das Bruttoinlandprodukt) ist, kann dieser Fall solange nicht eintreten, als die gesamte (Güter-)Nachfrage aus dem (laufenden) Einkommen finanziert wird, sondern erst dann, wenn sie durch die Aufnahme von Krediten „künstlich" erhöht ist. (Das behauptet das Say'sche Gesetz).

Dadurch steigen die Güterpreise nicht nur ein einziges Mal. Denn es ist bei ausgelastetem Produktionspotential für die Gesamtheit nicht möglich, gütermäßig mehr zu bekommen, irgend jemand muß seine Nachfrage reduzieren. Bei einer I. wird das derjenige sein, der Nominalvermögen hält und deshalb sein Vermögen oder sein (Geld-)Einkommen nicht oder nicht genügend schnell an die steigenden Güterpreise anpassen kann. Jeder Versuch, diese Verminderung der realen Nachfrage zu vermeiden, führt zur neuerlichen Kreditaufnahme. In der Realität ist das fast ausschließlich bei staatlichen Budgetdefiziten der Fall, die über die Notenbank (also durch zusätzliches Geld) finanziert werden. Zu einer wirklichen (Nachfrage-) I. kommt es nur dann, wenn die kreditfinanzierte Ausgabenerhöhung jede Periode neu auftritt.

Eine *Kostendruck-I.* wird durch eine Verknappung oder Verteuerung des Angebots – etwa durch eine Lohnerhöhung – verursacht. Im Gegensatz zur Nachfragesog-I. führt sie – für sich genommen – zu einem Rückgang der Beschäftigung. Zwar kann der Staat die Wirtschaft mit einer expansiven Geldpolitik anzuregen versuchen; dadurch werden die Preise stärker als vorher steigen, so daß der Reallohn sinken wird und die Erhöhung des Nominallohnes umsonst gewesen ist. Versuchen etwa die Gewerkschaften daraufhin erneut, die Lohnquote durch Lohnsatzerhöhungen zu vergrößern, dann wird sich diese Lohn-Preis-Spirale ein zweites Mal drehen.

Jede Kostenerhöhung bewirkt also lediglich eine Preisanpassung; der inflatorische Prozeß wird ausgelöst durch die Expansion der Geldmenge – hier, um einen Beschäftigungsrückgang mit Hilfe der Geldpolitik zu verhindern.

Einige Autoren unterscheiden noch andere Inflationsarten, die durch den Versuch entstehen, den Anteil einer Gruppe am Gesamteinkommen zu halten oder zu erhöhen. So spricht man z.B. von einer Gewinn-I. und versteht darunter das Anwachsen der Gewinnquote zu Lasten der Lohnquote etwa durch die Erhöhung des Monopolgrades der Wirtschaft. – Ohne bestreiten zu wollen, daß es in einzelnen Situationen zu einer solchen Erhöhung der Gewinnquote kommen kann, kann eine solche Erhöhung des Absatz- oder Faktorpreises nicht zu einem eigentlichen inflatorischen Prozeß führen, sondern nur zu einer (isolierten) Preiserhöhung: Alle Versuche, eine einmal realisierte Einkommensverteilung zu stabilisieren, laufen Gefahr, bei freier Entscheidung der Unternehmen über ihre Absatzpreise durch allgemeine Preiserhöhungen wieder zunichte gemacht zu werden. Eine solche unerwünschte inflatorische Entwicklung kann man nur durch die staatliche Kontrolle der Absatzpreise – und der Investitionen vermeiden. Das ist die Hauptaufgabe der Einkommenspolitik.

Jede I. geht unabhängig von ihrer Ursache mit einer Erhöhung der Geldmenge einher. Deswegen steht auch bei jeder *Inflationsbekämpfung* die Begrenzung des Geldmengenwachstums im Vordergrund. Das mag zwar in einem zweistufigen Bankensystem schwierig sein, weil die Zentralbank höchstens Einfluß auf die Kreditgewährung der (Geschäfts-) Banken nehmen kann: Zwar kann sie immer erreichen, daß die Geldmenge weniger stark als vorher wächst oder sogar sinkt, für jede Ausweitung der Geldmenge braucht sie aber die Kooperation der Geschäftsbanken und der Investoren – selbst dann, wenn jeder Kreditnehmer ihn schon allein wegen der Zinszahlung nur zur Finanzierung gewisser Aufgaben, also zur Güternachfrage, verwendet. Vermeiden läßt sie sich nur, wenn die Zentralbank dem Staat (oder staatlichen Unternehmen) (automatisch) Kredite gewährt. – Die Zentralbank bedarf dieser Kooperation, weil jede kontraktive Geldpolitik über die Dämpfung der Investitionen durch die Erhöhung des Zinssatzes möglicherweise eine Rezession verursacht (= „harte Landung") und deshalb einer Korrektur durch eine expansive Geldpolitik bedarf.

Es mag sein, daß durch eine solche kontraktive Geldpolitik eine Nachfragesog-I. vermieden werden kann. Erleichtert wird das sicherlich durch den Hinweis, alle staatlichen Ausgaben, auch Unterstützungszahlungen, müßten von irgendjemanden aufgebracht werden, was über die Besteuerung viel zielgerichteter erfolgen kann als über eine Geldentwertung. – Möglicherweise muß die Zentralbank der Versuchung widerstehen, den durch Kostenerhöhung (etwa Lohn- oder Steuererhöhungen) verursachten Beschäftigungsrückgang zu verhindern. Jede Inflationsbekämpfung ist mit dem Zurückdrängen (mindestens) eines Anspruchs verbunden. Diese Kosten der Inflationsbekämpfung entstehen zwar immer. Sie sind aber umso größer, je länger der inflatorische Prozeß schon andauert und je stärker sich die Privaten an dauernde Preissteigerungen gewöhnt haben – weshalb jede Inflationsbekämpfung möglichst frühzeitig erfolgen sollte.

Erwarten läßt sich das aber nur, wenn die Zentralbank nicht nur vom Staat unabhängig ist, sie ihm also nicht automatisch Kredite gewähren muß, sondern wenn sie auch den politischen Mut aufbringt, eine mindestens kurzfristig unpopuläre kontraktive Geldpolitik zu betreiben: Da der (Zentral-)Staat nicht ohne weiteres davon ausgeschlossen werden kann, die Leitung der Zentralbank zu bestimmen, muß sie mindestens während ihrer Amtszeit wirklich unabhängig vom Staat sein.

Lit.: Branson, W. H.: (1979), Macroeconomic Theory and Policy, 2nd. ed., New York u.a.: Harper & Row, p. 375-414; Samuelson, P. A.; Nordhaus, W. D.: (1985), Economics, 12th ed. New York. u.a.: McGraw-Hill Book Company, International Student Edition, p. 225-262; Scherf, H.: Inflation (1988), in: W. Albers u.a. (Hrsg.), Handwörterbuch der Wirtschaftswissenschaft (HdWW) Bd. 4, ungekürzte Studienausgabe, Stuttgart, New York: Fischer, Tübingen: Mohr, Göttingen, Zürich: Vandenhoeck u. Ruprecht, (1978), S. 159-184; Woll, A.: (1987), Allgemeine Volkswirtschaftslehre, 9. überarbeitete und ergänzte Auflage, München: Vahlen, S. 485-517.

Prof. Dr. H. Schneider, Zürich

Inhaber

Besitzer einer finanziellen Position im weiten Sinn: Kontoinhaber, Depotinhaber, Scheckinhaber, Wechselinhaber usw.

Bei Wertpapieren meist der unbenannte Besitzer bzw. Berechtigte.

Inhaberaktien

→ Aktie, die auf den Inhaber lautet. Diese Aktienform ist in Deutschland vorherrschend. Die Eigentumsübertragung erfolgt durch Einigung und Übergabe gemäß § 929 BGB einfach und kostengünstig. Die Ausgabe von I. ist nur möglich, wenn die Aktien voll eingezahlt sind. Ansonsten müssen → Namensaktien ausgegeben werden, denn in diesem Fall sind die Eigentumsverhältnisse bekannt und ausstehende Beträge können gegebenenfalls eingefordert werden.

Inhaberpapiere

Wertpapiere, deren verbriefte Rechte vom jeweiligen Besitzer (Inhaber) geltend gemacht werden können. Das Recht aus dem Papier folgt dem Recht am Papier. Beispiele: → Inhaberaktie, Inhaberschuldverschreibung.

Inkasso

Einzug fälliger Forderungen, insbesondere von Wechseln, Schecks, ausgelosten Wertpapieren, → Kupons, Akkreditiven u.a.m. durch → Kreditinstitute oder sonstige Beauftragte (Handelsvertreter).

Innerer Wert

Als i.W. bezeichnet man

1) den Ertragswert einer → Aktie. Diese errechnet sich aus der Kapitalisierung zukünftiger Erträge.

2) den Substanzwert einer Aktie. Dieser ergibt sich aus dem bilanzmäßigen Nettovermögen (auch Buchwert genannt) zzgl. der stillen Reserven, dividiert durch die Anzahl der ausgegebenen Aktien. Der Wert der stillen Reserven muß meist geschätzt werden, da die Gesellschaften i.d.R. keine Auskünfte erteilen.

3) den Wert einer → Option bei sofortiger Ausübung. Er wird aus dem aktuellen Kurs des der Option zugrundeliegenden Basisobjektes (Aktie) und dem → Basispreis der Option errechnet; dabei ist bei Kauf-Optionen (→ Calls) der Basispreis vom aktuellen Kurs abzuziehen und bei Verkaufs-Optionen (→ Puts) der aktuelle → Kurs vom Basispreis abzuziehen.

Beispiel Call:

Kauf-Option auf Daimler, aktueller Kurs der Aktie 802 DM, Laufzeit zwei Monate, Basispreis 750 DM, Optionspreis 60 DM.

Aktueller Kurs	802 DM
abzgl. Basispreis	750 DM
= innerer Wert	52 DM

Die Differenz zum Optionspreis von 60 DM entspricht dem Zeitwert und beträgt 8 DM.

Beispiel Put:

Verkaufs-Option auf Siemens, aktueller Kurs der Aktie 680 DM, Laufzeit zwei Monate, Basispreis 700, Optionspreis 27 DM.

Basispreis	700 DM
abzgl. aktuellem Kurs	680 DM
= innerer Wert	20 DM

Die Differenz zum Optionspreis von 27 DM entspricht dem Zeitwert und beträgt 7 DM. Dementsprechend besitzen → „am-Geld"-Optionen und „aus-dem-Geld"-Optionen einen i.W. von Null.

Insider

1. Begriff des I. in den I.-Handelsrichtlinien: Der Begriff des I. wurde in Deutschland bisher nur durch freiwillige I.handels-Richtlinien definiert. Nach § 2 dieser Richtlinien sind I.:

- gesetzliche Vertreter (Vorstandsmitglieder einer → Aktiengesellschaft und persönlich haftende Gesellschafter einer → Kommanditgesellschaft auf → Aktien) und Aufsichtsratsmitglieder der börsennotierten Gesellschaft und verbundener inländischer Unternehmen,
- Aktionäre, einschließlich deren gesetzliche Vertreter und Aufsichtsratsmitglieder, sofern sie an der Gesellschaft mit mehr als 25% beteiligt sind,
- Angestellte der Gesellschaft, der mit ihr verbundenen inländischen Unternehmen und der an ihr mit mehr als 25% beteiligten Aktionäre, sofern die Angestellten in dieser Eigenschaft Kenntnis von I.informationen zu erlangen pflegen (z.B. Vorstandssekretärin, Angehörige der Forschungs- oder Rechtsabteilung),
- Beauftragte einer Gesellschaft, die im Zusammenhang mit ihrem Vertrag Kenntnisse von I.informationen zu erlangen pflegen (z.B. Wirtschaftsprüfer, Notare, Rechtsanwälte, Steuerberater, Unternehmensberater) sowie
- Aufsichtsratsmitglieder, Geschäftsleiter, Angestellte und Beauftragte von

Insider

→ Kreditinstituten, die Kenntnis von I.informationen im Rahmen ihrer konsortialgeschäftlichen oder kreditgeschäftlichen Tätigkeit erlangen.

Gemeinsam ist diesem Personenkreis, daß er in einem besonders engen Verhältnis zu dem börsennotierten Unternehmen steht. Nur in ihrer Eigenschaft als I. der betreffenden Gesellschaft unterliegen die genannten Personen den I.-Handelsrichtlinien und dies nur dann, wenn sie die I.-Regeln anerkannt haben. Der I.-Begriff ist damit streng gesellschaftsbezogen und auf den sogenannten Primärinsider begrenzt.

2. *Gesetzliche Neuregelung:* Diese eng gesellschaftsbezogene Definition des I. wurde von Art. 2 und Art. 4 der Richtlinie 89/592/EWG des Rates vom 13. November 1989 zur Koordinierung der Vorschriften betreffend I.-Geschäfte (Abl. EG Nr. L 334/30) nicht übernommen. Der deutsche Gesetzgeber setzt die Vorgaben dieser EG-I.-Richtlinie nunmehr im Wertpapierhandelsgesetz (WpHG) – Artikel 1 des Zweiten Finanzmarktförderungsgesetzes vom 26. Juli 1994 – um.

a) *Primärinsider:* I. ist nach § 13 Abs. 1 WpHG (BGBl. I S. 1749) wer

- als Mitglied des Geschäftsführungs- oder Aufsichtsorgans oder als persönlich haftender Gesellschafter des → Emittenten oder eines mit dem Emittenten verbundenen Unternehmens,
- aufgrund seiner Beteiligung am Kapital des Emittenten oder eines mit dem Emittenten verbundenen Unternehmens oder
- aufgrund seines Berufs oder seiner Tätigkeit oder seiner Aufgabe bestimmungsgemäß

Kenntnis von einer nicht öffentlich bekannten Tatsache hat, die sich auf einen oder mehrere Emittenten von I.papieren oder auf I.papiere bezieht und die geeignet ist, im Falle ihres öffentlichen Bekanntwerdens den Kurs der I.papiere erheblich zu beeinflussen.

Dabei hat der deutsche Gesetzgeber – anders als die freiwilligen I.-Handelsrichtlinien – zu recht darauf verzichtet, die Stellung des I. von einer bestimmten Beteiligung am Kapital des Emittenten oder eines mit dem Emittenten verbundenen Unternehmens abhängig zu machen. Entscheidend ist allein, daß die Beteiligung ursächlich für die Erlangung des I.wissens ist.

Anders als in den freiwilligen I.-Handelsrichtlinien werden außerdem nicht nur unternehmensnahe Organmitglieder des Emittenten oder Aktionäre bzw. Gesellschafter mit einem bestimmten Mindestkapitalanteil als I. definiert, sondern auch unternehmensfremde Primärinsider. Dies können beispielsweise die Mitglieder des → Zentralbankrates der → Deutschen Bundesbank oder eines Parlamentarierausschusses sein, wenn sie über Informationen verfügen, die ein oder mehrere Wertpapiere betreffen, wie z.B. eine → Diskontsatzveränderung.

Zweifelsfrei gehören Mitglieder des → Vorstandes und des → Aufsichtsrats bei der AG, bei der GmbH die Geschäftsführer und möglicherweise die Aufsichtsratsmitglieder sowie bei Personenhandelsgesellschaften die persönlich haftenden Gesellschafter zu den Primärinsidern. Wirtschaftsprüfer, Steuerberater, Unternehmensberater, Notare und Rechtsanwälte und deren Mitarbeiter sowie Angestellte des betroffenen Unternehmens und andere Personen, die auf Grund eines Vertragsverhältnisses mit dem Unternehmen Zugang zu I.tatsachen haben (etwa Zulieferer-Firmen), gehören ebenfalls zu Primärinsidern, wenn sie ihr Wissen nicht lediglich zufällig oder bei Gelegenheit erlangt haben, sondern bestimmungsgemäß im Rahmen ihrer Tätigkeit. Primärinsidern ist nach § 14 Abs. 1 WpHG verboten, Insiderpapiere unter Ausnutzung der Kenntnis einer Insidertatsache zu erwerben oder zu veräußern, einem anderen eine Insidertatsache unbefugt mitzuteilen oder zugänglich zu machen und den Erwerb oder die Veräußerung von Insiderpapieren zu empfehlen.

b) Sekundärinsider: Daneben untersagt es § 14 Abs. 2 WpHG einem Dritten, I.papiere für eigene oder fremde Rechnung oder für einen anderen zu erwerben oder zu veräußern, wenn er Kenntnis von einer I.tatsache hat. Dabei ist es unerheblich, ob diese Kenntnis von einem Primärinsider stammt oder nicht.

Zu diesen Sekundärinsidern können u.a. Familienangehörige oder Mitarbeiter von Primärinsidern zählen sowie diejenigen, die einen Tip erhalten haben. I. kann damit praktisch jedermann sein, der aufgrund von I.informationen in I.papieren handelt.

3. Zweifelsfragen: Unklar ist, inwieweit Journalisten oder Analysten zu dem Kreis der I. zählen. Auch Journalisten und Analysten erhalten bestimmungsgemäß Kenntnis von I.tatsachen; sie dienen dem Emittenten als Medium, diese Tatsache zu veröffentlichen. Sinn und Zweck der rechtlichen Regelung ist es, durch die Veröffentlichung I.handel zu verhindern. Deshalb sollte eine bestimmte Berufsgruppe, die einen Informationsvorsprung erhalten hat, nicht von vorneherein aus dem I.-Begriff ausgenommen werden. Dies bestätigen jüngste Bestrebungen in London, das sogenannte „Broker Lunch" zu sanktionieren.

Rechtsquellen:

Bayerische Wertpapierbörse (Hrsg.), Insider-Regeln, Stand 1988, Insiderhandels-Richtlinien, S. 7–12.

Richtlinie des Rates vom 13. November 1989 zur Koordinierung der Vorschriften betreffend Insidergeschäfte (89/592/EWG), Amtsblatt der EG Nr. L 334/30.

Gesetz über den Wertpapierhandel und zur Änderung börsenrechtlicher und wertpapierrechtlicher Vorschriften (Zweites Finanzmarktförderungsgesetz), BGBl. I S. 1749.

Weiterführende Hinweise: Claussen, C. P.: Das neue Insiderrecht, DB 1994, 27–31; Eisele, D.: Insiderrecht und Compliance, WM 1993, 1021–1026; Engel, G.: Zur Problematik eines gesetzlichen Verbots von Insider-Geschäften, Jahrbuch für Sozialwissenschaften 42 (1991), 388–407; Grundmann, W.: Neuregelung des Insiderhandels-Verbots in Deutschland, Kreditwesen 1992, 12–16; Grunewald, B.: Neue Regelg zum Insiderhandel, ZBB 1990, 128–133; Heldmann, P.: Altes und neues Insiderrecht, Kreditwesen 1992, 480–484; Krimphove, D.: Das zweite Finanzmarktförderungsgesetz, JZ 1994, 23–30; Kruschwitz, L.: Insiderregelung, WiSt 1994, 29–31; Mock, M.: Regelung von Insider-Geschäften, Wissenschaftliche Dienste des Deutschen Bundestages, Nr. 21/93 vom 10. September 1993; Moritz, G.: Das Insider-Recht ist überfällig, Börsenzeitung vom 8. April 1993; Schmidt R.; Wulff S.: Zur Entdeckung von Insider-Aktivitäten am deutschen Aktienmarkt, ZBB 1993, 57–68; Schwark, E.: Kommentar zum Börsengesetz, Anh. II B 2 Insider-Handelsrichtlinien, 1. Aufl., München 1976.

A. Schmidt, München

Insidergeschäfte

Geschäfte von → Insidern in Insiderpapieren. I. sind unzulässig.

Insiderinformationen

Kenntnisse von → Insidern, die von Einfluß auf die Bewertung der Insiderpapiere sein können.

Insolvenz

Zahlungseinstellung wegen Zahlungsunfähigkeit und → Überschuldung. I. führt zur Einleitung eines Vergleichsverfahrens, wenn die Erfüllung einer Mindestquote für die Gläubiger von wenigstens 35% innerhalb eines Jahres und die Erhaltung des Unternehmens zu erwarten ist. Kommt ein Vergleich nicht zustande, wird → Konkurs eröffnet. 1985 betrug die Zahl der I. in der Bundesrepublik Deutschland 13.625 Fälle, 1991 etwa 12.900 Fälle.

Institutionelle Anleger

In der Regel Unternehmen des Finanzsektors wie Banken, Versicherungen, Pensionskassen usw. sowie Großunternehmen, die → flüssige Mittel aufgrund erhaltener → Einlagen, → Prämien, Beiträge u.a. ertragsbringend am → Kapitalmarkt anlegen.

Inter-Banken-Informations-System
→ IBIS.

Interbankrate
→ Zinssatz, zu dem sich Banken am → Euromarkt Gelder überlassen. Referenzzinssätze sind → London Interbank Offered Rate (LIBOR), London Interbank Bid Rate (LIBID), LIMEAN, → FIBOR u.a.

Interessewahrend
Zusatz auf dem Börsenauftragsformular:

Die Bank kann die Ausführung des Börsenauftrags in verschiedenen Abschnitten je nach Kursentwicklung vornehmen.

Interimsdividende
→ Abschlagsdividende.

Interimsschein
→ Zwischenschein.

internal rate of return (IRR)
→ Rendite.

Internationaler Währungsfonds
IWF

International Monetary Fund
IMF

Im Rahmen des Bretton-Woods-Abkommens 1944 gegründete Institution, die 1946 ihre Tätigkeit mit dem Ziel auf nahm, die internationale währungspolitische Zusammenarbeit zu fördern, die Ausweitung des Welthandels zu erleichtern und geordnete Währungsbeziehungen zwischen den Mitgliedsstaaten zu sichern. Dem I. gehören mehr als 150 Staaten an. Die Mitgliedschaft ist mit in den Statuten festgesetzten Rechten und Pflichten verbunden. So wird die Quote eines jeden Mitgliedslandes, dies ist die Pflichteinlage, nach der wirtschaftlichen Stärke der Volkswirtschaft bemessen und bestimmt die Anzahl der → Stimmrechte in den Gremien und die Höhe des Kapitaleinschusses auf nicht voll eingezahlte Anteile. Höchstes Beschlußorgan des I. ist der Gouverneursrat, in den jedes Mitgliedsland einen Gouverneur und einen Stellvertreter, meist den Finanzminister oder Notenbankpräsidenten, entsendet. Der Rat tritt einmal jährlich zusammen, zwischenzeitlich finden schriftliche Abstimmungen statt. Eigentliches Lenkungsgremium ist jedoch der Interimsausschuß des Gouverneursrates, dem 22 Mitglieder angehören, 16 gewählte und 6 ernannte (von den USA, Großbritannien, der Bundesrepublik Deutschland, Frankreich, Japan und Saudi-Arabien). Der Interimsausschuß, der formal nur einen Beraterstatus hat, tagt jedes Jahr im Frühjahr sowie vor der → Hauptversammlung. Verantwortlich für die Führung der laufenden Geschäfte ist das Executivdirektorium, dem ebenfalls 16 gewählte und 6 ernannte Mitglieder angehören. Dem Stab des Fonds mit Sitz in Washington gehören etwa 1700 Mitarbeiter aus über 100 Ländern an.

Nach dem Zusammenbruch des Systems fester → Wechselkurse 1973 und dem 1978 legalisierten Übergang zum System flexibler Wechselkurse wurde die Goldbindung der Währungen abgebaut. In zunehmendem Maße werden anstelle von Gold und konvertiblen → Devisen Sonderziehungsrechte (SZR) als neues Reservemittel eingeführt. Der I. arbeitet sehr eng mit der → Weltbank zusammen. Er ist als das monetäre Gegenstück zu diesem Institut zu betrachten.

International Monetary Fund
→ Internationaler Währungsfonds.

Interner Zinsfuß
→ Rendite.

Intervenieren
Eingreifen an der → Börse meist von Banken, wenn unerwünschte Kursänderungen für ein Wertpapier einzutreten drohen. An den Devisenmärkten geschieht das I. häufig von Zentralbanken, um einen → Wechselkurs zu stützen. → Interventionen.

Interventionen

1. Die Tätigkeit einer Zentralbank auf dem Devisenmarkt, um die → Kurse innerhalb der Bandbreite zu halten. Werden z.B. auf dem deutschen Devisenmarkt ständig mehr holländische Gulden angeboten als nachgefragt, so wird der → Devisenkurs des Gulden fallen. Würde dabei die untere Grenze der → Bandbreite (→ Interventionspunkt) erreicht, so müßte die → Deutsche Bundesbank ein Unterschreiten dieses Tiefpunktes durch einen Guldenaufkauf verhindern. Im → EWS wird die Verpflichtung der Zentralbanken, an den äußersten An- und Verkaufskurven für die Teilnehmerwährungen in unbegrenzter Höhe zu intervenieren, als obligatorische I. bezeichnet. Bei den seit 1987 zugelassenen und praktizierten intramarginalen I. handelt es sich um Markteingriffe innerhalb der Bandbreiten zur Feinabstimmung zwischen bilateralen Devisenkursen.

2. Staatliche direkte oder indirekte Maßnahmen, um außenwirtschaftliches Gleichgewicht zu erreichen.

3. Im agrarpolitischen System der EG (EU) die → Stützungskäufe staatlicher Stellen, um die Absatzgarantien für wichtige Produkte zu bestimmten Preisen zu sichern.

4. Administrative Eingriffe des Staates in den Preismechanismus einer Marktwirtschaft.

Interventionspunkte

Oberer und unterer → Devisenkurs, der die → Bandbreite für zulässige Schwankungen des → Wechselkurses in einem System fester bzw. begrenzt anpassungsfähiger Wechselkurse festlegt. Bei Erreichen der I. greift die Zentralbank durch An- und Verkauf von → Devisen auf dem Devisenmarkt ein.

In-the-Money

Der → Basispreis eines → Calls liegt unter dem aktuellen Aktienkurs.
(im-Geld).

Inventarwert

Sondervermögen eines → Investmentfonds bestehend aus → Kurswert des Wertpapierbestandes und Barreserve.

Inverse Zinsstruktur

Zinsgefüge, bei dem die → Renditen für kurzfristige Geldanlagen höher sind als für längerfristige.

Inverted Market

Finanzmarkt mit inverser Zinsertragskurve, an Terminmärkten häufig auch als → Backwardation bezeichnet. Finanztitel mit späteren → Fälligkeiten weisen geringere Verzinsungen bzw. höhere Kursnotierungen auf als solche mit kürzeren → Laufzeiten.

Investition

Je nach Betrachtungsziel werden unterschiedliche I.sbegriffe verwandt. Hinsichtlich von Vermögenskategorien wird I. definiert als Umwandlung von Geldkapital in andere Formen von Geldvermögen (Finanz-I.) oder in ertragbringendes Realkapital (Sach-I., Real-I.).

In der Volkswirtschaftslehre wird I.definiert als Güternachfrage der Unternehmen oder Einsatz selbst hergestellter Sachgüter oder auch Einsatz von Kapital zur Erhaltung (Ersatz-I., Re-I.), Vergrößerung (Netto-I.) oder Umgestaltung (Rationalisierungs-I.) der Produktionsanlagen.

Im Mittelpunkt betrieblicher Leistungsprozesse steht die Sach-I., die unterschieden wird in: Gründungs-I. (Erst-I.) als einmaligen I.sakt im Rahmen der Unternehmensgründung; Folge-I. als I., die während der Unernehmensexistenz nach der Gründung getätigt wird; Ersatz-I., die wirtschaftlich oder technisch verbrauchte Betriebsmittel ersetzt; Rationalisierungs-I., die die wirtschaftliche Leistungsfähigkeit erhöhen soll; Erweiterungs-I., die das Leistungspotential erweitert; Sicherungs-I., die zur Sicherung der Beschaffungs- und Absatzmärkte sowie des Fertigungsprozesses dient.

Volkswirtschaftlich wird unterschieden in Brutto-I., dem Wertzuwachs an Sachgütern; Netto-I., die gleich Brutto-I. minus → Abschreibung ist.

Investitionsgüter
Produktionsgüter, langlebige Wirtschaftsgüter (z.B. Maschinen), die ihre Nutzung im Leistungserstellungsprozeß eines Unternehmens abgeben.

Investitionsgüterindustrie
Industriezweige, die Produktionsgüter (→ Investitionsgüter), z.B. Maschinen, herstellen.

Investitionszulage
Zulage, die Steuerpflichtigen für bestimmte → Investitionen gewährt wird. Beispiele für begünstigte Investitionen: Investitionen im Zonenrandgebiet und in anderen förderungsbedürftigen Gebieten, Investitionen für Forschung und Entwicklung, bestimmte Investitionen im Bereich der Energieerzeugung und -verteilung, Investitionen in der Eisen- und Stahlindustrie, Investitionen in Berlin (West).

Investment Banking
1. Entstehungsgründe: Erst seit Beginn der achtziger Jahre tritt der Begriff I. im deutschen Sprachterminus auf.

Dieser aus der US-amerikanischen Finanzwelt stammende Begriff beinhaltet Bankdienstleistungen, die in erster Linie das Wertpapiergeschäft (nationales und internationales Emissions-, Plazierungs- und Handelsgeschäft) umfassen. Diese ursprüngliche Definition ist auf das amerikanische Trennbankensystem zurückzuführen, das seit 1933 eine Trennung in einzelnen Geschäftsbereichen und Funktionen vorsieht (Glass-Steagall-Act). Die strikte Trennung in den USA in Kredit- und Einlagengeschäft (Commercial Banking) und Wertpapiergeschäft (I.) resultiert aus den Erfahrungen des → Börsen-Crashs des Jahres 1929 und den damit verbundenen Bankenzusammenbrüchen zu Beginn der dreißiger Jahre.

Einen weiteren sehr starken Einfluß auf das I. hatte die Entwicklung derivativer Finanzprodukte, die in den siebziger und achtziger Jahren aufgrund der gestiegenen → Volatilität (zunehmende Inflations-, Zins-, und Währungsschwankungen) an den → Geld- und Kapitalmärkten und den damit verbundenen Absicherungsbedarf, entwickelt wurden. Neben den Absicherungsinstrumenten wie → Swaps, Caps, → Floors und → Optionen etc., führte auch die Securitization, d.h. die Verbriefung von Bankkrediten zu einer Ablösung bzw. Substitution von Kreditforderungen hin zu handelbaren Wertpapieren. Konsequenz der Securitization ist, daß die Abgrenzung zwischen Kredit- und Anleihemärkten am → Euromarkt verwischen, folglich die Grenzen zwischen I. und Commercial Banking fast ineinander übergehen.

Aufgrund des ständigen Wandels an den → Geld- und Kapitalmärkten und der damit einhergehenden begrifflichen Erweiterung bzw. Verschiebung des I. ist eine einheitliche Definition und Interpretation kaum möglich. Nichtsdestoweniger läßt sich eine Klassifikation anhand von Aufgaben- bzw. Tätigkeitsfeldern vornehmen.

2. Definition und Abgrenzung: 2.1 I.: Das I. umfaßt das:

- Kundengeschäft, d.h. die → Emission, Verwahrung und Verwaltung sowie den Handel mit Anlagetiteln zur Dekkung des Kapitalbedarfs von Großkunden.
- Eigengeschäft, d.h. → Plazierung und Handel von Wertpapieren im Namen und für Rechnung des eigenen Hauses sowie die Durchführung von Wertpapierpensionsgeschäften.
- Geldmarktgeschäfte, d.h. Handel mit „Zentralbankgeld" mit → Fälligkeiten bis zu einem Jahr. Der Geldmarkt i.e.S. ist ein reiner Interbankenmarkt. → Kreditinstitute agieren hier auf beiden Marktseiten, um entweder Anlagemöglichkeiten für ihre Überschußliquidität zu finden oder Zentralbankgeld zu beschaffen. Darüber hinaus sind hier jedoch auch die Finanzabteilungen großer Industrie-, Handels- und Dienstleistungsunternehmen engagiert (Geldmarkt i.w.S.). Geldmarktprodukte sind neben Privatdiskonten,

→ Euronotes, Euro Commercial Papers und Certificates of Deposit.

- Mergers & Acquisitions

  Mergers & Acquisitions stellt einen Sammelbegriff für alle mit Akquisitionen, → Fusionen, Beteiligungen und ganzen oder teilweisen Unternehmensverkäufen (Divestments) zusammenhängenden Aktivitäten der Unternehmen und ihrer Berater (→ Makler, Banken) dar.

  Bei den möglichen Formen der Übernahme (tender offer) einer Unternehmung ist zu differenzieren nach

  - „freundlicher" Übernahme; nach
  - „unfreundlicher" und
  - „feindlicher" Übernahme (Takeover Bid);

Bei einer freundlichen Übernahme ist das Management des zu verkaufenden Unternehmens mit der Transaktion einverstanden. Unfreundlich ist ein Kaufangebot dann, wenn es von dem Management des zu übernehmenden Unternehmens abgelehnt wird. Als feindlich gilt es immer dann, wenn sich das Management einer börsennotierten Gesellschaft aktiv verteidigt. Takeover Bids können durch Leveraged Buyouts abgewehrt werden. Dieses risikoreiche Instrument des Rückkaufes, als Gegenstück zu Going Public, ermöglicht es dem angegriffenen Unternehmen, sich dem öffentlichen Einfluß zu entziehen (Börsengeschehen und damit verbunden den Aufkauf von Aktienpaketen).

Investmentbanken arbeiten im Gegensatz zu den sog. Maklern im Rahmen einer M & A Transaktion auf Mandatsbasis, d.h. sie beraten und betreuen entweder nur die Käufer- oder Verkäuferseite und erhalten dafür ein Erfolgs- und Zeithonorar. Auch bei deutschen Kreditinstituten bestand seit Mitte der achtziger Jahre die Tendenz, den Unternehmenhandel zu einem eigenständigen Geschäftsbereich auszubauen und in Form von Profit-Centern (Abteilung oder selbständige Tochtergesellschaft) zu führen. Das wachsende Interesse aus Bankensicht ließ sich im wesentlichen auf folgende Faktoren zurückführen:

1. Den eigenkapital- und liquiditätsschonenden Charakter der Vermittlungsgeschäfte.
2. Die Vorteile der Vernetzung mit anderen Geschäftsfeldern, der Bank. Unmittelbare Anknüpfungspunkte im kundenorientierten Bereich können sich zu den Geschäftsfeldern Unternehmensberatung – im Rahmen der Suchfeldanalyse und der späteren Integration des Objektes –, Vermögensverwaltung, Börsengeschäft und Aktienemission sowie zu bankeigenen Kapitalbeteiligungsgesellschaften ergeben.
3. Die Möglichkeiten zur Knüpfung von Kontakten zu Unternehmen, mit denen noch keine Geschäftsbeziehungen bestanden.

Abwicklungsprozeß

Der Ablauf einer M & A Transaktion ist aufgrund der Vielzahl möglicher Einflußfaktoren (gesetzliche Vorschriften, Marktbedingungen, Länderunterschiede) nicht standardisierbar. Doch läßt sich eine logische Abfolge erkennen, die je nach Grad der bisherigen Zusammenarbeit zwischen Bank und Kunde auf unterschiedlichen Stufen beginnen kann.

Beispiel eines Kaufmandates:

Strategie	1	Abstimmung der strategischen Wachstumskriterien, Prioritäten und Vorgehensweisen
Analyse	2	Ausarbeitung von Suchfeld-Analysen; Ermittlung und erste Dokumentation der Kandidaten
	3	Analyse und Gewichtung; vorläufige Bewertung vorrangiger Kandidaten
Kontakt	4	Erster, oft anonymer Kontakt zu Kandida-

Investment Banking

		ten, Abrundung des Informationsstandes
	5	Aufklärung des Veräußerungsinteresses und seine Parameter
Verhandlung	6	Herbeiführung erster konzeptioneller Gespräche zwischen Auftraggeber und den Kandidaten
	7	Unterstützung bei der Strukturierung der Transaktion
	8	Mitwirkung bei Preis- und Vertragsverhandlungen
Abschluß	9	Finanzierung der Transaktionen
	10	Unterstützung des Auftraggebers bis zum Abschluß; fallweise Mitwirkung bei der Integration des Investments

2.2 → Commercial Banking: Hauptsächliche Aufgabe der Commercial Banks als Depositenbanken ist das kurz- und mittelfristige Einlagen- und Kreditgeschäft, der Geld- und Devisenhandel sowie der Zahlungsverkehr.

2.3 Trust Banking: Trust Banking umfaßt sämtliche Aktivitäten zwischen dem Kreditinstitut und dem → Investor (Privatanleger und Institutionelle Anleger). Sie beraten und betreuen Anleger auf Basis der Fundamental-, Markt-, und Technischen Analyse in allen Fragen der Geldanlage (Informationsfunktion). Managen im Rahmen der Vermögensverwaltung die Depots (Verwaltungsfunktion) und setzen derivative Finanzinstrumente wie z.B. Optionen, → Futures zur Performancesteigerung bzw. → sicherung ein (Spekulations- und Hedgingfunktion).

3. Erläuterung einiger Begriffe aus dem I.:

Cap (Zinsdeckel):

Höchstzinssatz bei variabel verzinslichen Anleihen, bis zu welchem die Zinsen jeweils der Marktlage angepaßt werden können. Durch dieses Instrument wälzt der Emittent das Risiko steigender Zinsen auf den Investor ab.

Collar:

Bei variabel verzinslichen Anleihen die jeweils obere und untere Zinsmarke. Ein Collar ist der gleichzeitige Erwerb eines Cap und Verkauf eines Floor.

Floor:

Der Floor ist das Gegenstück zum Cap und sichert ein bestimmtes Zinsniveau auf der Anlageseite ab. Ein Floor sichert variable verzinsliche Aktiva gegen das damit verbundene Risiko einer sinkenden → Rendite. Durch den Floor wird eine Mindestrendite festgeschrieben, die um den Betrag der Versicherungsprämie gemindert wird.

Commercial Papers (CPL's):

Ungesicherte Schuldtitel der Banken und Unternehmen erstklassiger Bonität. Sie werden mit einem → Discount (Abschlag = Zins) gehandelt und haben Laufzeiten bis zu 270 Tagen.

Einlagenzertifikate (Certificates of Deposits)

Handelbare Geldmarktpapiere von Banken mit → Laufzeiten zwischen 30 Tagen und 4 Jahren. Im Prinzip sind Einlagenzertifikate verbriefte → Termineinlagen bei Banken. Sie werden entweder als Discount Paper oder mit einem → Kupon ausgestattet. Einlagenzertifikate werden häufig auch als → Floater emittiert. Der Vorteil von Einlagenzertifikaten gegenüber herkömmlichen Termineinlagen liegt in der Handelbarkeit.

Euronotes/Euro-Commercial-Paper:

Kurzfristige bis zu 365 Tagen laufende Inhaberschuldverschreibungen auf diskontierter oder Kuponbasis. Der Emittent ist verpflichtet, dem Inhaber des Papiers am Fälligkeitstag den verbrieften → Nennwert zu zahlen. Als Euronotes bezeichnet man jene Papiere, welche über ein Bietungsverfahren im Markt plaziert werden. Der häufiger genannte

Begriff Euro-Commercial-Paper (EC-PO's) bezeichnet jene Papiere, welche zwar auch direkt vom Emittenten ausgegeben werden, aber i.d.R. über eine vorher festgelegte Anzahl von ECP-Händlern plaziert werden.

Swap:

Allgemeine Bezeichnung für ein Tauschgeschäft auf eine im voraus bestimmte Laufzeit von Finanzprodukten. Diese können sein: Zinsen, Währungen oder auch Edelmetalle. Bei Swap-Transaktionen werden zunehmend Zahlungsströme gegeneinander ausgetauscht, um Währungs- und Zinsrisiken auszuschalten oder zu begrenzen. Swaps werden nicht börslich gehandelt, sondern individuell vereinbart und vorrangig über Kreditinstitute angeboten. Von Banken werden Swap-Geschäfte als Eigen- bzw. Positionshandel, als Dienstleistung für Kunden oder im Rahmen des Aktiv/Passivmanagements, getätigt.

LBO:

Erwerb einer Gesellschaft, dessen Ergebnis ein besonders hoher Verschuldungsgrad ist. Der Kauf erfolgt hauptsächlich (fast) ohne Eigenmittel, die Aktiva des oft unterbewerteten Übernahmeobjektes dienen als primäre Sicherheit. Ziel dieser Strategie ist die Ausnutzung des sog. Leverage-Effektes, d.h. die Erhöhung der → Eigenkapitalrendite unter der Prämisse, daß die Gesamtkapitalrendite den Fremdkapitalzins übersteigt.

Management-Buy-Out (MBO):

Der Begriff MBO bezeichnet den Kauf oder die Übernahme einer Unternehmung durch das eigene Management und/oder leitende Angestellte.

Management Buy-In (MBI):

Ist der Kauf eines Unternehmens durch von außen kommende Manager, die das Unternehmen auf eigene Rechnung weiterführen.

Spin-Off:

Bezeichnet die Veräußerung eines Unternehmensteiles ungeachtet der Rechtsform, die die einer juristischen unselbständigen Abteilung (Division) oder auch einer selbständigen Tochtergesellschaft sein kann. Spin-Off ist ein zentrales Instrument des Corporate Restructuring, um vom Markt als ineffizient betrachtete, hochdiversifizierte Konglomerate zu entflechten. Auch können kartellrechtliche Auflagen Spin-Off Aktivitäten notwendig machen.

4. Gegenwärtige Situation und Ausblick: Nach Jahren hoher weltweiter Wachstumsraten im Geschäftsbereich I. zeichnet sich nunmehr seit einigen Jahren eine → Konsolidierung ab. Bedingt durch die hohe Zahl der Geschäftsbanken mit I. als Leistungsspektrum und geänderter bzw. konjunkturellbedingt geringerer Nachfrage, sinken die Ertragsmargen auf den internationalen Märkten. Die neuen → Finanzierungsinstrumente (im Rahmen der sog. „securitization") führten und führen zu einer „Aufweichung" der bisherigen Geschäftsbeziehungen zwischen Kreditinstituten und den Firmenkunden, da jetzt eine unmittelbare Finanzbeziehung zwischen Geldnehmer und Geldanleger hergestellt wurde. Die eigentlich den Banken vorbehaltene Aufgabe der Betrags-, Risiko und Fristentransformation wird hierdurch auf die Investoren und Schuldner übertragen.

Wie in vielen Marktsegmenten wird es auch hier zu einem Konzentrationsprozeß (Strategische Allianzen u. Partnerschaften) kommen, auf den nur ca. zwanzig Institute (Global Player) aktiv sind. Die gegenwärtige Entwicklung allein in der Bundesrepublik Deutschland bestätigt diesen Trend, eine Reihe von Großbanken ziehen sich aus einigen Bereichen des I. zurück, andere wiederum streben eine Vernetzung mit anderen ausländischen Partnern an.

In den USA gibt es Forderungen nicht nur seitens der Bankenvertretern sondern auch politische Kräfte (Senat), durch → Deregulierungsmaßnahmen das veraltete Trennbankensystem aufzuheben, um amerikanische Banken international wettbewerbsfähiger zu machen. Ähnliche Tendenzen sind für den japanischen Bankenmarkt zu beobachten. Das deutsche Universalbankenprinzip erweist sich in der gegenwärtigen Phase als strategisch richtiges Konzept.

Die weiter zunehmende Verbriefung und die Entwicklung weiterer → Finanzinnovationen werden auch weiterhin, wenn auch auf bereinigtem Niveau, den Bereich I. zu einem bedeutenden Geschäftsbereich machen.

Lit.: Bringmann, R.; Krag, J.: Mergers & Acquisitions im bankbetrieblichen Leistungsprozeß, in: Die Bank (1990), S. 69–74; Bühler, W.: Kreditbankprinzip contra Investment Banking?, in: Die Bank (1988), S. 129ff.; Caytas, I.; Mahari, J. J.: Im Banne des Investment Banking: Fusionen und Übernahmen überleben den Crash '87, Stuttgart 1988; Rudolph, B.; Krümmel, H. J. (Hrsg.): Bankmanagement für neue Märkte, Frankfurt 1987; Schierenbeck, H.; Hölscher, R.: Bank Assurance, Stuttgart, 1992.

R. Bringmann, Bad Camberg

Investmentfonds

Die Idee der I. entstand bereits Mitte des vorigen Jahrhunderts in England. Erst ein halbes Jahrhundert später fand der Gedanke mit geringen Kapitalbeträgen eine breit diversifizierte → Kapitalanlage bzw. → Investition zu ermöglichen auch in Kontinentaleuropa Anklang, und zwar in den Niederlanden und der Schweiz. Im Jahr 1949 erkannten dann auch deutsche Banken den Wert der I. und gründeten die erste → Kapitalanlagegesellschaft (KAG). Dies ist Voraussetzung für die Auflegung von I. Heute können Fondsanteile einiger hundert I. an jedem Bankschalter in der Bundesrepublik erworben werden.

Formaljuristisch erwirbt der Käufer von deutschen Investmentzertifikaten einen Miteigentumsanteil zu Bruchteilen (entsprechend der Stückzahl) am Fondsvermögen, nicht aber an der KAG. Das Fondsvermögen setzt sich wiederum aus den von der Kapitalanlagegesellschaft erworbenen einzelnen → Aktien, → Anleihen, → Optionsscheinen, Bankguthaben, etc. – im Sinne der Risikostreuung – zusammen. Dies ist wesentliche Voraussetzung für die Existenz von I.; es gilt einen angemessenen Ertrag bei größtmöglicher Sicherheit zu erwirtschaften. Gewährleistet wird dies zum einen durch die Konstruktion der → Fonds als solches, aber insbesondere durch die strenge gesetzliche Regelung im Gesetz über Kapitalanlagegesellschaften (KAGG).

Die Grundidee bei I. ist also das Prinzip der Risikostreuung, was gerade bei Kleinanlegern von wesentlicher Bedeutung ist. Daraus läßt sich die „Urform" der I. ableiten, der sogenannte „gemischte Fonds", der in börsengängigen nationalen und/oder internationalen Aktien, → Renten oder Kasse investiert ist. Die breite Streuung minimiert das Risiko. Bei dieser wie auch anderen Fondsarten, die noch erwähnt werden sollen, hat der Anleger neben der Chance auf einen steigenden Anteilspreis natürlich auch Anspruch auf Ausschüttung erwirtschafteter Erträge. Der Fonds kann jedoch auch eine Wiederanlage zum Anteilwert vorsehen, man spricht dann von → Thesaurierung. Es ergibt sich somit eine Art Zinses-Zinseffekt, wie dies auch bei kumulierten Zinsen auf dem Sparbuch der Fall ist.

In diesem Zusammenhang soll nicht unerwähnt bleiben, daß zwei Preise bei Investmentzertifikaten zu unterscheiden sind. Der sogenannte Rücknahmepreis oder Anteilwert wird ermittelt aus: gesamtes Fondsvermögen (Wertpapiere und → Liquidität) geteilt durch die Anzahl der Anteile. Der Kauf wiederum erfolgt zum Ausgabepreis, d.h. auf den Rücknahmepreis wird ein Aufschlag (z.B. 5% bei Aktienfonds) erhoben, der die Kosten des Vertriebes der Fondsanteile decken soll. Beide Preise – Ausgabe- und Rücknahmepreis – können i.d.R. in allen großen Tageszeitungen verfolgt werden.

Der Blick in die Zeitung (insbesondere Wirtschaftszeitungen/-magazine) mag jedoch zunächst verwirrend erscheinen. Denn im Laufe der Jahre haben sich eine Vielzahl von Fondsarten entwickelt. So lassen sich zunächst nach ihren Vermögenswerten Wertpapierfonds und → Immobilienfonds unterscheiden. Da bereits die Wertpapierfonds ein reges Eigenleben entwickelt haben, sollen die Immobilienfonds hier unberücksichtigt bleiben. Neben den gemischten Fonds unterscheiden wir reine → Aktienfonds, reine → Rentenfonds (→ festverzinsliche Wertpapiere) und Geldmarktfonds (festverzinslich, kurze → Restlaufzeit, geringe Kursschwankungen) jeweils national und/oder international ausgerichtet. Darüberhinaus als jüngste Entwicklung Branchen-Fonds (Schwerpunkt z.B. Banken), Länderfonds (z.B. Iberia, BeNe-Lux, etc.), Spezialitätenfonds (z.B. Biotechnologie, Umwelt, etc.), sogenannte Far-East oder generell Emerging-Markets-Funds (Asien, Latein-Amerika, Osteuropa). Gerade die letztgenannten Fonds lassen erkennen, daß hier durch Selektion nach Einzelkriterien und deren vollständiger Gewichtung im Fonds sich insgesamt ein höhereres → Risiko aufbaut. Daher sollte auch jeder Anleger erkennen, daß es heute eine Reihe von Fonds gibt, die von dem ursprünglichen Ansatz der Risikominimierung abgerückt sind. Zwar ist das Risiko z.B. in einem Far-East-Fonds grundsätzlich geringer als eine Direktanlage in den entsprechenden Ländern (z.B. China), aber ein solcher Fonds zeichnet sich i.d.R. durch eine wesentlich höhere → Volatilität (Schwankungsbreite) aus, als z.B. ein deutscher Rentenfonds.

Ein guter Bankberater sollte diese Chancen und Risiken erkennen können und entsprechend der individuellen Situation des Anlegers eine Anlage in risikoaverseren oder risikoreicheren Investmentanlagen vornehmen. Unter diesen Prämissen stellt der I. eine ideale und kostengünstige Basisanlage dar.

Strukturen im deutschen Investmentmarkt: Die Entwicklung am Investmentmarkt wird durch das abgestimmte Verhalten der Kapitalanlagegesellschaften (KAGs) im Rahmen ihrer Zusammenarbeit innerhalb des Bundesverbandes Deutscher Investmentgesellschaften e.V. (BVI) gefördert. Dort wird ein Großteil konzeptioneller Grundsatzarbeit geleistet, da hierzu meistens in den einzelnen Kapitalanlagegesellschaften keine personellen Ressourcen vorhanden sind. Das bedeutet konkret, daß gesellschaftsübergreifende Öffentlichkeitsarbeit geleistet wird, der Kontakt zu Bundesgremien und europäischen Institutionen gepflegt wird, Anlegerinteressen und die der Mitgliedsgesellschaften vertreten werden und zudem der Kontakt zu Investment-Vereinigungen anderer Länder aufrecht erhalten wird.

Darüber hinaus gibt der BVI ein Investment-Jahrbuch heraus, in dem jeweils aktuelle Daten, Fakten und Entwicklungen veröffentlicht werden. Eine weitere wichtige Aufgabe des BVI ist es, monatlich die Wertentwicklungsdaten der von BVI-Mitgliedsgesellschaften aufgelegten Publikumsfonds zu sammeln und zu veröffentlichen, welche wiederum Datenbasis für die Fachpresse sind. Der Anleger erhält aufgrund der einheitlichen Berechnungsbasis eine objektive Entscheidungshilfe für seine Anlage. Dies ist bei in Deutschland vertriebenen Auslandsfonds – außerhalb des BVI – nicht immer gewährleistet. In unserer eigenen Studie zum Publikumsfondsmarkt in Deutschland konnte in diesem Zusammenhang festgestellt werden, daß gerade bei ausländischen Fondsgesellschaften das oftmals höhere Risiko aufgrund geringer gesetzlicher Restriktionen im Kreis der Befragten (61%) klar erkannt wurde. Dies dürfte auch ein entscheidender Grund dafür sein, daß diese Investmentgesellschaften bis jetzt, trotz intensiver Werbung und gut organisiertem Vertrieb, keine großen Marktanteile erlangen konnten.

Marktentwicklung/Zahlen: Lange Jahre war in Deutschland die Anlage in I. hinter den Entwicklungen in Ländern wie Frankreich, England und den USA

I.vermögen pro Kopf der Bevölkerung zum Jahresende 1992 in DM

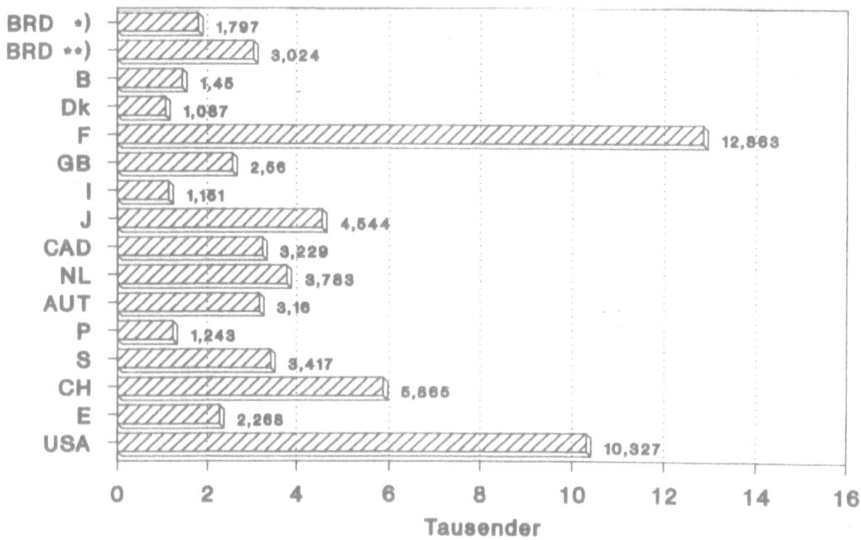

*) ohne luxemburger Töchter deutscher Provenienz
**) inkl. luxemburger Töchter deutscher Provenienz
(Quelle: BVI-Jahrbuch Investment '93)

zurückgeblieben (siehe Grafik). Seit Beginn der 80er Jahre ist ein positiver Trend zu verzeichnen und insbesondere das Jahr 1992 brachte einen Mittelzufluß wie nie zuvor. Der Nettozufluß betrug mit DM 62,7 Mrd. ca. ein Viertel der gesamten Geldvermögensbildung der privaten Haushalte in der Bundesrepublik. Von 1980 bis heute hat sich die Anzahl der Kapitalanlagegesellschaften mehr als verdoppelt (1980 = 28 KAGs; 1993 = 60 KAGs). Die fünf größten Gesellschaften hatten im 2. Quartal 1993 in Deutschland einen Marktanteil von 85,6% (inkl. luxemb. Fonds deutscher Provenienz). Dies resultiert im Wesentlichen aus dem überdurchschnittlichem Absatzerfolg dieser fünf Fondsgesellschaften und ihrer luxemburger Fonds mit einem Marktanteil in Luxemburg in Höhe von 92,8% bzw. DM 96,2 Mrd. Grund für diese Entwicklung ist größtenteils die seit 1992 existierende Zinsabschlagsteuer, die in Höhe von 30% auf vereinnahmte Zinserträge zu zahlen ist.

Dies bedeutet einen enormen Standortnachteil für die Bundesrepublik, sodaß allein 1992 rund DM 40 Mrd. in luxemburger Fonds deutscher Provenienz flossen. Dieser Trend hält auch im laufenden Jahr 1993 an. Durch den Standortvorteil in Luxemburg war es zahlreichen Kapitalanlagegesellschaften möglich dort neue, innovative Fondsprodukte aufzulegen.

Andere Kapitalanlagegesellschaften, die diesen Weg nicht gegangen sind, mußten den Vertrieb bereits existenter innovativer Produkte in Deutschland forcieren, bzw. neue Produkte schaffen, die den strengen Anforderungen des Bundesaufsichtsamtes für das Kreditwesen (BAK) entsprechen.

Für Banken und Ihre Investmentgesellschaften bedeutete es u.a. Spezialitätenfonds (mit spezifischen Anlageschwerpunkten) wie z.B. Umwelt-, Ethik- und Technologiefonds nach deutschem Recht verstärkt in den Vordergrund zu stellen.

Gerade im Zuge einer immer stärkeren Sensibilisierung der Verbraucher für ethische, moralische und auch ökologische Produkte, ist der Schritt einiger weniger Kapitalanlagegesellschaften zu verstehen solche Fonds ins Leben zu rufen.

Grundsätzlich sind Ethik und Moral natürlich Wertbegriffe, die von starker Subjektivität geprägt sind. Anders ist es mit dem Begriff der Ökologie, der ja auch mittlerweile unter dem Oberbegriff Umwelt die wirtschaftlichen Grundstatuten („Magisches Viereck"/§ 1 Stabilitätsgesetz) ergänzt hat und somit eine feste, bestimmbare Größe darstellt.

Beispielsweise der älteste und einzige deutsche Umwelttechnologie Fonds existiert seit 1989 und investiert in Unternehmen, die mindestens 50% des Umsatzes bzw. des Ertrages im Umweltbereich tätigen. Der größte Teil des Fondsvermögens ist in diesem Fall in den USA investiert, da dort eine Vielzahl börsennotierter Gesellschaften verfügbar sind. Anders ist es z.B. in Deutschland, wo es nur wenige reine Umweltaktien an der Börse gibt. Die bereits börsennotierten Aktiengesellschaften müssen von den Portfolio-Managern sehr stark „durchleuchtet" werden, ob sie dem Anspruch, mindestens 50% des Ertrages und/oder des Umsatzes im Umweltbereich zu tätigen, gerecht werden. Daß die Idee des Umweltfonds richtig ist zeigt sich daran, daß weitere Umweltfonds auch in Luxemburg aufgelegt wurden. Diese stehen jedoch nicht unter der Aufsicht des deutchen Bundesaufsichtsamtes für das Kreditwesen (BAK).

Kapitalanlagegesellschaften die nicht den Schritt nach Luxemburg vollzogen haben, sind wie bereits erwähnt, darauf angewiesen, entsprechend attraktive Produkte in Deutschland zu entwickeln. Seit Herbst 1993 gibt es am deutschen Investmentmarkt ein bisher konkurrenzloses Fonds-Produkt, das nach der Balanced Portfolio-Systematik eine Alternative zu einem Benchmark-Fonds bietet. Unter Benchmark versteht man die Zielvorgabe, die sich ein Portfolio-Manager z.B. in Form eines bestimmten Börsen-Index setzt und zu dem er sich relativ besser zu entwickeln versucht. Der Balanced-Fonds ist hingegen darauf ausgelegt unter Anwendung modernster quantitativer (computergestützter) Methoden in einem dynamischen Gewichtsprozeß in internationale Aktien, → Renten und Kasse (kasseäquivalente) zu investieren. Der Anspruch hierbei ist, auch unter kurzfristigen Zeitaspekten absolute positive Returns (Erträge) zu liefern. Denn ein Anleger, der zwar einen Anlagehorizont von 5 Jahren vorsieht, was einen durchaus optimalen Mindestanlagezeitraum darstellt, denkt bei der → Rendite letztendlich doch in 12 Monatszeiträumen. Beim Balanced Portfolio wird dies berücksichtigt, so daß mit hoher Wahrscheinlichkeit keine negativen 12-Monats-Renditen zu erwarten sind. In Backtests (historische Kalkulationen) konnten in den letzten 15 Jahren nur positive Jahresrenditen mit einer durchschnittlichen Rendite von +12,5% erzielt werden. Ein weiterer Vorteil dieses Produkts ist, daß die Asset Allocation (Vermögensstrukturierung) nicht nach subjektiven Kriterien erfolgt, sondern sich auf verläßliche Computermodelle stützt.

Gerade die Investment-Szene wird in den nächsten Jahren einer immer ausgeprägteren Technisierung unterliegen, die sogar Computer/Software erwarten läßt, die durch den Einsatz neuronaler Netze logische Entscheidungsprozesse und Lernfähigkeit ermöglichen. Dennoch bleibt der Mensch bei der Balanced-Portfolio-Systematik letztendlich das kontrollierende Element. So entscheidet der Portfolio-Manager im Rahmen der Bond-/Stock-Selection (Einzelwerteauswahl) in welche Wertpapiere investiert wird, basierend auf den Ergebnissen der quantitativen Analyse, welche die Länderallokation (-auswahl) und Gewichtung in internationale Aktien, Renten und Kasse vorgibt.

I. im Sinne des Balanced Portfolio werden die Zukunft der deutschen Investmentlandschaft entsprechend mitprägen. Denn was bisher für institutionelle Anleger gilt, sollte in jedem Fall für Publikumsfonds nur recht und billig sein. Dies ist eine Möglichkeit den enormen Kapitalabflüssen in „Steuerparadiese" entgegenzuwirken.

Fondspolitik Inland: Fairerweise muß jedoch betont werden, daß luxemburger Fonds nicht nur besonders attraktiv sind, weil sich durch die nicht vorhandene Zinsabschlagsteuer (ZaSt) ein Liquiditätsvorteil für die Anleger ergibt, sondern in Deutschland durch die strengen Vorgaben des Gesetzes über Kapitalanlagegesellschaften (KAGG) einige Anlagerestriktionen bestehen, die sich letztlich nachteilig auf die Performance auswirken und die Kreativität hinsichtlich neuer Fondsprodukte einschränken. Zwar werden einige Nachteile durch die KAGG-Novelle 1994 abgebaut, aber Möglichkeiten wie Cross-Currency-Hedging (z.Zt. ist z.B. eine Sicherung des französischen Francs durch das britische Pfund nur über die DM möglich, jedoch nicht direkt zwischen Francs und Pfund → u.a. höhere Transaktionskosten) oder Leerverkäufe sind weiterhin nicht gegeben. Auch der Kauf/Verkauf von Optionen und Futures - ohne Begrenzung -, über den reinen Absicherungszweck hinaus, wird erst in einer weiteren Stufe der KAGG-Novelle realisiert sein. In der ersten Stufe der Novelle des KAGG wird zunächst die Zulassung von Wertpapierfonds zur unbefristeten Wertpapierleihe vorgesehen. Dadurch wird den Investmentgesellschaften die Möglichkeit gegeben, Zusatzerträge durch das Verleihen von Wertpapierbeständen zu erzielen, bzw. Lieferengpässe bei Wertpapiergeschäften zwischen den Kontrahenten (Käufer ↔ Verkäufer) zu vermeiden. Dies ist jedoch nur ein kleiner Teil des vom BVI geforderten Maßnahmenkatalogs zur Steigerung der Attraktivität des deutschen Investmentstandorts. Weitere Anregungen des BVI werden erst in späteren Novellierungen des Kapitalanlagegesetzes berücksichtigt, da zur Zeit die umfangreiche Reform des Börsengesetzes bei den Aufsichtsbehörden Priorität besitzt.

Anlegerverhalten/Trends: Die vorgenannten Punkte werden jedoch die steigende Attraktivität der I. mittelfristig nicht aufhalten können. Denn das verstärkte Renditebewußtsein in der Bevölkerung, bei gleichzeitigem Sicherheitserfordernis der Anlage, führt als logische Konsequenz zur Investmentanlage. Auch demographische Veränderungen in Deutschland (u.a. Erbengeneration → Steigende Risikobereitschaft) stärken den Trend zur Aktien- und Rentenanlage. Da eine Direktanlage bei mittleren Anlagevolumen i.d.R. wegen der Bankgebühren unrentabel ist, werden auch hier verstärkt Anlagen in I. erfolgen.

Weitere wesentliche Trends, die das Anlageverhalten bestimmen, sind:

- starkes Wachstum des Wohlstandes bzw. des Geldvermögens (z.Zt. ca. DM 3.700 Mio.)
- Umschichtung der Spareinlagen zu Gunsten rentierlicherer Anlagen
- höhere Gewichtung des Steueraspekts
- Veränderung der Alterspyramide
- Erbengeneration

Daher ist auch das starke Wachstum des in Publikumsfonds verwalteten Vermögen zu erklären, das seit 1980 ca. 15% p.a. betrug. In Deutschland sind 90% der in Fonds investierten Gelder in Rentenfonds angelegt und nur 9% in Aktienfonds. Dies verdeutlicht die in Deutschland vorherrschende Risikoaversion der Anleger.

Außerdem wird neben der zunehmenden Fonds-Anlage durch eine steigende Anzahl bankenabhängiger und -unabhängiger Vermittler und Vermögensverwalter mit innovativen Fondskonzeptionen (Fund of Fund-Konzeptionen) auch die Zahl sogenannter Koppelprodukte (wie z.B. die fondsgebundene Lebensversicherung) zunehmen. Aus unserer bereits erwähnten eigenen Marktuntersuchung ging hervor, daß der Anleger bei I. vorallem das professionelle Management und die Risikostreuung schätzt, andererseits hohe Kosten und mangelnde Transparenz bei der Anlagepolitik als negativ angesehen werden. Von allen Befragten hielten 60 % bzw. 70% Sparplan und Direktanlage in Fonds für wichtig.

Das Fondsswitching durch externe Verwalter wurde mit 55% an dritter Stelle genannt. Insgesamt förderte die Studie zutage, daß das Image der Publikumsfonds besser ist, als dies häufig in der Öffentlichkeit verbreitet wird. Außerdem wurde deutlich, daß die Anleger ein hohes Informationsbedürfnis haben und eine quartalsweise Berichterstattung hinsichtlich Performance und Anlagepolitik wünschen. Die Möglichkeit für Arbeitnehmer im Rahmen des 5. Vermögensbildungsgesetzes in Produktivkapital zu investieren führte bis jetzt zu einem Fondsvolumen von ca. 2,5 Mrd. DM und wird – die staatliche Förderung vorausgesetzt – auch zukünftig expandieren. So daß davon ausgegangen werden kann, daß in den nächsten Jahren der Anteil der Investmentfonds in Höhe von derzeit 6% des Gesamtvermögens der Bundesbürger (von derzeit ca. 3.700 Mrd. DM) mindestens verdoppelt werden kann.

Mit dem veränderten Anlegerverhalten haben sich eine Vielzahl von Zeitschriften entwickelt welche die Thematik der I. und des Börsengeschehens aufgreifen. Insbesondere das Börsenlexikon von Alfred B. J. Siebers sollte eine zusätzliche Entscheidungshilfe für den Börsenprofi und -Amateur sein und Anlageformen wie I. zu einer gerechtfertigten Marktstellung verhelfen; wie dies in vergangenen Jahren beim Sparbuch aufgrund der Mentabilität deutscher Anleger ungerechtfertigter Weise der Fall war. Die Prämissen *Rentabilität, Sicherheit* und *Verfügbarkeit* sind gegenüber anderen Sparformen bei der Investmentanlage optimal verwirklicht.

Lit.: Laux, Dr. M.; Päsler, R. H.: BVI, Investment '93 – Daten, Fakten, Entwicklungen; Graf Kesselstatt; Hammel, K. H.; Schrieber, Th.: EUROINVEST-Publikumsfondsprojekt '93; Luley, M.; Bayer, K. G.: BIL Frankfurt, Risk & Reward 4/92.

J. Olbermann und
T. Schrieber, Frankfurt/M.

Investmentgesellschaft
→ Kapitalanlagegesellschaft.

Investmentsparen
Der Sparer schließt einen Sparplan über eine bestimmte Sparsumme ab und verpflichtet sich zu regelmäßigen Zahlungen an die → Investmentgesellschaft, die die Beträge in Anteilen oder Bruchteilen davon anlegt. Auf diese Weise kommt der Sparer zu einem günstigen Durchschnittseinstandspreis, da bei hohem Preis relativ weniger Anteile erworben werden, und umgekehrt. Die Sparpläne ausländischer Gesellschaften arbeiten vielfach mit Vorabzug von → Spesen, d.h. die Kosten für den gesamten Sparplan werden überwiegend im ersten Jahr der → Laufzeit belastet, so daß nur etwa die Hälfte der Monatsraten in Anteilen angelegt werden kann. Bei den Sparplänen der deutschen Investmentgesellschaften werden die Kosten meist gleichmäßig auf die gesamte Laufzeit des Sparplans verteilt. Dies hat für den Sparer den Vorteil, daß von Anfang an gleich hohe Beträge in die Substanz gehen.

Investmentzertifikate
Wertpapiere, in denen die Eigentumsrechte am Vermögen eines → Investmentfonds verbrieft sind. I. lauten auf eine quotenmäßige Beteiligung am Fondsvermögen. Der Wert der I. bemißt sich nach dem Nettowert des Fondsvermö-

gens dividiert durch die Anzahl der umlaufenden Anteile und wird in der Regel von den → Investmentgesellschaften börsentäglich ermittelt und veröffentlicht.

Investor

Anleger, Kapitalanleger; jemand, der Sparkapital (längerfristig) in Wertpapieren oder sonstigen → Kapitalanlagen anlegt (investiert).

Investor Relations

IR – das Verhalten von Unternehmen am → Kapitalmarkt, d.h. von bereits börsennotierten Unternehmen oder solchen, die dies als Neuemission in absehbarer Zeit anstreben. Die Rolle von IR ist die Unterstützung des Managements, um effektiv und effizient Kapital im → Primärmarkt, also im Kapitalmarkt in der Zukunft, zu generieren und die Stellung auch im → Sekundärmarkt, also in der Gegenwart, zu halten.

Man muß kommunizieren. Die Kommunikation hat bestimmte Ziele. Neben dem Pflichtteil hat das Unternehmen auch die Möglichkeit zur → Kür, was bisher hierzulande noch nicht so häufig anzutreffen ist. Hier ist neben dem Hauptziel der Unternehmensbewertung, das den Eigentümer des Unternehmens – also den Aktionär – interessiert, das Nebenziel Unternehmensimage wichtig. Die auf den Kapitalmarkt ausgerichtete Informationspolitik muß (inter-)national sein sowie jederzeit und kontinuierlich erfolgen.

Das Ziel ist eine optimale Finanzierung, sowohl auf der → Eigenkapital- als auch auf der → Fremdkapitalseite. Die Zielgruppe ist folglich nicht nur der Aktionär, sondern auch der → Obligationär, auch wenn dies durch den in Deutschland nahezu nicht entwickelten Markt für → Industrieanleihen nur in abgeschwächter Form gilt. Im weiteren wird immer wieder vom Aktionär als Platzhalter für die Zielgruppe von IR gesprochen, wobei der Obligationär nicht aus dem Auge verloren wird.

Die Definition „ABC von Investor Relations" ist nur eine, wenn auch griffige Definition für den Begriff und seine Bedeutung in Deutschland. Das „Copyright" des Begriffes IR liegt bei dem US-Unternehmen General Electric, das bereits 1953 ein Kommunikationsprogramm speziell für private Investoren mit dem Titel „investor relations" erstellte. Danach wurde es in den 60er Jahren in den USA als Marketinginstrument größtenteils mißbraucht, da damit → Aktien gepuscht wurden. In Deutschland ist die erste belegte Fundstelle eine Dissertation an der Uni München zu diesem Thema von Hanno K. Hartmann im Jahr 1967.

Durch die weitere Entwicklung von IR in den USA, die aber wegen der noch unterschiedlichen Rahmenbedingungen (rechtlich, steuerlich, mental) nicht 1:1 nach Deutschland übertragen werden sollten, wird hier auf die Definition des weltgrößten Landesverbandes für IR, der NIRI (National Investor Relations Institute, Washington) verwiesen: „IR is a corporate marketing activity combining disciplines of communication and finance, providing present and potential investors with an accurate portrayal of a company's performance and prospects. Conducted effectively, IR can have a positive impact on a company's total value relative to that of the overall market and a company's cost of capital."

Die IRS (Investor Relations Society, London) ist in dem schon fortgeschrittenen Kapitalmarkt Großbritannien weit entwickelt. Der IR-Verband definiert: „Creating an understanding of the value of a business among diverse groups of institutional and private investors, analysts and commentators, with particular emphasis on the ability of management to mould operations for future success, is the business known as IR."

ABC von Investor Relations

Aktien

↓

Rechtliche Vorgaben sind nur ein Teil für das operative und strategische Verhalten am Kapitalmarkt und die damit zusammenhängende Informationspolitik. Diese und zusätzlich freiwillig bereitgestellte Informationen haben bei einem (schon oder später) börsennotierten Unternehmen schließlich erheblichen Einfluß auf die

Bewertung
↓
Das Hauptziel von Investor Relations ist, eine nachhaltige Unternehmensbewertung zu erreichen, die fair das gegenwärtige Geschäft und zukünftige Wachstumsmöglichkeiten reflektiert. Sie soll beispielsweise ein positives Umfeld für zukünftige Kapitalerhöhungen, Neuemissionen oder Akquisitionen geschaffen werden.

Creativ
↓
Durch Kommunikation der Unternehmensidentität wird ein Unternehmensimage geschaffen. Erstens, um etwa die Aktionärsstruktur durch eine festere Bindung an das Unternehmen zu stärken. Folge: niedrigere Kapitalbeschaffungskosten. Zweitens, um etwa den Marktwert des Unternehmens durch eine Erhöhung des Kurs/Gewinn-Verhältnisses zu steigern. Folge: Schaffung von → *shareholder value* und eine Abwehrmaßnahme gegen Übernahmeversuche.

Abb.: Definition von IR (Quelle: IR AG)

Warum ist IR nun heute notwendiger denn je bzw. überhaupt erst nötig? Die Rahmenbedingungen ändern sich nicht nur kontinuierlich, sondern es ist in den letzten Jahren ein fundamentaler Wandel auf dem Kapitalmarkt festzustellen, der Auswirkungen auf die Gegenwart und besonders auf die Zukunft hat. Die Quintessenz ist: Nicht nur die Zunahme der institutionellen Investoren und die Stagnation bzw. Abnahme der Privatinvestoren, sowie der tendenziell steigende Anteil von Ausländern in Deutschland ist entscheidend, sondern auch und speziell die Kapitalknappheit in den 90er Jahren.

Diese Thesen scheinen auf den ersten Blick nicht einleuchtend, steht doch überall zu lesen, daß das einzige Jahrzehnt Erben und Milliarden → Liquidität bringt. Betrachtet man aber die weltweite Entwicklung, so wird es verständlicher.

Kapitalflüsse sind heute nahezu grenzenlos. Die Jahre der Kapitalkontrollen sind schon lange gezählt (freien Kapitalfluß gab es aber auch schon in den 20er Jahren). International spricht man vom „traveling capital". Die Migration der Kapitalflüsse von Land zu Land, von Volkswirtschaft zu Volkswirtschaft. Durch die → Fungibilität, d.h. durch die fast jederzeitige Möglichkeit der Liquidierung der Finanzanlagen, sucht das Kapital die weltweit renditeträchtigste Anlageform. Die ist derzeit leider nicht immer im deutschsprachigen Raum zu erzielen. Osteuropa und Asien, allen voran China, saugen neues Kapital an. Hierzulande merkt man schon die ersten Anzeichen bei den Banken. Diese müssen ihre Eigenmittel durch die verschärften internationalen Eigenkapitalrichtlinien seit Jahren und auch in der Zukunft weiter hochfahren. Die Plazierung der Kapitalerhöhungen und die Aufnahmebereitschaft von anderen Instrumenten, wie etwa → Genußscheinen, wird zunehmend schwieriger und ist auch nicht mehr am heimischen Kapitalmarkt allein möglich.

Die Epoche der „roaring 80s" war, nach den 70er Jahren als Zeitalter der privaten Anleger, nicht nur in den USA das Zeitalter der institutionellen und immer internationaler werdenden Anleger. Dieser Trend setzt sich in den 90er Jahren verstärkt weltweit fort. Denken wir etwa hierzulande an die Bankenpolitik, die Privatanleger durch hohe Gebühren immer mehr in ihre eigenen Fonds zu drängen. Das ist auch ein Teil der Institutionalisierung. Es stellen sich auch neue Anforderungen an die (schon oder vielleicht schon bald) kommunizierenden Unternehmen durch die schnellere Informationsverarbeitung und die professionelle Verwaltung der Anlegergelder sowie den quartalsweisen Performancedruck, d.h. dem Nachweis nach einer hoffentlichen Vermögensmehrung durch eine geschickte Anlagestrategie.

Ein weiterer wichtiger Trend ist die weltweite Privatisierungswelle, die selbstverständlich viel Kapital bindet, was die These der Kapitalknappheit weiter bestätigt. Man denke hier nur an die erfolgreichen Privatisierungen in Großbritannien, die bevorstehenden in Frankreich sowie Italien und die geplanten in Deutschland. Ganz zu schweigen von den Privatisierungen in Osteuropa, Asien und Lateinamerika.

Änderung der Rahmenbedingungen

These 1 → Der Anteil institutioneller Investoren an den deutschen Börsen wird weiter zunehmen.

These 2 → Der Anteil der Ausländer an den deutschen Börsen wird tendenziell eher weiter zunehmen.

These 3 → Der Wettbewerb nach Kapital wird in den 90er Jahren schwieriger und weiter deutlich zunehmen.

Ferner stellt das Thema → „Corporate Governance", also die Beeinflussung des Managements durch Druck von z.B. Aktionären, einer Auswirkung der zunch menden Aktionärsdemokratie einen wichtigen Trend dar. Da die Demokratie von einigen mehr oder weniger populären Aktionärsvertretern gefordert und nicht von den Unternehmen gewährt wird, spricht der Volksmund auch heute vom „renitenten Aktionär". Es wird auch immer das Zitat des Bankiers Fürstenberg gebraucht, das da sagt: Aktionäre sind dumm, weil sie einem Unternehmen Geld geben und auch noch frech, weil sie eine → Dividende und Mitsprache haben wollen. Stellt man sich auf diesen Standpunkt, so wird die nächste → Kapitalerhöhung für jedwedes Unternehmen zum Himmelfahrtskommando.

IR als Schnittstelle von Presse/PR/Öffentlichkeitsarbeit, Finanzen, → Börse, Consulting, Recht und Marketing wird auch die Organisationsstrukturen deutscher Unternehmen in den nächsten Jahren verändern. Der Auslöser hierzu ist das bereits im November 1993 im Bundeskabinett verabschiedete Zweite Finanzmarktförderungsgesetz, das seit August 1994 in Kraft ist. Das neu geschaffene Bundesaufsichtsamt für den Wertpapierhandel wird als deutsche SEC (Börsenüberwachung in den USA) dann auch mehr als nur Wachhundfunktion ausüben. Das für das Gesetz federführende Bundesministerium für Finanzen will den deutschen Kapitalmarkt international schnellstens hoffähig machen, was nur durch strenge Sanktionen erwirkt werden kann. 20 Jahre Erfolglosigkeit der freiwilligen Insiderkontrolle ist vorbei, es sei nur an den Fall Steinkühler erinnert.

Anders verhält es sich mit der Weitergabe oder Ausnützung kursrelevanter Informationen, die einen als Primär- oder Sekundärinsider einer potentiellen Bestrafung mit einer Gefängnisstrafe bis zu 5 Jahre aussetzen.

Der rasante Wandel der Umwelt macht vor der Börse und den Unternehmen nicht halt. Um den technologischen Anschluß im Kampf um Eigenkapital und Fremdkapital nicht zu verlieren, muß man sich den sich laufend ändernden Gegebenheiten stellen, die hier sind: Investor Relations als Mittel zum Finanzmarketing und als Unternehmenskommunikation. Man muß sich den internationalen und institutionellen Gepflogenheiten stellen und man muß die Informationspolitik eines Unternehmens darauf ausrichten.

Das Wissen von und über IR ist keine Wissenschaft, jedoch das Wissen von Praktikern. Es ist hierzulande auch noch lange kein Berufsstand, aber dies soll ein

Beitrag zur Verbreitung des Gedankengutes sein.

Dipl.-Ök. M. Dürr, Grünwald

Invisible Supply

Theoretisches Angebot. Angebot aus nicht genau erfaßbaren Lagerbeständen bei Großhändlern, Verarbeitern und Endverbrauchern. Manchmal sind damit auch die Bestände der Produzenten gemeint.

Nicht erkennbares Angebot.

IR

→ Investor Relations.

ISAM

Index Sequential Access Method

Index-sequentielle Speicherung in der Dateiorganisation.

IWF

→ Internationaler Währungsfonds.

J

Jahresabschluß

Der J. ist die durch das Handelsrecht vorgeschriebene periodische Rechnungslegung eines Unternehmens. Er umfaßt die → Bilanz, die → Gewinn- und Verlustrechnung und für die → Kapitalgesellschaften nach dem Bilanzrichtlinien-Gesetz den Anhang. Dieser soll über Bilanzierungs- und Bewertungsmethoden, Grundlagen der Währungsumrechnung, nach dem Steuerrecht vorgenommene Abschreibungen und unterlassene Zuschreibungen, Entwicklung einzelner Posten des Anlagevermögens sowie über Unternehmen, von denen mindestens 20% der Anteile gehalten werden, informieren. Mit dem J. haben die Kapitalgesellschaften nach § 264 HGB bzw. aufgrund des Bilanzrichtlinien-Gesetzes auch einen Lagebericht (§ 289 HGB) aufzustellen. Anhang und Lagebericht ersetzen seit dem Inkrafttreten des Bilanzrichtlinien-Gesetzes den Geschäftsbericht bei Kapitalgesellschaften. Für → Personengesellschaften sind als J. nur die Erstellung der Bilanz und der Gewinn- und Verlustrechnung vorgeschrieben. Auch die unter das Publizitätsgesetz fallenden sehr großen Personengesellschaften bilden hier keine Ausnahme.

Mit dem → AktG wurde für → Aktiengesellschaften stufenweise die J.prüfung als Pflichtprüfung des J. unter Einbeziehung der Buchführung durch externe Wirtschaftsprüfer eingeführt, um die verschiedenen Interessengruppen davor zu schützen, daß der → Vorstand bei der Aufstellung des J. bestehende gesetzliche Vorschriften und Grundsätze einer gewissenhaften Rechenschaftslegung verletzt. Die J.prüfung ist Voraussetzung für den Bestätigungsvermerk. Darüberhinaus ist der J. und der Prüfungsbericht vom → Aufsichtsrat zu prüfen. Gemäß Bilanzrichtlinien-Gesetz besteht für alle mittelgroßen und großen Kapitalgesellschaften Prüfpflicht. Kleine Aktiengesellschaften unterliegen dieser Pflicht dann nicht, wenn sie nicht börsennotiert sind. Die J.prüfung von mittelgroßen GmbH kann auch durch vereidigte Buchprüfer erfolgen. Die Auswahl der → Abschlußprüfer erfolgt nach strengen Mindestanforderungen (§ 319 HGB).

Jahrescoupon

Jahreskupon

→ Kupon, auf den die Zinsen aus einem Wertpapier nur einmal jährlich gezahlt werden. Daneben gibt es Halbjahreskupons mit zweimaliger Zinszahlung pro Jahr.

Jahresfehlbetrag

Gegensatz zu → Jahresüberschuß. → Siehe dort.

Jahreskupon

→ Jahrescoupon.

Jahresüberschuß

Der einer → Gewinn- und Verlustrechnung eines Unternehmens zu entnehmende positive → Saldo aller Erträge und Aufwendungen der Rechnungsperiode. Entsprechend wird der negative Saldo als → Jahresfehlbetrag bezeichnet. Der J. ist Bestandteil des bilanziellen → Eigenkapitals. Für bilanzanalytische Betrachtungen, etwa Einblick in die Ertrags- und Finanzlage eines Unternehmens, ist die J.-Ziffer aufgrund bilanzpolitischer Spielräume nicht geeignet.

Jobber

Wertpapierhändler, der für eigene Rechnung handelt, „Marktmacher", im Gegensatz zum → Broker, der nur vermittelt. In England wurde das Trennsystem im Prinzip inzwischen aufgehoben.

Joint Account

Gemeinsames Konto

Vereinbarung zwischen zwei oder mehr Partnern zum gemeinsamen Kauf, Besitz oder Verkauf von Wertpapieren bei Festlegung der → Risiken und → Gewinne auf gleiche Teile oder nach Aufteilung.

Joint Venture
Gemeinschaftsunternehmen, an dem mindestens zwei unabhängige Unternehmen kapitalmäßig beteiligt sind. Diese besondere Form der Kooperation dient vor allem der Erschließung neuer Märkte mit Schwerpunkt im Ausland. Mindestens eines der beteiligten Unternehmen sollte seinen Sitz im Gründungsland des J. haben.

Junge Aktien
→ Aktien, die aufgrund eines Bezugsrechts auf → alte Aktien bei effektiver → Kapitalerhöhung oder bei nomineller Kapitalerhöhung (→ Gratisaktien) ausgegeben werden. Unterscheidung zwischen neu ausgegebenen Aktien, nämlich J., und alten Aktien erfolgt, wenn auf J. geringere → Dividende als auf alte Aktien bezahlt wird. Beide Aktien werden dann an der → Börse getrennt notiert. Vor der → Börsenzulassung erfolgt die Notierung der J. nur im → Freiverkehr. Wenn J. den alten Aktien hinsichtlich des Dividendenanspruchs gleichstehen, entfällt die Bezeichnung J.

Jungschein
Schreiben des → Emittenten von → Effekten an den Kassenverein (→ Wertpapiersammelbank), in dem er sich unwiderruflich verpflichtet, nach dem Erscheinen die effektiven Stücke zu liefern.

Jungscheingiroverkehr
Sonderform des → Effektengiroverkehrs. Wenn der → Jungschein vom → Emittenten beim → Kassenverein (→ Wertpapiersammelbank) vorlag, richtete der Kassenverein dem führenden Emissionshaus ein sog. Jungscheinkonto ein. Der J. ist aber inzwischen durch den Girosammelverkehr auf der Basis von Globalurkunden weitgehend abgelöst.

Junkbonds
Ramsch-Anleihen, Ausschußware und Trödelkram. Bekannt sind diese Ramsch-Anleihen seit 1974. Allerdings war das gehandelte Volumen dieser hochverzinslichen, aber auch hochspekulativen Anleihen recht gering. Im Jahre 1978 kamen Neuemissionen dieser Wertpapierart im Umfang von etwa 1,5 Milliarden US-Dollar auf den amerikanischen Markt.

Im Jahre 1986 betrug das Volumen bereits 48 Milliarden US-Dollar mit steigender Tendenz. Der Anstieg des Volumens, das immens gesteigerte Interesse an dieser Anleihenform erklärt sich durch den Kampf um Marktanteile in den USA. Er führte zur größten und teilweise immer noch andauernden Übernahmewelle der Wirtschaftsgeschichte. Durch diese besondere Finanzierungsform können nicht nur große Firmen kleinere Unternehmen „schlucken", sondern kleine Firmen können große Imperien übernehmen.

Ziel dieser Transaktionen ist meistens die profitable Veränderung

- des Managements
- der Firmenstruktur
- der Beteiligungen an anderen Unternehmen.

Dieses regelrechte „Schlachten" eines Unternehmens, das Zerlegen in mehr oder weniger erfolgreiche Einzelunternehmungen, erhöht in der Regel den Wert der übernommenen Muttergesellschaft. Auch diese kann dann zu einem besseren Kurs (und sei es nur der Firmenmantel) wieder veräußert werden.

Für solche Vorhaben werden große Summen an Kapital benötigt. Man spricht in dem Zusammenhang oft von Kriegskassen. Große Banken und/oder Brokerhäuser bieten zunächst sogenannte Brückenkredite an, die später in Junkbonds umgewandelt werden sollen. Dabei werden die Junkbonds dann mit einer außergewöhnlich hohen Verzinsung angeboten, um die Attraktivität dieser Anlageform und der nicht immer solventen Emittenten zu erhöhen. Durch die hohe Verzinsung kommt das Kapital von institutionellen und privaten Anlegern schnell zusammen.

Das Brokerhaus Drexel Burnham Lambert konnte in der Vergangenheit mit dem in der Presse zunächst sehr gefeierten „Junkbond-König“ Michael Milken den Hauptanteil des Marktvolumens für sich gewinnen. Gewaltige Kapitalströme (mehrere Milliarden US-Dollar pro Übernahme) wurden durch Zinsen von 10, 14 oder 19 Prozent Rendite herangelockt. Oft standen abenteuerliche Projekte dahinter, oft ging die Rechnung nicht auf. Der Börsenkrach von 1987 zeigte die Grenzen dieser abenteuerlichen Finanzierungen auf. Das Brokerhaus ist nach Zahlung gewaltiger Schadensersatz-Summen bankrott und der Chefhändler Milken wurde vor Gericht gestellt und mußte große Teile seiner mit dem Handel von Junkbonds verdienten Provisionen (ca. 3 Mrd. US-$) wieder zurückzahlen.

Für den Anleger sind die Konsequenzen klar: nur als spekulative Beimischung und nur in geringem Umfang sind Junkbonds für ein Depot geeignet. Daher ist diese Form der Kapitalanlage nicht für jeden Anleger empfehlenswert.

Lit.: Fabozzi/Pollack (Hrsg.): The Handbook of Fixed Income Securities, Homewood 1987; Siebers, A. B. J.: Geld verdienen mit Bonds, Landsberg/Lech, 2. überarb. Auflage 1990; Siebers, J. M. D./Siebers, A. B. J.: Das Anleihen-Seminar, München 1991; Weisensee, U.: Festverzinsliche Wertpapiere, Freiburg, 2. Auflage 1993.

J. M. D. Siebers, Niddatal

Juristische Person

Personenvereinigung oder Zweckvermögen mit eigener Rechtsfähigkeit. J. ist von ihren Mitgliedern losgelöst und kann im Rechtsleben wie jedes andere Individuum auftreten. J. handelt durch ihre Organe (z.B. → Vorstand, Mitgliederversammlung). Eine J. entsteht entweder durch staatliche Genehmigung, auf die kein Anspruch besteht (z.B. Stiftung), oder die J. muß bei Erfüllung bestimmter gesetzlicher Voraussetzungen als existent betrachtet werden, für die in der Regel Eintragung in ein Register erfolgt. J. werden unterschieden in privatrechtliche (Verein, J. des Handelsrechts wie → Aktiengesellschaften u.a., Stiftung) und in öffentlich-rechtliche (Kirchen, Gemeinden, Bundesämter, Stiftung).

Kapazitätsauslastung
Auslastung des Produktionspotentials durch die tatsächliche gesamtwirtschaftliche Produktion. Als Auslastungsgrad wird sie zur Konjunkturforschung regelmäßig z.B. von der → Deutschen Bundesbank verwandt.

Kapitalanlage
Langfristige Anlage von Kapital zum Zweck der Werterhaltung und Erzielung einer → Rendite. Verwendung von Ersparnissen zum Kauf von Vermögenswerten, mit dem Ziel, sich entweder langfristig ein stetiges Einkommen zu sichern und/oder den Wert der gebildeten Ersparnisse auf längere Sicht zu schützen oder zu erhöhen.

Kapitalanlagebetrug
Jahr für Jahr erleiden Kapitalanleger an der Börse und am freien Kapital(-anlage-)markt Milliardenverluste. Nicht selten sind diese Verluste auf fehlerhafte Beratung oder zweifelhafte Angebote zurückzuführen. Der deutschen Strafjustiz – nach dem Gesetz lediglich für *strafrechtliche* Sanktionen begangener und insbesondere bewiesener Straftaten zuständig – stehen allerdings nur eingeschränkte Möglichkeiten zur Verfügung. Im Einzelnen:

§ 264a StGB (Kapitalanlagebetrug)

Unter Strafe gestellt werden von § 264a StGB die Herausgabe von Prospekten oder anderen Darstellungen, die (a) unrichtige Tatsachen enthalten, bzw. (b) nachteilige Tatsachen im Zusammenhang mit der Investition verschweigen. Nicht erfaßt werden Bauherren- und Erwerbermodelle, da sich § 264a StGB ausdrücklich nur auf den Anteilserwerb bezieht. § 264a StGB wird als Vorfeldtatbestand des Betruges bezeichnet, da insbesondere auf den Eintritt eines Vermögensschadens verzichtet wird. Die Norm soll gleichermaßen dem Individualvermögensschutz wie dem Vertrauen in den Kapitalmarkt dienen.

Die Vorschrift hat sich als für die Praxis ungeeignet erwiesen, da die → Initiatoren (oftmals im Kleingedruckten an versteckter Stelle) auf mögliche Risiken des → Investments hinweisen, wissend, daß potentielle Kunden die Prospekte allenfalls oberflächlich lesen. Gleichwohl ist dem Wortlaut des Gesetzes mit einer – versteckten – Darstellung der Risiken Genüge getan.

Zum Zeitpunkt der Drucklegung ist keine auf § 264a StGB beruhende Entscheidung eines deutschen Gerichtes bekannt.

§ 263 StGB (Betrug)

Eines Betruges macht sich der → Initiator oder → Vermögensberater strafbar, der einen anderen bewußt täuscht und ihn durch die Täuschung zu einer nachteiligen Entscheidung veranlaßt. Diese Vermögensverfügung muß zu einem Vermögensschaden führen. Für die Strafjustiz problematisch ist oftmals bereits das Erfordernis der Täuschung. Insbesondere dann, wenn dem Kunden schriftlich fixierte Risikohinweise ausgehändigt wurden (die im Verkaufsgspräch regelmäßig abgeschwächt werden, was, um strafrechtlich relevant zu werden, dem Täter nachgewiesen werden müßte). Zudem: Wenn der Schaden (nach der Rechtsprechung genügt bereits eine konkrete Vermögensgefährdung) realisiert ist, sind die Verantwortlichen möglicherweise in Länder abgereist, mit denen die Bundesrepublik kein Auslieferungsabkommen geschlossen hat. Im übrigen kann das Strafmaß nicht unbedingt als abschreckend gelten (beispielsweise verurteilte das Landgericht Duisburg die Verantwortlichen der VBS GmbH/Ambros S.A., die im wohl größten Anlagebetrugsfall der Nachkriegszeit über 800 Millionen DM Anlegergelder verschwinden ließen, im Frühjahr 1993 (unter Anrechnung der U-Haft) zu weniger als 7 Jahren Haft).

Wertpapierverkaufsprospektgesetz

Auch dieses Gesetz, seit dem 1.1.1991 in

Kapitalanlagebetrug

Kraft, kann sein hochgestecktes Ziel, den Anlegerschutz durch Information über die angebotenen Wertpapiere und ihre → Emittenten zu verbessern, praktisch schon deshalb nicht erreichen, weil es überwiegend aus Ausnahmeregelungen von der Prospektpflicht besteht. Der faktische Geltungsbereich beschränkt sich auf (a) die Neuemission von → Aktien, die im → geregelten Markt oder im → Freiverkehr gehandelt werden, bzw. (b) auf → Schuldverschreibungen von Nichtbanken mit einer Laufzeit von über einem Jahr.

§§ 399 Abs. 1 Nr. 3, 400 Abs. 1 Nr.2 AktG (Falsche Angaben)

Die Sonder-Strafvorschriften des Aktiengesetzes richten sich vornehmlich gegen falsche Angaben, bzw. das Verschweigen erheblicher Umstände im Zusammenhang mit der Aktienemission. Kapitalanlagen werden dagegen regelmäßig in der Rechtsform der Kommanditgesellschaft und eben nicht der Aktiengesellschaft konzipiert, um steuerliche Verlustzuweisungen für den Gesellschafter persönlich zu ermöglichen. Ausländische Aktienemissionen werden vom Aktiengesetz nicht erfaßt.

§ 88 BörsenG (Kursbetrug)

Durch die Einführung des § 264a StGB am 1.8.1986 mußte der alte § 88 BörsenG modifiziert werden. Stand bisher nach dieser Vorschrift der sog. Prospektbetrug im Bereich des Vertriebs von Wertpapieren unter Strafe, beschränkt sich der heutige Anwendungsbereich der Norm auf den Schutz des unbeeinflußten Zustandekommens eines Markt- oder Börsenpreises von Wertpapieren und einiger anderer Anlagegegenstände, wie Bezugsrechten oder Anteile und Waren. Das Tatbestandsmerkmal ‚Waren' unterscheidet den Anwendungsbreich des § 88 BörsenG von dem des Kapitalanlagebetruges. Allerdings dürfte die Beeinflussung von Marktpreisen in unserem Wirtschaftssystem äußerst selten vorkommen und allenfalls kartellrechtliche Auswirkungen haben.

§ 88 BörsenG verwirklicht, wer zum Zwecke der Preisbeeinflussung über erhebliche Umstände unrichtige Angaben macht, Umstände verschweigt oder sonstige auf Täuschung gerichtete Mittel verwendet. Rechtstechnisch handelt es sich bei § 88 BörsenG – wie bei § 264a StGB – um eine gleichermaßen aus unbestimmten Rechtsbegriffen bestehende Norm. Ein Umstand, der die Anwendbarkeit beider Vorschriften in der Praxis ungemein erschwert, da diese Begriffe durch die Gerichte konkretisiert werden müssen.

Im Unterschied zu § 264a StGB ist es bei § 88 BörsenG unerheblich, ob die unrichtigen Angaben vorteilhaft oder nachteilig sind. Werden vorteilhafte unrichtige Angaben gemacht, kann dies zu steigendem Kaufangebot und damit einhergehendem Kursanstieg führen. Nachteilige Angaben werden dagegen auf den Markt- oder Börsenpreis drücken.

§ 4 UWG (Strafbare Werbung)

Auch diese nebenstrafrechtliche Bestimmung aus dem Wettbewerbsrecht weist starke Parallelen zum § 264a StGB auf. Beiden Normen ist gemein, daß sie gleichermaßen positives Tun wie das Verschweigen angabepflichtiger Umstände unter Strafe stellen. § 4 UWG kommt neben § 264a StGB insofern eigenständige Bedeutung zu, als daß sie als Auffangtatbestand gilt. Praktische Bedeutung erlangt die Norm in den Fällen, in denen § 264a StGB nicht zieht, etwa in sog. Altfällen, also bei der Beurteilung von Prospekten, die vor dem Inkrafttreten des § 264a StGB eingesetzt wurden. Unter den Anwendungsbreich des § 4 UWG fallen Angaben über geschäftliche Verhältnisse, die unwahr und zur Irreführung geeignet sind. Einzige Voraussetzung ist, daß sie in öffentlichen Bekanntmachungen oder Mitteilungen erfolgt sind, die für einen größeren Personenkreis bestimmt sind. Zu denken ist dabei insbesondere an unwahre Angaben über die Rentabilität des Objektes, personelle Verflechtungen (z.B. zwischen – Treuhänder und Initiator), Steuervorteile,

Provisionen, interne Mittelrückflüsse (sog. kick-backs), oder unwahre Angaben über prognostizierte Wertzuwächse oder Mieteinnahmen. Der Täter des § 4 UWG muß aus besonderen rechtlichen Gründen, z.B. dem Gesichtspunkt von Treu und Glauben, zur Aufklärung verpflichtet sein. Diese Erfordernis wird insbesondere bei länger bestehenden Geschäftsbeziehungen zu bejahen sein, dagegen kaum bei der (Erst-)Anbahnung einer geschäftlichen Beziehung.

Fazit

Aufgrund der insgesamt gesehen dürftigen strafrechtlichen Relevanz einschlägigen Verhaltens kommt der zivilrechtlichen Betrachtung besondere Bedeutung zu. Neben den eingangs erörterten strafrechtlichen Normen, die ausschließlich Sanktionscharakter besitzen, und nur eingeschränkt anlegergeschützte Wirkung entfalten, wächst den Zivilrechtsvorschriften neben der Tatsache, Anspruchsgrundlage für Schadenersatzansprüche zu sein, weitergehende Funktion zu.

Andererseits verlagert sich die strafrechtliche Prüfung zunehmend in den Aufgabenbereich des Zivilrichters. Oben näher ausgeführte Strafnormen kommt Bedeutung auch unter dem zivilrechtlichen Gesichtspunkt des Schadensersatzanspruchs zu. Neben der vorsätzlichen sittenwidrigen Schädigung i.S.d. § 826 BGB, die zwingend verlangt, daß der Täter eine (Anleger-) Schädigung billigend in Kauf genommen hat, sei hier nur auf § 823 Abs. 2 BGB verwiesen. Im Rahmen der Prüfung dieser Vorschrift werden vom Zivilrichter inzidenter die Verletzung sog. Schutzgesetze, wie z.B. der § 264a StGB, geprüft.

Nach inzwischen ständiger Rechtsprechung des Bundesgerichtshofs ist dabei insbesondere zu prüfen, ob das Opfer durch unrichtige und unvollständige Prospektangaben zum Investment bewogen und dadurch geschädigt wurde. Dabei stellt der BGH fest, daß nicht schon jede unrichtige oder fehlende Angabe im Prospekt die Haftung des Vertragspartners begründet. Nach seiner Auffassung müssen die Angaben in einem die Haftung ausschließenden Sinne richtig und vollständig sein, soweit sie für die Anlageentscheidung erheblich sind. Der Anleger dürfe erwarten, daß ihm der Prospekt ein zutreffendes Bild über das Beteiligungsobjekt vermittle, d.h. daß der Prospekt ihn über alle Umstände, die für seine Entschließung von wesentlicher Bedeutung sind, sachlich richtig und vollständig unterrichtet, insbesondere über Tatsachen die den Vertragszweck vereiteln könnten.

Lit.: Assmann H.-P. u.a.: Handbuch des Kapitalanlagerechts, München 1990; Gallandi V.: Straftaten beim Immobilienvertrieb, wistra 1992, 289ff. und 333ff.; Hopt K. J.: Aktuelle Rechtsfragen der Haftung für Anlage- und Vermögensberatung, Köln 1985; Knauth, A.: Kapitalanlageberatung und Börsendelikte, NJW 1987, 28ff.; Krimphove, D.: Anlageberatung – Das System der zivilrechtlichen Haftung von Kreditinstituten, Frankfurt 1992; Pabst, G.: Rechtliche Risiken bei Konzeption und Vertrieb von Kapitalanlagen, Heidelberg 1988;

RA A. J. Prümm, Düsseldorf

Kapitalanlagegesellschaft Unternehmen, dessen Geschäftszweig darauf gerichtet ist, bei ihm angelegte Gelder im eigenen Namen für gemeinschaftliche Rechnung der Einleger nach dem Grundsatz der Risikomischung in Wertpapieren oder Grundstücken gesondert von dem eigenen Vermögen anzulegen und über die sich hieraus ergebenden Rechte der Einleger (Anteilinhaber) Urkunden (→ Anteilscheine) auszustellen (Investmentgeschäft). Eine K. darf nach dem Gesetz über → Kapitalgesellschaften nur in der Rechtsform der → AG oder GmbH betrieben werden. Mindestkapital: 500.000,– DM. Ihr Geschäft ist Bankgeschäft, unterliegt daher der Bankenaufsicht und der Erlaubnispflicht. Das gegen Ausgabe von Anteilscheinen eingelegte Geld und die damit angeschafften Vermögensgegenstände bilden ein Sondervermögen. Mit der Verwahrung des Sondervermögens sowie mit der Ausgabe und Rücknahme der Anteilscheine ist ein anderes → Kreditinstitut (Depotbank) zu beauftragen.

Kapitalausfuhr
→ Kapitalexport.

Kapitalberichtigungsaktien
→ Berichtigungsaktien.

Kapitalbeteiligungsgesellschaft
Unternehmen mit dem Geschäftszweck, anderen Unternehmen → Eigenkapital nachfragegerecht in differenzierter Form zur Verfügung zu stellen. Das Aktionsfeld der K. ist zwischen reiner Privatfinanzierung und dem organisierten → Kapitalmarkt angesiedelt. Es umfaßt kleinere und mittlere Unternehmen, die keinen Zugang zum organisierten Kapitalmarkt haben. In den 60er und Anfang der 70er Jahre war besonders die stille Beteiligung gefragt, die dem Beteiligungsnehmer unternehmerische Eigenständigkeit und alleinige Entscheidungsbefugnis beließ. Steigende Anforderungen an klein- und mittelständische Unternehmen durch technische Entwicklung und Internationalisierung des Wettbewerbs bedingten, daß heute alle direkten und indirekten Gesellschaftspositionen von K. praktiziert werden bis auf den voll haftenden Gesellschafter in einer → Personengesellschaft. Seit 1984 ist eine rasche Zunahme der Transaktionen von K. zu beobachten.

Kapitalbilanz
Kapitalverkehrsbilanz

Teilbilanz der → Zahlungsbilanz. Sie gliedert sich in die → Bilanz des kurzfristigen und langfristigen Kapitalverkehrs. Als kurzfristiger Kapitalverkehr gelten Forderungen und Verbindlichkeiten mit einer ursprünglich vereinbarten → Laufzeit bis zu einem Jahr. Geschäfte mit → Geldmarktpapieren, Anzahlungen sowie Gewährung und Inanspruchnahme von Zahlungszielen im Güterverkehr. Käufe und Verkäufe von Aktien zählen zum langfristigen Kapitalverkehr. Der → Saldo der K. gibt für alle Inländer außer der → Deutschen Bundesbank die Änderung der zusammengefaßten Nettoauslandsposition an.

Kapitaleinfuhr
→ Kapitalimport.

Kapitalerhöhung
1. Allgemein alle Maßnahmen zur Finanzierung eines erhöhten Bedarfs an → Eigenkapital einer Unternehmung entweder in Form der Innenfinanzierung oder Außenfinanzierung.

2. Bei einer → Aktiengesellschaft die von der → Hauptversammlung mit Dreiviertelmehrheit beschlossene Erhöhung des → Grundkapitals in vier Arten: durch Ausgabe neuer → Aktien (K. gegen → Einlagen); durch die dem → Vorstand für längstens fünf Jahre gegebene Ermächtigung, das Grundkapital bis zu einem bestimmten Nennbetrag ebenfalls durch Aktienausgabe zu erhöhen (K. durch → genehmigtes Kapital); durch begebene → Schuldverschreibungen mit Umtauschrecht (Wandelschuldverschreibungen) oder mit → Bezugsrecht (→ Optionsanleihe) auf Aktien, wenn die Inhaber von diesem Recht Gebrauch machen (bedingte K.); durch Umwandlung von freien → Rücklagen in Grundkapital, die mit Ausgabe zusätzlicher Aktien (→ Gratisaktien) verbunden ist (K. aus Gesellschaftsmitteln).

Kapitalertragsteuer
Besondere Erhebungsform der Einkommensteuer durch Abzug vom Kapitalertrag wie → Dividenden, Zinseinkommen, Gewinnerträge, Einkünfte als stiller Gesellschafter, allerdings ohne subjektive Merkmale des Steuerschuldners zu berücksichtigen. Wird vom Schuldner des Kapitalertrages oder der ihn auszahlenden Stelle einbehalten und an das Finanzamt abgeführt. Die K. wirkt auf die Einkommensteuer, die der Gläubiger des Kapitalertrages schuldet, mildernd. K. beträgt 25% bzw. 30% bei Zinsen aus bestimmten verzinslichen Wertpapieren. Siehe auch → Quellensteuer.

Kapitalexport
Kapitalausfuhr

Kapitaltransaktionen, die zu einer Zunahme des Geldvermögens von Inländern (außer der Zentralbank) gegenüber Ausländern führen und in der → Zahlungsbilanz unter der → Kapitalbilanz (Kapitalverkehrsbilanz) erfaßt werden.

Kapitalflucht
Umfangreiche und rasche Kapitalverlagerung aus politischen, steuerlichen und anderen Gründen von einem Währungsgebiet in das andere.

Kapitalgesellschaft
Im Gegensatz zur → Personengesellschaft eine Gesellschaft, bei der nicht die persönliche Mitarbeit des Gesellschafters im Vordergrund steht, sondern die Kapitalbeteiligung, die veräußer- und vererbbar ist. Die Mitglieder sind nicht ohne weiteres an der Geschäftsführung und Vertretung beteiligt. Tod oder Ausscheiden eines Gesellschafters berührt nicht den Bestand der K. Gesellschafter haften nicht persönlich. K. ist → juristische Person und besitzt eigene Rechtsfähigkeit. Für Geschäftsführung sind besondere Organe erforderlich. K. ist: → Aktiengesellschaft, GmbH, → Kommanditgesellschaft auf → Aktien, bergrechtliche Gesellschaft. Unterschiedliche Ausgestaltung kann K., insbesondere GmbH, in die Nähe der Personengesellschaft bringen. K. unterliegen der → Körperschaftssteuer.

Kapitalimport
Kapitaleinfuhr

Kapitaltransaktionen, die zu einer Abnahme des Geldvermögens von Inländern (außer der Zentralbank) gegenüber Ausländern führen und in der → Kapitalbilanz (Kapitalverkehrsbilanz) erfaßt werden.

Kapitalisierung
Ermittlung eines Gegenwartswertes durch Abzinsung künftiger Zahlungen mit einem Kalkulationszinsfuß.

Kapitalmarkt
Unter Kapitalmarkt im weitesten Sinne versteht man den Markt für langfristige Finanzierungsmittel. Die Grenze zum Geldmarkt, also dem Markt für kurzfristige Finanzierungsmittel, ist fließend. Die aus der Bundesbank-Statistik und den Bankbilanzen abgeleitete Grenze von vier Jahren bezieht sich in der Regel nur auf das Neu-(Emissions-)Geschäft. Im → Sekundärmarkt, das heißt für die an der Börse gehandelten Wertpapiere, werden häufig auch kürzere → Laufzeiten dem Kapitalmarkt zugeordnet. So berücksichtigt die von der → Deutschen Bundesbank börsentäglich ermittelte → Umlaufrendite für den Kapitalmarkt → Restlaufzeiten ab drei Jahren. Auch verschiedene Marktindices zur Berechnung der Kursentwicklung am → Rentenmarkt schließen dreijährige Restlaufzeiten mit ein. Umgekehrt umfassen die von den → Kapitalanlagegesellschaften aufgelegten → Geldmarktfonds regelmäßig nur Anlagen mit einer Laufzeit bis zu zwei Jahren.

Im engeren Sinne versteht man unter dem Kapitalmarkt nur den Renten- und Aktienmarkt, das heißt den organisierten Kapitalmarkt. Dabei ist mitunter sogar nur der Rentenmarkt angesprochen, zum Beipsiel wenn vom → Kapitalmarktzins die Rede ist. Typische Geschäfte am Kapitalmarkt sind das Emissions- und das Börsengeschäft. Beim → Emissionsgeschäft wendet sich der Kapitalnachfrager entweder direkt oder indirekt über Banken beziehungsweise ein → Bankenkonsortium an den Anleger. Erst nach der → Plazierung werden die Wertpapiere an der Börse zum Handel eingeführt. Die Anleger erwerben Beteiligungsrechte (→ Aktien) oder Gläubigerrechte (→ Anleihen, → Schuldverschreibungen, → Schuldscheine), wobei es auch Zwischenstufen geben kann (→ Genußscheine). Hinzu kommen inzwischen, das heißt seit der Wiedereinführung der → Termingeschäfte, zahlreiche „Derivate", wie zum Beispiel → Futures, → Options und → Swaps.

Der organisierte Kapitalmarkt bietet dem Anleger durch ein System rechtlicher und organisatorischer Regelungen einen erhöhten Schutz. Das gilt insbesondere für die Kursfeststellung, die → Fungibilität bei der Verwertung der Wertpapiere sowie die Abwicklung der Geschäfte. Das Ausnutzen von Insiderwissen, das bislang nur einer freiwilligen Selbstkontrolle unterliegt, wird ab 1994 unter Strafe gestellt. Ein neu zu gründendes Bundesaufsichtsamt für das Börsenwesen wird die Transaktionen überwachen und Verstöße gegen das → Börsengesetz ahnden.

Kapitalmärkte waren ursprünglich ausschließlich national organisiert. Vor dem Hintergrund zahlreicher zum Teil diskriminierender steuerlicher und administrativer Vorschriften hat sich seit den sechziger Jahren ein freier, grenzüberschreitender Kapitalmarkt gebildet, der sogenannte → Euro-Kapitalmarkt. Auf ihm werden Euro-Emissionen auf verschiedene Währungen lautend über internationale → Konsortien bei einem internationalen Publikum placiert. Er kommt daher nur für größere Adressen sowohl auf der Emittenten- als auch auf der Anlegerseite infrage. Die von verschiedenen renommierten Agenturen herausgegebenen → Ratings liefern Anhaltspunkte für die Bonitätseinstufung der → Emittenten und die zu gewährenden Risikoaufschläge auf die Emissionsrendite.

G. Eismann, Frankfurt/M.

Kapitalmarktpapiere

→ Wertpapiere, die am → Kapitalmarkt gehandelt werden. Es handelt sich um → Aktien und → Anleihen, die 1. meist über eine längere → Laufzeit verfügen oder 2. nach einer längeren Laufzeit jetzt auslaufen.

Kapitalmarktzins

Zins für langfristige Ausleihung von Kapital. Als Indikator dient oft die Emissionsrendite langlaufender → Schuldverschreibungen oder die → Umlaufrendite bereits emittierter, aber noch langlaufender festverzinslicher Papiere.

Kapitalsammelstellen

Institutionen, die 1. anlagesuchende Spargelder (Kapital) annehmen, einen Zins darauf zahlen und es gegen Zahlung eines höherenden Zinses an Kreditsuchende weiterleiten oder 2. die aufgrund ihrer Funktion laufend Kapital sammeln und es am Geld- und Kapitalmarkt in Wertpapiere und andere Anlagen investieren. Zu ihnen gehören Banken, Bausparkassen, → Investmentgesellschaften, Sozialversicherungsträger, Versicherungen.

Kapitalschnitt

Die Herabsetzung des → Grundkapitals einer → Aktiengesellschaft erfolgt a) wenn durch große Verluste das Kapital „aufgezehrt" ist oder wenn b) ein Teil des Grundkapitals an die Aktionäre zurückgezahlt wird (nur in seltenen Fällen und nur unter bestimmten Bedingungen möglich). Bei einem Kapitalschnitt von 3:1 besitzt der Aktionär statt drei Aktien nach dem Schnitt nur noch eine Aktie. Für diese Maßnahme ist die Zustimmung der → Hauptversammlung erforderlich.

Kapitalverkehrsbilanz

→ Kapitalbilanz.

Kartelle

Absprachen zwischen selbständig bleibenden Unternehmen zur Wahrnehmung wirtschaftlicher Vorteile. Sie betreffen meist Preis und Leistung und dienen der Unterbindung unerwünschter Konkurrenz. Durch das Kartellgesetz von 1957 ist die Bildung von K. verboten. Das Bundeskartellamt überwacht die Einhaltung des bereits mehrfach novellierten Gesetzes und untersagt gegebenenfalls auch den Zusammenschluß mit bzw. den Kauf von anderen Unternehmen.

Kassageschäfte

Geschäftsabschlüsse mit sofortiger Lieferung und Bezahlung. In der Praxis erfolgt die Abwicklung am 2. Börsentag nach dem Tag des Abschlusses, bei ausländischen Börsen meist erst später (USA fünf Börsentage). Gegensatz: → Termingeschäfte.

Kassahandel
Börsenmäßiger Handel, der unmittelbar nach Abschluß, bzw. innerhalb kurzer Frist, erfüllt werden muß → Kassageschäfte. Gegensatz: → Termingeschäfte.

Kassakurs
Preis (Kurs) bei → Kassageschäften. Beim Handel mit Wertpapieren ist der Kassakurs der Kurs für Wertpapiergeschäfte im → Kassahandel. Gegensatz → Terminkurs.

Kassamarkt
Findet auf dem Börsenparkett der → Präsenzbörse statt und bezeichnet den amtlichen Handel mit seinen beiden Segmenten Einheitsmarkt und variabler Mark. → Kassahandel, → Kassageschäfte. Gegensatz: → Terminmarkt.

Kassenkredit
Kurzfristiger → Kredit, den die → Deutsche Bundesbank dem Bund, den Ländern, Bundesbahn und Bundespost etc. einräumt.

Kassenobligationen
→ Festverzinsliche Wertpapiere mit einer Laufzeit von bis zu vier (4) Jahren. Sie werden von Banken oder der öffentlichen Hand begeben und im Freiverkehr gehandelt. Sie zählen zu den → Geldmarktpapieren und werden wegen der großen → Stückelung nur von Großanlegern (Fonds, Banken etc.) erworben. Sie werden als Inhaberschuldverschreibungen begeben, in einem Betrag zurückgezahlt und verfügen über einen festen Zins. Kursschwankungen bei Zinsveränderung.

Kassenverein
Für den stückelosen Wertpapierverkehr unter den Banken zuständige → Wertpapiersammelbanken.

Käufermarkt
Angebot übersteigt Nachfrage. In dieser Marktsituation wird sich der Kurs an den Preisvorstellungen der Käufer orientieren. Gegensatz → Verkäufermarkt.

Kaufkraft
Wert des Geldes, gemessen an der Menge und Qualität der damit zu kaufenden Güter. K. sinkt, wenn die Preise steigen (→ Inflation) und steigt, wenn die Preise sinken (→ Deflation), steht also im umgekehrten Verhältnis zum Preisniveau.

Kaufkraftparität
Ist dann gegeben, wenn für den gleichen Wert der Währungen zweier Länder die gleiche Menge und Qualität an Waren zu kaufen sind. Beispiel: Der aktuelle Kurs der amerikanischen Währung beträgt 1,80 DM/$. K. ist dann gegeben, wenn man für 1 $ die gleiche Menge und Qualität an Gütern kaufen kann, wie für 1,80 DM.

Kaufoption
→ Call, → Option.

KCV
Abk. f. → Kurs-Cash-flow-Verhältnis.

KfW
Die Kreditanstalt für Wiederaufbau (KfW) wurde 1948 per Gesetz als Körperschaft des öffentlichen Rechts gegründet. Sie dient der Förderung der Wirtschaft durch langfristige Investitionsfinanzierungen, z.B. beim Aufbau der neuen Bundesländer durch Kredite an kleine und mittlere Unternehmen. Mittelbeschaffung durch → Emission von → Anleihen oder Aufnahme von → Krediten im In- und Ausland. Die Anleihen der KfW gelten als → mündelsicher.

KG
→ Kommanditgesellschaft.

KGV
Abk. f. → Kurs-Gewinn-Verhältnis.

KISS-Index
Abk. f. Kurs-Informations-Service-System. Hier werden die Kurse aller an der Frankfurter Börse gehandelter → Akti-

en, → Wandelanleihen, → Optionsanleihen und → Optionsscheinen erfaßt, angezeigt und an die angeschlossenen Banken und Maklerfirmen übermittelt. Mit Symbolen wird auf stärkere Kursabweichungen aufmerksam gemacht. Ebenso auf Rationierungen und → Dividenden etc.

Kleinaktionär
Aktionär mit zahlen- und wertmäßig kleinem Anteil an → Aktien einer Gesellschaft. Kein Einfluß, kann sich jedoch in Interessensgemeinschaften zusammenschließen und so an Einfluß gewinnen.

Kombination
Auch Kombi genannter Auftrag zum gleichzeitigen Kauf und/oder Verkauf von → Optionen an der Terminbörse im Rahmen einer → Optionsstrategie.

Kommanditgesellschaft
Handelsgesellschaft, bei der bei einem oder mehreren Gesellschaftern die Haftung gegenüber den Gesellschaftsgläubigern auf den Betrag der Einlage begrenzt ist (Kommanditist). Bei mindestens einem der Gesellschafter findet keine Begrenzung der Haftung statt (Komplementär). Die Geschäftsführung erfolgt immer durch den Komplementär, die Zahl der Kommanditisten ist unbegrenzt.

Kommissionsgeschäfte
→ Wertpapiere werden zwar auf eigenen Namen, aber auf Rechnung Dritter gekauft und verkauft. Die Bank (Kommissionär) tritt als Käufer und Verkäufer auf, der Kunde hat alle Vorteile und Nachteile zu tragen (Kaufpreis, Gebühren, Auslagen etc.). Der Kommissionär hat über jedes Geschäft Rechenschaft abzulegen und dabei den Dritten, mit dem er das Geschäft abgeschlossen hat, bekannt zu geben.

Kommunalanleihen
→ Schuldverschreibungen, die von Realkreditinstituten im Auftrag von Kommunen (Gemeinden, Städten, Kommunalen Körperschaften, Bundesländern) ausgegeben werden und mit langfristigen (bei K.-obligationen mittelfristigen) → Laufzeiten versehen sind. Der Emissionserlös wird a) als Darlehen an die Kommunen oder b) als kommunalverbürgtes Darlehen an andere Kreditnehmer weitergegeben und dient der Finanzierung öffentlicher Investitionen. Kommunalanleihen und -obligationen gelten als mündelsicher. Sie werden durch → Grundpfandrechte, bzw. durch das Steueraufkommen der Kommunen abgesichert.

Kommunalobligationen
→ Kommunalanleihen.

Kompensation
Auftragserledigung im Börsenhandel durch Verrechnung mit ebenfalls vorliegenden, jedoch entgegengesetzt lautenden Aufträgen. So wird z.B. Kaufauftrag für 100 Stück Siemens-Aktien durch einen Verkaufsauftrag auf 100 Stück Siemens-Aktien kompensiert. Kundenaufträge werden nach den AGB's der Banken i.d.R. immer über die Börse geleitet. Werden dem → Kursmakler kompensationsfähige Aufträge vorgelegt, überzeugt er sich erst (notfalls durch lauten Ausruf) davon, daß keine weiteren Aufträge vorliegen oder zu erwarten sind, bevor er sie zu dem von der Bank bestimmten Kurs ausführt.

Konditionen
Daten, mit denen a) die Ausstattung von → Wertpapieren und anderen Geldanlageformen, b) die Zahlungsmodalitäten bei → Krediten und c) Gebührensätze und Spesen bei Kapitalanlagen näher beschrieben werden. Zu ihnen gehören u.a. → Zinssatz, → Dividende, → Ausgabekurs, → Laufzeit, → Tilgung.

Konjunktur
Mit dem Wort Konjunktur wird der zyklische Ablauf einer Volkswirtschaft beschrieben, der sich um einen langfristigen Wachstumstrend bewegt. Als Maßstab für die Konjunkturlage dient in der Regel die Entwicklung des Bruttoinlandsprodukts (BIP) oder des geläufigeren Bruttosozialprodukts (BSP). Kon-

junkturschwankungen entstehen durch Gleichgewichtsstörungen im Wirtschaftsablauf und den daraus resultierenden Anpassungsprozessen. Ursache hierfür bilden zum einen exogene Einflußgrößen weltpolitischer und weltwirtschaftlicher Art. Zum anderen zeichnen dafür Veränderungen bei endogenen Faktoren wie Nachfrage- und Investitionsverhalten, Arbeitslosigkeit, Zinsniveau, → Geldmenge oder → Inflation verantwortlich.

Ein Konjunkturzyklus erstreckt sich erfahrungsgemäß über 5 bis 7 Jahre. Der Verlauf läßt sich im allgemeinen in 4 Phasen unterteilen:

- Aufschwung. Die beginnende Belebung von Produkten und Absatz führt zu verstärkten Investitionen, höherer Beschäftigung, größerem Kreditvolumen und steigenden Einkommen. Damit gehen Zins- und Preisanstieg einher.
- Hochkonjunktur. Unter Vollauslastung der Produktionskapazitäten kommt es zu Engpässen im Arbeitskräfte- und Finanzierungsbereich. Es herrschen starker Warenabsatz, hohes Zinsniveau und eine inflatorische Preisentwicklung. In dieser Konstellation erreicht die Boomphase ihren Höhepunkt und das Wachstum beginnt, sich abzuschwächen.
- Abschwung. Absatzstockung und Investitionsrückgang haben Preisrückgang, Kapazitätsabbau und Entlassungen zur Folge. Gleichzeitig sinken Kreditnachfrage und Zinsniveau. Die Phase ist von rückläufigen Einkommen und Unternehmenszusammenbrüchen gekennzeichnet.
- Tiefstand. Die Abschwungphase erreicht ihren Endpunkt, wenn das Bruttoinlandsprodukt einen zyklischen Tiefstwert durchläuft, der regelmäßig mit dem unteren Wendepunkt im Auslastungsgrad der Produktionskapazitäten einhergeht. Je nach Stärke der Abschwungphase unterscheidet man zwischen einer Konjunkturflaute (→ Rezession) und einer schweren Konjunkturerschütterung (→ Depression).

Für die Börsenentwicklung und für die Ableitung von → Anlagestrategien ist nicht die gegenwärtige Lage der Konjunktur, sondern die Erwartung über die zukünftige Wirtschaftsentwicklung entscheidend. Dabei spielt die Fristigkeit des Betrachtungszeitraumes eine wesentliche Rolle. Denn die Kursentwicklung kann als ein System von Zyklen bzw. Trends verschiedener Dauer und Ausprägungen interpretiert werden (vgl. 3).

Die sehr langfristige Rückbetrachtung bis ins vorige Jahrhundert zeigt, daß die Gesamtheit des → Aktienmarktes (repräsentiert durch einen → Aktien-Index) einem *Basistrend* folgt, der stetig ansteigt. Dies läßt sich dadurch erklären, daß die → Aktiengesellschaften, → Ertragskraft, finanzielle Reserven und → *Substanzwert* ständig steigen. Der Basistrend spiegelt demnach das allgemeine industrielle Wachstum der Volkswirtschaft unabhängig von konjunkturellen Schwankungen wider.

Um den Basistrend herum verlaufen drei unterschiedlich lange Zyklus-Typen, die sich gegenseitig überlagern und Konjunktureinflüsse in ihrer Globalität unterschiedlich stark zum Ausdruck bringen.

Der *Primärzyklus* stellt eine lange Wellenbewegung mit einer Sequenzdauer von 40 bis 60 Jahren dar. In ihm kommen langfristige zyklische Veränderungen der Ertragskraft der Aktiengesellschaften zum Ausdruck, die von globalen weltwirtschaftlichen oder -politischen Ereignissen wie Weltwirtschaftskrisen oder Kriegen geprägt sind. Für Anlagestrategien spielt der Primärzyklus eher eine untergeordnete Rolle. Dennoch fließt dieser Zusammenhang z.B. in Überlegungen für den langfristigen Vermögensaufbau ein.

Für die mittelfristige strategische Aktienbeurteilung ist der *Sekundärzyklus* von größerer Bedeutung, da er sich über einen überschaubaren Zeitraum von 4 bis 5 Jahren erstreckt. Im Sekundärzyklus kommen die einzelnen Konjunkturphasen am genauesten zum Ausdruck. Maßgeblich für die Aktienkursentwicklung sind dabei die mittelfristigen Gewinnerwartungen der Aktiengesellschaften sowie das gegenwärtige und zukünftige Zinsniveau. Der Zusammenhang der Aktienkurse zu den Gewinnen einerseits und zum Zins andererseits wird über das sogenannte → Kurs-Gewinn-Verhältnis (KGV) hergestellt. Das KGV gibt den Faktor an, mit dem eine Gesellschaft, bezogen auf den Gewinn je Aktie, bewertet wird. Analog dazu wird auch die Bewertung des Gesamtmarktes oder aller in einem Index zusammengefaßten Aktien ermittelt. Die marktgerechte Höhe des KGV orientiert sich dabei im wesentlichen am Zinsniveau. Denn das Verhältnis von Gewinn pro Aktie zum Kurs stellt den Rentabilitätsmaßstab für die Aktienanlage dar, der sich an der Kapitalmarktrendite mißt. Der reziproke Wert der Rendite bildet dabei das „KGV“ des Kapitalmarktes.

Die Börse antizipiert die konjunkturelle Entwicklung normalerweise mit einem Vorlauf von 12 bis 14 Monaten. Eine zyklische Baissephase am Aktienmarkt erreicht demzufolge ihren Tiefpunkt vor dem Ende eines Konjunkturabschwunges. Die Aussicht auf wirtschaftliche Erholung und künftig verbesserte Unternehmensgewinne bildet den Anreiz für verstärkte Aktienkäufe. Das ermäßigte Kursniveau der Aktien sowie die relativ niedrige Kapitalmarktverzinsung machen Aktien zudem zu einer interessanten Anlagealternative gegenüber → Rentenpapieren. Werden die positiven Konjunktur- und Gewinnerwartungen im Laufe der Zeit bestätigt, erwächst daraus ein Kursaufschwung, der bei anhaltendem Wirtschaftswachstum in eine Haussephase gipfeln kann. Am unteren Wendepunkt eines Sekundärzyklus weist der Aktienmarkt aufgrund der schlechten Gewinnsituation der Unternehmen eine relativ hohe Bewertung auf, die zumeist oberhalb der vergleichbaren Rentenbewertung liegt. In dieser Zyklusphase verliert jedoch das KGV an Bedeutung, weil u.a. die Vermögenssituation oder die Marktposition der Unternehmen für die Bewertung maßgeblicher werden.

Der Höhepunkt eines Kursaufschwungs liegt wiederum zeitlich vor dem Erreichen der höchsten BSP-Zuwachsraten. Erste Anzeichen wirtschaftlicher Erlahmung sowie das zwischenzeitlich gestiegene Zinsniveau markieren den oberen Wendepunkt der Aufschwungphase. Rückläufige Auftragseingänge, Produktionskürzungen und Kurzarbeit führen zur Reduzierung der Gewinnprognosen. Der Aktienmarkt erreicht somit eine unangemessen hohe Bewertung, wodurch Verkäufe und Kursrückgänge ausgelöst werden. Die vorerst verschlechterten Gewinnaussichten der Unternehmen, bei inzwischen wieder attraktivem Kapitalmarktzins, veranlassen die Anlegerschaft zunehmend zum Wechsel von Aktien in Rentenwerte, was den Abwärtstrend am Aktienmarkt noch verstärkt.

Die Sekundärbewegungen werden ihrerseits von kurzfristigen Wellen überlagert, den *Tertizärzyklen*. Eine Erklärung für die nur wenige Monate umfassende Zyklik läßt sich zwar nicht unmittelbar aus den Ertragsgrößen der Unternehmen ableiten, dennoch stehen hierfür mittelbar die Bemühungen um Antizipation künftiger Ertragsperspektiven im Vordergrund. Die Marktteilnehmer greifen alle relevant erscheinenden Informationen auf. Die Kenntnisse über die Aktiengesellschaften bleiben jedoch unvollständig und mischen sich mit Spekulation. Diese orientiert sich häufig an Vermutungen darüber, was die gesamte Anlegerschaft – unabhängig davon, ob richtig oder falsch – wahrscheinlich tun wird. Aus einer entsprechenden Marktstimmung heraus kann sich deshalb eine Kurstendenz kumulativ fortwälzen und zu kurzfristigem Überschießen der Kurse über den Sekundärtrend führen. Dabei ändert sich die mehr psychologisch beeinflußte Kursentwicklung ungleich schneller als die tatsächlich ökonomischen Gegebenheiten.

Lit.: Gabisch, G.: Konjunktur und Wachstum, in: Vahlens Kompendium der Wirtschaftstheorie und Wirtschaftspolitik, Band 1, 5. Aufl., 1992, S. 325ff.; Hielscher, U.: Investmentanalyse, Oldenbourg Verlag, 1990 S. 97ff.

Dr. H.-W. Peters, Hamburg

Konjunkturpolitik

Von staatlicher Seite betriebene und auf Ausgleich unerwünschter zyklischer Bewegungen des Wirtschaftswachstums ausgerichtete Politik. Die von Weisungen der Bundesregierung unabhängige → Deutsche Bundesbank steuert flankierende Maßnahmen bei, die jedoch nicht immer den Vorstellungen der Regierung entsprechen müssen.

Konjunkturverlauf

Am Bruttosozialprodukt gemessene wirtschaftliche Entwicklung einer Volkswirtschaft.

Konjunkturzyklus

Idealtypischer Verlauf der → Konjunktur. Er besteht aus dem Aufschwung (Expansion), der Hochkonjunktur (→ Boom), dem Rückschlag (→ Rezession) und dem Abschwung (→ Depression). In der Realität ist die Gliederung nicht immer zu beobachten. Der Börsenzyklus verläuft etwas zeitversetzt, da die Börese immer den Ereignissen vorausläuft. So beginnt eine → Hausse (steigende Kurse) bereits, bevor der Tiefstand der Konjunktur erreicht ist und schlägt in eine → Baisse (sinkende Kurse) bereits um, bevor der Höchststand der Konjunktur erreicht wird.

Konkurs

Gerichtlich angeordnetes Zwangsverfahren zur gleichmäßigen, aber nur anteiligen Befriedigung der Forderungen aller Gläubiger an den Schuldner durch Vollstreckung in das gesamte Vermögen. Zahlungsunfähigkeit und → Überschuldung führen auf Antrag zur Eröffnung des K.verfahrens durch das K.gericht. K. kann durch einen Vergleich abgewendet werden.

K.gläubiger müssen ihre Forderungen beim K.gericht anmelden. Vermögenswerte Dritter werden ausgesondert; soweit Dritte an einzelnen Gegenständen ein besonderes Befriedigungsrecht geltend machen können, werden diese abgesondert: Aus der danach verbleibenden K.masse werden in bestimmter Reihenfolge die verschiedenen Gruppen befriedigt. Diese Rangordnung führt im allgemeinen dazu, daß die Mehrheit der K.gläubiger, denen kein besonderes Vorzugsrecht zusteht, wegen vorzeitiger Ausschöpfung der K.masse keine Zahlungen, allenfalls eine sehr geringe K.quote erhalten.

Konsolidierte Bilanz

→ Konzern-Bilanz, bei der die Ergebnisse von Tochterunternehmen und/oder von Unternehmen, an denen das bilanzierende Unternehmen beteiligt ist, in die Gesamtrechnung einbezogen werden.

Konsolidierung

Bei einer Konsolidierung werden a) Aktiva und Passiva, Ertrag und Aufwand verschiedener Unternehmen, die zu einem Konzern gehören, in der Konzernbilanz und in der Konzern-Gewinn- und-Verlustrechnung zusammengefaßt (→ konsolidierte Bilanz), werden b) Schulden eines Unternehmens abgebaut, Unternehmensteile verkauft etc., um die Finanzlage zu verbessern und c) pausiert der → Kurs nach einer schnellen Kursveränderung (Anstieg oder Abstieg) auf dem neuen Kursniveau, bevor er sich in der gleichen oder entgegengesetzten Richtung weiterbewegt.

Konsortialführer

An der Spitze eines Emissionskonsortiums stehende Bank(en), die die Leitung des → Konsortiums übernehmen und den Konsortialvertrag mit dem → Emittenten abschließen. Dieser ist für alle Mitglieder des Konsortiums bindend.

Konsortialführer erhalten für ihre Leitungsfunktion eine besondere Provision.

Konsortialkredit
Von einem → Konsortium zugesagter und vergebener → Kredit.

Konsortium
Ein für die Durchführung eines bestimmten Zwecks gegründete und daher zeitlich begrenzte Gesellschaft (meist in der Form der GbR/BGB-Gesellschaft). Ein K. besteht aus mehreren Konsorten und wird durch einen oder mehrere → Konsortialführer geleitet. Zweck des K. ist i.d.R. der Verkauf einer Anleihen- oder Aktien-Emission oder die Vergabe eines Großkredites.

Konsumentenkredit
Raten- oder Dispositionskredit zur Anschaffung von Konsumgütern.

Konsumklima
Einschätzung zukünftigen Verbraucherverhaltens im Meinungsspiegel der durch ein Forschungsinstitut befragten Konsumenten. Wird als Indikator für den Stand und die Aussichten der allgemeinen → Konjunktur benutzt.

Kontensparen
Geldanlage in Form von regelmäßigen, unregelmäßigen oder einmaligen Einlagen auf ein Sparkonto. → Laufzeiten unterschiedlich, auch als → Festgeld oder → Termingeld möglich (Mindestsummen). Relativ leicht verfügbar und angemessene Verzinsung.

Kontokorrentkonto
Konto für laufende Rechnung. Rechnungsabschluß meist vierteljährlich. Kreditvergabe durch Sollsaldo möglich (Kontokorrent-Kredit).

Kontrakt
Unter K. versteht man 1. eine durch Vertrag eingegangene und rechtlich bindende Vereinbarung und 2. eine in Qualität und Verfügbarkeit genau festgelegte Menge einer Ware, die als kleinste Einheit z.B. an der Warenterminbörse gehandelt wird (standardisierte Kontrakte).

Konversion
Eine K. findet statt, wenn a) die Umwandlung einer → Anleihe in eine mit anderem Couponzins oder anderer → Tilgung ausgestatteten Anleihe erfolgt (bei Verringerung des Couponzinses wird meist eine Konversionsprämie als Ausgleich angeboten), oder wenn b) beim → Optionshandel ein → Call in einem → Put oder ein Put in einen Call umgetauscht wird.

Konvertibilität
Unbeschränkter Umtausch von Geld bzw. → Devisen verschiedener Länder zu geltenden Kursen und freie Verfügbarkeit über die jeweilige Währung. Die DM ist unbeschränkt konvertierbar; daher hat ein deutscher Anleger nur darauf zu achten, daß die Bestimmungen in dem Anlageland seiner Wahl zumindest eine sogenannte Ausländerkonvertierbarkeit vorsehen.

Konzern
Unter einer Leitung zusammengefaßtes Unternehmensgebilde, daß aus einem beherrschenden und einem oder mehrerer beherrschten Unternehmen besteht. Auch rechtlich unabhängige Unternehmen bilden, sofern sie unter einheitlicher Leitung sind, einem Konzern. Wurde zum Zwecke der Konzernbildung eine Dachgesellschaft gegründet, spricht man von einer → Holding. Versucht man mit der Konzernbildung eine marktbeherrschende Position zu erreichen, entsteht ein → Trust.

Konzern-Bilanz
→ Konsolidierte Bilanz

Körperschaftsteuer
Die K. (KöSt) ist die Einkommensteuer juristischer Personen (AG, GmbH etc.). → Aktiengesellschaften müssen die K. aus ihrem Gewinn bezahlen. Daher sind die → Dividenden als Ertrag für die Aktionäre bereits mit einem Steueranteil belastet. Sie erhalten deshalb mit der Dividende eine Steuergutschrift in Höhe

von 9/16 der → Bardividende. Aktionären, die nicht zur Einkommensteuer veranlagt werden, wird der Betrag gutgeschrieben, wenn sie eine NV-Bescheinigung vorlegen. Seit dem 1. Januar 1993 können die Aktiendividenden durch einen Freistellungsauftrag steuerfrei gestellt werden. Der Anleger wird dann nicht nur von der Kapitalertragsteuer freigestellt, sondern erhält auch die auf die Dividende anzurechnende K. erstattet. Wer bei seinem Kreditinstitut keinen Freistellungsauftrag eingereicht hat, kann die zuviel gezahlte Steuer über die Einkommensteuererklärung zurückverlangen. Wer nicht zur ESt veranlagt wird, kann die Veranlagung beantragen, damit die zuviel gezahlte Steuer zurückerstattet wird. (→ Steuern und Börse)

Korrelation
Statistisches Maß für die Beziehung zwischen zwei Größen. Gemessen wird beispielsweise, ob sich die Commerzbank-Aktie und der DAX-Index in die gleiche Richtung (z.B. steigen) bewegen. Eine Korrelation von +1 bedeutet, daß ein Kursanstieg um x Prozent bei der Commerzbank-Aktie einen ebenfalls um x Prozent großen Anstieg im DAX-Index hervorruft. Ein Wert um 0 zeigt keinerlei Zusammenhang an, und ein Wert von -1 bedeutet, daß die Kursbewegung beider Werte entgegengesetzt verläuft (sehr selten).

Kostendeckungspunkt
→ Break-Even-Point.

Kotierung
Zulassung eines neuen → Wertpapiers zum amtlichen → Börsenhandel durch Beschluß der → Zulassungsstelle und Aufnahme der → Kursnotierung.

Überwiegend in der Schweiz üblicher Begriff.

Kredit
1. Kreditgeber (Gläubiger) überläßt dem Kreditnehmer (Schuldner) Geld für einen bestimmten Zeitraum gegen Zinsen im Vertrauen auf die Zahlungsfähigkeit des Schuldners. 2. stellt das Ansehen, Image oder das Vertrauen dar, welches jemand bei Dritten genießt (→ Kreditwürdigkeit).

Kreditanstalt für Wiederaufbau
→ KfW

Kreditfähigkeit
Rechtliche Voraussetzung für die Übernahme von Kreditverpflichtungen.

Kreditinstitute
Sammelbegriff für private und öffentlich-rechtliche Institute oder Gesellschaften, deren Geschäftszweck u.a. darin besteht, Geld zu verleihen. Abk. KI.

Kreditlimit
Betrag, bis zu dem ein eingeräumter → Kredit in Anspruch genommen werden kann.

Kreditoren
1. Gläubiger (allgemein). 2. Gläubiger eines → Kreditinstitutes, die dort ihr Geld gegen Zinsen eingelegt haben.

Kreditplafond
→ Kreditlimit eines öffentlichen Schuldners. Beispiel: Bund und Länder können bis zu einem bestimmten Betrag bei der → Deutschen Bundesbank einen → Kassenkredit aufnehmen.

Kreditpolitik
Direkte und indirekte Beeinflussung der → Liquidität der Banken durch entsprechende Maßnahmen der → Deutschen Bundesbank.

Kulisse
Berufsmäßig auf eigene Rechnung handelnde Börsenteilnehmer (Berufshandel der Banken etc.)

→ Berufshandel.

Kündigung einer Anleihe
Vorzeitige Rückzahlung einer → Schuldverschreibung. Dies ist nur möglich, wenn es in den Anleihebedingungen vorgesehen ist. Sie erfolgt i.d.R. nach Ablauf einiger kündigungsfreier Jahre und ist besonders dann für den Schuldner vorteilhaft, wenn der aktuelle Zins er-

heblich unter dem Couponzins der Anleihe liegt. Anleihen mit einem Kündigungsrecht (Call-Recht) zahlen dem Anleger bei vorzeitiger Rückzahlung oft eine Prämie als Ausgleich.

Kündigungsgelder
Unbefristete Einlagen bei Banken, über die der Anleger erst nach Kündigung und Ablauf einer Kündigungsfrist verfügen kann. Gegensatz: → Termin- oder → Festgeld. Hier wird von vornherein ein bestimmter Fälligkeitstermin festgelegt. Bankpraxis ist, daß der Kunde von Anfang an einer → Prolongation (Verlängerung) der Anlage zustimmt. In jedem Fall sind relativ hohe Mindestbeträge einzuzahlen.

Kupon
→ Coupon.

Kupontermin
→ Coupontermin.

Kurs
Preis für die kleinste Einheit eines → Wertpapiers pro Stück (→ Aktien) in Währungseinheiten (z.B. DM) oder in Prozent vom → Nennwert (→ Anleihen).

Kursabschlag
Wird bei bestimmten Ereignissen vorgenommen, die Anlaß für einen niedrigeren → Kurs sind. Beispiele: → Bezugsrechte, → Berichtigungsaktien, → Dividenden, → Liquidation, Zinsen.

Kursbildung
→ Preis- und Kursbildung.

Kursblatt
Amtlicher Kursbericht einer → Börse, in dem alle → Kursnotierungen der jeweiligen Börse sowie die Kurse des → Geregelten Marktes veröffentlicht werden. Organ des Börsenvorstandes und der Zulassungsstelle.

Kurs-Cash-flow-Verhältnis
Setzt die Werte des → Cash-flow ins Verhältnis zum aktuellen Kurs. Kennzahl zur Liquiditätsbestimmung eines Unternehmens im Vergleich zu anderen im Rahmen der → Fundamentalanalyse.

Kurs-Gewinn-Verhältnis
Aktueller → Kurs dividiert durch den (geschätzten) → Gewinn pro → Aktie. Gibt an, wie oft der Gewinn pro Aktie im Aktienkurs enthalten ist. Niedrige Werte gelten dabei als positives Zeichen. In Deutschland sind KGVs von bis zu 8 als preiswerte Aktien eingestuft. Bei KGVs von 14 und darüber werden die Aktien als teuer eingestuft. Andere Bezeichnung: PER oder PE (price-earnings-ratio).

Kursindex
Zeigt die Entwicklung eines Gesamtmarktes an. In Deutschland der → Deutsche Aktienindex (DAX), in den USA der Dow Jones Industrial Average (DJIA/→ Dow-Jones-Index)

Kursmakler
K. sind privatrechtliche Handelsmakler i.S.d. §§ 93ff. HGB mit der besonderen öffentlich-rechtlichen Pflicht und Befugnis der amtlichen Kursfeststellung (Doppelnatur der K. als sog. Beliehene). Sie werden von der Landesregierung nach Bedarf bestellt und abberufen. K. vermitteln den Abschluß von Wertpapierhandelsgeschäften zwischen börsenzugelassenen Kreditinstituten, sind aber außerdem und vor allem für die Kursfeststellung im amtlichen Markt zuständig (Notarfunktion). Im Hinblick darauf unterliegen sie gewissen gewerblichen Beschränkungen ihrer Maklertätigkeit.

Im amtlichen Markt sind K. auf Grund einer Geschäftsverteilung als Skontroführer für bestimmte zum → amtlichen Handel zugelassene → Wertpapiere eingesetzt und als solche ausschließlich berechtigt und verpflichtet, die → Kassakurse und andere gerechnete Kurse, sowie die amtlichen Kurse im variablen Handel zu ermitteln (Kursfeststellungsmonopol im amtlichen Markt). Dabei haben sie die wirkliche Geschäftslage des Verkehrs an der Börse zu berücksichtigen. Auf Grund ihrer Teilnahme am Integrierten Börsenhandels- und Informationssystem IBIS als Eigenhändler erzeugen sie amtliche Preise im Computerhandel.

Wegen der Angewiesenheit der Selbsteintrittskommissionäre auf den amtlichen Kurs (vgl. §§ 400 ff. HGB, Art. 29 AGB-Banken) und des Feststellungsmonopols der K. fungieren diese als zentrale Ordersammelstellen im amtlichen Markt. Für die Annahme von → Orders der Kreditinstitute und Freimakler besteht Kontrahierungszwang. Durch das elektronische Orderroutingsystem BOSS-CUBE werden die K. bei der Orderverwaltung (Orderannahme, Skontroführung, Dokumentation) und bei der Kursermittlung unterstützt. Die Erstellung von Schlußnoten für die Kontrahenten des vermittelten Geschäfts erfolgt nach der Geschäftseingabe in das elektronische Abwicklungssystem BÖGA.

Es besteht eine Bemühungspflicht der K. hinsichtlich der Orderausführung (Ausführungsanspruch des Kommittenten), sog. Betriebspflicht.

Damit im Zusammenhang steht die Befugnis zum (begrenzten) Selbsteintritt und zum Abschluß von Aufgabegeschäften. Als Aufgabemakler können die K. ihren ordergebenden Kontrahenten eine Schlußnote vorbehaltlich der Aufgabe der (innerhalb usancemäßiger Frist) noch zu benennenden anderen Partei des Hauptvertrages (Wertpapierkäufer bzw. -verkäufer) erteilen. Daraus ergibt sich für den K. die Chance und das Risiko, an innerhalb der offenen Aufgabefrist eintretenden Kursveränderungen zu partizipieren; er kann damit in (zeitlich und umfangmäßig) begrenztem Rahmen Eigenspekulation betreiben. Gleichzeitig vermag der K. auf diese Weise Überhänge einer Marktseite auszugleichen, kursglättend zu wirken und einem ruhigen Markt Impulse zu geben.

Börsengeschäftstechnisch entstehen Eigengeschäfte des K. bzw. Selbsteintritte stets aus offenen Aufgaben, weil der Makler selbst nicht börsliche Adresse ist.

Das Aufgabegeschäft ist begrenzt durch ein vom → Börsenvorstand mittels Mutiplikatoren festgelegtes Vielfaches der börslichen Sicherheitsleistung (Kaution) des K. (Kautionsrahmen). Die Einhaltung dieses Rahmens wird von der Börsengeschäftsführung streng überwacht. Der weiteren Absicherung dient der Nachweis von Eigenmitteln bei der Bestellung des K. und die regelmäßige sowie anlaßbedingte Prüfung seiner wirtschaftlichen Leistungsfähigkeit. Sie obliegt der Börsenaufsichtsbehörde.

Das Element der Eigenspekulation vor dem Hintergrund einer dem K. bekannten Orderlage und seines Marktüberblicks steht in einem Spannungsfeld mit seiner Notarfunktion und Neutralitätspflicht und charakterisiert die Ambivalenz seines Berufsbilds als das eines ‚selbst interessierten Notars‘.

Diesem Interessenkonflikt wird durch Verhaltensregeln und Kontrollmöglichkeiten Rechnung getragen. Bei der skontrierten Gegenüberstellung von Angebot und Nachfrage zum Zwecke der gerechneten Kursermittlung darf der K. beispielsweise nur auf der kleineren Seite selbst eintreten (Spitzenausgleich), nicht aber den Überhang auf der größeren Seite verstärken (Marktausgleichsfunktion). Im fortlaufenden (variablen) Handel darf vom K. auch eine ganze Seite übernommen werden, um einen Abschluß zustandezubringen. Dabei hat er den Marktteilnehmern vor der Schranke stets das Vorrecht zu lassen und Eigenhandelsinteressen zunächst zurückzustellen. Er darf seine Funktion als Obersammelstelle nicht dazu mißbrauchen, seine bessere Marktkenntnis durch Kursschnitte zu Lasten der Anlegerkunden auszunutzen, sich mit einem Eigengeschäft vor eine Order zu legen, durch Frontrunning risikolose Vorteile auf dem Rücken des Ordergebers zu erzielen. Um die Aufsicht insoweit zu verbessern und internationalen Standards anzupassen, ist in der Börsengesetznovelle 1994 die Einrichtung von Handelsüberwachungsstellen vorgesehen, die als besondere Organe des Börsenvorstandes neben dem Staatskommissariat und der Kursmaklerkammer tätig werden.

Als (privatrechtliches) Entgelt für seine Vermittlungstätigkeit steht dem K. ein Anspruch auf → Courtage gegen jede der Parteien des Wertpapierhandelsgeschäfts zu. Rechtsgrundlage ist die Kursmaklergebührenordnung, erlassen von den Bundesländern. Sie legt die Courtagesätze entsprechend der börsengesetzlich vorgegebenen unbestimmten Rechtsbegriffe des Wagnisses und der gewerblichen Beschränkung des K. fest. Es handelt sich dabei um Höchstgebühren, wobei der Höchstsatz als Regelsatz Anwendung findet.

Diese Gebühren sind ein – wenn auch geringer – Teil der Transaktionskosten, die von den Kommissionsbanken den Wertpapieranlegern weiterbelastet werden. → Kurs- und → Freimakler untereinander und gegenseitig sind gewohnheitsrechtlich oder kraft Übereinkommen weitgehend oder vollständig courtagefrei. Dies entspricht der ihnen gemeinsamen Marktstellung als Intermediäre. Die Regelungen an den einzelnen Börsenplätzen sind insoweit unterschiedlich.

Die hohen Umsatzzuwächse der Wertpapierbörsen haben wiederholt zu Senkungen der Courtagesätze im Wege der Vereinbarung unter den Marktpartnern geführt. Eine Sonderrolle kommt dabei der → Deutschen Bundesbank zu, die stark wachsende Umsätze in Rentenwerten über die nach der Geschäftsverteilung zuständigen Frankfurter K. leitet und dadurch wegen ihrer ständigen Marktpräsenz im Rahmen der → Offenmarktpolitik für nahezu risikolose Umsätze in den Kursmaklerskontren sorgt.

Eine Poolung von Teilen der Courtageeinnahmen unter den K. eines Börsenplatzes dient im Ausgleich von Mindereinkommen aus der unterschiedlichen Geschäftsverteilung.

Die zunehmende Tendenz zum EDV-Einsatz an den Börsen (Stichworte: IBIS, BOSS-CUBE, EHS, Market-Maker-Börse, DTB) führt zu Strukturveränderungen. Die technischen Möglichkeiten zur Herstellung weitgehender Markttransparenz stellen den Nutzen der Einschaltung eines Vermittlers bei der Zusammenführung abschlußbereiter Kontrahenten zur Debatte. Die Funktion der Kursermittlung könnte mit gleicher Zuverlässigkeit und höherer Schnelligkeit der EDV übertragen werden. Mit der Einführung des neuen Gesetzesbegriffs des „Börsenpreises" mit gleichem Rang neben dem amtlichen Kurs ist im Zuge der Börsengesetznovelle 1994 die rechtliche Grundlage für einen Wettbewerb der Systeme: amtlicher Präsenzhandel und nichtamtlicher Computerhandel geschaffen. Das Monopol des K. im amtlichen Markt wird verstärktem Wettbewerb geöffnet, seine Funktion als Ordersammelstelle, seine Ordersogwirkung eingeschränkt. Die künftige Zulässigkeit der Bildung von Kursmaklergesellschaften in der Rechtsform von Kapitalgesellschaften soll besonders die außerbörslichen Aktivitäten der K. fördern, die Schaffung einer (auch von der noch umzusetzenden EG-Kapitaladäquanzrichtlinie geforderten) verbreiterten Kapitalbasis erleichtern. Hierbei werden die K. in vollem Wettbewerb zu anderen Wertpapierdienstleistern wie Banken, Brokerhäusern und Freimaklergesellschaften stehen.

Lit.: Bruns; Rodrian: Wertpapier und Börse, Berlin, Stand: 1990; Ledermann: Die Rechtsstellung des Kursmaklers an den deutschen Wertpapierbörsen, Berlin, 1990; Matthes: Das Recht des Kursmaklers, Marburg, 1932; Mülhausen: Grenzen der Kursmaklertätigkeit, WM 1983, 434ff.; Podlinski: Die Rechtsstellung des amtlichen Kursmaklers an den deutschen Börsen, in: Hadding/Schneider, Beiträge zum Börsenrecht, S. 59ff., Frankfurt a.M., 1987; Schwark: Kommentar zum Börsengesetz, München, 1976; ders.: Die Stellung des Kursmaklers im deutschen Börsenwesen, Gutachten, Bochum, 1988; Tilly: Die amtliche Kursnotierung an den Wertpapierbörsen, Baden-Baden, 1975.

Dr. U. Schlüter,
München

Kursnotierung
Bezeichnet den festgestellten Wert/Börsenpreis des jeweiligen → Wertpapiers, bei → Stücknotierung in DM, bei → Prozent-Notierung in Prozent vom Nenn- bzw. Nominalbetrag.

Kreditwesengesetz (KWG)
→ KWG

Kurspflege
Einflußnahme auf den Börsenkurs von → Aktien oder → Anleihen. Wird vom → Emittenten oder in dessen Auftrag durch seine Hausbank bzw. den → Konsortialführer der → Emission durchgeführt. Dadurch soll eine Kursstreichung oder Briefnotierung vermieden werden. Auf diese Weise wird sichergestellt, daß Anleger jederzeit kaufen oder verkaufen können.

Kurssicherung
Absicherung eines erreichten Kursniveaus durch bestimmte Techniken oder Strategien. Dazu gehören entsprechende Gegengeschäfte an der → Options- oder → Futures-Börse. Aber auch durch → Stop-Loss-Orders bzw. andere → Hedging-Techniken kann eine → Kurssicherung vorgenommen werden.

Kursstützung
Stabilisierender Effekt, der 1. durch Kurspflege erreicht wurde oder 2. durch entsprechende Käufe oder Verkäufe des Publikums zustande kam. Letzterer Effekt ist hauptsächlich an Terminbörsen anzutreffen, da dort eine Kurspflege im üblichen Sinne nicht möglich ist.

Kurstaxe
Die aufgrund der vorliegenden Marktsituation von Kursmaklern und Händlern abgegebene Schätzung über die wahrscheinliche Höhe des noch nicht ermittelten Kurses. In den Notierungen erscheint dann ein T oder t als Kennzeichen dafür, daß der → Kurs lediglich geschätzt wurde.

Kurswert
Der aufgrund des Börsenkurses sich ergebende Wert eines → Wertpapiers. Dabei entspricht die Notierung 1. bei der → Stücknotiz (z.B. → Aktien) dem jeweiligen Wert pro Stück in DM, und 2. bei der Prozentnotierung (z.B. → Anleihen) in Prozent vom jeweiligen → Nennwert/Nominalwert. Bei Aktien ist der Kurswert unabhängig vom Nennwert (in Deutschland 50,– DM/100,– DM), bei Anleihen errechnet sich der Kurswert wie folgt:

$$\frac{\text{Nennwert} \times \text{Kurs}}{100}$$

Weiterhin wird der Begriff Kurswert benutzt, wenn der Gesamtwert eines Postens Wertpapiere in DM ausgedrückt werden soll. Der Kurswert wird z.B. bei der steuerlichen Bewertung von Aktien benötigt.

Kurszettel
1. → Kursblatt.

2. Liste von börsennotierten → Wertpapieren im Aushang bei Banken.

Kurszusätze
Zeichen, mit denen die Börsennotierungen versehen werden und zur besseren Orientierung über das Zustandekommen der Kurse und der Stimmung der Teilnehmer dienen. Beachten Sie auch die folgende Tabelle:

G Geld
Nur Nachfrage, Umsätze kamen nicht zustande. Das höchste Limit der vorliegenden Kaufaufträge wird als Geld-Kurs notiert.

B Brief
Nur Angebot, Umsätze kamen nicht zustande. Das niedrigste Limit der vorliegenden Verkaufsaufträge wird als Brief-Kurs notiert.

b(bez) bezahlt
Angebot und Nachfrage waren ausgeglichen, es fanden Umsätze statt. Ausgeführt wurden bei

Kaufaufträgen:
unlimitierte, zum notierten Kurs oder höher limitierte

Verkaufsaufträgen:
unlimitierte, zum notierten Kurs oder niedriger limitierte

⇒ Zum festgesetzten Kurs lagen keine weiteren Kauf- und Verkaufsaufträge vor.

bG bezahlt Geld
Es fanden Umsätze statt und zum notierten Kurs bestand noch weitere Nachfrage. Ausgeführt wurden bei

Kaufaufträgen:
unliminitierte und höher limitierte voll, zum Kurs limitierte zum Teil

Verkaufsaufträgen:
unlimitierte, zum Kurs oder niedriger limitierte

bB bezahlt Brief
Es fanden Umsätze statt und zum notierten Kurs lagen noch weitere Angebote vor. Ausgeführt wurden bei

Kaufaufträgen:
unlimitierte, zum Kurs und höher limitierte

Verkaufsaufträgen:
unlimitierte und niedriger limitierte voll, zum Kurs limitierte nur zum Teil

ebG etwas bezahlt Geld
Es fanden nur geringe Umsätze statt und die zum festgestellten Kurs limitierten Kaufaufträge konnten nur zum geringen Teil ausgeführt werden. Ausgeführt wurden bei

Kaufaufträgen:
unlimitierte und höher limitierte voll, zum notierten Kurs limitierte nur zum Teil

Verkaufsaufträgen:
alle unlimitierten, zum Kurs oder niedriger limitierten

ebB etwas bezahlt Brief
Es fanden nur geringe Umsätze statt und die zum festgestellten Kurs limitierten Verkaufsaufträge konnten nur zu einem geringen Teil ausgeführt werden. Ausgeführt wurden bei

Kaufaufträgen:
alle unlimitierten, zum Kurs oder höher limitierten

Verkaufsaufträgen:
unlimitierte und niedriger limitierte voll, zum notierten Kurs limitierte nur ein kleiner Teil

rat. G rationiert Geld
Zum Kurs, darüber limitierte und unlimitierte Kaufaufträge konnten nur beschränkt ausgeführt werden. Ausgeführt wurden bei

Kaufaufträgen:
unlimitierte, zum notierten Kurs oder höher limitierte, allerdings alle nur teilweise

Verkaufsaufträgen:
unlimitierte zum Kurs oder niedriger limitierte

rat. B rationiert Brief
Zum Kurs, niedriger limitierte und unlimitierte Verkaufsaufträge konnten nur beschränkt ausgeführt werden. Ausgeführt wurden bei

Kaufaufträgen:
unlimitierte, zum Kurs notierte oder höher limitierte

Verkaufsaufträgen:
unlimitierte, zum Kurs oder niedriger limitierte, allerdings alle nur teilweise

* Sternchen
Kleine Beträge konnten nicht gehandelt werden.

= gestrichener Kurs
Keine Umsätze, es lagen keine Aufträge vor, ein Kurs konnte nicht festgestellt werden.

– G gestrichen Geld
Es bestand überwiegend Nachfrage, ein Kurs konnte nicht festgestellt werden.

– B gestrichen Brief
Es bestand überwiegend Angebot, ein Kurs konnte nicht festgestellt werden.

T Taxe
Der Kurs wurde geschätzt, es fanden keine Umsätze statt.

ex D oder ex Div. ausschließlich Dividende

Kursnotiz am Tage des Dividendenabschlags

ex B oder ex Bez. ausschließlich Bezugsrecht
Kursnotiz am Tage des Bezugsrechtsabschlags

-Z gestrichen Ziehung

Die Notierung ist an den beiden dem Auslosungstag vorangehenden Börsentagen ausgesetzt.

ex Z. ausgenommen Ziehung

Der notierte Kurs versteht sich für die nicht ausgelosten Stücke (Hinweis erfolgt nur am Auslosungstag).

Kurzläufer

→ Festverzinsliche Wertpapiere, die entweder von vornherein nur über eine kurze → Laufzeit verfügen (maximal vier Jahre) oder solche, die ursprünglich zwar mit einer längeren Laufzeit emittiert wurden, aber jetzt nur noch eine geringe Laufzeit aufweisen. → Anleihen mit geringer Laufzeit (und hohem Couponzins) weisen eine geringe Zinssensibilität (→ Duration) auf und eignen sich daher besonders in Zeiten steigender Zinsen.

Kux

Anteil an einer bergrechtlichen Gewerkschaft (z.B. Bergwerke). Namenspapiere, die durch ein Blankoindossament praktisch zu → Inhaberpapieren wurden. Haben heute nur noch historische Bedeutung, da die jeweiligen Gewerke längst in → Aktiengesellschaften umgewandelt wurden.

KWG

Abk. für Kreditwesengesetz. Dieses Gesetz von 1961 soll die Funktionsfähigkeit des bundesdeutschen Bankengewerbes sicherstellen. Grundsätzlich sind alle Banken dem KWG und der damit verbundenen Bankenaufsicht durch das Bundesaufsichtsamt für das Kreditwesen (BAK) mit Sitz in Berlin unterworfen.

L

Lagebericht
Gem. § 264 HGB sind AGs zur Erstellung eines Lageberichts verpflichtet. Dennoch ist er kein Bestandteil des → Jahresabschlusses. Er entspricht dem bisherigen allgemeinen Teil des → Geschäftsberichtes, enthält jedoch weitergehende Informationen, die eine Beurteilung der gegenwärtigen und auch der zukünftigen Geschäftsentwicklung ermöglichen. Zum Pflichtteil gehören Angaben über die Vermögens-, Finanz- und Ertragslage (Geschäftsverlauf und Lage der AG). Weiterhin werden Angaben über Vorgänge von besonderer Bedeutung, die nach Ablauf des Geschäftsjahres eingetreten sind, gefordert. Auch über die voraussichtlichen Fortschritte der AG und den Bereich Forschung und Entwicklung werden Zahlen erwartet.

Landesbanken
Regionale Spitzeninstitute der Sparkassen z.B. West Lb.

Landeszentralbanken
Regionale Hauptverwaltungen der → Deutschen Bundesbank in den jeweiligen Bundesländern.

Langfristiger Kredit
Darlehen mit einer → Laufzeit von mehr als 4 Jahren.

Langläufer
→ Festverzinsliche Wertpapiere mit einer → Laufzeit von mehr als 4 Jahren. Üblicherweise werden so → Anleihen bezeichnet, die 1. mit einer Laufzeit von z.B. 10 Jahren emittiert wurden oder 2. über eine Restlaufzeit von zwischen 8 bis 10 Jahren oder mehr verfügen. Bei sinkenden Zinsen wird der Kurs dieser Anleihen gegenüber → Kurzläufern überproportional steigen und so Kursgewinne ermöglichen. In Zeiten steigender Zinsen neigen Langläufer stärker zu Kursverlusten.

Last Trading Day
Letzter Handelstag bei → Termin- und Optionskontrakten. Die danach noch bestehenden → Positionen werden entweder durch Barausgleich oder physische Erfüllung geschlossen.

Laufzeit
Zeitraum zwischen der Hergabe des Kapitals und der Rückzahlung. Bei → festverzinslichen Wertpapieren ist dies der Zeitraum zwischen der → Emission und der → Tilgung eines Papieres. Bei → Aktien ist keine → Laufzeit gegeben.

Leading Indicators
Vor allem in den USA vielbeachtete Indikatoren, denen ein der jeweiligen → Konjunktur vorauseilender Charakter nachgesagt wird. Mit ihrer Hilfe soll eine frühzeitige Konjunkturprognose erstellt werden können.

Leasing
Für eine bestimmte Zeit festgelegte Vermietung handelbarer Gegenstände. Dazu gehören Kraftfahrzeuge, Büromaschinen, aber auch Industriegeräte etc. Sonderformen: sale-and-lease-back. Hierbei wird z.B. der Fuhrpark eines Unternehmens an einen Leasinggeber (→ Leasinggesellschaft) verkauft und dann zurückgeleast. Vorteil: sofortige Liquidität durch den Verkauf und steuerlich geltend zu machende Kosten durch die Leasinggebühren.

Leasinggesellschaft
Eine im → Leasinggeschäft tätige Gesellschaft.

Lebenshaltungskosten
Werden unter Berücksichtigung eines an geänderte Lebensgewohnheiten angepaßten Warenkorbs für die privaten Haushalte ermittelt. Gilt als Indikator für die Konsumgüterbranche.

Leerverkauf
Verkauf von sich noch nicht im Besitz des Verkäufers befindlichen → Wertpapieren oder Waren etc. Sie werden in der Absicht verkauft, sie später billiger er-

werben zu können. Der → Gewinn liegt in der Differenz.

Legitimationsstimmrecht
→ Depotstimmrecht.

Leichter
Bezeichnung für die Tendenz nachgebender Börsenkurse.

Leitbörse
Börse, die aufgrund ihrer Umsatzgröße oft als Orientierung für kleinere Börsen gilt. New York und Tokio gelten derzeit als die wichtigsten Leitbörsen.

Leitkurse
Vereinbarter Preis, um den herum sich bei festen → Wechselkursen die Währungsparitäten in einer gewissen Bandbreite bewegen dürfen. Bei Verlassen dieser → Bandbreite greifen die → Notenbanken durch → Interventionen ein. Beispiel: erstes → Europäisches Währungssystem (EWS).

Leitwährung
Währung, die aufgrund ihrer besonderen Stellung im internationalen Währungssystem zu anderen Währungen in Beziehung gesetzt wird. Derzeit gelten der US-Dollar und die Deutsche Mark als Leitwährungen im internationalen Handelsgeschäft.

Letzter Handelstag
→ last trading day.

Leverage
Hebelwirkung, die besonders bei → Optionen, → Optionsscheinen und → Futures sowohl positiv als auch negativ wirken kann. Ein positives Beispiel für die Hebelwirkung ist die bei steigenden Aktienkursen mit geringem Kapitalaufwand gekaufte Call-Option, die gegenüber dem eingesetzten Kapital einem überproportionalen Gewinn erzielt. Negatives Beispiel für die Hebelwirkung ist der teure Optionschein, der bei nur geringem Kursverlust wertlos verfällt.

Leverage Effect
Hebelwirkung fremdfinanzierter → Investitionen, bei der die Investition selbst höhere Erträge abwirft als für die Kreditzinsen notwendig ist. Diese Überschüsse führen zu Eigenkapitalbildung.

LIBOR
Abk. für London Interbank Offered Rate. Zinssatz für kurzfristige Einlagen unter Banken am → Euromarkt in London. Dient auch als Referenzzinssatz bei variabel verzinslichen → Anleihen, bei denen die Verzinsung im Rhythmus von 3, 6, 9 oder 12 Monaten an den Geldmarktzins angepaßt werden.

Licensed Warehouse
Lizenziertes Waren- oder Lagerhaus. Hier wird die Ware, die zur Erfüllung von → Terminkontrakten dienen kann, zwischengelagert. Diese Warenhäuser werden von den → Börsen kontrolliert. Angaben zu den dort vorhandenen Mengen dienen als Indikator bei der Prognose der zukünftigen Kursentwicklung.

Lieferung
Erfüllung der aus → Termingeschäften resultierenden Verpflichtungen. → Optionskontrakt: Beim → Call müssen die → Basiswerte zum vereinbarten → Basispreis geliefert werden. Beim → Put müssen die Basiswerte zum vereinbarten Basispreis abgenommen werden. → Future-Kontrakt: Bei → Longpositionen muß die Ware zum Kaufkurs übernommen werden, bei → Shortpositionen muß die Ware zum Verkaufskurs geliefert werden. Bei Indexkontrakten erfolgt der entsprechende Ausgleich immer in bar.

LIFFE
Abk. für London International Financial Futures Exchange.

Die L. ist die internationale Londoner Börse für den Handel mit → Financial Futures. Hier wurden schon lange vor Errichtung der → deutschen Terminbörse (DTB) Kontrakte auf z.B. den → Bund-Future gehandelt.

Limit
Kurs in einem Börsenauftrag bis zu dem gekauft werden darf bzw. ab dem verkauft werden soll. L. dienen auch der

Absicherung eines bereits erreichten Kursniveaus (→ Stop-loss-order).

Limited Order
Auftragsart, die eine oder mehrere Begrenzungen aufweist: entweder begrenzt auf die Gültigkeit, begrenzt im Preis oder beides.

Limitierung
Börsenauftrag mit einer festen Kursangabe, bis zu deren Höhe ein Kaufauftrag bzw. ab deren Höhe ein Verkaufsauftrag durchgeführt werden soll.

Limit down
→ Limit up.

Limit up
Limit down

Bei manchen → Terminkontrakten durch die Börse vorgeschriebene maximale Kursbewegung nach oben (Limit up) oder nach unten (Limit down). Vergleichsmaßstab ist der → Schlußkurs des Vortages. Kann jederzeit von der Börse aufgrund ungewöhnlicher Kursschwankungen vergrößert oder verkleinert werden.

Liquidation
1. Auflösung und Veräußerung der in einem Unternehmen vorhandenen Werte.
2. Beendigung eines Börsenengagements durch Verkauf einer Kaufposition bzw. Rückkauf bei einer Leerverkaufsposition (→ Glattstellung).

Liquide Mittel
Kassenbestand oder jederzeit verfügbare Gelder eines Unternehmens. Hierzu gehören in weiterem Sinne auch Forderungen und Effektenbestände, die relativ schnell in Barmittel umgewandelt werden können.

→ Flüssige Mittel.

Liquidität
Bezeichnet die Fähigkeit, alle fälligen Verbindlichkeiten fristgerecht zu erfüllen.

Liquiditätsreserven
Durch → KWG-Bestimmungen und die Grundsätze über das → Eigenkapital und die → Liquidität der → Kreditinstitute vorgeschriebene Mittel eines Kreditinstitutes. Dient zur Sicherstellung der jederzeitigen Zahlungsbereitschaft.

Loan Price
→ Basispreis für eine Ware bei Hilfsprogrammen der US-Regierung. Relevant bei Spekulationen an der → Terminbörse auf → Futures-Kontrakte der jeweiligen Ware.

Loch
→ Gap.

Lombardfähigkeit
Durch die → Deutsche Bundesbank festgelegte Eigenschaften von → Wertpapieren und → Schuldbuchforderungen. Wertpapiere, die diese Eigenschaften aufweisen, können im → Lombardgeschäft bei der Deutschen Bundesbank beliehen werden.

Lombardgeschäft
Bezeichnet den Geschäftsbereich bei Banken und → Kreditinstituten, in dem gegen Verpfändung von → Wertpapieren → Kredite eingeräumt werden.

Lombardkredit
→ Kredit, bei dem der Anleger (Inhaber der → Effekten) seine → Wertpapiere der Bank als Sicherheit verpfändet. Da Wertpapiere ständigen Kursschwankungen unterliegen, werden die Papiere nicht mit dem vollen → Kurswert bewertet. Üblich sind zwischen 40 und 90 Prozent des Kurswertes je nach → Bonität des Anlegers.

Lombardsatz
Zinssatz, zu dem die → Deutsche Bundesbank gegen Verpfändung von lombardfähigen Wertpapierbeständen → Kredite an Banken und → Kreditinstitute zur Verfügung stellt. Derzeit werden bis maximal 75 Prozent des → Kurswertes beliehen.

Long
Generelle Bezeichnung dafür, daß man eine Kaufposition erworben hat, die noch nicht durch eine Gegenposition geschlossen wurde.

Findet Verwendung bei → Options- und → Futures-Kontrakten. Gegensatz: → Short.

Long-Positon
Bezeichnet eine Kaufposition im → Kassa- oder → Terminmarkt, mit der ein → Options- oder → Futures-Geschäft eröffnet wurde. Auch hier Gegensatz: → Short-Position.

Loroeffekten
→ Wertpapiere, die sich zwar im Besitz, jedoch nicht im Eigentum der Bank befinden. Gegensatz: → Nostroeffekten.

Lot
Feste Menge einer Ware in einheitlicher Graduierung. Diese Standardeinheit findet sich jedoch nicht nur im Warenmarkt, sondern auch bei → Wertpapieren, bezeichnet aber in jedem Falle die kleinste handelbare Menge einer „Ware“. Beispiele: 100 Stück Aktien (USA), 50 Stück Aktien (Deutschland), 25 metric tons (Blei an der London Metal Exchance), 5000 bushel (Weizen an der Chicago Board of Trade).

Low
Tiefstkurs, Tageslow gleich Tagestiefst. Dient zur Orientierung, an welchem Punkt innerhalb einer Tagesentwicklung sich der aktuelle Kurs befindet.

Lücke
→ Gap.

M

M1, M2, M3
In der Geldmengenstatistik definierte Geldvolumensgrößen.

Sie werden in ihrer Entwicklung im Rahmen einer konsolidierten Bilanz des Bankensystems einschließlich der → Deutschen Bundesbank dargestellt und in deren monatlicher monetärer Analyse kommentiert.

M1 = Bargeld- und Sichteinlagenbestände inländischer Nichtbanken.

M2 = M1 plus → Termingelder inländischer Nichtbanken unter 4 Jahren.

M3 = M2 plus → Spareinlagen inländischer Nichtbanken mit gesetzlicher Kündigungsfrist. Das von der Bundesbank in jedem Jahr vorgegebene → Geldmengenziel bezieht sich auf M3.

Magisches Viereck
Bezeichnet die 4 Hauptziele staatlicher Wirtschaftspolitik und besteht aus 1.) angemessenem und stetigem Wirtschaftswachstum, 2.) Geldwertstabilität/Preisstabilität, 3.) Vollbeschäftigung, 4.) außenwirtschaftlichem Gleichgewicht.

Magisch deshalb, weil bei vorrangiger Anstrebung eines Zieles das Erreichen eines anderen Ziels gefährdet sein kann.

Majoritätskäufe
1.) Zur Erlangung einer qualifizierten Aktienmehrheit getätigte Aktienkäufe.
2.) Von den Inhabern der Aktienmehrheit eines Unternehmens getätigte Aktienkäufe des gleichen Unternehmens.

Makler
→ Kursmakler,

→ Freimakler.

Maklerbuch
Aufzeichnungen der → Kursmakler, in denen alle Käufe und Verkäufe festgehalten werden.

Maklergebühren
Bei Abschluß eines Börsengeschäftes fällig werdende Vermittlerprovision des → Maklers. Wird in Promille des → Kurswertes bzw. des → Nennwertes bei → Anleihen berechnet.

Maklerkammer
Berufsvertretung der → Kursmakler. Sie ist für die Aufsicht über die Kursmakler, Verteilung der Geschäfte, Überwachung der amtlichen Kursermittlung etc. und zur Schlichtung von Streitigkeiten unter den Maklern zuständig.

Mantel
Urkunden, aus denen die erworbenen Rechte bei → Aktien oder → Anleihen hervorgehen. Der Aktienmantel enthält Angaben über den Aussteller, den → Nennwert, die Nummer des → Wertpapieres sowie Ort, Datum der Ausstellung und faksimilierte Unterschriften.

Bei einem Anleihemantel werden weiterhin Zinssatz, Zinstermin und auf der Rückseite die Anleihebedingungen abgedruckt.

Marge
Spanne zwischen Angebot und Nachfrage bei Preisen, Kursen oder Zinsen.

Margin
1. Betrag der bei → Termingeschäften an Terminbörsen zu hinterlegenden Sicherheitsleistung. Sie wird börsentäglich auf der Grundlage des → Settlementpreises festgestellt. Eine geringe M. bedeutet nicht automatisch geringes Risiko. Die M., die Banken oder → Broker von ihren Kunden verlangen, beträgt üblicherweise 150 bis 200 Prozent der von der Börse festgesetzten M.. Die Börse kann in Zeiten starker Kursschwankungen ohne Vorankündigung die M. beträchtlich erhöhen. Dies gilt auch für bereits vor längerer Zeit eingegangene Positionen. Kann der Anleger dieser Anforderung nicht nachkommen, wird die Position zwangsliquidiert.

2. Betrag, den ein Kunde bei einem Broker deponiert, in der Absicht, → Wertpapiere auf → Kredit zu kaufen. Der Gesetzgeber in den USA erlaubt nur eine Beleihung bis zu 50 Prozent des Kaufpreises der Wertpapiere und fordert einen Mindestbetrag von 2.000 Dollar.

Margin Account
Kontoart bei einem US-Broker, welche dem Kunden erlaubt, → Wertpapiere mit vom → Broker geliehenen Geld zu erwerben. M. unterliegen der Regulation T sowie anderen Regeln und Gesetzen. Die erforderliche Einzahlung kann in Bargeld oder beleihungsfähigen Wertpapieren erfolgen.

Margin call
Oft als Nachschuß bezeichnete Vereinbarung zwischen → Broker und Kunden, sofort auf telefonische Aufforderung des Brokers hin, einen bestimmten Betrag innerhalb von 24 Stunden zur Verfügung zu stellen. Dies wird dann der Fall sein, wenn ein buchmäßiger Verlust einer Position nicht mehr durch das vorhandende Kapital gedeckt wird und auf die vorgeschriebene Sicherheitsleistung (Margin) zurückgegriffen werden muß. Falls dieser Anforderung von „frischem" Geld aus irgendwelchen Gründen nicht nachgekommen werden kann, wird die → Position am nächsten Börsentag vom Broker „bestens" (zu jedem Preis) glattgestellt, „exekutiert". Ähnliche Vereinbarungen gelten zwischen Kunde und Bank bei Geschäftsabschlüssen an der → Deutschen Terminbörse (DTB).

Market Maker
Banken, → Broker oder Börsenmakler, die die Verpflichtung übernommen haben, jederzeit einen Kauf- und Verkaufspreis für ein bestimmtes Handelsobjekt zu stellen. Auf diese Weise wird sichergestellt, daß ein durchgehender Handel stattfinden kann.

Market Order
Unlimitierter Börsenauftrag, d.h. Ausführung zum nächstmöglichen Zeitpunkt.

Marktkapitalisierung
Gegenwärtiger Wert des → Stamm- bzw. Vorzugskapitals unter Berücksichtigung des aktuellen Börsenkurses.

Marktkonformität
Bezeichnet → Anleihen, deren → Konditionen (→ Zinssatz, → Laufzeit, → Rendite etc.) sich bei der Emission in Übereinstimmung mit den am Markt gültigen aktuellen Bedingungen befinden.

Markttechnik
Die technische → Aktienanalyse zur Kursprognose umfaßt drei Teilbereiche (Hauptkomponenten). Dazu gehören die technische Gesamtmarktanalyse, die → Charttechnik (Kursanalyse einzelner Aktien) und kombinierte Verfahren (Verbindung zwischen Einzelkursanalyse und technischer Gesamtmarktanalyse). Technisch heißt in diesem Zusammenhang, daß nur das Geschehen am Markt selbst analysiert wird.

Die Markttechnik ist ein Teilbereich der technischen Gesamtmarktanalyse. Dabei umfaßt das analytische Instrumentarium sowohl Trend- als auch Sentiment-Indikatoren. Mittels Trendindikatoren (z.B. → Advance/Decline-Line, Aktien über der 200-Tages-Linie) lassen sich Aussagen über Richtung und Intensität einer Kursbewegung treffen. Sentiment-Indikatoren hingegen gehören zum eigentlichen Kernbereich der Markttechnik. Ziel der markttechnischen Analyse ist es, die Kaufkraft bzw. den Angebotsdruck an einer Börse zu messen, wobei diesem Verfahren das Konzept der „Theory of contrary opinion" zugrunde liegt. Gemäß dieser Theorie führt nur eine konträr zur herrschenden Meinung ausgerichtete Anlagepolitik zum Börsenerfolg.

Ansatzpunkt ist dabei die psychologische Stimmung des Börsenpublikums. Häufig ist zu beobachten, daß ausgeprägte Optimismusphasen mit einer geringen → Liquidität der → Börsenteilnehmer einhergehen und in der Folge Kursrückgänge nach sich ziehen. Andererseits halten sehr pessimistisch gestim-

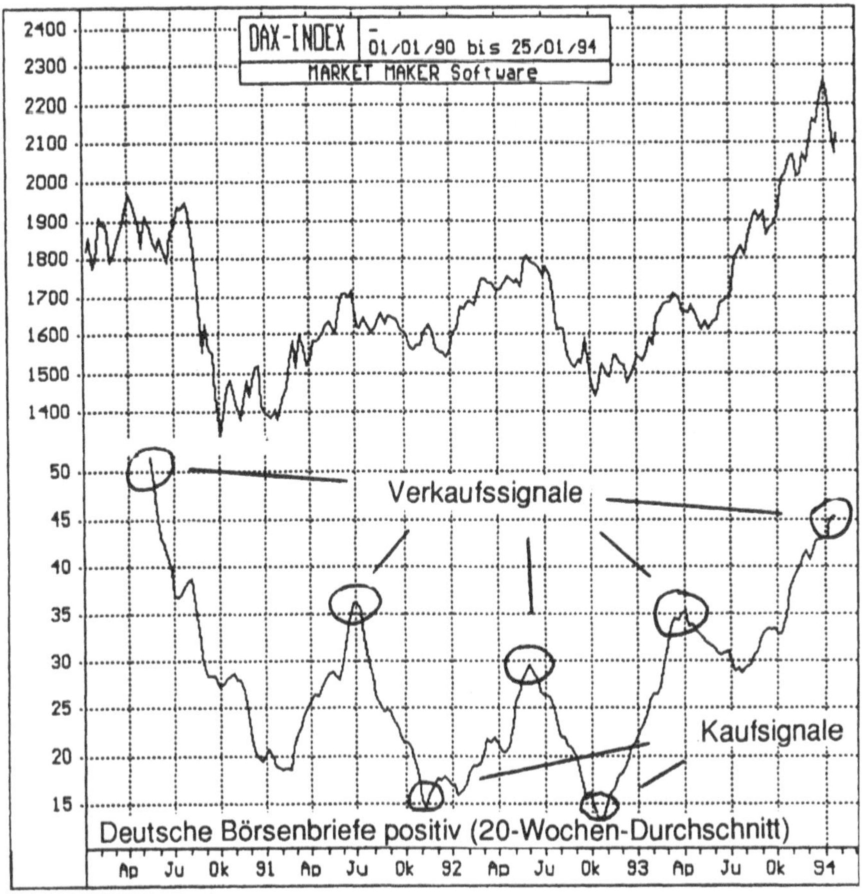

te Anleger in der Regel einen hohen Anteil an Liquidität (= potentielle Kaufkraft für die Börse) mit entsprechend positiven Auswirkungen für die weitere Kursentwicklung.

Zusammenfassend kann festgehalten werden, daß mittels der Markttechnik versucht wird, die potentielle Kaufkraft (= Nachfrage) bzw. den potentiellen Abgabedruck (= Angebot) an einer Börse zu messen. Hierzu bedient sich die markttechnische Analyse bestimmter Maßgrößen und Meßeinheiten (Sentiment-Indikatoren).

Ein zur Ermittlung der Börsenstimmung wichtiger Sentiment-Indikator sind beispielsweise die optimistisch und pessimistisch gestimmten → Börsenbriefe. Gemäß den obigen Erläuterungen zieht ein hoher Prozentsatz optimistisch gestimmter Börsenbriefe in der Regel einen Kursabschwung nach sich. Andererseits ist bei entsprechend niedrigen Prozentsätzen optimistisch gestimmter Börsenbriefe und einer damit verbundenen sehr pessimistischen Markteinschätzung häufig ein nachfolgender Kursaufschwung zu beobachten.

Da ein Sentiment-Indikator um so nachhaltigere Signale gibt, je länger er extreme Ausprägungen annimmt, liefern in diesem Zusammenhang gleitende

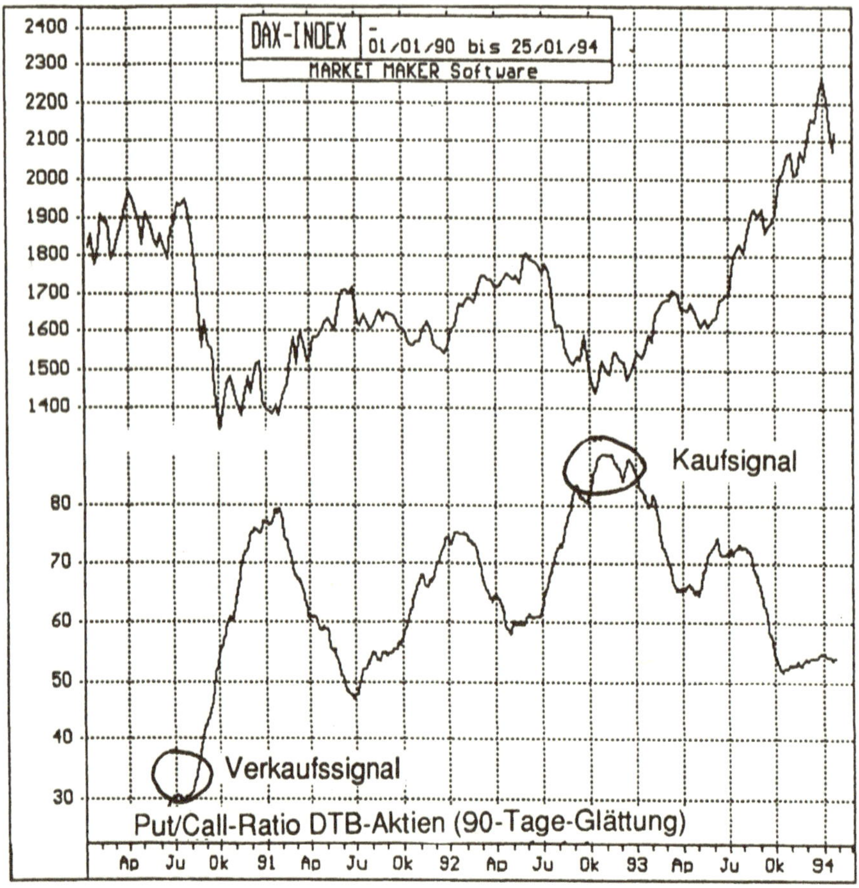

Durchschnitte interessante Ergebnisse. Anhand der Graphik (20-Wochen-Durchschnitt) wird deutlich, wie Kauf- bzw. Verkaufssignale dieses Indikators jeweils entsprechende Indexbewegungen nach sich ziehen.

Ein weiteres, viel beachtetes markttechnisches Barometer ist das Put/Call-Ratio. Mit Call-Optionen können spekulativ ausgerichtete Anleger überproportional an Kurssteigerungen partizipieren. Gleiches gilt bei rückläufigen Kursen für Put-Optionen. Setzt man nun die Umsätze der Put-Optionen zu den Umsätzen der Call-Optionen ins Verhältnis, so erhält man eine Größe, die Rückschlüsse auf die optimistische bzw. pessimistische Stimmung der Marktteilnehmer ermöglicht. Dabei spricht ein hohes Put/Call-Ratio für eine vorsichtige Markteinschätzung, während niedrige Werte Optimismus der Akteure widerspiegeln.

Wie alle Sentiment-Indikatoren, ist auch das Put/Call-Ratio bei Extremwerten besonders aussagekräftig. Die Graphik Put/Call-Ratio der DTB-Aktien (90-Tage-Durchschnitt) zeigt, daß extrem niedrige Ausprägungen dieses Indikators zu starken Kurseinbrüchen führen (siehe Juli 1990) bzw. sehr hohe Werte einen

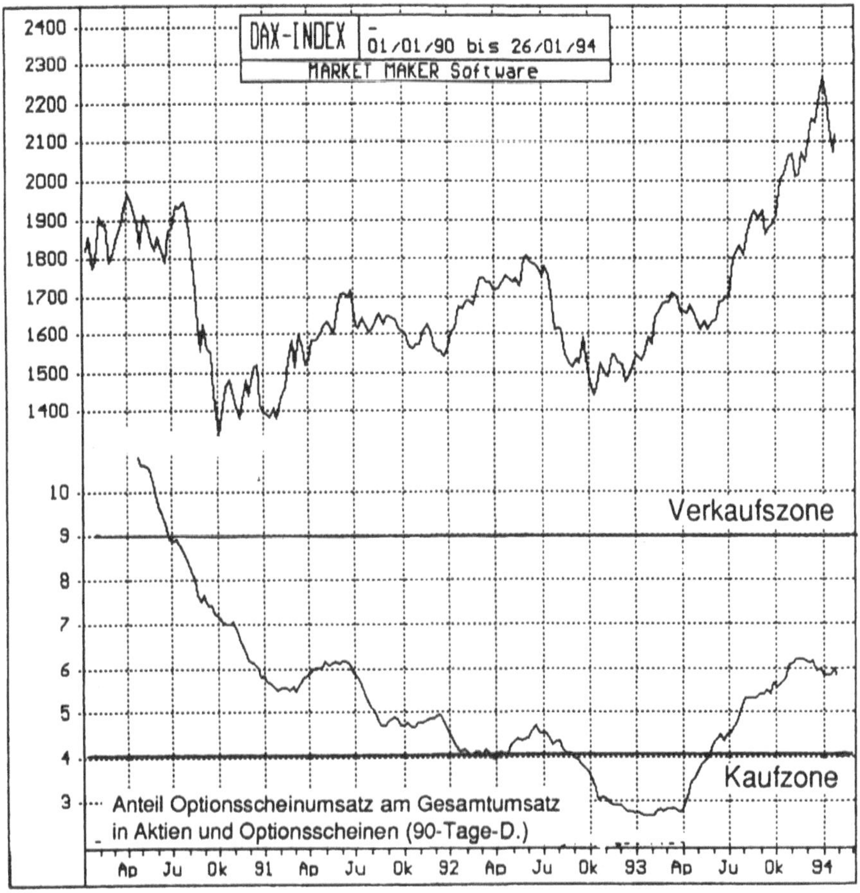

nachhaltigen Kursanstieg bewirken (siehe Oktober/November 1993).

Ein weiterer wichtiger Indikator zur Erfassung der Spekulationsneigung der Börsenteilnehmer ist der Anteil des Umsatzes in → Optionsscheinen am Gesamtumsatz in Aktien und Optionsscheinen. Hier lassen relativ hohe Anteile des Optionsschein-Umsatzes am Gesamtumsatz Rückschlüsse auf vorhandene Euphoriephasen zu, was markttechnisch negativ zu bewerten ist.

Andererseits spiegelt ein sehr niedriger relativer Optionsschein-Umsatz Vorsicht der Anleger wider, was markttechnisch positiv für die Börse ist. Ein Blick auf die relativ geringen Optionsschein-Umsätze Ende 1993/Anfang 1994 zeigt, daß trotz neuer → All-Time-Highs im Index die Markttechnik offensichtlich noch keine Überhitzungsphase signalisiert.

Viel beachtete Sentiment-Indikatoren sind auch die Barreserven bzw. der Aktienanteil der Wertpapierfonds. Hohe Barreserven zeugen von einer vorsichtigen Markteinschätzung der Fondsmanager, während in einem niedrigeren Baranteil eher eine optimistische Erwartung zum Ausdruck kommt. Umgekehrt verhält es sich mit dem Aktienanteil. Hier spricht ein relativ hoher Aktienanteil für Optimismus, während ein niedriger

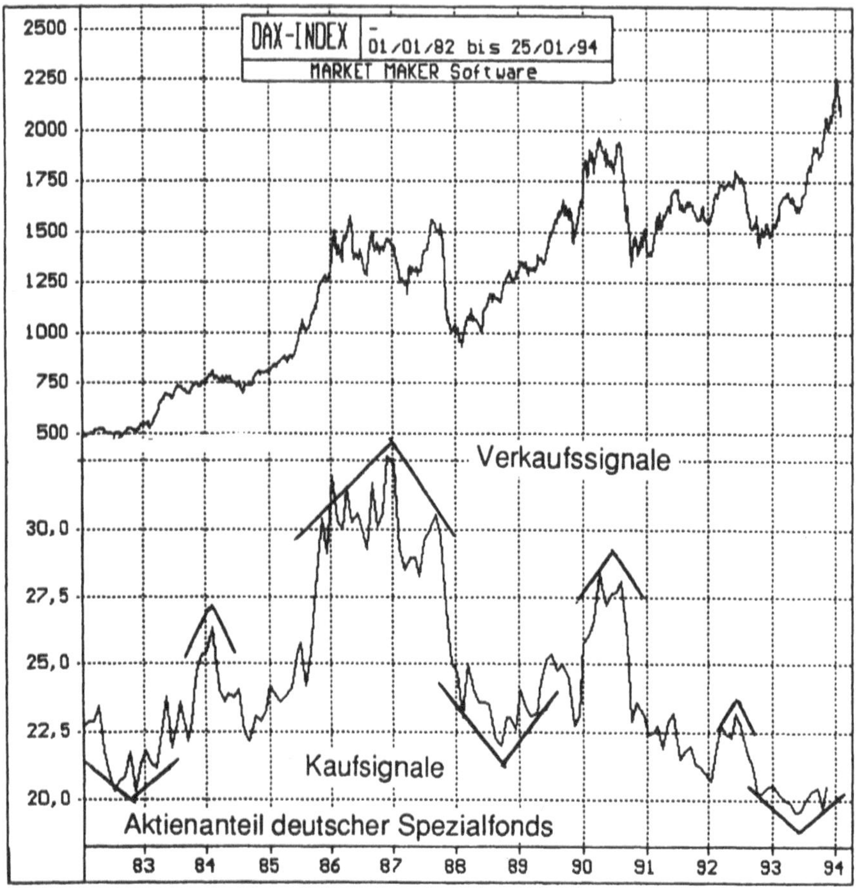

Aktienanteil eher auf Pessimismus schließen läßt.

Ein wichtiger Indikator in diesem Zusammenhang ist der Aktienanteil der deutschen → Spezialfonds. Diese gehören mit einem Vermögen von zuletzt ca. 224 Mrd. DM (Stand November 1993) zur volumensstärksten Fondsgruppe – zum Vergleich: Börsenkapitalisierung ca. 700 Mrd. DM. Die Graphik Aktienanteil deutscher Spezialfonds macht deutlich, daß in der Vergangenheit ein relativ hoher Investitionsgrad in Aktien stets zu Kursrückgängen führte. Umgekehrt sind bei einem relativ niedrigen Aktienanteil in der Folge Kurssteigerungen zu beobachten. Interessant erscheint bei diesem Indikator der derzeit sehr niedrige Aktienanteil. In der Vergangenheit spiegelten sich Tops am Aktienmarkt stets durch einen entsprechend höheren Aktienanteil bei den deutschen Spezialfonds wider. Der trotz neuer All-Time-Highs gegenwärtig sehr niedrige Aktienanteil deutet auf genügend markttechnische Stärke für weitere Kurssteigerungen hin. Allerdings ein eher mittel- bis langfristig ausgerichteter Indikator.

Lit.: Ehrhardt, J.: (Hrsg.), Finanzwoche, Kapitalbrief für Anleger in Deutschland und der Schweiz, München; Ehrhardt, J.: (Hrsg.), Techno-Brief für markttechnisches Timing in den USA, Deutschland und der Schweiz, München; Ehrhardt, J.: Markttechnik an der Börse, 4. erweiterte Auflage, München 1988; Pring, M. J.: Technical Analysis explained. An illustrated guide for the investor, New York; Vieker, M.: Ökonometrische Untersuchungen zur Aktienindexprognose durch technische Börsenindikatoren, Dissertation, Tübingen 1993.

Dr. J. Ehrhardt, Pullach

Matching
Bezeichnet die Zusammenführung von zwei in Ware, Instrument (→ Call oder → Put), Menge, → Laufzeit und Preis übereinstimmenden Kauf- und Verkaufsaufträgen. An der DTB (→ Deutsche Terminbörse) erfolgt das M. durch ein Computersystem. Sobald sich zwei ausführbare Aufträge gegenüberstehen, führt sie das System nach den Kriterien Preis und Zeit zusammen.

MATIF
Abk. für Marche a Terme des Instruments Financiers de Paris (Pariser Terminbörse).

MATIS
Abk. für Makler-Tele-Informations-System.

Maturity
1. → Terminmarkt: Zeitraum zwischen dem „first notes day" und dem letzten Handelstag (→ „Last trading day").
2. → Festverzinsliche Wertpapiere: Ende der → Laufzeit bzw. Zeitpunkt der → Tilgung (Rückzahlung) der → Anleihe.

Mehrheitsaktionär
Als M. gilt, wer mindestens die Hälfte des → Aktienkapitals einer AG besitzt. Es können auch mehrere Aktionäre sein, die sich zu einer Mehrheitsgruppe zusammengeschlossen haben.

Mengentender
Zuteilungsart im Rahmen eines Ausschreibungsverfahrens für → Wertpapierpensionsgeschäfte der → Deutschen Bundesbank. Die Bundesbank nennt dabei einen → Zinssatz, zu dem die → Kreditinstitute → Wertpapiere an die Bundesbank verkaufen können.

Metageschäfte
Geschäftsart, bei der die beteiligten Partner → Gewinn und Verlust teilen. Dies kann bei Großkrediten oder auch der Wertpapierarbitrage der Fall sein.

Minderheitsaktionär
Als M. gilt, wessen Anteil am → Aktienkapital einer AG bzw. an den → Stimmrechten zu gering ist, um auf die Geschäftsführung der AG oder auf die Beschlüsse der → Hauptversammlung Einfluß nehmen zu können.

Den Minderheiten werden jedoch bestimmte Rechte eingeräumt, z.B. → Sperrminorität bei der AG.

Mindestreserven
Als unverzinsliche Gelder bei der → Deutschen Bundesbank unterhaltene Guthaben der Banken. Sie werden je nach Höhe der von der Bundesbank festgesetzten → Mindestreservesätze berechnet und müssen in einem bestimmten Verhältnis zu den → Einlagen (→ Spareinlagen, befristete Einlagen, Sichteinlagen etc.) der Banken stehen.

Mindestreservepolitik
Instrument der Bundesbank, die über die Erhöhung oder Verringerung der → Mindestreservesätze unmittelbaren Einfluß auf die Kreditpolitik der Banken ausübt.

Mindestreservesätze
Quote der von den → Kreditinstituten zu unterhaltenden → Mindestreserven. Veränderung der M. dient der Bundesbank heute als Mittel zur Steuerung ihrer → Geld- und → Kreditpolitik.

Mindestschluß
Börsengeschäft über eine Schlußeinheit, das ist die Mindestanzahl der Titel oder

ein Mindestbetrag. M. ist Mindestbetrag für die Kursfestsetzung. Er beträgt in der Regel bei fortlaufenden Notierungen 50 Stück bei → Aktien; bei Werten mit Prozentnotierung 3.000 DM → Nennbetrag; bei → Wandelanleihen 5.000 DM Nennbetrag; bei → Optionsanleihen 6.000 DM Nennbetrag. → Options- und → Futures-Geschäfte sind mindestens über 50 Stück bzw. über einen Kontrakt abzuschließen.

Minusankündigung
→ Kurszusatz zur Kennzeichnung einer Veränderung des Kurses nach unten um mindestens 5 Prozent. Bei → Doppelminusankündigung wird eine Veränderung um mindestens 10 Prozent angezeigt. Gegensatz: → Plusankündigung.

Mobilisierungspapiere
→ Schatzwechsel oder → unverzinsliche Schatzanweisungen, die im Rahmen der → Offen-Markt-Politik der → Bundesbank die vorübergehende Abschöpfung von Zentralbankgeld ermöglichen.

Momentumindex
Indikator der technischen Wertpapieranalyse. Zeigt die Veränderung eines Kurses gegenüber dem Durchschnitt der Kurse eines vorhergehenden Zeitraumes an. Der Index zeigt Richtung und Stärke eines Trends an. Ein ansteigendes Momentum deutet auf eine → Hausse, ein fallendes Momentum auf eine → Baisse hin.

Berechnung:

$$\text{Momentum} = \frac{K(t) - K(t-n)}{K(t-n)}$$

dabei gilt:

K(t) = Kurs (z.B. einer Aktie) am Tag t,

K(t–n) = Kurs der Aktie n Tage vor t,

n = Bezugszeitpunkt (z.B. 10 Tage, 30 Tage, 100 Tage).

Monatsgeld
Bezeichnung für → Termingeld für 30 Tage und → Einlagen mit monatlicher Kündigung.

Monetarismus
Theorie zur Erklärung der → Konjunkturzyklen. Anhänger des M. halten die → Geldmenge für die im wesentlichen alleinige Bestimmungsgröße des Geldwertes und anderer gesamtwirtschaftlicher Größen.

Money Market Funds
→ Geldmarktfonds.

Money Spread
Bez. für die Optionsstrategie, bei der sich der → Basispreis der gekauften → Option vom Basispreis der verkauften Option unterscheidet. Gebräuchlicher ist die Bezeichnung Price Spread.

Monopol
Marktsituation, bei der der Preis durch einen einzelnen Marktteilnehmer bzw. eine gemeinsam agierende Gruppe von Marktteilnehmern bestimmt wird. Bei einem Angebotsmonopol liegt die Marktmacht in der Hand des Verkäufers, bei einem Nachfragemonopol in der Hand des Käufers.

Montan-Mitbestimmung
Mitbestimmung der Arbeitnehmer in den → Aufsichtsräten und → Vorständen von Unternehmen des Bergbaus und der Eisen- und Stahlindustrie.

Montan-Industrie
Zusammenfassung der Bergbauunternehmen und der darauf aufbauenden Schwerindustrie.

Moratorium
Zahlungsaufschub durch ein Stillhalteabkommen der Gläubiger gegenüber einem Schuldner.

MSCI-Index
Umfaßt die von der Investmentbank Morgan-Stanley täglich veröffentlichten Weltindizes. Sie geben nach Ländergruppen und Branchen geordnet einen Überblick über die kurs- und prozentmäßigen Veränderungen an den wichtigsten → Aktienmärkten der Welt. Die Indizes werden als Meßlatte für die Beurteilung der → Performance eines Depots oder als Signalgeber für eventuelle Umschichtungstransaktionen genutzt.

Mündelsichere Papiere
Zur Vereinfachung der Verwaltung von Mündelgeldern wird im BGB eine Reihe von Anlagearten genannt, die als mündelsicher angesehen werden. Dazu gehören unter anderen: inländische → Hypotheken, Grundschulden, Rentenschulden, → Anleihen von Bund und Ländern, → Pfandbriefe, → Kommunalobligationen, → Spareinlagen bei inländischen öffentlich-rechtlichen Sparkassen etc. Andere Anlageformen bedürfen der Genehmigung des Vormundschaftsgerichts.

Münzhoheit
Auch das Münzregal (Recht zur Prägung von Münzen) umfassendes Recht des Staates, → Stückelung, Metallart, Metallgehalt und Münzgewicht zu bestimmen.

Mutual fund
In den USA übliche Bezeichnung für → Investmentfonds. Dabei handelt es sich um die open-end-form, d.h. es werden laufend neue Anteile herausgegeben.

Gegensatz: → closed-end-fund. Hier wird nur eine bestimmte Anzahl an Anteilen ausgegeben. Wurden alle Anteile ausgegeben, finden Kauf und Verkauf der Anteile meist über die → Börse statt. Man spricht dann auch von „Fondsaktien" oder Länderaktien, da sich diese Fonds meist auf ein bestimmtes Gebiet spezialisiert haben und wie → Aktien gehandelt werden können.

N

Nachbörse
Außerhalb der offiziellen Börsenzeit stattfindender Handel zwischen Banken. Abwicklung erfolgt per Telefon und Telex, Notierungen über elektronische Dienste wie → IBIS, → MATIS oder MIDAS sowie den Wirtschaftszeitungen. Kurse und Umsätze geben Hinweise darauf, wie sich die Kurse am nächsten Börsentag entwickeln werden.

Nachdeckungspflicht
Verpflichtung eines Kreditnehmers, die durch Kursrückgang entstandene Unterdeckung des → Kredites durch Erhöhung der Sicherheiten auszugleichen. Wird auch → Nachschuß genannt.

Nachschuß
1. Zusätzliche Einzahlung auf Kapitalanteile bei GmbH, Genossenschaft, etc.
2. Zusätzliche Einzahlung, Hergabe weiterer Pfänder oder Erhöhung der Sicherheiten, weil bei Kursrückgängen der gewährte Effektenkredit ausreichend besichert bleiben muß.
3. Verpflichtung im Börsenterminhandel, eine negative Wertentwicklung von Terminkontrakten durch Bareinzahlung auszugleichen. Die Verpflichtung, die → Margin in bestimmter Höhe zu unterhalten, bleibt davon unberührt. (→ Margin call).

Nachschußpflicht
Verpflichtung zur Leistung von Zahlungen (→ Nachschuß) über einen zuerst bezahlten Betrag hinaus. Die Nachschußpflicht kann beschränkt, aber auch unbeschränkt (Terminbörse) sein.

Naked call writing
Verkauf einer → Kaufoption, ohne in Besitz des → Basiswerts (z.B. → Aktien) zu sein.

Naked Option
→ ungedeckte Option.

Namensaktien
Auf den Namen einer natürlichen oder juristischen Person ausgestellte → Aktie. Der Eigentümer ist im → Aktienbuch der AG eingetragen. Es ist ein geborenes → Orderpapier und kann durch Indossament übertragen werden. Sonderform: → Vinkulierte N. Eigentumsübertragung wird erschwert, da dazu die Zustimmung der AG erforderlich ist.

Namensschuldverschreibungen
Auf den Namen des Berechtigten ausgestellte Anleihestücke, die durch Indossament übertragbar sind.

NASDAQ
Abk. für National Association of Securities Dealers Automated Quotations. Von der NASD betriebenes elektronisches Kursinformations- und Handelssystem für Aktien im → Freiverkehrhandel (OTC-Handel).

Nearby
Nächstliegender Liefermonat eines Rohstoffes oder einer Ware. Der Liefertermin entspricht dem aktuellen Kalendermonat. Terminpreis paßt sich dem Kassapreis an.

Nebenwerte
Umsatzmäßig seltener gehandelte Papiere von meist kleineren Unternehmen. Enger Markt und meist nur von regionaler Bedeutung.

Negotiable Warehouse Receipt
Übertragbare Lagerhausbescheinigung. Dieses Dokument garantiert das Vorhandensein einer bestimmten Ware in einer bestimmten Graduierung. Die Bescheinigung kann durch einfaches Gegenzeichnen einem anderen Besitzer übertragen werden.

Nennbetrag
Weitere Bezeichnung für → Nennwert.

Nennkapital
→ Grundkapital der AG und → Stamm-

kapital der GmbH. Wird vom → Nennwert abgeleitet.

Nennwert
Der auf dem → Wertpapier aufgedruckte Betrag. Bei → Aktien in Deutschland meist 50,- DM oder 100,- DM. Stellt einen Teilbetrag des → Grundkapitals der AG dar. Bei Schuldverschreibungen handelt es sich immer um Teilbeträge der gesamten → Anleihe (Außnahme: Globalurkunde). Diese Teilbeträge sind die Nennwerte der Teilschuldverschreibungen. Der → Kurswert aller Wertpapiere kann vom Nennwert abweichen.

Nennwertlose Aktien
→ Wertpapiere, die nicht auf einen bestimmten → Nennwert lauten, sondern auf einen Bruchteil des Vermögens. In den USA und Kanada übliche Form bei Aktien. In Deutschland nicht zulässig, allerdings sind → Investmentzertifikate deutscher → Investmentgesellschaften nennwertlose Papiere. Kurse und → Ausschüttungen werden pro Stück angegeben.

Net Asset Value
→ Inventarwert von → Investmentfonds (NAV).

Net Position
Terminbörse: Differenz zwischen den noch offenen → Positionen und den Positionen, denen ein Gegengeschäft gegenübersteht und die damit glattgestellt sind. (Oder einfacher: → Longpositionen minus → Shortpositionen gleich N. eines → Kontraktes)

Netting
→ Optionsgeschäft. Nach dem Prinzip der größtmöglichen Anzahl von Aufträgen und Quots vorgenommene Ermittlung des Eröffnungspreises.

Nettodividende
Tatsächlich gezahlte → Dividende, also abzüglich 25 Prozent KESt oder Gewinnausschüttung oder ohne Abzug von KESt bei Vorlage einer Freistellungsbescheinigung (→ NV-Bescheinigung).

Nettokurs
Verkaufskurs bei → Neuemission → festverzinslicher Wertpapiere abzüglich → Bonifikation an Banken etc.

Nettoverzinsung
Nach Abzug von Steuern verbleibende Verzinsung in Prozent des eingesetzten → Kapitals.

Neuemission
„Das Going Public in Deutschland - aktueller Stand und Perspektiven" war etwa ein Symposium der Deutschen Bank und der Börsen-Zeitung im Juli 1993. Als Ergebnis dieser Veranstaltung wurde von Ronaldo Schmitz, Vorstand der Deutschen Bank, eine Zahl von bis zu 2.000 für die Börseneinführung anstehenden inländischen Unternehmen genannt. „Manche von ihnen stehen bereits in Wartestellung und würden bei günstiger Kapitalmarktentwicklung innerhalb kurzer Zeit den Weg an die Börse finden."

„N. werden nie eine sichere Wette sein", das ist die Kommunikation in die richtige Richtung. Der erhoffte Gleichschritt der Banken als → Emissionshäuser wird nicht funktionieren. Der Markt ist heiß umkämpft. Die aus den 80er Jahren bekannte Schlacht um das für die Banken lukrative Geschäft mit den N. wird auch das bekannte Szenario der Zukunft werden. Wie will man denn sonst mittelfristig bis zu 2.000 Unternehmen an die → Börse heranführen?

Die Schaffung von „Grundsätzen ordnungsgemäßer Börseneinführungen" und die Forderung nach allgemein akzeptierten Regeln ist schwer durchzusetzen. Hat doch die Bundesregierung mit der AG-Novelle, der Einführung einer kleinen → AG, die Lanze für Klein- und Kleinstemissionen gebrochen, die sicherlich den hehren Grundsätzen ordnungsgemäßer Börseneinführung nicht entsprechen. Die gesetzgeberische Initiative zur Schaffung von erleichterten Zugangsvoraussetzungen für den Mittelstand zur Börse und ein erhöhtes stückzahlmäßiges Emissionsvolumen in der

Zukunft wird sicher auch mehr Flops als schon bisher produzieren. Der → Kapitalmarkt muß damit leben, daß Risikokapital, und das wird an der Börse bereitgestellt, auch verlustig gehen kann. Entscheidend ist die Risikoeinstellung der Anleger und die richtige Kommunikation des möglichen → Risikos an die potentiellen → Investoren.

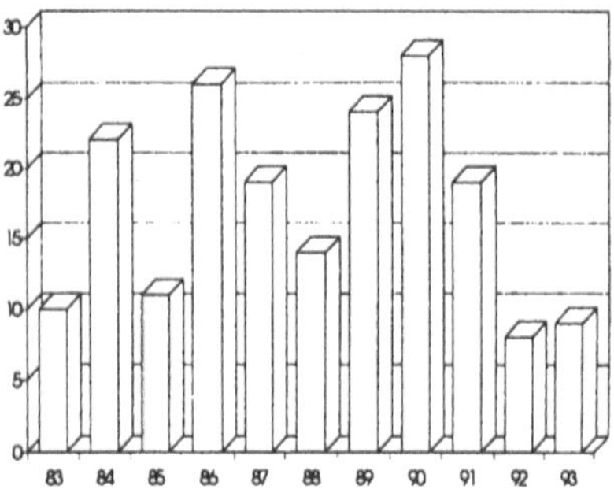

Abb.: N.statistik seit 1983 (Quelle: IR AG)

Neben den Bedürfnissen der mittelständischen Unternehmen und der für das weitere Wachstum nötigen Kapitalaufnahme durch die Börse gibt es aber noch einen weiteren und entscheidenden Punkt in der Veränderung der N.landschaft: die Privatisierung.

Wurden bereits einige Unternehmen aus öffentlichem Besitz privatisiert (z.B. VW, Lufthansa, VIAG), so wird das Tempo der Privatisierungen in den 90er Jahren erheblich zunehmen. Der Finanzbedarf durch die Deutsche Einheit wirft Schatten voraus: der Staat trennt sich vom Familiensilber, um die Lücken im Haushalt auffüllen zu können. Eine Studie einer Unternehmensberatung kommt auf Erlöse von DM 35 Mrd. p.a. Schätzungen vom Kronberger Kreis taxieren den Staat auf DM 2.000 Mrd Vermögen, ohne Infrastruktur und ohne staatliche Verwaltungsgebäude.

Der Verkauf aller Unternehmensbeteiligungen des Staats, ein Großteil von Immobilien und etwa die Privatisierung von Autobahnen und Telekom, hier liegen nach den heutigen (meist optimistischen) Hochrechnungen von Politikern zig-Milliarden an realisierbarem Potential. Es ist klar, daß IR und die Kommunikation das Herzstück im Wettbewerb um das Kapital dazu ist. Der Wettbewerb um Kapital steckt heute erst in den Kinderschuhen und zur Jahrtausendwende ist er erst richtig entbrannt.

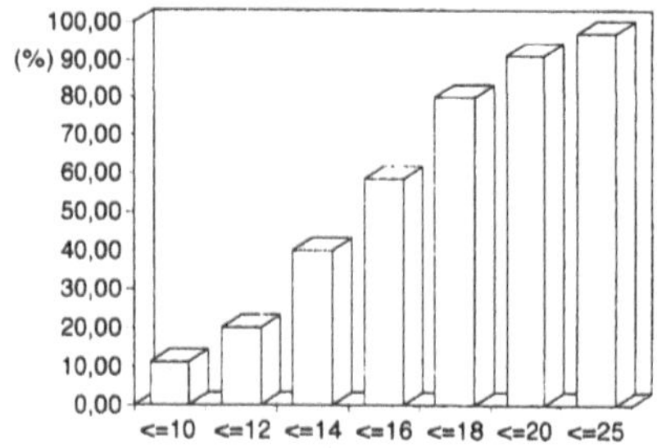

Abb.: N. seit 1983 – KGV zur → Emission (Quelle: IR AG)

Die anstehenden Schritte zur Privatisierung der Telekom sind bereits geplant. Die Plazierung der Telekom ist aber selbst für internationale Verhältnisse gigantisch und deshalb in Praxis nur über mehrere Tranchen abzuwickeln. Die erhofften DM 50 bis 70 Mrd. saugen enorme → Liquidität von dem weltweiten Kapitalmarkt ab. Die Privatisierung der Treuhand liegt in den letzten Zügen und eben diese in den vergangenen Jahren privatisierten Unternehmen klopfen in Kürze als N.kandidaten an. Der Berliner Börsenpräsident schätzte die Ost-Börsenkandidaten auf 300, für die nächsten Jahre.

Die Privatisierungsliste von Bayern wird etwa immer länger. VIAG, Bayerische Vereinsbank und DASA sind nur Platzhalter für bereits börsennotierte Unternehmen oder Teilen davon, die schon bald die Finanzen der Kommunen und des Freistaats aufbessern sollen. Da müssen die „Bräute“ nur noch hübsch gemacht werden, damit man sich auch die erhofften Milliarden → Liquidität hereinholen kann.

„Coup d'Etat – Ausverkauf in Europa – von Schweden bis Spanien sind Staatsfirmen im Angebot. Auch in Deutschland steigt der Bund als Unternehmer aus. Länder und Gemeinden folgen nur zögernd dem Privatisierungskurs.", „The Privatisation Payoff - countries worldwide are embracing privatisation, driving growth and creating opportunities for Western firms.", „European privatisations - Two half revolutions - France and Italy have both launched ambitious privatisation programmes.", „Privatisation - The $ 150 billion headache - How do you go about selling $ 150 billion worth of state-owned industries?", „Börsengang trotz roter Zahlen - Bei der Privatisierung ist Paris wenig wählerisch", „Tokio bringt die Ex-Staatsbahnen an die Börse". Diese Schlagzeilen zur Privatisierung geben ein deutliches Zeichen. Mittlerweile haben knapp 50 Länder weltweit das Bestreben nach Privatisierung kundgetan. Es bleibt für Europa festzuhalten, daß - nach der erfolgreichen Vollprivatisierung in Großbritannien (außer Armee, Polizei und Gesundheitsdienst) - alle Länder mit mehr oder weniger ausgeprägten Liquiditätssorgen diesen aufgezeigten Weg gehen wollen und deswegen jetzt weiter privatisieren.

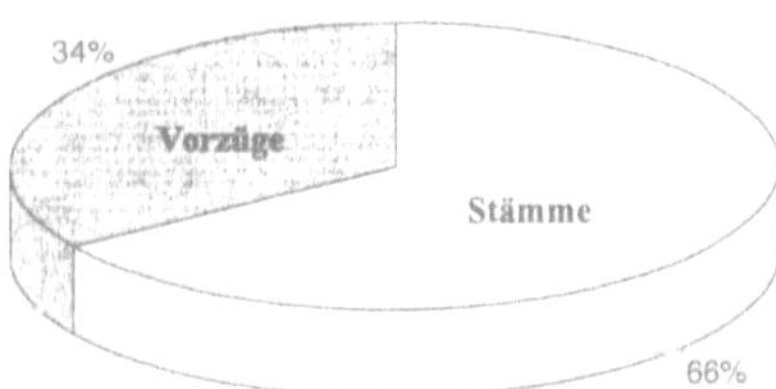

Abb.: N. seit 1983 → Stamm- zu → Vorzugsaktien (Quelle: IR AG)

In den nächsten Jahren kommen Frankreich (mind. DM 100 Mrd.), Italien (mind. DM 100 Mrd.), Spanien, Deutschland, Großbritannien, Niederlande, Schweden, Belgien, Dänemark, Österreich, Norwegen, Portugal, Griechenland, etc.

Die Kapitalbeschaffung über die Börse, den Kapitalmarkt, wird enorm zunehmen. Die in der N.statistik aufgezeigte Entwicklung seit 1983 wird nur der Anfang einer langanhaltenden Welle von N. sein. Sollte das Szenario der Deutschen Bank Wirklichkeit werden, so war die bisherige Entwicklung nur eine Aufwärmphase. Die Zahl von bis zu 2.000 N. in den nächsten 10 Jahren ist unter den heutigen Umständen astronomisch. Dies würde bedeuten, daß jährlich 200 Unternehmen den Weg an die Börse finden, oder umgerechnet fast jeden Handelstag ein neues Listing erfolgt.

Die bevorstehende N. bis zur Jahrtausendwende hat aber noch eine andere Ausprägung: die Bewertung der neu zu emittierenden Unternehmen wird sich den langfristigen Marktgegebenheiten anpassen müssen, damit eine hohe Akzeptanz in Anlegerkreisen aufgebaut werden kann. Vergleicht man etwa die gängige Bewertung von börsennotierten Unternehmen anhand des → Kurs/Gewinn-Verhältnisses, so wird schnell klar, daß die N. der letzten 10 Jahre in der Mehrzahl zu hochpreisig waren (siehe Abbildung). Im Vergleich hierzu muß man die langfristige Marktentwicklung betrachten. Der → DAX-Index ist mit rund 85% der → Marktkapitalisierung der gesamten deutschen → Aktien hierzulande ein guter Querschnitt. Nimmt man einen 30-Jahres-Vergleich, so stellt man fest, daß für die 24 Industrieunternehmen das Maximum im KGV bei 19,9 lag, das Minimum bei 6,9. Der 30-jährige Mittelwert des KGV ist 10,9 und der Median 10,7. Aus diesen Zahlen und dem Vergleich mit der KGV-Abbildung der N. läßt sich die hochpreisige Ausgabe einfach nachvollziehen.

Es wird also eine moderatere Bewertung über die Gewinnmultiples stattfinden müssen. Zum anderen ist ein Trend zur Stammaktie zu erkennen. Wie die Abbildung vom Verhältnis der Stamm- zu den Vorzugsaktien zeigt, wurden vorwiegend Stammaktien emittiert. Der weltweite Trend ist: „Eine Aktie, eine Stimme".

Dipl.-Ök. M. Dürr, Grünwald

Neuronale Netze

Finanzprognosen, also Prognosen von Aktienkursen, Wechselkursen, Zinsen

Neuronale Netze

und deren Derivaten, sind sehr schwierig und fehleranfällig. Dies liegt in der Struktur finanzanalytischer Fragestellungen. Es handelt sich nämlich um typische „unverstandene" Probleme; denn

– es gibt vermutlich eine größere Zahl von einwirkenden (verursachenden) oder indikativen Faktoren, die die Kursentwicklung beschreiben. So mag der Wechselkurs des US $ zur DM u.a. von der Preisentwicklung in den USA und Deutschland, von der Entwicklung der Geld- und Kapitalmarktzinsen in den beiden (oder vielleicht auch anderen) Ländern, der Außenhandelsüberschüsse, der Arbeitsproduktivität, aber auch von politischen Faktoren abhängen.

– Das Zusammenwirken der Faktoren ist aber weder theoretisch eindeutig erklärbar noch empirisch exakt genug beschreibbar. Wir verfügen zwar über Modelle, die die Wirkungsweise einzelner Einflußgrößen oder Faktorenbündel analytisch beschreiben können; sie sind aber nicht in der Lage, die Komplexität der realen Wirkungszusammenhänge auch nur annähernd abzubilden.

– Es ist anzunehmen, daß zwischen den Faktoren und der Kursentwicklung nichtlineare Zusammenhänge gelten, daß also z.B. abrupte Reaktionen nach Überschreiten bestimmter Schwellwerte eintreten.

– Das Zusammenwirken der Faktoren ist durch „Rauschen" (= Zufallsereignisse) mehr oder weniger stark gestört.

– Dennoch können wir vermutlich davon ausgehen, daß die Grundstruktur der Zusammenhänge über längere Zeit weitgehend stabil bleibt (sog. zeitliche und situative Invarianzen).

Üblicherweise zur Kursprognose eingesetzte technisch oder fundamental orientierte Verfahren bringen oft unbefriedigende Ergebnisse, da sie die Problemkomplexität nicht voll erfassen können und/oder meist auf die Modellierung linearer Zusammenhänge beschränkt bleiben. Daher richten sich viele Hoffnungen auf den Einsatz Künstlicher Neuronaler Netzwerke (NN), einen noch recht jungen Zweig der Künstlichen Intelligenz. Denn sie sind grundsätzlich geeignet, für Probleme der vorgestellten Art Lösungen zu bieten.

NN sind – vereinfacht gesprochen – funktionale Äquivalente natürlicher Neuronaler Netzwerke in biologischen Organismen. „Intelligenz" entsteht nach diesem Ansatz durch das parallele Zusammenwirken vieler tausender Nervenzellen. Bei der Entwicklung von NN versucht man, die Funktionsweise biologischer Nervenzellen und der Informationsverarbeitung im Gehirn in einem drastisch vereinfachten Modell einzufangen und auf einem Computer zu simulieren.

Die Arbeitsweise von NN läßt sich folgendermaßen charakterisieren: Grundbaustein jedes NN ist das funktionale Modell einer Nervenzelle, die als Neuron oder Unit bezeichnet wird. Es kann als individuelles Entscheidungsmodell interpretiert werden. Auf das Neuron treffen (beliebig viele) von außen oder von anderen Neuronen abgesandte Signale, bei Kursprognosen z.B. verschiedene Marktdaten; das Neuron hat zuerst diese Signale zu filtern, d.h. je nach Wichtigkeit die Signale aufzunehmen oder Informationskanäle ganz abzuklemmen (Gewicht der Information = 0).

In einem zweiten Schritt sind die aufgenommenen Informationen zu einem Gesamtsignal zusammenzuführen. Die einfachste Möglichkeit hierzu stellt die bildung einer gewichteten Summe aller gefilterten Informationen dar (Nettoinput). Die Gewichtungsfaktoren geben die sog. synaptische Verbindungsstärke an.

In einem dritten Schritt läßt sich aus dem Nettoinput eine ja-nein-Entscheidung ableiten. Dazu wird eine nichtlineare Aktivierungsfunktion benötigt. Dies kann eine einfache Sprungfunktion (bei Nettoinput < Schwellwert: 0, bei Nettoinput > Schwellwert: 1) sein. Häufig wird allerdings eine logistische Funktion oder der Tangens Hyperbolicus gewählt.

Die Einführung der nichtlinearen Funktion ist eines der differenzierenden Merkmale von NN.

NN setzen sich aus mehreren Neuronen zusammen. Nach der Art der Anordnung und internen Vernetzung der Neuronen lassen sich als zwei Hauptklassen von NN Schichten- und Klumpenmodelle unterscheiden. Bei einem Schichtenmodell sind die Neuronen in Schichten angeordnet. Jedes Neuron empfängt nur Informationen von Neuronen vorgelagerter Schichten und sendet nur an Neuronen nachgelagerter Schichten. Klumpen- oder rekurrente Modelle weisen dagegen mindestens eine Rückkoppelung auf, d.h. ein Neuron sendet gleichzeitig an ein anderes und empfängt von ihm direkt oder indirekt Signale. Die beiden Modelltypen eignen sich jeweils für spezifische Problemstrukturen. Will man z.B. einen Markt mit mehreren Teilnehmern modellieren, deren Entscheidungen interdependent sind, so ist ein rekurrentes NN das geeignete Modell. Der zur Zeit in Wissenschaft und Praxis am häufigsten eingesetzte Netzwerktyp ist das Multilayer-Perceptron (MLP), ein Schichtenmodell mit meist einer Schicht sog. verdeckter Neuronen (hidden units) zwischen der Input- und der Outputschicht. Die Neuronen der Inputschicht nehmen Informationen aus der Systemumwelt auf und geben sie an die Neuronen der verdeckten Schicht weiter. Dort werden sie in der beschriebenen Weise verarbeitet. Die Ausgabe der letzten Schicht (Outputschicht) ist der Output des gesamten Netzwerks.

Damit NN die vorgesehene Aufgabe erfüllen können, müssen sie lernen (trainiert werden). Beim MLP-Schichtenmodell geschieht dies folgendermaßen: Dem Netz wird eine Zahl von Beispielfällen für das zu lösende Zuordnungsproblem präsentiert. Die Gewichte im Netz werden zufällig gewählt. Dann wird ermittelt, ob der vom Netz errechnete Output mit dem gewünschten (richtigen) Output übereinstimmt. Bei Abweichungen werden die Gewichte im Netz, von der letzten Schicht beginnend, so angepaßt, daß die Summe der Fehler zwischen den errechneten und gewünschten Outputs möglichst klein wird. Wenn das Netz nach vielen Wiederholungen dieser Schritte genügend trainiert erscheint, kann es auf ihm nicht bekannte Beispielfälle angewandt werden, um seine Treffergüte zu überprüfen.

Gegenüber klassischen Verfahren zeigen sich damit verschiedene positive Eigenschaften von NN:

- Die Ursache-Wirkungszusammenhänge der zu lösenden Aufgabe brauchen nicht bekannt zu sein. Es genügt, das zu lösende Problem durch eine möglichst umfassende Sammlung von denkbaren Einflußfaktoren und entsprechenden „Beispielen" zu beschreiben. Durch ihre Lernfähigkeit sind NN prinzipiell in der Lage, die in den Beispielfällen enthaltenen Strukturen zu entdecken.
- bei den denkbaren Einflußfaktoren können beliebig technische und fundamentale Faktoren gemischt werden;
- die Inputdaten dürfen unvollständig und verrauscht sein;
- es können auch hochgradig nichtlineare Strukturen erkannt werden;

NN müßten daher von ihrem Problemlösungspotential in der Lage sein, gute Kursprognosen zu liefern und andere Verfahren zu übertreffen.

Daß diese Hoffnungen durchaus berechtigt sind, belegt inzwischen eine rasch zunehmende Zahl von Untersuchungen. Die dabei erzielten absoluten Ergebnisse sind stark davon abhängig, für welchen Zeithorizont (z.B. 1 Tag oder 3 Monate) prognostiziert wird. In der Mehrzahl der Fälle werden aber die Benchmarks, d.h. die mit anderen Verfahren erzielte Treffergüte, übertroffen.

Am Beispiel einer Aktienkursprognose sei die Vorgehensweise skizziert. Die Aufgabenstellung war, die 1-Tages-Rendite des DAX zu prognostizieren. Dazu wurden 34 denkbare technische (v.a. die Zeitreihe) und fundamentale Einfluß-

Neuronale Netze

größen (z.B. Kapital- und Geldmarktzinsen im In- und Ausland, ausländische Aktienindices, Währungen, Entwicklung der Güter- und Arbeitsmärkte) nach Empfehlung von Experten ausgewählt, für die Zeitreihen aus den Jahren 1984-1993 zur Verfügung standen. Daraus wurden durch Zeitreihentransformationen insgesamt 190 Input-Datenreihen generiert. Die verfügbaren Datensätze wurden aufgeteilt in eine Trainingsmenge, an der das Netz lernen und die wesentlichen Einflußfaktoren auf die Entwicklung des DAX erkennen sollte, sowie eine Testmenge, an der die Prognosegüte des trainierten NN überprüft wurde. Als Netzwerk wurde ein MLP mit einer verdeckten Schicht ausgewählt. Nach der Optimierung der Netzwerkstruktur verbleiben immerhin 90 Inputneuronen, bei denen das Modell einen auswertbaren Einfluß auf den DAX erkannt hat. Wäre ein Anleger den Modellprognosen gefolgt, hätte er gegenüber der allgemeinen Kursentwicklung (Buy and Hold-Strategie) einen ansehnlichen Zusatzgewinn erwirtschaftet.

Ähnlich positive Ergebnisse konnten bei kurz- und langfristigen Prognosen von Zinsen und Wechselkursen erzielt werden. Neuere Ansätze versuchen das volle Leistungspotential von NN dadurch auszunutzen, daß integrierte Prognosemodelle der Finanzmärkte entwickelt werden. Die nationalen Finanzmärkte zeigen ebenso Zusammenhänge wie die Aktien-, Renten- und Währungsmärkte. Ihre Entwicklung ist zu erheblichen Teilen durch gemeinsame Grundfaktoren und durch wechselseitige Einwirkungen beeinflußt. Es liegt daher nahe, in einem integrierten Modell Aktien, Renten und Währungen mehrerer Länder simultan zu schätzen. Ein rekurrentes Modell, das Rückkopplungen der Neuronen explizit enthält, scheint dafür besonders geeignet. Die vorläufigen Ergebnisse lassen diesen Ansatz als sehr erfolgversprechend erscheinen.

Allerdings zeigen die verschiedentlich erzielten Mißerfolge beim Einsatz von NN, daß sie keine „Selbstläufer" sind. Gute Prognoseergebnisse stellen sich nicht automatisch und in jedem Fall ein, vielmehr muß mühsam um sie gerungen werden. NN enthalten nämlich eine große Zahl von Freiheitsgraden, die es möglichst optimal zu gestalten gilt.

Zunächst ist die Art und Qualität der verwendeten Daten zu erwähnen. Auch bei NN gilt „Garbage in – Garbage out". Wenn die herangezogenen Inputdaten die wirklich interessierenden Zusammenhänge nicht enthalten, können diese auch nicht entdeckt werden. Wichtig ist auch, über eine genügende Zahl an Lernbeispielen zu verfügen, damit das Modell nicht auf „Rauschen", d.h. auf zufällige Datenkonstellationen hereinfällt. Bei Kursprognosen im Monatsbereich ist in der Tat die Reihe verfügbarer historischer Daten sehr kurz und bildet daher eine nicht zu unterschätzende Fehlerquelle.

Ebenso entscheiden ist die Wahl des richtigen Netzwerktyps. Derzeit existieren wenigstens 20-30 Netzwerktypen, die über spezifische Stärken und Schwächen verfügen. Dagegen gibt es kaum Regeln für deren problemadäquate Auswahl. Bei Kursprognosen streuen die Trefferquoten und erzielbaren Tradinggewinne bei Einsatz unterschiedlicher Netzwerktypen beträchtlich. Wer also mit einem ungeeigneten Netzwerktyp arbeitet, kann leicht an der gestellten Aufgabe scheitern.

Auch die Festlegung der Netzwerkarchitektur, d.h. die Zahl der Schichten und der Units auf den Schichten, vermag die Qualität der NN-Prognose erheblich zu beeinflussen. Leistungsfähige NN-Simulatoren verfügen inzwischen über Instrumente, die den Anwender beim Auffinden der optimalen Netzwerkstruktur unterstützen. Weitere Freiheitsgrade bieten z.B. das Lernverfahren und die Wahl der Aktivierungsfunktion.

Ein besonderes Problem in der Trainingsphase ist das Overfitting von NN. Je komplexer ihre Struktur ist, desto eher neigen sie dazu, in den Trainingsdaten auch Scheinzusammenhänge zu erkennen. Sie lernen dann zwar gut, die ihnen präsentierten Beispielfälle weitgehend fehlerlos zuzuordnen, versagen dann aber bei Anwendung auf ihnen unbekannte Datensätze. Dieser Gefahr kann man durch einen frühzeitigen Abbruch der Lernphase begegnen, der zu erfolgen hat, wenn in einer aus den Trainingsdaten entnommenen Kontrollgruppe der Zuordnungsfehler wieder anzusteigen beginnt.

Der Einsatz von NN für Kursprognosen hat bisher gezeigt, daß NN keine „Money Machines" sind, mit deren Hilfe man risikolos und garantiert Übergewinne erzielen kann. Kursbewegungen, die „zufällig" sind, d.h. nicht durch Größen verursacht sind, die im Modell enthalten sind, können auch durch NN nicht entdeckt werden. Daher sind immer Fehlprognosen zu erwarten. Sie können aber, von methodisch und fachlich versierten Experten eingesetzt, die Zuverlässigkeit von Kursprognosen merklich steigern.

Lit.: Rehkugler; Zimmermann (Hrsg.), Neuronale Netze in der Ökonomie – Grundlagen und finanzwirtschaftliche Anwendungen, München 1994

Prof. Dr. H. Rehkugler, Freiburg

Neuzulassung
Zulassung neuer → Emissionen (→ Aktien, → Anleihen, etc.) zum Börsenhandel.

Nichtamtlicher Handel
Handel in → Wertpapieren, die nicht zum amtlichen Handel zugelassen sind.

Gegensatz: → amtlicher Handel.

Nichtveranlagungsbescheinigung
Vom Finanzamt ausgestellter Freistellungsbescheid. Anlegern, die diese NV-Bescheinigung vorlegen, wird der Gesamtertrag an → Dividenden, → Zinsen und Erträgen aus Investmentanteilen ausgezahlt.

Nominal Price
Terminbörse: Kommt auch in den letzten Minuten der Böresensitzung kein Handel mehr zustande, wird für den betreffenden Terminmonat ein Mittelwert festgelegt. Er wird mit einem kleinen „n" gekennzeichnet.

Nominalkapital
Nennbetrag des Kapitals, → Nennwert.

Nominalwert
Andere Bezeichnung für → Nennwert.

Nominalwertprinzip
Berücksichtigt nicht die unterschiedliche → Kaufkraft der gleichen Währung zu verschiedenen Zeiten. Bei diesem Verfahren wird eine DM des Jahres 1954 mit einer DM des Jahres 1994 gleichgesetzt.

Nominalzins
Bei → Anleihen der auf dem → Mantel angegebene garantierte Zins ohne Berücksichtigung des → Kurswertes oder des Kaufpreises.

Nonvaleurs
Nicht mehr handelbare und daher wertlose → Effekten, die jedoch als historische → Wertpapiere oft noch einen respektablen Sammlerwert besitzen.

Normal Market
Terminbörse: Zeitlich weiter entfernt liegende Liefertermine notieren über dem Kassa-Preis. Bedingt ist dies durch Zins-, Lager- und sonstige Kosten. Gegensatz: → inverted market.

Nostroeffekten
→ Wertpapiere, die sich im Eigentum eines → Kreditinstitutes befinden.

Nostrogeschäfte
Wertpapiergeschäfte auf eigene Rechnung eines Wertpapierhändlers oder einer Bank.

Nostroguthaben
Guthaben einer Bank bei einem anderen → Kreditinstitut.

Notenbank
Mit der Ausgabe von Geldnoten beauftragte Bank. In Deutschland obliegt dies der → Deutschen Bundesbank.

Notes
Angelsächsische Bezeichnung für kurz- bis mittelfristige → Anleihen (4-10 Jahre → Laufzeit). Sie sind meist in einer Summe rückzahlbar und werden häufig privat plaziert.

Notierung
Notiz

→ Kursnotierung.

Notiz
→ Kursnotierung.

Notleidende Papiere
Bezeichnung für → Schuldverschreibungen, bei denen derzeit die vereinbarten Zinszahlungen und/oder Tilgungsleistungen nicht mehr gezahlt werden.

Nullcoupon-Anleihe
Andere Bezeichnung für → Zerobonds.

Nummernkonto
Bei einer ausländischen Bank geführtes anonymes Konto, das nicht unter dem Namen des Inhabers, sondern lediglich unter einer Nummer geführt wird. Die Nummer und der dazugehörige Name werden gesondert verwahrt. Diese Konten werden vorzugsweise in der Schweiz und in Österreich errichtet.

NV-Bescheinigung
→ Nichtveranlagungsbescheinigung.

NYSE
Abk. für New York Stock Exchange (→ Wall Street)

O

O.I.
→ open interest.

Obligationär
Inhaber einer → Schuldverschreibung.

Obligation
→ Festverzinsliches Wertpapier, andere Bezeichnung: → Anleihen, → Schuldverschreibung, → Bonds.

Obligo
1. Gewährleistung oder Garantie (auch „ohne unser Obligo" als Freizeichnungsklausel).
2. Verpflichtung, Verbindlichkeit (Wechselobligo).
3. Wechselkonto im Obligobuch, das für jeden Diskontkunden zur Überwachung seiner Wechselverpflichtungen geführt wird.

Odd Lot
Börsenaufträge über weniger als eine → Schlußeinheit (→ Mindestschluß). In den USA 1-99 → Aktien. Sie werden gegenüber dem „rount lot" (Mindestschluß) mit einem Aufschlag (beim Kauf) oder einem → Abschlag (beim Verkauf) von 1/8 bis 1/4 Punkt (Dollar) abgerechnet.

Oder-Konto
Gemeinsames Konto von zwei oder mehr Inhabern, über das jedoch jeder Inhaber auch allein verfügen kann. Die Kontoinhaber sind Gesamtschuldner.

OECD
Abk. für Organization for Economic Cooperation and Development

Die Aufgaben der Organisation für wirtschaftliche Zusammenarbeit und Entwicklung beziehen sich auf die Wirtschafts- und Währungspolitik, die Koordinierung der Hilfe für die Entwicklungsländer, die Erörterung handelspolitischer Fragen, politischer und technischer Probleme sowie der Liberalisierung des internationalen Dienstleistungs- und Kapitalverkehrs.

Off
Terminbörse: Kennzeichnung der Preisdifferenz gegenüber einem anderen Terminmonat. Beispiel: Der Preis liegt 1,50 Dollar „off" Dezember. Dies bedeutet, daß der genannte Preis 1,50 Dollar unter dem Preis des Dezember-Termins liegt.

Offen-Markt-Politik
Steuerungsmittel der → Bundesbank zur Erreichung währungspolitischer Ziele. Durch den sichtbaren Kauf oder Verkauf von → Wertpapieren am → Geld- und → Kapitalmarkt nimmt sie Einfluß auf die Zinsentwicklung und die → Liquidität der Wirtschaft. Durch den Verkauf von Wertpapieren werden flüssige Mittel entzogen, also der → Geldumlauf reduziert. Durch Ankauf von Wertpapieren wird der Geldumlauf vergrößert und dem Markt flüssige Mittel zur Verfügung gestellt.

Offene Fonds
→ offene Investmentfonds

→ offene Immobilienfonds

Gegensatz: → geschlossene Fonds.

offene Immobilien Fonds
Nach dem Open-end-Prinzip arbeitende → Fonds.

Jederzeit können bei jeder Bank die Zertifikate formlos erworben und wieder veräußert werden.

offene Investmentfonds
Übliche Art der → Investmentfonds nach dem Open-end-Prinzip. Die Zahl der Teilhaber ist unbegrenzt, die Gesellschaft kann beliebig viele neue Investmentsparer aufnehmen. → Investmentfonds.

offene Rücklagen
Entstehen entweder durch Zurückbehaltung von → Gewinnen oder durch Zuführung von → Eigenkapital. Sie werden in den → Bilanzen der → Kapitalgesellschaften als → Rücklagen ausgewiesen.

öffentliche Anleihen
Sammelbegriff für → festverzinsliche Wertpapiere, die von Bund, Ländern, Städten und Gemeinden sowie den Sondervermögen Bahn und Post etc. emittiert werden.

öffentliche Finanzen
Finanzen von Bund, Ländern und Gemeinden.

öffentliche Hand
Bund, Länder und Gemeinden.

Offer
Terminbörse: Angebot, zu einem bestimmten Preis zu verkaufen. Auch „asked price" genannt.

Off Shore Banking
Bankgeschäfte, die außerhalb des Währungssystems einer Bank abgewickelt werden. Überwiegend handelt es sich um Tochtergesellschaften internationaler Banken. Beispiel: → Euromarkt in Luxemburg.

Off Shore Funds
→ Investmentfonds, die aus bestimmten Gründen ihren Sitz auf den Bahamas, Bermudas, Antillen, Panama, Luxemburg oder anderen Standorten errichtet haben. Zu den Gründen gehören steuerliche Vorteile oder weniger strenge Aufsichtsbestimmungen.

ökonomisches Prinzip
Prinzip, nach dem versucht wird, 1. einen vorgegebenen Gewinn mit möglichst geringen Mitteln zu erreichen oder 2. mit den vorhandenen Mitteln einen möglichst großen Gewinn zu erzielen.

Omnibus Account
Terminbörse: Einzelnes Konto, bei dem jedoch nicht eine Einzelperson Inhaber des Kontos ist, sondern viele Einzelpersonen in diesem Konto vereint sind. Wichtigster Vorteil dieser Kontoart ist die Tatsache, daß → Kontrakte, die sich sonst gegenseitig glattstellen, nebeneinander gehalten werden können. Wichtigster Nachteil: Die Einzelperson kann nicht nachprüfen, ob ein bestimmter Kontrakt tatsächlich für sie gekauft wurde. Risiko der Manipulation ist gegeben, da diese Kontoart häufig von ominösen Vermittlerfirmen für ihre Kunden genutzt wird.

On
Terminbörse: Kennzeichnung der Preisdifferenz gegenüber einem anderen Terminmonat. Beispiel: Der Preis liegt 1,50 Dollar „on" Dezember. Dies bedeutet, daß der genannte Preis 1,50 Dollar über dem Preis des Dezember-Termins liegt.

On Opening
Terminbörse: Bezeichnung dafür, daß die betreffende → Order während der Eröffnung des Handels oder bald danach ausgeführt werden soll, also „bei Eröffnung".

Open Contract
Terminbörse: Bezeichnet jene Kontrakte, die noch nicht durch → Glattstellung oder → Andienung aus dem Markt genommen wurden.

Open-End-Fund
→ offene Investmentfonds

Open Order
Offener Auftrag, hat Gültigkeit bis auf Widerruf.

Open Interest
O.I.

Anzahl offener → Kontrakte, die noch nicht durch Gegengeschäfte oder → Andienung glattgestellt wurden. Da nur zwischen 3 und 5% aller Termingeschäfte durch Andienung beendet werden, sind der Rest spekulative Engagements und werden durch Eingehen einer entgegengesetzten Position aufgehoben. Damit ist der O. einmal ein Indikator für die → Liquidität des Marktes und damit zum anderen auch eine bedeutsame Größe für die → Chartisten. Steigt der O. mit dem → Kurs, bzw. sinkt der O. mit dem Kurs, wird dies als Trendbestätigung interpretiert.

Open
Opening

Terminbörse: → Eröffnungskurs, der Kurs, zu dem der erste Handel stattfand.

Opening
→ open.

Opening Range
Terminbörse: Preisspanne während der von der Börse genau festgelegten Minuten bei der Eröffnung.

Opening Rotation
Terminbörse: Beginn der Sitzung, bei der die Eröffnungspreise der einzelnen → Optionsserien oder → Futureskontrakte in bestimmter Reihenfolge festgelegt werden.

Opening Transaction
Eröffnung einer Terminposition durch Kauf oder Verkauf einer → Option. Gegensatz: → closing transaction.

Option
Der Begriff der Option leitet sich vom Lateinischen „Optio" her, der die mögliche Inanspruchnahme eines Rechtes in der Zukunft beschreibt. Dieses Recht kann man erwerben. Der Preis, der dafür zu entrichten ist, wird Optionsprämie genannt. Der Verkäufer des (Options-) Rechts, der sogenannte → Stillhalter, erhält für seine Leistung, das Recht zu gewähren, die Optionsprämie. Kann das Recht jederzeit ausgeübt werden, spricht man von einer amerikanischen Option, andernfalls von einer europäischen. Am Ende der festgelegten → Laufzeit verfällt das Recht.

Juristisch gesehen wird ein Vertrag zwischen zwei Kontrahenten abgeschlossen, der eine sofortige Bezahlung vorsieht. Der Zeitpunkt der (möglichen) Wahrnehmung des Rechts liegt dagegen in der Zukunft. Bei einem Optionsgeschäft handelt es sich daher um ein sogenanntes → Termingeschäft. Da der Käufer der Option sein Recht zwar wahrnehmen (ausüben) kann, aber nicht wahrnehmen muß, spricht man von einem bedingten Termingeschäft. Im Gegensatz dazu handelt es sich bei den → Financial Futures, einer anderen Form des Termingeschäftes, um unbedingte Termingeschäfte, da das Wahlrecht entfällt.

Optionen lassen sich den neuen → Finanzinnovationen zuordnen, die in den letzten Jahren an den internationalen Kapitalmärkten eingeführt, verfeinert oder standardisiert wurden. Das starke Wachstum des Umsatzes an den Terminbörsen begründet sich aus den seit Anfang der 70er Jahre ständig zunehmenden Kursfluktuationen an den internationalen Finanzmärkten und einem daher steigenden Bedürfnis nach Risikomanagement. Dies spiegelt auch die zunehmende Abkoppelung des Volumens der Finanztransaktionen vom Volumen der Transaktionen der Gütersphäre wider.

Optionen blicken gleichwohl auf eine sehr lange Geschichte zurück. Schon in der berühmten Tulpen-Spekulationsblase im 17. Jahrhundert in Holland spielten Optionen eine marktbestimmende Rolle. Die damaligen Optionen waren natürlich noch nicht standardisiert, sondern sogenannte Over The Counter (→ OTC) Optionen. In der Neuzeit wurden Optionen 1973 an der Chicagoer CBOE an der Börse eingeführt. Die erste europäische Terminbörse öffnete 1981 in Amsterdam (European Options Exchange EOE) ihre Pforten. In Deutschland existiert die Deutsche Terminbörse DTB seit 1990.

Die Motive der Marktteilnehmer beim Erwerb oder Verkauf von Optionen lassen sich in drei Gruppen einteilen. Im Vordergrund steht die Absicherung eines → Portefeuilles (Versicherungsprämie) von Vermögenstiteln (assets) wie z.B. → Aktien. Desweiteren eignen sich Optionen zur Erzielung von (risikolosen) Arbitragegewinnen. Aber auch als eigenständiges Anlageinstrument, um von erwarteten Marktentwicklungen zu profitieren, werden Optionen zunehmend entdeckt. Aufgrund der sogenannten Hebelwirkung lassen sich bei vergleichsweise geringem Kapitaleinsatz und begrenztem Risiko große Gewinne erzielen.

Grundsätzlich lassen sich bei einer Option vier Grundpositionen beschreiben (Quelle: DTB): Der Käufer einer Kaufoption (→ Call) hat das Recht, aber nicht die Verpflichtung, den Vermögenstitel (→ Basiswert, Underlying) während der Laufzeit der Option zu dem im voraus festgelegten Preis (→ Basispreis, Ausübungspreis, → Strike Price) zu kaufen. Der Käufer einer Verkaufsoption (→ Put) hat das Recht, aber nicht die Verpflichtung, den Basiswert während der Laufzeit der Option zu dem im voraus festgelegten Basispreis zu verkaufen.

Der Verkäufer (Stillhalter, Schreiber) einer Kaufoption hat die Verpflichtung, den Basiswert zu dem im voraus festgelegten Basispreis zu verkaufen, falls der Call ausgeübt wird. Der Verkäufer einer Verkaufsoption hat die Verpflichtung, den Basiswert zu dem im voraus festgelegten Basispreis zu kaufen, falls der Put ausgeübt wird. Am Verfalltag erlöschen das Recht sowie die (potentielle) Verpflichtung.

Der Optionspreis beschreibt damit für den Käufer der Option den maximal möglichen Verlust, für den Verkäufer der Option den maximal möglichen Gewinn. Die Richtung des Geldflusses reflektiert das asymmetrische Chance – Risiko – Profil zwischen Käufer und Stillhalter. Der Optionspreis wird dabei von Angebot und Nachfrage bestimmt. Prinzipiell setzt er sich aus zwei Bausteinen zusammen, dem → inneren Wert und dem → Zeitwert.

Der Optionspreis wird von mehreren Faktoren beeinflußt. Den größten Einfluß hat zweifellos die Entwicklung des Kurses des Basiswertes. Darüber hinaus beeinflussen der Basispreis, die Restlaufzeit, die kurzfristigen Zinssätze und, bei Aktien, die Dividendenausschüttungen den Optionspreis. Eine besondere Rolle spielt die sogenannte → Volatilität, ein Maß, welches die Intensität der Kursschwankungen des Basiswertes widerspiegelt. Man unterscheidet hier zwischen der → historischen Volatilität, die mit Hilfe der Vergangenheitspreise des Basiswertes berechnet wird, und der → impliziten Volatilität, die versucht, die aktuelle Meinung des Marktes über die zukünftige Intensität der Kursschwankungen des Basiswertes zu ermitteln.

Zur Berechnung eines gerechtfertigten Optionspreises werden verschiedene Optionspreismodelle verwendet. Das bekannteste basiert auf dem Iterationsverfahren der beiden amerikanischen Professoren Fischer Black und Myron Scholes aus dem Jahre 1973 und trägt deren Namen (→ Black-Scholes-Modell).

R. Hemmerich, Frankfurt/M.

Option-on-Future

Eine O., zu deutsch ein → Optionsgeschäft auf einen → Future, stellt ein zweistufiges → Termingeschäft dar, da sowohl die Abwicklung der → Option als auch des → Futures als Basisgeschäft in der Zukunft liegen. Der Future kann sich dabei zum Beispiel auf → Devisen, auf → festverzinsliche Wertpapiere oder auf → Indices beziehen. Die in Deutschland erste und bekannteste O. hat so beispielsweise den → DAX-Future als → Basis.

Die Wirkungsweise dieses Termingeschäftes ist grundsätzlich identisch zu jeder anderen Optionsform. Der Optionskäufer erwirbt das Recht, zu einem festgelegten Zeitpunkt eine bestimmte Menge eines Futures zu einem bei Abschluß der Option fixierten Preis zu erwerben oder zu verkaufen. Er bezahlt dafür einen → Optionspreis. Im Gegensatz zu den Kassa-Optionen geschieht die Abwicklung bei → Ausübung der Option jedoch nicht in realen Stücken, sondern in → Terminkontrakten, deren Ausübung sich wiederum auf die Zukunft bezieht. Weiterhin erfolgt bei den Optionen keine direkte Verrechnung der Optionsprämie, sondern eine tägliche Bewertung, weswegen auch der Käufer Sicherheiten hinterlegen muß.

Die O. kann zwei verschiedenen Zwekken dienen. Zum einen ist denkbar, daß der Käufer mit dem Abschluß ein Gegengeschäft absichern will (→ Hedging). Da jedoch die Option auf ein Termingeschäft – ihrerseits schon Absicherung eines → Kassageschäftes der Zukunft – gerichtet ist, würde es sich um die Absicherung der Absicherung handeln. Ein solches Vorgehen am Markt ist durchaus denkbar und üblich. Das Hauptmotiv eines Engagements im Bereich der O. liegt jedoch in der Spekulationsabsicht der Teilnehmer. Jeder Terminkontrakt ist hoch spekulativ, da mit vergleichsweise geringem Einsatz hohe → Gewinne oder Verluste möglich sind. Bei den O. steigert sich dieser Effekt durch die Zweistufigkeit des Termingeschäftes. Die Teilnehmer verzichten also auf die Lieferung effektiver Stücke und beschränken sich auf die – bezüglich der Abwicklung einfachere Übergabe von Futures.

Die Verbreitung der O. ist in Deutschland im Gegensatz zu liberaleren Märkten wie zum Beispiel in den USA noch sehr gering. Erst mit der Einführung der → Deutschen Terminbörse wurde die Voraussetzung für den Handel mit O. geschaffen. Im August 1991 wurde dann die erste Option auf den → Bund-Future aufgelegt. Verbreitet sind inzwischen vor allem Optionen auf Indices wie beispielsweise den → DAX-Future. Die Entwicklung der O. steht also in Deutschland noch am Anfang, so daß mit einer positiven Entwicklung in den nächsten Jahren gerechnet werden kann.

Im Gegensatz dazu besitzen die O. an den meisten großen Weltbörsen bereits eine bedeutende Verbreitung und sind dort fester Bestandteil des Terminhandels.

Lit.: Cramer, J.: Financial Engineering durch Finanzinnovationen. Vieweg 1993; Deutsche Bank (Hrgs.): Risk Management mit Futures & Options. Frankfurt/M. 1989; Konrad R.: Terminbörsengeschäfte. Köln 1992; Obst; Hintner: Geld-, Bank- und Börsenlexikon. 39. Auflage, Stuttgart 1993; Straush, L.: Handbuch Terminhandel. Darmstadt u.a. 1990.

Dr. K.Schraudner, Roth

Optionsanleihe

→ Anleihe, die sich von einer normalen → Schuldverschreibung („straight bond") dadurch unterscheidet, daß sie über Zins- und Tilgungsanspruch hinaus ein → Optionsrecht verbrieft. Unabhängig davon, ob sich die Ausübung des Optionsrechts zu gegebener Zeit lohnt oder nicht, bietet der → Optionsschein im Zeitpunkt seiner Ausgabe Chancen, die ihn wirtschaftlich wertvoll erscheinen lassen. Aus diesem Grunde können die Nominalzinssätze der zu der O. gehörenden Schuldverschreibung deutlich unter den gerade geltenden Marktzinssätzen liegen.

Die klassische O. verbrieft das Recht, junge Aktien der Emittentin zu erwerben („equity warrant"). Obwohl das auch heute immer noch der Standardfall ist, werden auch Optionsscheine auf andere marktmäßig gehandelte Vermögenswerte ausgegeben, wie beispielsweise Folgeanleihen („interest warrant"), → Genußscheine, fremde Währungen („currency warrant") oder Handelswaren wie Edelmetalle und Rohöl.

Üblicherweise wird der Optionsschein („warrant") zusammen mit der Anleihe emittiert. Unmittelbar nach → Emission der Anleihe wird der Optionsschein von der Anleihe getrennt. Danach werden beide Wertpapiere (die reine Anleihe und der Optionsschein) separat gehandelt. Optionsscheine werden jedoch zunehmend auch ohne das Begleitpapier Anleihe ausgegeben („naked warrant").

Konzentriert man sich auf Optionsscheine, die den Bezug → junger Aktien erlauben, so sind von der → Emittentin Entscheidungen in bezug auf folgende Details zu treffen:

1. *Optionsverhältnis:* Damit ist die Frage angesprochen, wieviele junge Aktien jemand erwerben darf, der einen Optionsschein besitzt.
2. *Optionskurs:* Das ist der Preis, den man bei → Ausübung des Optionsrechtes für eine junge Aktie zahlen muß.
3. *Optionsfrist:* Das ist die Zeitspanne, während derer es zulässig ist, die Optionsrechte zu nutzen.

4. *Verwässerungsschutz:* Werden vor Beginn der Optionsfrist junge Aktien ausgegeben, so bleibt das im Regelfall nicht ohne Einfluß auf die Aktienkurse, insbesondere dann nicht, wenn junge Aktien zu Preisen ausgegeben werden, die deutlich unter den bisherigen → Kursen liegen. Auch bei einer Kapitalerhöhung aus Gesellschaftsmitteln ist mit Kurssenkungen zu rechnen. Um Inhaber von Optionsscheinen vor solchen Kapitalverwässerungseffekten zu schützen, kann man ihnen entweder zusichern, daß sie bei Kapitalerhöhungen ebenfalls junge Aktien beziehen dürfen, oder vorsehen, daß Optionskurs und/oder Optionsverhältnis angepaßt werden.

Die Ausgabe von O. berührt die Rechte der bisherigen Aktionäre in vielfältiger Weise. Obwohl es an einer ausdrücklichen Regelung im → Aktiengesetz fehlt, bedarf es beim → Hauptversammlungsbeschluß in sinngemäßer Anwendung von § 221 Abs. 1 AktG einer Mehrheit, die mindestens drei Viertel des vertretenen → Grundkapitals umfaßt. Den alten Aktionären stehen nach § 221 Abs. 4 und § 186 AktG → Bezugsrechte auf die O. beziehungsweise die Optionsscheine zu. Soweit der Optionsschein das Recht auf Bezug junger Aktien verbrieft, muß die Hauptversammlung eine bedingte Kapitalerhöhung beschließen (§ 192 Abs. 2 Ziffer 1 AktG).

Um den Wert einer O. zu beurteilen, zerlegt man diese zweckmäßigerweise gedanklich in ihre Komponenten, die reine Anleihe und den Optionsschein. Was die reine Anleihe betrifft, so verkörpert sie nichts anderes als den Barwert aller mit ihr verbundenen Zins- und Tilgungsleistungen.

Der Optionsschein selbst ist dagegen sehr viel schwieriger zu bewerten, wie man sich an folgendem Beispiel klar machen kann: Ein warrant verbrieft das Recht, 4 Aktien einer Gesellschaft zum Preis von 250 DM zu erwerben, die auf je 50 DM nominal lauten und gegenwärtig zum Kurs von 200 DM gehandelt werden. Die Optionsfrist beginnt in einem Jahr und endet in zwei Jahren.

Müßte man den Optionsschein sofort ausüben oder auf die Ausübung verzichten, so wäre er wertlos, weil der direkte Erwerb der Aktien über die → Börse günstiger wäre. Nach Ablauf eines Jahres oder während der dann beginnenden Optionsfrist können die Kursverhältnisse sich jedoch geändert haben. Die Wahrscheinlichkeit dafür, daß sich günstige Situationen einstellen, mag von jedermann anders eingeschätzt werden. Dennoch ist sie um so größer, je länger die Optionsfrist dauert. Daher kann man feststellen: Der Wert eines Optionsscheins ist um so höher,

1. je weiter das Ende der Optionsfrist in der Zukunft liegt,
2. je → volatiler der Aktienkurs ist,
3. je höher das Umtauschverhältnis ist,
4. je niedriger der Optionskurs ist,
5. je besser der Optionsschein gegen Kapitalverwässerung geschützt ist,
6. je niedriger das Niveau der Marktzinsen ist.

Je näher das Ende der Optionsfrist rückt, um so mehr schwindet die Unsicherheit, ob sich die Ausübung des Optionsrechtes lohnen wird. Am letzten Tage dieser Frist ist der Wert des Optionsscheins O_T klar berechenbar. Er ergibt sich aus

$$O_T = \max(\gamma \cdot (K_T - X), 0),$$

wobei γ für das Optionsverhältnis (hier: $\gamma = 4$), X für den Optionskurs (hier: X = 250 DM) und K_T für den Kurs der alten Aktien am Ende der Optionsfrist stehen. Beläuft sich der Aktienkurs an dem betreffenden Tag auf $K_T = 270$ DM, so beträgt der Wert des Optionsscheins $4 \cdot (270 - 250) = 80$ DM. Bei jedem Aktienkurs unter 250 DM wäre der Schein dagegen wertlos. So gesehen handelt es sich beim Optionsschein quasi um ein „Lotterielos, das entweder gewinnt oder sich als ‚Niete' entpuppt".

Seit Ende der 80er Jahre sind Kontrakte geschlossen worden, bei denen sich die

Emittentin der Optionsscheine verpflichtete, diese zu einem bestimmten Betrag B zurückzunehmen, wenn das Optionsrecht nicht ausgeübt wurde. In diesem Fall kann der Optionsschein bei Fälligkeit nicht unter

$$O_T = \max(\gamma \cdot (K_T - X), B)$$

sinken. Der Inhaber dieses „Lotterieloses" erhält bei Fälligkeit mindestens den Betrag B. Vor (endgültiger) Fälligkeit des Optionsscheins hängt sein Preis davon ab, wie der Markt die Kursbewegungen der Aktie während der noch laufenden Frist einschätzt.

Hält jemand auch die Anleihe bis zum Zeitpunkt der Ausübung des Optionsrechtes, so ist er sowohl Gläubiger als auch (Mit-)Eigentümer der emittierenden Gesellschaft. Die Anleihe geht bei der Ausübung des Optionsrechtes nicht unter.

Prof. Dr. L. Kruschwitz, Berlin

Optionsinhaber
Käufer eines → Calls oder eines → Puts.

Optionsklasse
Alle → Optionen desselben Typs und mit demselben → Basiswert.

Optionsprämie
Betrag, den der Käufer eines → Optionsrechtes bezahlen muß und der Verkäufer dieses Rechtes aufgrund seiner Risikoübernahme erhält.

Diese Risikoübernahme besteht darin, auf Verlangen des Käufers der Option jederzeit bis zum → Verfalltermin (→ amerik. Optionen) bzw. am Verfalltag (→ europ. Optionen) den → Basiswert zum vereinbarten Preis zu liefern (bei → calls) bzw. abzunehmen (bei → puts).

Optionspreis
Andere Bezeichnung für → Optionsprämie.

Optionspreismodell
Besser: Optionspreisformel. Idealtypisches Berechnungsschema zur Bestimmung des „fairen" Optionspreises unter Zugrundelegung verschiedener Annahmen. Beispiel: → Black-Scholes-Formel.

Optionsrecht
Durch Kauf- oder Verkaufsoption erworbenes Recht. Das Recht kann innerhalb der → Laufzeit der → Option (Gültigkeitszeitraum) ausgeübt (→ amerik. Option), aber auch durch Verkauf auf andere übertragen werden. Nach dem letztmöglichen Ausübungstag verfällt das O.

Optionsschein
1. Entstehungsgründe

Der O.markt war bis weit in die 80er Jahre hinein allein der Markt für verbriefte → Kaufoptionen auf → Aktien, die in Zusammenhang mit → Optionsanleihen emittiert wurden. Historisch gesehen geht die Entstehungsgeschichte auf das Jahr 1728 zurück, damals begab die Niederländische Kaiserliche Indische Compagnie die ersten O. mit einer Laufzeit von zwei Jahren.

Der haussierende → Aktienmarkt Mitte der 80er Jahre dieses Jahrhunderts führte einerseits zu einem erhöhten Emissionsvolumen und andererseits zu einer Artenvielfalt, die fast keinen Bereich mehr ausläßt (→ Index-, Währungs-, und → Zinsoptionsscheine). Die Anzahl der in Deutschland notierten O. stieg von 269 im Jahr 1989 auf rund 1100 im Jahr 1992. Die Entwicklung der O. auf ausländische Aktien stieg im gleichen Zeitraum von 65 auf 156 → Emissionen.

2. Definition und Abgrenzung

O. verbriefen selbstständige → Optionsrechte und gewähren dem Inhaber das Recht, nicht aber die Verpflichtung, eine bestimmte Menge des → Basiswertes innerhalb einer bestimmten Frist (american style) oder an einem bestimmten Tag (european style) zu einem bestimmten Preis vom → Emittenten zu beziehen (→ calls) oder an ihn zu verkaufen (→ puts).

Auch reine Optionen verbriefen das Recht, während der → Laufzeit einen Basiswert zu einem bestimmten → Basispreis zu beziehen (calls) bzw. anzudienen (puts). Optionen sind das orginäre Grundinstrument, von dem sich alle anderen Papiere mit Ausübungsrechten ableiten.

Die Unterschiede von → Optionen und Optionsscheinen:

a) Optionen können gekauft (→ long) und verkauft (→ short) werden, d.h. es findet im Gegensatz zu O. keine Emission statt (ein Emittent = short, viele Anleger = long), sondern es gibt gleich viele Käufer und Verkäufer, die calls und puts gegen Prämie kaufen und verkaufen. Außerdem stellen Optionen eine besondere Form des → Termingeschäftes dar, während es sich bei O. um börsennotierte → Wertpapiere handelt.

b) Die Optionskontrakte haben → Laufzeiten von ein, zwei, drei, sechs und neun Monaten, O. zumeist Laufzeiten von vier bis fünf Jahren, in Ausnahmefällen sogar bis zwanzig Jahre. Eine Verlängerung der Optionsfrist um ein bis maximal zwei Jahren ist nur bei O. möglich.

c) Im Gegensatz zu O. beziehen sich Optionen auf bereits im Umlauf befindliche Aktien und nicht auf solche, die erst durch Wandlung genehmigten Kapitals in Nominalkapital geschaffen werden müssen.

O. typen

Neben der Unterscheidung in → amerikanische (→ Ausübung während der gesamten Laufzeit möglich – überwiegend O. auf Aktien) und → europäische Option (Ausübung nur am Ende der Optionsfrist zulässig – überwiegend Index-, Währungs-, und Zins-O.) kann hinsichtlich der Deckung der Optionsrechte zwischen „normalen“ und „gedeckten“ O. differenziert werden. Die „normalen“ O., die nur als Kaufoption begeben werden können, waren bisher entweder an eine → Anleihe oder an einen → Genußschein angehängt. Emittenten sind Industrieunternehmen und Banken, die im Rahmen einer bedingten Kapitalerhöhung dem O.-Käufer bei Ausübung → junge Aktien mit einer Dividendenberechtigung gewähren.

Eine weitere Form ist der „Naked Warrant“ der „solo“, d.h. ohne eine Anleihe begeben wird und ebenfalls zum Bezug junger Aktien berechtigt.

Indexoptionsscheine

Indexoptionsscheine verbriefen Optionsrechte auf ein Indexportefeuille, wie z.B. auf den → DAX. Im Unterschied zu den O. auf einzelne Aktien oder kleinere Aktienkörbe, bei denen es im Rahmen der Ausübung meist zu Lieferung mit Aktien kommt, erfolgt bei den Index-O. immer eine Vergütung der Differenz zwischen dem aktuellen Indexstand und dem Ausübungspreis in DM (sog. → Cash – Settlement). Die meisten Scheine sind vom amerikanischen Typ. Eine Sonderform stellt der Look-Back-Warrant dar, bei dem der Optionspreis während

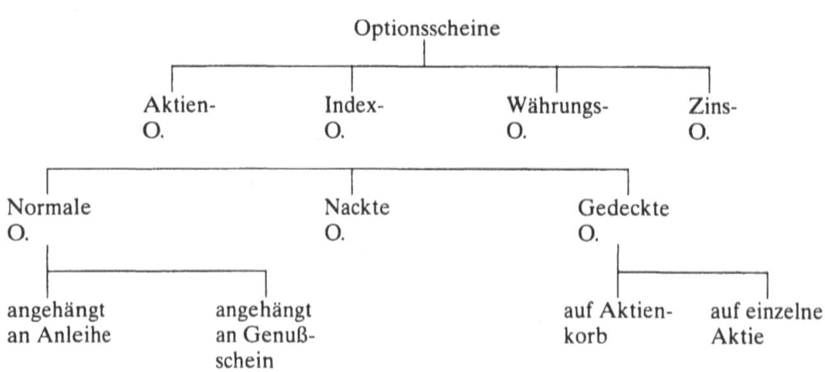

der Laufzeit noch nicht feststeht, sondern sich erst im nachhinein aus dem höchsten (bei Puts) bzw. dem niedrigsten (bei Calls) Indexstand des abgelaufenen Zeitraumes ergibt.

Währungsoptionsscheine

Währungs-O. verbriefen das Recht, einen Währungsbetrag innerhalb eines Zeitraumes oder zu einem bestimmten Zeitpunkt zu einem vorher festgelegten Kurs zu kaufen bzw. zu verkaufen. Die meisten Kontrakte sind vom amerikanischen Typ, darüber hinaus gibt es wie auch bei den anderen O. Besonderheiten z.B. aus Durchschnittskursen errechnete Optionspreise (Asien Warrants), beschränkte Auszahlungen (Capped Warrants) und nachträglich festgelegte Optionspreise (Look-Back-Warrants).

Währungs-O. sind zur Risikoreduktion ideal einsetzbar: Durch Beimischung zu einem Wertpapierdepot, das auch ausländische Titel enthält, kann die Chance/Risiko-Struktur des → Portfolios über die Währungsseite mit geringem Kapitaleinsatz entscheidend verändert werden.

Zinsoptionsscheine

Die am deutschen Markt gehandelten Zins-O. beinhalten Optionsreche auf → Anleihen (→ Bundesanleihen/-obligationen, Weltbankanleihe) und auf Zinsterminkontakte (→ LIFFE, → Bund-Future- und Dreimonats-Euro-DM-Kontrakte). Im Falle der Ausübung wird immer ein Barausgleich über die Differenz zwischen Optionspreis und aktuellem Kurs des Basistitels durchgeführt. Der Einsatz von Zinswarrants ermöglicht, Annahmen über Zinsänderungen verstärkt umzusetzen. Durch den Kauf eines Zins-Calls (Zins-Puts) setzt man auf fallende (steigende) Zinsen.

Capped-Warrants

Capped-Warrants sind im allgemeinen O., deren Gewinnmöglichkeit von vornherein begrenzt werden. Mit Capped-Warrants ist eine Spekulation ohne Risiko mit festgelegtem Gewinn durch Begrenzung nach oben und unten (Cap) möglich. Der Anleger kauft immer gleichzeitig Kaufschein (Call) und Verkaufsschein (Put). Der Gewinn ist die Differenz zwischen den Bezugspreisen von Call und Put (Cap-Betrag). Die Investition rentiert nur dann, wenn die Summe aus den Kursen der Scheine zum Zeitpunkt des Kaufs unter dem Cap-Betrag liegt.

Für einen angenommenen DAX-Call mit Basispreis 2.100 und einem Cap von 300 bedeutet dies, daß der Warrant ab einem Indexstand von 2.100 Dax-Punkten im Geld ist und maximal 300 DM ausgezahlt werden. DAX-Indexstände von mehr als 2.400 Punkten führen damit zu keiner weiteren Wertsteigerung des Capped-Calls. Ein Capped-Call ist im Grunde genommen ein Call-Bull-Spread, was bedeutet, daß zugleich eine Kaufoption mit einem niedrigen Ausübungspreis (hier 2.100 Punkte) gekauft wurde und eine andere mit einem höheren Ausübungspreis (hier 2.400 Punkte) verkauft wurde. Dementsprechend fließen dann also alle Erträge oberhalb des höheren Ausübungspreises dem Käufer dieses Calls zu, wodurch dann die Gewinnmöglichkeiten begrenzt werden.

3. Chancen/Risikopotential

Im Vergleich zu einer Direktinvestition in Aktien weisen O. ein höheres Chancen – aber auch Risikopotential auf. Zur Beurteilung des Chancen/Risikopotentials von O. sind die Optionsbedingungen, die Höhe des → Aufgeldes sowie die Hebelwirkung zu prüfen.

Die Berechnung des Aufgeldes in Prozent lautet:

$$\frac{\begin{array}{l}\text{Bezugspreis der Aktie +}\\ \text{lt. Optionsbedingung} \; -\\ \text{Kurs des O.-Aktienkurs}\end{array}}{\text{Aktienkurs}} \times 100$$

Aufgrund des geringeren Kapitaleinsatzes bei O. im Vergleich zur Direktinvestition in Aktien, schlagen sich die erwarteten prozentualen Veränderungen des Aktienkurses auf den O.-Kurs stärker nieder (→ Leverage-Effekt). Unter der Prämisse eines gleichbleibenden Aufgeldes partizipiert der O. überproportional an den Bewegungen der Aktie.

Die Berechnung der Hebelwirkung ergibt sich aus:

$$\frac{\text{Aktienkurs}}{\text{Kurs des O.}} = \text{Hebelwirkung}$$

4. Zukunftsaussichten

Im Hinblick auf die Zukunftsaussichten des O-Marktes ist eine differenzierte Betrachtungsweise notwendig. Der in der Vergangenheit bedeutsamere Aktienoptionsscheinsektor wird sehr stark von den Finanzierungsbedürfnissen der Unternehmen abhängen.

Unternehmen sind eher bereit, Optionsanleihen zu emittieren, wenn ihnen das Zinsniveau (zu) hoch und das Kursniveau der eigenen Aktie (zu) niedrig erscheint. Bei hohen Kursen neigen deutsche Unternehmen eher dazu, ihren Eigenkapitalbedarf über Kapitalerhöhungen vorzunehmen. Folglich sind Zinsniveau und Aktienindexstand wesentliche Determinanten. Ein gegenwärtig weiter sinkendes Zinsniveau und ein Index auf neuem All-Time-High führen zu einer Beruhigung im Segment der klassischen Aktienoptionsscheine.

Steigende Aktienkurse stimulieren dagegen das Marktsegment der Covered Warrants. Schließlich gibt es eine große Zahl von Anlegern, die an steigenden Kursen mit möglichst niedrigem Kapitaleinsatz und entsprechender Hebelwirkung partizipieren möchten.

Der Index-O.-Markt mit dem zur Zeit stärksten Wachstum wird auch weiterhin an Bedeutung gewinnen, da vielen Anlegern die Prognose der Indexentwicklung leichter zu fallen scheint, als die Einzelwertprognose. Mittlerweile sind O. auf Indizes fast aller wichtigen Aktienmärkte (FTSE 100, S&P 500, CAC 40 und Japan Top 100) emittiert worden. Währungs-O. werden bedingt durch Unsicherheiten an den Devisenmärkten und den Turbulenzen im → Europäischen Währungssystem (EWS) an Bedeutung gewinnen. Von einer Abnahme der → Volatilität an den internationalen → Geld- und → Kapitalmärkten ist nicht auszugehen.

Auch der anspruchsvolle Privatanleger wird sein Anlagespektrum stetig erweitern. Verschiedene O.-Arten ermöglichen dem Privatanleger kostengünstig Gewinnchancen auf Märkten wahrzunehmen, die wie zum Beispiel am Devisenmarkt früher nur Großanlegern vorbehalten waren. Außerdem lassen sich mittels Warrants auch Kleindepots absichern. Banken können durch die Vielzahl der O.-produkte flexibel auf (geänderte) Anlegerwünsche reagieren.

All diese Faktoren deuten weiterhin auf einen interessanten und innovativen Markt.

R. Bringmann, Bad Camberg

Optionsserie

Alle → Optionen desselben Typs, → Basiswerts, → Basispreises und → Verfalltermins.

Optionstyp

→ Call oder → Put.

Optionswert

1. Andere Bezeichnung für → Optionspreis oder Optionsprämie, bezieht sich häufig aber auch auf den fairen Preis nach Berechnung durch eine Optionspreisformel.
2. Andere Bezeichnung für → Basiswert (umgangssprachl.).

Order

Andere Bezeichnung für Börsenauftrag → Auftragsabwicklung.

Orderbuch

1. Elektronisches Journal in der Datenverarbeitung der → Deutschen Terminbörse (DTB). Hier werden alle noch nicht zusammengeführten Aufträge und Quots nach zeitlichem Eingang geordnet geführt.
2. Auftragsbuch des für den Handel in bestimmten → Aktien zuständigen Spezialisten auf dem Börsenparkett an der New York Stock Exchange.

Orderpapier
Auf den Namen eines bestimmten Berechtigten lautendes → Wertpapier. Es kann nur durch schriftliche Erklärung auf dem Papier (z.B. Indossament) an Order auf einen neuen Eigentümer übertragen werden. Man unterscheidet zwei Arten: zu den geborenen (gesetzlichen) Orderpapieren gehören Wechsel, Schecks und → Namensaktien. Bei diesen bedarf es zur Übertragung auf andere keiner ausdrücklichen Orderklausel. Ausnahme: Bei negativer Orderklausel („nicht an Order").

Gekorene (gewillkührte) Orderpapiere werden erst durch die Klausel zum Orderpapier. Dazu gehören kaufmännische Anweisung, Ladescheine, Lagerscheine etc.

Original Margin
Betrag, welcher vom → Broker beim → Clearinghaus als Sicherheit für einen Kontrakt hinterlegt werden muß. Die vom Kunden verlangte Initial Margin ist in der Regel höher (ca. 150 Prozent des O.). Die Maintenance Margin bezeichnet den Mindesteinschuß, den ein Kunde für einen offenen → Terminkontrakt unterhalten muß.

OTC-Market
Abk. für Over the counter market. Außerhalb der Verantwortung der → Börsen stattfindender Freiverkehrsmarkt für → Aktien und → Anleihen in den USA. Unterliegt den gesetzlichen Bestimmungen und den Regeln der National Association of Securities Dealers (NASD).

out-of-the-money
Bezeichnung → für Optionen, die → „aus-dem-Geld" sind. Dies trifft auf einen → Call zu, wenn der → Basispreis der Option (weit) über dem aktuellen Kurs des → Basiswertes (z.B. → Aktie) liegt. Dies trifft auch auf einen → Put zu, wenn der Basispreis der Option (weit) unter dem aktuellen Kurs des Basiswertes liegt.

over bought
Bezeichnung für „überkauften" Markt. Dies ist dann der Fall, wenn die Preise stark gestiegen sind, es eigentlich zu einer technischen Korrektur nach unten kommen müßte und dennoch ungebrochene Nachfrage besteht.

over sold
Bezeichnung für „überverkauften" Markt. Dies ist dann der Fall, wenn die Preise stark gesunken sind, eine Trendwende zu höheren Preisen erwartet wird und dennoch überwiegend Verkäufer am Markt sind.

over trading
Übernahme von zu vielen → Positionen im Verhältnis zum zur Verfügung stehenden Kapital. Dies ist möglich durch Verwendung von nichtrealisierten → Buchgewinnen als Einschuß für neue Kontrakte.

P

p.a.
Abk. für per annum, d.h. pro Jahr.

Pakethandel
Meist außerhalb der → Börse getätigter Handel mit größeren Aktienpaketen. Beteiligte sind meist Banken und → institutionelle Anleger. Nur selten wird der aktuelle Börsenkurs gezahlt, oft wird ein Zuschlag oder → Abschlag vereinbart.

Paper Profit
Nicht realisierte Kursgewinne. Werden errechnet durch Differenzbildung zwischen dem aktuellen Kurs des jeweiligen Instrumentes und dem ursprünglich bezahlten Kaufpreis. P. können nur durch den Verkauf der jeweiligen Anlage realisiert werden.

Pari-Emission
→ Emission von → Wertpapieren, die zum → Nennbetrag begeben wird. → Festverzinsliche Wertpapiere werden sowohl unter als auch → über pari ausgegeben. Bei → Aktien ist die Emission → unter pari nicht zulässig.

Pari-Kurs
Kurs eines → Wertpapiers, der exakt dem → Nennwert entspricht.

Parität
1. Tauschverhältnis zweier Währungen zueinander, z.B. die D-Mark zum US-Dollar (Dollarparität).
2. Tauschverhältnis einer Währung zum Gold (Goldparität).
3. Umrechnungskurs für eine ausländisches → Wertpapier aufgrund des → Devisenkurses.

Parkett
Bezeichnung für den Börsensaal, in dem der Handel stattfindet. Nur dafür zugelassene Börsenmitglieder haben dort Zutritt. Besucher können von der Galerie das Börsengeschehen verfolgen.

Partizipationsscheine
Schweizerisches → Wertpapier mit der Funktion einer Art → Genußschein. Verkörpert keine Mitgliedschaftsrechte, sondern einen Anteil an Gewinn und Vermögen der Gesellschaft. Mittel gegen die Überfremdung einer → AG.

Partly Paid Notes
→ Wertpapiere, auf die zunächst nur ein Teil des festgelegten → Ausgabekurses bezahlt wird. Der Rest ist auf Anforderung des → Emittenten nachzuzahlen.

Passiva
Auf der rechten Seite der → Bilanz stehende Posten, die im wesentlichen → Eigenkapital und Verbindlichkeiten darstellen.

Die Passivseite der Bilanz zeigt die Herkunft der Mittel, mit denen das Unternehmen finanziert wird.

Passivgeschäfte
Geschäftsbereich bei Banken, der mit der Beschaffung von Geld befaßt ist. Hierzu gehört die Annahme fremder Gelder und gegebenenfalls auch die Ausgabe von → Schuldverschreibungen etc. Das P. ist die Grundlage für das Aktivgeschäft.

Passivzins
Der für eine Schuld zu zahlende Zins. Bei Banken ist dies der den Einlegern zu zahlende Habenzins. Gegensatz: Aktivzins.

Patronatserklärung
Eine von der Muttergesellschaft gegenüber dem Gläubiger einer → Tochtergesellschaft abgegebene Erklärung, für die in Anspruch genommenen → Kredite jederzeit aufzukommen.

Pauschalwertberichtigung
Methode der pauschalen Abschreibung auf bestimmte Kreditbereiche, bei denen eine Einzelwertberichtigung unangebracht wäre.

Penetration
→ Chartanalyse: Überschneidung des Tagesschlußkurses mit einem gleitenden Durchschnitt.

Penny Stocks
Hochspekulative US-Aktien mit besonders niedrigem → Kurswert (meist weniger als 1 Dollar). Die mögliche Kurssteigerungschance steht oft in keinem Verhältnis zum Risiko. Besonders kursanfällig, da nur geringe Volumina gehandelt werden.

Pensionsgeschäft
Verkauf von → Wertpapieren für einen bestimmten Zeitraum mit der gleichzeitig festvereinbarten Rücknahme nach Ablauf der Zeit für einen festgelegten Preis. Beispiel: Pensionsgeschäfte im Rahmen der → Geldpolitik der → Deutschen Bundesbank mit den Geschäftsbanken (→ Wertpapierpensionsgeschäfte).

Pensionssatz
Der bei → Pensionsgeschäften mit der → Deutschen Bundesbank seitens der Bundesbank erhobene aktuelle → Zinssatz.

PER
Abk. für price-earnings-ratio.

→ Kurs-Gewinn-Verhältnis

Per Erscheinen
Handel in → Wertpapieren, bevor effektive Stücke zur Verfügung stehen.

Performance
Die Grundidee der Performance und der Unterschied zur Effektivzinsberechnung läßt sich einfach an einem Beispiel verdeutlichen: Zwei Anleger A und B investieren in einen Fonds jeweils 100 DM. Nach einem Jahr beträgt der Wert des Fonds bei beiden Anlegern 101 DM. Der Fonds hat also eine Verzinsung von 1% erzielt. Anleger A läßt sein Kapital liegen und erhält nach einem weiteren Jahr 202 DM und somit eine Verzinsung von 100%. Anleger B ist enttäuscht und zieht 51 DM ab, die restlichen 50 DM verbleiben im Fonds. Hieraus erhält er nach einem weiteren Jahr 100 DM, auf das verbliebene Kapital also ebenfalls 100% Zins.

Die reine Effektivzinsberechnung (→ Effektivzins, Rendite) weist für den Anleger A einen Effektivzins (→ Rendite) von 42,13%, für Anleger B von 28,70% aus. Anleger A war also klug genug, sein Kapital im Fonds zu belassen, während Anleger B das Kapital zum falschen Zeitpunkt abzog. Die Leistung des Fondsmanager ist aber in beiden Fällen gleich hoch: Im ersten Jahr wird ein Kapitalzuwachs von 1%, anschließend ein Zuwachs von 100% erzielt. Der Effektivzins ist also zur Leistungsanalyse von Fonds ungeeignet, da diese die extern vorgegebenen Zu- und Abflüsse nicht zu verantworten haben.

Ein geeigneter Maßstab ist vielmehr der Zuwachs zwischen zwei Eckpunkten, zwischen denen keine Entnahme stattfindet. Der Zuwachs berechnet sich als Faktor gemäß: Zuwachs = Wert am Ende der Periode/Wert am Anfang der Periode. Dieser Faktor ist gleich mit dem in der Finanzmathematik üblichen $q = 1 + p/100$, wobei p die auf die Periode bezogene Verzinsung ist. Diese Zuwächse werden in Form ihrer Zuwachsfaktoren aufmultipliziert. Im Beispiel betragen die Zuwachsfaktoren bei A und B gleichermaßen für das erste Jahr 1,01 und für das zweite Jahr 2, so daß insgesamt der Faktor 2,02 entsteht, was einer Gesamtperformance von 102% entspricht.

Die Gesamtperformance kann in eine durchschnittliche Performance pro Jahr durch Bildung des geometrischen Mittels der Einzelperformancen umgerechnet werden. Bei einer → Laufzeit von n Jahren wird die n-te Wurzel des Faktors der Gesamtperformance gebildet, im Beispiel die 2te Wurzel aus 2,02 mit Ergebnis 1,4213 oder 42,13%. Für Anlageformen bzw. Fonds ohne Zuführung/Abfluß stimmen also Rendite und durchschnittliche Performance überein.

Die multiplikative Verknüpfung hat den Vorteil, daß Zeitpunkte ohne Zu-/Abfluß sich bei der Performancerechnung nicht auswirken, da an einem beliebigen

Zwischenzeitpunkt (ohne Zu-/Abfluß) das Startkapital der neuen Periode das Anfangskapital der alten Periode ist und sich dieses Kapital somit bei der Faktorenbildung herauskürzt. Die Multiplikation kann vermieden werden, wenn – wie in der Praxis häufig angewandt – zum Logarithmus der Zuwächse übergegangen wird. Die Multiplikation der Zuwächse reduziert sich dann zur Addition, das geometrische Mittel zum arithmetischen Mittel.

In der Praxis erfordert die Performanceberechnung für jeden Arbeitstag die Kenntnis der Zu- und Abflüsse sowie den Marktwert des → Depots am Beginn des Tages (bzw. Vortag) und Ende des Tages. Aus dieser Information wird die Performance des Tages berechnet und hieraus die Performance für längere Zeitabschnitte.

Aus den Performancefaktoren für einzelne Tage läßt sich nicht nur die durchschnittliche Performance berechnen, sondern auch die Schwankung der Einzelwerte um den Mittelwert. Diese Schwankung bildet ein Maß für das Risiko. Üblicherweise wird die Standardabweichung der Einzelperformancen berechnet. Sie bildet als → „Volatilität" dem Ausgangspunkt für weitere Analysen und ist besonders für die Optionspreisberechnung eine wichtige Ausgangsgröße.

Lit.: Sharp W. R.; Alexander, G. J.: Investments, 4. Aufl., Prentice Hall International, S. 733ff.

Dr. Ch. R. Sièvi, Stephanskirchen

Personalkredit

→ Kredit, der durch die Person des Kreditnehmers (dessen → Bonität) als gesichert gilt. Die Beibringung sachlicher Pfänder erübrigt sich.

Personendepot

Nach Namen der Depotinhaber geordnetes Depotbuch.

Personengesellschaften

Unternehmen, bei denen einzelne oder alle Gesellschafter mit ihrem gesamten Vermögen haften. Dazu gehören: BGB-Gesellschaft (GbR), offene Handelsgesellschaft (oHG), → Kommanditgesellschaft (KG) und stille Gesellschaft.

Pfandbriefanstalten

Zur Ausgabe berechtigte Realkreditinstitute. Zu ihnen gehören öffentlich-rechtliche Kreditanstalten, private → Hypothekenbanken, Pfandbriefanstalten, Schiffspfandbriefbanken etc.

Pfandbriefe

Langfristige → Schuldverschreibungen, die der Finanzierung von Baukrediten dienen. Sie werden von → Hypothekenbanken ausgegeben und gelten wegen der Beleihung von Grundvermögen als besonders gut gesichert.

Pfandrecht

Sicherungsrecht eines Gläubigers, sich unter bestimmten Bedingungen aus der Verwertung ihm gegenüber verpfändeter Werte befriedigen zu können.

Pit

Terminbörse: Achteckige Plattform mit nach innen abfallenden Stufen. Ermöglicht so den Parketthändlern an der Terminbörse eine optimale Sichtverbindung zum Kontrahenten, mit dem man durch lautes Rufen oder Zeichensprache Abschlüsse tätigt. Jeder Handelsmonat einer jeden Ware verfügt. i.d.R. über einen eigenen Pit.

Plazierung

1. Unterbringung von → Neuemissionen beim Anlagepublikum oder Großanlegern.
2. Erfolgreiche Ausführung eines Börsenauftrags.

Plusankündigung

Kurszusatz, der eine Veränderung des Kurses nach oben um mindestens 5 Prozent signalisiert. Bei einer Veränderung des Kurses nach oben um mindestens 10 Prozent wird dies mit einer → Doppelplusankündigung gekennzeichnet.

Gegensatz: → Minusankündigung.

Point & Figure-Charts

Besondere Methode der Kursdarstellung. Neben den Balken-Charts und den Linien-Charts verwenden viele Anleger die sogenannten Point & Figure-Charts. Die äußere Aufmachung mit X und 0-Reihen ist die augenfälligste Unterscheidung. Die nachfolgende Abbildung zeigt einen P.

Andere Darstellungsform der Kurse

Bei Linien-Charts und Balken-Charts ist der Zusammenhang zwischen Notierung und Kurs sichtbar. Einem bestimmten Punkt auf dem Chart kann auch ein bestimmter Kurs (Schlußkurs oder Hoch-, Tief- und Schlußkurs) zugeordnet werden. Durch diese Zuordnung kann eine Aussage über die Entwicklung einer Aktie etc. innerhalb der letzten Tage, Wochen, Monate oder Jahre abgegeben werden. Beim P. wird die Kursveränderung durch ein X oder durch eine 0 angezeigt. Hier muß der Kurs erst einen be-

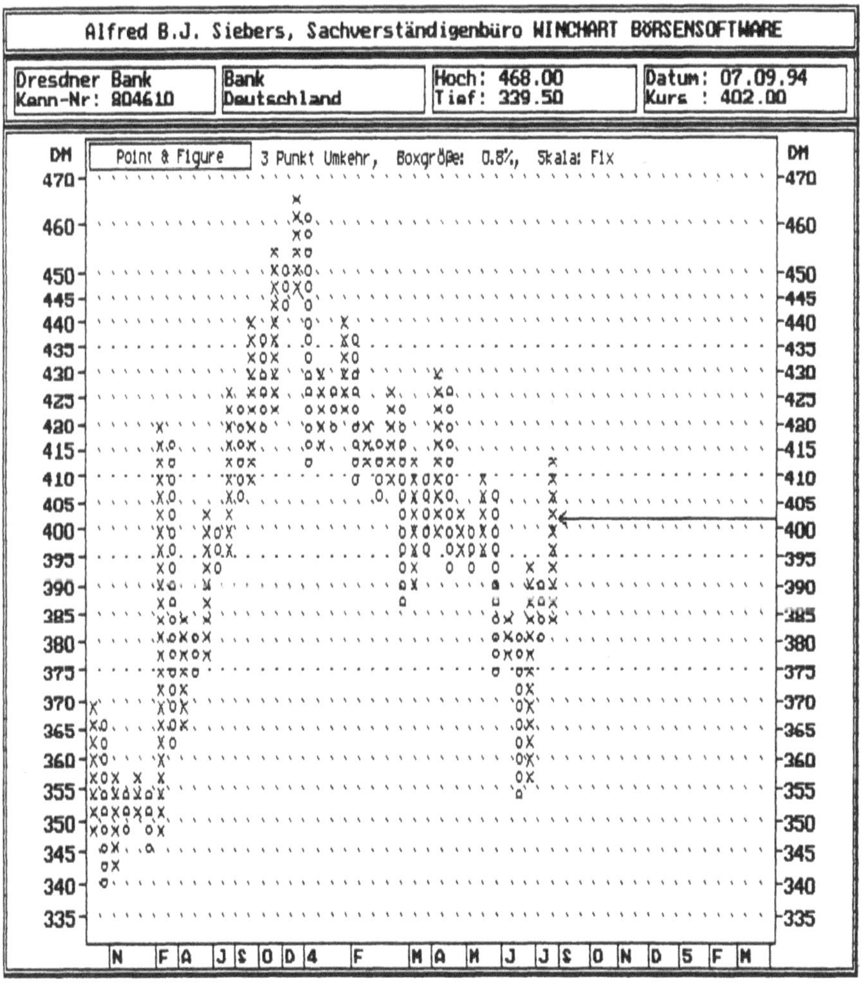

stimmten wertmäßigen Betrag nach oben oder unten zurückgelegt haben, bevor er zu einem neuen X oder 0 führt.

Keine Zeitachse

Ein weiterer Unterschied besteht darin, daß bei der Erstellung eines P&F-Diagramms die Zeit, innerhalb welcher der Kurs sich bewegt, nicht berücksichtigt wird. Daher ist bei einem P. einem bestimmten Zeitpunkt kein bestimmter Kurs zuzuordnen. Lediglich der Wechsel des Monats findet in Form der entsprechenden Monatszahl (Jan=1/Feb=2/etc.) oder einem entsprechenden Buchstaben seinen Niederschlag in den Charts, in manchen ist auch der Jahreswechsel vermerkt.

Keine Umsatzzahlen

Bei Linien-Charts wird der Umsatz als Gebirge und bei Balken-Charts in Form von senkrechten Balken dargestellt. Dadurch ist zumindest beim Balken-Chart jedem Börsentag auch ein bestimmter Umsatz zuzuordnen. Schließlich schöpft die Analyse einen großen Teil der Bestätigungen eines Trends aus eben dieser Umsatzentwicklung. Anders beim P. Hier findet der Umsatz keinen Eingang, die Prognose der zukünftigen Kursentwicklung basiert ausschließlich auf der Entwicklung der Kurse in der Vergangenheit.

Verdichtung der Daten

Diese Unterschiede sind nicht automatisch gleichbedeutend mit einem Nachteil der P.s gegenüber den Linien- oder Balken-Charts. Tatsächlich kommt es durch die Andersartigkeit der P.s zu einer Verdichtung der Kursbewegungen. Schließlich werden kleinere Kursveränderungen, die ein bestimmtes Maß nicht überschreiten, nicht berücksichtigt. So kann ein Trend eindeutiger festgestellt werden.

Vorteile auf einen Blick

Die Arbeit mit P.s erleichtert dem Analysten die Arbeit. Nur wenn der Kurs eine vorherige Notierung um ein bestimmtes Maß unter- oder überschreitet, erfolgt eine Eintragung. Der Kurs muß sich also entscheidend verändert haben. Die Aufzeichnung von X oder 0 stellt eine wesentliche Vereinfachung des Arbeitsablaufes dar.

Diese Methode führt dazu, daß die P.s übersichtlicher sind als Linien- und Bar-Charts. Kommt es beispielsweise zu einer Seitwärtsbewegung des Kurses, nimmt sie bei Linien- und Bar-Charts erheblichen Raum ein, ohne daß der Analyst zu einer erwähnenswerten Aussage kommt. Beim P. werden nur die wirklich wichtigen Kursbewegungen aufgezeichnet.

Durch die Übersichtlichkeit ist die Interpretationsfreiheit der Analysten wesentlich eingeschränkt. Die Signale sind eindeutig und klar. Fassen wir zusammen, ergeben sich folgende Vorteile auf einen Blick:

- Einfachheit
- Übersichtlichkeit
- Eindeutigkeit.

Eine Analyse-Methode, die durchaus ihren Reiz hat und dem Benutzer Zeit für weitere Analysen und Betrachtungen läßt.

Lit.: Goldberg, J.: Erfolgreiche Devisen-Kursprognose, Frankfurt 1990. Lerbinger, P.: Börsenstrategie P&F-Charts, Ebmatingen 1990. Siebers, A. B. J.: Erfolg mit Charts, München 1992. Vees, D. H.: Erfolgreich an der Börse in Hausse und Baisse, Ebmatingen 1992. Welcker, J.: Technische Aktienanalyse, Zürich 1988.

A. B. J. Siebers, Niddatal

Point value

Wert der Kursveränderung um einen Point (Punkt). Bei → Aktien entspricht der Wert eines Points dem Wert einer Währungseinheit (z.B. in USA 1,– Dollar, in Deutschland 1,– DM). Bei → Anleihen entspricht der Wert eines Punktes der Veränderung um 1 Prozent, bezogen auf den → Nennwert. Anleihenrenditen werden oft in „basis points" (→ Basispunkten) angegeben: 100 basis points entsprechen 1 Prozent der → Rendite.

Pool

1. Verfolgung gemeinsamer Interessen durch Zusammenschluß von Unternehmen oder Aktionären.
2. Zusammenschluß mehrerer Unternehmen, bei dem die erzielten Gewinne gesammelt und nach einem vereinbarten Schlüssel auf die einzelnen Pool-Mitglieder verteilt werden.

Portefeuille

Andere Bezeichnung für → Portfolio.

Portfolio

Gesamtbestand von → Wertpapieren in einem Depotkonto.

Pink sheets

Kursliste der im → Freiverkehr in den USA gehandelten → Wertpapiere.

Sie werden vom National Daily Quotation Service auf den sogenannten pink sheets veröffentlicht. Neben den Kursen werden auch die Wertpapierhäuser, die als → Marketmaker auftreten, sowie die täglichen Umsätze genannt. Gedruckt werden diese Listen auf pinkfarbenem Papier.

Position

Eine noch nicht geschlossene Position am → Terminmarkt, dabei kann es sich um eine Kauf- oder Verkaufsposition handeln.

Positionskonto

Dieses für jeden einzelnen → Börsenteilnehmer errichtete Konto erfaßt den aktuellen Stand aller vertraglichen Verpflichtungen der an der Terminbörse eingegangenen → Positionen.

Post-trading-Periode

Bezeichnung für die Zeit nach Schluß der Hauptbörsensitzung. Bis etwa 2 Stunden nach Abschluß des → Tradings können an der → Deutschen Terminbörse (DTB) noch Aufträge und Quots eingegeben werden. Diese werden jedoch nicht mehr gehandelt oder abgerechnet. Danach können nur noch Informationen abgefragt werden.

Prämie

→ Optionspreis.

Präsenzbörse

Klassische Form der → Börse, bei der der Handel auf dem Börsenparkett stattfindet. Charakteristisch ist dabei die Präsenz der Händler, die durch persönliche Kommunikation → Abschlüsse tätigen. Meist ist die Präsenzbörse als Auktionsbörse organisiert. Gegensatz: Computerbörse.

preference share

→ Vorzugsaktie.

preferred stock

→ Vorzugsaktie.

Pre-trading-Periode

Zeitraum vor Beginn der Hauptbörsensitzung. Die Aufträge und Quots der Marktteilnehmer können schon vor Beginn des eigentlichen Handels eingegeben werden. Weiterhin können Informationen abgefragt werden, → Abschlüsse finden allerdings noch nicht statt.

Preisintervall

Wert eines → „ticks“. An der → Deutschen Terminbörse (DTB) beträgt der Preisabstand (tick) 0,10 DM.

Preis- und Kursbildung

1. Technik der Börsenpreisbildung: Die Börsenpreise werden unterschiedlich ausgedrückt: an → Warenbörsen in Landeswährung je handelsüblicher Gewichtseinheit (z.B. DM je dz, cents je lb, £ je long ton), an → Devisenbörsen als Preisnotierung (international üblich: Wert der ausländischen Notierungseinheit – üblicherweise 100 WE – in inländischen Währungseinheiten) oder als Mengennotierung (London: Wert der inländischen Währungseinheit – Pfund – in ausländischen Währungseinheiten) und an Effektenbörsen entweder als → Stücknotierung (→ Aktien: Währungseinheiten je Aktie) oder als → Prozentnotierung (→ Schuldverschreibungen: auf den → Nominalwert bezogene prozentuale Bewertung). Im allgemeinen erfolgt die Preisfestsetzung durch Börsen-

Preis- und Kursbildung

organe (→ Börsenvorstand, Preiskommission, → Kursmakler), die sich dabei an die Marktlage zu halten haben, wobei eine Beeinflussung durch „Herauslocken" von Marktteilnehmern bei entsprechender Marktlage durchaus gegeben ist. Im wesentlichen werden vier Verfahren der P. unterschieden.

a) Beim Stauprinzip (Einheitsnotierung am deutschen Kassa-Effektenmarkt) werden während der Börsenzeit (z.B. 11.00 – 13.00 h) alle Aufträge gesammelt und am Ende der Preis festgestellt, zu dem die meisten Umsätze zustande kommen (Schnittpunkt von Angebot und Nachfrage im Marktmodell).

b) Das Auktionsprinzip (→ Call-Verfahren) ist üblich im Effektenhandel an US-amerikanischen Provinzbörsen und an verschiedenen europäischen Effektenmärkten sowie schließlich an den großen internationalen Warenbörsen. Die Preise kommen im Wege der Versteigerung zustande.

c) Die variable Notierung ermittelt für jeden Börsenumsatz den zustande gekommenen Preis. Dies ist üblich bei Großumsätzen der bedeutendsten deutschen Aktien („variabler Markt"), an Devisen- und an Effekten-Terminbörsen.

d) Die Circa-Notierung kann als charakteristisch für deutsche Warenbörsen gelten. Der → Börsenvorstand ermittelt aufgrund der festgestellten Abschlüsse entweder Durchschnittspreise oder gibt „Spannpreise" (von – bis) bekannt. Im Gegensatz zu den drei anderen Verfahren fungiert die Börse hierbei nicht als Preisfixierer, sondern als Preisregistrator.

2. Preisdeterminanten an Warenbörsen: Produktionsergebnisse und Bedarf der Verarbeiter sind die primären preisbestimmenden Faktoren. Bestände üben im allgemeinen nur bei hochwertigen Hortungsgütern (Edelmetalle) einen gewissen Einfluß auf die P. aus. Die Hauptdeterminanten werden ihrerseits beeinflußt durch die Nachfrage der Endverbraucher. Diese trifft die Nachfrager an den Warenbörsen kurzfristig, während die Auswirkungen auf die Produktion mit einem erheblichem time-lag stattfinden. Eine Markträumung von Überschüssen kann durch normale Lagerhaltung erfolgen, aus der andererseits Nachfrageüberhänge gedeckt werden. Träger der Lagerhaltung ist im allgemeinen die Spekulation. Es zeigt sich hier auch eine Interdependenz zu den → Terminmärkten.

3. Determinanten der Effektenkurse: Während im Schrifttum der ersten Hälfte des Jahrhunderts die kursbildenden Faktoren insbesondere des Aktienmarktes ausführlich erörtert wurden, dominieren heute die Betrachtungen über Bewertungsmaßstäbe, die ihrerseits die erste wesentliche Determinante – die Zielvorstellung der Marktteilnehmer – prägen.

a) Im Gegensatz zur Warenbörse werden die Effektenkurse nur sehr unwesentlich vom Angebot der → Neuemittenten beeinflußt, sondern allein von den Beständen einerseits und den für die Anlage freien liquiden Mitteln der Volkswirtschaft andererseits. Hinzu kommt, daß sich ein von Titel zu Titel unerschiedlicher Bestand an Aktien in „festen Händen" befindet, die weitgehend preisunempfindlich sind und als Anbieter ausscheiden: Träger von Mehrheitsbeteiligungen und Aktienbesitzer mit Daueranlagen. Titelnachfrager sind andererseits nur in geringem Umfang Daueranleger. Es stehen sich also in erster Linie Spekulanten als Anbieter und Nachfrager gegenüber.

b) Die spekulativen Überlegungen werden bei → Schuldverschreibungen allein über Zinsdifferenzen ausgelöst und sind dort wesentlich geringer ausgeprägt als bei Aktien. Primärer Kursbildungsfaktor der Rentenmärkte ist die Abweichung des Nominalzinses des Titels vom Landeszinsfuß (faktisch identisch mit der durchschnittlichen Schuldverschreibungsrendite).

Die Aktienspekulation ist von drei wesentlichen Erscheinungen beeinflußt.

Als erstes sind die anlagegerichteten Überlegungen zu nennen, die sich einerseits am inneren Wert der Aktie (ermittelt aus der → „Fundamentalanalyse“, die primär→Bonität im allgemeinen und die Zukunftsaussichten der Gesellschaft im besonderen anspricht) und andererseits an den Abweichungen dieses inneren Werts vom Börsenpreis orientieren. Hinzu kommt als zweites die Einschätzung der Kursentwicklung, die sich der → „technischen Analyse“ bedient („Chart reading“). Dritter Einflußfaktor sind der Liquiditätsbedarf von Anlegern und die Bestände an verfügbaren → liquiden Mitteln der potentiellen Käufer – beides stark beeinflußt durch die Währungspolitik. Die jeweils stärksten Kräfte drücken letztlich die Kursentwicklung durch.

c) Schließlich kann auch die Börsentechnik als Determinantengruppe gelten: unlimitierte Aufträge, das Insiderproblem, außerbörsliche Geschäfte und vor allem der Terminhandel. Dieser gehorcht einmal eigenen Gesetzen, die im wesentlichen auf die oben genannten Determinanten zurückgehen, und er übt andererseits auch einen Einfluß auf die → Kassakurse aus.

4. Determinanten der → Devisenkurse: Die meiste Beachtung durch das moderne Schrifttum haben die Bestimmungsfaktoren der Devisenkurse gefunden. Hier stehen sich gegenüber die von der nationalökonomischen Theorie entwickelten – meist lanfristig ausgerichteten – Determinanten und die aus dem täglichen Börsengeschehen ableitbaren Einflußgrößen.

a) Die volkswirtschaftliche Theorie entwickelte im wesentlichen drei Ansätze. Der leistungsbilanzorientierte Ansatz orientiert sich am Außenhandel und hat hier die Kaufkraftparitätentheorie entwickelt. Die Portfoliobetrachtung bezieht die Kapitalverkehrsbilanz ein, aus der sich dann die Zinsparitätentheorie ableitet: Zinsdifferenzen führen über → Swapsätze den Ausgleich herbei. Schließlich bezieht die monetäre oder monetaristische Theorie die innere Stabilität der Währung und ihr Gefälle zu anderen → Valuten in die Überlegungen ein.

b) Auch auf den Devisenmärkten bilden sich die Preise als Ausgleich von Angebot und Nachfrage nach Valuten. Beide werden durch die zwischenstaatlichen Wirtschaftsbeziehungen geprägt – primär durch den Umfang des Austausches an Waren, Dienstleistungen und Kapital. Hinzu kommen auch hier zunächst die Spekulation, die auf künftige Kursgewinne hofft und die durch die Einschätzung der künftigen Außenwirtschaftsentwicklung, die Währungspolitik und (ähnlich wie bei der Effektenspekulation) durch die technische Analyse (Chart reading) mit ihrer Kursprognose beeinflußt wird. Im Gegensatz zur Effektenbörse, wo die Zentralnotenbank allenfalls über Offenmarktoperationen einen unmittelbaren Einfluß auf das Zinsniveau und/oder die Geldmenge auszuüben versucht, ist an den Devisenmärkten die Intervention der Zentralnotenbank ein sehr bedeutsamer Einflußfaktor.

Lit.: Fischer-Erlach, P.: Handel und Kursbildung am Devisenmarkt. Berlin u.a. 1982; Tilly, W. M.: Die amtliche Kursnotierung an den Wertpapierbörsen. Baden-Baden 1975.

Prof. Dr. O. Hahn, Erlangen-Nürnberg

Preislimit

→ Price Limit.

Premium

Terminbörse: Der Betrag, um den ein Terminmonat höher bewertet wird als ein anderer. Beispiel: Der Dezembertermin einer Ware wird gegenüber dem Märztermin mit einer Prämie von 0,5 Dollar gehandelt. Begründet wird dies mit den höheren Kosten für den späteren Liefertermin.

Price-earnings-ratio

Abk. P/E-rati. → PER, → Kurs-Gewinn-Verhältnis.

Price limit
Bezeichnet die maximale Tagesschwankung eines → Terminkontraktes, bezogen auf den Schlußkurs des Vortags. Diese Limits werden von der jeweiligen Börse festgelegt. → limit up, → limit down.

Price Spread
→ Money Spread.

Primary market
Börsensegment, das ausschließlich mit → Neuemissionen befaßt ist. Im Unterschied dazu werden im Börsensegment „secondary market" (→ Sekundärmarkt) bereits emittierte → Wertpapiere gehandelt. Ein Handel ist dann dem P. zuzuordnen, wenn die Erlöse aus dem Verkauf der → Emission an den → Emittenten gehen. Vergleichbar in Deutschland mit der → Plazierung von Wertpapieren.

Prime rate
→ Zinssatz für kurzfristige Ausleihungen an → erste Adressen. Kann als Indikator für die generelle Entwicklung der Zinsen in den USA angesehen werden.

Prioritätsaktie
→ Vorzugsaktie.

Privatplazierung
→ Neuemission von → festverzinslichen Wertpapieren, die nicht für den → amtlichen Handel vorgesehen sind, sondern vollständig (privat) bei → institutionellen Anlegern und großen Investoren untergebracht werden.

Programmhandel
Bezeichnung für eine Handelstechnik, bei der Computer bzw. deren Programme die Zeitpunkte für Kauf und Verkauf von → Wertpapieren bestimmen.

prompt date
Laufzeitende bei Terminverträgen auf Metalle an der Londoner Terminbörse. Zur → Glattstellung eines solchen → Kontraktes muß das Gegengeschäft auf das p. des ersten Engagements abgestimmt sein.

Prospekthaftung
→ Emittent und → Konsortialführer haften für Schäden, die dem Anleger aufgrund fahrlässiger, fehlerhafter oder absichtlich irreführender Angaben im → Emissionsprospekt entstehen.

Protektionismus
Schutz der eigenen Wirtschaft vor ausländischer Konkurrenz durch Errichtung von Zoll- oder anderen Handelsbarrieren.

Provision
Leistungsvergütung bei Kauf und Verkauf von → Wertpapieren. Bei → Aktien und → Optionsscheinen wird im allgemeinen 1 Prozent vom → Kurswert und bei → Anleihen etwa 0,5 Prozent vom → Nenn- bzw. Kurswert verlangt. Die P. ist in der Höhe in Abhängigkeit vom Kontovolumen zwischen Bank und Kunde frei aushandelbar.

Prozentnotierung
Prozentnotiz

Notierungsform von → festverzinslichen Wertpapieren in Prozent vom → Nennwert.

Prozentnotiz
→ Prozentnotierung.

Publikumsfonds
Bezeichnung für einen → Fonds, der einem breiten Anlegerpublikum angeboten wird.

Publikumsgesellschaft
Bezeichnung für eine → Aktiengesellschaft mit breiter Streuung von Aktionären (viele Kleinaktionäre).

Publizitätspflicht
Je nach Art der Bestimmungen, die für die verschiedenen Marktsegmente der → Börse erlassen worden sind, unterwerfen sich Unternehmen, die ihre → Aktien an der Börse handeln lassen wollen, einer besonderen Verpflichtung zur Information über die Entwicklung ihrer Gesellschaft. Kommen die Unternehmen dieser Verpflichtung nicht nach, müssen sie mit Sanktionen rechnen.

Punkt
Kleinste Einheit, um die sich ein → Kurs verändern kann.

Purchase and sale statement
Abrechnung eines Brokerhauses nach jeder Kontobewegung. Abk. P&S.

Put
Das Recht, nicht aber die Pflicht, eine bestimmte Menge eines Basisobjekts zu einem vereinbarten → Kurs oder Preis (→ Basispreis, → Striking Price) innerhalb einer bestimmten → Laufzeit oder zu einem vereinbarten Zeitpunkt zu verkaufen. Basisobjekte sind Kassainstrumente, → Terminkontrakte auf Währungen, Zinsen und → Indices. Für dieses Recht zahlt der Erwerber der → Option dem Verkäufer eine Prämie.

Pyramiding
Nutzung von → Buchgewinnen als Einschuß für weitere → Terminkontrakte. Bei gegenläufiger → Kursbewegung überproportionale Vervielfachung der Verluste.

Q

Quartalsdividende
In den USA übliche, vierteljährlich festgesetzte und zur Auszahlung kommende → Dividende.

Quellensteuer
Steuerart auf Einnahmen aus Kapitalvermögen, die direkt an der Quelle (am Entstehungsort der Einahmen) abgezogen werden. (→ Steuern).

quick ratio
Das Verhältnis der Barmittel, kurzfristig realisierbarer Forderungen und Wertpapiere zu kurzfristigen Verbindlichkeiten. Gibt einen Einblick in die Liquiditätslage eines Unternehmens.

quotes
Vom → Market-maker verbindlich gestellte → Geld- und → Briefkurse für eine bestimmte Menge eines Anlageinstrumentes (z.B. → Optionen an der → DTB).

Quoten-Anforderungen
Anforderungen verbindlicher → Geld- und → Briefkurse (quote request). → Market-maker sind bei einem quote request verpflichtet, gleichzeitig Geld- und Briefkurse für eine bestimmte Menge zu stellen.

Quotenaktie
In den USA und Kanada übliche → nennwertlose Aktie. Sie verbrieft einen Bruchteil am → Grundkapital und Vermögen einer → Aktiengesellschaft.

Quote Request
→ Quoten-Anforderungen.

Quotierung
Kursnotierung. Schweiz: → Kotierung.

R

r
Kurszusatz „repartiert“. Abk. auch rep. Kennzeichnung dafür, daß die vorgelegenen Börsenaufträge nur in beschränktem Umfang ausgeführt wurden. → Kurszusätze.

Raider
Als Großanleger auftretender Investor, der zunächst durch Käufe an der → Börse eine größere Menge einer bestimmten → Aktie zusammenträgt. Anschließend unterbreitet er den übrigen Aktionären ein Übernahmeangebot für die restlichen Aktien, um so die Stimmenmehrheit zu erreichen.

Rally
Bezeichnung für eine kurzfristige Aufwärtsbewegung des → Kurses nach sinkenden oder sich seitwärts bewegenden Kursnotierungen.

Random-walk-Theorie
Theorie über die Gründe für die Kursbewegungen an der → Börse. Sie geht davon aus, daß die → Kurse der Vergangenheit keine Aussagen über zukünftige Kursbewegungen enthalten. Sie geht weiterhin davon aus, daß die Kurse Reaktionen auf die zufällig an der Börse bekanntwerdenden Informationen darstellen. Insofern ist die Kursentwicklung so wenig vorhersehbar wie der nächste Schritt eines Betrunkenen. Die R. wurde erstmals im Jahre 1900 von dem französischen Mathematiker Louis Bachelier beschrieben und um 1960 wiederentdeckt. Die Theorie steht im krassen Gegensatz zu der Auffassung der Anhänger der → technischen Analyse, die gerade die Kurse der Vergangenheit benutzen, um eine Prognose für die Zukunft zu stellen.

Rat
Abk. für den Kurszusatz „rationiert“. → Kurszusätze.

Range
Differenz (Spanne) zwischen dem Höchst (→ high) und dem Tiefst (→ low) eines → Kurses während eines definierten Zeitabschnitts (z.B. Tagesrange).

Ratenanleihen
→ Anleihe, bei der in gleichmäßigen Tilgungsraten der → Nennwert zurückgezahlt wird. Im Gegensatz dazu wird bei der Annuitäten-Anleihe der Tilgungs- und Zinsbetrag in gleichen Jahresbeträgen zurückgezahlt.

Rating
Ratings werden in vielfältigen Zusammenhängen gebraucht. Ratingskalen werden für die Beurteilung von Finanztiteln eingesetzt, aber auch im Bereich des Marketing, der Psychologie, der Soziologie, im Sport sowie in zahlreichen anderen Fachgebieten. Gemeinsam ist allen Anwendungen des R. das anhand einer festgelegten Skala ausgedrückte Urteil in Form einer „Note“ oder „Zensur“. Die vielschichtigen Aspekte eines Beurteilungsgegenstandes vereinigen sich in den Ratingsymbolen, die durch ihre eindeutige Interpretation ein hohes Maß praktischer Verwendbarkeit aufweisen und daher diskursiven Urteilsdarstellungen oftmals vorgezogen werden.

I. Bedeutung und Differenzierungen des Rating

Die hier interessierenden R. beziehen sich einerseits auf langfristige Finanztitel, wie in- und ausländische Bankschuldverschreibungen, private und öffentliche Pfandbriefe, kommunale Schuldverschreibungen, → Industrieobligationen, Staatspapiere usw., sowie auf Kurzläufer, z.B. Commercial Papers und Einlagenzertifikate. Anerkannte Ratingagenturen vergeben unter bestimmten Bedingungen auch R. für → Vorzugsaktien, nicht aber für reine Eigenkapitalpositionen, die keinen fixierten Rückzahlungsanspruch des Inhabers beinhalten. R. fokussieren stets den Bonitätsaspekt. R. sind durch definierte Symbole (z.B. → AAA, AA, A, → BBB, BB, B, → CCC, CC, C, D) ausgedrückte Meinungen von auf Bonitätsrisikoanalyse spezialisierten Agenturen über die Fähigkeit und rechtliche Bindung eines → Emittenten, die mit einem von ihm ausgegebenen Schuldtitel verbundenen, zwingend fälligen Zahlungsverpflichtungen rechtzeitig und vollständig zu begleichen. Zu den wichtigsten Agenturen zählen Moody's Investors Service, Standard & Poor's und IBCA Notation.

1. Emissions- und Emittentenratings

Die meisten Agenturen ermitteln neben Emissionsratings, die sich auf einen bestimmten Finanztitel beziehen, auch Emittentenratings, die vielfach lediglich eine vereinfachte Wiedergabe der Beurteilungen der Agenturen darstellen und sich dann auf unbesicherte, aber vorrangig zu bedienende Verbindlichkeiten des Schuldners beziehen. Zudem finden sich die R. der unterschiedlichen, von einem Schuldner begebenen Finanztitel meist in benachbarten Ratingkategorien; so werden oftmals die nachrangigen Anleihen nur eine Ratingkategorie unterhalb der vorrangigen Ansprüche eingeordnet.

2. Kurz- und langfristige Ratings

Kurz- und langfristige R. werden nach unterschiedlichen Skalen bestimmt. Für die Einteilung eines Finanztitels in eine der beiden Kategorien ist nicht die → Restlaufzeit, sondern die ursprüngliche → Laufzeit zum Zeitpunkt der → Emission maßgebend. Grundsätzlich bildet eine Ursprungslaufzeit von einem Jahr die Obergrenze für die Vergabe eines kurzfristigen R. Für die Vergabe eines langfristigen R. ist eine Fristigkeit des Finanztitels von mindestens einem Jahr erforderlich. Durch Fristablauf können sich jedoch „langfristige" R. auch z.B. auf → Anleihen beziehen, die vom Schuldner innerhalb eines Vierteljahres zu tilgen sind.

Im Bereich der langfristigen R. werden die Beurteilungen seit Anfang der 1980er Jahre durch die Agenturen über die relativ groben Bonitätsklassen hinaus weiter differenziert. Durch Plus- und Minussymbole (S&P's) bzw. durch den Zusatz „1", „2" oder „3" (Moody's) wird die relative Stellung einer Emission im Vergleich zu anderen ihrer Klasse indiziert. Diese Ratingmodifikatoren werden von Moody's in den Kategorien Aa bis B, von S&P's in den Kategorien AA bis CCC verwendet. In der obersten wird wie in den untersten Bonitätskategorien eine weitere Nuancierung der Beurteilung nicht für möglich gehalten. Die Ratingmodifikatoren erlauben es im übrigen, auch feinere Unterschiede in der Bonität von Emittenten zu vergleichen und in der Anlageentscheidung zu berücksichtigen.

3. Weitere Unterscheidungen

Als „investment grade" werden solche Anleihen oder Kurzläufer definiert, die im langfristigen Bereich mindestens in die Kategorie BB- (S&P's) resp. Ba3 (Moody's), im kurzfristigen Bereich mindestens in die Kategorie A-3 (S&P's) resp. Prime-3 (Moody's) eingestuft werden. Finanztitel, denen R. unterhalb dieser Bonitätsklassen zugewiesen werden, gelten als spekulativ. Die im Fachjargon übliche Differenzierung von „investment grade" und „speculative grade" wurde durch amerikanische Aufsichtsbehörden eingeführt, die an diese Unterscheidungen für bestimmte Marktteilnehmer, z.B. → institutionelle Anleger wie Pensionsfonds oder → Investmentgesellschaften, Konsequenzen hinsichtlich der Zuverlässigkeit des Erwerbs sowie der bilanziellen Bewertung spekulativer Anleihen knüpfen.

III. Ratingverfahren

R. werden in einem speziellen, auf die Bildung eines Bonitätsurteils in Form des Ratingsymbols ausgedrückten Verfahren ermittelt. Die führenden Agenturen beschränken ihre Analysen in der Regel nicht auf öffentlich verfügbare Informationen, sondern bemühen sich darum, im direkten Kontakt mit dem → Emittenten weitere, für die Bonitätsbeurteilung wichtige Angaben zu erhalten. Es hat sich die Übung entwickelt, daß die eine Emission planende Unternehmung auf eine oder mehrere der Agenturen zukommt und einen Antrag auf Durchführung eines Ratingverfahrens stellt. Mit der Antragstellung verpflichtet sich der Emittent, die für die Bonitätsbeurteilung erforderlichen Informationen bereitzustellen und die Gebühr des Verfahrens zu bezahlen.

Ein Analystenteam nimmt zunächst eine agenturinterne Recherche vor. Die Voruntersuchungen dienen der Vorbereitung einer Zusammenkunft des Managements des Emittenten und der Analysten der Ratingagentur, die insbesondere beim estmaligen R. meist am Ort der Hauptniederlassung bzw. Zentrale des Emittenten stattfindet und gegebenenfalls um eine Betriebsbesichtigung ergänzt wird. Die mit dem Emittenten abgestimmte Tagesordnung enthält meistens folgende Punkte: einen Abriß der historischen Entwicklung des Unternehmens, Darstellungen zur Geschäftsphilosophie und -strategie, zu einzelnen Unternehmensbereichen und -funktionen, finanzierungs- und bilanzpolitische Fragen sowie unternehmens- und branchenspezifische bonitätsrelevante Faktoren, z.B. Wettbewerbsposition, Angebots- und Nachfrageentwicklungen und Akquisitionsabsichten.

Die Analysten der Agentur erstellen einen internen Bericht, der zur Entscheidungsvorbereitung dem aus mehreren besonders erfahrenen Analysten zusammengesetzten Ratingkomittee vorgelegt wird. Das Ratingkomitee entscheidet nach Beratung. Widerspricht der Emittent nicht einer Publizierung des R., wird das R. veröffentlicht. Anderenfalls wird dem Emittenten Gelegenheit gegeben, durch Vorlage weiterer Angaben auf eine Revision der Entscheidung hinzuwirken.

Nach der Veröffentlichung des R. wird die Emission in das laufende Überwachungssystem der Agentur eingegeben. Ergeben sich im Zeitablauf Anzeichen für eine Bonitätsverschlechterung, wird ein besonderes Überprüfungsverfahren eingeleitet, das eien Veränderung des R. implizieren kann.

IV. Ratingsysteme

1. Konzeptionen

Ratingsysteme können im wesentlichen zwei unterschiedlichen Konzeptionen folgen. Zum einen sind quantitative Ratingsysteme zu nennen, die meist nur auf der Auswertung öffentlich verfügbarer Informationen und der Eingabe in einen Computer beruhen, der anhand eines mathematisch-statistischen Modells R. errechnet. Qualitative Ratingsysteme verzichten dagegen auf eine mathematisch exakte Verknüpfung von Bonitätsindikatoren im Rating, sondern überlassen es der Intuition des Beurteilers, ein Gesamturteil zu bilden. Die implementierten Ratingsysteme der führenden Agenturen beziehen stets quantitative und qualitative Bonitätsaspekte in die Urteilsfindung ein. Letztlich entziehen sich die Bestimmungsfaktoren des R. intersubjektiver Überprüfbarkeit, da es durch Mehrheitsentscheidung des Ratingkomitees zustandekommt.

3. Ratingkriterien

Die Ratingsysteme der führenden Agenturen sind durch einen Stufenaufbau charakterisiert, der die Analyse von länder-, branchen-, emittenten- und emissionsspezifischen Risiken umfaßt. Im Rahmen der Länderrisikoanalyse werden sowohl politische als auch wirtschaftliche Risikoindikatoren herangezogen, um Transfer- und Konvertibilitätsrisiken zu identifizieren. Ein weiterer Kernpunkt der Analyse bildet die Untersuchung des Wirtschaftszweiges, dem der Emittent angehört. Die Branchenanalyse bezieht internationale Verflechtungen und weltweite Marktpotentiale und Konkurrenzverhältnisse ein und fokussiert die konjunkturellen Abhängigkeiten der Branche des Emittenten, Veränderungen der wirtschaftspolitischen und technologischen Rahmenbedingungen, Marktzugangsbarrieren, Deregulierungsmaßnahmen etc. Dem Rubrum der Emittentenanalyse werden Untersuchungen zum leistungs- und finanzwirtschaftlichen Bereich der Unternehmung subsumiert. Geschäftspolitische Risiken werden z.B. anhand des relativen Marktanteils, der Diversifizierung, der Umsatz- und Ertragsentwicklung, der Kostenstruktur sowie allgemein der Absatz- und Beschaffungspolitik abgeschätzt. Für die Einstufung finanzwirtschaftlicher Risiken sind die an Liquiditätsgraden und -reserven gemessene Solvenz des Emittenten maßgebend, der Verschuldungsgrad bzw. die Eigenkapitalquote, die Struktur der Verbindlichkeiten usw. In der Emissionsanalyse werden die Ausstattungsmerkmale der Emission untersucht, insbesondere gewährte Sicherheiten, Schutzbestimmungen wie Negativklauseln, pari-passu-Erklärungen usw. Wandlungs- und → Optionsrechte können zu speziellen Zahlungsstromstrukturen führen, die je unterschiedliche Implikationen für die Bonitätsrisikobeurteilung aufweisen können und im R. daher berücksichtigt werden müssen.

Lit.: Büschgen, H. E.; Everling, O.: Auf dem Prüfstand: Bonität der Banken, in: Bank Magazin, 1993, H. 7, S. 38–41; Everling, O.: Rating gewinnt in globalen Märkten an Bedeutung, in: Börsen-Zeitung, Nr. 138 v. 21. Juli 1989, S. 5, sowie gekürzt in: Deutsche Bundesbank/Auszüge aus Presseartikeln, Nr. 59 v. 24. Juli 1989, S. 5–7; Everling, O.: U.S. Securities and Exchange Commission (SEC), in: Das Wirtschaftsstudium, 19. Jg. (1990), H. 8–9, S. 479–482; Everling, O.: Credit Rating durch internationale Agenturen – Eine Untersuchung zu den Komponenten und instrumentalen Funktionen des Rating, GABLER Verlag, Wiesbaden 1991; Everling, O.: Ratingagenturen weltweit, in: Die Bank, 1991, H. 3, S. 151–156; Everling, O.: Nutzenaspekte des Rating für Emittenten, in: Der Langfristige Kredit, 42. Jg. (1991), H. 9, S. 272–275; Everling, O.: Nutzenaspekte des Rating für Anleger, in: Der Langfristige Kredit, 42. Jg. (1991), H. 12, S., 382–385; Everling, O.: Credit Rating für Geldmarktpapiere, in: Die Bank, 1992, H. 2, S. 78–82; Moody's Investors Service: Global Credit Analysis, London 1991.

Dr. O. Everling, Alzenau

Rationalisierung

Maßnahmen, die der Verbesserung der Wirtschaftlichkeit eines Unternehmens dienen. Hierzu gehört häufig der Einsatz neuer Technologien und neuer Produktionsmethoden.

rationieren

Zuteilung von → Wertpapieren nach einem bestimmten Schlüssel. Dies ist besonders dann der Fall, wenn es bei der → Emission neuer Wertpapiere aufgrund einer zu großen Nachfrage zu einer → „Überzeichnung" gekommen ist, d.h. eine enorme Nachfrage einem geringen Volumen verfügbarer Papiere gegenübersteht. Bei 10-facher Überzeichnung würde man jedem Kunden zum Beispiel nur 1/10 der von ihm georderten Menge zur Verfügung stellen. Auch repartieren genannt.

Reaction

Kursbewegung nach unten (oben), nachdem zuvor ein hohes (tiefes) Niveau erreicht wurde.

Realignment

Anpassung eines ansonsten festen Wechselkursverhältnisses bei verändertem Umfeld.

Realizing

Durch Eingehen eines Gegengeschäftes wird ein Gewinn bzw. ein Verlust realisiert, d.h. dem Konto gutgeschrieben bzw. belastet.

Realkredit

Langfristiger, durch Eintragung eines Grundrechts in das → Grundbuch abgesicherter → Kredit.

Realtime-Kurse

Börsenkurse, die mit kaum wahrnehmbarer Verzögerung in dem Augenblick übermittelt werden, in dem sie entstehen. Ausnahme: bei Warentermingeschäften in den USA kann es durch manuelle Kurseingabe auf dem Börsenparkett und die elektronische Übermittlung via Satellit zu Verzögerungen von 1–3 Minuten kommen.

Realzins
Unter Berücksichtigung der Inflationsrate sich ergebender Zinsertrag einer Kapitalanlage. Wird ermittelt, indem man das investierte Kapital mit dem Nominalzins aufzinst und mit der Inflationsrate abzinst. Gegensatz: → Nominalzins.

Rechenschaftsbericht
Mit der Vorlage des Jahresabschlusses verbundener Bericht der Verwaltung einer → AG. Wird den Aktionären in der → Hauptversammlung vorgelegt und stellt den Ablauf des vergangenen Geschäftsjahres dar.

Recovery
Längerer Zeitraum steigender Preise an der → Börse nach einer längeren Phase sinkender Preise.

Rediskont-Kontingent
Umfang der den → Kreditinstituten über den Ankauf von diskontierten Wechseln zur Verfügung gestellten Gelder. R. ist ein Mittel, um durch Verknappung oder Schaffung von → Liquidität bei den Banken die Zinsentwicklung zu beeinflussen.

Rediskontierung
Refinanzierungsmöglichkeit der Banken. Die von ihren Kunden zum → Diskont angenommenen Wechsel können unter bestimmten Umständen an die → Deutsche Bundesbank weiterverkauft, rediskontiert werden.

Refinanzierung
Beschaffung von Finanzmitteln. Z.B. beschaffen sich Banken bei der → Bundesbank oder anderen Banken die → Liquidität, die sie bereits vorher ihren Kunden als → Kredit zur Verfügung gestellt haben.

Regionalwerte
Bez. für → Aktien, die an einer → Börse gehandelt werden, in deren Einzugsgebiet das Unternehmen ansässig ist.

Remittent
Begriff aus dem Wechselrecht, hier: Wechselnehmer.

Rendite
inhaltsgleiche Begriffe: interner Zinsfuß, internal rate of return (IRR), Effektivzins.

1 Definition
Anleger und Schuldner werden heute mit einer Vielfalt von Geldanlage- und Geldaufnahmemöglichkeiten konfrontiert, die auf Grund ihrer nominalen → Konditionen nicht oder nur schwer vergleichbar sind. Erwähnt seien z.B. bonifizierte → Sparbriefe, → Bundesschatzbriefe, → festverzinsliche Wertpapiere, Ratenkredite, Annuitätenkredite und Tilgungskredite. Allen Anlage- und Kreditformen gemeinsam ist jedoch, daß sie letztendlich zu Geldströmen führen, die vom Kapitalgeber zum Kapitalnehmer und umgekehrt fließen. Bei der Suche nach einem Vergleichsmaßstab kann man sich daher auf Kenngrößen der Zahlungsströme beschränken, da die Zahlungsströme die für die Kapitalgeber und -nehmer wirtschaftlich relevanten Sachverhalte wiederspiegeln. Eine dieser Kenngrößen ist die R., die wie folgt definiert ist:

$\{C_0, C_1, C_2, \ldots\ldots, C_n\}$ sei ein Zahlungsstrom, dessen Ein- und Auszahlungen an den Zeitpunkten $\{0, t_1, t_2, \ldots\ldots t_n\}$ fällig werden. Die einzelnen Zeitpunkte bzw. → Laufzeiten werden in Jahren gemessen, wobei auch gebrochene Laufzeiten zulässig sind. Ein- und Auszahlungen werden mit unterschiedlichen Vorzeichen versehen. Die R. i ist dann der → Zinssatz, der folgende Gleichung (1) erfüllt:

$$(1)\ 0 = C_0 + \frac{C_1}{(1+i)^{t_1}} + \frac{C_2}{(1+i)^{t_2}} + \ldots + \frac{C_n}{(1+i)^{t_n}};$$

Die R. wird im allgemeinen Sprachgebrauch meist als Prozentzahl p angegeben. D.h. der obige Zinssatz (als Dezimalzahl) wird in einem Zinsfuß (als Prozentzahl) gemäß der Formel p=i*100 umgerechnet. Für Zahlungsströme mit einer Einzahlung kann man Gleichung (1) auch wie folgt interpretieren:

Die Rendite i ist der Zinssatz mit dem man die Rückzahlungen abzinsen muß, um die Einzahlung zu erhalten.

Beispiel 1: Ein Privatanleger gewährt einen Kredit über 100.000 DM, der in zwei Jahren in einer Rate über 118.810 DM zurückgeführt wird. Wie hoch ist die Rendite bzw. der Effektivzins des Darlehens?

Antwort: 9%, denn:

$$0 = 100000{,}00 - \frac{118.810{,}00}{(1+0{,}09)^2};$$

Beispiel 2: Ein Privatanleger gewährt einen Kredit über 100.000 DM, der in zwei Jahresraen à 57.619,05 DM zurückgeführt werden muß. Wie hoch ist die Rendite bzw. der Effektivzins des Darlehens?

Antwort: 10%, denn:

$$0 = 100.000{,}00 - \frac{57.619{,}05}{(1+0{,}1)^1} - \frac{57.619{,}05}{(1+0{,}1)^2};$$

Gemessen mit der Vergleichszahl „Rendite" ist somit die Anlage 2 vorteilhafter. Die R. kann bis auf wenige Ausnahmen nicht mit Hilfe einer Formel, sondern nur durch systematisches Probieren d.h. geeignete Iterationsverfahren ermittelt werden.

2 Praktische Anwendung

2.1 Vollständigkeit des Zahlungsstroms

Bei der Aufstellung der Gleichung zur Renditeberechnung muß genau festgelegt werden, welche zur konkreten Geldanlage oder Geldaufnahme gehörenden Zahlungen (z.B. Transaktionskosten, Konto- und Depotgebühren, Schätzgebühren, → Vorschußzinsen, → Agios, → Disagios, → Courtagen, Kommissionen etc.) in die Berechnungen einzubeziehen sind. Die Regeln für die Renditeberechnung werden von der → ISMA (früher → AIBD) aufgestellt. Die Effektivzinsberechnung für Kredite ist durch die Preisangabeverordnung (PAngV) geregelt.

Bei der Berechnung der R. *nach Steuern* sind nur die tatsächlich vereinnahmten Beträge in den Zahlungsstrom einzusetzen. Ggf. später noch zu leistende Steuerzahlungen oder Gutschriften, die dem Zahlungsstrom zuzurechnen sind, sind vorzeichengerecht an den jeweiligen Zeitpunkten zu berücksichtigen.

2.2 Nationale Besonderheiten

Bei der Aufstellung der Bestimmungsgleichung (1) werden die einzelnen C_i, sofern ihre Laufzeit nicht ganzzahlig ist, des öfteren auch mit dem Faktor

$$\frac{1}{(1+i)^n * (1+i*\Delta t)}$$ abgezinst, wobei

$t_i=n+\Delta t$ mit n ganzzahlig und Δt kleiner 1. Es kommt auch vor, daß die unterjährigen Zahlungen zunächst bis zum nächsten vollen Jahr aufgezinst und dann ganzzahlig abgezinst werden (Bildung der konformen Rate). Die o.g. teilweise linearen Abzinsungen führen zu einer Vielzahl von Inkonsistenzen und Unterschieden bei der R. bzw. Effektivzinsberechnung. Allein in Deutschland sind zwei verschiedene „lineare" Renditeberechnungsmethoden in Gebrauch (Bräeß Fangmeyer und Moosmüller). Auch die Preisangabeverordnung (PAngV) bedient sich der linearen Abzinsungsmethode. Es kann jedoch davon ausgegangen werden, daß im Zuge der EG-Harmonisierung die nationalen, linearen Methoden durch die finanzmathematisch einwandfreie Methode gemäß Gleichung (1) ersetzt werden.

3 Grenzen des Verfahrens

3.1 Besondere Zahlungsströme

Die Renditeberechnung ist nicht für alle Zahlungsströme möglich, da die Gleichung (1) nicht immer eine Lösung hat. Beispiele hierfür sind Zahlungsströme, bei denen Ein- und Auszahlungen in unregelmäßiger Reihenfolge (z.B. Girokonten) stattfinden.

3.2 Immanente Wiederanlageprämisse

In der Gleichung (1) werden alle Zahlungen mit demselben Zinssatz abgezinst. Dies bedeutet, daß der Anleger alle zukünftigen Zahlungen mit diesem Zinssatz wiederanlegen müßte, um den anfänglich errechneten Endwert zu realisieren. Dies ist in der Praxis oft nicht möglich. So erhielte z.B. der Investor des Beispiels 2, wenn es ihm nicht gelingt, die Rückflüsse erneut wieder anzulegen, nur einen Endwert von 115.238,10 DM; also weniger als der Anleger des Beispiels 1. Die Anlage 1 (Rendite 9%) wäre dann, entgegen der Bewertung durch die R., gegenüber der Anlage 2 (Rendite 10%) vorteilhafter.

4 Die reale Rendite

Die reale R. *r* unterstellt im Unterschied zum Renditebegriff gemäß Gleichung (1) einen als realisierbar angenommenen Wiederanlagezins. Sie ist folgendermaßen definiert:

Die reale R. gibt an, mit welchem Zinssatz die Einzahlung bis zum Ende der Laufzeit verzinst werden müßte, damit man den gleichen Endbetrag erhält wie bei Verzinsung der Rückzahlungen zu dem vorgegebenen (realistischen) Wiederanlagezins.

Zu jedem Wiederanlagezins gehört somit ein entsprechender Wert für die reale R.; es ergibt sich die für den Zahlungsstrom charakteristische Kurve der realen R. Mit Hilfe der realen R. kann man unmittelbar das dem Zahlungsstrom innewohnende Zinsänderungsrisiko abschätzen.

Im Beispiel 1 erhält man für jeden Wiederanlagezins immer eine reale R. von 9%. Dies leuchtet unmittelbar ein, da zwischenzeitlich keine Rückflüsse wieder anzulegen sind. Anlage 1 ist somit gegenüber Zinsänderungen immun. Für Anlage 2 erhält man dagegen bei einem Wiederanlagezins von 0% eine reale R. von 7,349, da $100.000,00*1,07349^2 = 115.238,10$ ist. Für den Wiederanlagezins von 10% erhält man eine reale R. von 10%, da $100.000,00*1,1^2 = 57.619,05*1,1 + 57.619,05$.

Dieses nicht zufällige Ergebnis führt zu folgender, mit der ursprünglichen Definition der R. äquivalenten Renditedefinition:

Die R. ist der Zinssatz, mit dem die Rückflüsse wieder angelegt werden müssen, damit sich der gleiche Endsaldo ergibt, wie bei Anlage der Einzahlung zu eben diesem Zinssatz.

Mit der R. eng verbunden ist der Begriff der → *Duration*. Sie ergibt sich als mittlere → Laufzeit des Zahlungsstroms, wobei die Laufzeiten der einzelnen Bewegungen jeweils mit ihrem Barwert gewichtet werden. Allgemein gilt, daß sich der Anleger die R. nur für die Zeitspanne Duration und nicht für die Gesamtlaufzeit sichern kann.

Lit.: Sièvi; Haufler; Sièvi: Renditen Gillardon Verlag Bretten. The Association of international Bonddealers Zürich: AIBD Yield Book;

Mair; Schedling: Die Wahrheit beim Leihen. Manz Verlag Wien. Amtsblatt der Europäischen Gemeinschaften Nr. L61/14. Preisangabenverordnung Bundesgesetzblatt Jahrgang 1992, Teil I.

M. Bode; F. Sièvi, Frankfurt/M.

Rentabilität

Maßstab zur Messung der Ertragskraft des Unternehmens. Wird meist als Prozentzahl → Gewinn/→ Umsatz (Umsatzrentabilität) bzw. als Prozentzahl Gewinn/→ Eigenkapital (Eigenkapitalrentabilität) angegeben.

Renten

Umgangssprachliche Bezeichnung für → festverzinsliche Wertpapiere. → Anleihe.

Rentenfonds

Sondervermögen, das von einer → Investmentgesellschaft verwaltet wird. Die Bezeichnung R. resultiert aus der → Anlagestrategie, ausschließlich oder überwiegend in festverzinsliche Wertpapiere anzulegen. In der letzten Zeit jedoch können R. nicht nur in Anleihen etc. investieren, sondern auch in großem Umfang → Aktien, → Optionen und → Futures kaufen bzw. verkaufen.

Rentenmarkt
Börsensegment für den Handel von → festverzinslichen Wertpapieren.

→ Anleihemarkt.

Rentenwerte
→ Festverzinsliche Wertpapiere.

rep
Kurszusatz für „repartiert". → rationieren, → Kurszusätze.

Repartieren
→ rationieren.

Report
Differenz zwischen dem höher notierenden Terminkurs und dem darunter notierenden → Kassakurs des gleichen → Basiswertes. Gegensatz: → Deport.

Research
Analyse eines → Wertpapieres bzw. der Kurschancen, der Ertragskraft des Unternehmens, etc. Jede große Bank und jedes Brokerhaus unterhält eine R. Abteilung, in der sich Analysten-Teams den jeweils verschiedenen Unternehmen bzw. Branchen widmen.

Reserven
→ Rücklagen aus nicht verteiltem → Gewinn. Sind sie in der → Bilanz ausgewiesen, handelt es sich um → offene R., anderenfalls spricht man von stillen R. Stille R. entstehen entweder durch eine Unterbewertung von Aktiva-Positionen oder durch Überbewertung von Passiva-Positionen.

Die richtige Bewertung eines Unternehmens im Rahmen einer → Aktienanalyse kann durch stille R. erheblich beeinträchtigt werden.

resting order
Bezeichnung für eine ruhende Order. Sie wurde bedingt durch ihr → Preislimit, das über oder unter dem aktuellen Marktpreis liegt, noch nicht ausgeführt und ruht.

Restlaufzeit
Zeitspanne bis zur → Fälligkeit einer Forderung (→ Anleihe etc.) oder bis zum Verfall eines Rechtes (→ Optionen etc.)

Revalvation
→ Aufwertung.

Rezession
Wirtschaftlicher Abschwung wird meist von andauernden Kursverlusten an der → Börse und steigenden Zinsen begleitet.

Ring
Kreisförmige Plattform mit nach innen abfallenden Stufen, so daß die Händler sich während des Handels sehen und verständigen können. Beispiel: Metallbörse in London.

Risiken
Gefahr, Verluste beim wirtschaftlichen Handeln zu erleiden. Zum einen wird R. als Verlustgefahr definiert, zum anderen wird R. als die Ungewißheit über das Eintreten eines Ereignisses gesehen. Weiterhin gilt R. auch als Begriff für einen Gefahrenmoment.

Folgende R. sind zu unterscheiden: *Actuarial risk:* das R., das ein Versicherer gegen Zahlung von Prämien übernimmt, z.B. das R. des vorzeitigen Todes des Versicherten.

Exchange risk: R. des Verlustes bei Wertpapieranlagen an ausländischen Börsen (→ Währungsrisiko).

Inflation risk: R., daß die → Kaufkraft des Vermögens oder das Einkommen durch die → Inflation verringert wird und die Währung des Landes an Wert verliert.

Interest rate risk: R., daß → festverzinsliche Wertpapiere durch ansteigende Zinsen im → Kurs sinken.

Inventory risk: das mit dem Besitz der Ware verbundene R. der Preisveränderung, so daß der Wert des Inventars sinkt.

Liquidity risk: R., daß ein Anleger nicht in der Lage ist, schnell genug → Aktien zu kaufen oder zu verkaufen, bzw. das Volumen der entsprechenden Aktien etc. nur gering ist.

Risk of Principal: R., daß das investierte Kapital an Wert verliert.

Rohstoffbörsen
→ Börsen, an denen Rohstoffe und Halbfertigwaren gehandelt werden, auch Warenbörsen genannt. Sie sind meist mit den vorhandenen Wertpapierbörsen verbunden und dienen den Warenterminbörsen als → Kassamarkt.

Round turn commission
Kauf und Verkauf bilden beim → Termingeschäft, unabhängig davon, in welcher Reihenfolge sie erfolgten, einen Geschäftsvorgang. Die r. ist die Gesamtgebühr für diesen einen Geschäftsvorgang. Bei traditionellen Brokerhäusern wird sie dem Kunden erst nach Abschluß des Geschäftsvorgangs belastet. Discount-Broker, Banken und andere Maklerhäuser erheben die Hälfte der Gesamtgebühr bereits bei Beginn des Geschäftsvorgangs.

Rücklagen
Über das → Grundkapital hinausgehendes → Eigenkapital einer → Aktiengesellschaft.

Rücknahmepreis
Preis, der von der → Investmentgesellschaft bei Rücknahme eines Anteils gezahlt wird. Er ergibt sich aus dem → Inventarwert einschließlich eventueller Kassenbestände pro Anteil und wird abzgl. eventueller Kosten ausgezahlt.

Rückstellungen
Sind im Gegensatz zu → Rücklagen als Verbindlichkeiten anzusehen. Werden gebildet z.B. für zu erwartende Prozeßkosten, Inanspruchnahme aus Gewährleistungen, Pensionsansprüche von Betriebsangehörigen etc.

Rückzahlung
→ Tilgung.

Ruin
Völliger Zusammenbruch eines Unternehmens.

Rules
Gesetze: hier Börsengesetze. Zum Beispiel der Commodity Exchange Act, oder die Securities and Exchange Commission R.

Run
Plötzlicher Ansturm auf ein Gut, von dem Verknappung und/oder Preissteigerungen erwartet werden.

Runaway
→ Breakout.

S

S
Abk. für Serie bei der Notierung von → Anleihen in Zeitungen.

Sachdepot
Verzeichnis der von der Depotbank für ihre Kunden verwahrten → Wertpapiere. Sie werden nicht nach dem Namen des Depotinhabers, sondern nach der Wertpapiergattung verbucht.

Gegensatz: → Personendepot.

Sacheinlage
Durch Beibringung von Sacheinlagen geleistete Beteiligung am → Grundkapital einer → Kapitalgesellschaft.

Üblicherweise wird die → Einlage durch Barmittel erbracht.

Sachverständigenrat
Gremium der „5 Weisen". Im Auftrag der Bundesregierung tätige Wirtschaftswissenschaftler, die in regelmäßigen Abständen oder bei Sondersituationen ein Gutachten über die gesamtwirtschaftliche Situation und deren voraussichtliche Weiterentwicklung erstellen.

Safe
Besonders gesicherter Schrank oder Schließfach in einem solchen oder Schließfach in dem Tresorraum einer Bank zur Aufbewahrung von Wertgegenständen.

Saldo
Differenz, die sich durch Aufrechnung beider Seiten des Kontos ergibt. Das Ergebnis wird als Habensaldo bei Verbindlichkeiten und Sollsaldo bei Forderungen genannt.

Sammeldepot
→ Giro-Sammelverwahrung, → Wertpapier-Sammelbanken.

Sammelverwahrung
→ Giro-Sammelverwahrung, → Wertpapier-Sammelbanken.

Sanierung
Durch verschiedene Maßnahmen herbeigeführte nachhaltige Gesundung eines Unternehmens, das sich in einer problematischen wirtschaftlichen Situation befindet. Zu diesen Maßnahmen gehört die → Umschuldung, die Auflösung → stiller Reserven oder die Zuführung neuer Mittel.

Savings Banks
Sparkassen in den USA und Großbritannien.

Schachtelbeteiligung
Eine mindestens 25 Prozent betragende Beteiligung einer → Kapitalgesellschaft am Gesellschaftskapital einer anderen Gesellschaft.

Schattenquoten
Bezeichnung für Ansprüche aus Zinsscheinfälligkeiten von 1945–1952. Diese Regelung wurde im Rahmen des Londoner Schuldenabkommens bzgl. der Daves- und der Young-Anleihe getroffen. Sie wurden nach der Wiedervereinigung Deutschlands in Fundierungsschuldverschreibungen umgewandelt, werden mit 3 Prozent verzinst und laufen im Jahr 2010 aus.

Schattenwirtschaft
Bezeichnung für Schwarzarbeit. S. umfaßt den nicht erfaßten Teil der wirtschaftlichen Gesamtproduktion. Auf diesen Teil werden keine Sozialversicherungsbeiträge und keine Steuern bezahlt. In Deutschland rechnet man mit einem Anteil der S. am Bruttosozialprodukt von über 10 Prozent.

Schatzanweisungen
→ Schuldverschreibungen der öffentlichen Hand mit → Laufzeiten von 6 Monaten bis 2 Jahren. Werden in festverzinslicher, aber auch unverzinslicher (als abgezinste Papiere) Form angeboten.

→ Bundeswertpapiere.

Schatzbriefe
→ Bundeswertpapiere, → Bundesschatzbriefe.

Schatzwechsel
→ Schuldverschreibungen der öffentlichen Hand mit einer → Laufzeit von bis zu 6 Monaten. Die Zinsen werden vom Kaufpreis abgezogen (Diskontierung).

Schaukelbörse
Tendenzbezeichnung für eine sich seitwärts bewegende Kursentwicklung. Die → Kurse steigen bis zu einem bestimmten Niveau an, sinken dann wieder herab bis zu einem bestimmten Niveau, um dann wieder erneut anzusteigen.

Börsianer sprechen davon, daß die → Börse unentschieden sei.

Schlußeinheit
→ Mindestschluß.

Schlußkurs
Letzter → Kurs einer Börsensitzung.

Schlußnote
Schriftliche Mitteilung des → Maklers an Käufer und Verkäufer bei einem Wertpapiergeschäft. Neben dem Namen und Wohnort der Vertragsparteien werden insbesondere der → Kurs, der Wert, die Lieferung etc. genannt.

Schuldbuchforderungen
→ Wertpapiere des Staates, die nicht in Form einer Urkunde begeben werden, sondern durch Eintragung in das → Schuldbuch entstehen.

Schuldscheindarlehn
Großkredite mit ähnlicher Ausstattung wie bei → Anleihen. Sie werden gegen Hergabe eines → Schuldscheines ausgezahlt. Der Schuldschein ist eine Urkunde, in der sich der Schuldner verpflichtet, das Darlehn zu einem bestimmten Termin zurückzuzahlen und die vereinbarten Zinsen etc. zu entrichten. Der Schuldschein selbst ist kein → Wertpapier. Da die Mindestdarlehnsbeträge sehr hoch sind, hat das S. die → Industrieschuldverschreibungen als Finanzierungsinstrument fast völlig verdrängt.

Schuldscheine
→ Schuldscheindarlehn.

Schuldverschreibungen
Richtiger müßten sie Teilschuldverschreibungen heißen und sind eine andere Bezeichnung für → Obligationen, → festverzinsliche Wertpapiere oder Bonds. → Anleihe.

Schwach
Bezeichnung für eine abwärtsgerichtete Kurstendenz.

Schwache Hände
Bezeichnung für wenig professionell agierende Anleger. Sie reagieren bei unerwarteten Kursveränderungen sehr hastig und sind aufgrund von meist kreditfinanzierten Engagements gezwungen, ihre → Wertpapiere schon bei kleinen Kursrückgängen zu verkaufen.

Gegensatz: → starke Hände.

Schwarzer Freitag, schwarzer Montag
Wochentage, die in der Börsengeschichte einen besonderen Platz einnehmen, weil es zu dramatischen Kursverlusten kam. So wurde am Freitag, dem 25. Oktober 1929 eine mehrjährige → Hausse beendet und eine langandauernde Weltwirtschaftskrise eingeläutet.

Am Montag, dem 19. Oktober 1987 beendete ein enormer → Börsencrash die längste Hausse der Nachkriegsgeschichte. Entgegen der Befürchtung vieler Anleger blieben Auswirkungen wie im Jahre 1929 aus. Bereits 6 Monate nach dem Crash hatten einige Börsen wieder den Stand vor dem „schwarzen Montag“ erreicht.

→ Börsencrash.

Scontration
→ Clearing.

Securities and Exchange Commission (SEC)
Börsenaufsichtsbehörde der USA mit besonders weitreichenden Befugnissen.

Sekundärmarkt
Börsensegment für bereits emittierte und umlaufende → Wertpapiere.

Gegensatz: Primärmarkt (Markt für → Neuemissionen). → Primary market.

Selbstfinanzierung
Finanzierungsform, bei der die → Investitionen aus erwirtschafteten und einbehaltenen → Gewinnen vorgenommen werden (Innenfinanzierung). Eine Inanspruchnahme des → Kapitalmarktes entfällt.

Sell-off
Selling off

Verkauf von → Aktien etc., um einem weiteren Verfall des → Kurses vorzubeugen. Besonders im Sprachgebrauch der → technischen Analyse zu finden, durch viele Gleichgesinnte kommt es zu einer Verkaufsflut. Beispiel: Gleiche Interpretation einer Börsengrafik.

Sell-out
Bezeichnung für Ausverkauf, Panikverkäufe an der Börse. → sell-off.

Selling off
→ Sell-off.

Settlement-price
Durch das → Clearinghaus festgesetzter → Kurs am Ende des Börsentages. Entspricht nicht dem sonst üblichen → Schlußkurs (zuletzt gehandelter Preis).

Shares
Bezeichnung für → Aktien, Anteile, manchmal auch Stocks genannt.

Shareholder Value
SV bedeutet Aktionärsnutzen. Die Schaffung von SV ist das Hauptziel von → Investor Relations. Die Schaffung von SV ist gleichbedeutend mit der Erzielung einer nachhaltig optimalen Unternehmensbewertung, dem Hauptziel von IR. Das Ergebnis läßt sich recht einfach an der Verzinsung des eingesetzten Kapitals auf der Seite der Anteilseigner feststellen. Die Ergebnisse aus der Praxis sind nachfolgend erläutert:

Die Konsolidierung der Daten der 24 Industrieunternehmen im → DAX-Index führt zu den grafisch dargestellten Zusammenhängen. Über einen Vergleichszeitraum von 30 Jahren wurden die Fundamentaldaten aus den → Jahresabschlüssen bis Ultimo 1992 verwendet. Die drei besten Unternehmen in der Wertsteigerung für Aktionäre zwischen 1963 und 1992 sind BMW mit weitem Abstand vor Schering und Siemens (x-Achse: je weiter rechts, desto ertragreicher). Untersucht man die Signifikanz von einzelnen Kernkennzahlen auf die langfristige Entwicklung des Aktieninvestments, so stellt sich heraus: Die Eigenkapitalverzinsung ist besser als das → Kurs/Gewinn Verhältnis (KGV), die → Dividendenrendite, das Verhältnis von → Kurs- zu Buchwert oder auch als das Kurs/Cash-flow-Verhältnis dazu geeignet, die Nachhaltigkeit der Wertsteigerung zu unterlegen. Die bereits angesprochenen Unternehmen haben – mit Daimler, das Unternehmen mit dem höchsten Return on Equity – in dem 30-Jahres-Vergleich allesamt einen besseren Mittelwert und auch einen besseren Median im RoE als die anderen 20 untersuchten Unternehmen.

SV wird nachhaltig durch eine überdurchschnittliche Eigenkapitalverzinsung erzielt. Die Kenngröße RoE ist in diesem Fall ermittelt als Verhältnis des Kurswertes zu dem bereinigten Nettoergebnis nach DVFA/SG. Der von außerordentlichen, aperiodischen und dispositionsbedingten Einflüssen bereinigte → Jahresüberschuß ist die verbreitete Art, den „echten" Ertrag eines Jahres wiederzugeben.

Das KGV hat eine gewisse Indikation für die erfolgreiche Wertsteigerung einer

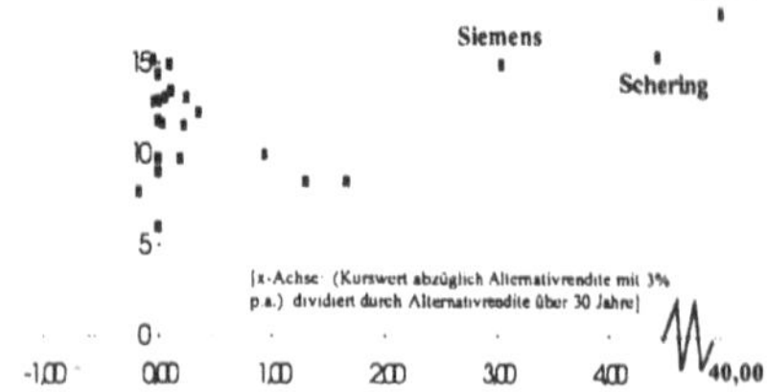

Abb.: Performancemessung und Eigenkapitalverzinsung (ROE) – 30 Jahre DAX (Quelle: IR AG)

→ Aktie: Die besten drei Unternehmen BMW, Schering und Siemens haben empirisch gesehen ein unter dem Durchschnitt liegendes KGV. Eine Monokausalität läßt sich aber im Gegensatz zum RoE bei der Betrachtung des KGV allein nicht herstellen.

Das Kurs/Cash-flow-Verhältnis hat für die → Performance statistisch keine Bedeutung. Erfolglose Aktienanlagen finden sich sowohl im billigen Bereich mit einem niedrigen Kurs/Cash-flow, als auch im hohen Bereich, den am Cashflow gemessenen teuren Unternehmen. Es ist keine Signifikanz zu beobachten. Die stete Steigerung des SV ist jedoch auf eine gesunde Mischung von → Ausschüttung und → Selbstfinanzierungskraft zurückzuführen.

Die Schaffung von SV, also vom Nutzen für den Aktionär, steht im Vordergrund jeder Betrachtung, oder zumindest sollte dies so sein. SV oder auch Stakeholder Value ist

- Steigerung des Unternehmenswerts;
- Schaffung von Aktionärsnutzen (und Obligationärsnutzen);
- Betrachtung des Wertsteigerungspotentials in einer mehr am Cash-flow orientierten Unternehmensbewertung.

Es zeigt sich im Zeitablauf, daß die den deutschen Aktienindex DAX konstituierenden Unternehmen zwischen 8,75% und 17,75% Eigenkapitalverzinsung haben. Der Mittelwert ist 13,06% und der Median 12,75%.

Das Ergebnis ist in den letzten Jahren tendenziell eher schlechter geworden, als die Zahlen ausdrücken, also SV wurde zunehmend weniger geschaffen bzw. vernichtet. Der Grund dafür liegt darin, daß über die Absetzung der vor allem in den 80er Jahren durch erhöhte Akquisitionsbemühungen der Unternehmen stark gestiegenen Firmenwerte gegen die Rücklagen das → Eigenkapital eine niedrigere → Basis hat, als es eigentlich bei einer Abschreibung des Goodwills über etwa einen 40-Jahres-Zeitraum hat. Letzteres würde die RoE-Zahlen zu den angegebenen durch den erhöhten Nenner verschlechtern.

Dipl.-Ök. M. Dürr, Grünwald

Short

1. Leerverkauf oder Verkaufsposition. Geschäftsart, bei der zuerst ein → Kontrakt verkauft wird, um später durch einen Kauf des gleichen Kontraktes zu einem günstigeren Preis einen Differenzgewinn zu erzielen.
2. Bezeichnung für die Richtung eines Engagements. Wer s. ist, oder s. geht, rechnet mit sinkenden Kursen.

Short-covering

→ Eindecken (→ glattstellen) einer → short-Position durch den Kauf des entsprechenden Instruments.

Short-Position

1. Bezeichnung für die Richtung eines Engagements (hier: → Baisse).

   Gegenteil: → Long-Position.
2. Schuld in → Wertpapieren nach einem entsprechenden → Leerverkauf.

Sicherungsgeschäft

→ Hedging.

Signal

Ereignis mit einer Signalwirkung. In der → technischen Analyse ergeben sich solche Signale zum Beispiel dann, wenn der aktuelle Kurs einen gleitenden Durchschnitt durchbricht. → Chart-Analyse, → Point & Figure Analyse, → Markttechnik.

Skonto

Meist in Prozent angegebener Abzug vom Endbetrag einer Rechnung, falls die Rechnung innerhalb eines bestimmten Zeitraums beglichen wird. (Lieferantenkredit).

Skontro

Hilfsjournale zur Überwachung von Bestandsveränderungen im Effektenverkehr. Wird bei Banken und bei → Kursmaklern geführt.

Small Caps

Bezeichnung für kleine Firmen mit geringer Kapitalisierung (wenig → Eigenkapital). Geraten besonders dann in das Blickfeld der Anleger, wenn bei den großen Werten bereits „alles gelaufen" ist. Einige → Fonds haben sich bereits auf die ausschließliche Investition in S. spezialisiert.

SOFFEX

Abk. für Swiss Options and Financial Futures Exchange.

Sollzinsen

Vom Kreditnehmer an seine Bank zu zahlende Zinsen.

Sondervermögen

Das von einer → Investmentgesellschaft verwaltete Vermögen (einschließlich der Guthaben auf Konten) eines bestimmten → Fonds. Die meisten Investmentgesellschaften verwalten mehrere bis sehr viele S.

→ Investmentfonds.

Sonderverwahrung

Diese auch → Streifbandverwahrung genannte Verwahrart ermöglicht die getrennte Aufbewahrung der einem bestimmten Kunden gehörenden → Wertpapiere. Gegensatz: → Giro-Sammelverwahrung.

Sonderziehungsrechte (SZR)

Rechnungs- und Zahlungseinheit des → Internationalen Währungsfonds (IWF). Mitglieder des IWF können sich über S. → Kredite verschaffen, mit denen sie ihren internationalen Zahlungsverpflichtungen nachkommen können.

Sorten

Ausländische Zahlungsmittel.

Sozialprodukt

Umgangssprachlich für Bruttosozialprodukt. S. ist die Summe aller innerhalb eines Jahres hergestellten Güter und erbrachten Dienstleistungen in einer Volkswirtschaft.

Sparbrief

Sparbriefe sind ein Mittelding zwischen dem Sparkonto und einem → festverzinslichen Wertpapier. Einerseits wird für eine bestimmte → Laufzeit eine feste Verzinsung garantiert, andererseits werden sie jedoch nicht an der → Börse notiert. Der Vorteil der höheren Verzinsung (höher als beim Sparbuch) wird mit dem Nachteil der längeren Laufzeit erkauft. Zusätzlich sind diese Papiere vor Ablauf der Laufzeit nur schlecht wieder in Bargeld zu verwandeln. Bei den Sparbriefen gibt es drei Varianten:

- den abgezinsten Sparbrief
- den aufgezinsten Sparbrief
- den Sparbrief mit jährlicher Zinszahlung

Bei abgezinsten S. ermäßigt sich der Kaufpreis um die Zinsen und → Zinseszinsen. Die Differenz zwischen Kaufpreis und Rückgabebetrag ist der Zinsgewinn.

Beispiel 1:

Sie kaufen einen abgezinsten S. über 1.000 DM mit einer Laufzeit von vier Jahren. Bei einer → Rendite von acht Prozent bezahlen Sie für den S. nur 735 DM. Während der Laufzeit erhalten Sie keine Zinszahlungen und am Ende erhalten Sie genau 1.000 DM zurück.

Beim aufgezinsten S. zahlen Sie beim Kauf den aufgedruckten → Nennwert. Die Zinsen und Zinseszinsen werden auf den Nennwert aufgeschlagen und ergeben den Rückgabepreis.

Beispiel 2:

Sie kaufen einen aufgezinsten S. über 1.000 DM mit einer Laufzeit von vier Jahren. Sie bezahlen für den Brief genau 1.000 DM. Während der Laufzeit erhalten Sie keine Zinszahlungen. Nach vier Jahren erhalten Sie genau 1.360 DM zurück. Das entspricht dem Nennwert plus Zins und Zinseszins bei einer Rendite von acht Prozent.

Beim S. mit jährlicher Zinszahlung können Sie zwischen Laufzeiten von vier, fünf oder sechs Jahren wählen. Während der Laufzeit erhalten Sie jährlich die vereinbarten Zinsen. Die Rückzahlung erfolgt zum Nennwert.

Beispiel 3:

Sie kaufen einen Sparbrief über 1.000 DM mit jährlicher Zinszahlung und einer Laufzeit von vier Jahren. Während der Laufzeit erhalten Sie jedes Jahr 80 DM auf Ihrem Konto gutgeschrieben. Das entspricht einer Verzinsung von acht Prozent. Nach vier Jahren erhalten Sie den Nennwert von 1.000 DM zurück. Für die Anlage der Zinsen, die Sie erhalten, sind Sie selbst verantwortlich.

Vorteile

- Bessere Verzinsung als Sparbuch oder → Festgeld
- Steuerliche Gestaltungsmöglichkeit durch unterschiedliche Zinszahlungsmodalitäten. So sind jährliche Zinsen auch jährlich zu versteuern. Bei auf- oder abgezinsten Papieren muß dagegen erst beim Zufluß (Rückzahlung) versteuert werden.
- Mindestanlagesumme: 1.000 DM bis 5.000 DM
- Kein Kursrisiko! Sparbriefe werden nicht an der Börse gehandelt.

Nachteile

- Längere Laufzeit bindet das Kapital.
- Keine Rückgabe vor Ablauf der Laufzeit. Aber: Beleihung für einen Kredit möglich.
- Wertzuwachs nicht mit Rendite vergleichbar.

$$\text{Rendite} = \left[\left(\frac{\text{Rückzahlungsbetrag}}{\text{Kaufsumme}}\right)^{\frac{1}{\text{Laufzeit}}}\right]$$

Damit man Sparbriefe mit anderen Anlageformen vergleichen kann, empfiehlt sich die Berechnung der Rendite nach der AIBD-Formel. Diese Abkürzung steht für „Association of International Bond Dealers“ und bezeichnet den internationalen Zusammenschluß von Banken und Anleihenhändlern.

Hinweis: Sparbriefe gibt es auch als effektive Stücke und können als → Tafelgeschäft anonym erworben werden.

Allerdings wird ein höherer Zinsabschlagsteuersatz berechnet!

J. M. D. Siebers, Niddatal

Sparbuch

Unabhängig davon, welche Anlageform gewählt oder nach welchen Gesichtspunkten eine Geldanlage getätigt werden soll, stehen immer drei Faktoren im Vordergrund. Die Anlage soll:

- einen möglichst hohen Ertrag bringen
- die größtmögliche Sicherheit bieten
- kurzfristig liquide sein, damit im Bedarfsfall schnell Bargeld zur Verfügung steht

Die Erfahrung zeigt, daß es keine Geldanlage gibt, die alle drei Wünsche erfüllt. Immer sind Kompromisse einzugehen. Daher ist es nicht verwunderlich, daß das alte Sparbuch bei den Bundesbürgern immer noch hoch im Kurs steht. Es bietet:

- ein hohes Maß an Sicherheit
- die Spargelder sind kurzfristig verfügbar
- das Sparbuch ist leicht zu handhaben

Das Sparkonto hat sich seit Jahrzehnten bewährt, fast jeder Bundesbürger besitzt ein Sparbuch. So befanden sich Ende Juli 1993 etwa 803 Milliarden DM „auf der hohen Kante“. Gegenüber dem Vorjahr sind die Spareinlagen um 18 Milliarden DM gewachsen.

Aber auch bei dieser einfachen Kapitalanlage gibt es Unterschiede. Als Spareinlage gelten grundsätzlich nur unbefristet angelegte Gelder, die einer Kündigung unterliegen. Weitere Merkmale sind:

- für diese Gelder wird eine Urkunde (Sparbuch) erstellt
- die Guthaben auf dem Sparbuch dürfen nicht für Zwecke des Zahlungsverkehrs verwendet werden
- die Kündigungsfrist beträgt mindestens drei Monate
- Kündigungsfreibetrag von 3.000 DM
- → Vorschußzinsen werden nicht mehr vorgeschrieben.

Neben der Form des Sparbuches sind auch andere *Urkunden* möglich. So gibt es Sparbücher als Loseblattsammler oder Sie erhalten wie beim Kontensparen nur einen Kontoauszug.

Bestimmte Formen des *Zahlungsverkehrs* sind dennoch möglich. Wenn Sie z.B. → Wertpapiere kaufen wollen, können Sie den Kaufpreis von ihrem Sparbuch abbuchen lassen und ebenso bei Verkauf der Papiere den Erlös wieder gutschreiben lassen. Auch die Übertragung von Sparguthaben von einem auf ein anderes Sparkonto/Sparbuch des Inhabers ist bei gleicher Kündigungsfrist der Sparbücher ohne Probleme möglich.

Selbstverständlich können auch längere *Kündigungsfristen* vereinbart werden. Sie müssen jedoch nicht mehr mindestens sechs Monate betragen und mit einer Kündigungssperrfrist verbunden sein. Allerdings können Kündigungssperrfristen auch weiterhin vertraglich vereinbart werden.

Der *Kündigungsfreibetrag* ist keinesfalls gesetzlich geregelt. Dennoch hat es sich inzwischen eingespielt, daß bei allen Banken innerhalb eines Kalendermonats ein Betrag von 3.000 DM ohne Kündigung vom Sparbuch abgehoben werden kann. Innerhalb eines Kalendermonats heißt, daß man am 31. März 3.000 DM abheben kann und am 1. April wiederum über 3.000 DM verfügen könnte, ohne Vorschußzinsen zahlen zu müssen.

Vorschußzinsen wurden bisher immer dann erhoben, wenn der Anleger einen Betrag, der größer war als der Kündigungsfreibetrag, ohne vorherige Kündigung abhob. Der Anleger wurde dann mit einem Viertel des Guthabenzinssatzes für den Zeitraum bis zum Ablauf der Kündigungsfrist „bestraft".

Ein Beispiel:
Der Kunde hebt von seinem Sparbuch 11.000 DM ohne vorherige Kündigung ab. Die Kündigungsfrist beträgt drei Monate, das Sparguthaben wird mit 4 Prozent verzinst. Da er über 3.000 DM frei verfügen darf, werden nur für die restlichen 8.000 DM Vorschußzinsen berechnet. Sie betragen 1 Prozent (1/4 von den 4 Prozent Sparbuch-Zins) für den Zeitraum von 90 Tagen (drei Monate Kündigungsfrist). Dem Kunden werden daher 20 DM abgezogen.

Die Sparkassen behalten sich in ihren Geschäftsbedingungen auch weiterhin das Recht auf Vorschußzinsberechnung vor. Die meisten anderen Banken verzichten darauf. Allerdings gab es schon immer, auch bei den Sparkassen, einige Ausnahmen. So wurden bei wirtschaftlicher Notlage, bei Wohnungswechsel oder wenn der Sparer stirbt auf die Einbehaltung von Vorschußzinsen verzichtet.

Vorteile:

- Höchstmaß an Sicherheit
- → Einlagensicherungsfonds des privaten Bankgewerbes schützt jede Einlage von Kunden bis zur Höhe von 30 Prozent des haftenden → Eigenkapitals der jeweiligen Bank.
- Kurzfristige Verfügbarkeit, da 3.000 DM pro Kalendermonat auch ohne Kündigung abgehoben werden können.
- Verfügung durch Vorlage des Sparbuches.

Nachteile:

- Geringe Verzinsung, meist unter der Inflationsrate (Geldentwertung)
- Abhebung größerer Beträge (über 3.000 DM pro Kalendermonat) wird oft mit der Einbehaltung von Vorschußzinsen „bestraft"
- Verlustrisiko durch Verbriefung des Guthabens im Sparbuch

Tip: Vergleichen Sie die Sparbücher der verschiedenen Banken miteinander!

Neben dem oben beschriebenen Sparbuch „Marke einfach" bieten die Banken und Sparkssen auch Bücher mit längeren Kündigungsfristen und einer entsprechend höheren Verzinsung an. Hier gilt:

- Je länger die Kündigungsfrist, desto höher die Verzinsung!

Aber auch mit diesen Sonderangeboten sollte sich der ernsthafte Geldanleger nicht begnügen. Seit kurzem werden von vielen Banken Sparbücher mit noch höherer Verzinsung angeboten: die → FIBOR-Sparbücher oder FIBOR-Sparkonten. Hinter dem Kürzel FIBOR steckt der Zinssatz für den Geldhandel unter den Banken. Er wird auch als Interbankenzinssatz bezeichnet und heißt ausgeschrieben Frankfurt InterBank Offered Rate.

Dieser Zinssatz wird bankarbeitstäglich berechnet. Einer Zentralstelle melden die teilnehmenden Banken den Zinssatz, zu dem sie bereit sind, Geld an andere Banken zu verborgen. Der höchste und der niedrigste Zins werden gestrichen, dann der Durchschnitt gebildet. Der FIBOR-Zinssatz wird täglich veröffentlicht.

Ein Beispiel:

Der FIBOR für eine Laufzeit von drei Monaten betrug 1991 rund 9,50 Prozent. Der Zins für Sparbücher mit dreimonatiger Kündigungsfrist lag dagegen bei nur 3 Prozent.

Bei manchen Banken legt man das Geld auf ein spezielles Sparbuch, bei anderen richtet man ein Kündigungsgeld-Konto ein. In beiden Fällen ist die Verzinsung des Kapitals vom FIBOR-Satz abhängig. In einem vorher festgelegten Rhythmus (monatlich oder alle drei Monate) wird der Zins für das Spargeld neu festgelegt.

Allerdings erhalten die Kunden nicht den vollen FIBOR-Zins, sondern nur 80 bis 90 Prozent davon. Liegt der FIBOR also bei 9,50 Prozent, dann wird beim Sparbuch ein Zinssatz von 7,60 bis 8,55 Prozent berechnet. Die Differenz benötigt die Bank als Gewinnmarge und für die → Mindestreserve, die sie bei der → Deutschen Bundesbank unterhalten muß.

Aber nicht alle FIBOR-Sparbücher sind gleich. Da die Bedingungen von jeder Bank individuell festgelegt werden können, gibt es große Unterschiede:

- *Mindest-Laufzeit:* Bei manchen Banken wird keine Festlegung für einen bestimmten Zeitraum verlangt, andere bestehen auf ein, zwei oder drei Jahren Festlegung
- *Kündigungsfristen:* Auch hier sind die Unterschiede groß. Die Fristen schwanken zwischen sechs Monaten und drei Monaten. Bei einigen Baken sind die Sparbücher auch täglich kündbar.
- *Prozentsatz FIBOR:* Unterschiede gibt es bei der Wahl des Zinssatzes (Drei Monats-FIBOR/Sechs-Monats-FIBOR), der als Referenz für die Berechnung dienen soll. Aber auch bei der Verzinsung für den Anleger (80 bis 90 Prozent von FIBOR-Satz).
- *Mindest-Anlagebetrag:* Ähnlich wie bei anderen Anlageformen erwarten die Banken auch beim FIBOR-Sparbuch eine Mindest-Anlagesumme. Sie schwankt zwischen 5.000 DM und 50.000 DM.
- *Mindestzins:* Bei manchen Banken wird dem Anleger auch ein Mindestzins angeboten. Schließlich kann der FIBOR auc stark sinken. Damit der Anleger aber eine bessere Verzinsung als beim herkömmlichen Sparbuch erhält, bietet man ihm einen Mindestzins (z.B. 6 Prozent bei der Berliner Volksbank).

Fallstrick: Bei der Westfalenbank ist diese Sonderverzinsung (FIBOR–Zins und Mindestverzinsung) an die vereinbarte Laufzeit gebunden.

Braucht der Anleger nach zwei Jahren plötzlich das Geld und hatte er sich vorher für eine Laufzeit von drei Jahren festgelegt, dann wird er nur den Zinssatz für normale Spareinlagen mit dreimonatiger Kündigungfrist erhalten.

Vorteile:

- Ohne an Sicherheit zu verlieren, erhalten Sie eine erheblich höhere Verzinsung als beim „normalen" Sparbuch.
- Steigt der Zins, dann erhalten auch Sie in einem bestimmten Rhythmus mehr Zinsen für Ihr Geld.

Nachteile:

- Durch zum Teil hohe Mindest-Anlagesummen kann nicht jeder Sparer von dieser Einrichtung profitieren. Durch lange Laufzeiten geht auch Flexibilität verloren. Bei sinkenden Zinsen sinkt auch der Zinssatz für den Sparer.

Hinweis: Wenn man das Geld immer auf dem Sparbuch beläßt und es voraussichtlich auch nicht so bald benötigt, kommt man am FIBOR-Sparbuch nicht vorbei.

J. M.-D. Siebers, Niddatal

Spareinlagen
Guthaben auf Sparkonten bei einem → Kreditinstitut. Über die Spareinlage wird ein → Sparbuch ausgestellt.

Spekulant
Auf die Zukunft gerichtetes Handeln eines Anlegers mit dem Ziel, aus der möglicherweisen richtigen Einschätzung einer Kursentwicklung, einen wirtschaftlichen Vorteil zu ziehen. Beispiel: Ein Spekulant an der Terminbörse übernimmt durch den Kauf eines → Kontraktes das → Risiko des Preisverfalls. Liegt er mit seiner Einschätzung steigender Kurse richtig, winkt ein ansehnlicher → Gewinn.

Gegensatz: Hedger, → Hedge

Spekulationssteuer
Bezeichnung für die auf Gewinne aus Börsengeschäften anfallende Einkommensteuer. Sie fällt im allgemeinen immer dann an, wenn zwischen Kauf und Verkauf nicht mehr als 6 Monate verstrichen sind (Spekulationsfrist).

Bei → Futures fällt im allgemeinen in keinem Fall S. an, da diese Geschäfte als Spiel und Wette angesehen werden. → Steuern.

Sperrminorität
Bezeichnung für eine Minderheitsbeteiligung an einem Unternehmen. Bei → Aktiengesellschaften liegt diese S. bei 25 Prozent plus 1 Stimme. Durch die S. können wichtige Unternehmensbeschlüsse verhindert werden.

Spesen
Andere Bezeichnung für Gebühren oder Kosten, die im Zusammenhang mit dem Abschluß eines Börsengeschäftes anfallen. Gemeint sind hier Auslagen, Gebühren, Bankprovisionen etc.

Spezialbanken
Im Gegensatz zu den als Universalbanken tätigen → Kreditinstituten konzentrieren sich S. auf einzelne Teilbereiche des Bankgeschäfts, z.B. → Hypothekenbanken, Teilzahlungsbanken, Bausparkassen etc.

Spezialfonds
1. → Investmentfonds, die nicht von jedermann erworben werden können. Meist handelt es sich um Vermögen, das Versicherungsunternehmen, Pensionskassen, kirchliche Verbände, Stiftungen etc. den → Investmentgesellschaften zur Verwaltung überlassen.

2. → Investmentfonds, die hauptsächlich nur in Wertpapiere bestimmter Branchen, Länder oder Regionen investieren.

Spezialwerte
→ Aktien, die, im Gegensatz zu den großen Standardwerten, von kleineren Unternehmen begeben wurden. → Regionalwerte.

Splitting
Bei S. kommt es zu einer Veränderung der Anzahl der auf das → Grundkapital einer AG ausgegebenen → Aktien. Er dient dem Zweck, den → Kurs der Aktie zu verkleinern und für den Anleger attraktiver erscheinen zu lassen. Beispiel: Eine Aktie notiert an der Börse mit einem Kurs von 270,– DM. Durch ein S. von einer Aktie in drei Aktien sinkt der → Kurswert der Aktie auf 90,– DM herab. Da das Grundkapital lediglich neu aufgeteilt wird, kommt es beim S. nicht zu einer wirklichen → Kapitalerhöhung.

Spot-Preis
→ Spot-Price.

Spot-Price
Spot-Preis

Kassakurs, Preis für sofort verfügbare Ware.

Spot-Commodity
Spot-Ware

Kassaware, auch → „actuals“ genannt. Ware, die auf dem → Spot-Markt zum sofortigen Verkauf zur Verfügung steht.

Spot-Market
Spot-Markt

Bezeichnung für die internationalen → Warenbörsen, an denen Waren für sofortige Lieferung gegen sofortige Bezahlung (Zug um Zug) gehandelt werden.

Spot-Markt
→ Spot-Market.

Spot-Ware
→ Spot-Commodity.

Spread
1. Differenz (Spanne) zwischen zwei Preisen oder Zinssätzen (z.B. im Terminhandel die Differenz zwischen → Geld- und Briefkurs).
2. Aufschlag auf den vereinbarten Referenzzinssatz (z.B. → LIBOR plus 1/2%).
3. Konsortialprovision bzw. -gebühr, die an das → Bankenkonsortium zu zahlen ist.
4. Prämiengeschäft im US-amerikanischen Wertpapierhandel: Der Prämienzahler hat das Recht, am vereinbarten Termin zu einem höheren → Kurs abzunehmen oder zu einem niedrigeren Kurs zu liefern.

Squeeze
Zu einem S. kommt es, wenn die effektive Ware knapp ist, das Ende des Terminmonats naht und noch eine große Anzahl von → Leerverkäufen (→ short-Positionen) → glattgestellt werden müssen. Das treibt die Preise höher, je näher man dem Auslaufdatum des → Kontraktes kommt. Ein S. kann auch künstlich hervorgerufen werden.

Staatsanleihen
→ Festverzinsliche Wertpapiere bzw. → Schuldverschreibungen, die vom Bund, den Ländern und Gebietskörperschaften ausgegeben werden.

Staatsquote
Anteil der Staatsausgaben am Bruttosozialprodukt einer Volkswirtschaft.

Stagflation
Bezeichnung für eine Entwicklung der Volkswirtschaft, bei der → Stagnation in der Wirtschaft und → Inflation bei den Preisen aufeinander treffen.

Stagnation
Stillstand der Wirtschaft gemessen an der Veränderung des Bruttosozialproduktes, der Investitionstätigkeit etc.

Stammaktien
→ Anteilscheine an einer → Aktiengesellschaft mit zum Beispiel vollem → Stimmrecht in der → Hauptversammlung.

Gegensatz: → Vorzugsaktien

Stämme
Börsenjargon für → Stammaktien.

Stammeinlage
Auf einen Gesellschafter bei einer GmbH entfallender Kapitalanteil am Gesamtkapital.

Stammkapital
Gesamtheit der einzelnen → Stammeinlagen, auch → Nominalkapital einer GmbH genannt.

Stammpriorität
→ Vorzugsaktie.

Standard & Poor's
Standard & Poor's (S&P) ist eine der international führenden Ratingagenturen. S&P wurde 1920 in New York gegründet und bewertet heute weltweit die Kreditqualität von → festverzinslichen Wertpapieren im Wert von über $ 1,5 Billionen, die von etwa 5.600 Unternehmen, von mehr als 13.000 Städten und Gemeinden, Ländern, Staaten und supranationalen → Emittenten auf den nationalen und internationalen → Kapitalmärkten ausgegeben worden sind. Außerdem hat S&P über 1.900 Emittenten von Commercial Paper Programmen ein → Rating zugeordnet. Darüber hinaus bewertet S&P über hundert → Investmentfonds und die finanzielle Situation von mehr als 4.000 Versicherungsgesellschaften in über 70 Ländern der Erde.

Standard & Poor's

S&P war die erste Ratingagentur, die zusätzlich zu den Ratingkriterien für die Bewertung von Emittenten von festverzinslichen Wertpapieren auch Ratingkriterien entwickelt hat für die Bewertung von:

- Versicherungsgesellschaften und deren Fähigkeit, ihren Zahlungsverpflichtungen im Schadensfall nachkommen zu können, die sie in Versicherungsverträgen eingegangen sind (1971),
- Finanzgarantien (1971)
- durch → Hypotheken gesicherten → Anleihen (mortgage backed loans) (1975)
- Investmentfonds (1983)
- durch Vermögenswerte unterlegten Wertpapieren (asset-backed securities) (1985).

In der S&P-Zentrale in New York arbeiten zur Zeit etwa 500 Mitarbeiter, und in den Niederlassungen in London, Paris, Frankfurt, Stockholm, Madrid, Mexico City, Tokyo, Melbourne, Toronto und San Francisco sind über 100 Mitarbeiter mit Analysetätigkeiten beschäftigt. S&P hat auch als erster einen elektronischen Service unter dem Namen „CreditWire" angeboten. Über diesen werden Ratinginformationen (Herauf- und Herabstufungen von Emittenten, neue Ratings etc.) und entsprechende Analysen an Abonnenten sowie die internationalen Medien weltweit verbreitet.

Grundsätzlich sind alle Serviceleistungen von S&P darauf ausgerichtet, den Investoren grenzüberschreitend zuverlässige Entscheidungshilfen durch zeitnahe und vertrauenswürdige Kreditinformationen an die Hand zu geben.

Dabei sei betont, daß Ratings außerhalb der USA von S&P nur auf Anfrage der Emittenten erstellt werden. In einem vertraulichen Ratingprozeß (siehe unteres Schaubild) wird das Rating erarbeitet und nach Zustimmung durch den Emittenten weltweit über die Medien veröffentlicht.

So stellt ein Rating eines Unternehmens oder einer öffentlichen Institution eine aktuelle Bewertung der Kreditwürdigkeit eines Schuldners hinsichtlich einer bestimmten eingegangenen Verpflich-

STANDARD & POOR'S RATING-PROZESS

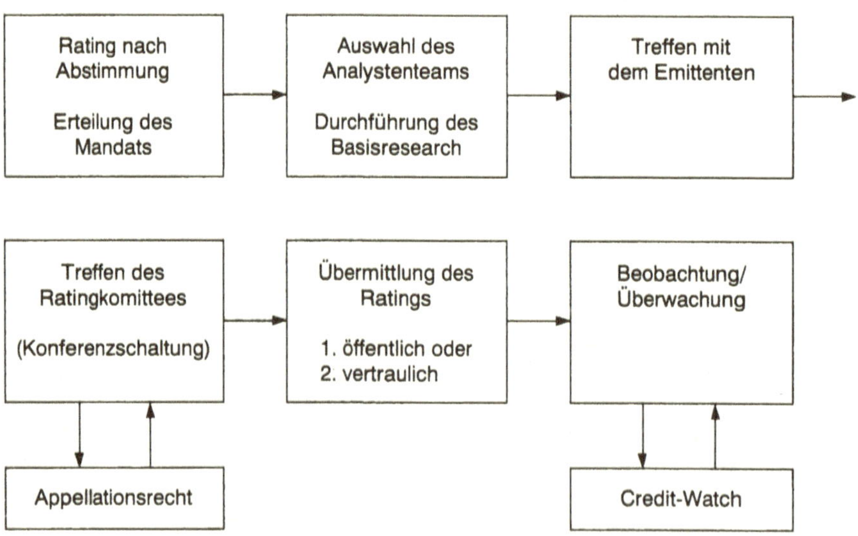

tung dar. Diese Bewertung bezieht, wenn erforderlich, auch Schuldner wie Bürgen, Versicherer, Mieter und Pächter in die Analyse mit ein. Ein Rating stellt keine Empfehlung zum Kauf, Verkauf oder Halten eines Wertpapiers (Schuldtitels) dar und macht auch keine Aussage über Marktpreise oder die Eignung für bestimmte Investorengruppen.

Ein Kreditrating ist eine Meinung, die S&P zur Kreditqualität eines Schuldtitels hat. Diese basiert auf den relevanten Risikofaktoren und ist durch leicht verständliche Symbole erkennbar.

Bedeutung der Symbole für langfristige Ratings

AAA	Höchstes Rating. Fähigkeit zur Zahlung von Zinsen und Rückzahlung des Kapitals extrem stark
AA	Sehr große Fähigkeit zur Zinszahlung und Kapitalrückzahlung
A	Starke Fähigkeit zur Zinszahlung und Kapitalrückzahlung, jedoch etwas anfälliger gegenüber nachteiligen wirtschaftlichen Entwicklungen
BBB	Ausreichende Fähigkeit zur Schuldenrückzahlung, jedoch mit mehr Anfälligkeit gegenüber nachteiligen wirtschaftlichen Bedingungen. Niedrigstes Rating innerhalb der Investmentkategorie
BB	Alle Schuldtitel auf dieser Ratingstufe und darunter sind als spekulativ zu betrachten
B	Ist anfällig für Zahlungsverzug, hat jedoch gegenwärtig die Fähigkeit, Zinszahlungen und Kapitalrückzahlungen durchzuführen
CCC	Einige Sicherheit für Investoren, aber große Risiken und Ungewißheiten
CC	Hochspekulativ, in der Regel nachrangig
C	Keine Zinszahlungen auf diese Schuldtitel
D	Schuldtitelemission ist in Zahlungsverzug

Die kurzfristigen Ratings bewegen sich zwischen 'A-1+' für die hochwertigsten Obligationen und dem 'D' für die qualitativ niedrigsten.

Die Ratings von S&P genießen weltweit bei den Investoren großes Vertrauen und Akzeptanz, da sie verläßliche und vertrauenswürdige Kreditinformation widerspiegeln. Diese resultiert aus der hohen Qualität der Analysearbeit. Generell arbeitet S&P nach den Grundprinzipien:

- Unabhängigkeit
- Objektivität
- Glaubwürdigkeit
- Transparenz bei den Bewertungskriterien und den Ratingbegründungen

Nur wenn die Investoren und die Emittenten auf den internationalen Kapitalmärkten die Kriterien und die Methodik bei der Analyse kennen und verstehen, nach denen S&P die jeweiligen Bewertungen durchführt, können sie die Bedeutung der Ratings richtig beurteilien.

Dazu stehen alle Mitarbeiter von S&P zur Verfügung und Publikationen wie:

S&P CreditWeek, S&P CreditWeek International, S&P Ratings Handbook, S&P Commercial Paper Guide, S&P Ratings Report Deutschland, S&P-ADEF Notations, S&P CreditWeek Municipal, S&P CreditReview, S&P CreditStats, S&P Insurer Solvency Review 1992/1994, etc.

Weitere Lit.: Brand, L.: 1993 Corporate Default, Rating Transition Study Results, in: SP Creditreview, 2.5. 1994, S. 1ff. Munves, David W.; Meyer-Parpart, W.: Mehr Ratings in Europa verwendet – Konkursunternehmen ohne Rating,in: FAZ v. 28.4.1992;

Meyer-Parpart, W.: Eine Bonitätsbewertung auch für die deutschen Unternehmen – Eine gute Einstufung erleichtert den Zugang zum Geld- und Kapitalmarkt, in: Blick durch die Wirtschaft, Frankfurter Zeitung vom 11.9.1992;

Martin, P.: Das Geldgespräch „Schuldtitel mit gutem Rating sind ein sicheres Investment", in: Welt am Sonntag vom 4.10.1992; Wang, Ch. Y.: Corporate Default, Rating transition study updated,in: S&P CreditWeek vom 25.1.1993, S. 1ff.; Meyer-Parpart, W.: Stichwort – Rating, in: Der Wirtschaftsredakteur, Jg. XXVIII/13 vom 1.7.1993, Egmating 1993, S. 6; O.N.: Der Schuldner Deutschland erhält unverändert Bestnoten „Umsichtige Geldpolitik und anpassungsfähige Wirtschaft". Eine Untersuchung von Standard & Poor's, in: FAZ vom 22.7.1993; Meyer-Parpart, W.: Derivate aus der Warte einer Rating-Agentur, Bewertungsansatz bei Anbietern derivativer Produkte, in: Beilage „Derivative Finanzinstrumente" der Neue Zürchner Zeitung vom 26.10.1993;

Dipl.-Kfm. W. Meyer-Parpart, Frankfurt/M.

Standardisierung

Voraussetzung für den Terminhandel mit Waren etc. an der Terminbörse. Die Vereinheitlichung bezieht sich auf → Basiswert (Underlying), → Laufzeit (Maturity) und ggf. → Basispreis (strike-price).

Standardpapiere

→ Standardwerte.

Standardwerte

Standardpapiere

Aktien großer → AG's, sogenannter → Publikumsgesellschaften mit regelmäßig hohen Börsenumsätzen.

Starke Hände

Bezeichnung für Investoren, die auch in Krisenzeiten an ihrem Anlagekonzept festhalten bzw. in Krisenzeiten bei stark gedrückten → Kursen und allgemein depressiver Gemütslage der Anleger als Käufer auftreten. Man spricht dann davon, daß die → Aktien von → schwachen in starke Hände wechseln. Häufig ist dann danach ein größerer Kursaufschwung zu beobachten.

So will auch eine Börsenregel in den USA verstanden werden: „go with the profis"! Halte Dich an die Erfahrenen!

Steuern und Börse

I. Börsengeschäfte und Steuerpflicht: Börsengeschäfte können sowohl im Bereich der Ertragsteuern (Einkommen-, Körperschaft- und Gewerbeertragsteuer) als auch im Bereich der Substanzsteuern (Gewerbekapital-, Vermögen- und Erbschaftsteuer) und der Verkehrsteuern (Umsatzsteuer) steuerbare Tatbestände auslösen. Dabei ist grundsätzlich danach zu unterscheiden, welche Person (natürliche Person, → Personen- oder → Kapitalgesellschaft) das Geschäft tätigt. Während eine natürliche Person Börsengeschäfte sowohl im Rahmen ihrer *privaten Vermögensverwaltung* als auch im Rahmen eines *Betriebs* tätigen kann, vollziehen sich Börsengeschäfte einer Personengesellschaft grundsätzlich im Rahmen ihrer betrieblichen Tätigkeit, es sei denn, die Gesellschaft ist ausschließlich vermögensverwaltend tätig. Unabhängig von der Art der Betätigung führen Börsengeschäfte einer Kapitalgesellschaft stets zu Einkünften aus Gewerbebetrieb. Von der Zuordnung zum vermögensverwaltenden Privatbereich oder zu einem Betrieb eines Steuerpflichtigen ist sowohl die Steuerpflicht dem Grunde nach als auch die Ermittlung der jeweiligen Bemessungsgrundlage im Fall der Steuerpflicht abhängig.

II. Substanz- und Verkehrsteuern:

1. Substanzsteuern:

Steuertatbestände: Im Rahmen der Substanzsteuern wird die Steuerpflicht entweder durch das bloße *Halten von Vermögenswerten* (Vermögensteuer, Gewerbekapitalsteuer) oder durch die *unentgeltliche Übertragung von Vermögenswerten* durch Schenkung oder Erbfall (Schenkung-/Erbschaftsteuer) ausgelöst.

Bemessungsgrundlage: Die Ermittlung der Bemessungsgrundlage ist für den gesamten Bereich der Substanzsteuern nach den Grundsätzen des Bewertungsgesetzes vorzunehmen. Unabhängig von der Zuordnung zum betrieblichen oder privaten Bereich ist die jeweilige → Kapitalanlage grundsätzlich mit dem sog. gemeinen Wert anzusetzen, der im allge-

Steuern und Börse

meinen dem *Verkehrswert* zum jeweiligen Bewertungsstichtag (31.12.) angenähert ist. So sind z.B. bei Wertpapieren und Anteilen an Kapitalgesellschaften die → Kurswerte, bei → Investmentzertifikaten die → Rücknahmepreise heranzuziehen.

Der Erwerb von börsengängigen Kapitalanlagen ist unter substanzsteuerlichen Aspekten gegenüber Kapitalanlagen im privaten Immobiliensektor grundsätzlich benachteiligt, da Immobilien substanzsteuerlich bisher mit sehr niedrigen Einheitswerten bewertet werden. Dieser Unterschied besteht insbesondere auch zwischen Anteilen an offenen (börsennotierten) und geschlossenen → Immobilienfonds. Während Anteile an einem offenen, börsennotierten Immobilienfonds mit dem Rücknahmepreis angesetzt werden, sind Anteile an einem geschlossenen, nicht börsennotierten Immobilienfonds mit den niedrigeren Einheitswerten der vom jeweiligen Fonds gehaltenen Immobilien zu bewerten.

Aufgrund der Rechtsprechung des Bundesverfassungsgerichts ist allerdings in absehbarer Zeit mit einer Neuregelung der Bewertung des Grundvermögens zu rechnen.

Steuersatz: Der Steuersatz ist in der *Vermögensteuer* von der Art des Vermögens sowie von der vermögensteuerpflichtigen Person abhängig. Während Privatvermögen ab 1995 mit 1 v.H. belastet wird (bis 1994 0,5 v.H.), beläuft sich der Steuersatz für betriebliches Vermögen auch nach 1994 auf 0,5 v.H. (natürliche Personen) bzw. 0,6 v.H. (Kapitalgesellschaften). Dieser Privilegierung von Betriebsvermögen steht allerdings substanzsteuerlich der Nachteil der Gewerbekapitalsteuer (2 v.T.) gegenüber, mit der Kapitalanlagen eines Gewerbebetriebs zusätzlich belastet werden.

Für die *Erbschaft-/Schenkungsteuer* besteht unabhängig von der Art des Vermögens ein differenzierter, progressiv ausgestalteter Steuersatz (3 v.H. bis 70 v.H.), dessen Höhe im Einzelfall vom Umfang des steuerpflichtigen Erwerbs sowie von der Steuerklasse abhängig ist.

2. Verkehrsteuern:

Börsengeschäfte sind von der *Umsatzsteuer* befreit. Da mit Wirkung vom 1.1.1991 auch die *Börsenumsatzsteuer* abgeschafft wurde, sind Börsengeschäfte in aller Regel nicht mehr mit Verkehrsteuern belastet.

III. Einkommensteuerpflichtige private Börsengeschäfte:

Im folgenden wird lediglich auf die Bestimmung des Besteuerungsumfangs bei Börsengeschäften näher eingegangen, die sich im Rahmen der privaten Vermögensverwaltung vollziehen. Soweit Börsengeschäfte über den betrieblichen Bereich (vgl. hierzu I.) abgewickelt werden, bestimmt sich der Besteuerungsumfang nach den allgemeinen Grundsätzen für die Gewinnermittlung im unternehmerischen Bereich. Bei bestehender Bilanzierungspflicht ermittelt sich der Betriebsgewinn aus dem Unterschiedsbetrag zwischen dem Betriebsvermögen am Schluß des Wirtschaftsjahres und dem Betriebsvermögen am Schluß des vorangegangenen Wirtschaftsjahres. → Gewinne und Verluste aus Börsengeschäften sind in diesem Betrag enthalten und unterliegen somit der Einkommen-, Körperschaft- bzw. Gewerbeertragsteuer, soweit sie nicht steuerbefreit sind. Steuerbefreiungen bestehen im Bereich der Ertragsteuern insbesondere für Gewinnausschüttungen aus Beteiligungen an → Kapitalgesellschaften, sofern die Voraussetzungen für das sog. Schachtelprivileg erfüllt sind.

Im Privatbereich werden Gewinne und Verluste aus Börsengeschäften dagegen einkommensteuerlich nur dann erfaßt, wenn einer der für den Privatbereich beschriebenen Besteuerungstatbestände erfüllt ist.

1. Einkünfte aus Kapitalanlagen:

1.1. Laufende Erträge: Zu den steuerpflichtigen Einkünften aus Kapitalanlagen (Einkünften aus Kapitalvermögen

Steuern und Börse

i.S.d. § 20 EStG) gehören Zinsen, Entgelte und Vorteile, die unabhängig von ihrer Bezeichnung und der zivilrechtlichen Gestaltung bei wirtschaftlicher Betrachtung für die Überlassung von Kapitalvermögen erzielt werden. Von der Steuerpflicht werden deshalb nur die *laufenden Erträge* (→ Dividenden, Zinsen) aus der Kapitalüberlassung erfaßt. Dagegen sind Gewinne bzw. Verluste, die bei der *Veräußerung der Kapitalanlagen* entstehen, grundsätzlich nicht steuerbar. (Zu den Ausnahmen vgl. 1.2.)

Klassische Kapitalanlagen:

Die laufenden Erträge aus klassischen Kapitalanlagen lassen sich einteilen in

(a) Beteiligungserträge aus Kapitalgesellschaften,
(b) Beteiligungserträge aus offenen → Investmentfonds und
(c) Zinsen aus Kapitalforderungen.

Zu (a): Zu den Beteiligungserträgen aus Kapitalgesellschaften (→ Aktiengesellschaften, GmbH) gehören insbesondere die Gewinnausschüttungen und die anrechenbare Körperschaftsteuer. Steuerpflichtig sind dabei nicht die von der Gesellschaft erwirtschafteten, sondern nur die ausgeschütteten Gewinne. Unter den Beteiligungserträgen aus Kapitalgesellschaften ist auch die von der Gesellschaft gezahlte und beim Anteilseigner anrechenbare Körperschaftsteuer (= Einkommensteuer der Kapitalgesellschaft) zu erfassen. Die Anrechnung dieser Steuerzahlung der Gesellschaft erfolgt beim Anteilseigner im Rahmen der persönlichen Einkommensteuerveranlagung. Dieses sog. Anrechnungsverfahren gewährleistet, daß ausgeschüttete Gewinne endgültig nur einmal der Besteuerung unterliegen (Vermeidung der Doppelbesteuerung).

Zu (b): Im Unterschied zu den Beteiligungserträgen aus Kapitalgesellschaften sind bei einer Beteiligung an einem offenen Investmentfonds (→ Aktien- oder → Rentenfonds, Immobilienfonds) beim Anteilseigner die vom Fonds im jeweiligen Wirtschaftsjahr erwirtschafteten Erträge (Zinsen, Dividenden, Mieten) unter den Einkünften aus Kapitalvermögen steuerpflichtig. Dies gilt unabhängig davon, ob der Fonds die Erträge ausschüttet oder nicht. Die Fondserträge werden beim Anteilseigner also unabhängig vom tatsächlichen Zufluß in dem Kalenderjahr erfaßt, in dem das Wirtschaftsjahr des Fonds endet. Der Besteuerung kann sich der Anteilseigner auch nicht dadurch entziehen, daß er seinen Fondsanteil vor dem Ablauf des Geschäftsjahres des Fonds veräußert. Denn seit dem 1.1.1994 gilt die sog. *Zwischengewinnbesteuerung*. Danach werden im Falle der Veräußerung des Fondsanteils diejenigen Erträge, die der Fonds seit dem Ende des letzten Wirtschaftsjahres bis zum Veräußerungszeitpunkt erwirtschaftet hat, beim veräußernden Anteilseigner als Einkünfte aus Kapitalvermögen erfaßt.

Zu (c): Im Hinblick auf den Erfassungszeitpunkt von Zinsen aus Kapitalforderungen ist zu unterscheiden, ob für die Kapitalanlage laufende Zinsen entrichtet werden oder ob die Zinsen in Form eines Aufschlags zum Ausgabebetrag im Zeitpunkt der → Fälligkeit gezahlt werden.

Bei *laufend verzinsten Kapitalforderungen* (z.B. → staatliche Anleihen, → Pfandbriefe, → Obligationen, Festgeldanlagen, Sparguthaben, Bausparguthaben) sind die im jeweiligen Jahr zugeflossenen Zinsen steuerpflichtig. Werden festverzinsliche Wertpapiere zwischen zwei Zinszahlungszeiträumen veräußert, gehören die auf den Zeitraum zwischen der letzten Zinszahlung und der Veräußerung aufgelaufenen Zinsen (sog. → *Stückzinsen*) beim Veräußerer zu den Einkünften aus Kapitalvermögen, wenn sie dem Erwerber gesondert in Rechnung gestellt werden. Der Erwerber kann die gezahlten Stückzinsen seinerseits im Jahr der Zahlung als negative Einnahmen aus Kapitalvermögen berücksichtigen.

Wird der Zins für die Kapitalüberlassung am Ende der → Laufzeit durch einen

Steuern und Börse

Aufschlag zum Ausgabepreis entrichtet (z.B. → Zero-Bonds, → Bundesschatzbrief Typ B, auf- oder abgezinste Sparbriefe), gilt der gesamte Zins erst im Fälligkeitszeitpunkt als zugeflossen. Der steuerpflichtige Zins bemißt sich aus der Differenz zwischen Ausgabe- und Rückzahlungsbetrag. Bei vorzeitiger Veräußerung des Wertpapiers ist im Zeitpunkt des Zuflusses des Veräußerungserlöses der rechnerisch auf die Besitzzeit des Veräußerers entfallende Kapitalertrag steuerpflichtig, sofern die sog. Emissionsrendite nachgewiesen wird. Kann dieser Nachweis nicht erbracht werden, ist für die Besteuerung der Unterschiedsbetrag zwischen Erwerbspreis und Veräußerungspreis maßgebend.

→ *Finanzinnovationen:* Im Zusammenhang mit der am 1. Januar 1993 eingeführten Zinsabschlagsteuer (vgl. 2.) wurden von der Kreditwirtschaft vermehrt sog. Finanzinnovationen geschaffen bzw. reaktiviert. Gemeinsame Grundlage aller Anlagemodelle war eine Verlagerung des wirtschaftlichen Vorteils von der steuerpflichtigen Ertrags- in die grundsätzlich nicht steuerbare Vermögensebene und somit die Vermeidung des Zinsabschlags und der Besteuerung. Eine differenzierte Darstellung der vielfältigen Ausgestaltungsformen (z.B. Kombizins-Anleihen, → capped warrants, → range warrants, Anlagen mit Rückzahlungsgarantie) ist entbehrlich, da aufgrund entsprechender Gesetzesänderungen durch derartige → Finanzinnovationen keine steuerlichen Vorteile mehr erzielt werden können. Nach geänderter Rechtslage gehören zu den Einkünften aus Kapitalvermögen „Erträge aus Kapitalforderungen jeder Art, wenn die Rückzahlung des Kapitalvermögens oder ein Entgelt für die Überlassung des Kapitalvermögens zugesagt oder gewährt worden ist, auch wenn die Höhe des Entgelts von einem ungewissen Ereignis abhängt." Aufgrund dieses gesetzlichen Auffangtatbestandes werden die Erträge aus Finanzinnovationen unabhängig von ihrer Bezeichnung und der zivilrechtlichen Gestaltung der Kapitalanlage als Kapitalertrag erfaßt.

Werbungskosten bei Einkünften aus Kapitalvermögen: Zur Ermittlung der Einkünfte aus Kapitalvermögen kann der Steuerpflichtige die ihm im Zusammenhang mit der Erzielung von Kapitaleinkünften entstandenen Aufwendungen als Werbungskosten berücksichtigen, sofern entsprechende Nachweise (Bankauszüge, Quittungen, Rechnungen) erbracht werden. Typische Werbungskosten im Rahmen der Einkünfte aus Kapitalvermögen sind beispielsweise Depot- und Safegebühren, Reisekosten zu → Hauptversammlungen, Schuldzinsen in Zusammenhang mit den Kapitalanlagen sowie Börseninformationsdienste und andere einschlägige Fachliteratur. Weist der Steuerpflichtige keine Werbungskosten nach, sieht das Einkommensteuergesetz einen Werbungskosten-Pauschbetrag von DM 100 pro Jahr vor. Bei zusammenveranlagten Ehegatten verdoppelt sich dieser Betrag.

Unabhängig von der Art der Kapitalerträge kann jeder Steuerpflichtige bei der Ermittlung der Einkünfte aus Kapitalvermögen nach Abzug der Werbungskosten einen Sparer-Freibetrag von DM 6.000 absetzen. Bei zusammenveranlagten Ehegatten wird ein gemeinsamer Sparer-Freibetrag von DM 12.000 gewährt.

1.2. Veräußerungsgeschäfte: Gewinne und Verluste aus der Veräußerung von Privatvermögen sind grundsätzlich einkommensteuerlich irrelevant. Dieser Grundsatz kennt allerdings zwei Ausnahmen, die insbesondere bei Börsengeschäften eine erhebliche Rolle spielen:

(a) Gewinne/Verluste aus der Veräußerung einer *wesentlichen Beteiligung* an einer Kapitalgesellschaft sind nach § 17 EStG steuerbar. Veräußerungsgewinne nach § 17 EStG unterliegen allerdings nach § 34 EStG nur dem halben durchschnittlichen Steuersatz des Steuerpflichtigen, es sei denn, es handelt sich um ein sog. Spekulationsgeschäft (vgl.

Steuern und Börse

b). Eine wesentliche Beteiligung liegt vor, wenn der Anteilseigner kapitalmäßig mit mehr als 25% beteiligt ist.

(b) Gewinne/Verluste aus der Veräußerung von Kapitalanlagen jeglicher Art sind grundsätzlich als sog. *Spekulationsgeschäfte* i.S.d. § 23 EStG steuerbar, wenn zwischen Erwerb und Veräußerung der Kapitalanlage nicht mehr als sechs Monate (Spekulationsfrist) liegen. Gewinne aus Spekulationsgeschäften unterliegen im Unterschied zu Gewinnen aus der Veräußerung wesentlicher Beteiligungen (außerhalb der Spekulationsfrist) keinem ermäßigten Steuersatz.

Befinden sich Wertpapiere in einem → Sammeldepot, ergeben sich bei der Bestimmung der Sechsmonatsfrist Schwierigkeiten, da sich Zu- und Abgänge im Depot bei gleicher Art des Wertpapiers nicht exakt auf einzelne Stücke zuordnen lassen. Die Finanzverwaltung praktizierte in diesem Fall bislang zuungunsten des Steuerpflichtigen das sog. Lifo-Verfahren (last in – first out). Nach diesem Verfahren wurde sowohl für die Bestimmung der Sechsmonatsfrist als auch für die Ermittlung des Spekulationsgewinns unterstellt, daß die jeweils zuletzt angeschafften Wertpapiere zuerst veräußert worden seien. Der Bundesfinanzhof hat sich allerdings gegen die Anwendung dieses Verfahrens ausgesprochen.

Ein steuerpflichtiges Spekulationsgeschäft kann auch dann vorliegen, wenn Wirtschaftsgüter bereits *vor der Anschaffung veräußert* werden (sog. Fixgeschäft). Im Hinblick auf die Entstehung eines steuerpflichtigen Spekulationsgeschäfts ist entscheidend, ob es zu einem späteren Zeitpunkt tatsächlich zu einer Veräußerung des Wirtschaftsguts kommt. Ist dies der Fall, liegt ein sog. → *Termingeschäft* vor. Termingeschäfte sind unabhängig von der Länge des Zeitraums zwischen Verkauf und Kauf Spekulationsgeschäfte. Ein daraus resultierender Gewinn stellt einen Spekulationsgewinn dar. Anders verhält es sich bei sog. *Differenzgeschäften*, die dadurch gekennzeichnet sind, daß zwischen den Vertragspartnern von vornherein kein tatsächlicher Veräußerungsvorgang geplant ist. Vielmehr wird nur der durch das Steigen oder Fallen des Börsenkurses bestimmte Preisunterschied des Wirtschaftsguts vom Verlierer an den Gewinner gezahlt. Da es sich bei Differenzgeschäften nicht um ein auf Lieferung von Wirtschaftsgütern gerichtetes Veräußerungsgeschäft handelt, liegt kein Spekulationsgeschäft vor. Aus diesem Grund sind auch Gewinne aus *privaten* → *Devisentermingeschäften* nicht steuerpflichtig, da sie nicht auf die Lieferung von Wirtschaftsgütern gerichtet sind. Wie bei allen Differenzgeschäften werden auch hier nicht steuerbare „Wettgewinne" bzw. „Wettverluste" erzielt.

Schließlich kann es auch bei *Wertpapieroptionsgeschäften* zu steuerpflichtigen Spekulationsgeschäften kommen. Dies ist in folgenden Fällen möglich:

(a) Ein angeschafftes → Optionsrecht wird innerhalb der Spekulationsfrist veräußert.

(b) Wertpapiere, die innerhalb der Spekulationsfrist angekauft worden sind, werden aufgrund der Ausübung eines Optionsrechts veräußert.

(c) Wertpapiere, die aufgrund eines ausgeübten Optionsrechts angeschafft worden sind, werden innerhalb der Spekulationsfrist veräußert.

Das Bindungsentgelt, d.h. die Prämie für die Kauf- oder Verkaufoption, die dem Optionsgeber gezahlt wird, stellt bei diesem Entgelt für eine steuerpflichtige sonstige Leistung nach § 22 Nr. 3 EStG dar.

Ermittlung des Spekulationsgewinns: Zur Ermittlung des Spekulationsgewinns sind vom erzielten Veräußerungserlös die Anschaffungskosten des Wirtschaftsguts, die angefallenen Veräußerungskosten und die entstandenen Werbungskosten abzuziehen. Spekulationsgewinne sind steuerfrei, wenn sie bei einem Steuerpflichtigen pro Jahr weniger als DM 1.000 betragen. Diese Freigrenze bezieht sich nicht auf das einzelne, sondern auf alle innerhalb eines Kalenderjahres

Steuern und Börse

getätigten Spekulationsgeschäfte. Übersteigt der Spekulationsgewinn die Freigrenze von DM 1.000, ist der gesamte Spekulationsgewinn steuerpflichtig. Erzielt ein Anleger Verluste aus Spekulationsgeschäften, können diese Spekulationsverluste nur mit Spekulationsgewinnen des gleichen Veranlagungszeitraumes verrechnet werden.

2. *Steuererhebung bei Kapitaleinkünften: Kapitalertragsteuer:* Die Einkommensteuer wird bei bestimmten Einkunftsarten durch Vorwegabzug im Zeitpunkt der Gutschrift der steuerpflichtigen Einnahmen erhoben (sog. → *Quellensteuern*). Neben Einnahmen aus nichtselbständiger Tätigkeit, für die ein Vorwegabzug in Form der vom Arbeitgeber einbehaltenen Lohnsteuer erfolgt, werden seit dem Inkrafttreten des sog. Zinsabschlaggesetzes zum 1.1.1993 auch steuerpflichtige Einkünfte aus Kapitalvermögen bis auf wenige Ausnahmen umfassend einer Quellenbesteuerung in Form der Kapitalertragsteuer unterworfen. Im Hinblick auf die Höhe der einzubehaltenen Kapitalertragsteuer ist zwischen folgenden Arten von Kapitalerträgen zu unterscheiden (keine Vollständigkeit):

(a) Für *Gewinnausschüttungen einer Kapitalgesellschaft* (Dividenden) beträgt der Steuersatz 25 v.H.

(b) Für steuerpflichtige *Zinsen aus Kapitalforderungen* jeglicher Art beträgt der Steuersatz 30 v.H. (sog. Zinsabschlag)

(c) Für Zinsen aus sog. → *Tafelgeschäften* gilt ein erhöhter Zinsabschlag von 35 v.H.

Die Kapitalertragsteuer ist unabhängig davon einzubehalten, ob der Steuerpflichtige die Kapitalanlage im Privatvermögen hält und damit Einkünfte aus Kapitalvermögen i.S.d. § 20 EStG erzielt oder ob die Anlage Bestandteil eines Betriebsvermögens ist und die Kapitalerträge deshalb als Betriebseinnahmen zu versteuern sind. Die *Pflicht zur Einbehaltung* der Kapitalertragsteuer trifft im Fall (a) den Schuldner der Kapitalerträge (ausschüttende Kapitalgesellschaft), in allen anderen Fällen die auszahlende Stelle, also i.d.R. die depotführende inländische Bank des Gläubigers der Kapitalerträge, bei Tafelgeschäften die den Zinskupon einlösende inländische Bank. Auslandsbanken bzw. ausländische Zweigstellen inländischer Banken trifft aufgrund der begrenzten Steuerhoheit der BRD grundsätzlich keine Pflicht zur Einbehaltung der Kapitalertragsteuer.

Die Kapitalertragsteuer ist grundsätzlich vom *Bruttoertrag* der Zinsen bzw. Dividenden zu erheben. In bestimmten Fällen sind jedoch Besonderheiten zu beachten. Bei sog. → *Stückzinsen* (vgl. III. 1.1.c) gilt das sog. Nettoprinzip. Der Zinsabschlag ist deshalb nur auf den Differenzbetrag zwischen den in einem Kalenderjahr vereinnahmten und verausgabten Stückzinsen zu erheben. In diese Regelung sind außerdem sog. *Zwischengewinne* (vgl. III. 1.1.b) einbezogen, die bei der Veräußerung von Anteilen an offenen Investmentfonds anfallen. Eine Ausnahmeregelung besteht desweiteren für *auf- bzw. abgezinste Wertpapiere* (z.B. Zero-Bonds, → Finanzierungsschätze des Bundes, Bundesschatzbriefe Typ B). Wird die Höhe des tatsächlich erzielten Zinsertrags in solchen Fällen nicht nachgewiesen (z.B. durch Kaufabrechnungen), wird aus Vereinfachungsgründen ein Zinsabschlag in Höhe von 30 v.H. des Rückzahlungsbetrages erhoben.

Veranlagungsverfahren: Die Kapitalertragsteuer auf Kapitaleinkünfte stellt ebenso wie die Lohnsteuer auf Einnahmen aus nichtselbständiger Tätigkeit nur eine Vorauszahlung auf die im Rahmen der *Einkommensteuerveranlagung* zu ermittelnde Einkommensteuerschuld dar. Durch die Kapitalertragsteuer ist also keine zusätzliche Steuerbelastung verbunden; der Besteuerungsumfang wird ausschließlich durch die Einkommensteuer festgelegt. Ziel der Einführung einer umfassenden Kapitalertragsteuer auf Kapitaleinkünfte ist lediglich die Sicherstellung des Steueraufkommens, dessen

Erhebung ohne die Quellenbesteuerung aufgrund der bekanntermaßen niedrigen Erklärungsquote in den Einkommensteuererklärungen in der Vergangenheit auf erhebliche Schwierigkeiten stieß.

Dem Vorauszahlungscharakter der Kapitalertragsteuer wird dadurch Rechnung getragen, daß die einbehaltenen Steuerbeträge, die von der einbehaltenden Stelle bescheinigt werden, auf die Einkommensteuerschuld des jeweiligen Jahres angerechnet werden. Da für private Kapitalerträge ab 1993 ein einkommensteuerlicher Sparerfreibetrag von DM 6.000 (DM 12.000 bei zusammenveranlagten Ehegatten) gewährt wird, kann es im Rahmen der Einkommensteuerveranlagung auch zu einer Erstattung einbehaltener Kapitalertragsteuer kommen. Dies ist insbesondere dann der Fall, wenn Kapitalertragsteuer einbehalten wurde, obwohl der Freibetrag für Kapitaleinkünfte nicht überschritten wurde.

Freistellung: Um eine überhöhte Einbehaltung von Kapitalertragsteuer zu verhindern, kann der Steuerpflichtige seinem depotführenden Institut bis zur Höhe des Freibetrags zzgl. des Werbungskostenpauschbetrags (DM 6.100/12.200) einen sog. *Freistellungsauftrag* erteilen. Kapitalertragsteuer wird in diesem Fall erst einbehalten, wenn im jeweiligen Jahr die zugeflossenen Kapitalerträge den im Freistellungsauftrag genannten Betrag überschreiten. Unterhält der Steuerpflichtige bei verschiedenen Instituten → Depots, kann der Höchstbetrag aufgeteilt werden. Die Summe der in den Freistellungsaufträgen genannten Beträge darf dabei den Höchstbetrag nicht überschreiten.

Da der Sparerfreibetrag nur für private Kapitaleinkünfte i.S.d. § 20 EStG gilt, kann für Kapitalanlagen, die in einem Betriebsvermögen gehalten werden, kein Freistellungsauftrag erteilt werden.

Dr. A. Koller und
Dr. Ch. Ludwig, München

Steueroasen
Länder, die weit unterdurchschnittliche oder keine Steuern auf Erträge aus Kapitalanlagen erheben.

Stille Reserven
→ Reserven.

Stillhalter
Bezeichnung für den Verkäufer von → Kauf- oder → Verkaufsoptionen. → Optionen, Optionsstrategien, → call, → put.

Stimmrecht
Recht zur Stimmabgabe bei der → Hauptversammlung. Das S. steht regelmäßig dem Inhaber von → Stammaktien zu. → Vorzugsaktien haben nur in Ausnahmefällen ein begrenztes S.

Stock Dividende
Bei der S. wird der → Gewinn einer → AG nicht in bar ausgeschüttet, sondern stattdessen neue → Aktien der Gesellschaft ausgegeben.

Stock Exchange
Angelsächsische Bezeichnung für Wertpapierbörse.

Stocks
→ shares.

Stop-Loss-Order
Verkaufsaufträge, die → bestens ausgeführt werden, sobald der aktuelle Aktienkurs einen vom Anleger bestimmten Mindestkurs erreicht oder unterschritten hat.

S. soll den Verlust begrenzen. Das gelingt freilich nur in begrenztem Umfang, da die S. bei Erreichen des bestimmten → Kurses zur → Bestens-Order wird und daher durchaus Abweichungen vom gewünschten Ziel haben kann.

Stop order
Bei einer S. wird der Preis bestimmt, bei dessen Erreichen gekauft (buy and stop order) oder verkauft (sell on stop order) werden soll. Diese Auftragsart ist unabhängig vom Bestehen einer → Position.

Stornieren
Einen Auftrag oder die letzte Buchung rückgängig machen.

Straddle
Börsenstrategie, bei der eine identische Anzahl an → Calls und → Puts mit gleichem → Basiswert, → Laufzeit und → Basispreis gehandelt werden. Beim Kauf von Calls und Puts spricht man von einem gekauften S. Beim Verkauf von Calls und Puts von einem verkauften S.

→ Optionsstrategien.

Strangle
Börsenstrategie, bei der eine identische Anzahl an → Calls und → Puts mit gleichem → Basiswert und gleicher → Laufzeit, jedoch unterschiedlichem → Basispreis gehandelt werden. Beim Kauf von Calls und Puts spricht man von einem gekauften, beim Verkauf von Calls und Puts von einem verkauften S.

→ Optionsstrategien.

Streifbanddepot
→ Sonderverwahrung.

Streifbandverwahrung
→ Sonderverwahrung.

Streubesitz
Bezeichnung für den Aktienanteil, der frei über die → Börse handelbar ist, da sich diese → Aktien nicht in festen Händen befinden (→ institutionelle Anleger, Großinvestoren).

Je geringer der Streubesitz einer → AG, desto enger der Markt (eingeschränkte Handelbarkeit für den Anleger).

Strike Price
Andere Bezeichnung für → Basispreis. Der Basispreis ist der Preis, zu dem eine Einheit des der → Option zugrunde liegenden Instruments gekauft bzw. verkauft wird.

Beispiel: Eine Aktienoption mit einem Basispreis (S.) von 550 bedeutet für den Käufer eines → Calls, daß er bei Ausübung der Option einen Bezugspreis von 550,– DM pro Aktie zu zahlen hat.

Strukturbruch
→ Breakout.

Stückelose Anleihen
1. → Teilschuldverschreibungen, die in einer Globalurkunde verbrieft sind. Bei dieser Form ist entweder keine Ausgabe von Einzelurkunden vorgesehen oder soll erst nach Ablauf mehrerer Jahre erfolgen.

2. → Wertpapiere, die in einem öffentlichen → Schuldbuch eingetragen sind. → Bundeswertpapiere.

Stückelung
Angabe des → Nennwerts der einzelnen → Aktie oder → Teilschuldverschreibung. Bei Aktien beträgt die kleinste S. derzeit 50,– und 100,– DM, bei → Anleihen werden Stücke von 100, 500, 1.000, 5.000, 10.000,– DM ausgegeben.

Stückeverzeichnis
Auflistung der für den Kunden verwahrten oder verwalteten → Effekten.

Stücknotierung
Stücknotiz

→ Kursnotierung.

Stücknotiz
→ Stücknotierung.

Stückzinsen
Ausgleichszahlung beim Erwerb einer → Anleihe für die anteiligen → Zinsen, die dem Verkäufer einer Anleihe gutgeschrieben und dem Käufer belastet werden. Der Käufer erhält dafür den entsprechenden Zinsschein für die volle Abrechnungsperiode.

Stützungskäufe
Interventionen der → Notenbank, um den → Kurs einer bestimmten Währung auf einem bestimmten Niveau zu halten.

Substanzwert
1. Bezeichnung für eine → Aktie, die nach allgemeiner Einschätzung über eine gesunde → Basis verfügt.
2. Kennziffer, die sich aus den Vermögenswerten abzüglich der Schulden eines Unternehmens, dividiert durch die Anzahl der Aktien, ergibt.

Subventionen
Finanzhilfen, Zuschüsse, oder Steuererleichterungen des Staates. Sie werden an

Betriebe und Einzelpersonen gewährt und dienen dem Ausgleich sozialer Ungleichheiten bzw. der wirtschaftlichen Förderung.

Swap-Geschäfte

1. Definition

Swapgeschäfte sind Tauschvereinbarungen auf Bankprodukte. Es werden drei verschiedene Grundmodelle unterschieden.

Ein → Zinsswap ist der Austausch zwischen festen und variablen Zinszahlungen in einer Währung zwischen zwei Partnern. Der Austausch erfolgt bezogen auf einen festen Kapitalbetrag und eine feste → Laufzeit zu genau definierten Zinszahlungsterminen. Der Kapitalbetrag selbst wird nicht getauscht. Die Laufzeit der festen Zinszahlung kann zwischen einem und zehn Jahren liegen. Die variable Zinszahlung wird in dem vereinbarten Zeitraum regelmäßig an einen Referenzzinssatz angepaßt.

Bei einem Währungsswap werden Verbindlichkeiten oder Forderungen in unterschiedlichen Währungen getauscht. Nach Ablauf der Swapvereinbarung erfolgt der Rücktausch der Kapitalbeträge zum ursprünglich vereinbarten Kassakurs.

Ein Zinswährungsswap ist die Produktkombination aus dem Tausch der Kapitalbeträge in den verschiedenen Währungen und dem Tausch der zinsvariablen gegen die festen Zinszahlungen.

2. Historie

In den achtziger Jahren expandierten die → Euromärkte durch neue DM-Euroanleihen sehr stark, dominiert von den amerikanischen Banken. Diese boten ihren Kunden eine Technik an, die es ihnen erlaubte, nicht nur in der gewünschten Währung zu emittieren, sondern alle am Euromarkt möglichen Währungen auf eine Emissionsmöglichkeit hin zu untersuchen. Diese Technik wurde erstmals zwischen IBM und der Weltbank angewandt und am → Kapitalmarkt eingeführt. Dieses Geschäft ist als erster Währungsswap in die Annalen eingegangen und löste die bis dahin bekannten „back to back loans" ab. Seitdem werden Euroanleihen nicht mehr unbedingt in der Währung emittiert, die der → Emittent benötigt, sondern in der Währung, die nach dem Swap das preiswerteste Finanzierungsergebnis für den Emittenten liefert.

3. Beispiel

Der Emittent ist mit einem Mann vergleichbar, der bestens mit Hemden eingedeckt ist, da er im Geschäft seines Bruders einen großen Preisnachlaß erhält. Er benötigt nun dringend eine neue Hose. Anstatt in eine Hosengeschäft zu gehen, sucht er einen Freund auf, der derzeit ein neues Hemd benötigt, dessen Schwester ein Hosengeschäft besitzt und von der er Sonderkondititonen erhält. Das Geschäft wird gemacht; jeder kauft das Produkt mit Preisnachlaß ein, das er zwar nicht benötigt, jedoch in das gewünschte eintauschen kann.

4. Anwendungsgebiete

Swaps führen Geschäftspartner mit unterschiedlichen Anlage oder Finanzierungsbedürfnissen zusammen. Der Bedarf ergibt sich aufgrund einer Markterwartung oder einer Inkongruenz im Aktiv-Passivmanagement. Der Vorteil liegt in den komparativen Kosten und im damit verbundenen Zugang zum preiswerteren Marktmedium.

4.1 Zinsswap

Im Asset-Liability-Management von Banken dient der Zinsswap zum Ausgleich von ungewollten Fristeninkongruenzen.

Beispiel: In einer Niedrigzinsphase verkauft eine Bank Festsatzkredite mit einer zehnjährigen Zinsbindung. Demgegenüber kann diese Bank jedoch keine adäquate Refinanzierung auf der Passivseite darstellen. Die → Liquidität wird über kurzfristige Einlagen zur Verfügung gestellt, wobei die Bank ein erhebliches Zinsänderungsrisiko trägt. Im Falle steigender Zinsen würden sich die variablen

Passiva verteuern, während die Erträge der festgeschriebenen Aktiva konstant blieben.

Durch einen Zinsswap werden zehnjährige Zinsen in variable Zinsen getauscht. Die Bank leitet die Zinszahlung, die aus dem gewährten Festzinsdarlehen stammt, an den Swapper weiter und erhält im Gegenzug variable Zinsen auf Basis der Interbankensätze. Der Swap kann inklusive der Kreditmarge oder auf Basis der eigentlichen → Swapsätze abgeschlossen werden.

Diese Transaktion funktioniert auch in entgegengesetzter Richtung. In einer Hochzinsphase möchte sich eine Bank den variablen → Kupon aus einer → Floating-Rate-Note langfristig sichern. Dieser variable Satz wird an den Swappartner geleistet. Im Gegenzug erhält die Bank einen Festsatz vom Swappartner. Damit ist „unter dem Strich" der Floater zur synthetischen Festsatzanleihe geworden.

4.2 Währungsswap

In der Literatur werden Währungsswaps oft mit → Devisentermingeschäften gleichgesetzt. Diese „Devisenswaps" nutzt z.B. die → Bundesbank mit Laufzeiten von wenigen Tagen zur Stabilisierung des → Geldmarktes. Nach neuerer, weiterer Definition ist ein Währungsswap eine Vereinbarung, bei der die Swappartner Kapitalerträge einschließlich der damit verbundenen und genau definierten Festzinssätze austauschen.

4.3 Zinswährungsswap

Bei einem Zinswährungsswap werden Zins- und Kapitalverpflichtungen aus unterschiedlichen konvertiblen Währungen gegeneinander getauscht. In der Regel werden zu Beginn des Geschäftes die beiden Kapitalbeträge der unterschiedlichen Währungen zum aktuellen Kassakurs gegenseitig eingetauscht. Während der Laufzeit werden die vereinbarten Zinszahlungen, fest gegen variabel, geleistet. Am Ende der Laufzeit werden die Währungsbeträge vereinbarungsgemäß zum ursprünglichen → Wechselkurs dem jeweiligen Partner wieder zurückgezahlt.

5. Marktusancen

Swap-Geschäfte sind otc-Geschäfte (otc = over the counter, engl. „über die Ladentheke"; außerbörslich). Sie sind nicht börsennotiert und unterliegen somit keinen Börsenregulierungen. Der telefonische Swaphandel ist immer liquide. Im DM-Bereich gibt es mehrere → Marketmaker, die Geld- und Briefkurse stellen, je nachdem ob der Festsatz gezahlt oder empfangen werden soll. Provisionen oder Spesen werden von Banken nicht erhoben. Dem telefonischen Abschluß folgt immer eine schriftliche Bestätigung des Geschäftes, sowie Mitteilungen über die akutellen und künftigen Zahlungen. Die größeren Marktteilnehmer haben sich auf internationaler Ebene in der ISDA (International Swap Dealer Association) zusammengeschlossen, welche beispielsweise die Vertragsformulare und rechtlichen Rahmenbedingungen festgelegt und weitestgehend einheitlich gestaltet hat.

Lit.: Hanker, P.; Ufer, W.: Außerbörsliche Zinssicherungsinstrumente, Reihe Finanz und Markt, DG Verlag Wiesbaden 1991; Flach, U. E.; Ufer, W.: Produktzyklen im deutschen Markt für außerbörsliche Zinsderivate, in: Meilensteine im Management, Band IV, Finanzielle Führung, Finanzinnovationen (in Vorbereitung); Zahn, H. E.: Handlexikon zu Futures, Optionen und innovative Finanzinstrumente, Frankfurt; Hanker, P.: Hoffnung auf eine Normalisierung der Zinsstruktur biete Chancen für Swaps, in: Handelsblatt, Düsseldorf 6.8.1993; Hanker, P.: Attraktive Alternative durch niedrige Swapsätze, in: Handelsblatt, Düsseldorf 7.1.1993.

P. Hanker, Frankfurt/M.

Swap-Satz

→ Swap-Geschäfte.

Switch

Gleichzeitiger Kauf und Verkauf eines → Terminkontraktes mit zwei unterschiedlichen Terminmonaten. Während die eine → Position eine bereits vorher eröffnete Position schließt, eröffnet die andere Position ein neues Engagement. Durch diese Transaktion wurde die → Laufzeit zwar verlängert, ein bestehender → Gewinn oder Verlust jedoch realisiert.

Syndikat
Bezeichnung für ein → Bankenkonsortium, das sich zum Beispiel zum Zwecke der Anleihenemission in der Form einer Gesellschaft bürgerlichen Rechts (GbR) zusammengeschlossen hat. Ist das Ziel erreicht, löst sich die Gesellschaft wieder auf.

T

T
Abk. für Taxe, → Taxkurs, geschätzter Kurs bei der → Kursnotierung.

Tafelgeschäfte
Wertpapiergeschäfte, die Zug um Zug „über den Schalter" getätigt werden. D.h. Lieferung der → Wertpapiere gegen sofortige Bezahlung. Vorteil: Käufer oder Verkäufer bleiben anonym. Nachteil: Zinsabschlagsteuerabzug von 35 Prozent auf die Erträge.

Tagesauszug
Kontoauszug, der den aktuellen Kauf oder Verkauf aufzeigt. Gegensatz: Monatsauszug.

Tages-Chart
Börsengrafik, auf der die Kursentwicklung des jeweiligen → Instruments mit Tageshöchstkurs, Tagestiefstkurs und Tagesschlußkurs aufgezeichnet ist.

Gegensatz: Wochen-Chart, Monats-Chart.

Tagesgeld
1. Zwischen verschiedenen Banken für einen Tag geliehenes Geld aus dem Guthaben der jeweiligen Bank bei der → Bundesbank.
2. Umgangssprachlich für Kündigungsgeld (täglich kündbare Einlagen bei Banken).

Tages-Low
→ Low.

Tagesorder
Nur für einen Tag gültiger Auftrag. Üblich ist bei Banken, daß Aufträge, für die keine Gültigkeitsdauer angegeben wurde, bis zum letzten Handelstag des jeweiligen Monats gültig sind. Bei → Termingeschäften an US-Börsen sind Aufträge ohne Gültigkeitsangaben immer nur für den jeweiligen Börsentag gültig.

Tagestiefst
→ Low.

Talon
Andere Bezeichnung für → Erneuerungsschein. → Berechtigungsschein für den Bezug neuer Zins- oder → Dividendenscheinbogen. Befinden sich als letzter Abschnitt am Zins- oder Dividendenscheinbogen.

Tantieme
Zusätzlich zum Lohn/Gehalt ausgezahlte Beteiligung am Jahresgewinn eines Unternehmens. Ist häufig Bestandteil des Arbeitsvertrages bei leitenden Angestellten, Vorstandsmitgliedern etc.

Tarifbesteuerte Anleihen
→ Anleihen, deren Erträge der regulären Besteuerung aufgrund des individuellen Steuersatzes des Steuerpflichtigen unterliegen. Gegensatz: steuerfreie oder steuerbegünstigte Anleihen.

Taxkurs
Als Kurszusatz „T" verwendete Kennzeichnung, daß es bei dem entsprechenden → Wertpapier zu keinem Umsatz kam.

→ Kurszusätze.

T-Bills
Abk. für Treasury-Bills. T. sind kurzfristige → Wertpapiere, die vom US-Schatzamt begeben werden und mit einer → Laufzeit von 3 Monaten bis zu maximal 1 Jahr ausgestattet sind. Sie werden abgezinst ausgegeben und am Ende der Laufzeit zum → Nennwert zurückgezahlt.

T-Bonds
Abk. für Treasury Bonds. T. sind langfristige → Wertpapiere des US-Schatzamtes mit → Laufzeiten von 10 Jahren und länger (derzeit bis zu 40 Jahren). Sie werden in Stücken von jeweils 1.000 Dollar emittiert.

Technical Position
Bezeichnung der Einschätzung eines Marktes aufgrund der aus der → technischen Analyse zur Verfügung stehenden Daten.

Technische Analyse
Sammelbezeichnung für verschiedene Analyse-Methoden auf der Basis der zur Verfügung stehenden Daten aus Zeitreihen etc. → Chart-Analyse, → Markttechnik und → Point & Figure Analyse.

Technische Reaktion
Innerhalb einer aufwärts oder abwärts gerichteten Kursbewegung erfolgende Gegenreaktion. Häufig ist dabei zu beobachten, daß die Gegenreaktion etwa 50 Prozent der vorhergehenden Kursentwicklung zunichte macht.

Teilschuldverschreibungen
→ Schuldverschreibungen.

Telefonhandel
Nachbörslicher Handel zwischen Banken und → Maklern per Telefon. Wird auch Telefonverkehr genannt.

Telefonverkehr
→ Telefonhandel.

Tendenz
Bezeichnung für die von der vorherrschenden Meinung hervorgerufene Entwicklung der Börsenkurse und unter Berücksichtigung der Umsätze.

Tenderverfahren
Erwerb von → Wertpapieren, wobei derjenige den Zuschlag erhält, der das höchste Gebot abgegeben hat. Auktionsähnliches Verfahren.

Termineinlagen
Befristete Einlage bei einer Bank. Sie kann als → Festgeld nach Ablauf einer bei Abschluß vereinbarten Frist wieder ausgezahlt werden. Sie kann aber auch, als → Kündigungsgeld angelegt, nach Kündigung durch den Einleger und Ablauf einer vereinbarten Kündigungsfrist wieder zurückgezahlt werden.

Termingelder
→ Termineinlagen.

Termingeschäfte
1. Begriff und Wesen der T.: T. sind Geschäftsabschlüsse über Güter, bei denen der Preis „heute" vereinbart wird, die beiderseitige Erfüllung jedoch erst am Termin erfolgt. Dem T. stellt das Schrifttum regelmäßig das → Kassa- oder Locogeschäft gegenüber: Hier finden Preisfestsetzung und beiderseitige Erfüllung „heute" statt. Darüber hinaus erweist sich jedoch eine Abgrenzung gegenüber weiteren Abschlüssen als notwendig, wobei die drei Kriterien Zeitpunkt der Preisfestsetzung, Erfüllungszeitpunkt des Käufers und des Verkäufers für die Unterscheidung herangezogen werden (vgl. Abb.). Charakteristisch für T. und Zeitgeschäft ohne Preisfixierung ist, daß zum Zeitpunkt des → Abschlusses zu-

Die Einordnung von Kassa- und Termingeschäften

Zeitpunkt der Preisfestsetzung	Erfüllungszeitpunkt des Käufers	Erfüllungszeitpunkt des Verkäufers	Geschäftstyp
Heute	Heute	Heute	Kassa-Geschäft
Heute	Heute	Termin	Vorauszahlungsgeschäft (Abnehmer-Kredit)
Heute	Termin	Heute	Zielverkaufsgeschäft (Lieferanten-Kredit)
Heute	Termin	Termin	T.
Termin	Termin	Termin	Zeitgeschäft ohne Preisfixierung

mindest theoretisch weder der Käufer → liquide Mittel noch der Verkäufer die gehandelten Güter besitzen muß.

2. Gründe für den Abschluß von T.:
a) Generelles Motiv zum Abschluß von T. ist die Hoffnung darauf, daß sich die (Kassa-)Preise am Termin gegenüber dem heutigen Terminkurs „verschlechtert“ haben.

Terminkäufer rechnen mit Preisanstieg und gelten insofern als „Haussiers“, Terminverkäufer unterstellen einen Preisverfall und sind daher „Baissiers“.

Der Kaufinteressent, der mit Preisrückgängen rechnet, wartet mit seiner Kaufentscheidung den Termin ab. Analog dazu verzichtet der Verkaufsinteressent bei der Hoffnung auf Preisanstieg auf den Abschluß eines T.

Hinter dem generellen Motiv stehen zwei konkrete Vorstellungen: Der Wunsch nach Preissicherung (Risikominderung) oder das Streben nach Spekulationsgewinn. Im ersten Fall ist das T. Mittel zum Zweck, im zweiten Fall wird es zum Selbstzweck.

b) Beim Streben nach Preissicherung (Risikoausschluß) erlaubt im Bereich der Rohstoffe das T. eine Festpreiskalkulation durch „heutigen“ Verkauf künftiger Produktionsergebnisse bzw. „heutigen“ Kauf künftigen Bedarfs (Waren-T.). Sodann besteht die Möglichkeit zur Kurssicherung des auf Ziel verkaufenden Exporteurs (→ Devisen-Terminverkauf) bzw. kaufenden Importeurs (Devisen-Terminkauf), wobei als Termin der Fälligkeitszeitpunkt der Außenhandelsrechnung gewählt wird.

Schließlich besteht auch für → Kapitalim- und -exporteure ein Interesse an einer Kurssicherung bei Aufnahme eines Auslandskredits bzw. kurzfristiger Vermögensanlage im Ausland. Die durch T. erreichte Risikoabsicherung wird als → Hedging bezeichnet, Kurssicherungs-T. gelten daher als „Hedge-Geschäfte“.

c) Während das Streben nach Preissicherung auf Risikoausschluß ausgerichtet ist, tendiert das Spekulationsmotiv auf Risikoübernahme, die allerdings nicht Motiv zum Abschluß eines T. ist, sondern in Kauf genommen wird.

Spekulation im eigentlichen Wortsinn liegt überall dann vor, wenn die Erzielung von Gewinn aufgrund der Preisänderungen eines Gutes durch Kauf und Verkauf auf demselben Markt angestrebt wird. Das Spekulationsmotiv ist jedoch nicht auf T. im allgemeinen und Effektentermingeschäfte im besonderen beschränkt. Allerdings werden Effektentermingeschäfte (primär in → Aktien) weitgehend mit spekulativer Absicht unternommen, was im Laufe der Geschichte immer wieder zu entsprechenden Verboten des Effektenterminhandels führte (so zuletzt in Deutschland 1931 bis 1970). Als Ausnahme kann der Handel neu emittierter Titel (insbesondere Aktien) „per Erscheinen“ gelten. Diese Abschlüsse vollziehen sich jedoch außerhalb der → Börse im Verkehr zwischen Banken und Anlageinteressenten.

Bei der Bewertung der Spekulation im allgemeinen, der Börsenspekulation im besonderen und hier insbesondere der Terminspekulation werden regelmäßig die „Auswüchse“ in den Vordergrund gestellt („Tulpenschwindel“ und John Law-Experimente im 16./17. Jh., aber auch Rohstoff- und Devisenspekulationen der letzten drei Jahrzehnte).

Demgegenüber treten die gesamtwirtschaftlichen Leistungen der Spekulation in den Hintergrund: Sie bestehen in einer Risikoübernahme für andere (die in den → Spekulanten ihre Marktpartner finden), in der Marktausweitung und dem damit verbundenen Preisausgleich. Die Auswüchse sind dabei regelmäßig das Ergebnis einer auf (zumindest übermäßiger) Kreditbasis erfolgenden Terminspekulation. Mit dieser Einschränkung kann die Feststellung getroffen werden, daß an den Erfolgen der Spekulanten die Wirtschaft mitprofitiert, während Verluste weitgehend von den Spekulanten selbst getragen werden.

Durch Preisstürze werden allerdings auch Anleger betroffen: immer in Form von Buchverlusten, mit effektiven Verlusten aber nur bei Verkaufszwang infolge von Liquiditätsbedarf, insbesondere bei kreditfinanzierten Beständen.

3. Grundformen der T.: Sieht man von der Unterscheidung nach Handelsobjekten (Waren-, Devisen-, Effekten-, Index-Termingeschäfte) ab, so ist zu trennen zwischen „einfachen" T., → Börsentermingeschäften und Börsenterminkontrakten.

a) Den „einfachen" T. (Zeitgeschäften) fehlt jede Verbindung zu einer Börse: sie können auch in nicht-fungiblen Gütern abgeschlossen werden (z.B. Grundstücke).

b) Für Börsentermingeschäfte („Forwards") ist kein Abschluß über die Börse notwendig: Voraussetzung ist lediglich, daß die fungiblen Güter an einer Börse gehandelt wurden.

c) Börsenterminkontrakte (→ „Futures") schließlich sind keine individuellen Geschäfte, sondern erfolgen nach einheitlichen standardisierten Verträgen, wobei die Erfüllung durch Austausch von Kontrakten ersetzt werden kann. Dabei handelt es sich um T. i.e.S.

Unabhängig von der jeweiligen Form ist allen T. gemeinsam, daß sie unbedingt zu erfüllen sind.

Eine besondere Erscheinungsform des T. findet sich als → Pensionsgeschäft: Der gleichzeitige Abschluß eines Kassa- und T.: Kassakauf unter Terminverkauf (Reportgeschäft; In-Pension-Nahme) bzw. Kassaverkauf unter gleichzeitigem Terminkauf (Depotgeschäft; In-Pension-Gabe).

4. Besondere Geschäfte zur Risikominderung: a) Auch der Spekulant hat ein Interesse an Risikominderung, die zunächst durch „Gegengeschäfte" erfolgen kann. Bis zu deren Abschluß trägt er jedoch das → Risiko. Aber selbst beim Erfüllungstermin eröffnen sich dem Spekulanten noch Chancen:

b) Wenn seine Erwartungen nicht eingetroffen sind (Terminkäufer: Kursanstieg; Terminverkäufer: Kursverfall), so kann der Spekulant versuchen, die Angelegenheit hinauszuschieben, bis die Preissituation besser wird. Bei ständiger Hausse- bzw. Baissetendenz besteht allerdings die Gefahr, daß die Verluste (wie beim Glücksspiel) immer größer werden.

Die Prolongation vollzieht sich allerdings nicht zwischen dem Spekulanten und seinem Kontrahenten (wie bei der Wechselprolongation), daß z.B. der Spekulant den Kontrahenten darum bittet, ihm die Erfüllung zu stunden. Der Spekulant erfüllt vielmehr (wobei er das notwendige Gegengeschäft am Kassamarkt abschließt) und schließt erneut ein T. ab. Kassagegengeschäft und neues T. können zusammengenommen als Pensionsgeschäft aufgefaßt werden.

c) Für eine Risikominderung bereits bei Vertragsabschluß haben sich als „bedingte" T. besondere → Kontrakte entwickelt. Diese räumen – im Gegensatz zu den „Fixgeschäften" – einem Partner die „Wahlmöglichkeit" ein. Der „begünstigte" Partner („Wähler") hat das Recht, am Termin (bzw. einige Tage zuvor) seine Entscheidung zu treffen, die für den anderen Partner (→ „Stillhalter") verbindlich ist.

Dabei ist vom Wähler ein → „Optionspreis" zu entrichten, den der Stillhalter als „Optionsprämie" erhält.

i. Das → Optionsgeschäft zerfällt in zwei Stufen: Erstens Abschluß („Kauf" durch den Wähler, „Verkauf" durch den Stillhalter), zweitens Ausübung bzw. (bei Nichtausübung) Verfall der → Option.

ii. Etwas verwirrend ist die zweimalige Verwendung der Worte „Kauf" bzw. „Verkauf". Daher wird häufig der eine Vorgang als → „Call" (→ Kaufoption) bzw. → „Put" (→ Verkaufsoption) bezeichnet. Es gibt somit vier Geschäftstypen des Optionsgeschäftes:

a) Abschluß eines „CALL" als Kaufoption, und zwar

(1) Kauf eines Call (Käufer, Inhaber, Wähler): Man erwirbt das Recht, den → Basiswert zum festgelegten Preis (z.B. 50 Aktien zu DM 300) gegen Entrichtung des Optionspreises (z.B. DM 6,70 je Aktie) zu kaufen.

(2) Verkauf eines Call (Verkäufer, Stillhalter): Man übernimmt die Verpflichtung, bei Ausübung des → Optionsrechts durch den Käufer den Basiswert zum festgelegten Preis zu verkaufen.

b) Abschluß eines „PUT" als Verkaufsoption, und zwar

(1) Kauf eines Put: Recht des Käufers, den Basiswert zum festgelegten Preis zu verkaufen.

(2) Verkauf eines Put: Verpflichtung des Verkäufers, bei Ausübung des Optionsrechts durch den Käufer den Basiswert zum festgelegten Preis zu kaufen.

iii. Schließlich lassen sich – als „Doppel-Versicherung" „Calls" und „Puts" miteinander kombinieren, und zwar als:

a) → „Spread" („Ausbreitung"):

Gleichzeitiger Kauf und Verkauf einer Option: man ist zugleich „Wähler" und „Stillhalter".

b) → „Straddle" („Einsatz verdoppeln"):

Gleichzeitiger Abschluß einer Kauf- und Verkaufsoption.

(1) Kauf eines Straddle: Gleichzeitiger Kauf einer Kauf- und Verkaufsoption (man ist „Wähler" bei zwei verschiedenen Optionen)

(2) Verkauf eines Straddle: Gleichzeitiger Verkauf einer Kauf- und Verkaufsoption (man ist „Stillhalter" bei zwei verschiedenen Optionen).

Die Strategien beim Geschäftsabschluß und zur Entscheidung über die Ausnutzung des Wahlrechts können im einzelnen nicht behandelt werden. Hierzu wird auf Spezialliteratur verwiesen.

Lit.: Lingus, U.: Optionen, Anlagestrategien und Märkte. Wiesbaden 1987; Perridon, L.; Steiner, M.: Finanzwirtschaft der Unternehmung. 7. A., München 1993 (S. 159–182); Wermuth, D.; Ochynski, W.: Strategien an den Devisenmärkten. 3. A., Wiesbaden 1987.

Prof. Dr. O. Hahn, Erlangen-Nürnberg

Termineinwand
→ Differenzeinwand.

Terminkontrakt
Bezeichnung für die an der Terminbörse gehandelten standardisierten → Options- bzw. → Futures-Verträge.

Theoretischer Wert
Mit der Hilfe von sogenannten Berechnungsmodellen sich ergebender „fairer" Preis einer → Option oder eines → Futures-Kontraktes.

Thesaurierender Fonds
→ Investmentfonds, der seine Erträge nicht an die Anleger ausschüttet, sondern wieder neu investiert.

Tick
Kleinste Einheit, um die sich ein → Kurs verändern kann.

Tiefstkurs
→ Low.

Tilgung
Rückzahlung einer → Anleihe durch den Schuldner, bzw. Rückkauf vor → Fälligkeit.

Tilgungsanleihe
→ Festverzinsliches Wertpapier mit fester Rückzahlung. Gegenteil: → ewige Anleihen (keine Rückzahlung des → Nennwerts vorgesehen).

Time Spread
→ Optionsstrategien.

Timing
Zeitliche Abstimmung von Börsenstrategien auf tatsächlich gegebene oder erwartete Marktsituationen.

T-Notes
Abk. für Treasury notes. T. sind mittelfristige → Wertpapiere des US-Schatzamtes mit → Laufzeiten von 1 bis maximal 10 Jahren. Sie werden in → Stückelungen von 1.000 Dollar bis 1 Million oder mehr begeben.

Tops
Begriff aus der → Chart-Analyse. Formation, die eine Preisumkehr signalisiert.

Trading
Käufe und Verkäufe unter Ausnutzung kurzfristiger Kursschwankungen.

Trading Periode
Bezeichnung für die eigentliche Handelsperiode an der → Deutschen Terminbörse (DTB). Sie befindet sich zwischen der → Pre-T. und der → Post-T.

Tranche
Teil einer Wertpapieremission, wenn diese nicht an einem Stück begeben wurde.

Treasury Bills
→ T-Bills.

Treasury Bonds
→ T-Bonds.

Treasury Notes
→ T-Notes.

Trend
Generelle Richtung einer Bewegung. Spricht man z.B. von einem Aufwärtstrend, sind steigende → Kurse gemeint. Trends sind regelmäßig längerfristige Bewegungen.

Tresor
→ Safe.

Treuhandgesellschaft
Gesellschaft, die nach bestimmten Prinzipien die Verwaltung von Vermögen etc. übernimmt.

Trust
Bezeichnung für marktbeherrschende → Konzerne.

Turn-around
Bezeichnung für eine bestimmte Börsensituation. Beispiel: Eine Gesellschaft, die nach einer enormen Verschlechterung der Geschäftslage (die von einer langen Abwärtsbewegung der Börsenkurse begleitet wurde), nun vor einer Verbesserung der Situation steht und allgemein mit wieder steigenden → Kursen gerechnet werden kann.

U

U-Schätze
Abk. für unverzinsliche Schatzanweisungen.

→ Schatzwechsel.

→ Schatzanweisungen.

Über pari
Kauf- oder Verkaufswert liegt über dem → Nennwert bei → festverzinslichen Wertpapieren.

Gegenteil: → unter pari.

Überbewertet
Bezeichnung in der → Fundamental-Analyse für eine → Aktie, deren → Kurs über Kurs vergleichbarer Werte liegt.

Maßstab hierfür sind → KGV, → KCV oder andere Vergleichsindikatoren.

Überkauft-Index
Überverkauft-Index

Eigentlich Williams-Index genannter Indikator der → technischen Analyse.

Errechnet wird dieser Indikator in drei Schritten. Zunächst wird die Schwankungsbreite als Differenz 1 zwischen dem → Höchst und dem → Tiefst der letzten 10 Tage ermittelt.

Danach wird die Differenz 2 zwischen dem Höchst der letzten 10 Tage und dem letzten → Schlußkurs errechnet.

Zum Schluß wird die Differenz 2 durch die Differenz 1 dividiert und das Ergebnis mit 100 multipliziert.

Auf diese Weise erhält man eine Prozentzahl, die bei folgenden Regeln berücksichtigt wird:

a. steigt der → Kurs der → Aktie etc. und zeigt der Williams-Index 80 Prozent oder mehr an, dann ist der Markt überverkauft. Man wertet dies als Kaufsignal.

b. sinkt der Kurs der Aktie etc. und zeigt der Williams-Index 20 Prozent oder weniger an, dann ist der Markt überkauft. Man wertet dies als Verkaufssignal.

Aufgrund des sehr kurzen Zeitintervalls (10 Tage) dürfen diese Signale nicht zur einzigen Grundlage für eine Entscheidung gemacht werden.

Übernahmeangebot
1. Angebot eines Großinvestors oder einer Gruppe an die Altaktionäre, die noch ausstehenden → Aktien zu einem festen Preis zu übernehmen. Ziel der Aktion ist meistens die Aufspaltung des übernommenen Unternehmens und der profitable Verkauf einzelner Unternehmensteile. → Übernahmefieber.

2. Angebot zur Übernahme eines Unternehmens durch eine andere Gesellschaft.

Die Angaben zur Übernahme enthalten verschiedene Bedingungen und einen festen Kaufpreis. Grund für eine solche Übernahme sind zum Beispiel: Vergrößerung des Marktanteils oder Beseitigung der Konkurrenz.

Übernahmefieber
Erscheinung an den US-Wertpapierbörsen, wenn ein Investor unter der Prämisse, daß der Buchwert eines Unternehmens weit höher als der Aktienkurs liegt, 5% des → Aktienkapitals erwirbt, dann sich offenbart – wie vom Gesetz geheißen – und zugleich ein → Übernahmeangebot (Tender Offer oder Take-Over Bid) deutlich über dem Kurs abgibt. Da der Kauf der eigenen → Aktien in den USA erlaubt ist, kann es zu Gegenreaktionen, etwa einem Angebot des Managements der Unternehmung zu noch günstigeren Konditionen kommen, insbesondere wenn es ein Unfriendly Take-Over befürchtet. Dieser Vorgang von Übernahmeversuch und Abwehr kann zu einem spekulativ hochgetriebenen → → Kurs der Aktie führen; man bezeichnet diesen Vorgang mit Ü.

Übertragbare Lagerhausbescheinigung
→ Negotiable Warehouse Receipt.

Überverkauft-Index
→ Überkauft-Index.

Überzeichnung
Bezeichnung für eine Situation, bei der die Nachfrage nach den neu emittierten → Wertpapieren das vorhandene Angebot (mehrfach) übersteigt.

Ultimo
Banktechnischer Begriff für das Ende eines Monats.

Ultimo-Auftrag
Auftrag, der bis zum Ende des jeweiligen Monats gültig sein soll.
Gegensatz: → Tagesorder.

Umlauf-Rendite
Durchschnittsrendite für → Kapitalanlagen, bezogen auf eine bestimmte → Restlaufzeit.

Umsatz
Aktien: Wert der an einem Handelstag umgeschlagenen → Wertpapiere. In den USA: Anzahl der umgeschlagenen Stücke an Wertpapieren.

Umsatz-Rendite
Aus dem Verhältnis → Gewinn zu → Umsatz sich ergebende Kennzahl in Prozent vom Umsatz. Durch diese Relation ist eine Aussage über den Gewinn als Unternehmenserfolg möglich.

Umschuldung
Kurzfristige Verbindlichkeiten werden im Sinne einer Tilgungsstreckung in langfristige Schulden eines Unternehmens umgewandelt.

Und-Konten
Konten, bei denen nur gemeinschaftlich verfügt werden kann.

Underlying
Der einer → Option oder einem → Futures-Kontrakt zugrundeliegende → Basiswert.

ungedeckte Option
→ Option, die nicht durch Hinterlegung des entsprechenden → Basiswertes gedeckt ist. Als Sicherheit wurde eine → Margin geleistet. Auch → „naked option" genannt.

ungedeckte Short-Position
Position in einem → Optionsgeschäft, das durch den überwiegenden Verkauf von → Basiswerten gekennzeichnet ist, über die der Anleger nicht selbst verfügt. Entsprechend sind → Margins zu leisten.
→ ungedeckte Option.

unlimitierter Auftrag
Kauf- oder Verkaufsauftrag, bei dem der Auftraggeber keinen Mindest- oder Maximalpreis angegeben hat. Er kauft oder verkauft also → „billigst" oder → „bestens". In USA: Order-zusatz „market" = zum aktuellen Marktpreis.

Usancen
Übliche, aber nicht immer ausdrücklich festgeschriebene Regeln im Wertpapierhandel.

Unter pari
Kauf- oder Verkaufspreis liegen unter dem → Nennwert des jeweiligen → festverzinslichen Wertpapiers.
Gegenteil: → über pari.

Unterbewertung
Bewertung einer → Aktie, die gemessen am Buchwert zu einem zu niedrigen → Kurs notiert oder im Vergleich zu anderen Werten niedriger eingeschätzt wird. Vergleichsmaßstab ist beim Letzteren das → KGV, → KCV oder ein anderer Indikator.

Unterstützungslinie
Charttechnischer Begriff für ein Kursniveau, an dem es einem → Wertpapier, dem Gesamtmarkt etc. besonders schwerfällt, weiter zu sinken.
Gegensatz: → Widerstandslinie.

Unterstützungszone
In der → Charttechnik gebräuchlicher Begriff für eine weitergefaßte → Unterstützungslinie.

unverzinsliche Schatzanweisungen
→ U-Schätze.

Unze
Gewichtseinheit für Edelmetall. Entspricht 31,1035 Gramm. Wird international als kleinste Einheit für Gold, Silber, Platin etc. verwendet.

USDA
Abk. für United States Department of Agriculture.

US-Landwirtschaftsministerium.

V

V
Abk. für → Verlosung.

VA
Abk. für → Vorzugsaktien.

Valuta
1. Sammelbegriff für Fremdwährungen.
2. Wertstellungszeitpunkt für eine Belastung oder Gutschrift auf einem Konto.

vagabundierendes Kapital
Bezeichnung für kurzfristige Anlagen von Unternehmen, Großinvestoren und Banken.

Diese auf Spekulation angelegten Gelder fließen für kurze Zeit in die weltweit rentabelste Anlage. Häufig für Währungsspekulationen genutzt.

variabelverzinsliche Anleihen
→ Anleihen, deren Verzinsung nicht durch einen festen → Coupon, sondern in regelmäßigen Zeitabständen neu bestimmt wird.

→ Floating rate notes.

variable Kurse
Besonderheit an deutschen → Börsen, bei der zwischen → Einheitskursen und v. unterschieden wird. Bei v. erfolgt für die jeweils getätigten Abschlüsse eine fortlaufende Notierung der Kurse.

Der Einheitskurs gilt dagegen für alle Geschäfte an dem jeweiligen Börsentag.

V. werden nur bei → Wertpapieren gestellt, in denen regelmäßig hohe → Umsätze stattfinden.

Venture Capital
Besondere Form der Eigenkapitalzuführung bei wachstumsträchtigen und zukunftsorientierten Unternehmen. Neben der Bereitstellung von Risikokapital erfolgt auch eine unternehmerische Betreuung.

verbundene Unternehmen
Durch gegenseitige Kapitalbeteiligung oder vertragliche Beziehungen v., die jedoch juristisch selbständig sind.

Typische Formen sind:
1. Mit mindestens 25 Prozent wechselseitig aneinander beteiligte Unternehmen.
2. Von einer anderen Gesellschaft beherrschtes und abhängiges Unternehmen.
3. Unternehmen eines → Konzerns.
4. In Mehrheitsbesitz stehende und mit Mehrheit beteiligte Unternehmen.

Verfallmonate an der DTB
Auch → Laufzeit genannter Terminmonat, bis zu dem eine → Option ausgeübt oder gehandelt werden kann. Nach Ablauf der Laufzeit verfallen alle mit Kauf oder Verkauf verbundenen Rechte und Pflichten.

Verkaufsoption
→ Put, → Option.

verkaufter Spread
→ Spread.

Verlosung
Bei der Ratentilgung von → Anleihen nach dem Zufallsprinzip bestimmte → Teilschuldverschreibungen, die zum nächsten Tilgungstermin zurückgezahlt werden sollen.

Vermögensverwaltung
→ Depotverwaltung.

Versorgungswerte
Bezeichnung für → Aktien, die Wirtschaft und Haushalte mit Grundenergie versorgen. Dazu gehören Strom-, Gas- und Wasserversorgungsunternehmen.

Aktien dieser Gruppe gelten als sichere Werte (Witwen- und Waisenpapiere).

Vertical Bear Call Spread
Optionskombination aus gekauften → Calls mit einem höheren → Basispreis

und aus verkauften Calls des gleichen → Basiswertes mit einem niedrigeren Basispreis.

→ Option, → Spread, Optionsstrategien.

Vertical Bear Put Spread
Optionskombination aus gekauften → Puts mit einem höheren → Basispreis und aus verkauften Puts des gleichen → Basiswertes mit einem niedrigeren Basispreis.

→ Option, → Spread, Optionsstrategien.

Vertical Bull Call Spread
Optionskombination aus gekauften → Calls mit einem niedrigeren → Basispreis und aus verkauften Calls des gleichen → Basiswertes mit einem höheren Basispreis.

→ Option, → Spread, Optionsstrategien.

Vertical Bull Put Spread
Optionskombination aus gekauften → Puts mit einem niedrigeren → Basispreis und aus verkauften Puts des gleichen → Basiswertes mit einem höheren Basispreis.

→ Option, → Spread, Optionsstrategien.

Vertical Spread
Optionskombination mit unterschiedlichen Basispreisen, jedoch identischer → Laufzeit.

Verwahrstücke
Handliche Gegenstände, die verschlossen als Brief, Umschlag, Paket, Kiste oder Koffer der Bank zur Verwahrung im → Tresor übergeben werden.

vinkulierte Namensaktien
Besondere Form der → Namensaktie, bei der die Eigentumsübertragung von der satzungsgemäßen Zustimmung der jeweiligen → AG abhängig ist.

Diese Aktienform wird häufig gewählt, wenn ein Unternehmen sich vor Überfremdung schützen will oder die Übernahme durch einen Konkurrenten verhindern will.

Visible Supply
Terminbörse: Bezeichnung für statistisch erfaßte, sichtbare Vorräte. Überwiegend Waren in offiziellen Lagerhäusern.

Kennzahl für die Einschätzung der zukünftigen Kursentwicklung aufgrund der tatsächlich verfügbaren Ware.

Volatilität
1. Begriff: Die V. ist ein Maß für das Kursrisiko einer → Aktie. Je volatiler eine Aktie ist, um so größer ist die Schwankungsbreite ihrer → Kurse und um so wahrscheinlicher ist es, daß ein bestimmter Kurs (z.B. Basiskurs bei → Optionen) überschritten wird. Daher werden Optionen von Aktien mit großer V. höher bewertet als Optionen von Aktien mit niedriger V. (vgl. → Black-Scholes-Modell). Die V. wird meist auf Jahresbasis angegeben. Tab. 1 gibt eine Übersicht über die Verteilung der V. aller deutschen Aktien, von denen → Optionsscheine auf dem Markt sind (Stand: Anfang 1990); bei der Berechnung der V. wurden die wöchentlichen Aktienkurse der letzten drei Monate berücksichtigt. Die V. ist Null, wenn es entweder überhaupt keine Kursschwankungen gibt, oder die Wachstumsraten der Kurse in jeder Periode gleich hoch sind.

Tab. 1: Verteilung der V. deutscher Aktienkurse Anfang 1990

V. von ... bis unter ...	Häufigkeit	Häufigkeit in %
kleiner als 0,15	0	0
0,15–0,20	3	7,0
0,20–0,25	12	27,9
0,25–0,30	13	30,2
0,30–0,35	6	14,0
0,35–0,40	5	11,6
0,40–0,65	1	2,3
größer als 0,65	3	7,0
Insgesamt	43	100

2. Schätzung der historischen V.: Statistisch gesehen ist die V. die i.a. auf ein Jahr bezogene Standardabweichung σ der Verteilung der logarithmierten relativen Aktienkursveränderungen in einer Zeiteinheit. V. können entweder aus historischen Aktienkursen geschätzt werden (historische V.) oder aus dem momentanen Börsenkurs der Option abgeleitet werden (implizite V.). Bei der Schätzung aus historischen Aktienkursen stellt sich das Problem des Stichprobenumfangs (Anzahl der einzubeziehenden vergangenen Perioden). Ist der Stichprobenumfang zu gering, dann ergibt sich eine unsichere Schätzung, die sich in großen Konfidenzintervallen ausgedrückt, ist der Stichprobenumfang zu groß, dann ist die Annahme einer konstanten V. i.a. nicht mehr gerechtfertigt. Ausgangspunkt zur Schätzung der V. ist die Varianz der Wachstumsraten der Kurse pro Periode (Tag, Woche, Monat). Aus den Wachstumsraten der letzten n Perioden wird die Varianz wie folgt (erwartungstreu) geschätzt:

$$\hat{\sigma}_p^2 = \frac{1}{n-1} \sum_{t=1}^{n} (r_t - \bar{r})^2$$

mit $r_t = \ln(S_t/S_{t-1}) \approx (S_t - S_{t-1})/S_{t-1}$ (logarithmische Wachstumsrate pro Periode)

S_t = Aktienkurs zum Zeitpunkt t

$\bar{r} = \frac{1}{n} \sum_{t=1}^{n} r_t$ (durchschnittliche Wachstumsrate der Kurse)

n = Anzahl der Beobachtungen

Die sich ergebende Standardabweichung $\hat{\sigma}_p$ wird auf Jahresbasis bezogen, und man erhält als Schätzer für die jährliche V.

$$\hat{\sigma} = \sqrt{T} \cdot \hat{\sigma}_p,$$

wobei T die Anzahl der Perioden eines Jahres ist (T=12 bei monatlichen Beobachtungen; T=52 bei wöchentlichen Beobachtungen; T=365 Kalendertage oder T=250 Börsentage bei täglichen Beobachtungen).

Die historische V. wird aufgrund vergangener Aktienkurse errechnet. Dabei beeinflussen Wahl der Periode und der Zeitraum, in dem die Kurse beobachtet wurden, das Ergebnis. Bei der Anwendung dieses Verfahrens wird unterstellt, daß die historische V. auch für eine gewisse Zeit in der Zukunft (z.B. für die → Laufzeit einer Option) in konstanter Höhe zu erwarten ist.

3. Beispiel: Aus 14 wöchentlichen → Notierungen einer Aktie soll die V. geschätzt werden. Folglich werden der V.sschätzung hier 13 wöchentliche logarithmische Wachstumsraten zugrunde gelegt. Die Berechnungen sind der folgenden Arbeitstabelle zu entnehmen:

Tab. 2: Arbeitstabelle zur Berechnung der V.

t	Kurse S_t	S_t/S_{t-1}	$r_t = \ln(S_t/S_{t-1})$	$(r_t-\bar{r})$	$(r_t-\bar{r})^2$
1	352	–	–	–	–
2	359,20	1,0205	0,0202	0,0195	0,00038
3	348	0,9688	–0,0317	–0,0324	0,00105
4	346,50	0,9957	–0,0043	–0,0051	0,00003
5	354	1,0216	0,0214	0,0207	0,00043
6	349	0,9859	–0,0142	–0,0150	0,00022
7	352	1,0086	0,0086	0,0078	0,00006
8	321	0,9119	–0,0922	–0,0930	0,00864
9	324,8	1,0118	0,0118	0,0110	0,00012
10	322	0,9914	–0,0087	–0,0094	0,00009
11	323,50	1,0047	0,0046	0,0039	0,00002
12	338,50	1,0464	0,0453	0,0446	0,00199
13	336,80	0,9950	–0,0050	–0,0058	0,00003
14	355,50	1,0555	0,0540	0,0533	0,00284
Summe	–	–	0,009894	0	0,0158

Aus der Summenzeile wird

- das arithmetische Mittel der wöchentlichen Wachstumsraten

$$\bar{r} = \frac{0{,}009894}{13} = 0{,}0007611$$

- die Varianz der wöchentlichen Wachstumsraten

$$\hat{\sigma}_p^2 = \frac{0{,}0158}{12} = 0{,}0013167$$

- die Standardabweichung der wöchentlichen Wachstumsraten

$$\hat{\sigma}_p = \sqrt{0{,}0013167} = 0{,}0363$$

berechnet. Da bei wöchentlichen Kursen T=52 beträgt, erhält man als Schätzer für die jährliche V.

$$\hat{\sigma} = \sqrt{52} \cdot 0{,}0363 \approx 0{,}26.$$

Das Ergebnis ist eine Schätzung der V. auf der Basis von Beobachtungen der letzten drei Monate bei wöchentlichen Beobachtungen. Soll die V. weiterhin auf Vergangenheitswerten der letzten drei Monate berechnet werden, so würde man bei der nächsten Schätzung in obiger Zeitreihe den Aktienkurs S_1 wegfallen lassen und dafür den Aktienkurs S_{15} mit in die Berechnung aufnehmen. Dieses Verfahren führt bei sukzessiver Berechnung zur sogenannten gleitenden 3-Monate-V. In der Abb. 1 ist der Verlauf der gleitenden 3-Monate-V. der Dresdner-Bank-Aktie im Jahr 1990 zu sehen. Man erkennt deutlich, daß die Schätzung für die V. vom Zeitpunkt der Schätzung abhängt.

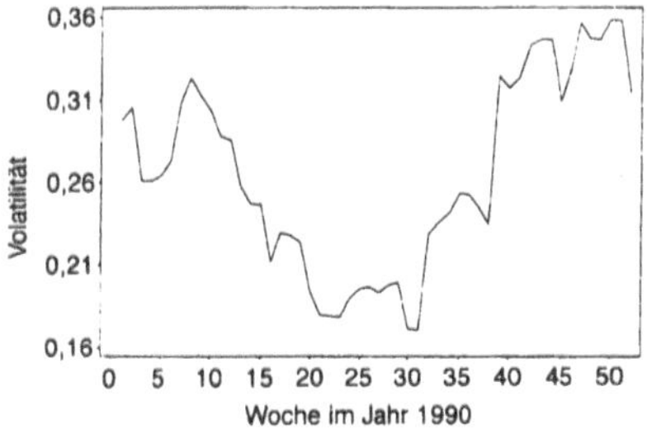

Abb. 1: Gleitende 3-Monate-V. der Dresdner-Bank-Aktie im Jahr 1990

4. *Implizite V.:* Die V. ist ein wichtiger Parameter bei der Bewertung von Optionen und Optionsscheinen: → Black und Scholes (1973) (vgl. → Black-Scholes-Modell) haben gezeigt, daß der faire → Optionspreis neben umittelbar beobachtbaren Parametern auch von der nicht unmittelbar beobachtbaren V. abhängt. Je höher die V. der Aktienkurse ist, um so höher muß ceteris paribus der Optionspreis sein. Das Black-Scholes-Modell lautet bei Vernachlässigung von Dividendenzahlungen:

$$C = S\,N(x) - K\,e^{-rt}\,N(x - \sigma\sqrt{t})$$

mit

$$x = \frac{\ln(S/K) + (r + 0{,}5\,\sigma^2)t}{\sigma\sqrt{t}},$$

wobei C = Wert der Option
S = Aktienkurs
K = Basispreis
r = risikoloser → Zinssatz
σ = Aktienkursv.
t = Restlaufzeit
N (.) = Verteilungsfunktion der Standardnormalverteilung.

Geht man davon aus, daß der Marktpreis dem fairen Optionspreis, d.h. dem über das Black-Scholes-Modell bestimmten Optionspreis, entspricht, so kann bei gegebenem S, K, r, t die V. mittels der Black-Scholes-Formel ermittelt werden. Da für C der Marktpreis eingesetzt worden ist, spiegelt die so gefundene V. die Schätzung des Marktes für σ wider. Diese V. wird als implizite V. bezeichnet. Da die Black-Scholes-Formel nicht explizit nach σ aufgelöst werden kann, muß σ durch Iteration bzw. durch Probieren gefunden werden. Beispielsweise erhält man für C=30, S=110, K=95, t=0,5 (Jahre) und r=0,06 als Lösung für die V. σ = 0,706. Allerdings kann die implizite V. einer Aktie unterschiedliche Werte annehmen, wenn für die Ermittlung verschiedene Optionen mit beispielsweise unterschiedlichen Laufzeiten verwendet werden.

Ein Approximationsverfahren zur Ermittlung der impliziten V. für Optionen, die sich am Geld befinden, wurde von

Brenner (1988) vorgeschlagen. Er gelangt bei Vernachlässigung von Dividendenzahlungen zu dem Ergebnis, daß der Wert einer Option, die sich am Geld befindet, ungefähr gleich

$$C_{aG} \approx 0{,}398 \cdot S \cdot \sigma \cdot \sqrt{t}$$

ist. Diese Gleichung läßt sich nun explizit nach σ auflösen, und die implizite V. läßt sich durch

$$\sigma \approx \frac{1}{0{,}398\sqrt{t}} \cdot \frac{C_{aG}}{S}$$

approximieren, wobei

C_{aG} = Marktpreis der Option ist, die sich am Geld befindet.

Die Güte der Approximation hängt von der Erfüllung der gemachten Annahmen ab. Bereits bei kleineren Abweichungen von den Voraussetzungen können Fehler entstehen, die nicht mehr vernachlässigbar sind. Daher sollte i.a. die implizite V. stets durch Iteration bzw. durch Probieren ermittelt werden. Für das Iterationsverfahren, welches mit einem geeigneten Computerprogramm ohne großen Aufwand durchzuführen ist, kann der von Brenner vorgeschlagene Approximationswert als Startwert verwendet werden.

Lit.: Black, F.; Scholes, M.: The Pricing of Options and Corporate Liabilities. In: Journal of Political Economy, Vol. 81, 1973; Brenner, M.: A Simple Formula to Compute the Implied Standard Devitation. In: Financial Analysts Journal, 1988; Cox, J.; Rubinstein, M.: Options Markets. Englewood Cliffs. 1985; Hartung, J.: Statistik. 8. A. München – Wien 1991; Köpf, G.: Ansätze zur Bewertung von Aktienoptionen. München 1987; Kohler, H.-P.: Grundlagen der Bewertung von Optionen und Optionsscheinen. Wiesbaden 1992; Pflaumer, P.: The Evaluation of German Warrants: An Empirical Investigation. In: Statistical Papers, Vol. 32, 1991; Pflaumer, P.: Investitionsrechnung. München – Wien 1992.

Prof. Dr. P. Pflaumer, Kempten

Vollmacht

Vertragliche Vereinbarung zwischen zwei Parteien, durch die der Vollmachtgeber dem Bevollmächtigten erlaubt, für ihn und auf seine Rechnung bestimmte Rechtsgeschäfte vorzunehmen. Die V. ist Voraussetzung bei der Depotverwaltung durch Vermögensverwalter.

Volumen

Andere Bezeichnung für → Umsatz.

Vorbörse

Telefonischer und elektronischer Wertpapierhandel außerhalb der → Börse und vor Beginn der eigentlichen Börsensitzung.

Vorrechtsaktie

→ Vorzugsaktie.

Vorstand einer AG

Organ zur Geschäftsführung und Vertretung einer Gesellschaft.

V. wird bei → AGs auf höchstens 5 Jahre durch den → Aufsichtsrat bestellt.

Vorzugsaktie

Vorrechtsaktie, Prioritätsaktie, Stammpriorität, preference share, preferred stock.

I. Definition: Vorzugsaktien sind → Aktien besonderer Gattung, die verschiedene Rechte gewähren (§ 11 AktG). In der Regel sind sie mit bevorrechtigten Gewinnverteilungsansprüchen ausgestattet, während das → Stimmrecht eingeschränkt ist.

II. Ausstattungsmerkmale von Vorzugsaktien: Grundsätzlich können sich Bevorrechtigungen 1. auf die mit der Mitgliedschaft des Aktionärs verbundenen Vermögensrechte und 2. auf die Herrschaftsrechte beziehen.

ad 1. Von den Vermögensrechten – das Recht auf Gewinnbeteiligung (§ 58, IV AktG), das → Bezugsrecht (§ 186, I AktG), das Recht auf Beteiligung am Liquidationserlös (§ 271, I und II AktG) – sind generell nur die Ansprüche auf Beteiligung am Bilanzgewinn und am Liquidationserlös einschränkbar, während das Bezugsrecht nur durch Hauptversammlungsbeschluß im Einzelfall ausgeschlossen werden kann. Bei den Vorrechten bezüglich Gewinnbeteiligung sind verschiedene Ausstattungsvarianten zulässig: V. erhalten vorweg eine nach oben begrenzte Ausschüttung; der Rest wird auf die → Stammaktien verteilt (*limitierte → Vorzugsdividende*). Um die Inhaber von V. zu schützen, ist es möglich, die V. mit einem *Nachbezugsrecht* auszustatten: ausfallende → Dividenden aufgrund zu geringen Bilanzgewinns sind in den folgenden Jahren, in denen der Bilanzgewinn dies zuläßt, nachzuholen *(kumulative Vorzugsdividende)*. V. können auch mit einem *prioritätischen Dividendenanspruch* ausgestattet sein. Ist dieser verbunden mit einer Gleichverteilungsregel, so werden die Gewinne bis zu einem bestimmten Betrag nur an Vorzugsaktionäre ausgeschüttet. Ist dieser Betrag erreicht, so werden darüber hinaus Gewinne nur den Stammaktionären zugewiesen, bis diese die gleiche Dividende erhalten wie die Vorzugsaktionäre. Auch eine Verbindung des *prioritätischen Dividendenanspruchs mit genereller Überdividende* ist möglich. Hier wird, nachdem ein bestimmter Betrag nur an die Vorzugsaktionäre ausgeschüttet wurde, der darüber hinausgehende Bilanzgewinn sofort auf alle Aktien verteilt.

ad 2. Von den Herrschaftsrechten ist im wesentlichen nur das Stimmrecht nach § 12, I AktG dispositiv, nicht aber z.B. das Recht zur Teilnahme an der → Hauptversammlung (§ 118, I AktG), die Rechte aus § 122, I und II AktG, das Auskunftsrecht (§ 131, I AktG) und das Anfechtungs- und Widerspruchsrecht (§ 245, Nr. 1-3 AktG). Dies ergibt sich aus § 140, I AktG, der besagt, daß die stimmrechtslosen V. mit Ausnahme des Stimmrechts die jedem Aktionär zustehenden Rechte verbriefen. Hinsichtlich des Stimmrechts kann man zwischen V. ohne, mit einfachem und mit mehrfachem Stimmrecht unterscheiden. Mehrstimmrechtsaktien spielen heute keine Rolle mehr, da ihre → Emission nach 12, II AktG grundsätzlich unzulässig ist. Die *stimmrechtslose V.* mit Dividendenvorrecht ist der in der Bundesrepublik Deutschland vorherrschende Typ. Als Ausgleich für den Stimmrechtsverlust erhält der Aktionär in der Regel eine höhere Dividende oder ein Nachbezugsrecht. Gemäß §§ 139-141 AktG dürfen stimmrechtslose V. maximal bis zur Hälfte des Gesamtnennbetrags aller Aktien ausgegeben werden.

III. Vorzugsaktien und → Genußscheine: Beide Formen dienen der langfristigen Finanzierung mit → Eigenkapital oder dem Eigenkapital ähnlichen Mitteln. Bei beiden Finanzinstrumenten ist in der Regel das Mitgliedschaftsrecht und das Stimmrecht ausgeschlossen. Sie verbriefen in erster Linie Vermögensrechte. Die Ausgestaltung dieser Papiere kann sowohl als partizipierende als auch kumulative Vorzugsaktie bzw. Genußscheine mit oder ohne Verlustbeteiligung erfolgen. Wesentliche Kriterien dieser Finanzierungsformen sind: a) Stärkung des Eigenkapitals b) Ausschluß des Stimmrechtes. Damit eignen sich diese Kapitalinstrumente besonders in Fällen der Finanzausstattung von Familienunternehmen, von Unternehmen der öffentlichen Hand, wie auch von Tochterunternehmen von → Aktiengesellschaften im In- und Ausland, da die Herrschaftsverhältnisse somit unangetastet bleiben. Die Möglichkeit der Anwendung solcher Papiere ist allerdings international unterschiedlich geregelt und muß daher von Land zu Land individuell geprüft werden.

IV. → Rating von Vorzugsaktien: Die Besonderheiten des Ratings von Vorzugsaktien liegen darin, daß die V. eigen- und fremdkapitalähnliche Eigenschaften in sich vereinigen. Damit ist die V. einem Forderungstitel vergleichbar. Das Rating von V. zielt auf eine Beurteilung dieser Titel aus der Sicht des Vorzugsaktionärs, ohne dabei aber eine Empfehlung zum Kauf, Verkauf oder Halten abzugeben. Das Rating stellt nur ein Element des Anlagekalküls dar. Zielsetzung des Ratings ist daher die Beurteilung a) der Wahrscheinlichkeit der vollständigen und rechtzeitigen Zahlung der Vorzugsdividenden, b) der Rückzahlung des eingesetzten Kapitals – sofern vereinbart und c) der Vermögensstellung des Vorzugsaktionärs im Insolvenzfall. Rating-Agenturen weisen im Zusammenhang mit ihren Ratingdefinitionen stets auf die weniger geschützte Stellung des Vorzugsaktionärs hin. Die Verwendung abweichender Ratingsymbole dient dem Anliegen, bereits in der Symbolik den unterschiedlichen Charakter der beurteilten Finanzinstrumente zum Ausdruck zu bringen. Das Rating der V. kann dem langfristigen Rating entsprechen oder niedriger ausfallen. Es darf jedoch nicht höher liegen, da V. nach den gleichen Kriterien wie andere Finanztitel beurteilt werden. Das Rating der V. entfernt sich um so weiter von dem der → Anleihen eines → Emittenten, je näher die Position der Vorzugsaktionäre ausstattungsbedingt an die der Stammaktionäre rückt.

L. Griessler, München

Vorzugsdividende
→ Vorzugsaktie.

W

Wachstumsfonds

→ thesaurierte Fonds.

Währungsanleihe

Als W. bezeichnet man zunächst jede → Schuldverschreibung einer ausländischen → Emittentin in einer ausländischen Währung.

Zunehmende Bedeutung haben → Anleihen gewonnen, bei denen Zahlungen in verschiedenen Währungen auftreten. So spricht man von → Doppelw. („dual currency bonds"), wenn der Emissionsbetrag und die Zinszahlungen in einer anderen Währung (z.B. Deutsche Mark) geleistet werden als die Tilgungszahlungen (z.B. US-Dollar). Gleichgültig, ob der Anleihegläubiger Inländer oder Ausländer ist, sieht er sich Wechselkursrisiken ausgesetzt. → Risiken und Chancen sind jedoch nicht symmetrisch verteilt. Mit ausschließlicher Konzentration auf das Wechselkursrisiko gilt: Der (deutsche) Inländer hat Anspruch auf sichere Zinsen und unsichere Tilgungsbeträge; der (amerikanische) Ausländer muß sich dagegen mit unsicheren Zinsen und sicheren Tilgungsleistungen auseinandersetzen.

Doppelwährungsanleihen versprechen im Emissionszeitpunkt Zinsen, die zwischen den → Renditen für normale Anleihen liegen, die in den beiden Währungsgebieten geboten werden. Die → Kurse solcher Anleihen werden von der weiteren Zinsentwicklung beider Länder sowie von Wechselkursänderungen beeinflußt. Je kürzer die → Restlaufzeit wird, um so stärker paßt sich der Kurs den Preisen vergleichbarer Schuldverschreibungen im Lande der Tilgungswährung an.

Bei einer Währungsoptionsanleihe hat der Gläubiger das Recht, die Tilgungsleistung aus einem bestimmten Währungskorb auszuwählen, wenn das Laufzeitende erreicht ist, wobei die Höhe der jeweiligen Leistung bei der → Emission fixiert wird.

Prof. Dr. L. Kruschwitz, Berlin

Währungskorb

Zusammenstellung verschiedener Währungen in einem festen Verhältnis zueinander. Dient als Berechnungsgrundlage und zur Feststellung des Wertes einer künstlich geschaffenen Währung, z.B. ECU (Abk. für European Currency Unit).

Währungsrisiko

Verlustrisiko durch Wechselkursveränderung. Wichtigstes Risiko bei Auslandsanlagen, das jedoch teilweise oder ganz durch Absicherungsmaßnahmen (→ Hedging) aufgehoben werden kann.

Wall Street

W. gilt bei Anlegern als der Inbegriff der Aktienbörse. Der tägliche Umsatz an der amerikanischen Leitbörse ist zwanzigmal größer als der Gesamtumsatz der deutschen Börsen. Mehr als 1.000 Milliarden US-Dollar werden mittlerweile in Form von Aktien jährlich über die Wall Street abgewickelt. W. wird als Synomym für „New York Stock Exchange (NYSE)" verwendet und bezeichnet die größere der beiden in New York beheimateten Börsen. Die zweite, wesentlich kleinere Börse ist die American Stock Exchange (AMEX). Zum Erfolg der W. hat sicherlich auch die ausgesprochene Popularität der Aktie als Kapitalanlage-Instrument beigetragen. In Deutschland gibt es knapp 3 Millionen Aktionäre. Einige davon besitzen auch amerikanische Aktien. Aber allein schon im Staate Kalifornien leben mehr Aktionäre als hierzulande.

Historisches

Weit über 2.000 der größten Aktiengesellschaften der USA aus fast 100 verschiedenen Branchen werden hier amtlich notiert. Ein Blick in die Vergangenheit zeigt, daß in der W. schon im Jahr

Wall Street

1790 bereits mit Staatsanleihen gehandelt wurde. Die Makler (engl. Broker) kauften und verkauften ihre Wertpapiere genauso, wie sie Ballen von Wolle und Säcke mit Zucker durch auktionsähnliches Bieten handelten. Etwa 1817 waren schon ein Dutzend Banken in New York etabliert. Die meisten hatten ihr Hauptquartier in der Wall Street. Am 8. Mai 1817 schlossen sich dann die Broker zusammen und gründeten den New York Stock & Exchange Board. Im Gebäude Wall Street Nr. 40 wurden Räume angemietet. Dies war die Geburtsstunde des organisierten Handels mit Aktien.

Das Volumen betrug im Jahre 1827 etwa 100 Aktien täglich. Aus alten Unterlagen geht hervor, daß bereits 1834 täglich 5.000 Aktien gehandelt wurden. Zum Vergleich: Der Crash von 1987 brachte ein Tagesvolumen von über 600 Millionen Aktien zustande. Derzeit bewegt sich das Tagesvolumen zwischen 100 und 200 Millionen Aktien.

Die heute so bekannte Fassade der NYSE mit ihren markanten Säulen wurde erst 1903 errichtet. Die Entwicklung der Elektronik hat allerdings innerhalb des Gebäudes großen Einfluß genommen. Ein Blick auf das Parkett zeigt eine Unzahl von Monitoren, und mehrere elektronische Ordersysteme helfen den Brokern bei der Bewältigung der Auftragsflut. Golden glänzende Röhren versperren heute den Blick auf die wunderschönen Deckenverzierungen und die mit Marmor verkleideten Wände.

Die Akteure

Die persönliche Teilnahme ist auf die Mitglieder der Börse beschränkt. Nur 1.366 Personen können einen Sitz an der Börse erwerben (Mitglied werden). Diese Sitze werden natürlich ebenfalls gehandelt. Der Preis eines Börsensitzes gilt auch als Indikator für die Erwartung der Wirtschaftsentwicklung. Mitglied werden kann jede Person, die gewisse Voraussetzungen erfüllt und erfolgreich für einen Sitz bietet. Folgende Tätigkeiten sind zu unterscheiden:

Der *Commission-Broker* ist selbst Mitglied und führt Aufträge für Klienten seiner Firma aus. Dafür erhält er eine Commission. Er wird auch Floor-Broker genannt.

Der *Two-Dollar-Broker* ist ein Kollege des Commission-Brokers und hilft diesem bei der Ausführung größerer Aufträge. Er arbeitet wie ein Freiberufler und erhält für seine Tätigkeit eine kleinere Commission.

Der *Registered-Trader* ist ein Mitglied der Börse und handelt nur für sein eigenes Konto. Nimmt er dennoch Aufträge von Kunden oder Kollegen an, muß er diese zuerst ausführen.

Der *Spezialist* konzentriert seine Tätigkeit auf eine oder mehrere bestimmte Gesellschaften. Seine wichtigste Funktion ist, in diesen speziellen Aktien einen fairen und ordentlichen Marktverlauf zu gewährleisten. Der Spezialist hat einen festen Platz auf dem Parkett. Jeder Broker, der diese Aktie mit ihm handeln will, muß sich an diesen Platz begeben.

Auftragsabwicklung

Wer nicht regelmäßig an einer der größten Börsen der Welt investiert, kann sich meist nicht vorstellen, wie ein Auftrag an der New York Stock Exchange (NYSE) ausgeführt wird. Unter den auf Nachfrage angebotenen Kürzeln wie DOT, SuperDOT oder SCOREX etc. kann sich ein Anleger in Deutschland nicht viel vorstellen. Der Weg eines Auftrags soll anhand eines Beispiels verdeutlicht werden.

Wer einen Anleger fragt, wie denn sein Kauf-Auftrag an der Wall Street gehandelt wird, erhält unterschiedliche Antworten. Meist stellt man sich einen wild gestikulierenden Börsenmakler vor, der durch lautes Rufen und geheime Zeichen kauft und verkauft. Tatsächlich werden die meisten Aufträge der Kunden jedoch durch Computer ausgeführt.

Die Nutzung dieser Systeme bedeutet, daß beide Parteien (Käufer und Verkäufer) in einem System und die Vergleichs-

Wall Street

prozesse praktisch fehlerfrei sind. Kleine Aufträge sind gleichberechtigt gegenüber Großaufträgen der institutionellen Investoren. Die typische Sorge des Kleinanlegers, daß ein Auftrag der großen Auftraggeber vorgezogen wird, ist somit ausgeschlossen. Die Aufträge werden in der Reihenfolge ausgeführt, in der sie in das System kommen.

Viele elektronische Systeme nebeneinander

Allerdings: Jede Börse in den USA hat ihr eigenes elektronisches Handelssystem. Die New York Stock Exchange (NYSE/Wall Street) arbeitet mit dem SuperDOT (Designated Order Turnaround) System. An der American Stock Exchange (AMEX) arbeiten die Händler mit AUTOPER (Automated Post Execution and Reporting). An der Pazific Stock Exchange wurde bisher ein System mit Namen SCOREX genutzt, das im letzten Jahr in ein neues System mit Namen P/COAST geändert wurde. Und schließlich betreibt die NASDAQ (Freiverkehr) noch das SOES (small order execution system) für kleinere Aufträge.

Ein Kauf-Auftrag für 100 Aktien von Coca Cola wird daher von einer Sparkasse in Deutschland über die Landeszentralbanken nach New York geleitet. Da es sich bei Coca-Cola um eine an der Wall Street notierte Aktie handelt, wird der Auftrag in das SuperDOT-System eingegeben.

Das SuperDOT-System

SuperDot ist der Name für die stärkere und ausgeweitete Version des ersten Order-Systems an der NYSE. Früher handelte das DOT System, das 1976 eingebaut wurde, nur „bestens“- oder „billigst“-Aufträge. Limitierte Aufträge mußten in ein separates System eingegeben werden. Die Anzahl der gehandelten Aufträge bei jedem System war sehr klein. So konnte man über das DOT-System nur Aufträge bis zu 500 Aktien kaufen und verkaufen. Das SuperDOT-System akzeptiert dagegen auch „Stop“- und „Stop-limit“-Aufträge. Daneben gibt es noch ein separates System, in dem die sogenannten „odd-lot“-Transaktionen (Handel mit weniger als 100 Aktien pro Auftrag) durchgeführt werden.

Heutzutage werden durch das SuperDOT-System Aufträge für Aktien, Vorzugsaktien, Optionen, Bezugsrechte und Optionsscheine ausgeführt. Das SuperDOT aktzeptiert Aufträge bis zu 30.099 Aktien pro Auftrag. Bei einem Limit-Auftrag dürfen es auch bis zu 99.999 Aktien sein. Diese Aufträge werden direkt an den Stand des Marketmakers geleitet. Dieser Spezialist ist für die ordnungsgemäße Ausführung verantwortlich. Dort werden die Aufträge zum höchsten aktuellen Verkaufspreis oder zum niedrigsten aktuellen Kaufpreis ausgeführt. Im Fall eines Limits werden die Aufträge ausgeführt, sobald der Handel den gewünschten Kurs erreicht. Wenn man der Statistik glauben darf, dann werden die Aufträge („bestens/billigst“) im Durchschnitt innerhalb von 28 Sekunden im SuperDOT-System ausgeführt. Obwohl etwa 75 bis 80 Prozent der Aufträge dieser Größenordnung bereits über das SuperDOT-System geleitet werden, repräsentieren sie nur ungefähr 20 bis 25 Prozent des täglichen Handelsvolumens an der Wall Street.

Die Superschnellen

Die meisten Aufträge der Kleinanleger bleiben weit unter den Höchstgrenzen des SuperDOT-Systems. Um diese kleineren Aufträge (bis zu 2.099 Aktien) noch schneller bedienen zu können, wurde dem SuperDOT noch ein „Individual Investor Express Delivery Service“ (IIEDS) vorgeschaltet. Das bedeutet für den Anleger, daß sein Auftrag an die Spitze der Linie beim Marketmaker gelangt und vor allen Aufträgen, die größer als 2099 Stück sind, ausgeführt wird.

Aber auch andere Veränderungen haben den Markt für kleine Investoren attraktiver gemacht. So müssen heute die Anleger, die weniger als die Mindestmenge (100 Stück) handeln, keine schlechteren Preise mehr hinnehmen. Die sogenannten „differentials", die kleine Investoren normalerweise für ihre „odd-lot-orders" bezahlt haben, wurden schon 1991 eliminiert.

Ein Markt?

Wenn nun jede Börse ihr eigenes System hat, wie kann da zwischen den Systemen gehandelt werden und wer behält die Übersicht? Die Kurse von Angebot und Nachfrage werden in einer einzigen Datenbank zusammengefaßt und ständig an alle Marketmaker und Kursübermittlungsdienste verbreitet. Und das von 9 Uhr morgens bis 18.30 Uhr an jedem Börsentag. Diese zentrale Kurs-Datenbank vergleicht die Preisinformation und ermittelt den Börsenplatz mit dem besten Kurs. So erfährt der Börsenberater, an welchen Platz der Auftrag geschickt werden muß. Die Händler oder Floor Broker erreichen diesen Markt, indem sie das Intermarket Trading System (ITS) benutzen.

Alle Systeme zielen darauf ab, den Wettbewerb zu erhöhen und erreichen so, daß der Kunde die beste Ausführung erhält. Die Nutzung der Elektronik hat aber auch einen Nachteil: Es gibt offensichtlich kein Geheimnis mehr in Wall Street!

Organisationen

Die größte Anerkennung für die reibungslose Abwicklung des Handels an der NYSE verdienen einige für Clearing und Settlement zuständige Organisationen. Nur eine Handvoll der mehr als 90.000 Broker in den USA kennen die gesamte Reichweite ihrer Aktivitäten. Diese in den 70er Jahren gegründeten Organisationen haben sich so gut entwickelt und an den Börsenhandel angepaßt, daß ihr Service heute als selbstverständlich angesehen wird. Praktisch jeder Auftrag zum Kauf oder Verkauf von Aktien, Anleihen, Fonds oder Optionen wird von mindestens einer dieser Organisationen beeinflußt.

Die meisten der Clearing- und Settlement-Organisationen wurden Ende der 60er-Jahre gegründet. Das Handelsvolumen erreichte neue Höhen; der tägliche Durchschnitt lag bei 13 Millionen Aktien. Im April 1969 erreichte das Handelsvolumen eine Rekordhöhe von 16,4 Millionen Aktien. Diese große Anzahl von Aktien wurde seit dem großen Börsenkrach vom 29. Oktober 1929 nicht mehr erreicht. Die Mehrheit der Orders wurde bei den Brokerfirmen noch immer von Hand abgewickelt. Vom Aufnehmen der Order, über das Aussortieren von nicht zuzuordnenden Handelsabschlüssen, bis hin zur physischen Lieferung der Wertpapiere von einem Broker zum anderen Broker. Die Brokerfirmen waren 24 Stunden am Tag geöffnet, um die Abschlüsse zu bewältigen. Die NYSE reduzierte ihre Handelszeiten, indem sie mittwochs die Börse schlossen, um den Andrang zu verringern. Trotzdem überflutete das Volumen die Abwicklungsabteilungen bei den Brokern.

Die Zahlungen an Kunden (Dividenden und Zinscoupons) wurden nicht pünktlich ausgeführt; einige gingen im hektischen Betrieb sogar verloren. Die Brokerfirmen stellten fest, daß es nicht ausreichte, über gute interne Systeme zu verfügen, da sie oft mit Brokern handeln mußten, deren System total veraltet war. Als das Handelsvolumen sich vergrößerte, kumulierten sich die kleinen Ungenauigkeiten zu großen Problemen. Diese Krise regte die Gründung der NSCC, der DTC, der OCC und der SIAC an. Ihr gemeinsames Ziel war, ein verläßliches Operationssystem zu entwickeln, das sich erhöhende Volumina handhaben konnte.

National Securities Clearing Corp. (NSCC)

Einfach gesagt, erfüllt die NSCC für die Wertpapier-Branche die gleichen Aufgaben, wie die Bundesbank im Zahlungsverkehr unter Banken. Eigentümer der NSCC sind (zu gleichen Teilen) die New York Stock Exchange (NYSE) und die National Association of Securities Dealers (NASD). Die NSCC wurde 1976 gegründet. Die Aufgabe war, ein effizientes Settlement- und Clearing-System für alle bei der AMEX gelisteten und den im OTC-Verkehr gehandelten Aktien und Anleihen landesweit anzubieten. Die NSCC erfüllte die Aufgabe dadurch, daß sie auf diesen Märkten immer die dritte Partei bei allen Wertpapier-Transaktionen war und die rechtzeitige Abrechnung (Settlement) und die zügige Abwicklung (Clearing) aller Handelsabschlüsse (Trades) garantierte. Um diese Garantie auch finanziell abzusichern, sind die bei der NSCC angeschlossenen 400 Mitgliedsfirmen verpflichtet, einen bestimmten Betrag in Form von Bargeld, festverzinslichen Staatsanleihen oder unwiderruflichen Kreditgarantien als Sicherheit zu hinterlegen. Der jeweilige Betrag hängt direkt vom Volumen der Clearing-Aktivitäten des Mitglieds ab. Diese Sicherheiten benötigt die NSCC, um finanzielle Forderungen aus fehlerhaften Trades abzudecken. Dies ist auch dann der Fall, wenn eine Brokerfirma schließt oder geschlossen wird, bevor alle Trades abgerechnet sind. So selbstverständlich diese Handelsweise heute klingt, so wenig selbstverständlich war dies vor der Gründung der NSCC. Tatsächlich wurde das Settlement vorher durchgeführt, und die Kommunikation zwischen den Brokern und einem der vielen Clearingstellen erfolgte per Brief.

Verbesserungen durch CNS und DTC

Um die immer noch enorme Papierlawine und die Anzahl der physischen Lieferungen von Wertpapieren, die jedem Handeln folgen mußten, zu verringern, baute die NSCC das „Continuous-Net-Settlement-System“ (CNS) auf. CNS reduziert alle Käufe und Verkäufe, die ein einzelner Broker in einem bestimmten Wertpapier vornimmt, zu einer einzigen Position. Entweder zu einer „net-long-position“ (Käufe überwiegen) oder zu einer „net-short-position“ (Verkäufe überwiegen), und zwar unabhängig davon, ob der Handel für das Firmenkonto oder für ein Kundenkonto erfolgte. Die NSCC sendet ihre Informationen dann zur „Depository Trust Co.“ (DTC). Dort wird die Anzahl der Wertpapiere dem Konto der Brokerfirma gutgeschrieben bzw. belastet. Am Ende des Handelstages werden die aus Käufen und Verkäufen resultierenden Netto-Positionen in allen Wertpapieren der Brokerfirma ermittelt. Ein sich daraus ergebender Betrag wird dem Geldkonto des Brokers gutgeschrieben bzw. belastet.

Fehlerreduzierung

Durch die Einbeziehung der automatischen Routing- und/oder Ausführungs-Systeme, z.B. SuperDOT der NYSE, SOES der NASDAQ und BEACON von der Boston Stock Exchange, gelang es, die Kapazität der NSCC zu steigern und das ansteigende Handelsvolumen effizient und mit aller Sorgfalt zu handhaben. Wird ein Auftrag über diese Systeme ausgeführt, dann werden beide Seiten (Kauf und Verkauf) automatisch erfaßt und gemeinsam weitergeleitet. Diese „locked in“- bzw. schon verglichenen Trades werden direkt dem NSCC-Settlement-Prozess zugeleitet, der dann fehlerfrei ist. An einem Durchschnittstag werden etwa 575.000 Trades durch das NSCC-Clearance-and-Settlement-System gehandhabt. Sie repräsentieren 97 Prozent des durchschnittlichen Tageshandelsvolumen. Darin sind die Trades an der NYSE, der AMEX, des NASDAQ, der Boston Stock Exchange, der Pazific Stock Exchange und anderen regionalen Aktienbörsen erfaßt.

Im Jahre 1985 baute die NSCC weiterhin die „International Securities Clearing Corp.“ (ISCC) auf. Durch die Zusammenarbeit mit der Citibank und deren weltweitem Bankennetz bietet die ISCC den US-Brokern, die auf internationalen Märkten handeln, ein neues, globales Clearing-Netz und den entsprechenden Service an. Die ISCC arbeitet eng mit der Londoner Stock Exchange, der japanischen Securities Clearing Corp. und zwei weiteren Clearing-Instituten in Europa zusammen. Darüberhinaus sind die Clearing- und Settlement-Aktivitäten nicht länger auf Aktien und Anleihen großer Gesellschaften begrenzt. Auch US-Staatstitel können weltweit gehandelt und abgerechnet werden. So werden die U.S. Government Securities durch eine spezielle NSCC-Filiale gehandhabt, die „Gouvernment Securities Clearing Corp.“ (GSCC). Jeden Tag laufen rund 80 bis 85 Prozent aller Trades in U.S. Government Securities über die GSCC.

Fonds-Abrechnung durch Fund/SERV

Seit 1986 betreut die NSCC auch den Investmentfonds-Bereich. Sie hat dafür ein eigenes System mit Namen Fund/SERV entwickelt. Bevor dieses System eingebaut wurde, mußten die Brokerfirmen alle Aufträge während des Tages einsammeln und am Ende des Tages über Telefon weitergeben. Auf die Ausführungsbestätigung mußte dann bis zum nächsten Tag, manchmal auch länger, gewartet werden.

Durch die Nutzung von Fund/SERV werden alle Auftragsdaten zur NSCC gesandt. Von dort werden sie an die Fondsgesellschaften weitergeleitet. Der gesamte Abrechnungs- und Abwicklungs-Prozess ist fast vollständig automatisiert. So werden über vier Millionen Aufträge pro Jahr gehandhabt, mit steigender Tendenz.

Der Berater stellt den Einfluß der NSCC am deutlichsten im „Automated Customer Account Transfer System“ (ACATS) fest. ACATS wurde 1985 installiert, um den Transfer der Kundenkonten von einem Broker zu einem anderen zu beschleunigen. Vor dem Einbau von ACATS konnte ein solcher Transfer zwischen 2 und 6 Monaten dauern. Heute ist die Transaktion innerhalb von fünf Tagen, nachdem die NSCC die entsprechenden Formulare erhalten hat, erledigt. Jeden Tag werden 6.000 bis 7.000 Konten über ACATS transferiert. In jedem Konto sind durchschnittlich vier oder fünf verschiedene Positionen enthalten.

Securities Industry Automation Corp. (SIAC)

Das bekannteste Produkt der SIAC ist das „consolidated tape“. In alten US-Spielfilmen sieht man noch den kleinen

schwarzen Apparat, der unaufhörlich einen kleinen Papierstreifen ausspuckt. Auf diesem Streifen wurden der Preis und der Umsatz der jeweiligen letzten Trades angegeben. Heutzutage ist es ein an den Wänden im Börsensaal und in den Geschäftsräumen der Brokerfirmen angebrachtes Lichtband.

Während das „Consolidated Tape System“ (CTS) ohne Zweifel das am meisten öffentlich sichtbare Produkt der SIAC ist, arbeiten andere von der SIAC entwickelte Produkte mehr im Hintergrund. So wurden Systeme für die Consolidated Tape Association (CTA) und die Options Price Reporting Authority (OPRA) entwickelt. Die SIAC ist außerdem der Systementwickler für die NSCC. Bei der Arbeit mit den Börsen, der NSCC und den Brokerfirmen übersetzt die SIAC die Bedürfnisse und Ideen der Marktteilnehmer in ein computerisiertes System. So wird z.B. das „Back Office“ (Abwicklungsbüro) der Brokerfirmen direkt mit dem Börsenparkett der NYSE und der AMEX über den „Common Message Switch“ (CMS) verbunden. Dies ist ein Hochgeschwindigkeits-Order-Routing- und Transaktions-Reporting-System, welches erstmals 1974 eingesetzt wurde.

Das SuperDOT (Designated Order Turnaround) System der NYSE und das AutoPER (Post Execution Reporting) System der AMEX wurden beide in Verbindung mit SIAC entwickelt. CMS ist dabei die Brücke, um diese Aufträge zu den entsprechenden Spezialisten auf dem Börsenparkett zur Ausführung weiterzuleiten. Wenn eine Order den Platz des Spezialisten erreicht, leuchtet die entsprechende Eintragung auf dem Bildschirm des elektronischen Auftragsbuches auf. Der Spezialist führt die Order zum besten derzeitigen Preis aus. Wenn der Handel zustande kam, sendet CMS die Ausführungsdaten an drei Plätze zurück: zur Brokerfirma (als Bestätigung des Handels), in das Consolidated Tape System (dort wird über die Anzahl der Aktien und den Preis berichtet) und zum

NSCC-Clearing-System (als „locked-in"-trade).

Internationale Systeme

Die Arbeit der SIAC ist nicht auf die in New York beheimateten Börsen beschränkt. So entwickelte die SIAC das „Intermarket Trading System" (ITS), welches alle Börsen des gesamten Landes verbindet. Es ermöglicht den Spezialisten und Floor Brokern, immer den besten Preis zu handeln, egal an welcher Börse. Das „Consolidated Quotation System" (CQS) sammelt die Angebots- und Nachfrage-Preise der Wertpapiere auf den verschiedenen Märkten, vereinigt sie in einer gemeinsamen Datenbank, ermittelt den besten Preis und verbreitet diese Informationen an alle Börsen. Wenn ein Floor Broker an seiner ITS Scheibe feststellt, daß der beste Preis gerade an einer anderen Börse zu haben ist, dann kann er die Order über ITS an dieser anderen Börse ausführen lassen. Das System gibt dann automatisch diesen Handel an das Consolidated Tape System weiter, so daß die Öffentlichkeit über den Ausführungspreis und die Anzahl der Aktien informiert wird.

Vor- und nachbörslicher Handel

Die bisher beschriebenen Systeme operieren, wenn der Markt geöffnet ist. Die SIAC hat aber auch ein System entwickelt, daß die vor- oder/und nachbörslichen Aktivitäten unterstützt. Das „Opening Automated Reporting System" (OARS) unterstützt die Spezialisten bei der Bearbeitung der Orders, die über SuperDOT, AutoPER oder ITS ankommen, bevor der Markt geöffnet ist und nachdem die Spezialisten den Eröffnungspreis festgelegt haben (basierend auf der Anzahl der Kauf und Verkauf Orders). Das OARS führt diese Orders elektronisch aus und gibt ihre Ausführungen an die jeweilige Brokerfirma weiter.

Nach Beendigung der Börsenzeit betreibt die SIAC das CNS-System für die NSCC. Ein Zusatz-System des CNS mit dem Namen „Regional Interface Operations" (RIO) erlaubt den Brokerfirmen, alle ausgeführten Trades (egal auf welchem Markt und durch welche Clearingstelle sie ausgeführt wurden) zusammenzufassen.

Zu den zahlreichen von der SIAC entwickelten Systemen gehört auch das „Automated Bond System" (ABS), welches für den gesamten Anleihenhandel an der NYSE genutzt wird und AMOS, das Options Trading System der AMEX.

Aufgrund der bisherigen Weiterentwicklung der Systeme ist man derzeit in der Lage, ein tägliches Volumen von bis zu 850 Millionen Aktien zu bewältigen.

Lit.: NYSE (Hrsg.), Marketplace: A Brief History of the New York Stock Exchange, New York 1982; Siebers, Jutta M. D.: Terminbörse Deutschland, Haar 1990. S. J. A. Siebers, Rostock

Wandelanleihe

Finanztitel der sich aus zwei Komponenten zusammensetzt, und zwar einer normalen → Anleihe („straight bond") und einem → Optionsrecht, das regelmäßig darauf gerichtet ist, die Anleihe zu bestimmten Bedingungen in → Stammaktien umzutauschen. Im Gegensatz zur → Optionsanleihe, mit dem die W. („convertible bond") sehr stark verwandt ist, läßt sich das Optionsrecht von der Anleihe nicht abtrennen. Beide Ansprüche sind untrennbar miteinander verbunden. Wird das Wandlungsrecht ausgeübt, so geht die Anleihe unter.

Um W. begeben zu können, bedarf es nach § 221 Abs. 1 → AktG eines → Hauptversammlungsbeschlusses über eine bedingte Kapitalerhöhung mit einer Mehrheit von mindestens drei Viertel des vertretenen → Grundkapitals in jeder Aktiengattung. Den Aktionären stehen gemäß § 221 Abs. 3 AktG → Bezugsrechte auf die W. zu.

Die → Emittentin muß im Zusammenhang mit der Ausgabe von W. eine Reihe von Entscheidungen treffen, von denen die wichtigsten sich auf die folgenden Fragen beziehen.

1. *Wandlungsverhältnis:* Dabei geht es um die Frage, wieviele → Schuldverschreibungen man benötigt, um beim Umtausch eine → Aktie zu erhalten.

2. *Zuzahlungen:* Das sind die Geldbeträge, die im Falle der Wandlung über die Hingabe von Schuldverschreibungen hinaus an die Gesellschaft zu zahlen sind. Dabei kann man vorsehen, daß die Höhe dieser Zahlungen unabhängig vom Wandlungszeitpunkt ist. Normalerweise arbeitet man jedoch mit einer Staffel, die entweder auf fallende oder steigende Beträge gerichtet ist.

Aus der Sicht des Unternehmens bedeutet der Umtausch eine Veränderung des Verschuldungsgrades, weil → Fremdkapital durch → Eigenkapital substituiert wird. Fremdkapital erfordert im Gegensatz zum Eigenkapital feste Zins- und Tilgungsleistungen. Daher kann es je nach → Liquiditäts- und Ertragslage des Unternehmens sinnvoll sein, den Zeitpunkt des Umtauschs zu beeinflussen. Wachsende Zuzahlungen liefern Anreize für einen baldigen Umtausch, während fallende Zuzahlungen die Tendenz fördern, den Umtausch in die Zukunft zu verlagern.

Theoretisch wäre es möglich, negative Zuzahlungen vorzusehen. In diesem Fall würde der Anleihegläubiger gegen Hingabe einer bestimmten Zahl von Schuldverschreibungen eine Stammaktie sowie einen festen Geldbetrag erhalten. Praktisch wird von dieser Variante kein Gebrauch gemacht, weil die Unternehmen bei der Ausgabe → junger Aktien am Zufluß → liquider Mittel interessiert sind. Außerdem dürfen die Wandlungsbedingungen nicht dazu benutzt werden, um § 8 AktG zu unterlaufen, der den Verkauf von Aktien unter ihrem → Nennwert verbietet.

3. *Wandlungsfrist:* Hier geht es um Beginn und Ende des Zeitraums, in dem ein Umtausch von Schuldverschreibungen in Aktien erlaubt ist.

4. *Verwässerungsschutz:* Die emittierende Gesellschaft ist dazu in der Lage, den Wert eines Wandlungsrechtes mit Hilfe verschiedener Techniken negativ zu beeinflussen. So wird jemand das Wandlungsrecht hoch bewerten, wenn er aufgrund eines hohen Aktienkurses vor Beginn der Wandlungsfrist auf die Chance setzt, daß sich die Wandlung lohnen wird. Solche Chancen können beispielsweise durch die Ausgabe von → Gratisaktien oder die → Begebung junger Aktien zu genügend niedrigen Ausgabepreisen beeinträchtigt werden.

Da die Erwerber von W. solche Praktiken nicht akzeptieren werden, ist es erforderlich, daß die Emittentin geeignete Verwässerungsschutzklauseln vorsieht. Als besonders leistungsfähig erweisen sich Anpassungen des Wandlungsverhältnisses und/oder der Zuzahlungsbeträge. Wirkungsvoll wäre an sich auch, wenn man den Wandelobligationären von Anfang an Bezugsrechte auf junge Aktien gewähren würde. Jedoch ist dieser Weg äußerst risikoreich und wird daher praktisch nicht beschritten.

Der Preis, welcher am Emissions- und später am Zirkulationsmarkt für eine W. bezahlt wird, hängt von zwei Gesichtspunkten ab.

1. Die erste Überlegung ist darauf gerichtet, die W. wie eine normale Anleihe zu betrachten. Schließlich verspricht sie eine feste Verzinsungs-und Tilgungsleistung, die allerdings im Zeitpunkt der Ausgabe (wegen des Wandlungsrechts) unter der am Markt gängigen Nominalverzinsung liegt. Dennoch sollte ihr Kurs nicht unter dem Marktwert vergleichbarer normaler Anleihen liegen, denn es gibt keine Wandlungspflicht. Bezeichnen F den Nennwert, $(n - t)$ die → Laufzeit, i_{nom} den Nominalzinssatz und i den Marktzinssatz, so läßt sich im Zeitpunkt t für den Wert der Wandelanleihe in dieser Betrachtung

$$W_t^A = \sum_{\tau=t+1}^{n} \frac{i_{nom}F}{(1+i)^\tau} + \frac{F}{(1+i)^{n-t}}$$

schreiben.

2. Die zweite Überlegung konzentriert sich auf das reine Umtauschrecht. Geht

man davon aus, daß es im Zeitpunkt t bereits möglich ist, das Umtauschrecht auszuüben, und bezeichnen γ das Wandlungsverhältnis, Z die Zuzahlung und K_t den Kurs der Aktie im Zeitpunkt t, so ist es gleichgültig, ob man umtauscht oder nicht, solange

$$\gamma W_t^U + Z = K_t$$

ist, denn der indirekte Erwerb einer Aktie wäre unter dieser Bedingung ebenso teuer wie der indirekte. Da es sich möglicherweise lohnt, den Umtausch auf später zu verschieben, muß

$$W_t^U \geq \frac{K_t - Z}{\gamma}$$

gelten. Das bedeutet: Für eine W. sollte man mindestens soviel bezahlen wie die Differenz zwischen dem aktuellen Aktienkurs und der Zuzahlung, dividiert durch das Wandlungsverhältnis.

Führt man beide Komponenten zusammen, so kommt man für den Wert einer W. auf

$$W_t = \max (W_t^A, W_t^U).$$

Man mache sich klar, daß diese Darstellung nur eine Information über die Untergrenze für den Wert einer W. liefert. Der Preis, welcher sich am Markt tatsächlich ergibt, verkörpert darüber hinaus die Einschätzungen der Marktteilnehmer hinsichtlich künftiger Kursentwicklungen der Aktie.

Die Finanzierung mit W. hat für die Emittentin den Vorteil, daß sie Fremdkapital zu Bedingungen aufnehmen kann, die regelmäßig unter den → Zinssätzen liegt, welche für normale Anleihen versprochen werden müssen. Ferner werden später möglicherweise Emissionserlöse für junge Aktien erzielt, die unter den geltenden Marktbedingungen nicht realisierbar wären.

Gegenüber der Optionsanleihe besitzt die W. kaum Vorteile. Aufgrund der Tatsache, daß das Optionsrecht von der Anleihe nicht getrennt werden kann, ist sie eindeutig das weniger flexible Instrument. Das schlägt sich in Deutschland in der Tatsache nieder, daß wesentlich mehr Optionsanleihen emittiert werden als W.

Prof. Dr. L. Kruschwitz, Berlin

Warenbörsen

Historisch aus den Märkten hervorgegangene → Börsen, an denen Rohstoffe und landwirtschaftliche Produkte gehandelt werden. Ursprünglich als Markt für → Kassa-Geschäfte mit sofortiger Lieferung und Bezahlung, hat sich daraus die Warenterminbörse entwickelt, bei der spätere Lieferung und spätere Bezahlung wichtigste Merkmale sind.

Warenterminhandel

Börsenmäßiger Handel in Warentermingeschäften, also Termingeschäften mit Welthandelsgütern wie Öl, Getreide, Baumwolle, Kaffee, Kakao, Zucker, Metalle usw., bei denen die Abwicklung (Lieferung, Abnahme, Bezahlung) der ge- bzw. verkauften Waren zu einem späteren Zeitpunkt vereinbart wird. Wichtigste Börsenplätze sind Chicago, New York, London, Kansas City, Minneapolis, Winnipeg. Der Handel vollzieht sich in der Regel unter → Brokern. Üblicherweise werden den Brokern, seltener Banken, Aufträge telefonisch eingereicht, die oft innerhalb weniger Minuten an den Warenterminbörsen vorliegen. Werden Aufträge ausgeführt, erhält der Auftraggeber einen schriftlichen Bescheid (→ Confirmation). Eine → Order an einen Broker sollte folgende Vertragsteile in spezifizierter Form enthalten: Kauf oder Verkauf, Anzahl der → Kontrakte, Kontraktmonat, Art und Qualität der Ware, Börsenplatz, Preisangaben (insbesondere Limit- und Stop-Order), Gültigkeitsdauer. Im W. liegt etwa 99% der Geschäfte keine Warenlieferung zugrunde, sondern die Positionen werden vorzeitig wieder aufgelöst. Üblicherweise werden nur 5-10% des Kontraktwertes bei Vertragsabschluß fällig. Aufgrund starker Warenpreisschwankungen unterliegt der W. erheblichen Spekulationseinflüssen.

Warrants
Angelsächsische Bezeichnung für → Optionsscheine.

→ Berechtigungsschein.

Wechselkurs
Andere Bezeichnung für → Devisenkurs. Preis für eine ausländische Währungseinheit, ausgedrückt in inländischer Währung. Beispiel:

1 US-Dollar „kostet“ 1,70 D-Mark.

→ Amtlicher Devisenkurs.

Weltbank
In Washington ansässige internationale Bank. Sie wurde 1944 als Internationale Bank für Wiederaufbau und Entwicklung gegründet.

Ihr gehören über 150 Länder als Mitglieder an. Hauptaufgabe ist Unterstützung in Entwicklungsländern. → Anleihen der Weltbank werden mit → AAA (→ rating) bewertet.

Werbungskosten
Aufwendungen, die steuermindernd geltend gemacht werden können.

Sie müssen beispielsweise bei Einkommen aus Wertpapiervermögen in direktem Zusammenhang stehen und belegbar sein.

Wertpapieranalyse
→ Aktienanalyse.

Wertpapierleihe
1. Entstehungsgründe

Die Reduzierung bzw. der Wegfall staatlicher Beschränkungen führte in den letzten Jahren zu einer deutlichen Liberalisierung und Globalisierung der Finanz- und → Kapitalmärkte, die wiederum eine starke Zunahme grenzüberschreitender Wertpapiergeschäfte nach sich zogen. Diese Entwicklung ist gekennzeichnet durch eine gesteigerte → Volatilität auf den Kapitalmärkten und dem Wunsch nach verstärkter internationaler → Diversifikation der Anlagemittel. Hieraus entwickelten sich spezifische Erfüllungsrisiken, die mit dem Instrument der W. begrenzt werden können.

Außerdem führte der erhöhte Absicherungsbedarf von Wertpapierpositionen als Folge gesteigerter Volatilität zu einem starken Handel mit derivativen Finanzprodukten, gerade auch im Zuge der Eröffnung der DTB. Hieraus entstehende Probleme bei der Erfüllung von Lieferverpflichtungen aus sog. → Short-Positionen können durch Nutzung der W. überbrückt werden.

Ebenso setzt die Abwicklung von → Arbitragegeschäften in größerem Umfang ein funktionierendes W.-System voraus.

2. Wesen der W.

2.1 Definition und Formen der W.

Unter W. versteht man die zeitweilige Überlassung von → Wertpapieren gegen Entgelt. Nach Ablauf der Leihfrist sind die gleichen, aber nicht dieselben Wertpapiere zurückzugeben. Die W. ist insofern keine echte Leihe, denn sie erfüllt nicht die Voraussetzungen der §§ 598ff. BGB („Leihe“). Der international gebräuchliche Begriff „Securities lending“ ist deswegen auch mißverständlich. Vielmehr ist die W. ein Sachdarlehn i.S. des § 607 BGB.

Die W. i.e.S. ist den → Wertpapierpensionsgeschäften, wirtschaftlich betrachtet, sehr ähnlich. Diese „Repurchase-Agreements“ (im allgemeinen kurz „Repo“ genannt) unterscheiden sich jedoch von der WPL in einigen wesentlichen Punkten. Ein entscheidender wirtschaftlicher Unterschied gegenüber den Wertpapierpensionsgeschäften besteht darin, daß mit der W. (als Sachdarlehn) keine Liquiditätswirkungen verbunden sind. Eine weitere Form der W. stellen die „Sell- and Buy-back-Transaktionen“ dar, bei denen Wertpapiere zum Marktwert verkauft und gleichzeitig per Termin zu einem veränderten → Kurs zurückgekauft werden.

Obschon Repos und Sell- and Buy-back-Transaktionen an den internationalen Kapitalmärkten dominieren, werden W.-Geschäfte in Deutschland bisher fast ausnahmslos in Form von Wertpapierdarlehn abgeschlossen. Die folgenden

Ausführungen beschränken sich deswegen auch immer auf diese in Deutschland übliche Form der W.

2.2 Grundstruktur der W.

Der Verleiher überläßt dem Entleiher Wertpapiere als Sachdarlehn i.S. § 607 BGB.

Der Verleiher erhält vom Entleiher, anders als beim Repo, kein Geld, sondern einen Anspruch auf Rückübertragung von Wertpapieren gleicher Art und Menge. Damit verbunden ist der Anspruch auf Zinsen, → Dividenden etc. sowie auf Zahlung einer Leihgebühr. Der Verleiher ist dadurch so gestellt, als wäre er, wie ein echter Verleiher im rechtlichen Sinne, Eigentümer der Wertpapiere geblieben. Er ist damit *defacto* wirtschaftlicher Eigentümer.

Der Entleiher wird rechtlicher Eigentümer und im steuerrechtlichen Sinne auch wirtschaftlicher Eigentümer (!). Ihm steht das → Stimmrecht zu, und er ist berechtigt, frei über die Wertpapiere zu verfügen.

2.3 Verleihbare Wertpapiere

Grundsätzlich kommen alle Wertpapiere für die W. in Betracht, idealerweise allerdings nur solche, die eine breite Marktbasis haben und als mittel- oder langfristige Anlage gedacht sind. In Deutschland finden Umsätze hauptsächlich in folgenden Wertpapieren statt:

- → Bundesanleihen
- → Bundesobligationen
- → Bundesschatzanweisungen
- → Deutsche Aktien (insbesondere der → DAX-Werte) mit amtlicher Notierung

Der Deutsche Kassenverein AG (DKV) als der in Deutschland wichtigste Träger des sog. institutionalisierten W.-Verfahrens wickelt zur Zeit Leihgeschäfte in 66 deutschen Aktientiteln sowie in den aktiv gehandelten Anleihen des Bundes, der Bahn und der Post mit einer → Restlaufzeit von mehr als 6 Monaten ab.

3. Motive und Vorteile der Beteiligten

3.1 Motive und Vorteile des Verleihers

Für den Verleiher steht die Erwirtschaftung eines praktisch ausfallsrisikofreien Zusatzertrages seines Wertpapierdepots als Motiv im Vordergrund.

Da der Verleiher das defacto-wirtschaftliche Eigentum behält, fließen ihm die Eträge aus den Wertpapieren (Zinsen, Dividenden etc.) wie bisher zu. Es werden keinerlei → stille Reserven (siehe unten) aufgedeckt, so daß hieraus keine steuerlichen Wirkungen entstehen. Die Verleihe ist für den Verleiher stets dann sinnvoll, wenn die Wertpapiere über einen längeren Zeitraum ohnehin nicht verkauft werden sollen.

3.2 Motive und Vorteile des Entleihers

Dem Entleiher kann die W. je nach Motiv eine ganze Palette von Vorteilen bieten:

- Überbrückung von technisch bedingten Lieferverzögerungen: Vor allem im grenzüberschreitenden Handel gibt es eine hohe Rate von Fehlbelieferungen oder verspäteten Lieferungen. Die geliehenen Papiere dienen der fristgerechten Belieferung eines Ursprungsgeschäfts mit den häufig verspätet eingehenden Stücken, mit denen eigentlich das Ursprungsgeschäft bedient werden sollte. Mit den später eingehenden Stücken wird die Lieferverpflichtung aus dem Leihgeschäft beglichen. Hierdurch lassen sich Zinsverluste und → Verzugszinsen vermeiden.

– Fristgerechte Erfüllung von Kassa-Leerverkäufen zu Spekulationszwecken (Short-Selling):

Ein Marktteilnehmer kann in Erwartung sinkender Kurse Wertpapiere verkaufen, ohne diese selbst im Bestand zu haben. Er leiht sich die Papiere und verkauft sie sofort. Später kann er die Papiere billiger zurückkaufen und damit das Leihgeschäft ablösen. Die Kursdifferenz kassiert allein der Entleiher.

– Erfüllung von → Arbitragegeschäften:

Ein wesentliches Motiv sind Arbitrage-Transaktionen zwischen Kassa- und Terminmarkt. Ist z.B. der → Bund-Future unterbewertet, kann eine Arbitrage sinnvoll sein, wenn das Kassa-Papier verkauft wird und zugleich der Rückkauf von Bundesanleihen per Termin sichergestellt wird. Die für den Verkauf notwendigen Bundesanleihen können über die W. beschafft werden.

Auch bei Bewertungsunterschieden allein auf dem Kassa-Markt können Arbitragegewinne dadurch erzielt werden, daß das unterbewertete Wertpapier gekauft, während das zu hoch bewertete Wertpapier verkauft wird. Da die Belieferung oft verspätet erfolgt – dies kommt vor allem im grenzüberschreitenden Handel vor – kann der Anleger diese Zeitdifferenz durch Leihe von Wertpapieren überbrücken, damit er seinen Lieferverpflichtungen aus dem Verkauf fristgerecht nachkommen kann.

– Absicherung von → Stillhalter-Positionen der → Market-Maker bei → Verkaufsoptionen (→ Hedging):

Der Market-Maker kann als Stillhalter einer Verkaufsoption das Risiko sinkender Kurse des → Basiswertes durch einen Kassa-Verkauf geliehener Wertpapiere neutralisieren. Bei Ausübung der → Option durch den Käufer kann er die ihm angedienten Stücke zur Erfüllung des Leihgeschäftes verwenden.

4. Abwicklung der W.

W.-Geschäfte werden sowohl im institutionalisierten Verfahren – in der Bundesrepublik durch den Deutschen → Kassenverein AG (DKV)- als auch im freien Markt abgewickelt. Einige Banken bzw. Bankengruppen haben institutseigene Leihsysteme aufgebaut.

4.1 Abwicklung über den Deutschen Kassenverein (DKV)

Seit Mitte 1990 bietet der DKV den angeschlossenen Banken die Möglichkeit, Wertpapiere im Rahmen eines standardisierten Verfahrens zu verleihen oder zu entleihen.

Eine Depotbank kann für sich oder im Auftrag eines ihrer Kunden Wertpapiere einer bestimmten Gattung über den DKV verleihen und hierzu den DKV beauftragen, diese Wertapapiere bei einem gegebenen Leihbedarf an einen Dritten zu übereignen. Die entleihwillige Depot-Bank bzw. deren Kunde hat ausreichende Sicherheiten bei der Depotbank, diese wiederum beim DKV zu hinterlegen. Neben diesen Sicherheiten gewährleistet ein → Bankenkonsortium die Rückübertragung der ausgeliehenen Wertpapiere.

Der DKV unterscheidet 3 Gruppen von Teilnehmern: Der *„automatische Verleiher“* erklärt sich bereit, die auf einem Unterkonto gebuchten Wertpapiere jederzeit zu verleihen. Im Rahmen der täglichen Disposition versucht der DKV mit Hilfe eines Zufallgenerators, Angebot und Nachfrage zusammenzuführen. Nur wenn die Nachfrage der Entleiher das Angebot der automatisierten Verleiher übersteigt, werden vom DKV die *„gelegentlichen Verleiher“* angesprochen, Wertpapiere zu verleihen. Die *„Entleiher“* melden ihren Bedarf, wenn sie Wertpapiere entleihen wollen.

4.2 Vertragsbeziehungen der Beteiligten am W.-System des DKV

Es sind zwei (Depot-A) oder, wenn Kunden von Depotbanken in die WPL mit einbezogen werden (Depot-B), 4 Gruppen von Vertragsbeziehungen zu unterscheiden:

1. Bei der Rechtsbeziehung zwischen dem DKV und dem ver- bzw. entleihenden Kreditinstitut handelt es sich um einen Geschäftsbesorgungsvertrag nach § 675 BGB für die Vermittlung und Abwicklung des Leihgeschäfts. Außerdem übernimmt der Kassenverein die Treuhandfunktion für die Sicherheiten, die die entleihende Depot-Bank bzw. deren Kunde dem Kassenverein stellen muß.

2. Die Vertragsbeziehung zwischen der verleihenden und der entleihenden Bank ist ein Sachdarlehn im Sinne § 607 BGB, stellt also die eigentliche W. dar.

3. Der Vertragsbeziehung des verleihenden Depot-Kunden zu seiner Depot-Bank liegt kein Darlehnsvertrag, sondern ein Kommissionsverhältnis zugrun-

Wertpapierleihe

de (§§ 383, 406 HBG). Der Kommissionär (die Bank) hat die aus dem Ausführungsgeschäft erlangten Rechte oder Sachen auf den Kommittenten (verleihender Depotkunde) zu übertragen.

4. Die Vertragsbeziehung zwischen entleihendem Kunden und seiner Depot-Bank ist als Darlehn konzipiert worden. Dies ist nach § 12 Abs. 1 DepG notwendig, denn nur so können Wertpapiere, die als Sicherheit für das Leihgeschäft dienen, von der Depotbank an den Kassenverein weiterverpfändet werden.

4.3 Kosten der W.

Der DKV arbeitet mit einem starren Gebührensystem. Die Entleihgebühr beträgt für Rentenwerte 2,25%, davon erhält der Verleiher 1,75%. Die verbleibenden 0,5% teilen sich der Kassenverein und das Garantiekonsortium, das die Erfüllung der W. gewährleistet. Bei Aktien beträgt der Entleihsatz 3%, der Verleiher erhält 2,5%.

Bei nichtinstitutionalisierten, institutseigenen Verfahren schwanken die Verleihsätze stark zwischen 0,1% bis zu mehreren Prozentpunkten.

5. Bilanzierung der W.

Der Verleiher (Darlehnsgeber) hat die Wertpapiere zum Buchwert auszubuchen.Der Rückübertragungsanspruch ist als Ersatz für die verliehenen Wertpapiere anzusehen. Dementsprechend ist der gleiche Betrag als Forderung auszuweisen. Es liegt beim Verleiher also ein Aktivtausch vor; → stille Reserven werden somit nicht realisiert. Da die Forderung als Surrogat für die Wertpapiere anzusehen ist, sind für diese die Bewertungsvorschriften anzuwenden, die für die verliehenen Wertpapiere anzuwenden wären. Für den nächsten Bilanzstichtag ist es deswegen nicht unerheblich, ob die Wertpapiere im Anlage-oder im Umlaufvermögen ausgewiesen sind. Gehören die verliehenen Wertpapiere z.B. zum Umlaufvermögen und liegt der Börsenkurs am Bilanzstichtag unter dem Buchwert, muß die als Surrogat zu betrachtende Sachwertforderung nach dem strengen Niederstwertprinzip auf den Börsenkurs wertberichtigt werden.

Beim Entleiher (Darlehnsnehmer) sind die Wertpapiere im Umlaufvermögen zum Kurswert im Zeitpunkt des Geschäftsabschlusses zu aktivieren. Für die Rückgabeverpflichtung ist in gleicher Höhe eine Verbindlichkeit anzusetzen. Für den Bilanzstichtag ist beim Entleiher eine Kursänderung nur dann von Bedeutung, wenn er die Wertpapiere nicht mehr im Bestand hat, was der Normalfall ist. Wenn der Börsenkurs zum Bilanzstichtag höher ist als die ursprüngliche Verbindlichkeit, ist diese entsprechend aufzustocken. Eine analoge Reduktion der Verbindlichkeit bei niedrigerem Börsenkurs ist nicht erlaubt.

6. Steuerrechtliche Behandlung der W.

Die Leihgebühren aus der W. sind sonstige Einkünfte nach § 22 Nr. 3 EStG (bei Privatpersonen) bzw. Einkünfte aus Gewerbebetrieb nach § 15 EStG.

Die Kompensationszahlung (z.B. für die originären Wertpapierzinsen) sind vom Verleiher ebenfalls nach § 15 oder § 22 EStG zu versteuern. In beiden Fällen liegen also keine Einkünfte aus Kapitalvermögen vor.

Einkommensteuerliche Wirkungen aus der Bilanzierung können beim Verleiher bezüglich der als Surrogat für die verliehenen Wertpapiere dienenden Sachwertforderung nur entstehen, wenn der Börsenkurs der Wertpapiere unter den Börsenwert (Höhe der Sachwertforderung) fällt. Ist dies der Fall, ist auf den niedrigeren Wert erfolgswirksam abzuschreiben, sofern die Wertpapiere dem Umlaufvermögen zuzurechnen waren.

Andere steuerliche Wirkungen, etwa bei der Gewerbesteuer, der Umsatzsteuer oder der Börsenumsatzsteuer fallen bei der W. nicht an.

7. Aufsichtsrechtliche Regelungen

Für die Aufnahme und Einstellung von Geschäften, die, wie die W., keine Bankgeschäfte sind, besteht für Banken nach § 24 Abs. 1 Nr. 9 KWG Anzeigepflicht.

Da die W. andererseits nicht unter den Kreditbegriff nach § 19 KWG fällt, entfallen für → Kreditinstitute entsprechend die Meldepflichten nach §§ 13-18 (Großkredite, Millionenkredite, Organkredite). Allerdings zählen Wertpapierdarlehn der Kreditinstitute (als Verleiher) beim Eigenkapitalgrundsatz I zu den risikotragenden Geschäfte und sind entsprechend mit → Eigenkapital zu unterlegen, wobei sich die Gewichtung bei der Erfassung im Grundsatz I nach der → Bonität des Entleihers richtet. Eine Mindestreservepflicht bei einem Kreditinstitut, das Wertpapierdarlehn aufgenommen hat, also selbst Entleiher ist, kommt nicht in Betracht. Versicherungen, die keine Rückversicherer sind, dürfen Wertpapierleihgeschäfte mit ihrem freien Vermögen unbegrenzt abschließen. Für die Bestände des Deckungsstockes und des übrigen gebundenen Vermögens besteht eine Höchstgrenze von 5%.

→ Kapitalanlagegesellschaften dürfen nur für das eigene Vermögen gekaufte Wertpapiere darlehnsweise verleihen.

8. Risiken der W.

Das Kredit- oder Adressenausfallrisiko spielt bei der institutionalisierten W. des DKV praktisch keine Rolle, weil ein → Bankenkonsortium als Garantieleistender für das Ausfallrisiko einsteht.

Bedeutsamer ist das Marktrisiko: Ein solches Risiko kann neben der Gefahr der Sicherheitenunterdeckung infolge von Kursänderungen vor allem darin bestehen, daß die verliehenen Wertpapiere bei rückläufigen Kursen nicht verkauft werden können. Dieses Risiko kann der Verleiher jedoch durch einen Short-sale neutralisieren.

Wenn Verleiher und Entleiher direkte Vertragspartner sind (Prinzipal-Modell), kann es unter Umständen Transaktionsrisiken dadurch geben, daß eine Partei ihrer Lieferverpflichtung bezüglich der verliehenen oder zur Sicherheit begebenen Wertpapiere nicht oder verspätet nachkommt.

9. Ausblick

Die Bedeutung der W. und damit das Verleihvolumen wird in Zukunft noch deutlich anwachsen. Neben der allgemeinen Liberalisierung und Globalisierung der Märkte spielt sicher eine entscheidende Rolle, daß z.B. von Pensionskassen oder Lebensversicherungen immer größere Beträge in Wertpapieren angelegt werden. Damit steigt auch die Motivation, durch W. eine praktisch risikolose Renditesteigerung zu erzielen.

Auch für die Entleiherseite wird die W. immer größere Bedeutung erlangen, weil derivative Produkte vermehrt zum Einsatz kommen. → Termin- aber auch → Abitragegeschäfte sind im großen Stile ohne W. nicht denkbar.

Lit.: Acker, G.: Die Wertpapierleihe. Grundlagen, Abwicklung und Risiken eines neuen Bankprodukts, Wiesbaden 1991; Blitz, J.; Illhardt, J.: Die Wertpapierleihe beim Deutschen Kassenverein in: Die Bank (1990), S. 142-145; Hamacher, R.: Geschäfte an der DTB steuerlich (III): Die Wertpapierleihe, in: Die Bank (1990), S. 34-40; Hartung, W.: Wertpapierleihe und Bankbilanz. Ist § 340 g HGB richtlinienkonform; in: Betriebsberater (1993), S. 1175-1177; Häuselmann, H.: Wertpapier-Leihgeschäfte. Fragen zur rechtlichen, bilanziellen und steuerlichen Behandlung, Frankfurt/ M., 1990; Häuselmann, H.; Wiesenbart, T.: Die Bilanzierung und Besteuerung von Wertpapierleihgeschäften, in: Der Betrieb, 43. Jahrg. (1990), S. 2129-2134; Krümpel, S.: Die Grundstruktur der Wertpapierleihe und ihre rechtlichen Aspekte, in: WM, Zeitschrift für Wirtschaft und Bankrecht, 44. Jahrg. (1990), S. 909-916; Oechler, E.: Wertpapierleihe und Repo-Geschäfte in Bankaufsichtsrechtlicher Perspektive, in: Die Bank (1992), S. 567-574; Oho, W.; Hülst, R.: Steuerrechtliche Aspekte der Wertpapierleihe und des Repo-Geschäfts, in: Der Betrieb, 45. Jahrg. (1992), S. 2582-2587; Prahl, R.; Naumann, T. K.: Überlegungen für eine sachgerechte Bilanzierung der Wertpapierleihe, in: WM, Zeit-

Schematische Darstellung eines Wertpapier-Leihgeschäftes

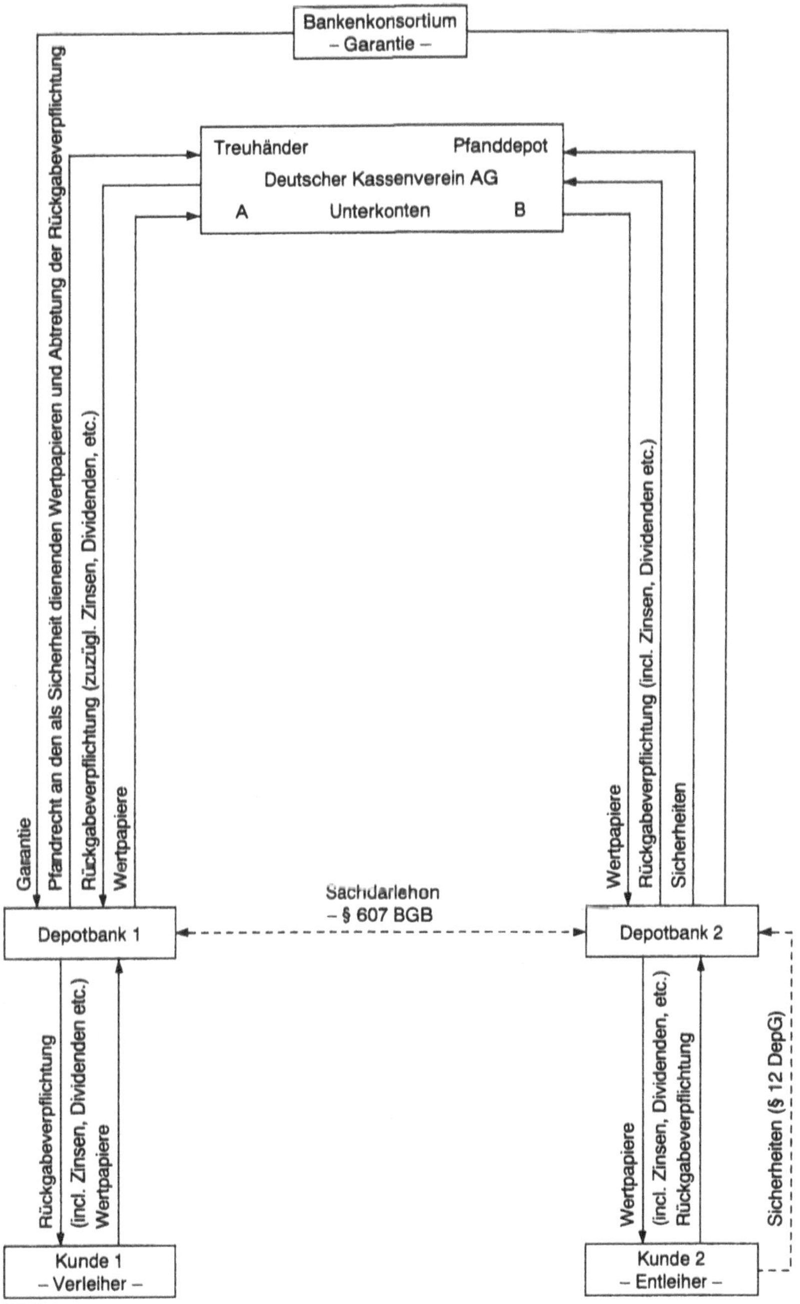

schrift für Wirtschafts- und Bankrecht, 46. Jahrg., (1992), S. 1173-1181; Schreiben d. BdF v. 3.4.1990: Ertragssteuerliche Fragen bei Wertpapierdarlehensgeschäften (sog. Wertpapierleihe), Deutsches Steuerrecht (1990), Heft 22, S. 713; Weissmann, H.: Die Wertpapierleihe in der Bundesrepublik Deutschland. Chancen und Risiken auf dem deutschen Kapitalmarkt, Frankfurt/M., 1991.

H.-J. ten Haaf, Montabaur

Wertpapierpensionsgeschäfte

1. Begriff, Formen und privatrechtliche Beurteilung

§ 340 b Abs. 1 HGB definiert → Pensionsgeschäfte als „Verträge, durch die ein → Kreditinstitut oder der Kunde eines Kreditinstitutes (Pensionsgeber) ihm gehörende Vermögensgegenstände einem anderen Kreditinstitut oder einem seiner Kunden (Pensionsnehmer) gegen Zahlung eines Betrages überträgt und in denen gleichzeitig vereinbart wird, daß die Vermögensgegenstände später gegen Entrichtung des empfangenen oder eines im voraus vereinbarten anderen Betrages an den Pensionsgeber zurückübertragen werden müssen oder können" (zu Ausnahmen vgl. § 340 b Abs. 6 HGB). Somit werden bei einem Pensionsgeschäft zivilrechtlich ein entgeltlicher, unmittelbar nach Vertragsabschluß („per Kasse") zu erfüllender Kaufvertrag und ein erst zu einem späteren Zeitpunkt („per Termin") zu einem bereits bei Vertragsabschluß festgelegten Preis abzuwickelnder Kaufvertrag geschlossen. → Wertpapiere eignen sich in besonderer Weise für Pensionsgeschäfte; trotzdem wird im folgenden allgemein von „Vermögensgegenständen" gesprochen.

Zu unterscheiden sind *echte Pensionsgeschäfte* (§ 340 b Abs. 2 HGB), bei denen

	echtes Pensionsgeschäft	unechtes Pensionsgeschäft
Pflicht oder Recht der Rückgabe für den Pensionsnehmer	unbedingte Rückgabepflicht	selbstbestimmbares Rückgaberecht
Pflicht der Rücknahme für den Pensionsgeber	unbedingte Rücknahmepflicht	bedingte Rücknahmepflicht (fremdbestimmt)
Zeitpunkt der Rückübertragung	(a) bereits bei Vertragsabschluß vereinbart	
	(b) vom Pensionsgeber noch zu bestimmen	(b) vom Pensionsnehmer noch zu bestimmen
Art der Gegenleistung	Zahlungsmittel (kein Tausch)	
Höhe der Gegenleistung	bei Vertragsabschluß vereinbart	
Art der Vermögenswerte bei Rückübertragung	(a) dieselben (b) gleichartige	
Vertragspartner - Pensionsgeber - Pensionsnehmer	(a) Banken; (b) Nichtbanken (a) Banken; (b) Nichtbanken	

Quelle: Entnommen aus Bieg, Hartmut: Bankbetriebslehre in Übungen. München 1992, S. 299.

Abb. 1: Charakteristika der Pensionsgeschäfte

eine Rückgabeverpflichtung des Pensionsnehmers vereinbart wird, von den *unechten Pensionsgeschäften* (§ 340 b Abs. 3 HGB), bei denen der Pensionsnehmer lediglich ein Rückgaberecht hat. Für den Pensionsgeber besteht immer eine Rücknahmeverpflichtung.

Abb. 1 zeigt die Charakteristika der echten und unechten Pensionsgeschäfte.

2. Bilanzielle Behandlung

Bei *echten Pensionsgeschäften* ist der übertragene Pensionsgegenstand (bei W.: die übertragenen Wertpapiere) stets unverändert in der Bilanz des Pensionsgebers auszuweisen (§ 340 b Abs. 4 Satz 1 HGB). Dieser von der formal-rechtlichen Gestaltung abweichende Ausweis entspricht dem wirtschaftlichen Gehalt des Geschäfts, verbleiben doch Chancen und Risiken, und damit das wirtschaftliche Eigentum, vollständig beim Pensionsgeber. Da beim Pensionsgeber eine Verbindlichkeit, beim Pensionsnehmer eine Forderung in Höhe des Hingabepreises auszuweisen ist, entspricht der Bilanzausweis dem einer Kreditaufnahme gegen Sicherungsübereignung des Vermögensgegenstandes. Während der Pensionsgeber im Anhang den Buchwert der echt in Pension gegebenen Vermögensgegenstände angeben muß, so daß die Adressaten seines → Jahresabschlusses informiert sind, ist eine solche Anhangangabe beim Pensionsnehmer nicht vorgeschrieben. Aufgrund des unveränderten Ausweises beim Pensionsgeber kann es zu einer Gewinnrealisierung nicht kommen. Die Erträge aus dem Pensionsgegenstand verbleiben dem Pensionsgeber. Die vereinbarten Zinsen, auch soweit sie sich aus der Differenz zwischen Hingabe- und Rücknahmepreis ergeben, stellen bei den Beteiligten – u.U. abzugrenzende – Zinserträge bzw. Zinsaufwendungen dar.

Eine Zusammenfassung der bilanziellen Behandlung *echter Pensionsgeschäfte* enthält *Abbildung 2*.

Aufgrund der Rückgabeoption des Pensionsnehmers, der eine bedingte Rücknahmeverpflichtung des Pensionsgebers gegenübersteht, ist der Pensionsnehmer beim *unechten Pensionsgeschäft* nicht nur bürgerlich-rechtlicher, sondern auch wirtschaftlicher Eigentümer des Pensionsgegenstandes. Folgerichtig schreibt § 340 b Abs. 5 Satz 1 HGB für diesen Fall vor, die Pensionsgegenstände für die Laufzeit des Pensionsgeschäfts dem Vermögen des Pensionsnehmers zuzurechnen; dies geschieht durch strikte buchhalterische Trennung des zunächst abgeschlossenen und erfüllten → Kassageschäfts von dem später zu erfüllenden → Termingeschäft.

Aufgrund des Kassageschäfts scheidet der Pensionsgegenstand zum Buchwert aus der → Bilanz des Pensionsgebers aus. Mit seinen Anschaffungskosten, dem Hingabepreis, erscheint er in der entsprechenden Aktivposition in der Bilanz des Pensionsnehmers. Damit eignen sich aber unechte Pensionsgeschäfte – anders als echte – zur Beeinflussung der Periodenerfolge bei der pensionsgebenden Bank. Bei gegebenem Buchwert des Pensionsgegenstandes entscheidet die Höhe des Hingabe- bzw. Rücknahmepreises über die Erfolgswirkung beim Pensionsgeber im Hingabe- und Rücknahmezeitpunkt (vgl. zu den Einzelheiten *Abb. 3*).

Die Rücknahmeverpflichtung des Pensionsgebers findet ihren Niederschlag in Bilanz und Anhang. Der Pensionsgeber hat nämlich in seiner Bilanz unter dem Strich als Darunter-Position der „Anderen Verpflichtungen" den für den Fall der Rückübertragung vereinbarten Betrag auszuweisen. Zudem sind die dort ausgewiesenen „Rücknahmeverpflichtungen aus unechten Pensionsgeschäften" ihrer Art und Höhe nach im Anhang anzugeben, sofern sie in ihrer Bedeutung für die Gesamttätigkeit des pensionsgebenden Kreditinstituts als wesentlich erachtet werden. Entsprechende Angaben finden sich beim Pensionsnehmer nicht. Aus seinem Jahresabschluß läßt sich somit weder erkennen, daß ein Teil seiner Aktiva nur vorübergehend

<table>
<tr><th colspan="2">echtes Pensionsgeschäft</th></tr>
<tr><td colspan="2">Der Pensionsgegenstand ist wirtschaftlich weiterhin als zum Vermögen des Pensionsgebers gehörend anzusehen, der Vermögensgegenstand verbleibt also im Bestand des Pensionsgebers und wird nicht in den Bestand des Pensionsnehmers aufgenommen.</td></tr>
<tr><th>Pensionsgeber</th><th>Pensionsnehmer</th></tr>
<tr><td>Bilanzmäßige Auswirkungen:
- Unveränderter Ausweis des Pensionsgegenstandes unter der entsprechenden Aktivposition
- Erhöhung des Guthabens bei Zentralnotenbanken in Höhe des Hingabepreises
- Erhöhung der Verbindlichkeiten gegenüber Kreditinstituten bzw. gegenüber Kunden in Höhe des Hingabepreises
Erfolgsmäßige Auswirkungen:
- Zinserträge bzw. laufende Erträge aus dem Pensionsgegenstand
- Zinsaufwendungen aus der Verbindlichkeit
- Erhöhung bzw. Ermäßigung der Zinsaufwendungen in Höhe der Differenz zwischen Hingabe- und Rücknahmepreis (bei Berührung mehrerer Rechnungslegungsperioden zeitanteilige Verteilung des Unterschiedsbetrags)
Auswirkungen auf Anhangangaben:
- Angabe des Buchwertes der echt in Pension gegebenen Vermögensgegenstände</td><td>Bilanzmäßige Auswirkungen:
- Kein Ausweis des Pensionsgegenstandes
- Verminderung des Guthabens bei Zentralnotenbanken in Höhe des Hingabepreises
- Erhöhung der Forderungen an Kreditinstitute bzw. an Kunden in Höhe des Hingabepreises
Erfolgsmäßige Auswirkungen:
- Zinserträge aus Kredit- und Geldmarktgeschäften
- Ermäßigung bzw. Erhöhung der Zinserträge in Höhe der Differenz zwischen Hingabe- und Rücknahmepreis (bei Berührung mehrerer Rechnungslegungsperioden zeitanteilige Verteilung des Unterschiedsbetrags)
Auswirkungen auf Anhangangaben:
- keine</td></tr>
</table>

Modifiziert entnommen aus: Bieg, Hartmut: Bankbetriebslehre in Übungen. München 1992, S. 303; Waschbusch, Gerd: Die Rechnungslegung der Kreditinstitute bei Pensionsgeschäften – Zur Rechtslage nach § 340 b HGB. In: Betriebs-Berater 1993, Heft 3, S. 172–179, hier S. 175.

Abb. 2: Bilanzielle Behandlung echter Pensionsgeschäfte

gehalten wird, noch daß hierfür das für das Eigentum typische Risiko des Wertverfalls nicht besteht.

Eine Zusammenfassung der bilanziellen Behandlung *unechter Pensionsgeschäfte* enthält *Abb. 3.*

3. Bedeutung der W. für die Bundesbankpolitik

In den letzten Jahren setzte die → Deutsche Bundesbank immer weniger die klassischen Instrumente der → Geldpolitik *(„Grobsteuerung“)*, nämlich die →

Wertpapierpensionsgeschäfte

<table>
<tr><th colspan="2">unechtes Pensionsgeschäft</th></tr>
<tr><td colspan="2">Der Pensionsgegenstand ist wirtschaftlich nicht mehr als zum Vermögen des Pensionsgebers gehörend anzusehen, der Pensionsgegenstand wird also vom Bestand des Pensionsgebers abgesetzt und in den Bestand des Pensionsnehmers aufgenommen.</td></tr>
<tr><th>Pensionsgeber</th><th>Pensionsnehmer</th></tr>
<tr><td>Bilanzmäßige Auswirkungen:
– Ausscheiden des Pensionsgegenstandes aus dem Bestand in Höhe des Buchwertes (wie Verkauf)
– Erhöhung des Guthabens bei Zentralnotenbanken in Höhe des Hingabepreises
– Ausweis des für den Fall des Rückkaufs vereinbarten Betrags unter dem Bilanzstrich als Unterposition der „Anderen Verpflichtungen"</td><td>Bilanzmäßige Auswirkungen:
– Ausweis des Pensionsgegenstandes unter der betreffenden Aktivposition in Höhe des Hingabepreises (wie Ankauf)
– Verminderung des Guthabens bei Zentralnotenbanken in Höhe des Hingabepreises</td></tr>
<tr><td>Erfolgsmäßige Auswirkungen:
– Möglichkeit der Legung stiller Rücklagen in Höhe der Differenz zwischen Buchwert und niedrigerem Hingabepreis
– Möglichkeit der Auflösung stiller Rücklagen in Höhe der Differenz zwischen Buchwert und höherem Hingabepreis (jedoch maximal bis zu den historischen Anschaffungskosten)
– Bildung einer erfolgsmindernden Rückstellung für schwebende Rücknahmeverpflichtungen in Höhe der Differenz zwischen den historischen Anschaffungskosten des Pensionsgegenstandes und dem höheren Rücknahmebetrag (Zweck: Neutralisierung der Realisierung stiller Zwangsreserven)
– Bildung einer erfolgsmindernden Rückstellung für drohende Verluste aus schwebenden Geschäften in Höhe der Differenz zwischen dem Wert des Pensionsgegenstandes am Jahresabschlußstichtag und dem höheren Rücknahmebetrag (eine bereits bestehende Rückstellung für schwebende Rücknahmeverpflichtungen ist hierbei anzurechnen)</td><td>Erfolgsmäßige Auswirkungen:
– Vereinnahmung der Erträge aus dem Pensionsgegegenstand unter der Position in der Gewinn- und Verlustrechnung, die im Zusammenhang mit dem aktivierten Vermögensgegenstand steht

Fortsetzung nächste Seite</td></tr>
</table>

Auswirkungen auf Anhangangaben:	Auswirkungen auf Anhangangaben:
- Angabe von Art und Höhe der unter dem Bilanzstrich als Unterposition der „Anderen Verpflichtungen" ausgewiesenen „Rücknahmeverpflichtungen aus unechten Pensionsgeschäften", sofern sie in bezug auf die Gesamttätigkeit des Kreditinstituts von wesentlicher Bedeutung sind	- keine

Modifiziert entnommen aus: Bieg, Hartmut: Bankbetriebslehre in Übungen. München 1992, S. 307; Waschbusch, Gerd: Die Rechnungslegung der Kreditinstitute bei Pensionsgeschäften - Zur Rechtslage nach § 340 b HGB. In: Betriebs-Berater 1993, Heft 3, S. 172–179, hier S. 178.

Abb. 3: Bilanzielle Behandlung unechter Pensionsgeschäfte

Diskont- und Lombardpolitik, als vielmehr die kurzfristig reversiblen Instrumente der „*Feinsteuerung*" der Geldpolitik, nämlich die → Offenmarktgeschäfte mit Rückkaufsvereinbarung, ein. Dabei handelt es sich um (echte) W., bei denen die Deutsche Bundesbank den Kreditinstituten Wertpapiere in der Gegenwart abkauft, wodurch zusätzliches Zentralbankgeld geschaffen wird; gleichzeitig aber wird ein unbedingter Rückkaufsvertrag per Termin geschlossen, durch dessen Erfüllung Zentralbankgeld wieder an die Bundesbank zurückzugeben ist.

Diese W. haben - gegenüber den anderen Instrumenten der Refinanzierungspolitik - den Vorteil, daß sie stets von der Bundesbank initiiert werden, wobei die Konditionen (→ Laufzeit, Zinssatz und Gesamtbetrag der Maßnahme) nach der jeweiligen Liquiditätslage variiert werden können. Die Geschäfte werden in der Regel im Ausschreibungsverfahren (→ Tenderverfahren) angeboten.

Beim → *Mengentender* gibt die Bundesbank Zinssatz und Laufzeit vor; das Betragsziel wird nicht genannt. Nach Eingang der Zeichnungen teilt die Bundesbank den Kreditinstituten nur soviel des Zeichnungsbetrags zu, daß insgesamt das von ihr gewünschte Volumen erreicht wird. Übersteigt der von den Kreditinstituten angemeldete Bedarf das Antragsziel, so führt die Bundesbank eine → Repartierung durch. Dem Zinssatz für den Mengentender wird oft die Funktion eines inoffiziellen Leitzinses für den Geldmarkt zugesprochen.

Beim → *Zinstender* werden von der Bundesbank ein Mindestzins und die Laufzeit vorgegeben, das Betragsziel wird auch hier nicht genannt. Die Kreditinstitute geben Angebote unter Angabe eines Zinssatzes ab. Die Zuteilung erfolgt dann zu demjenigen einheitlichen Zinssatz, bei dem das von der Bundesbank gewünschte Volumen realisiert wird. Gebote unter dem einheitlichen Zinssatz werden nicht berücksichtigt, während Gebote mit oder über dem einheitlichen Zinssatz zu diesem - eventuell unter Vornahme einer Repartierung - abgerechnet werden. Der sich ergebende einheitliche Zinssatz dient als Indikator für die aktuelle Zinssituation auf dem Geldmarkt.

Lit.: Bieg, H.: Bankbilanzen und Bankenaufsicht, München 1983; Bieg, H.: Bankbetriebslehre in Übungen, München 1992; Birck, H.; Meyer, H.: Die Bankbilanz, 3. Aufl., 1. Teillieferung, Wiesbaden 1976; 5. Teillieferung Wiesbaden 1989; Ferber, M.: Pensionsgeschäfte der Kreditinstitute, Frankfurt a.M. 1969; Jahn, O.: Pensionsgeschäfte und ihre Behandlung im handelsrechtlichen Jahresabschluß von Kapitalgesellschaften, Frankfurt a.M./Bern/New York/Paris 1990; Treuberg, H. Graf von/ Scharpf, P.: Pensionsgeschäfte und deren Behandlung im Jahresabschluß von Kapitalgesellschaften nach § 340 b HGB, Der Betrieb 1991, S. 1233-1238; Waschbusch, G.: Die handelsrechtliche Jahresabschlußpolitik der Universalaktienbanken, Stuttgart 1992; Waschbusch, G.: Die Rechnungslegung der Kreditinstitute bei Pensionsgeschäften, Betriebs-Berater 1993, S. 172-179.

Prof.. Dr. H. Bieg, Saarbrücken

Wertpapiersammelbanken

W., auch → Kassenvereine oder Effektengirobanken genannt, übernehmen die Verwahrung und Verwaltung von Wertpapieren. Ihre Existenz hängt in der Regel an den Wertpapierbörsen und an dem Handel mit → Inhaberpapieren, die sich für eine → Sammelverwahrung am besten eignen.

Die deutschen W.

In Deutschland bestehen nur noch zwei W., die Deutsche Kassenverein AG mit dem Geschäftsbereich deutsche Wertpapiere und die Deutsche Auslandskassenverein AG, die die technische Vereinfachung des internationalen Wertpapierverkehrs betreibt.

Die Deutsche Kassenverein AG

Die Struktur der Deutschen Kassenvereine wurde durch die Fusion sämtlicher regionaler Kassenvereine, die an den → Börsen in Berlin, Düsseldorf, Frankfurt, Hamburg, Hannover, München und Stuttgart ansässig waren, am 29.12.1989 nachhaltig verändert. Die vormalig selbständigen W. firmieren seitdem als Niederlassungen der Deutsche Kassenverein AG. Mit Hilfe der Fusion soll das Leistungsangebot der W. vereinheitlicht, hochwertiger, schneller und besser werden.

Der Aktienanteil der Deutsche Kassenverein AG liegt bei derzeit 77 → Kreditinstituten, deren Anteilsbesitz zwischen 0,01 und ca. 13% variiert. Eine Beherrschung durch einen Aktionär erscheint damit weitgehend ausgeschlossen. Die Aktionärsstruktur ist durch Satzung auf Kreditinstitute beschränkt, jedoch sind Überlegungen bezüglich einer aufgaben- und sinngerechten Erweiterung in der Diskussion. So bemühen sich → Makler und andere Wertpapierhändler, die keine Kreditinstitute sind, um das Aktionärsrecht bei der W. Da das Recht auf Kontoführung durch die Deutsche Kassenverein AG an die Aktionärseigenschaft gebunden ist, müssen diese Gruppen bislang Konten bei Kreditinstituten unterhalten, um eine Verwahrung ihrer Wertpapiere sicherzustellen. Eine satzungsmäßige Lockerung der Anforderungen an einen Aktionär würde daher die Ausgangsposition der bisherigen Randgruppen verbessern, ohne die Geschäftsgrundlage der Deutsche Kassenverein AG in Frage zu stellen.

Das Leistungsangebot der Deutsche Kassenverein AG setzt sich aus der Abwicklung von Geschäftsvorfällen und der Verwahrung von Wertpapieren zusammen. Die Abwicklung der Börsengeschäfte umfaßt insbesondere den Ausgleich der Wertpapier- und Geldpositionen. Hier besitzt die Deutsche Kassenverein AG zwar einen sehr hohen Leistungs-und Qualitätsstandard, der im Vergleich mit vielen anderen, auch hochentwickelten Börsenländern Maßstäbe setzen kann. Trotzdem besteht aufgrund der ständig steigenden Anforderungen des Marktes die Notwendigkeit, mit Hilfe moderner Technik die Leisltungsstandards weiter zu erhöhen. Die Qualität der Leistung einer W. setzt sich aus der Schnelligkeit der Abwicklung sowie aus der Sicherheit und Richtigkeit der Buchungen zusammen. Im Zeitalter des Computertechnik lassen sich beide Qualtitätskriterien erheblich verbessern. In Verbindung mit der 1989 vollzogenen Fusion strebt die Deutsche Kassenverein AG an, die Organisation der Arbeitsabläufe in allen Niederlassungen zu vereinheitlichen. Dadurch besteht die Möglichkeit, den Datenbestand in einer zentralen Datenbank zu führen, die am Standort der größten Börse in Frankfurt lokalisiert wird und auf die sämtliche Niederlassungen im Onlineverfahren zugreifen können. Dies gewährleistet einerseits eine geringere Fehlerquote durch die Vermeidung von Datenredundanzen und erhöht gleichzeitig die Bearbeitungsgeschwindigkeit. Das Ziel des Systems besteht in einer taggleichen Abwicklung der Geschäftsvorfälle (same-day-settlement). Da die Abwicklung der Aufträge von übereinstimmenden Geschäftseingaben der beteiligten Parteien sowie einer ausreichenden Deckung auf dem Wertpapierkonto abhängt, kann die W. aus Sicherheitsüberlegungen die Abwicklung jedoch erst nach Erfüllung dieser Voraussetzungen vornehmen (real-time-settlement). Dabei kann der Computer bei der Abgleichung der Positionen und der Kontendisposition wertvolle Hilfestellung leisten und sowohl die Schnelligkeit als auch die Sicherheit erhöhen. Durch die Fusion und den Einsatz von EDV läßt sich also die Abwicklung der Wertpapieraufträge erheblich verbessern.

Als Sonderform der → Abwicklung kann die → Wertpapierleihe gelten. Die Wertpapierleihe – ein relativ neues Produkt der Deutsche Kassenverein AG – steht (noch) nicht allen Marktteilnehmern offen, da die → Kapitalanlage- und Versicherungsgesellschaften bislang keine Zulassung für diesen Geschäftszweig erhalten haben. Mit Hilfe der Wertpapierleihe lassen sich für den Verleiher Renditeverbesserungen seines Portfolios erreichen. Der Entleiher verfolgt mit dem Leihgeschäft zum einen das Ziel der Überbrückung technisch bedingter Lieferverzögerungen, oder er nutzt als Teilnehmer an den → Deutschen Terminbörse → Arbitragemöglichkeiten zwischen dem Termin- und dem Kassamarkt aus. Durch die zentrale Lage kann die Deutsche Kassenverein AG als Träger der Leihe allen ihren Mitgliedern die Wertpapierleihe anbieten. Sie stellt dabei einerseits die notwendige Infrastruktur zur Verfügung und stellt andererseits die Verbindung bzw. Abwicklung der Leihgeschäfte sicher.

Der Verwahrung der Wertpapiere ist von einem tiefgreifenden Wandel geprägt. Während in früherer Zeit die Wertpapiere in kleinen Stückelungen verbrieft wurden, die dann mit hohem Raum- und Zeitaufwand verwaltet wurden, geht der neuere Trend zu Globalurkunden, deren Verwaltung kostengünstiger abläuft, oder zu einem vollständigen Verzicht auf Urkunden. Die Verwahrung der Wertpapiere umfaßt zwei wesentliche Funktionen: Erstens übernimmt die W. die sichere Verwahrung der → Mäntel und → Bögen der Wertpapiere. Dafür stehen unter der Frankfurter Börse zahlreiche Tresore zur Verfügung. Zweitens muß die W. die Einlösung der Zinscoupons an den Zinszahlungstermin sowie der Mäntel bei Gesamtfälligkeit veranlassen. Da für die Zinszahlung zum einen die Zinstermine überwacht werden müssen und zum anderen jeder Zinscoupon geschnitten, gezählt und eingelöst werden muß, erfordert die Verwaltung hohe Kosten, die in erster Linie von der Stückelung der Wertpapiere abhängen. Durch den Trend zu Globalurkunden und den Verzicht verschiedener Schuldner auf die Vorlage der → Coupons reduziert sich der Kostenaufwand spürbar. Aus Kostensicht wäre ein völliger Verzicht auf die Verbriefung und eine Umstellung der Verwaltung auf Computer die rationellste Lösung, da dies sowohl die nicht geringen Druckkosten als auch die Verwaltungskosten der W. verringern würde. Dem steht das Sicherheitsbedürfnis der Gläubiger gegenüber, die in Konkurssituationen das Wertpapier zur Geltendmachung ihrer Forderung benötigen. Ein möglicher Kompromiß wäre ein Nachdrucken der Stücke bei Bedarf. Dadurch ließe sich die Verwahrungsfunktion der Kassenvereine weitgehend automatisieren.

Die Preispolitik einer W. hängt in erster Linie von den formalen Unternehmenszielen und der Marktstellung ab. Da in Deutschland lediglich eine W. am Markt tätig ist, besitzt diese aufgrund der fehlenden Konkurrenz de facto ein Monopol. Ein Verzicht auf die Dienstleistungen der W. wären für die Kunden mit erheblich höheren Kosten verbunden, da sie selbst die Verwaltung übernehmen müßten. Damit kann die W. aus marktpolitischer Sicht den Differenzbetrag zwischen Eigenverwahrung bzw. Verzicht auf den Geschäftsvorfall und ihren eigenen Kosten als monopolistischen Spielraum abschöpfen, soweit dies mit ihrer formalen Zielsetzung in Einklang steht.

Die Formalziele hängen von der Eigentümerstruktur der Deutsche Kassenverein AG ab. Da alle Kontoinhaber zugleich Aktionäre sind und somit die Dienstleistungen lediglich den Eigentümern zur Verfügung gestellt werden, handelt es sich um eine Verfassung, die – trotz der Rechtsform der Aktiengesellschaft – sehr eng an das genossenschaftliche Mitgliedergeschäft angelehnt ist. Ein erwirtschafteter → Gewinn könnte daher lediglich wieder direkt als → Ausschüttung oder indirekt als Erhöhung der → Rücklagen und folglich einer Wertsteigerung des Geschäftsanteils an die Aktionäre und Kontoinhaber zurückfließen. Unter Beachtung der steuerlichen Vorschriften hat für die Deutsche Kassenverein AG somit lediglich das preispolitische Ziel der Kostendeckung Sinn, wobei der Kostenbegriff um die zur Finanzierung von neuen Projekten und von Qualitätsverbesserungsmaßnahmen notwendigen Gewinne erweitert werden muß.

Die Vertriebswege und die Kommunikation zwischen der Deutsche Kassenverein AG und den Kreditinstituten ist darauf ausgelegt, daß sämtliche Informationen, die zwischen den Partnern ausgetauscht werden müssen, im Online-Verfahren ohne Datenredundanzen verfügbar sind. Folglich sind die Kreditinstitute jederzeit in der Lage, über die aktuellsten Börseninformationen zu verfügen. Notwendig dafür ist die Kompatibilität der EDV-Systeme, die inzwischen technisch problemlos verwirklicht werden kann.

Die Deutsche Auslandskassenverein AG

Während sich die Deutsche Kassenverein AG lediglich um die Verwaltung deutscher Wertpapiere kümmert, übernimmt die Deutsche Auslandskassenverein AG die gleiche Aufgabe für ausländische Wertpapiere. Ursache für die Gründung dieses Kassenvereins war der zunehmende Handel mit ausländischen Wertpapieren. Da die ausländischen Kassenvereine durch ihre Schwerfälligkeit und teilweise sogar Unzuverlässigkeit eine Abwicklung der Wertpapiergeschäfte nicht sicherstellen konnten, übernahm der Deutsche Auslandskassenverein AG diese Aufgabe. Zusätzlich liegt in ihrer Hand die Abwicklung und Verwahrung von Wertpapieren, die zu deutschen Börsen nicht zugelassen sind, aber doch in der BRD gehandelt werden und von ausländischen → Namensaktion, die an deutschen Börsen zugelassen sind. Die beiden deutschen Kassenvereine arbeiten organisatorisch an der Frankfurter Börse eng zusammen, was sich auch an Personalüberschneidungen ablesen läßt.

W. im Ausland

Die Entstehung von W. hängt sehr eng mit der üblichen bzw. rechtlich zugelassenen Verwahrform und den Übertragungsmöglichkeiten der Wertpapiere zusammen. Die W. können ihre Aufgabe nur erfüllen, wenn eine gemeinschaftliche Verwahrung der Wertpapiere gesetzlich erlaubt und praktisch verbreitet ist. Voraussetzung dafür ist die Sammelverwahrung, die nur in Verbindung mit Inhaberpapieren sinnvoll ist.

Inhaberpapiere dominieren in Österreich, der Schweiz, Frankreich, Belgien und den Niederlanden. Ihre Bedeutung wächst darüber hinaus stetig in vielen hochentwickelten Ländern wie zum Beispiel in den USA, Kanada, Dänemark, Italien und Japan, was sich hauptsächlich durch die kostengünstigeren Abwicklungsmöglichkeiten im Mengengeschäft begründen läßt.

Aufbau, Aufgaben und Verfassung der W. in diesen Ländern lassen sich in ihren

Grundzügen mit den deutschen W. vergleichen, wobei in der praktischen Ausgestaltung landesspezifische Besonderheiten auftreten, die in der Regel geschichtlich gewachsen sind.

Lit.: Blitz, J.; Illhardt, J.: Wertpapierleihe beim Deutschen Kassenverein. In: Die Bank 1990, S. 142-145; Delorme, H.: Die Wertpapiersammelbanken, Frankfurt/ M., 1970; Gellert, O.: Kassenvereine (Wertpapiersammelbanken). Diss. Hamburg, 1957; Hagenmüller, K. F.; Jacob, A. F.: Der Bankbetrieb, Band I. 5. Aufl., 1987, S. 148-150; Hagenmüller, K. F.; Jacob, A. F.: Der Bankbetrieb, Band II, 5. Aufl., 1987, S. 113-120; Hahn, O.: Struktur der Bankwirtschaft, Band II/2, Berlin, 1981; Jeck, W.: Deutscher Kassenverein AG hat hochgesteckte Ziele. In: Die Bank 1990, S. 437-441; Keßler, J. R.: Deutscher Auslandskassenverein AG – Zehn Jahre zentrale Auslandswertpapierverwaltung. In: Die Bank 1981, S. 52-55.

Dr. K. Schraudner, Roth

Widerstandslinie

→ Chartanalyse: Begriff für ein Kursniveau, an dem es einer → Aktie etc. schwerfällt, sich weiter nach oben zu bewegen. Gegensatz: → Untersützungslinie.

Widerstandszone

→ Chartanalyse: Begriff für ein weiter gefaßtes Kursniveau, innerhalb der es einer → Aktie etc. besonders schwerfällt, sich weiter nach oben zu bewegen.

Williams-Index

→ Überkauft-, Überverkauft-Index.

Wirehouse

Altmodische Bezeichnung für ein US-Brokerhaus mit eigenen Standlinien zu Filialen und Zweigstellen.

→ Broker.

Y

Yankee bonds
In den USA emittierte und auf US-Dollar lautende → Anleihen ausländischer Schuldner.

Z

Zahlstelle
In den → Anleihe-Bedingungen bestimmte Bank, bei der die fälligen → Dividenden, Zinsen etc. gegen Vorlage der entsprechenden Abschnitte ausgezahlt werden.

Zahlungsbilanz
Grenzüberschreitende Zahlungen eines Landes werden bilanzmäßig zusammengestellt. Teile dieser Z. sind der Warenverkehr (Handelsbilanz), die Dienstleistungsbilanz und der Kapitalverkehr mit dem Ausland (Kapitalbilanz).

Überschuß oder Defizit in der Z. wirkt sich auf die Währung positiv/negativ aus.

Zeichnen
Bezeichnung für den Kauf von neuausgegebenen → Wertpapieren, wobei keineswegs die Zuteilung der gezeichneten Menge garantiert wird.

Zeitwert
Zusätzlich zum → inneren Wert einer → Option bestimmt der Zeitwert den Optionspreis. Der Zeitwert entspricht damit dem Optionspreis minus dem inneren Wert der Option.

Notiert die XY-Aktie bspw. aktuell mit DM 195,–, so verfügt ein → Call mit dem → Basispreis DM 180,– über einen inneren Wert von DM 15,–. Wird dieser Call am Optionsmarkt zu diesem Zeitpunkt mit DM 22,– umgesetzt, beinhaltet der Optionspreis neben seinem inneren Wert von DM 15,– noch einen Zeitwert von DM 7,–.

Bei einer Option, die aus dem Geld notiert (→ out-of-the-money) – z.B. ein Call, dessen Basispreis über der aktuellen Aktiennotierung liegt – besteht der Optionspreis lediglich aus dem Zeitwert. Der innere Wert ist in diesem Fall gleich Null.

Die umgekehrten Folgerungen gelten analog für → Puts.

Die Notierung der XY-Aktie sei wiederum aktuell DM 195,–, der Put mit dem Basispreis DM 180,– wird mit DM 4,– gehandelt. Der Optionspreis ist mit dem Zeitwert identisch, da der Put aus dem Geld notiert und somit über keinen inneren Wert verfügt.

Der Zeitwert bedeutet damit i.d.R. einen Aufschlag zum inneren Wert einer Option, den der Optionskäufer zu zahlen bereit ist. Dieser Aufschlag begründet sich in der Chance für den Optionskäufer während der → Laufzeit der Option einer in seinem Sinne vorteilhaften Kursentwicklung. Damit bedeutet eine längere Laufzeit einer Option i.d.R. auch einen höheren Zeitwert.

Umgekehrt gilt, daß mit abnehmender → Restlaufzeit auch der Zeitwert der Option abnimmt. Der Grund hierfür ist, daß sich die Wahrscheinlichkeit einer günstigen Kursentwicklung um so mehr verringert, je mehr sich die Option ihrem Verfalldatum nähert. Der Zeitwert selbst reduziert sich damit soweit, bis er am Verfalltermin gleich Null ist. Die Option verfügt dann ausschließlich über einen inneren Wert oder verfällt wertlos.

Neben der Restlaufzeit der Option spielen ferner die erwarteten Preisschwankungen der Aktie (→ Volatilität) für die Höhe des Zeitwertes eine wichtige Rolle. Darüber hinaus beeinflussen der aktuelle Geldmarktzins für die Laufzeit der Option und die Höhe der erwarteten → Dividende den Zeitwert einer Option. Ferner gilt sowohl für Calls als auch für Puts, daß der Zeitwert am größten ist, wenn sich eine Option am Geld (→ at-the-money) befindet, d.h. Basispreis der Option und aktuelle Aktiennotierung etwa gleich lauten.

R. Hemmerich, Frankfurt/M.

Zentralbankrat
Oberstes Gremium der → Deutschen Bundesbank. Besteht aus Präsident, Vize-Präsident, den Direktoriumsmitglie-

dern der Deutschen Bundesbank und den Präsidenten der Landeszentralbanken. Der Z. ist für die Festlegung der währungs- und kreditpolitischen Grundsatzentscheidungen zuständig und tagt alle 14 Tage donnerstags.

Der Z. entscheidet u.a. über die Höhe des → Diskont- und → Lombardsatzes sowie die → Mindestreserven.

Zero Briefe
Andere Bezeichnung für → Zerobonds.

Zerobonds

A. Begriff

Eine Definition des Begriffes „Zerobond" ergibt sich aus der Analyse seiner Bestandteile: „Zero", abgeleitet vom arabischen sifr, (deutsch = leer sein), übertragen aus dem italienischen zero und dem französischen zéro bedeutet hier Null, Nichts und bezieht sich dabei auf die laufende Zinszahlung. Der englische Ausdruck „Bond" entspricht einem ursprünglich in England und den USA ausgegebenen → festverzinslichen, auf den Inhaber lautenden → Wertpapier. Man definiert folglich *Zerobonds* als → Anleihen, die keinen laufenden Zins bezahlen. In der Literatur synonym verwandte Ausdrücke sind Null-Kupon-Anleihe, Zero-Brief, Zinssammler, Aufzinsungsanleihe, Akkuanleihe.

Seit der Restliberalisierung des DM-Kapitalmarktes und den damit zusammenhängenden Liberalisierungsmaßnahmen der → Deutschen Bundesbank im Mai 1985 sind Z. auch auf dem deutschen → Kapitalmarkt unbeschränkt handelbar.

B. Kennzeichen

- Z. sind → Schuldverschreibungen, ausgegeben von Industrieunternehmen, Staaten oder → Kreditinstituten, bei denen es, im Unterschied zu normalen festverzinslichen Anleihen, keine periodischen Zinszahlungen gibt.
- Z. werden abgezinst, mit hohem Abschlag emittiert und am Ende der → Laufzeit incl. thesaurierter Zinsen und → Zinseszinsen an den Anleger zurückgezahlt.
- Je nach Ausgestaltung der Z. erfolgt die Thesaurierung der Zinsen und Zinseszinsen in Form einer *Kapitalzuwachsanleihe*, die zu einem → Kurs von 100% ausgegeben und zu einem weit darüberliegenden Kurs zurückgezahlt wird oder in Form einer *Abzinsungsanleihe*, die weit unter 100% emittiert und zu pari getilgt wird.
- Die → Rendite liegt für den Anleger in der Differenz zwischen dem Emissions- bzw. Erwerbskurs und dem Verkaufs- bzw. Rückzahlungskurs und wird erst bei Einlösung bzw. Verkauf fällig.
- Die lange → Laufzeit von 10 bis 20 Jahren (im Dollarbereich bis zu 40 Jahren), die meist kleinere → Stückelung sowie die durch ihre Börsenfähigkeit gegebene hohe → Fungibilität, die sie als Inhaberschuldverschreibung ausweisen, unterscheiden Z. von vergleichbaren abgezinsten Geldmarkttiteln.
- Z. weisen bei Marktzinsschwankungen überproportionale Kursreagibilität auf, resultierend im wesentlichen aus dem Zinseszinseffekt sowie der meist sehr langen Laufzeit. Finanzmathematisch läßt sich dieser Effekt mit Hilfe folgender Formel nachvollziehen:

$$K_0 = \frac{K_n}{\left(1 + \frac{p}{100}\right)^n}$$

mit: K_0 = Kurswert (Emissionswert bzw. Kaufpreis)
K_n = Rückzahlungsbetrag (incl. Zinsen)
p = Effektivzinssatz
n = Laufzeit in Jahren

C. Investitionsaspekt für Kapitalanleger

Abgesehen davon, daß der Kapitalanleger nicht mit der Reinvestition laufender Zinserträge konfrontiert wird, bietet diese Anleiheform dem Investor, der aus verschiedenen Gründen keinen Wert auf regelmäßige Zinszuflüsse legt, einige Vorteile.

Der langfristig disponierende Anleger kann durch die automatische Wiederanlage der Zinsen zur anfangs vereinbarten → Effektivverzinsung bei geringem Kapitaleinsatz vor allem in Hochzinsphasen höchste Wertzuwächse erzielen – und dies bei größtmöglicher Sicherheit, wenn das Wertpapier bis zur Endfälligkeit gehalten wird, da Emissions- und Rückzahlungskurs fest vereinbart sind. Durch Ausschaltung des Wiederanlagerisikos der Zinsen wird der Anlageerfolg exakt kalkulierbar.

Für den eher kurzfristig orientierten Anleger sind Z. in spekulativer Hinsicht vor allem bei zu erwartender Zinssenkung interessant, da sie dann aufgrund ihrer Kursvolatilität überdurchschnittliche Kursgewinne erwarten lassen.

Desweiteren kann der Kauf von Z. für den Privatanleger vor allem hinsichtlich verschiedener Steuerdispositionsmöglichkeiten interessant sein. Neben dem Steuerstundungseffekt, der daraus resultiert, daß die Zinserträge frühestens bei vorzeitigem Verkauf, spätestens bei Endfälligkeit einkommensteuerpflichtig sind, hat der Sparer dann einen zusätzlichen Steuerreduktionseffekt, wenn er den Zeitpunkt der Versteuerung so wählt, daß die Steuerprogression niedriger liegt, als beim Erwerb der Papiere, z.B. bei Eintritt der Pensionierung. Positiv auf die Rendite wirkt sich ferner der langfristige zinslose Steuerkredit aus, da nicht nur der jährliche, um die Einkommensteuer reduzierte Betrag, sondern der Bruttozins wiederangelegt wird.

D. Risikolage für Kapitalanleger

Entsprechend hohe Risiken stellt das Thesaurierungsprinzip der Z. analog obiger Ausführungen für den Kapitalanleger bei gegenläufiger Zinsentwicklung dar (v.a. überdurchschnittliches Kursverlustpotential bei steigenden Kapitalmarktzinsen).

Ferner sind aufgrund der meist langen Laufzeiten sowie der fehlenden zwischenzeitlichen Zinszahlungen, die u.a. Rückschlüsse auf die Leistungsfähigkeit des Schuldners zulassen, erhöhte Anforderungen an die dauerhafte → Bonität des → Emittenten von Z. zu stellen, da ihm Kapital incl. Zinsen und Zinseszinsen gestundet sind. Als mögliche Überprüfung und Einstufung der Schuldnerbonität bieten sich u.a. die → „Rating Systeme" verschiedener Bewertungsinstitute an (z.B. „Standard & Poor's", „Moody's").

Renditeeinbußen ergeben sich dann, wenn der Z. während der Laufzeit nach gesunkenem Renditeniveau an der → Börse erworben wird oder wenn er vor Fälligkeit zu einem geringeren Preis verkauft wird, als es dem → Emissionspreis zzgl. der rechnerisch bis zum Veräußerungszeitpunkt ermittelten Zinsen entspricht. Dann nämlich sind nicht verdiente Zinsen zu versteuern, da der Besteuerung jeweils die rechnerisch aus der Emissionsrendite ermittelten Zinsen zugrunde zu legen sind (§ 20 Abs. 2, Satz 1, Nr. 4 EStG, BStBl 85 I, S. 77ff.), während der Verlust dem auf der einkommensteuerrechtlich unbeachtlichen Vermögensebene befindlichen Kapitalstamm zugerechnet wird.

Einen weiteren Risikofaktor stellen stark ansteigende Inflationsraten dar. Es erhebt sich die Frage, was ein mehrfacher Betrag der heute eingezahlten Summe in 10 oder 20 Jahren wert sein wird.

E. Z. als Finanzierungsinstrument

Für den Emittenten bedeutet die Finanzierung über Z. langfristiges → Fremdkapital, das nahezu den Konditionen von → Eigenkapital entspricht, d.h. derartige → Kredite sind während der gesamten Laufzeit weder mit Zins- noch mit Tilgungsleistungen zu bedienen. Wird die Rückzahlung in der sog. „Roll-over-Technik" über einen neuen Kredit vorgenommen, unterscheidet sich selbst die Laufzeit nicht mehr von der des dauerhaft zur Verfügung stehenden Eigenkapitals. Diese, die Liquidität schonende Kapitalbeschaffung ist v.a. für Investitionen mit hohen Vorlaufkosten und langen Anlauffristen vorteilhaft.

Als Risiko für den Emittenten stellt sich jedoch die in der Natur des Z. liegende Wiederanlagegarantie der Zinsen dar. Er ist gezwungen, nicht nur die Zinsen zu erwirtschaften, sondern diese, unabhängig von der Kapitalmarktsituation und den eigenen Investitionsmöglichkeiten, entsprechend der Emissionsrendite weiterzuverzinsen.

F. Varianten

Eine Sonderform des Z. stellen die Stripped Bonds, auch synthetische Z. genannt, dar. Es handelt sich dabei um Z., denen bestimmte US-amerikanische oder kanadische Staatsanleihen zugrundeliegen. Die einzelnen Zinskupons werden von den Obligationsmänteln getrennt, auf den heutigen Wert abdiskontiert und separat verkauft. Die daraus entstandenen Z. verbriefen entweder den Anspruch auf Zahlung des → Nominalwertes der jeweiligen → Staatsanleihe bei deren Fälligkeit oder den Anspruch auf Zahlung der Zinsen entsprechend der Fälligkeit der Zinsscheine der jeweiligen Anleihe. Die dieser Konstruktion zugrundeliegende indirekte Staatsgarantie muß der Kapitalanleger allerdings mit Renditeabschlägen bezahlen. Bekannt sind Stripped Bonds, je nach emittierendem Brokerhaus, unter Bezeichnungen wie „CATS", „TIGER", „LION", „ZEBRAS", „COUGARS", „DINGOS" oder Treasury Receipts.

Lit.: Wagner, F.; Wenger, E.; Gender, G.: Zerobonds – Optimale Investitions- und Verschuldungsstrategien, 2. Auflage, Gabler Verlag Wiesbaden, 1993; Bestmann, U.: Börsen und Effekten von A–Z, Die Fachsprache der klassischen und modernen Finanzmärkte, Deutscher Taschenbuch Verlag, Aachen 1989; Zehner, K.: Zero-Bonds im Emissionsrecht, Steuerrecht und Bilanzrecht, in: Rechtswissenschaftliche Forschung und Entwicklung, Band 170, Jahrgang 1988; Bundesminister der Justiz (Hrsg.), Steuerliche und bilanzielle Behandlung von Zero-Bonds, in: Mitteilung vom 12. Mai 1986, 3507–30 502/86; Meinz, T.: Neue Finanzierungsinstrumente-Kapitalmarktstrukturen im Fluß, in: Zeitschrift für das gesamte Kreditwesen, 12. Heft-1985, S. 557ff.; Lücke, K. P.: Die Nullkupon-Strukturen synthetischer Bond-Indices,in: Die Bank 3/93, S. 165ff.

A. Lohse, Waiblingen

Zinsabschlagsteuer (ZASt)
An der Quelle erhobene Steuer von 30 Prozent. → Steuern.

Zinsanpassungsklausel
In Anleihe-Bedingungen anzutreffende Vereinbarung, bei wesentlichen Zinsveränderungen auf dem → Kapitalmarkt, die Zinsen der → Anleihe anzupassen.

Zinsarbitrage
Andere Bezeichung für → Zinsdifferenzgeschäfte.

Zinsdifferenzgeschäfte
Aufgrund der in den Jahren 1984 bis 1988 besonders deutlichen Zinsdifferenz zwischen dem Schweizer Franken (Sfr) und dem US-Dollar ($) wurden von Anlageberatern verschiedene Konzepte erarbeitet, um ein Z. zu ermöglichen.

Ziel einer solchen Operation ist, den niedrigen Zins in einem Land mit einem Kredit zu nutzen und durch Anlage der Gelder in Hochzinsanlagen in anderen Ländern einen hohen Ertrag zu erwirtschaften. Der Ertrag dient zur Deckung der Kosten der Finanzierung. Die Risiken bei dieser Strategie liegen im Währungsrisiko und im Zinsänderungsrisiko.

Diese Risiken können durch entsprechende Maßnahmen verringert bzw. auch ausgeschaltet werden. So ist es bei der Anlage großer Beträge immer üblich, mehrere Absicherungen vorzunehmen:

1 Absicherung gegen Währungsschwankungen durch Devisentermingeschäfte oder Stop-Loss-Order (löst die Position auf, sobald ein vorher festgelegter Devisenkurs erreicht wird)

Zinsdifferenzgeschäfte

2 Absicherung gegen Zinsschwankungen durch Stop-Loss-Order (löst die Position auf, sobald ein vorher festgelegter Wert erreicht wird)

In der Praxis wurde in den betreffenden Jahren z.B. ein Kredit auf Sfr-Basis aufgenommen und anschließend Anleihen guter Qualität, die auf US-Dollar lauteten, gekauft. Mit den relativ hohen Couponzinsen aus der Anleihe konnten die niedrigen Zinsen aus dem Kredit bedient werden. Meist wurde bei diesen „Zinsdifferenzgeschäften" auch ein Zinsüberschuß erzielt.

Zu dieser Strategie gehörte auch, daß Anleihen gekauft wurden, die unter ihrem Nennwert notierten. Damit erreichte der Anleger, daß er mit seinem Anlagekapital (Eigenkapital plus Kredit) einen weitaus höheren Nennwert kaufen und eine entsprechend hohe Tilgung (Rückzahlungserlös) erzielen konnte. Idealerweise wurden Restlaufzeit der Anleihen und Kreditlaufzeit aufeinander abgestimmt.

Bewertung der Risiken und Chancen

Risiken:

- *Zinsen im US-Dollar-Bereich steigen:* Der Kurs der Anleihe sinkt und der Anleger kann aus zwei Alternativen wählen. Er verkauft seine Papiere mit leichtem Verlust und erwirbt anschließend neue Anleihen mit höheren Couponzinsen oder einer höheren Rendite. (Exkurs: Die Rendite ergibt sich z.B. aus dem Couponzins × 100 dividiert durch den Kaufkurs. Ein niedrigerer Kaufkurs führt daher zu einer höheren Rendite). Oder er hält die Papiere bis zum Laufzeitende, da die Rückzahlung i.d.R. zum Nennwert erfolgt.
- *Zinsen im Sfr-Bereich steigen:* Die Kosten der Finanzierung steigen, der Anleger verkauft die Anleihen und zahlt den Kredit zurück, bevor ein Verlust entsteht.
- *Anlagewährung sinkt gegenüber der Kreditwährung:* Der Erlös aus den Zinsen reicht kaum noch zur Bezahlung der Kreditkosten. Der Anleger verkauft die Anleihen und zahlt den Kredit zurück.

Chancen:

- *Geringer Kapitalaufwand:* Mit wenig Eigenkapital kann der Ertrag auf ein sehr hohes Anlagekapital erzielt werden (Hebelwirkung). Durch die Nutzung des Zinsunterschiedes zwischen Kreditwährung und Anlagewährung werden die Kosten voll durch den Ertrag gedeckt und darüber hinaus mit jeder Zinszahlung ein Überschuß erzielt.
- *Schaffung von Eigenkapital:* Durch den Kauf von Anleihen unter pari (unter Nennwert) fließt bei der Tilgung (Rückzahlung) der Anleihe dem Anleger ein den Kaufpreis übersteigender Betrag zu.
- *Verwendung von Anleihen:* Durch die Anlage des Kapitals in festverzinsliche Wertpapiere ist ein stetiger und kalkulierbarer Zufluß von Erträgen zur Begleichung der Kreditkosten sichergestellt.

Beispiel einer Zinsdifferenzanlage

Devisenkurs	1,40 Sfr/$
Anleihenkurs	50,00%
Couponzins	9,00%
Aufwand in Sfr	500.000,00
Kreditzins	5,00%
Aufwand in $	357.142,85
Nennwert der Anleihen	714.000,00 $
Ertrag (Zinsen/jährlich)	64.260,00 $
	(ca. 89.964,00 Sfr)
Kreditkosten (Sfr)	25.000,00 Sfr
Überschuß Zinsen	64.964,00 Sfr

Im obigen Beispiel ist davon auszugehen, daß ein Betrag von 500.000,00 Sfr als Kredit zur Verfügung steht. Für diesen Betrag muß ein Kreditzins von 5 Prozent pro Jahr bezahlt werden, also insgesamt 25.000,00 Sfr. Der Kreditbetrag wird dann zum Kurs von 1,40 Sfr/US-$ in Dollar umgetauscht. So steht ein Betrag von 357.142,85 Dollar für die Anlage zur Verfügung.

Mit diesem Geld werden Anleihen eines Emittenten erworben, deren Kurs bei ca. 50,00 Prozent vom Nennwert liegt. D.h.: der Anleger zahlt für einen Rückzahlungsanspruch von 1.000,00 Dollar lediglich einen Betrag von ca. 500,00 Dollar.

Mit dem Betrag von mehr als 357.000,00 Dollar erwirbt der Anleger nun Anleihen im Wert von insgesamt 714.000,00 Dollar. Auf diesen Betrag (Nennwert der Anleihe) erhält er auch die Couponzinsen von 9 Prozent pro Jahr. Er erhält daher jährlich fast 65.000,00 Dollar an Zinsen. Umgerechnet zum Kurs von 1,40 Sfr/US-$ sind das fast 90.000,00 Sfr.

Diesem Ertrag steht ein Aufwand von 25.000,00 Sfr an Kreditkosten gegenüber. So wird jährlich ein Überschuß von fast 65.000,00 Sfr erzielt. Selbst wenn der Kreditzins steigt, können die Kosten vom immer gleichbleibenden Ertrag beglichen werden. Das Währungsrisiko kann durch Termingeschäfte abgedeckt werden. Die Kosten dafür schlagen mit etwa einem Prozent der Kreditsumme zu Buche und schmälern damit nur unwesentlich den Ertrag.

Das Beispiel zeigt, daß bei professioneller Auswahl der Anleihen ein die Kreditkosten übersteigender Ertrag erzielt werden kann. So entsteht ein Sollsaldo durch die Kreditzinsen – wenn überhaupt – nur vorübergehend. Sobald die erste Zinszahlung aus der Anleihe erfolgt (Zahlung bei Auslandsanleihen häufig halbjährlich), werden die Kreditkosten überdeckt und das Konto ins „Haben" geführt.

Zudem kann bei der Auswahl der Anleihe darauf geachtet werden, daß die Zinszahlungszeitpunkte vor der Fälligkeit der Kreditzinsen liegen. Wird der Kreditzins jedoch erst nachschüssig verlangt (wie dies üblich ist), entsteht kein Sollsaldo.

Lit.: Bröker, Klaus F.: Geld verdienen mit Zinsen, Düsseldorf 1993. Siebers, Alfred B. J.: Geld verdienen mit Bonds, 2. Aufl., Landsberg 1990.

A. B. J. Siebers, Niddatal

Zinseszins
Anteil des Zinses, der nicht auf das eingesetzte Kapital, sondern auf die fälligen, aber nicht ausgezahlten Zinsen entfällt.

Zinskurve
Bezeichnung für die grafische Darstellung der → Zinssätze verschiedener → Laufzeiten. Von einer normalen Z. spricht man, wenn die Zinssätze für langfristige Gelder über den Zinssätzen für kurzfiristige Gelder liegen. Von einer inversen Zinskurve spricht man, wenn kurzfristige Gelder höher verzinst werden als langfristige.

Zinsoptionsschein
Zum Bezug bestimmter → Anleihen berechtigender → Optionsschein.

Zinssammler
Andere Bezeichnung für → Zerobonds.

Zinssatz
Verzinsung einer Kapitalanlage in Prozent, bezogen auf den → Nennwert.

Zinsswap
→ Swap.

Zinstender
Ausschreibungsverfahren der → Bundesbank im Rahmen der → Wertpapierpensionsgeschäfte. → Kreditinstitute benennen den → Zinssatz, zu dem sie bereit sind, → Wertpapiere an die Bundesbank zu verkaufen. Sie erhalten dadurch liquide Mittel.

Zitterbörse
Börsenjargon für ein ständiges Hin und Her der Kurse. Es stellt sich keine eindeutige Tendenz ein.

→ Börse, → Schaukelbörse.

Zulassungsstelle
→ Börsenzulassung.

Zusatzaktien
→ Berichtigungsaktien.

Zuteilung
Aufteilung einer überzeichneten →

Neuemission gemäß der Zeichnung der Kaufinteressenten.

Zwischenschein
Ersatzurkunde für die noch nicht zur Verfügung stehenden → Aktien.

Zyklische Aktien
Bezeichnung für → Aktien, die stark konjunkturabhängig sind und daher voll den Konjunkturschwankungen unterliegen.

www.ingramcontent.com/pod-product-compliance
Lightning Source LLC
LaVergne TN
LVHW091041021026
849161LV00002BA/276